CHARLOTTE LINK

Wilde Lupinen

GW00372903

Buch

Deutschland 1938: Alle Zeichen stehen auf Sturm, aber Politik kümmert die junge Belle Lombard wenig. Ihre ehrgeizigen Pläne gelten einzig den Filmstudios in Berlin und dem vermeintlichen Mann ihrer Träume – ganz wie ihre Mutter Felicia, die als erfolgreiche Unternehmerin egoistisch und rücksichtslos ihre Interessen verteidigt, sogar gegen die eigenen Gefühle. Doch das Chaos macht auch vor der weitverzweigten Familie der beiden Frauen nicht halt. Blinder Glaube, Anpassung, Widerstand oder Gleichgültigkeit und ein brutaler Überlebenswille spalten alle, bis zum bitteren Ende.

Tradition und Familiensinn waren immer Felicias innere Stärke und das eigentliche Erbe an ihre Tochter. Sie halfen ihr durch die dunklen Jahre bis Kriegsende, durch Terror, Flucht und Bombennächte, sogar durch den Untergang ihres geliebten ostpreußischen Familiengutes. Selbst im totalen Zusammenbruch ihrer bisherigen Welt gelingt es Felicia, diese Werte über sich und die Ihren als Hoffnungsschimmer in eine neue Zeit hinüberzuretten. »Wilde Lupinen« führt weiter, was in »Sturmzeit« begann: die fesselnde Geschichte einer Familie wird zum lebendigen Kaleidoskop der Ereignisse in Deutschland und Europa. Die dramatischen, mitreißenden Schicksale ihrer Figuren sind Spiegelbilder von Zeit und Geschichte. Besonders in den Frauenporträts ist es der Autorin gelungen, alle Aspekte der wechselnden Zeitläufe einzufangen: die verlorenen Träume von Idylle und romantischer Liebe, den Aufstieg zu Reichtum und Erfolg, das endgültige Desaster. Aber vor allem ihre gespannten, wechselnden Beziehungen zu konträren Männern, die über all ihren hehren Zielen oder dunklen Geschäften diese eigenwilligen Mütter und Töchter ein Leben lang nicht vergessen können.

Autorin

Mit ihrem ersten Roman »Die schöne Helena« erregte Charlotte Link bei Publikum und Presse größtes Aufsehen. Mit drei weiteren Büchern schrieb sie sich an die Spitze der deutschen Erfolgsautoren, bis ihr mit »Sturmzeit« endgültig der Sprung auf die Bestsellerlisten gelang. In der Zwischenzeit ist auch »Die Stunde der Erben« erschienen, der dritte, abschließende Band der Sturmzeit-Trilogie, die derzeit vom Fernsehen zu einer mehrteiligen Abendserie verfilmt wird.

Von Charlotte Link im Taschenbuch lieferbar:

Sturmzeit (41066) · Wilde Lupinen (42603) · Die Stunde der Erben (43395) · Die Sterne von Marmalon (9776) · Schattenspiel (42016) · Verbotene Wege (9286) · Die Sünde der Engel (43256) · Der Verehrer (44254) · Das Haus der Schwestern (44436)

CHARLOTTE LINK

Wilde Lupinen

Roman

BLANVALET

Stammbaum

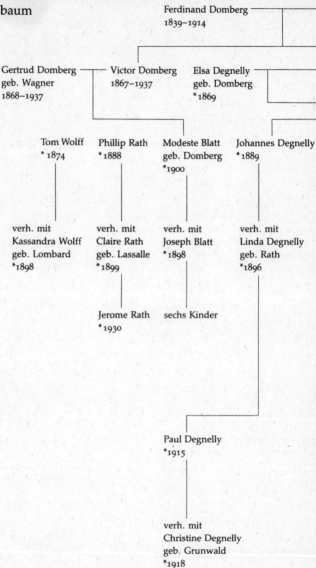

Ferdinand Domberg
1839–1914

Gertrud Domberg
geb. Wagner
1868–1937

Victor Domberg
1867–1937

Elsa Degnelly
geb. Domberg
*1869

Tom Wolff
*1874

Phillip Rath
*1888

Modeste Blatt
geb. Domberg
*1900

Johannes Degnelly
*1889

verh. mit
Kassandra Wolff
geb. Lombard
*1898

verh. mit
Claire Rath
geb. Lassalle
*1899

verh. mit
Joseph Blatt
*1898

verh. mit
Linda Degnelly
geb. Rath
*1896

Jerome Rath
*1930

sechs Kinder

Paul Degnelly
*1915

verh. mit
Christine Degnelly
geb. Grunwald
*1918

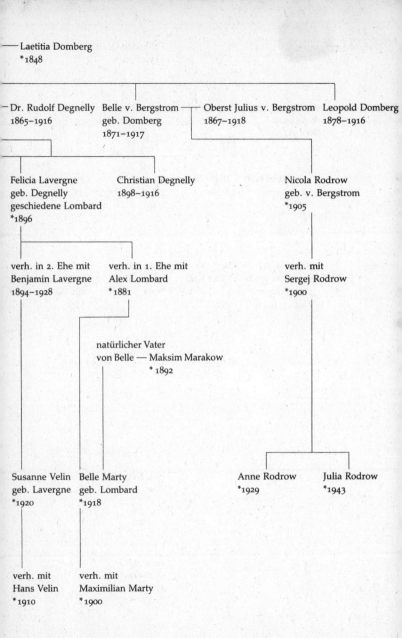

Laetitia Domberg
*1848

Dr. Rudolf Degnelly
1865–1916

Belle v. Bergstrom
geb. Domberg
1871–1917

Oberst Julius v. Bergstrom
1867–1918

Leopold Domberg
1878–1916

Felicia Lavergne
geb. Degnelly
geschiedene Lombard
*1896

Christian Degnelly
1898–1916

Nicola Rodrow
geb. v. Bergstrom
*1905

verh. in 2. Ehe mit
Benjamin Lavergne
1894–1928

verh. in 1. Ehe mit
Alex Lombard
*1881

verh. mit
Sergej Rodrow
*1900

natürlicher Vater
von Belle — Maksim Marakow
*1892

Susanne Velin
geb. Lavergne
*1920

Belle Marty
geb. Lombard
*1918

Anne Rodrow
*1929

Julia Rodrow
*1943

verh. mit
Hans Velin
*1910

verh. mit
Maximilian Marty
*1900

I. BUCH

1

Es war im Mai, und die Rapsfelder blühten. Hellgrünes Laub leuchtete in der Sonne. Auf den Wiesen wucherten Klee und Löwenzahn, und der Wind trug einen leisen Salzgeruch ins Land. Flimmernd fielen die Sonnenstrahlen des Frühsommerabends durch die Blätter der Eichen, die die Auffahrt zu Lulinn säumten. Am Ende der Allee konnte man das Gutshaus erkennen, efeubewachsen und verwittert. Entlang der Auffahrt grasten Pferde, Trakehner, zwei von ihnen galoppierten quer über die Koppel hintereinanderher. Ein anderes stand aufrecht, mit hocherhobenem Kopf, am Zaun und wieherte laut.

Obwohl sie fast das ganze Jahr über in Berlin lebte, wäre Belle Lombard nie auf die Idee gekommen, etwas anderes als Lulinn mit Heimat zu bezeichnen.

»Ich komme aus Ostpreußen«, pflegte sie zu sagen, wenn man sie nach ihrem Zuhause fragte, und erklärend setzte sie hinzu: »Von Lulinn. Ein Gut, schon seit drei Jahrhunderten im Besitz meiner Familie. Es liegt nahe bei Insterburg ... also nicht mehr weit von der litauischen Grenze.«

Sie mußte die Worte »Lulinn« und »Insterburg« nur aussprechen, und es wurde ihr so sehnsüchtig zumute, daß sie meinte, Berlin keine Sekunde länger ertragen zu können. Natürlich, sie hing an dieser Stadt, sie lebte dort, arbeitete dort, hatte eine Menge Freunde, aber Lulinn ... das war etwas ganz anderes. Lulinn – das waren im Sommer Kornfelder soweit das Auge reichte, und im Winter dicke, aufgeplusterte Schneehauben auf den Weidezäunen, das waren Schwarzbeeren im Herbst und der Geruch von Laub und Pilzen, das waren als erste Frühlingsboten die Wildgänse am Himmel, die aus dem Süden zurückkehrten. Lulinn – mächtige Eichen und wilde Lupinen, blau-grau die Schatten der Wälder am Horizont, schwer der Duft von Jasmin im Wind und der von frischem Kümmelbrot aus der Küche im Souterrain. Der farbenprächtige Rosengarten vor dem Portal, das Klappern der Holzschuhe, wenn die Knechte und Mägde in aller Herrgottsfrühe die Arbeit auf dem Hof begannen, das Rauschen des Laubes von den Obstbäumen im Garten und die herrlichen, schneeweißen Federbetten, die immer so gut rochen, weil Jadzia, die polnische Haushälterin, die Leinen-bezüge nach dem Waschen draußen trocknen ließ und sich der Duft von frischem Heu, von Blumen und Kräutern in ihnen fing.

Auf Lulinn war die Zeit irgendwann stehengeblieben und hatte sich dann einen bedächtigen Lauf angewöhnt, und Belle dachte, es sei das unwandelbare Gleichmaß aller Dinge, was dem Gut seinen Zauber gab. Draußen zeigte sich die Welt abwechselnd gleichgültig, böse oder sogar grausam, aber auf Lulinn gab es Beständigkeit, und wenn man seine Mauern nach ein paar Tagen wieder verließ, fühlte man sich gegen alles gewappnet, was das Leben an Mißhelligkeiten bereithalten mochte.

Alles wird gut, dachte Belle auch diesmal, als der blankge-putzte, schokoladenbraune Armstrong Siddeley ihrer Tante die Eichenallee entlangfuhr. Wie schwer der Flieder roch! Sie wandte den Kopf und betrachtete die Frau, die am Steuer saß. Tante Modeste, die sie am Bahnhof in Insterburg abgeholt hatte und seitdem ununterbrochen darüber jammerte, wieviel Zeit sie dieses Unternehmen kostete. »Als ob man nichts Besseres zu tun hätte«, knurrte sie auch jetzt.

Wie kann man nur so mißmutig sein, wenn man das Glück hat, das ganze Jahr auf Lulinn leben zu dürfen, fragte sich Belle im stillen. Sie und Modeste hatten einander nie leiden können. Modeste fand, Belle sei vorlaut und frech und habe die unglück-liche Neigung, sich in jeder Lebenslage daneben zu benehmen. Umgekehrt hielt Belle Modeste für falsch und heimtückisch und unerträglich rechthaberisch. Modeste hatte vor acht Jahren ge-heiratet, einen kleinen, schmächtigen Mann, Kaufmannssohn

aus Insterburg, der vollkommen unter ihrer Fuchtel stand und
sich für eine Art Missionar hielt; auf eine nervtötend salba-
dernde Art fragte er jeden Bewohner Lulinns ständig nach
seinen geheimsten Problemen aus, wobei er selbst vor den
allerintimsten Fragen nicht zurückschreckte. Nachher plauderte er, auch im größeren Kreis, aus, was er erfahren hatte.
Immerhin – man traute es ihm nicht zu, wenn man ihn in seiner
trostlosen Magerkeit sah – hatte er in den acht Jahren seiner Ehe
schon vier Kinder gezeugt, mit dem vierten war Modeste nun
schwanger. Sie machte viel Aufhebens darum, keuchte und
klagte. Aber wahrscheinlich, dachte Belle in einem Anflug von
Mitleid, hat sie es wirklich nicht leicht damit. Sie ist so dick wie
ein Hefekloß!

»Es ist heiß wie im Hochsommer«, stöhnte Modeste und
wischte sich den Schweiß aus dem geröteten Gesicht. »Man hält
es kaum aus. Besonders in meinem Zustand!«

»Warum trägst du auch ein schwarzes Kleid, Tante Modeste?
Das macht es nur schlimmer!«

Sofort verwandelte sich Modeste in die verkörperte Empörung.

»Du hast vergessen, daß ich in Trauer bin! Aber natürlich, du
hast meine Eltern ja nie gemocht!«

Modestes Eltern waren beide kurz nacheinander gestorben,
und Belle konnte tatsächlich nicht behaupten, daß es sie außerordentlich geschmerzt hätte – obwohl es einen immer erschreckt, wenn Menschen sterben, die man gut gekannt hat,
selbst wenn sie so sauertöpfisch waren, wie die alte Tante Gertrud oder ein Erznazi wie ihr Mann Victor. Modeste aber hatte
es tief getroffen. Sie fügte hinzu: »Meiner armen Mutter hast du
sogar regelrecht das Leben schwer gemacht! Immerzu wider-
sprochen . . .«

»Ach Modeste! Ich war ein Kind, und ich hatte meine Trotz-
phase wie alle Kinder! Das brauchte doch keiner ernst zu nehmen!«

Modeste betrachtete beinahe haßerfüllt das Gesicht der jungen Frau. Diese vollkommen reine, weiße Haut, dachte sie, und
wieso glänzt ihr Haar so? Wie schön sie ist und wie jung!

»Alles hing an meiner Mutter«, fuhr sie fort, »denn deine hat sich ja fast nie blicken lassen. Geht ihren eigenen Weg, die gnädige Frau, und läßt andere die Arbeit tun! Schöne Moral!«

Belles Augen wurden schmal. »Laß Mama aus dem Spiel! Sie tut mehr für uns alle, als irgend jemand sonst!«

»Jaja ...«, murmelte Modeste unbestimmt. Der Wagen war vor dem Portal angekommen, Modeste trat auf die Bremse. Sie stöhnte schon im voraus, denn sie wußte, wie schwer es ihr fallen würde, ihren massigen Leib aus dem Auto zu wuchten. »Dir wird es auch bald nicht anders gehen«, prophezeite sie finster und wies auf ihren Bauch.

»Möglich«, entgegnete Belle ruhig und entschlossen, sich nicht über Modeste zu ärgern. Sie war auf Lulinn, und sie war glücklich. Es war der 20. Mai 1938. Belle Lombard war nach Lulinn gekommen, um dort zu heiraten.

Joseph Blatt, Modestes Mann, kam den beiden Frauen entgegen. Er sah noch dünner und bleicher aus als sonst. Wie üblich konnte er seinen langen Hals nicht beherrschen und nickte bei jedem Schritt mit dem Kopf wie ein Huhn.

»Meine liebe Belle!« rief er überschwenglich und drückte sie an sich. Dann hielt er sie ein Stück von sich weg und zwinkerte ihr vertraulich zu. »Na, wie fühlt sich die junge Braut? Bißchen nervös, wie? Alles in Ordnung? Oder möchtest du dich aussprechen?« Offensichtlich brannte er darauf, ihr vor dem Schritt ins Unbekannte noch ein paar Tips zu geben, aber dazu wollte es Belle keinesfalls kommen lassen. »Mir geht es wunderbar, Onkel Joseph«, sagte sie munter.

Er schien enttäuscht. »So? Aha ... ich habe dich übrigens neulich in ›Das unsterbliche Herz‹ gesehen. Lief in Insterburg im Kino. Du hast sehr hübsch ausgesehen.«

»Ich habe dich nicht entdecken können«, kam es sofort von Modeste. »Du hattest wohl eine sehr kleine Rolle! Die Söderbaum war jedoch hervorragend!«

Belle zuckte mit den Schultern. Sie war seit zwei Jahren bei der UFA und kam noch nicht über die Statistenrollen hinaus, aber das hatte sie einkalkuliert, als sie beschloß, Schauspielerin

11

zu werden. Sie überhörte Modestes Spitze und fragte: »Wer ist schon von der Familie da?«

»Fast alle!« Joseph lächelte fröhlich. Er liebte die Rolle des Gastgebers, der seine weitläufige Verwandtschaft mit offenen Armen empfängt. »Dein Onkel Jo ist gestern gekommen, mit Linda und Paul. Und Sergej und Nicola sind da. Sie haben Anastasia mitgebracht.«

Jo, Johannes Degnelly, war der Bruder von Belles Mutter. Er lebte als Rechtsanwalt in Berlin und war für Belle immer eine Art Vaterersatz gewesen. Sie hing an dem grauhaarigen Herrn mit den melancholischen Augen und dem grüblerischen Wesen. Sie mochte auch seine Frau Linda, obwohl die, selbst mit zweiundvierzig Jahren noch, das naive kulleräugige Püppchen spielte, das sie schon als junges Mädchen gewesen war. Am meisten aber mochte sie Paul, den Sohn der beiden. Er war zweiundzwanzig Jahre alt, drei Jahre älter als sie, ein ruhiger, etwas verträumter Mann mit einer merkwürdigen Leidenschaft für Autos und Motoren. In Belle weckte er Muttergefühle und Beschützerinstinkte. Als Kinder hatten sie beschlossen, später zu heiraten, und inzwischen waren sie die besten Freunde.

In der Tür begegnete Belle ihrer Großcousine Nicola, einer schönen Frau mit etwas verdrossenen Gesichtszügen. Nicola war als Kind vor der Revolution aus Petrograd geflohen, hatte dabei ihre Eltern verloren und sich später als junge Frau mit verbissener Liebe an den ebenso charmanten wie leichtsinnigen Exilrussen Sergej Rodrow geklammert, der schließlich tatsächlich mit ihr zum Traualtar marschiert war, seitdem aber nie einen Zweifel daran ließ, daß er sie im Grunde für ihre Anhänglichkeit verachtete. Beruflich kam Sergej nicht mehr so recht auf die Füße. Er hatte einst in einem Berliner Immobilienbüro eine Menge Geld verdient, aber nachdem sein Arbeitgeber am Schwarzen Freitag 1929 in die große Pleite gesegelt war, blieb auch für Sergej der Erfolg aus. Er war inzwischen mit seiner Familie in Breslau gelandet, wo er Schreibarbeiten in einer Baufirma erledigte und mit einer Sekretärin ein Verhältnis hatte. Nicola sah man inzwischen die durchwachten Nächte an, in denen sie auf ihn wartete. Ihre Tochter Anastasia, ein achtjähriges Mädchen mit langen, schwarzen Haaren, von der Familie nur »Anne« gerufen, war das typische Beispiel eines Kindes aus einer zerrütteten Familie. Sie lutschte noch immer heftig am Daumen, kaute ständig an den Fingernägeln, schrie im Schlaf und fiel in der Schule durch aggressives Benehmen auf. Sie haßte ihren Vater, weil er sie nicht beachtete.

»Ach Belle«, sagte Nicola nun. Es klang zerstreut, sie sah aus, als hätte sie geweint. »Wo ist dein Verlobter?«

»Er kommt erst übermorgen, er muß heute und morgen noch Theater spielen in Berlin. Wie geht es dir, Nicola?«

»Gut.« Das klang wenig überzeugend. »Es ist schön, mal wieder hier zu sein.«

Beide sahen einander an, die frustrierte Nicola und Belle mit ihrer Zuversicht und unbekümmerten Fröhlichkeit. Du wirst es schon auch noch merken, dachte Nicola, wie das Leben ist, wie die Männer sind . . .

Wie ein Geist tauchte Jadzia, die polnische Haushälterin, aus dem Dämmerlicht des kühlen Flures auf. Sie hielt zwei große Steinkrüge, gefüllt mit Buttermilch, in den Händen. »Essen gleich fertig. Wird nicht besser, wenn stehen auf Tisch. Wird kalt, weil die Damen reden und reden!« Jadzia, alt, klein und schlau, hatte vor niemandem Respekt. Ihr Wort galt auf Lulinn mehr als das von Modeste, die immerhin die offizielle Hausfrau war.

»Wir kommen gleich, Jadzia. Ich muß mir nur noch schnell die Hände waschen.« Belle lief die Treppen hinauf. Ihr Zimmer hatte geblümte Tapeten und einen kleinen Erker, vor dem ein Apfelbaum stand. Seine Zweige ragten fast ins Fenster hinein. Auf den hölzernen Fußboden malte der Abendsonnenschein rötliche Flecken, es roch nach Kiefern und warmem Gras. Belle atmete tief durch. Sie nahm ihren Hut ab, und während sie ihre Hände wusch, betrachtete sie sich im Spiegel. Max hatte gesagt, sie habe die schönsten Augen der Welt und er habe solche Augen noch nie gesehen. »Sie sind vollkommen grau, Belle, wie das Meer bei Regen, aber unbewegt, kühl und fern. Sie haben keine Wärme, deine Augen, und das ist es, was mich an ihnen fasziniert und zugleich ängstigt.«

Es war typisch für Belle, daß sie von seinen Worten nur die wirklich aufnahm, die ihr gefielen. Was er von der fehlenden Wärme in ihren Augen sagte, irritierte sie nicht weiter, verliebte Männer interpretierten, ihrer Erfahrung nach, alles mögliche in die Augen einer Frau, und meistens konnte man getrost die Hälfte davon abziehen. Aber wenn er sie schön fand, dann fand er sie schön, und das war entscheidend.

Max Marty war achtunddreißig Jahre alt und damit beinahe zwanzig Jahre älter als Belle. Seine Kindheit hatte er in Rom verbracht, als Sohn des bekannten Schauspielers Massimo Marti und dessen kapriziöser deutscher Frau, die die Familie mit ihren verrückten Einfällen in Atem gehalten hatte. Max und sein Vater hatten sich nie verstanden, weshalb der Sohn, kaum der Schule entronnen, nach Deutschland gegangen war und in Berlin bei Max Reinhardt Schauspielunterricht genommen hatte. Daß er seinen Nachnamen von da an hinten mit »y« statt mit »i« schrieb, hatte zwei Gründe: Zum einen schien es ihm als dem jungen exaltierten Mann, der er damals gewesen war, interessanter, zum anderen bedeutete es für ihn aber auch eine Abgrenzung gegen seinen Vater. Er wollte einen klaren Unterschied schaffen zwischen sich und Massimo.

Eigentlich könnte ich Max noch schnell anrufen, dachte Belle, wenn ich Glück habe, erwische ich ihn noch, bevor er ins Theater geht.

Das Telefon stand im Salon, wo sich um diese Zeit niemand aufhielt. Während Belle auf die Verbindung wartete, sah sie sich um, und ein Gefühl der Ruhe breitete sich mehr und mehr in ihr aus. Der Rokokosekretär, die blauen Seidenvorhänge vor den Fenstern, der kostbare Perserteppich. Eine über Jahrhunderte erworbene und bewahrte Wohlhabenheit, aus der sie alle die Selbstsicherheit schöpften, mit der sie lebten.

»Ja?« erklang die Stimme von Max. Wie immer fühlte Belle sofort die Spannung, die zwischen ihnen war. »Max? Ich bin es, Belle. Ich bin in Lulinn!«

Max lachte leise. »Lulinn! Das Zauberwort. Wie geht es dir?«

»Wunderbar. Aber ich vermisse dich. Wehe, du überlegst es dir anders und sitzt übermorgen nicht im Zug nach Insterburg!«

»Das wage ich nicht. Du würdest mich um die halbe Welt jagen.«

»Sei dir da nicht so sicher. Vielleicht schnappe ich mir nur ganz schnell einen anderen Mann und lebe glücklich und zufrieden mit ihm!«

Es waren die üblichen Scherze zwischen ihnen, aber beider Lachen hatte etwas Verkrampftes, und es gab Momente, da begriff Belle, daß zwischen ihr und Max nicht alles in Ordnung war. Sie hatte ihn irgendwie dazu gebracht, sie zu heiraten, aber in Wahrheit war er keineswegs so versessen darauf wie sie. Etwas stimmte nicht, aber Belle kam nicht dahinter, was es war. Ein Streitgespräch fiel ihr ein, das sie und Max vor wenigen Tagen geführt hatten. Sie waren mit ein paar Freunden in einem Café gewesen, man hatte hitzig über den Anschluß Österreichs an Deutschland im März und über die unverhohlene Aufrüstung der Wehrmacht diskutiert.

Belle hatte gelangweilt dabei gesessen und Max auf dem Heimweg Vorwürfe gemacht. »Wenn du mit deinen Freunden redest, merkst du gar nicht mehr, daß ich auch noch da bin. Es ist dir ganz egal, ob ich fast einschlafe bei euren hochinteressanten Unterhaltungen!«

Max war heftig geworden. »Einschlafen! Einschlafen! Weißt du, was zur Zeit in Deutschland passiert? Ist dir klar, daß . . .«

»Vielleicht redest du ein bißchen leiser«, fauchte Belle, »wir sind immerhin mitten auf der Straße.«

Max senkte seine Stimme. »Es ist dir gleichgültig, was die Nazis tun. Es ist dir gleichgültig, was Adolf Hitler tut. Solange er dir nicht in die Quere kommt. Du bist keineswegs zu dumm, die Dinge zu begreifen, nur kümmern sie dich einen Scheißdreck. Alles, was dich umtreibt, ist die Frage, wie du es schaffen kannst, ein großer Filmstar zu werden, nichts sonst!«

In entwaffnender Ehrlichkeit sagte sie: »Ja.«

Max stemmte beide Hände in die Taschen seines Jacketts.

»Verstehst du denn nicht, daß . . . verdammt, es ist ja auch egal!«

Irgendwie hatten sie sich wieder versöhnt. Und Belle dachte später nur: Ach was, er hatte eben schlechte Laune!

»Schatz, ich muß mich beeilen«, sagte Max nun, »die Vorstellung beginnt in einer Stunde. Du drückst mir die Daumen, ja?«

»Klar. Max – ich liebe dich.«

Sie lauschte dem Klang ihrer Stimme nach, als sie den Hörer aufgelegt hatte. Dann verzog sie das Gesicht, so daß sich zwischen ihren Augen eine kleine, zornige Falte bildete. Warum konnte er ihr niemals seine Gefühle zeigen?

Draußen auf dem Gang vernahm sie schon die Stimmen aus dem Eßzimmer, Teller klapperten dazwischen, Bestecke klirrten. Deutlich war Modeste zu verstehen. »Ich bin wirklich gespannt, ob Felicia zu Belles Hochzeit kommt. Es wäre das erstemal seit Jahren, daß sie es für nötig hält, einem Familienfest beizuwohnen.«

»Sei nicht ungerecht, Modeste«, sagte Nicola, »Felicia hat einfach zu wenig Zeit. Aber sie wird bestimmt kommen, sie hängt so sehr an Belle.«

Modeste gab ein verächtliches Schnauben von sich, und dann sagte sie über Belles Mutter genau das, was Max immer über Belle sagte: »Felicia hängt an sich selber, liebe Nicola. An sonst niemandem.«

2

Felicia Lavergne war zweiundvierzig Jahre alt, eine schöne Frau, groß und schlank, das dichte, sehr dunkle Haar trug sie schulterlang und offen. Sie konnte strahlend lachen, ihr Lachen jedoch ließ ihre Augen unberührt, ihre Herzlichkeit war kalkuliert. Den meisten Menschen begegnete sie ohne jegliche Wärme und Spontaneität. Männer fühlten sich zu ihr hingezogen, fragten sich aber gleichzeitig verwundert, weshalb sie eine instinktive Furcht verspürten, sich in etwas zu verstricken. In den Kreisen der Münchner Gesellschaft hieß es über sie: »Diese Frau hat zwei Interessen – ihr Geld und ihre Familie. Sonst gibt es nichts, was ihr Gemüt bewegt.«

Felicia Lavergne war zweimal verheiratet gewesen. Von ihrem ersten Mann, Alex Lombard, hatte sie sich scheiden lassen, ihr zweiter Mann war 1928 gestorben. Aus der Ehe mit ihm stammte Felicias jüngere Tochter, Susanne, die mit ihrer Mutter in München lebte. An jenem Maiabend, als Belle Lombard auf dem sonnigen Lulinn in Ostpreußen ankam, regnete es in München. Ein intensiver, feuchter Duft nach blühendem Flieder drang durch das geöffnete Fenster des Arbeitszimmers in dem großen Haus in der Prinzregentenstraße. Felicia hatte einen Moment lang nachdenklich hinausgesehen, den dunklen Stamm des Kastanienbaumes im Hof und die weiß schimmernden Blütenkronen auf seinen Ästen betrachtet. Nun drehte sie sich um, kontrollierte rasch den Inhalt ihrer Handtasche und griff nach ihrer Jacke, die über dem Stuhl hing. »Ich gehe jetzt, Susanne«, sagte sie.

Susanne hockte mit angezogenen Beinen auf dem Sofa. »Ich verstehe nicht, warum du heute abend noch weggehst!« sagte sie aggressiv. Auf eine nichtssagende Weise sah sie hübsch aus, blond und blauäugig wie ihr verstorbener Vater, dazu bleich und dünn, was sie stets ein wenig kränklich erscheinen ließ. Zur Zeit bereitete sie sich auf ihr Abitur vor, war nervös, unausgeschlafen und noch gereizter als sonst.

Felicia seufzte. »Weil wir morgen nach Lulinn aufbrechen. Ich muß einfach mit Peter noch ein paar Sachen besprechen.«

»Immer Peter!« Susanne sah ihre Mutter giftig an. »Wenn Peter pfeift, dann springst du! Als ob du das nötig hättest!«

»Peter ist mein Geschäftspartner. Wir führen zusammen eine Fabrik, und wenn einer von uns für zwei Wochen verreist, müssen einige Dinge besprochen werden. Lieber Himmel, Susanne, jetzt mach nicht so ein Gesicht! Du solltest sowieso früh schlafen gehen, du siehst schlecht aus. Soll Jolanta dir noch etwas zu essen . . .?«

»Nein. Ich hab' keinen Hunger.«

Ein paar Pfund mehr auf den Rippen würden dir aber gut stehen, dachte Felicia.

»Susanne, sieh doch ein, daß . . .«

»Er ist nicht dein Partner. Er ist dein Chef! Ihm gehört alles. Oder nicht?«

Felicia zuckte zusammen. Susanne sah es mit Zufriedenheit.

»Aber du hast gar keine schlechten Karten, Mama. Peter Liliencron ist Jude – Halbjude zumindest. Früher oder später werden sie ihn enteignen, und vielleicht kannst du dann zuschnappen. Im Grunde konnte dir nichts Besseres passieren als die Nazis!«

Felicia musterte ihre Tochter kühl. »Du scheinst wirklich übermüdet zu sein, Susanne, sonst würdest du nicht so viel Unsinn reden. Ich gehe jetzt, und ich hoffe, du bist morgen beim Frühstück etwas besserer Laune.«

Sie verließ das Zimmer und schlug die Tür laut hinter sich zu.

Peter Liliencron lebte in einer alten, stuckverzierten Villa in Bogenhausen, die seit kurzem von zwei großen Schäferhunden bewacht wurde. Diese Schutzmaßnahme schien ihm notwendig, seit vor einem dreiviertel Jahr ein Trupp SA-Leute in seinen Garten eingedrungen war und ein Bild der Verwüstung hinterlassen hatte. Es war buchstäblich kein Grashalm mehr an seinem Platz geblieben. Peter hatte Anzeige erstatten wollen, war aber mit barschen Worten zurückgewiesen worden. »Was glauben Sie? Daß wir uns mit den Angelegenheiten eines Juden beschäftigen?«

»Das Haus gehört meiner Mutter, und die ist keineswegs jüdisch. Ich bitte Sie also, meine Anzeige aufzunehmen.«

Höhnisch lachend hatten sie ihm ein Formular gegeben, das er dann doch nicht ausgefüllt hatte.

Die Hunde bellten nicht, als Felicia klingelte, und es brannte kein Licht im Haus, trotz des regendunklen Abends. Verwundert ging sie den Gartenweg entlang. Peter öffnete ihr selbst. »Schön, daß du da bist. Komm schnell herein, bevor du völlig durchweichst. Warum schüttet es nur so?«

Felicia machte einen großen Schritt ins Haus. »Ein Sauwetter! Hat Kati Ausgang?«

Normalerweise öffnete das Hausmädchen.

»Ja . . . es ist ihr freier Abend . . .« Peter schien nervös. Felicia bemerkte, daß er blaß war, daß Unruhe in seinen Augen flackerte.

»Ist irgend etwas passiert? Wo sind überhaupt die Hunde?«

»Bei meiner Mutter in Grünwald. Dort bleiben sie auch.«

»Warum? Brauchst du sie nicht mehr? Was ist denn los?«

Er zog sie ins Wohnzimmer. Dort standen zwei gepackte Koffer. »Ich muß noch heute abend in die Schweiz. Das ist los.«

Felicia begriff nicht. »Ich habe dir gesagt, ich bin für zwei Wochen auf Lulinn. Du kannst jetzt nicht auch verreisen!«

»Ich verreise nicht. Ich verlasse dieses Land. Ich komme nicht mehr zurück.« »Was?«

Er war zum Kamin gegangen, hatte kurz in die letzte rötliche Glut des Feuers geblickt. Nun drehte er sich um. »Fährst du mich heute nacht über die Grenze?«

»Peter . . . um Gottes willen . . . warum?«

»Ich bin in Schwierigkeiten.«

»Wegen . . . wegen deiner jüdischen Abstammung?«

Er lachte bitter. »Diese Tatsache verbessert meine Situation jedenfalls nicht. Aber das ist nicht der Grund.«

»Was dann?«

»Muß ich dir das sagen?«

Sie sah ihn an. »Wenn ich dich noch heute nacht in die Schweiz fahren soll – ja!«

Peter schenkte Schnaps in zwei Gläser, reichte eines an Felicia. »Gut. In kurzen Worten: Ich arbeite seit zwei Jahren gegen die Nazis. Ich unterstütze Menschen, die Deutschland verlassen müssen. Juden, Kommunisten, Sozialdemokraten und andere Verfolgte. Ich verschaffe ihnen Papiere, Verstecke, sorge dafür, daß sie über die Grenzen kommen.«

Felicia brauchte einen Moment, um das zu begreifen. »Du bist ja vollkommen wahnsinnig«, sagte sie dann.

Er warf ihr einen eigentümlichen Blick zu. »So? Jedenfalls – ich hab' das alles ja nicht allein getan. Wir waren eine kleine Organisation, eine, wie sie jetzt wahrscheinlich überall im Reich entstehen. Wir haben unheimlich aufgepaßt, ständig unsere Trefforte gewechselt, uns zwischendurch für Wochen zurückgezogen, unser Geheimnis selbst gegenüber den engsten Vertrauten gehütet. Aber gestern hat die Gestapo einen von uns geschnappt. Keine Ahnung, wie das passieren konnte. Es steht zu befürchten, daß er redet – denn die Gestapo bringt beinahe jeden zum Reden. Es ist besser . . .« Er machte eine hilflose Handbewegung, meinte das behagliche Zimmer damit, die Teppiche, Bilder und weichen Kissen, »es ist besser, das alles hier meiner Mutter zurückzulassen und zu verschwinden.«

Felicia stand noch immer wie erstarrt. Sie merkte selbst, wie unbedarft es klang, was sie sagte, aber es fiel ihr in diesem Moment nichts anderes ein. »Das geht nicht. Ich muß nach Lulinn!«

Peter grinste. »Typisch Felicia! In jeder Lebenslage denkt sie nur an sich. Ist dir klar, was mit mir passiert, wenn ich verhaftet werde?«

»Ja . . .« Verdammt, warum mußte ihnen jetzt so etwas in die Quere kommen? Die Geschäfte liefen gut, sie beide waren ein perfekt eingespieltes Team. Die Wirtschaft in Deutschland hatte sich erholt, sie schwammen gut auf dieser Welle mit. Und nun ging Peter hin und ließ sich auf lebensgefährliche Abenteuer ein.

»Was soll ich machen, wenn du nicht mehr da bist?« fragte sie.

»Du führst die Fabrik allein. Du wirst sehen, du kannst es sehr gut. Insgeheim hast du dir doch manchmal gewünscht, sie wäre dein alleiniger Besitz!«

»Quatsch!« sagte Felicia heftig, aber sie wich seinem Blick aus. Sie hatte ihr gehört, die Fabrik, fast allein hatte sie ihr gehört, ein paar Anteile noch ihrem damaligen Partner, dem gerissenen Tom Wolff, aber die hätte sie ihm noch irgendwann abgeluchst . . . Und Lulinn hatte ihr auch gehört, jeder Stein und jeder Strauch auf dem Gut. Beides, Lulinn und die Fabrik, hatte sie am berüchtigten »Schwarzen Freitag« verloren, weil sie an der Börse spekuliert hatte – in zu großem Stil, um heil aus der Sache herauszukommen. Die Fabrik ging an den reichen Peter Liliencron, der keine Sekunde gezögert hatte, Felicia zu seiner Partnerin zu machen. Lulinn kaufte Felicias geschiedener Mann, Alex Lombard, der in New York einen Verlag leitete. Das war für sie die schlimmste Schmach. Im Grunde verfolgte Felicia

Lavergne seit 1929 zwei Ziele: die Fabrik in München und Lulinn in Ostpreußen wieder in ihren Besitz zu bringen.

»Du weißt«, sagte Peter, »ich kann nicht Auto fahren. Meinen Chauffeur kann ich nicht einweihen. Wenn du mich nicht fährst, muß ich den Zug nehmen, aber ich habe Angst, daß sie mich nicht rüberlassen. Verstehst du, in meinem teuren Auto, eine Nichtjüdin an meiner Seite, kann ich mich eher als der Geschäftsmann ausgeben, der nur kurz und aus beruflichen Gründen nach Zürich muß und dann gleich wieder zurückfahren wird.« Er machte eine kurze Pause. »Felicia – fährst du mich?«

Es war ganz still im Zimmer. Nur das Gurgeln des Regens in der Wasserrinne draußen war zu hören. Felicia fühlte sich müde und gereizt, sie hatte weiß Gott keine Lust, in den Schlamassel verwickelt zu werden, in den sich Peter Liliencron hineingeritten hatte. Aber, zum Teufel, sie konnte ihn jetzt wohl kaum im Stich lassen! Sie nickte. »In Ordnung. Fahren wir.«

»Ich kann unmöglich rechtzeitig zur Hochzeit meiner Tochter in Lulinn sein«, sagte Felicia. »Was meinen Ruf als Rabenmutter noch festigen wird!«

Peter antwortete nicht. Er starrte hinaus in die rabenschwarze Finsternis. Es regnete jetzt stärker, gleichmäßig strichen die Scheibenwischer über die Windschutzscheibe. Nur selten kamen ihnen auf der nächtlichen Landstraße andere Autos entgegen. Der wuchtige Admiral kam gut voran.

Felicia hatte zu Hause angerufen und war zu ihrer Erleichterung nicht an Susanne, sondern an die Haushälterin Jolanta geraten. »Ich muß überraschend verreisen. Wahrscheinlich bin ich erst morgen abend zurück.« Mehr sagte sie nicht. Susanne würde schäumen vor Wut, aber damit mußte sie sich später auseinandersetzen. Belle brauchte auch eine gute Erklärung – eine ziemlich gute sogar. Schließlich war ihre Hochzeit nicht irgendein beliebiges Ereignis.

Kurz vor Kaufbeuren unterbrach Peter unvermittelt das Schweigen. »Ich würde dir raten, unsere Produktionen allmählich auf Uniformen umzustellen. Ich fürchte, die werden bald weggehen wie warme Semmeln.«

»Du glaubst doch nicht, daß . . .«

»Doch. Ich glaube, wir stehen dichter vor einem Krieg, als wir denken. Die unblutige Einverleibung Österreichs war der Anfang, aber damit gibt sich Hitler nicht zufrieden. Danzig juckt ihm verdammt in der Nase, die Korridorfrage treibt ihn um und um. Meiner Ansicht nach ist er äußerst scharf auf Polen. Er ist scharf auf halb Europa.«

»Er kann es sich nicht leisten, einen Krieg zu entfesseln.«

»Der«, sagte Peter mit Überzeugung, »kann sich alles leisten. Das konnte er von dem Moment an, als die Nazis '33 die Wahl gewannen und sofort anfingen, jegliche Opposition im Reich auszuschalten. Heute gibt es niemanden mehr, der sie an irgend etwas hindern könnte.«

»Hitler beginnt keinen Krieg. Er hat das Volk geködert, indem er den Aufschwung der Wirtschaft versprochen hat, und er hat dieses Versprechen gehalten. Warum sollte er durch einen Krieg alles aufs Spiel setzen?«

»Das haben schon andere vor ihm getan, und das Volk ist willig mitgegangen. Hitler rüstet schließlich seit Jahren in schönster Offenheit die Wehrmacht auf, und keiner sagt etwas. Auch das Ausland nicht.«

Schweigend fuhren sie weiter. Gegen fünf Uhr morgens erreichten sie die Grenze. Felicia hatte sich selten so müde und zerschlagen gefühlt.

Peter wurde zunehmend nervös. »Wir sagen, daß wir geschäftlich in Zürich zu tun haben«, setzte er Felicia zum hundertstenmal auseinander, »und daß wir heute abend schon wieder zurückfahren. Versuch, ruhig und gelassen zu wirken, und . . .«

»Peter, *du* bist nervös! Reg dich nicht so auf!«

»Die Schweizer haben schon Leute an der Grenze zurückgeschickt«, sagte Peter. Im bleichen Licht des herandämmernden Morgens konnte Felicia sehen, daß er Schweißtropfen auf der Stirn hatte. »Liliencron! Wenn die meinen Paß sehen, wissen die sofort, daß ich Jude bin!«

»Du mußt jetzt die Nerven behalten. Wir kommen schon durch.«

Sie fuhren durch den regnerischen Morgen. Schon von weitem konnten sie den hellerleuchteten Grenzübergang sehen. Als sie herankamen, trat ihnen ein uniformierter Beamter in den Weg. Felicia kurbelte das Fenster herunter.

»Die Pässe bitte«, sagte der Beamte. Sie reichten ihre Papiere hinaus. Er schaute zuerst in den Paß von Felicia, gab ihn dann zurück. »In Ordnung.«

Als die Reihe an Peter kam, runzelte er die Stirn. »Jude?« erkundigte er sich.

»Halbjude. Meine Mutter ist arisch.«

Er reichte ihm den Paß, winkte den Wagen durch.

»Jetzt müssen wir noch an den Schweizern vorbei«, sagte Peter.

Der Zöllner aus der Schweiz machte mehr Aufhebens. »Wie lange gedenken Sie, in der Schweiz zu bleiben?«

»Nur bis heute abend. Wir haben eine geschäftliche Besprechung in Zürich.«

»In welcher Angelegenheit?«

»Wir besitzen eine Textilfabrik in München. Wir suchen Exportmöglichkeiten im Ausland.«

Die Textilfabrik schien den Uniformierten zu überzeugen. Aus einer gewissen Naivität heraus glaubte er wohl, wer eine Fabrik in München habe, werde sie nicht aufgeben und ins Ausland verschwinden. Zögernd ließ er die beiden Deutschen passieren.

Als sie außer Sichtweite waren, bat Peter Felicia, an den Straßenrand zu fahren. Er öffnete die Wagentür, lehnte sich hinaus und holte tief Luft. »Geschafft. Felicia, ich werde dir das nie vergessen.«

»Schon in Ordnung. Ich hoffe nur, du bist sicher, daß diese Flucht nötig war. Noch könntest du mit zurückkommen . . .«

Fast zornig sah er sie an. »O Gott, wann kapiert ihr endlich alles, was passiert? Wenn selbst eine Frau wie du so blind ist! Auf Deutschland kommen furchtbare Dinge zu, und wenn alles vorüber ist, werdet ihr fassungslos dastehen und nicht begreifen, wie das alles vor eurer Nase hat geschehen können!«

»Du meinst den möglichen Krieg?«

»Das und noch vieles mehr. Weit mehr, als du dir ausmalen kannst. Aber was sollen wir jetzt darüber reden!«

Sie fuhren weiter, draußen wurde es hell. Der Regen hatte aufgehört, eine matte Sonne kämpfte sich durch die tiefhängenden Wolken, nasses Gras wiegte sich im Wind. Felicia betrachtete Peter von der Seite. Er sah jetzt müde und elend aus. Sein Mund war zu einer schmalen, weißen Linie gepreßt, in den dunklen Augen stand hilfloser Kummer.

In Zürich stiegen sie im »Dolder« ab, dem Hotel hoch über der Stadt gelegen, mit einem herrlichen Blick über den See. Elegantes Publikum im Foyer, ebenso elegantes und diskretes Personal. Peter wurde sehr zuvorkommend empfangen. Man bedauerte, daß nur noch ein Einzelzimmer frei sei, aber Peter erklärte, die Dame werde sowieso in einigen Stunden wieder abreisen.

»Ich denke«, sagte er dann zu Felicia, »wir sollten erst einmal frühstücken.«

Im Speisesaal wurden sie neugierig gemustert. Felicia kannte das schon; wann immer sie mit Peter öffentlich auftrat, zogen sie das Interesse auf sich. Sie gaben ein schönes Paar ab, beide groß, dunkelhaarig, mit gleichmäßigen, intelligenten Gesichtszügen. Felicia schminkte sich gern, obwohl das im Nazi-Deutschland als verpönt galt. Sie scherte sich nicht darum und hob sich mit einem gewissen Vergnügen vom Bild der naturbelassenen, blonden, deutschen Mutter ab.

Sie wußte, daß Peter sie gern geheiratet hätte. Aber nie hatte sie sich auch nur auf den Austausch von Zärtlichkeiten eingelassen. Es hatte ein paar unschöne Szenen deswegen gegeben, in denen er ihr vorwarf, sie lehne ihn wegen seines jüdischen Vaters ab. »Die arische Frau denkt an die Reinerhaltung des Blutes!«

»Unsinn! Du weißt, daß diese Dinge für mich nicht die allergeringste Rolle spielen!«

Das stimmte, und im Innersten war ihm das auch klar. Felicia erwiderte seine Gefühle nicht, das war alles. Es fiel ihm nicht leicht, sich das einzugestehen – zumal es offensichtlich auch keinen anderen Mann in Felicias Leben gab. Irgendwie hatte er immer das Gefühl, als sei eine Traurigkeit in ihrem Gemüt, eine unerklärliche Melancholie, eine Sehnsucht nach etwas Unerreichbarem. Nach ihrem geschiedenen Mann? Nach einem Fremden? Er wußte es nicht. Er ertappte sich nur allzuoft bei dem Wunsch, ihr früher begegnet zu sein, Jahrzehnte früher, dem jungen Mädchen, das sie einmal war, unbefangen, ohne Enttäuschungen, bittere Erfahrungen, Erinnerungen. Vielleicht wäre sie glücklicher geworden mit ihm – glücklicher, als sie jetzt war.

Sie frühstückten ausgiebig; Kaffee, Croissants, Butter und Marmelade, Eier und Schinken, und dann gingen sie in Peters Zimmer, wo sich Felicia, wie sie war, aufs Bett legte und sofort einschlief. Ihre Haare verteilten sich wirr über das Kopfkissen, ihr Leinenkostüm zerknitterte, ihr Make-up verschmierte sich. Peter sah sie an und war gerührt. Mit gedämpfter Stimme führte er ein paar Telefongespräche, dann setzte er sich still in einen Sessel am Fenster, schaute der Schlafenden zu und lauschte dem Regen, der plötzlich wieder eingesetzt hatte und gleichmäßig gegen die Fensterscheiben pladderte.

Gegen Mittag weckte er Felicia. Sie sollte noch bei Licht so weit wie möglich fahren. Er saß auf dem Bettrand, hatte eine Hand sanft auf ihre Schulter gelegt. »Felicia! Aufwachen! Es wird Zeit für dich.«

Sie erwachte aus tiefstem Schlaf, sah ihn verwirrt und abwesend an. »Was ist los?«

Seine Sehnsucht nach ihr war mit einemmal so heftig, daß er sich nicht zurückhalten konnte, zu sagen: »Oder schlaf weiter und bleib hier. Laß uns zusammen ins Exil gehen. Es ist so bitter für mich, Felicia – aber mit dir wäre es die beste Zeit meines Lebens.«

Einen Moment lang, eine Sekunde lang, war sie versucht, ihren Kopf an seine Brust zu legen, Zuflucht in seiner Umarmung zu nehmen. Es würde so schön sein . . . es war so lange her, so ewig lange, daß ein Mann sie berührt hatte. Der Regen draußen, hier drinnen das schöne, warme Zimmer, eine Insel in einer feindseligen Welt.

Aber dann stand sie auf und zupfte an ihrem zerknitterten Rock. »Einer muß sich ja schließlich um das Geschäft kümmern, während du fort bist, Peter, vergiß das nicht.«

Auch er erhob sich, wirkte auf einmal sehr hilflos, als er ihr gegenüberstand. »Ja . . . du hast recht. Es ist besser, du fährst nach Hause. Da sind deine Familie, deine Kinder, deine Freunde. Warum solltest du das alles aufgeben – für mich?«

»Ich . . .«, sie wußte nichts darauf zu erwidern. »Ich geh' erst einmal ins Bad, wenn es dir recht ist.«

Als sie zurückkam, hatte sie ihre Haare gebürstet und ihr Make-up erneuert, aber sie sah immer noch erschöpft aus. »Was wirst du tun?« fragte sie sachlich.

»Ich habe Freunde in Zürich. Als du geschlafen hast, habe ich mit ihnen telefoniert. Ich kann für einige Zeit bei ihnen wohnen.«

»Und dann?«

Er zuckte mit den Schultern. »Weiß noch nicht. Vielleicht gehe ich nach Frankreich. Mal sehen.«

»Meldest du dich hin und wieder bei mir?«

»Ich will dich nicht in Schwierigkeiten bringen.«

»Ach was . . . ich möchte, daß du anrufst. Oder schreibst. Ich weiß ja gar nicht . . . lieber Gott, ich werde ununterbrochen deinen Rat brauchen, fürchte ich!«

»Du wirst dich sehr gut allein durchschlagen, Felicia. Du bist eine erstklassige Geschäftsfrau. Und überleg dir das mit den Uniformen. Wird eine Bombensache, ich schwöre es dir.«

»Ja – ich denke darüber nach.« Felicia umklammerte ihre Handtasche fester. »Ich muß jetzt gehen.«

»Ja. Danke für alles.«

Auf einmal war das Hotelzimmer kein gemütlicher Hafen mehr. Auf einmal war es von erschlagender Trostlosigkeit. Wie ein Bahnhof, auf dem man Abschied nimmt, gehetzt von Lautsprechern, die zum Einsteigen auffordern. Sie umarmten einander, erst oben in dem traurigen Zimmer, dann unten im Regen auf der Straße. Peter winkte dem Auto nach, bis er es nicht mehr sah.

Zu Hause in München fand Felicia zwei Briefe vor. Der eine war von Susanne; sie teilte ihr darin mit, sie sei allein nach Lulinn gefahren, denn *ihr* sei daran gelegen, an Belles Hochzeit teilzunehmen. Es sei ihr egal, ob ihre Mutter nachzukommen gedenke oder nicht.

Der zweite Brief stammte von Peter Liliencron, er mußte ihn am Tag vor seiner Flucht abgeschickt haben. In einem mehrseitigen Schreiben, das von einem Notar beglaubigt war, machte er Felicia darin zur alleinigen Eigentümerin seiner Fabrik.

3

Seit 1933 gab es ihn nicht mehr, Max Reinhardt, als Chef der berühmten Theater in Berlin. Aus Oxford hatte er einen Brief an den Präsidenten der Reichskulturkammer geschrieben und ihm darin sowohl das »Deutsche Theater« als auch die »Kammerspiele« gewissermaßen geschenkt. Fortan hatten die Nazis die Regie übernommen, unterstellten die Theater dem KDF – Kraft durch Freude – und sorgten für Popularität und hohe Besucherzahlen. Nur wenigen kleinen Privattheatern gelang es, sich daneben zu halten, die meisten wurden Opfer eines zermürbenden, nervenaufreibenden Existenzkampfes.

Max Marty haßte die Nazis, er hatte sie von Anfang an gehaßt, ihre Anmaßung, alles und jeden in Deutschland unter ihre Kontrolle bringen zu wollen, die persönliche Freiheit eines jeden Bürgers drastisch zu beschneiden, ihre Skrupellosigkeit, mit der sie an allen Ecken und Enden des Landes Spitzel einsetzten und kleinen Tyrannen die Möglichkeit gaben, sich aufzuspielen und ihren Mitmenschen das Leben schwerzumachen.

Es war ihm gelungen, ein Engagement an der »Komischen Oper« zu bekommen, einem Privattheater, das kritische Stücke spielte und sich wenig um Goebbels' Vorschriften kümmerte.

Max, der am Deutschen Theater zu den aufstrebenden Darstellern gehört hatte, mußte hier ganz von vorne anfangen. Er bekam nur kleine Rollen, schien niemanden so recht von seinen Fähigkeiten überzeugen zu können, wurschtelte sich irgendwie durch und sah keine großen Perspektiven für die Zukunft. Der lebensfrohe, temperamentvolle Mann wirkte jetzt oft bitter und zynisch. Manchmal saß er stundenlang in irgendeiner Ecke und grübelte vor sich hin.

Belle und er hatten nun tatsächlich auf Lulinn geheiratet, wenn auch ohne Felicias persönlichen Segen, wie Max es leicht ironisch formulierte. In einem langen, aufgeregten Telefonge-spräch hatte Felicia ihrer Tochter zu erklären versucht, daß Peter Liliencron dringend hätte verreisen müssen und daß in der Fabrik nun alles drunter und drüber ginge.

»Verstehst du das?« fragte sie Max. »Was kann denn da pas-siert sein?«

Max sah sie nachdenklich an. »Liliencron mußte verreisen? Soso.«

Er sagte nichts weiter, aber er dachte sich seinen Teil.

Am traurigsten war Onkel Johannes, Felicias Bruder. Er hing sehr an seiner Schwester, hatte sie aber seit Jahren nicht mehr gesehen. Modeste machte ein paar giftige Bemerkungen, Jo-seph machte Belle nervös, indem er sie ständig zu trösten ver-suchte, und der unstete Sergej betrank sich, weil er Felicia um Geld hatte anpumpen wollen und sich nun seine Hoffnungen nicht erfüllten. Susanne und Cousin Paul fungierten als Trau-zeugen.

Es war eine schöne Hochzeit, ein herrlicher, sommerlich war-mer Tag. Selbst die alte Urgroßmutter Laetitia, die ihr Bett nur noch selten verließ, nahm an der Trauung teil. Belle, im weißen Kostüm, strahlte und übersah, daß ihr Bräutigam wieder einmal in düstere Gedanken versunken war.

Die Nacht wollten sie nicht in Belles kleinem Erkerzimmer verbringen, sondern in einem der großen Gästezimmer. Jadzia hatte das Bett mit blaßgelber Seide bezogen und einen großen Strauß leuchtendbunter Tulpen auf die Kommode gestellt. Au-ßerdem mußte sie irgendeinen Duft versprüht haben, denn es hing ein schwerer, süßlicher Geruch zwischen den Wänden, der an einen orientalischen Basar oder an das Zelt eines Sultans erinnerte.

»O Gott«, sagte Max, als er das Zimmer betrat, »mach schnell das Fenster auf. Das schlägt einen ja zu Boden!«

Belle eilte zum Fenster, riß es auf. Milde Nachtluft flutete herein. Draußen hob sich ein hoher, schwarzer Himmel, übersät mit Sternen. Belle atmete tief. »Es ist so schön hier! So wunderschön! Das ganze Leben ist so schön!«

Max ließ sich in einen Sessel fallen und lockerte seine Krawatte. Er sah angespannt aus. »Ländliche Idylle«, murmelte er.

Belle hatte schon gemerkt, daß er von Lulinn nicht so verzaubert war wie sie. Er hatte keinen Blick für die Rapsfelder, die Eichen, die Pferde, den Himmel. Die Verwandtschaft ging ihm auf die Nerven, er schien nur eine gewisse Achtung vor Urgroßmutter Laetitia zu haben und sich einigermaßen mit Onkel Johannes zu verstehen. Alle anderen fand er mehr oder weniger unmöglich, und er gab sich nicht allzuviel Mühe, das zu verbergen. Mit Modeste wäre er sogar beinahe in einen Streit geraten, weil sie lauthals die Tugenden der Nazis pries. »Haben wir denn noch Arbeitslose? Liegt unsere Wirtschaft noch am Boden? Mit Hitler ist alles besser geworden, wir können uns nicht beklagen!«

Max hatte Augen gemacht wie der Teufel. »Sie wissen, daß Sie von einem Mann reden, der jegliche Opposition in diesem Land gnadenlos bekämpft, der unsere geistigen Größen zwingt, ins Ausland zu emigrieren, der . . .« Er unterbrach sich, wissend, daß solche Reden gefährlich werden konnten. »Aber wozu soll ich Ihnen das alles aufzählen«, sagte er, »haben Sie ›Mein Kampf‹ gelesen?«

Im Wohnzimmer von Lulinn stand »Mein Kampf« natürlich im Bücherschrank, so wie in vielen deutschen Wohnzimmern, aber Modeste hatte keine Zeile davon gelesen, denn sie scheute überhaupt davor zurück, dicke Bücher in Angriff zu nehmen.

»Ich weiß, was da drin steht«, erwiderte sie ausweichend.

»Offenbar nicht«, sagte Max.

Modeste plusterte sich auf wie ein Huhn. »Ich muß mir verbitten, daß Sie in diesem Ton mit mir reden! Und Ihre Hetzreden sparen Sie sich bitte auch. Als ob Sie nicht wüßten, daß es der Führer war, der unser am Boden liegendes Land nach dem Schanddiktat von Versailles wieder in die Höhe gebracht hat!«

Max grinste böse. »Nicht Politik ist unser Schicksal, sondern die Wirtschaft. Das sagte unser ehemaliger Reichsaußenminister Walter Rathenau. Er hatte recht. Es war die wirtschaftliche Lage Deutschlands, die Hitler an die Spitze katapultiert hat.«

»Zweifellos«, murmelte Onkel Jo, und dann herrschte ein paar Minuten ungutes Schweigen in der Runde.

»Es kommen schwere Zeiten auf uns zu«, sagte Max nun, während er in einem Sessel im Schlafzimmer saß und hinausstarrte, ohne die Schönheit der ostpreußischen Nacht zu sehen. »Wenn wir wenigstens mehr Geld hätten!«

Belle seufzte leise. Warum mußte er *jetzt* damit anfangen? Sie waren seit wenigen Stunden verheiratet, und schon fiel er wieder in diese grüblerische Stimmung, die sie zu fürchten gelernt hatte. Das, was sie an ihm so faszinierte, daß sie ihn unbedingt hatte heiraten wollen, das Schwerblütige, Komplizierte in seinem Wesen, machte ihr auch angst. Er war ihr ferner als der Mond, sie stand ihm hilflos gegenüber, fühlte sich von seinem Innersten ausgeschlossen und abgelehnt.

Sanft berührte sie nun seine Wange. »Max! Nicht anfangen zu grübeln! Morgen, ja? Morgen reden wir über alles.«

»Morgen! Morgen ist auch nicht besser als heute! Ich frage mich, wovon wir leben werden. Was mit uns allen geschehen wird. Wie wir beide es schaffen sollen!«

Theoretisches Gerede, immer, es war so typisch für ihn!

»Wir verdienen doch beide Geld. Ich weiß, es ist nicht viel, aber . . .«

»Aber du bist bald ein Star und kaufst dir eine Villa auf Schwanenwerder, ich weiß.«

»Ach, ich habe keine Ahnung, ob ich jemals ein Star werde«, sagte Belle ungeduldig. »Jedenfalls hat uns meine Berliner Großmutter angeboten, bei ihr in der Schloßstraße zu wohnen. Es ist so eine große Wohnung, daß wir einander bestimmt nicht stören. Nicola und Sergej haben dort auch ein Jahr gelebt, bevor Sergej nach Breslau mußte, und es ging gut.«

»Nicola und Sergej! Ausgerechnet die beiden mußt du jetzt nennen! Sergej ist ein leichtsinniger, arroganter Lebemann, der nicht mehr im Kopf hat als sein neues Rasierwasser und irgendeine schicke Krawatte. Und Nicola . . .«

»Ja?« fragte Belle aggressiv. Jetzt zückte sie die Krallen. Über

Sergej mochte Max noch sagen, was er wollte, Sergej hatte in die Familie eingeheiratet, das war fremdes Blut, für das sich Belle nicht verantwortlich fühlte. Aber Nicola ... die Cousine ihrer Mutter ... Max sollte es wagen, ein Wort gegen sie zu sagen! »Was ist mit Nicola?«

»Entschuldige, aber sie ist wirklich reichlich oberflächlich. Ein hübsches Püppchen, das sich gut anzuziehen und zu frisieren weiß, aber sehr viel mehr ...«

»Wenn dir meine Familie nicht paßt«, unterbrach Belle mit kalter Stimme, »kannst du selbstverständlich gern weiterhin in deiner Kammer am Prenzlauer Berg hausen. Ich werde dort aber nicht leben. Ich bleibe bei meiner Großmutter in Charlottenburg.«

»Natürlich! Madame wäre in einer Arbeitergegend ja auch völlig fehl am Platz!«

»Gut, daß du das einsiehst!«

»Dann dürfte im Augenblick jede weitere Diskussion sinnlos sein.« Max erhob sich. Sie standen einander in dem dunklen Zimmer gegenüber, nur eine kleine Lampe brannte, die Luft war noch immer geschwängert von dem süßlichen Geruch, der Belle bereits Kopfschmerzen machte.

»Ich glaube, ich gehe noch etwas spazieren«, sagte Max und öffnete die Tür. »Warte nicht auf mich.«

»Worauf du Gift nehmen kannst!« fauchte Belle. Die Tür fiel hinter ihm zu. Belle war allein mitsamt den Blumen und dem gelbseidenen Bett. Einen Moment war sie versucht, irgend etwas mit voller Wucht zu zerschmeißen, die porzellanene Waschschüssel vielleicht, aber sie riß sich zusammen. Sollte Max doch bleiben, wo der Pfeffer wächst!

Sie verließ den Raum, stieg die Treppe hinauf und huschte in ihr eigenes kleines Zimmer mit dem Apfelbaum vor dem Fenster. Zum Glück hatte keiner sie gesehen; für Onkel Joseph wäre es ein gefundenes Fressen, die junge Braut in ihrer Hochzeitsnacht auf der Flucht zu ertappen. Sie legte sich ins Bett, aber sie konnte nicht einschlafen. Sie drehte an ihrem Ehering, und sie begann sich zu fragen, ob sie einen Fehler gemacht hatte.

Tom Wolff hatte zeitlebens Angst vor dem Alter gehabt. Dem großen, schweren Mann, vital, derb und einschüchternd, bereitete der Gedanke, hinfällig und schwach zu werden, schlaflose Nächte. Worauf sollte er dann zurückgreifen? Er verfügte zwar über genügend Bauernschläue, nicht aber über feine Bildung, mit der er sein Auftreten ein wenig hätte würzen können. Andere Männer schlugen dem Alter ein Schnippchen, indem sie die grauhaarigen, eleganten, lebensklugen Gentlemen spielten, denen dann zumindest noch die jungen Frauen mit Vaterkomplexen hinterherliefen. Tom Wolff, der einst bettelarme Bauernsohn aus dem Bayerischen Wald aber, war weder Gentleman noch elegant und lebensklug höchstens, was das Geldverdienen anging. Und grauhaarig allein reichte nicht aus. Deshalb hatte er 1932 beschlossen, reich zu werden, soviel Geld zu haben, daß sein Doppelkinn, seine Tränensäcke, die schlaffen Wangen und die faltige Haut nichts mehr wogen. Es schien die einzige Chance, den bald nahenden sechzigsten Geburtstag halbwegs würdevoll zu ertragen.

Tom Wolff hatte bis zum großen Börsenkrach zusammen mit Felicia Lavergne die große Textilfabrik geführt, und dann, ebenfalls gemeinsam mit Felicia, alles verloren, was er besaß. Damals war er zusammengebrochen. Beraubt aller irdischer Güter schien es ihm, als bleibe nichts mehr von ihm übrig. Kat, seine schöne, schwarzhaarige Frau, die Schwester von Felicias geschiedenem Mann, hochmütig und unnahbar, hatte ihm damals auf die Füße geholfen.

»Du liebst mich nicht!« hatte er weinend geschrien, und sie hatte kühl geantwortet: »Nein. Aber ich glaube noch immer an dich.«

Das hatte ihn aufgerüttelt. Zum Teufel, sie hatte recht! Er war Tom Wolff! Ein Bauer von einem gottverlassenen Hof dicht an der tschechischen Grenze, ungehobelt und plump, aber schlau, gewitzt, immer eine Spur schneller als die anderen. Ausgestattet mit einer erstklassigen Nase für gute Geschäfte. Er war beinahe sechzig Jahre alt, dickbäuchig und kurzatmig – sein Herz begehrte dann und wann gegen das übermäßig viele Essen, den Alkohol und die Zigaretten auf –, aber er war nicht zu alt, um es noch einmal zu schaffen. Seiner Erfahrung nach wurden Ehrgeiz, Mut und gute Ideen stets belohnt, und alle drei Tugenden waren ihm zu eigen. Wenn er nur wollte, konnte er nach oben kommen.

Tatsächlich kam er nach oben. 1938 zählte er schon wieder zu den ganz reichen Männern von München, lebte in einem wunderschönen Haus gleich am Nymphenburger Schloß und protzte mit einem nagelneuen Cabrio von Daimler Benz. Für all das zahlte er keinen geringen Preis.

Es war Anfang Oktober, auf den Straßen lag schon das erste Laub, ein kühler Wind rüttelte an den Fensterscheiben, immer wieder spritzte Regen aus den tiefhängenden Wolken. Tom Wolff richtete sich im Bett auf und betrachtete die schlafende Frau neben sich. Wie sooft erfüllte ihn mit Widerwillen, was er sah. Lulu hörte eigentlich auf den biederen Namen Edith Müller, aber da sie es exotischer liebte, bestand sie darauf, mit »Lulu« angeredet zu werden, und sie hatte erreicht, daß die meisten Leute inzwischen glaubten, sie heiße tatsächlich so. Ihr Alter hielt sie geheim, es mußte zwischen sechzig und siebzig liegen; sie schminkte sich zu grell, färbte sich die Haare rot, trug auffallende, jugendliche Kleider und behängte sich von Kopf bis Fuß mit schwerem Goldschmuck. Sie glaubte, jung zu wirken, tatsächlich sah sie außerordentlich alt aus. Tom, der auf ihre blaubemalten Augenlider herabblickte, dachte angeekelt: Hexe! Alte, aufgetakelte Hexe!

Sie war die Witwe eines Spielzeugfabrikanten, eine steinreiche Frau, die sich die meiste Zeit ihres Lebens langweilte. Ununterbrochen kaufte sie neue Kleider, neuen Schmuck und ließ sich von ihrem Chauffeur jeden Morgen zum Friseur fahren. Sie traf sich mit sogenannten Freundinnen zum Tee, plauderte über dies und das und fühlte sich nachher genauso unzufrieden wie vorher. Irgendwann ging ihr auf, was sie suchte: einen Liebhaber. Sie brauchte unbedingt einen Liebhaber.

Tom hatte sie 1932 auf einer Party von gemeinsamen Freunden kennengelernt, in jenen Tagen, da er achtundfünfzig geworden war, wie ein krankes Tier herumlief und nach Selbstbestätigung Ausschau hielt. Irgendwie waren sie ins Gespräch gekommen, auf einem zierlichen Sofa nebeneinandersitzend und Lachsbrötchen essend. Lulu hielt die Brötchen zwischen ihren dicken, aber perfekt manikürten Händen und spreizte den kleinen Finger vornehm ab, und Tom betrachtete fasziniert ihre gewaltigen, massivgoldenen Ringe. Sie erzählte von der Spielzeugfabrik und klagte, daß die Umsätze zurückgingen. »Immer lief es hervorragend. Aber plötzlich stagniert es.«

»Was genau stagniert?« erkundigte sich Tom.

Unter langen, falschen Wimpern schaute sie ihn bekümmert an. »Die Trapper. Die Indianer. Die Pferde, Kühe, Schafe. Wir stellen kleine Figuren her, verstehen Sie, aus dem Wilden Westen und vom Bauernhof. Aber aus irgendeinem Grund will sie keiner mehr.« Sie angelte nach dem nächsten Lachsbrötchen.

»Tja«, sagte Tom. Und in der Sekunde darauf hatte er einen jener Einfälle, die ihn schon manchmal im Laufe seines bewegten Lebens in schwindelerregende Höhen des Erfolges gehoben hatten. »SA«, sagte er.

Lulu betrachtete ihn verwirrt. »Wie bitte?«

Tom tupfte sich mit einem Taschentuch die Stirn ab; sowie er sich auch nur ein bißchen aufregte, brach ihm der Schweiß aus. Bluthochdruck. »Nazis! Ganze Heerscharen von Braunhemden müssen wir herstellen! Adolf Hitler mit erhobenem . . .«

»Wir?« fragte Lulu spöttisch.

Tom sah sie an. »Ich könnte Ihre Fabrik in die Höhe bringen, Lulu.«

»Aber wieso Nazis?«

»Die Nazis werden die Wahl gewinnen.«

»Woher wollen Sie das wissen?«

»Ich weiß es. Sagen wir – ich bin beinahe sicher. Und wenn es stimmt und wir werfen am Tag danach unsere Figuren auf den Markt, dann wird das ein Bombengeschäft. Jeder Junge in Deutschland wird verrückt sein nach dem Zeug. Und wir können . . . wir können auch andere Staatsmänner nachbilden. Wir können historische Begebenheiten zusammenstellen. Lulu, wir können mit diesem verdammten Spielzeug ein Vermögen machen!«

»Und wenn die Nazis nun doch nicht . . .«

»Sie werden, verlassen Sie sich darauf. Trapper! Indianer! Ha, danach kräht kein Hahn mehr!«

Lulu lächelte tückisch. »Ich könnte jetzt sagen, danke für den Tip, und das alles allein in die Tat umsetzen.«

Tom betrachtete sie kühl. »Ich schätze, Sie haben keinen einzig wirklich kreativen Kopf in Ihrem Unternehmen. Sie würden die schöne Idee ruinieren.«

»Wenn ich Sie zu meinem Partner mache – was wollen Sie dafür?«

»Eine sehr hohe Gewinnbeteiligung. Und direkt nach Ihnen bin ich der Chef.«

Lulu hob ihr Champagnerglas. »Ich werde darüber nachdenken.«

Inzwischen waren sie Partner, seit sechs Jahren. Wolffs Kalkül war glänzend aufgegangen. Sie stellten SA-Leute her, SS, Hitlerjugend, Jungvolk, Hitler, Göring, Goebbels in allen Lebenslagen, jubelndes Volk, Fahnen, Tribünen, Fackelzüge . . . man riß ihnen das Zeug förmlich aus den Händen. Toms neueste Idee war es, Soldaten zu verkaufen. Kanonen. Kavalleriepferde, Armeelastwagen. Im Zuge der Militarisierung Deutschlands gingen sie weg wie warme Semmeln. Außerdem war Tom, längst natürlich Parteimitglied, mir der Produktion von Abzeichen des Winterhilfswerkes betraut worden, lieferte Weihnachtsbaumfiguren, Schmetterlinge zum Anstecken, Märchenfiguren und vieles mehr. Er war ein reicher Mann. Und der Liebhaber von Lulu.

Sie hatte ihn zum zweiten Mann von »Müllers Spielwaren« gemacht, aber bei jeder Gelegenheit ließ sie ihn wissen, daß es von ihrer Gnade abhing, ob er seine Position behielte. Und zum anderen redete sie immer wieder davon, daß sie sich bald in den Ruhestand begeben würde – dabei hatte sie nie gearbeitet – und daß sie dann einen Nachfolger brauchte.

»Wen mache ich wohl zum Chef, Tom?«

»Mich!«

»Wenn du brav bist . . .«

Am Anfang hatte es ihm nichts ausgemacht, mit ihr zu schlafen. Da seine Frau Kat ihn seit Jahren abwies, bot es ihm sogar zunächst eine willkommene Abwechslung. Aber immer mehr ekelte ihn das ganze Spiel an. Er kam sich vor wie ein Pferd, dem ein Stück Zucker vor die Nase gehalten und immer dann fortgezogen wird, wenn es sich danach streckt. Der Zucker war die Fabrik. Er wollte sie, er wollte sie unter allen Umständen, auch wenn er dafür den Liebhaber dieser schrecklichen Frau spielen mußte. Die Rolle widerte ihn an, aber das Ziel blieb lohnend. War er erst Chef dort, vielleicht konnte er sie dann austricksen. Er würde es zumindest versuchen, und vielleicht . . . vielleicht *gehörte* eines Tages alles ihm. Zum Teufel, er hatte es doch verdient! Er hatte den Laden in Schwung gebracht, er allein. Inzwischen kannte er ja die Bücher, er wußte, daß das Unternehmen damals tief im Schlamassel gesteckt hatte, tiefer, als es selbst Lulu geahnt hatte. Nun florierten die Geschäfte – und das verdankte sie nur ihm!

Er rutschte von der schlafenden Lulu weg, stand auf und schaltete den Volksempfänger ein. Die Deutschen waren im Sudetenland einmarschiert, mit großem Enthusiasmus wurde auf allen Kanälen davon berichtet. »Hitler holt die Deutschen heim ins Reich. Jubelnder Empfang für unsere Truppen!«

Wolff hörte es zufrieden. Das Münchener Abkommen, bei dem die Frage des Sudetenlandes soeben für Deutschland entschieden worden war, ließ er bereits in Kleinformat nachbilden. Hitler, Chamberlain, Mussolini und Daladier im Halbkreis stehend.

Würde sicher wieder ein Erfolg.

Lulu war aufgewacht. »Gehst du schon, Tom?«

Er schlüpfte gerade in seine Hose. »Ich muß. Leider. Will noch mal in die Fabrik, nachsehen, wie es mit dem Münchener Treffen steht. Du weißt ja, wenn man nicht alles kontrolliert . . .«

»Du opferst dich wirklich für meine Firma«, sagte Lulu träge.

Tom erwiderte nichts. Sie gebrauchte diese Formulierung absichtlich, das war ihm klar. »Meine Firma«. Sie wußte, er haßte es, wenn sie das hervorhob. Aber sie spielte gar zu gern ihre Macht aus.

»Tom, wann kommst du wieder?« Sie erhob sich nun eben-falls, schlüpfte in ihren grünseidenen Morgenrock. Ihr Augen-Make-up hatte sich verschmiert, sie sah grotesk und sehr alt aus. Wie immer, wenn er gerade mit ihr geschlafen hatte, war Tom davon überzeugt, er werde es nie wieder tun können.

»Ich weiß noch nicht, Lulu. Meine Frau soll es ja nicht unbe-dingt merken.«

»Glaubst du, es würde sie interessieren?« Lulu stellte das Radio ab. Politik hatte sie noch nie interessiert. »Ich möchte dich übermorgen abend sehen, Tom.«

»Übermorgen?« O Gott, schon übermorgen!

»Ja. Ich lasse ein schönes Abendessen vorbereiten, wir setzen uns vor den Kamin. Ein guter Wein aus dem Keller meines verstorbenen Mannes . . .«

»Ich weiß nicht, ob es geht . . .«

Lulu zuckte mit den Schultern. »Wenn du dich halb sosehr für mich einsetzen würdest wie für das Spielzeug . . .«

»Das mit dem Spielzeug tue ich ja für dich!«

Lulu lächelte spöttisch. »Lügner! Für dich tust du's, für dich allein. Ich weiß genau, was du willst: Du willst meine Fabrik! Du würdest dich umbringen dafür! Na ja . . . vielleicht bist du ja gar nicht so weit von deinem Ziel entfernt. Wer weiß. Also – über-morgen?«

Tom schluckte Zorn und Ekel hinunter. »In Ordnung, Lulu, mein Schatz. Ich bin da. Übermorgen.«

Draußen auf der Straße hüllte er sich fester in seinen Mantel. Der Wind wirbelte die Blätter auf. Anfang Oktober und schon so kalt? Er schüttelte sich, versuchte auch die Gedanken abzu-schütteln, die ihn bedrängten. Dieses Gefühl, in einer Umklam-merung zu sitzen, aus der es kein Entkommen gab . . . Jetzt aufgeben? Mit dem Geld leben, das er verdient hatte? Nein! Nicht, wenn er das Zehnfache haben konnte!

Er stieg in sein Auto und fuhr los. Entlang allen Straßen wurden die Extrablätter angeboten, die über den Einmarsch der Deutschen im Sudetenland berichteten. Die Ausrufer über-schrien einander gegenseitig. Tom grinste. Er fand die Nazis überheblich und dumm, ihr Gerede von der arischen Rasse, von der Vergrößerung des Lebensraumes, vom tausendjährigen Reich. Dieses alberne »Heil Hitler«, rechte Flosse hoch und immer viel Getue um jeden Dreck. Wie ein Huhn, das ein Ei gelegt hatte, so gackerten die Nazis um jede neue Errungenschaft. Österreich, Sudetenland. Und er dachte: Danzig. Danzig ist das nächste.

Aber so wenig er von Hitler hielt, so fest war Tom entschlossen, sich mit den braunen Schergen gut zu stellen. Sie hatten die Macht, also mußte man ihnen Honig ums Maul schmieren. Opportunismus hatte er nie für einen Charakterfehler gehalten, sondern für eine schlichte Lebensnotwendigkeit. Wer sich dafür zu fein war, war auch dumm.

Sein Blick fiel auf eine Frau, die gerade den Karlsplatz überquerte. Eleganter Mantel aus dunkelbraunem Wollstoff, ein Seidenschal in leuchtenden Grüntönen um den Hals, dunkles, glänzendes Haar . . . dieses verschlossene Gesicht . . .

Er trat auf die Bremse, ignorierte das erboste Hupen des Autofahrers hinter sich, kurbelte die Scheibe hinunter. »Welch eine Freude! Felicia Lavergne!«

Felicia trat heran. »Tom Wolff! Lange nicht gesehen!«

»In der Tat. Wohin möchtest du denn gerade?«

»Ich besuche jemanden.«

»Oh – ein Rendezvous?«

»Sei nicht so albern, Tom.«

»Ich fahre dich hin, wohin du willst!« Tom machte eine weitausholende Handbewegung, mit der er das ganze Auto umschrieb. »Du bist damit die erste, die in meinem neuen Wagen fahren darf. Ich habe den Bugatti verkauft. Wie gefällt dir das Cabriolet?«

»Nicht schlecht«, meinte Felicia und stieg ein.

»22 000 Reichsmark«, erklärte Tom lässig, »100 PS. Weißt du, wie schnell ich damit fahren kann?«

»Keine Ahnung.«

»160 Stundenkilometer. Leider kann ich dir das hier nicht demonstrieren.«

»Ich glaub's dir auch so.« Felicia mußte grinsen. Tom war noch immer derselbe hoffnungslose Angeber wie früher. Sie lehnte sich behaglich in den weichen Sitz zurück. »Ich möchte in die Hohenzollernstraße.«

»Hohenzollernstraße. Alles klar!« Der Wagen fuhr an. Tom warf Felicia einen Blick zu, sie erwiderte ihn. Sie dachte: Wie alt er wird!

Und Tom dachte: Sie sieht immer noch so verdammt gut aus.

Sie waren Geschäftspartner gewesen bis zum Schwarzen Freitag, und sie kannten jeder den anderen ganz genau. Sie brauchten einander nichts vorzumachen. Sie wußten, sie waren beutegierig, dann und wann skrupellos. Sie hatten jeder eine weiche Stelle, die sie verbissen zu tarnen suchten, und sie konnten sich bis zum äußersten anpassen, ohne im Innern auch nur eine Spur von dem abzukommen, was sie für richtig hielten. Manchmal hatte Tom zu Felicia gesagt: »Du bist wie ich. Um nichts besser, Gnädigste.«

Sie protestierte dann, wußte aber, er hatte recht. Sie war ihm fatal ähnlich.

»Ich glaube, ich muß dich beglückwünschen, Felicia«, fing Tom nun an. »Wie man hört, hast du im Frühjahr einen Volltreffer gelandet. Peter Liliencron hat dir sein Unternehmen überschrieben. Wie hast du das nur gemacht?«

»Ich habe gar nichts gemacht!«

»Na, na! Dann wurdest du einfach vom Schicksal belohnt? Wofür, wenn man fragen darf?«

»Man darf nicht fragen, Tom. Die ganze Geschichte geht dich ausnahmsweise einmal nichts an.«

»Hm. Wohin ist Liliencron verschwunden?«

»Ich habe nicht die leiseste Ahnung.«

Tom lachte leise. »Ich wette, du weißt es besser, als irgend jemand sonst! Aber ich werde dich nicht bedrängen. Wo immer Liliencron ist – du bist jedenfalls am Ziel. Wieder einmal. Du weißt, damit gehört dir meine ganze Bewunderung!«

»Danke. Es ist nett, einen Verehrer zu haben. Übrigens – was machen denn deine niedlichen Spielzeugfiguren?«

»Das Geschäft blüht«, sagte Tom zufrieden. »Auch wenn ich es selber sage: Die Nazis fürs Kinderzimmer waren einer der besten Einfälle meines Lebens!«

»Dafür bewundert dich wirklich jeder, Tom, nicht nur ich. Allerdings, der entscheidende Stein zum Glück fehlt noch, nicht? Du verdienst viel Geld beim Müller-Imperium – aber besitzen tust du nichts davon. Nicht einen Bruchteil!«

Toms Augen wurden schmal. »Ja – was das betrifft, bist du mir einen entscheidenden Schritt voraus. Aber womöglich ziehe ich nach!«

»Davon bin ich überzeugt«, sagte Felicia höflich. Ganz München wußte, daß er mit der gräßlichen Lulu schlief, und jedem war klar, warum er das tat. Da Lulu ebenso gerissen war wie er, würde dieses Pokerspiel noch zu einem spannenden Wettkampf werden.

Sie sprachen nichts mehr, bis sie die Hohenzollernstraße erreichten. Dann erst fragte Tom: »Also – zu wem willst du jetzt eigentlich?«

»Ich will Freunde besuchen. Du müßtest sie auch kennen. Sara und Martin Elias.«

»Martin Elias – der Sohn des bekannten Bankiers?«

»Richtig. Bloß, daß die Bank dem alten Elias nicht mehr gehört. Du kannst dir denken, warum . . .«

»Tja. Juden.«

»Martin ist Schriftsteller, aber er darf nicht mehr veröffentlichen. Er arbeitet bei einer kleinen Zeitung, für einen Hungerlohn. Und Sara hat eine Stelle im jüdischen Kindergarten. Sie schlagen sich mehr schlecht als recht durch.«

»Glaub' ich gern. Den Juden wird hier das Leben schon verdammt schwergemacht.«

»Mal sehen, ob ich irgend etwas für sie tun kann. Wiedersehen, Tom. Danke fürs Mitnehmen.«

Er sah ihr nach, wie sie davonging. Seit mehr als zwanzig Jahren strampelte er darum, sich ihr ebenbürtig zu fühlen, aber da waren immer die unsichtbaren Schranken ihrer Herkunft zwischen ihnen. Er, der Bauernsohn von der tschechischen Grenze. Und sie, die höhere Tochter aus Berlin, das ostpreußische Gut und eine jahrhundertealte Familie hinter sich. Er konnte alles Geld der Welt haben, nie würde er sie einholen. Nie.

Er riß sich zusammen. Heute abend hatte er Gäste. Freunde des Gauleiters. Er mußte in Form sein.

4

Belle und Max hatten einen Kompromiß geschlossen: Sie waren nicht in die Schloßstraße zu Belles Großmutter gezogen, aber auch nicht in das karge Zimmer am Prenzlauer Berg. Max hatte eine Wohnung am Alexanderplatz gefunden, die sie sich leisten konnten, drei Zimmer, Küche und Bad. Eine kahle, unschöne Gegend, fand Belle, und das Haus gefiel ihr auch nicht, eine graue Mietskaserne ohne eine Spur Grün davor. Aber da Max ihr entgegengekommen war, konnte sie sich nicht kleinlich zeigen. Ihre Mutter hatte ihr Geld geschickt, damit sie die Wohnung einrichten konnte, und Belle verbrachte ganze Nachmittage damit, durch die Berliner Möbelgeschäfte zu ziehen und Schränke, Sessel, Teppiche und Vorhangstoffe auszusuchen. Felicia, noch immer vom schlechten Gewissen geplagt, weil sie der Hochzeit ferngeblieben war, hatte ihren Scheck großzügig bemessen, und so verwandelte Belle, zumindest was die Innenausstattung anging, die Wohnung in ein kleines Juwel voller Spiegel, Kissen und schöner Bilder. Alles war luxuriös, neu und elegant. Belle schwelgte in ihren Errungenschaften, und mit einer Art wütendem Trotz gab sie sich ihrer Kauflust um so mehr hin, als Max sich darüber ärgerte. Meist sagte er nichts, aber sie merkte, daß er nicht einverstanden war. Er verachtete Luxus, fand ihn überflüssig und dekadent.

»Wozu denn einen Sektkübel?« fragte er entsetzt, als Belle ihr neuestes Prunkstück auf den Tisch stellte.

Sie hielt eine Flasche Sekt in die Höhe. »Darum. Weil wir heute abend Sekt trinken!«

Max hatte nachmittags Ärger bei der Probe gehabt, er war müde und gereizt. »Verstehe. Wir können zwar kaum die Miete bezahlen, aber Sekt ist immer noch drin.«

Belle zündete eine Kerze an, bemüht, ruhig zu bleiben und

41

den Frieden des Abends zu retten. »Großmutter hat die Flasche gestiftet. Und der Kübel ist vom Geld meiner Mutter. Du siehst, du brauchst dir keine Sorgen zu machen.«

»Wenn wir deine Familie nicht hätten«, sagte Max anzüglich. »Ich wette, dann hättest du nicht mich, sondern einen anderen Mann mit Geld geheiratet. Ohne Luxus kannst du doch überhaupt nicht sein!«

»Ich habe ein bißchen Schönheitssinn, das ist alles!«

Er betrachtete ihr feines Gesicht, die langen, dickgetuschten Wimpern, den tiefrot geschminkten Mund. »Ja ... wahrscheinlich hast du recht. Du gehörst in eine schöne, elegante Umgebung. Aber ich passe nicht hierher.«

»Max, bitte, fang jetzt nicht damit an!« sagte Belle verzweifelt. Einen Abend, nur einen Abend wollte sie ohne diese zermürbenden Diskussionen verbringen. Sie wollte heute feiern, weil sie nach monatelangen Auftritten in albernen Reklamefilmen endlich wieder einmal eine Rolle in einem richtigen Spielfilm bekommen hatte; Herbert Selpin hatte ihr einen winzig kleinen Part in »Ich liebe dich« zugeteilt, und immerhin stand sie dort an der Seite von Luise Ullrich und Victor de Kowa. Sie hatte sich gefreut und darauf gebrannt, es Max zu erzählen, aber nun war ihr plötzlich die Lust vergangen, und sie erwähnte die Sache mit keinem Wort.

Schweigend aßen sie zu Abend, spülten nachher ebenso schweigend das Geschirr. Max war mit ein paar Freunden in einer Kneipe verabredet, er hatte an diesem Abend keine Vorstellung.

»Möchtest du mitkommen?« fragte er höflich.

Belle sah ihn kühl an. »Vielen Dank, aber da ich ohnehin nicht in der Lage bin, etwas Geistreiches zu eurer erhabenen Unterhaltung beizutragen, bleibe ich lieber daheim und lege mich ins Bett. Aber ich wünsche dir viel Spaß!«

Einen Moment schien es, als wollte Max einfach die Wohnung verlassen, dann besann er sich, trat auf Belle zu und zog sie an sich, mit einer jener zärtlichen Gesten, die er selten fand, die Belle aber rückhaltlos in seine Arme getrieben hatten.

»Du bist so eine kluge, junge Frau, Belle«, sagte er leise, »und ich würde so brennend gern an deinen Gedanken teilnehmen, wenn sie ein bißchen weiter reichten als bis zu deiner Nasenspitze!«

Belle spürte warm seinen Atem über ihrem Haar. Es drängte sie, ihm zu sagen, daß sie ihn liebte, denn das, da war sie überzeugt, das tat sie wirklich, trotz allem, aber er hatte ihr die Freude verdorben.

Sie schob ihn von sich weg. »Nett, daß du mir immerhin ein bißchen Verstand zubilligst, Max. Aber da ich offenbar trotzdem einen ziemlich begrenzten Horizont habe, solltest du dich nicht mit mir belasten!«

Sie drehte sich um und verschwand im Schlafzimmer. Durch die geschlossene Tür konnte sie hören, daß Max die Wohnung verließ. Ihr schossen die Tränen in die Augen, vor Kummer und Ärger. Zum Teufel, sie war jung, sie wollte sich amüsieren, sie hatte ein Recht dazu. Sie wollte ausgehen abends, aber nicht zu diesen Weltverbesserern, die mit gesenkter Stimme auf Hitler schimpften und vom Berlin der zwanziger Jahre träumten. Sie wollte tanzen und lustige Menschen kennenlernen. Kurzentschlossen suchte sie etwas Geld zusammen. Sie würde hinuntergehen zur Hausmeisterin und sie bitten, von dort telefonieren zu dürfen. Mit Paul, ihrem Cousin. Vielleicht konnte sie sich mit ihm verabreden. Er wenigstens belehrte sie nicht ständig.

Paul Degnelly war ein verträumter junger Mann, hochgewachsen und blond, intelligent, sanft und zurückhaltend. Er war 1915 geboren, mitten im Krieg, und seine patriotische Mutter hatte seinen Vornamen nach Paul von Hindenburg, dem Sieger von Tannenberg, ausgewählt, insgeheim hoffend, er werde es eines Tages vielleicht zu ähnlicher Größe bringen. Es stellte sich jedoch schon früh heraus, daß Paul keinerlei Neigung in diese Richtung hatte; er ähnelte darin sehr seinem Vater, der die Schreckensbilder des letzten Krieges nie verwunden hatte. Johannes Degnellys Kanzlei genoß einen hervorragenden Ruf in Berlin, was sowohl an den juristischen Fähigkeiten des Anwalts als auch an seinen menschlichen Qualitäten lag. »Ein wirklicher Herr«, sagten die Leute, wenn sie von ihm sprachen.

Paul war entschlossen, in die Fußstapfen seines Vaters zu treten, ein Vorhaben, das durch die Wiedereinführung der Wehrpflicht 1935 verzögert worden war. Paul hatte seinen Dienst tun müssen, und da er sich schon immer für Autos interessierte, hatte er sich bei einer Kraftfahrzeugeinheit gemeldet.

»Da kann ich gleich meinen Führerschein machen«, hatte er seinem Vater erklärt.

Wie sich herausstellte, war »Kraftfahrzeug« ein Tarnname – für die neuerbauten deutschen Panzer. Paul wurde zum Panzerfahrer ausgebildet. Alles, was er die ganze Zeit über dabei dachte, war: Hoffentlich gibt es nie Krieg!

Inzwischen hatte er sein Jurastudium begonnen, träumte davon, eines Tages in die Kanzlei seines Vaters einzutreten, und fand, daß alle Panzer getrost zum Teufel gehen mochten.

Es freute ihn, als Belle plötzlich bei ihm anrief und sich für den darauffolgenden Abend mit ihm zum Essen verabredete.

Belle hatte dann noch eine Freundin mitgenommen, Christine, weil sie meinte, es könnte zu dritt noch lustiger sein als zu zweit. Paul war von dem jungen Mädchen so fasziniert, daß er von der ersten Sekunde an keinen Blick mehr von ihr ließ.

Sie aßen bei Horcher. Belle hatte sich ein neues Kleid gekauft; es war aus dunkelgrüner Wolle, mit einem breiten, schwarzen Gürtel um die Taille. Das Grün gab ihrem dunklen Haar einen rötlichen Ton, an ihren Ohren blitzten Ringe aus Straß. Die schmalen Augen hatte sie so geschminkt, daß sie ein wenig schräg wirkten, und sie sah aus wie eine Katze, die sich aufgemacht hat, die Gunst der Nacht zur Jagd zu nutzen. Da Paul und Christine sich nur noch miteinander beschäftigten, ließ Belle ihren Blick schweifen und traf schließlich den eines Mannes, der ein paar Tische weiter saß. Er war in Begleitung einer ältlichen Blondine, die sich in ein rosafarbenes Seidenkleid mit Puffärmeln gezwängt hatte. Sie interessierte ihn nicht im mindesten.

Belle senkte die Augen; sie hatte ihn schon viel zu lange angestarrt. Aber wie hypnotisiert sah sie nach einer Weile wieder hin und stellte fest, daß er sie noch immer unverwandt betrachtete. Er lächelte ihr zu.

Ziemlich eingebildet, dachte sie und stocherte in ihrem Salat.

»Wir können ja morgen in der Mensa zusammen essen«, sagte Paul gerade zu Christine.

»Ich werde um ein Uhr da sein«, erwiderte Christine. Sie wirkten beide vollkommen abwesend.

Nach dem Essen schlug Belle vor, noch in eine Bar zu gehen. Weder Paul noch Christine waren sonderlich begeistert.

»Ich schreibe morgen eine Klausur«, erklärte Christine. »Ich will es eigentlich nicht so spät werden lassen.«

»Ich bringe Sie nach Hause«, bot Paul sofort höflich an und fügte dann hinzu: »Dich natürlich auch, Belle.«

»Mach dir keine Umstände. Ich gehe vielleicht noch ins Kino, mal sehen. Ich bin jedenfalls kein bißchen müde.«

»Du kannst nicht allein ins Kino gehen«, widersprach Paul sofort, »was würde Max dazu sagen?« Es irritierte ihn ohnehin etwas, daß Belle so ganz selbstverständlich ohne ihren Mann ausging.

»Max sagt überhaupt nichts dazu, es interessiert ihn nämlich nicht besonders, was ich tue.« Belle seufzte. »Hört zu, ihr beiden fahrt jetzt nach Hause, ich schau' mir noch irgendeinen Film an, und dann geh' ich auch heim, und ich schwöre euch, ich bin ganz brav!«

Paul begriff, daß Belle ohnehin tun würde, was sie wollte, und so verabschiedeten sie sich vor dem Restaurant. Belle mußte noch tausend Ermahnungen über sich ergehen lassen, dann stiegen Paul und Christine in ein Taxi und fuhren davon.

Belle kuschelte sich tiefer in ihren Mantel, machte ein paar unschlüssige Schritte die Straße hinunter. Es überraschte sie nicht im mindesten, daß der Mann aus dem Restaurant neben ihr auftauchte und sie ansprach. Seine rosagewandete Begleiterin war verschwunden.

»Sie möchten in eine Bar?« fragte er.

Sie hatte eine schnippische Bemerkung auf den Lippen, aber sie schluckte hinunter, was sie hatte erwidern wollen. Etwas war da an seiner Stimme ... nein, nicht an seiner Stimme, an seiner Art zu sprechen. Kein Dialekt, aber der Tonfall ... sie hätte schwören können, daß er aus Ostpreußen kam. Damit hatte er die beste Position, die ein Mensch ihr gegenüber nur haben konnte. Alles, was sie entfernt an Lulinn erinnerte, machte sie wehrlos.

»Mein Name ist Andreas Rathenberg. Sie können jetzt zwei Dinge tun: entweder Sie gehen mit mir etwas trinken, oder Sie sagen, ich soll Sie in Ruhe lassen. Aber dann sehen Sie mich nie wieder.«

Sie lächelte. »Einen zweiten Versuch würden Sie nicht machen?«

Er zuckte mit den Schultern. »Unwahrscheinlich, daß sich die Gelegenheit ergeben würde.«

Belles Impuls war, ihn stehenzulassen, aber zu ihrer eigenen Überraschung tat sie es nicht. Wahrscheinlich lag es an Lulinn in seiner Stimme. Als er ein Taxi herbeiwinkte und nach ihrem Arm faßte, trat sie einen Schritt zurück. »Wo ist denn die Dame, mit der Sie vorhin gegessen haben?«

Andreas verzog das Gesicht. »Erinnern Sie mich nicht! Die Frau eines Geschäftsfreundes – eine Pflichtübung, es mußte sein. Zum Glück fühlte sie sich nicht besonders wohl und ließ sich gleich nach dem Dessert von ihrem Chauffeur nach Hause fahren.« Er öffnete die Tür des Taxis. »Was ist nun? Kommen Sie mit?«

Es war schierer Trotz gegenüber Max, der Belle bewog, in das Taxi zu steigen. Gleichzeitig nannte sie sich albern und kindisch. Natürlich lasse ich daraus keine größere Geschichte entstehen, sagte sie streng zu sich selber.

Im Auto fragte Andreas: »Wie heißen Sie?«

»Belle Lombard.«

»Belle . . . wie passend!«

Im selben Moment bemerkte sie ihren Fehler. »Ach Quatsch. Ich heiße ja gar nicht mehr Lombard. Marty. Belle Marty. Ich bin seit Mai verheiratet.« Sie war wütend auf sich. Idiotisch, so etwas. Seine nächste Bemerkung kam prompt und unvermeidlich.

»Vergessen Sie das öfter?« erkundigte er sich.

Sie zog die Augenbrauen hoch. »Sehr selten.«

Ein paar Minuten schwiegen sie nun beide. Dann konnte Belle ihre Neugier nicht länger zügeln. »Woher kommen Sie?«

»Königsberg. Aber ich lebe schon seit vielen Jahren in Berlin.«

»Oh – ich hab's gewußt! Ich hab' es gehört! Sie konnten nur aus Ostpreußen kommen!«

»Sind Sie auch von dort?«

»Aus Insterburg. Meine Familie hat dort ein Gut. Ich bin dort, sooft ich nur kann.«

Er warf ihr einen langen Blick zu, in dem diesmal nicht das hochmütige Gehabe eines Mannes von Welt lag. Diesmal war da ein Anflug von Wärme, von Verstehen.

»Sie lieben dieses Gut.«

»Ja«, sagte sie einfach.

»Wer in das Land da oben gehört, kommt nie wirklich davon los«, erklärte Andreas. Dann zog er seine Brieftasche hervor, wedelte mit einem Schein, zahlte dem Taxifahrer ein viel zu hohes Trinkgeld und genoß es ganz offensichtlich, etwas zu protzen. Er führte Belle in ein russisches Tanzlokal und bestellte eine Flasche Krimsekt. Er ließ sich alles über ihre Arbeit bei der UFA erzählen, und es war eine Mischung aus Spott und Bewunderung, daß er sie »Greta Garbo« nannte. Gegen zwei Uhr prostete sie ihm mit Wodka zu. »Nenn mich nicht immer so, Andreas«, verlangte sie mit schwerer Zunge.

»Wie?«

»Nenn mich nicht Greta Garbo!«

Er neigte sich über den Tisch, küßte ihre Wange. »Aber du bist so schön wie sie. So kalt wie sie. So hochmütig und verletzbar wie sie. Ich werde mich in dich verlieben, Belle.«

Belle lächelte. »Das nützt dir nichts. Überhaupt nichts. Nicht, solange ich mich nicht in dich verliebe!«

Als sie das sagte, hatte sie es bereits getan.

5

Je näher er seiner Wohnung kam, desto schleppender wurden seine Schritte. So ging es ihm jeden Tag inzwischen. Nicht, weil er seine Frau nicht hätte sehen wollen, weil sie etwa Streit hätten oder sich miteinander langweilten. Nein, er würde sich nie langweilen mit Sara, und im Grunde hatten sie auch nie richtig gestritten. Diskutiert, ja. Sie konnten nächtelang diskutieren, über Gott und die Welt und alles, was ihnen in den Sinn kam, und irgendwann stellte einer von ihnen fest, daß es nach Mitternacht war und daß es besser wäre, allmählich schlafen zu gehen. Aber in der letzten Zeit – eigentlich schon seit mindestens zwei Jahren – kreisten alle Gespräche nur noch um ein Thema: Verlassen wir Deutschland oder bleiben wir? Die Diskussionen waren nicht mehr fiebrig, hitzig und engagiert, sie waren jetzt verzweifelt und angstvoll. Sara brach häufig in Tränen aus. Sie empfand eine tiefe, heftige Furcht vor den Nazis und litt unter den Schikanen, denen die Juden ausgesetzt waren. Er hätte alles dafür gegeben, sie wieder einmal lachen zu sehen, und es war ihr trauriges, blasses Gesicht, was ihm das Nachhausekommen am Abend schwermachte.

Martin Elias war der Sohn eines Münchener Bankiers; er hatte sich jedoch früh von seinem Elternhaus gelöst, war lange Zeit bei den Sozialisten aktiv gewesen. Nach seiner Hochzeit mit Sara, einer Berliner Jüdin, hatte er einen Roman geschrieben, der viel beachtet wurde; im Mai '33 war er jedoch der Bücherverbrennung durch die Nazis zum Opfer gefallen. Die »Reichskulturkammer« unter Joseph Goebbels, die Künstler und Kulturschaffende im Reich scharf kontrollierte, erteilte Martin Elias schon im Frühjahr 1934 das Verbot, jemals wieder schriftstellerisch tätig zu sein. Er fand daraufhin einen Job bei einer Zeitschrift, einem anspruchslosen, kleinen Blatt, das sich im wesentlichen mit Ereignissen aus der Welt des Sports befaßte und mit Vorliebe germanisch-blonde Muskelhelden auf der Titelseite abbildete. Martin fand die Texte, die zu verfassen er gezwungen war, dumm, aber es gab keine andere Möglichkeit, etwas Geld zu verdienen. Er brauchte es dringend, um die Wohnungsmiete bezahlen zu können. Sara arbeitete in einem jüdischen Kindergarten, aber der erhielt keine staatliche Unterstützung, so daß sie dort nur ein kleines Gehalt bekam.

Sie treiben uns so lange in die Enge, bis wir gar nicht mehr anders können, als dieses gastliche Land verlassen, dachte Martin müde.

Er schloß die Haustür auf, streifte die Schuhe ab. Ein kalter, windiger Novembertag war das draußen. Der neunte November. Hitler feierte wie jedes Jahr seinen Marsch auf die Feldherrenhalle. Fast überall in München waren Fahnen gehißt. Das wenigstens brauchten sie nicht zu tun, sie durften es nicht einmal. Die Nürnberger Gesetze verboten Juden das Hissen der Hakenkreuzflagge.

Sara war schon daheim, müde und abgekämpft. Sie war eine fast unscheinbare, schüchterne Frau, die zu einem Menschen erst sehr viel Vertrauen fassen mußte, ehe sie ihn merken ließ, daß sie eine Menge Verstand, Humor und Entschlußkraft besaß. Die meisten Leute verloren jedoch zu schnell das Interesse an ihr, um das herausfinden zu können.

Es roch gut aus der Küche. Sara brutzelte irgend etwas, hantierte mit Tellern und Schüsseln. Ein heimeliges, friedliches Geräusch. Zornig dachte Martin: Unser Leben könnte so gut sein! Wir lieben einander, haben eine hübsche Wohnung, jeder kann sich hundertprozentig auf den anderen verlassen. Wären die Nazis nicht, könnte ich meine Romane schreiben, Sara würde besser bezahlt. Sie könnte ein Baby bekommen.

Sie hätten so gern Kinder gehabt. Damals, als sein Buch erschienen war und sich überraschend gut verkaufte, hatte Martin überschwenglich gesagt: »Ich werde so viel Geld verdienen, daß wir uns eines Tages ein kleines Häuschen mit Garten mieten können. Dann werden wir ein Kind haben. Oder zwei. Oder drei.« Ein schöner Traum.

»Hallo, Sara!« Er gab ihr einen Kuß. Sie umarmte ihn schweigend. Er mochte ihre Zärtlichkeit, sie war sanft und beruhigend und gab ihm jedesmal das Gefühl, daß das Leben nicht so schlimm, die Welt nicht so schlecht sein könnten.

»Wir können gleich essen«, sagte Sara. Sie hatte den Tisch bereits gedeckt, eine Kerze angezündet, anstelle von Wein, den sie sich nicht leisten konnten, eine Flasche Apfelsaft hingestellt. Es gab eine Suppe als Vorspeise, dann Gemüse und Kartoffeln.

»Du bist rührend, Sara«, sagte Martin, »nach deinem harten Tag stellst du dich noch in die Küche und machst so ein gutes Essen.« Er beobachtete, wie sie mit ihrer Gabel eine einsame Erbse aufpickte und lustlos in den Mund steckte. »Du hast wieder mal überhaupt keinen Appetit, stimmt's?«

»Ich mache mir so viele Gedanken. Heute haben wieder zwei Kinder im Kindergarten gefehlt. Es heißt, sie sind mit ihren Eltern ins Ausland gegen. Nach Holland. Martin...«

Er seufzte unüberhörbar. Sie waren wieder einmal beim Thema. Sara wollte weg. Sie wollte unter allen Umständen weg.

»Martin, ich habe einen Brief von meiner Mutter bekommen. Sie ist fest entschlossen, nach Amerika zu gehen. Es gibt da einen entfernten Verwandten in Oklahoma, der wird sie aufnehmen. Er würde uns beide bestimmt auch nicht hängenlassen. Wenn wir uns nur entscheiden könnten, diesen Schritt zu tun!«

Martin schob seinen Teller fort. »Das ist doch, was die wollen. Uns kaputtmachen, bis wir freiwillig gehen. Sara, willst du ihnen wirklich diesen Gefallen erweisen?«

»Ich verstehe nicht, wie das für dich eine Frage des Stolzes sein kann! Laß sie doch triumphieren. Sie verjagen uns aus unserer Heimat – lieber Himmel, gib ihnen diesen Sieg! Noch *können* wir gehen, Martin. Es ist vielleicht unsere letzte Chance. Ich habe Angst.«

»Du brauchst keine Angst zu haben.«

»Ich habe aber Angst. Ich sehe entsetzliche Dinge... nachts in meinen Träumen... und am Tag, wenn ich durch die Straßen gehe...«

Martin lachte nicht. Sara war mit einer eigenartigen Hellsicht begabt, war es immer gewesen. Es war nicht so, daß sie genaue Prognosen stellen konnte, aber sie empfand Schwingungen, die sie warnten. Sie wechselte unvermittelt die Straßenseite, und Sekunden später fiel dort, wo sie in dem Moment gestanden hätte, ein Ziegel vom Dach. Sie hatte, kurz bevor sie mit Martin ausgehen wollte, ein »komisches Gefühl«, das sie zwang, daheim zu bleiben, und später stellte sich heraus, daß in dem Lokal, das sie hatten besuchen wollen, weil dort noch koscher gekocht wurde und man immer Freunde traf, eine Razzia der Gestapo stattgefunden hatte und viele Gäste verhaftet worden waren. Als sie vor Jahren in diese Wohnung eingezogen waren, hatte sie sofort festgestellt, daß es im unteren Flur eine Tür zur Straße, jedoch keine nach hinten zum Hof gab.

»Das Haus hat nur einen Ausgang, Martin. Ich bin sehr beunruhigt deswegen.«

Sie zogen schließlich trotzdem ein, aber bis zum heutigen Tag wurde Sara eine unbestimmte Furcht nicht los.

»Sara, sie können uns nicht ernsthaft etwas tun«, sagte Martin nun. »Sie können uns schikanieren und uns das Leben schwermachen, aber wir werden es überstehen, und eines Tages ist der ganze Spuk vorbei.«

»Wir überstehen es vielleicht nicht«, entgegnete Sara, und dann wurde sie plötzlich weiß wie die Wand. Martin betrachtete sie besorgt: »Was ist los, Sara?«

Sie erhob sich, trat einen Schritt zurück. In der nächsten Sekunde zerbarst klirrend die Fensterscheibe. Ein Ziegelstein flog herein, fiel krachend genau auf den Stuhl, auf dem Sara eben noch gesessen hatte. Von draußen waren Stimmen und Schreie zu hören. »Saujuden! Kommt raus, ihr Saujuden! Zeigt euch!«

Sara wich tiefer in den Schatten des Zimmers zurück. Martin stand auf, trat neben sie und ergriff ihre Hand. »Sei ganz ruhig, Sara. Die sind betrunken.«

»Woher willst du das wissen?« In Saras Stimme schwang bereits der schrille Ton aufsteigender Panik. »Die sind nicht betrunken. Die tun das ganz bewußt. Sie werden uns töten, Martin, sie werden uns töten!«

»Dreckige Juden!« brüllte es von draußen. Martin schlang beide Arme um Sara. »Keine Angst, Sara. Ich bin bei dir.«

Sie schluchzte, lautlos zwar, aber so heftig, daß sie am ganzen Körper zitterte. Draußen wurde es still. Die Kerle da unten, wer immer sie waren, zogen weiter. Vielleicht wirklich nur eine Gruppe Betrunkener?

Am nächsten Morgen wußten sie es besser. Ein junger jüdischer Mann namens Herschel Grünspan hatte in der deutschen Botschaft in Paris den Legationssekretär Ernst von Rath erschossen – in der Annahme, es handele sich um den deutschen Botschafter. Damit war das Signal gegeben. Im ganzen Reich gingen Synagogen in Flammen auf, zogen SA-Trupps durch die Straßen, schlugen Schaufensterscheiben von jüdischen Geschäften ein, plünderten, demolierten, gingen auf jüdische Bürger los, verhafteten sie wahllos. Hetzreden im Radio begleiteten die Aktionen. Die Nacht des 9. November 1938 würde als »Reichskristallnacht« in die Geschichte eingehen – und als Anfang vom Ende.

Als Martin am nächsten Tag in seiner Redaktion erschien, lag auf seinem Schreibtisch ein Zettel mit der Nachricht, sein Chef wünsche ihn zu sprechen. Martin begab sich sofort zu ihm. Eigentlich hatte er zu dem alten Heinz Sturm ein gutes Verhältnis, aber diesmal witterte er Unheil.

»Sie wissen, was in der letzten Nacht passiert ist, Herr Elias? Ja, natürlich wissen Sie es...«

»Ja. Wir hatten Gott sei Dank nur eine Fensterscheibe zu beklagen. Meine Frau hat das sehr mitgenommen.«

»Ja... das kann ich mir denken... sehr unangenehm das alles...«

Sturm hatte nichts gegen Juden, überhaupt nichts. Er verstand nicht, was in Deutschland plötzlich vor sich ging. Er wollte bloß nicht hineingezogen werden, er war zu alt, hatte keine robusten Nerven mehr. Er stand auf. »Sie... Sie wissen ja, ich halte Sie für einen sehr guten Mitarbeiter. Einen wirklich guten und zuverlässigen Mitarbeiter. Ich... es tut mir leid...« Sturm ruderte hilflos mit den Armen.

»Sie wollen mir kündigen«, sagte Martin. Ihm wurde kalt am ganzen Körper.

Sturm wagte nicht, seinen Blicken zu begegnen. »Bitte, verstehen Sie mich nicht falsch. Es bleibt mir nichts anderes übrig. Ich ... wenn ich könnte, wie ich wollte ...«

»Hat man Sie unter Druck gesetzt?«

»Ich habe mehrere anonyme Anrufe heute nacht bekommen. Außerdem einen anonymen Brief in meinem Briefkasten vorgefunden. Man sagt, es sei eine Schande, daß ich einen Juden beschäftige. Bei einer Zeitung, die arischen Sportgeist und arisches Kameradschaftsdenken zum Thema hat. Man droht mir mit Sanktionen ...«

Unter den Augen des alten Mannes lagen tiefe Ringe.

Wahrscheinlich hat er eine schlimme Nacht hinter sich, dachte Martin mitleidig.

»Ich verstehe«, sagte er.

»Ich finde es nicht richtig, Herr Elias, ich finde es wirklich nicht richtig. Aber ich bin ein alter Mann, ich kann nichts tun. Diese Zeitschrift ist das einzige, was ich habe ... man hat mir gedroht, meine Abonnenten dazu zu bringen, das Blatt nicht mehr zu bestellen. Ich kann es mir nicht leisten, verstehen Sie ...«

»Ja, ich verstehe«, sagte Martin noch einmal. »Wahrscheinlich ist es richtig, die Nazis zu fürchten.« Er wandte sich zum Gehen. Als er an der Tür war, sagte Sturm: »Verlassen Sie Deutschland, Herr Elias. Verlassen Sie es, solange es noch nicht zu spät ist.«

Die Tür fiel zu. Mit mechanischen, müden Schritten trat Martin hinaus auf die Straße. Kalter Nieselregen schlug ihm entgegen. Menschen und Autos überall, Stimmen und Hupen. Ein gewöhnlicher Donnerstag, jeder ging geschäftig seiner Arbeit nach. Nur er nicht. Er war jetzt arbeitslos.

Was tut ein Arbeitsloser an einem Donnerstagmorgen? Durch die Stadt schlendern, Schaufenster anschauen? Auf einer Parkbank träumen? Das Wetter lud zu nichts ein. Ziellos ging er die Straße entlang, den Mantelkragen hochgestellt, den Kopf halb gesenkt. Überall Spuren der nächtlichen Ausschreitungen. Da und dort zertrümmerte Schaufensterscheiben, Hetzparolen an den Wänden.

»Deutsche, kauft nicht bei Juden!« »Juden raus aus Deutschland!«

Eine verhärmt aussehende junge Frau versuchte, den großen Davidstern abzuwaschen, den man auf ihre Hauswand gepinselt hatte. Zwei Schuljungen riefen ihr obszöne Bemerkungen zu, rannten dann schnell davon.

»Verlassen Sie Deutschland, solange es nicht zu spät ist«, hatte Sturm gesagt. Die Worte klangen noch in Martins Ohren. Und Saras Stimme: »Sie werden uns töten, Martin, sie werden uns töten!«

Er setzte sich in ein kleines Café, bestellte einen Tee. Sie hatten es geschafft. Sie hatten ihn seine schriftstellerische Karriere gekostet. Sie hatten ihn um seinen Job gebracht. Sie hatten ihn zu einem mittellosen Mann gemacht, der vom Geld seiner Frau leben mußte. Aber, verdammt, sie würden ihn nicht dazu bringen, seine Heimat zu verlassen. So weit würden sie ihn nicht in die Knie zwingen.

Viel weiter als jetzt konnten sie mit ihren Repressalien nicht gehen.

Zur selben Stunde schloß in Berlin Andreas Rathenberg die Tür zu seiner Wohnung auf und ließ Belle eintreten. »Bitte sehr. Schau dich um und mach es dir gemütlich.«

Die Wohnung lag im ersten Stock einer sehr schönen Villa in der Berliner Straße in Charlottenburg. Wie Belle auf den ersten Blick erkannte, war die Einrichtung teuer und sehr geschmackvoll. Feine, weiche Teppiche, an den Wänden alte Bilder, Vorhänge in leuchtenden Farben, Vasen und Skulpturen. Dazwischen eine nachlässige Unordnung, die der Vollkommenheit Leben gab: Zeitschriften, Bücher, Krawatten lagen herum, ein überquellender Aschenbecher stand auf dem Sofatisch, daneben zwei leere Sektgläser, eine leere Flasche.

»Ein ziemliches Chaos«, bemerkte Andreas. »Tut mir leid. Aber meine Reinemachefrau kommt erst am Montag wieder.«

»Mir gefällt es«, sagte Belle. Sie durchquerte das Wohnzimmer und sah zum Fenster hinaus. Es gab einen kleinen Garten hinter dem Haus, voller hoher, alter Kastanienbäume, die jetzt natürlich kein Laub trugen, im Sommer aber wie eine grüne Wand wirken mußten. Efeu kletterte außen an den Mauern empor, schlängelte sich verspielt um das Fenster herum. Wenn man ihm nicht Einhalt gebȯte, würde es in Windeseile in das Zimmer wachsen. »Wirklich«, wiederholte Belle, »es gefällt mir sehr.« Sie merkte, wie beklommen ihre Stimme klang und räusperte sich.

Andreas lächelte. »Setz dich doch.«

Vorsichtig nahm Belle auf dem Sofa Platz. Es reute sie schon, mit ihm gegangen zu sein. Andererseits, es war heller Vormittag und wohl nicht wirklich verfänglich. Max glaubte, sie mache Aufnahmen für einen Reklamefilm. Es war nicht richtig, ihn anzulügen, aber wie sollte sie sagen: »Ich habe da neulich nachts auf der Straße einen Mann kennengelernt, der mir heute seine Wohnung zeigen will.«

»Viel Spaß«, hatte Max ihr am Morgen gewünscht, als sie fortging. Er hatte den Vormittag frei, saß zeitunglesend in der Küche. Es war ihm nicht aufgefallen, wie sehr sie sich aufgetakelt hatte, daß sie ihr dunkelgrünes Strickkleid trug, hochhakkige Schuhe und teure Strümpfe. So elegant ging sie sonst nie ins Studio, dort mußte sie sich ohnehin umziehen und wurde geschminkt.

Er schaut mich kaum an, hatte sie ärgerlich gedacht.

Der Zorn hatte ihr noch eine Weile Auftrieb gegeben, aber jetzt flaute er merklich ab. Wie idiotisch, hier zu sitzen und zu warten, was als nächstes passierte! Am Ende hielt Andreas sie für eine dumme Gans, wahrscheinlich war sie das auch. Aber da war das Kribbeln im Bauch, das nervöse, halb beängstigende, halb angenehme Ziehen im Körper ... wie so oft sah sich Belle diesen ambivalenten Gefühlen ausgesetzt, die typisch waren für sie: Sie wollte etwas, empfand Lust daran, stand gleichzeitig aber wie außerhalb ihres Körpers und betrachtete sich selber mit spöttisch hochgezogenen Augenbrauen.

Da sitzt du nun, Belle Marty, hast ein schönes Kleid an, duftest nach einem guten Parfüm und fühlst dich als Frau von Welt – du dummes, kleines Mädchen!

»Möchtest du etwas trinken?« fragte Andreas.

»Ja, bitte.« Sie hatte eigentlich keinen Durst, aber sie würde mit einem Glas wenigstens wissen, wohin mit ihren Händen.

Er verschwand in der Küche. Eigentlich, dachte sie, weiß ich noch immer ziemlich wenig über ihn.

Er war zweiunddreißig, also jünger als Max, und hatte eine Führungsstelle in einem Betrieb, der Edelstähle herstellte und unmittelbarer Zulieferer für die Rüstung war. Andreas verdiente dabei sehr viel Geld.

»Im Grunde konnte mir nichts Besseres passieren als die Nazis«, hatte er einmal gesagt, »wir kassieren unheimlich bei der Aufrüstung.«

Belle mochte seine Art. *Sein* Denken war ihr nicht fremd wie das von Max. Er war Geschäftsmann, ihn interessierte der Umsatz und sonst nichts. Max hätte es wahrscheinlich abgelehnt, Stahl für den Bau von Waffen zu liefern, genauso wie er es ablehnte, an einem Theater aufzutreten, das Joseph Goebbels unterstand, und er hätte eher am Hungertuch genagt, als von seinen Grundsätzen abzuweichen.

Belle wußte, sie hätte seine Haltung nobler finden müssen, aber es gelang ihr nicht. Der pragmatische Andreas flößte ihr mehr Respekt ein, und, wie so oft, verachtete sie sich dafür.

Andreas kehrte zurück ins Zimmer, in der Hand eine Weinflasche und zwei Gläser. Er setzte sich neben Belle auf das Sofa und schenkte den Wein ein. Rotwein. Sie betrachtete die dunkelrote Flüssigkeit und dachte verärgert: Morgens um zehn Uhr Rotwein! Wie albern und wie plump!

Er zeigte oft in seinem Verhalten eine entwaffnende Direktheit, überrumpelte die Leute mit seiner Offenherzigkeit. Belle fand diesen Zug nicht gerade bewundernswert, aber faszinierend. Ein anderer Mann hätte auf versteckten Wegen versucht, sie in eine romantische Stimmung zu bringen, Andreas stellte einfach ein Glas vor sie hin, schenkte es randvoll mit schwerem, süßem Rotwein und prostete ihr zu: »Auf deine Karriere, Belle!«

Sie trank einen Schluck, sagte dann aber mit leichtem Ärger in der Stimme: »Du sollst dich nicht immer darüber lustig machen, Andreas. Für mich ist das sehr ernst. Ich möchte eines Tages eine große Schauspielerin sein.«

»Ich nehme das ernst. Ich nehme dich überhaupt ernst, Belle. Aber ich mache mir auch Sorgen um dich. Du hast einen großen Ehrgeiz in dir, du hast Begabung, und du bist ungewöhnlich schön. Aber in deinem Gemüt bist du zu sehr ein Kind geblieben. Du tingelst durch das Leben, anstatt mit beiden Füßen mittendrin zu stehen. Du flatterst herum, machst heute ein bißchen Reklame, morgen spielst du dritte Komparsin erste Reihe rechts, und dabei träumst und träumst du vom großen Ruhm. Ich denke, daß...«

»Andreas!« Sie stellte klirrend ihr Glas ab, aber er kümmerte sich nicht um ihren aufsteigenden Ärger.

»Ich weiß, Belle, alle fangen unten an. Aber wenn das Leben für dich immer nur ein lustiges, leichtes Spiel bleibt, wirst du nie dahin kommen, wohin du willst. Kein Regisseur wird dir eine wirklich entscheidende Rolle geben, weil du nicht die Persönlichkeit hast, sie auszufüllen. Du bist...«

Sie wollte wortlos aufstehen, aber er griff rasch nach ihrem Arm, zwang sie, sitzenzubleiben. »Du bist ein kleines Mädchen, Belle, trotz deiner mörderischen Augen und deiner umwerfenden Selbstsicherheit. Ein verwöhntes Kind von einem ostpreußischen Gut, von dort, wo die Zeit stillsteht und das Böse fern ist, nicht?«

Woher wußte er es so genau?

»Du wurdest gehegt und gepflegt von einer Unzahl von Tanten, Onkeln und liebevollen Großmüttern, darauf wette ich. Bist du je in deinem Leben wirklich verzweifelt gewesen? Ich meine, *wirklich* verzweifelt, nicht nur einfach erbost, weil irgend etwas nicht so ging wie du wolltest? Bist du je einsam gewesen? Hast du je eine trostlose Leere in dir gespürt oder eine Nacht hindurch gesoffen, um zu vergessen, wie weh das Leben tut? Nein, ich bin sicher, du hast noch jede Nacht süß und tief in deinem Bett geschlummert und hast dich am nächsten Morgen an einen reichgedeckten Tisch gesetzt, umgeben von Menschen, die immer für dich da sind... wahrscheinlich bin ich überhaupt das erste Abenteuer in deinem behüteten Leben, noch dazu eines, das du ebensowenig ernst nimmst wie alles andere.«

»Überschätz dich nur nicht, Andreas! Du bist kein Abenteuer. Du redest und redest nur und langweilst mich zu Tode. Vielleicht kann ich jetzt gehen?« Sie versuchte ein zweites Mal aufzustehen, aber er hielt sie noch immer fest.

»Du hast immer bekommen, was du wolltest, stimmt's? Man sieht es dir an. In deinem Paradies da oben bei Insterburg gab es alles, Pferde und Kutschen und schöne Kleider und Bälle und glühende Verehrer in Hülle und Fülle – Belle Lombard mußte nur die Hände öffnen, und sie hielt alles darin, was sie nur begehrte. Schließlich sogar den feinen Max Marty!« Andreas lachte. »Er ist kein Unbekannter in der Theaterwelt. Und nach allem, was man von ihm hört, paßt ihr schlecht zusammen! Ich kann mir richtig vorstellen, wie ihr einander gegenübersteht und keiner begreift, was der andere sagt!«

»Hör auf, Max zu beleidigen!«

Andreas wurde ernst. »Ich beleidige Max Marty nicht. Das würde ich nie tun. Ich halte viel zuviel von ihm.«

»Gut, dann beleidigst du also mich. Von mir hältst du nichts!« Es gelang Belle, ihren Arm seinem Griff zu entwinden. Sie stand auf. »Ich möchte dich nie mehr sehen, Andreas!«

Er stand ebenfalls auf. »Es tut mir leid, wenn ich dich gekränkt habe, Belle.«

»Es tut dir gar nicht leid, du hast genau gesagt, was du sagen wolltest! Und überhaupt, das alles hier war doch ein festes Programm! Rotwein! Am frühen Morgen! Ich hätte dir mehr Stil zugetraut, Andreas Rathenberg!« Sie sah ihn so verächtlich an, wie sie nur konnte. »Als nächstes hättest du die Vorhänge zugezogen und womöglich noch eine Platte von Zarah Leander aufgelegt! Und du wärst dir vorgekommen wie der ganz große Verführer. Vielleicht hast du recht und ich bin ein kleines, dummes Ding ohne Erfahrung, aber das ist immer noch besser als ein abgetakelter Lebemann, der sich für unwiderstehlich hält!«

»Belle . . .«

Jetzt war sie es, die ihn nicht zu Wort kommen ließ. »Das hat bei deinen vielen, billigen Frauen wahrscheinlich hervorragend funktioniert! Manche mögen es doch angeblich, wenn man sie runterputzt, sie finden das aufregend, und es spornt sie an, zu beweisen, wie phantastisch sie sind ... aber ich sage dir, Andreas, du begehst einen riesengroßen Fehler, wenn du mich auf diese Art zu ködern versuchst!«

Sie hatte laut und heftig gesprochen; nun stand sie Andreas gegenüber und atmete schnell.

Sie sahen einander an, beide aufgeregt und nervös plötzlich, und auf einmal war die Spannung zwischen ihnen voller Sehnsucht. Er versteht mich, dachte Belle, er versteht mich ganz und gar!

Es machte ihr nichts aus, ruhig stehenzubleiben, als er nun auf sie zutrat und beide Arme um sie legte. So an ihn gepreßt, gehüllt in seine Umarmung, blieb sie eine lange Zeit stehen. Ohne Zögern folgte sie ihm dann in sein Schlafzimmer. Hier waren die Vorhänge zugezogen, der Raum war in Dämmerung getaucht. Sie konnte ein paar Strümpfe und Pullover erkennen, die auf einem Stuhl lagen, zwei aufgeschlagene Bücher neben dem Kopfende des Bettes.

Das Bett ... Sie mußte all ihre Willenskraft aufbringen, um den Gedanken an Max zu verdrängen. Außer mit ihm hatte sie mit keinem anderen Mann jemals geschlafen, und noch nicht einmal beim allerersten Mal war sie so nervös gewesen wie jetzt. Max hatte der Liebe nie allzuviel Raum gegeben, aber es war schön mit ihm gewesen, zärtlich und vertraut. Ungefähr ein halbes Jahr vor der Hochzeit waren sie bereits miteinander ins Bett gegangen, in dem ärmlichen Zimmer am Prenzlauer Berg, wo kein Laut über ihre Lippen kommen durfte, denn bei den zeitungsdünnen Wänden hätten die Leute neben, über und unter ihnen alles gehört. Belle hatte gezittert vor Kälte, denn es war eine schneedurchtoste Dezembernacht gewesen, und man konnte Max' Zimmer nicht heizen. Nachher hatte sie immer noch mit den Zähnen geklappert, bis Max fortgegangen war, in die Kneipe gegenüber, und einen heißen Punsch für sie geholt hatte. Sie hatte sich geschämt, so unverblümt zu frieren, es war ihr banal vorgekommen, und sie hatte gedacht, eigentlich müßte sie von so erhabenen und romantischen Gefühlen durchströmt sein, daß sie die Kälte nicht mehr empfand. Sie war ein wenig enttäuscht, aber sie liebte Max, weil er sich wieder zu ihr legte, sie in die Arme nahm und darin festhielt, bis sie eingeschlafen war.

Andreas' Bett roch nach einer Mischung aus Waschpulver und Rasierwasser, fühlte sich angenehm kühl und seidig an. Blitzhaft bedrängte Belle die Erinnerung an das gelbseidene Bett auf Lulinn. Sie hatten nicht darin geschlafen, Max und sie. Jetzt lag sie in Seide, aber mit dem fremden Mann.

Hör auf zu denken! Hör, verdammt noch mal, auf zu denken! Warum hast du bloß nicht den Wein getrunken, du dumme Kuh, dann wäre alles leichter. Jetzt entspann dich und bring deinen ersten Ehebruch hinter dich!

Als es vorüber war, dachte sie, daß es stimmte, sie hatte von nichts eine Ahnung gehabt.

6

Im Mai '39 reiste Felicia nach Ostpreußen, ziemlich genau ein Jahr nach der Hochzeit ihrer Tochter. In der Fabrik stand alles gut, sie konnte es sich leisten, für vierzehn Tage allem den Rücken zu kehren. Genau wie Belle war sie immer nach Lulinn gegangen, wenn sie Atem schöpfen mußte, und auch diesmal versagte das alte, graue Haus seinen Zauber nicht. Felicia, abgearbeitet und blaß, saß stundenlang auf der Bank im Obstgarten, den Rücken an die warme Rinde des Kirschbaumes gelehnt, und blickte schläfrig in den blauen Himmel. Sie fühlte sich matt und erschöpft, gleichzeitig wach und angespannt. Joseph, wie stets auf der Lauer nach einem Opfer, hatte sich sofort auf sie gestürzt. »Du bist zuviel allein, Felicia. Das ist nicht gut für eine Frau. Du bist noch jung. Gibt es denn keinen Mann, der dir den Hof macht?« Er kicherte albern. »Sie belagern dich doch zu Dutzenden, stimmt's?«

»Tausende belagern mich, Joseph«, knurrte Felicia, »das macht die Entscheidung ja so schwierig, verstehst du?« Sie ließ ihn stehen und ging davon.

»Einsame Frau, unerfüllt, vergräbt sich in ihre Arbeit«, teilte Joseph später Modeste mit, die das zufrieden zur Kenntnis nahm.

Felicia dachte über Josephs Worte nach. War sie wirklich zu viel allein? Sie gestand sich ein, daß Peter Liliencron ihr fehlte. Sie hatte seine Gefühle nicht erwidert, aber er war ein enger Freund gewesen, einer, wie man ihn selten findet. Sie hatte sich hundertprozentig auf ihn verlassen können und war immer sicher gewesen, daß er voll hinter ihr stand. Solange er in ihrer Nähe war, hatte sie das nie recht zu schätzen gewußt, erst seit er das Land verlassen hatte, fiel es ihr schmerzlich auf. Vielleicht hätte sie tun sollen, worum er sie bat. Alles stehen- und liegenlassen und irgendwo weit weg ein neues Leben mit ihm beginnen. Aber sie hatte den Mut nicht gehabt. Sie hing zu sehr an dem, was ihr und zu ihr gehörte: Lulinn, die Fabrik, die Kinder, die Familie.

Jetzt genoß sie die Tage in Insterburg. Paul war gekommen, zusammen mit Christine, die er als seine Verlobte vorstellte. Die beiden waren glücklich und sehr verliebt, was Joseph aber nicht davon abhielt, nach ihren geheimen Problemen zu fahnden und sich wieder einmal unbeliebt zu machen.

Modeste hatte inzwischen ihr viertes Kind, eine Tochter, bekommen und war somit Anwärterin auf das »Mutterkreuz«, den im vergangenen Winter gestifteten Orden, der am Muttertag an Frauen mit wenigstens vier Kindern verliehen werden sollte. Modeste fieberte dem Ereignis entgegen, aber schließlich setzte ein solcher Ansturm von Müttern auf die begehrte Trophäe ein, daß die Anzahl der vorgefertigten Orden nicht ausreichte und man daher beschloß, nur Frauen über sechzig zu ehren und die anderen auf Weihnachten zu vertrösten. Modeste war außer sich vor Kummer; sie hatte es sich so schön gedacht, hatte ein Familienfest aus der Angelegenheit machen wollen, bei dem sie dann als gefeierter Mittelpunkt auftreten würde. Nun mußte sie damit noch ein halbes Jahr warten.

»Das kann dir doch nur entgegenkommen«, sagte Felicia, »bis Weihnachten hast du dann schon dein fünftes Kind und stehst noch besser da als jetzt!«

Es war ein Schuß ins Blaue gewesen, aber Modeste starrte ihre Cousine an: »Sieht man es schon?«

Nun starrte Felicia zurück. »Wie? Bist du tatsächlich schon wieder schwanger?«

»Was heißt schon wieder?« schnappte Modeste. »Der Führer hat . . .«

»Ja, ich weiß, der Führer will ein Volk, das sich wie die Kaninchen vermehrt. Du bist eine wahrhaft loyale Untertanin!«

In Modestes Augen erwachte ein böses Funkeln. »Ich weiß, warum du so redest, Felicia! Du bist eine arme, einsame Frau, die neidisch ist auf das Glück von anderen. Dein erster Mann hat sich von dir scheiden lassen, der zweite ist tot. Dein Leben hat keinen Sinn mehr. Joseph sagt das auch!«

»Wenn Joseph das sagt, stimmt es sicher«, erwiderte Felicia, »aber weißt du, Modeste, mein Neid auf dein vielfaches Mutterglück wäre zweifellos noch größer, wenn du zwischen deinen Geburten ab und zu auf einen halbwegs normalen Taillenumfang zusammenschrumpfen würdest. Du zahlst einen ziemlich hohen Preis für deine Liebe zum Führer, das kann ich dir sagen!«

Sie rauschte davon, und Modeste sah ihr voll verbissener Wut nach.

Am Abend besuchte Felicia ihre Großmutter Laetitia in deren Zimmer und erzählte ihr von Modeste. »Du glaubst nicht, wie sie mir auf die Nerven geht, Großmutter! Und ihr gräßlicher Mann, der irgendwann einmal was von der Psyche gelesen hat und seither glaubt, sein Pseudowissen an jedem harmlosen Menschen auslassen zu müssen. Man hält sich bald wirklich für psychisch ein bißchen gestört!«

Laetitia lächelte. Sie war eine schöne, stattliche Frau gewesen, aber jetzt, kurz nach ihrem zweiundneunzigsten Geburtstag, war von ihrer einstigen Kraft fast nichts mehr übrig. Sie war immer kleiner, dünner und faltiger geworden mit den Jahren, nur ihr silbergraues Haar blieb dicht und lockig und schien viel zu schwer für ihren zarten Kopf. Ein dreiviertel Jahrhundert lebte sie schon auf Lulinn; sie hatte ihren Mann hier begraben während der Invasion der Russen im Sommer 1914, und ihren ältesten Sohn Victor, Modestes Vater, vor zwei Jahren in einem bitterkalten Winter. Ihr jüngster Sohn war 1916 bei einem Desertationsversuch in Frankreich erschossen worden, ihre Tochter nach der Flucht aus Petrograd während der Revolution gestorben. Von ihren Kindern lebte nur noch Elsa, Felicias Mutter, die in Berlin wohnte. Sie hatte sich nie recht mit Laetitia verstanden und kam selten nach Lulinn. Da Laetitia ihr Zimmer kaum mehr verlassen konnte, nahm sie augenscheinlich nicht mehr am Leben teil, aber wenn auch ihr Körper schwach und hinfällig geworden war, so blieb ihr Verstand dennoch klar und ungetrübt, und auf geheimnisvolle Weise brachte sie stets alles in Erfahrung, was auf Lulinn und in ihrer weitverzweigten Familie geschah.

»Du bist nicht krank, Felicia«, sagte sie nun, »aber auch nicht sehr glücklich, oder? Es gibt keinen Menschen, mit dem du dein Leben teilen kannst, deine Sorgen und Freuden und den ganzen leidigen Alltag!«

Gegenüber der Großmutter brauchte sich Felicia nicht zu verstellen. »Ja«, sagte sie, »es gibt keinen. Aber«, sie holte tief Luft, »ich habe die Fabrik. Sie wirft hervorragende Gewinne ab. Großmutter, das war es, was ich vor allem anderen wollte, auch vor dem Glück mit einem Mann: Unabhängigkeit und Erfolg. Darum habe ich am allermeisten gekämpft, und es wird immer das sein, was wirklich wichtig ist!«

»Jaja«, sagte Laetitia. Sie betrachtete das schmale Gesicht der Enkelin, die blaßgrauen Augen, die sich scharf abzeichnenden Wangenknochen. Gehetzt sah sie aus, nervös. »Aber dann und wann ein Mann wäre auch nicht schlecht, oder? Was macht dein Geschiedener? Der attraktive Alex Lombard! Er läßt doch sicher immer wieder von sich hören?«

»Freilich.« Felicia zündete sich eine Zigarette an. »Er hat ja in diesen großen Verlag eingeheiratet, scheffelt viel Geld und sitzt vergnüglich da drüben in New York. Er schreibt hin und wieder und will wissen, wie es um Lulinn steht.« Wütend blies sie eine Rauchwolke in die Luft. »*Noch* gehört es ihm ja!«

»Ich bin sicher, du wirst alles tun, daß das kein andauernder Zustand wird!« Die alte Dame kicherte. In ihrem Bett gluckerte leise die Wärmflasche. »Jaja . . . Alex Lombard . . .« Sie sah ihre Enkelin scharf an, aber die setzte ihre steinerne Maske auf und zuckte mit keiner Wimper. Unvermittelt sagte Laetitia: »Ich glaube, Belles Ehe ist ganz und gar nicht in Ordnung.«

»Nein?« fragte Felicia schuldbewußt. Sie war über Berlin nach Lulinn gereist, hatte ihre Tochter und deren Mann besucht. Ihr war nur aufgefallen, daß Belle sehr dünn war und etwas viel Alkohol trank. Aber sie hatte nicht weiter darüber nachgedacht. Sie fand Max sympathisch, wenn auch ein wenig zu ernst und in sich gekehrt. »Warum ist sie nicht in Ordnung?«

»Nun, du kennst unsere süße, hübsche, lebenslustige Belle«, entgegnete Laetitia und streckte die Hand aus. »Gib mir auch eine Zigarette, Felicia.«

»Dein Asthma, Großmutter . . .«

»Ach Unsinn. Damit werde ich fertig. Ich habe mein Leben lang geraucht, warum soll ich kurz vor Ende auf alles verzichten, was mir Spaß macht?« Sie zündete die Zigarette an, inhalierte tief und genießerisch. »Max Marty ist ein Idealist und ein großer Künstler. Belle hingegen ist – wie du!«

»Belle ist zumindest auch eine große Künstlerin«, widersprach Felicia etwas gekränkt.

Laetitia kicherte wieder. »Der Stolz der Mutter. Felicia, unter uns: Vielleicht wird aus Belle einmal eine große Künstlerin, im Moment ist sie es jedenfalls noch nicht. Sie hat im Grunde keine Ahnung, was sie will, außer reich und berühmt werden. Max Marty spielt mit Ernst und Hingabe und für einen Hungerlohn. Belle hingegen präsentiert der Kamera ihr schönes Gesicht und liebt ein paar dramatische Gesten. Sie ist zweifellos begabt, aber ihr fehlen Reife und Erfahrung. Und sie hat noch nicht gelernt, hinter einer Rolle zurückzustehen. Sie versucht, Belle Lombard im besten Licht zu zeigen, nicht, einen anderen Menschen zu verkörpern.«

»Hm«, machte Felicia gedehnt. »Und was stimmt nicht in ihrer Ehe?«

»Sie und Max leben aneinander vorbei. Und Belle geht eigene Wege.«

»Eigene Wege?«

Achtlos klopfte Laetitia die Asche über dem Teppich ab. »Ich habe es dir immer angesehen, wenn du verliebt warst, und ich sehe es Belle an. Sie tarnt sich gut, aber sie hat einen verräterischen Glanz in den Augen . . . und der meint nicht den guten Max!«

»O Gott!« sagte Felicia. Sie witterte eine ganze Reihe von Komplikationen. »Meinst du, ich sollte . . .«

»Nein. Du sollst gar nichts. Da muß Belle allein durch. Kümmere du dich um deine eigenen Probleme.«

»Meine Probleme? Eigentlich verläuft mein Leben ziemlich ruhig, und ich fürchte, daran ändert sich auch nichts.«

Mit dieser Prognose lag Felicia vollkommen daneben.

Zurück in München überraschte Susanne sie mit der Nachricht, daß sie sich verlobt hatte. Sie war ein Jahr lang beim Reichsarbeitsdienst gewesen, der neuerdings Pflicht war für junge Mädchen, den Susanne jedoch frühzeitig und freiwillig angetreten hatte. Sie war auf einen Bauernhof in der Nähe von Regensburg gekommen, zusammen mit einer ganzen Schar anderer Mädchen, und offenbar hatten sie viel Spaß dort, denn Susanne war geradezu aufgeblüht, wirkte fröhlich und lebhaft. Außerdem hatte sie einen Mann kennengelernt und sich Hals über Kopf in ihn verliebt. Er hieß Hans Velin.

»Und was macht er beruflich?« erkundigte sich Felicia. Sie stand in ihrem Arbeitszimmer, in den Händen einen Brief, der keinen Absender trug, in Paris abgestempelt war und vermutlich von Peter Liliencron kam. Es brannte ihr in den Fingern, ihn zu öffnen, aber sie wollte dazu allein sein, und Susanne stand ständig neben ihr.

»Er ist bei der SS«, erklärte Susanne, »Obersturmführer.«

»Was?«

»Totenkopfverbände. Standarte Oberbayern. Stationiert in Dachau.«

»Das hat wirklich noch gefehlt!«

Susannes Gesicht nahm einen angriffslustigen Ausdruck an. »Ich hätte mir denken können, daß du dagegen bist. Du verurteilst ja immer Leute, noch ehe du sie gesehen hast!«

»Warum muß er denn ausgerechnet bei der SS sein? Und dann noch Totenkopf-SS! Das sind die Leute, die die Lager kontrollieren!«

»Du weißt ja überhaupt nicht, was los ist, Mami!«

Aber du weißt es, hätte Felicia beinahe spöttisch erwidert, sie schluckte es hinunter. Sie wollte das Verhältnis zu ihrer jüngeren Tochter nicht noch weiter verschlechtern.

Das verdammte Arbeitsjahr, dachte sie, das hat sie in die falsche Richtung gelenkt.

Susanne war auch äußerlich verändert, die Arbeit an der frischen Luft hatte sie kräftiger werden lassen, sie sah nicht mehr blaß und kränklich aus, sondern braungebrannt und gesund. Ihre blauen Augen leuchteten, das blonde Haar baumelte ihr in einem dicken Zopf über den Rücken. Sie hätte sich in einem Lehrbuch als Prototyp des deutschen Mädels abbilden lassen können.

Sie war nie im BDM gewesen, weil Felicia das nicht mochte, und so hatte sie die Zugehörigkeit zu einer Gruppe vorher nicht gekannt. Das Gefühl, mit Gleichgesinnten zusammenzusein, anerkannt zu werden, dazuzugehören, gab ihr eine neue Selbstsicherheit. Sie, die sich immer vergeblich um mehr Zuwendung durch ihre Mutter bemüht und gleichzeitig stets im Schatten ihrer schönen Schwester Belle gestanden hatte, war auf einmal von vielen Freundinnen umgeben, die sie mochten und mit ihr über die Ideen der Zeit sprachen, Ideen, die Susanne beflügelten. Es war eine neue Epoche angebrochen, in der es den Menschen besser ging als vorher und in der sich das krasse Gefälle zwischen arm und reich verlieren würde. Und sie gehörte zu den jungen Menschen, die halfen, diese Epoche zu gestalten; das erfüllte sie mit Stolz. Hinzu kamen die charmanten Aufmerksamkeiten des Obersturmführers Velin, die einzig ihrer Person galten. Alles in allem fand Susanne, ihr Leben habe endlich eine gute Wendung genommen.

»Bitte Herrn Velin doch nächste Woche zum Essen«, schlug Felicia versöhnlich vor, »ich würde deinen Verlobten gern kennenlernen.«

Susanne musterte sie mit jenem eigentümlichen langen und

kalten Blick, mit dem sie andere Menschen oft irritierte. »Du wirst dich nicht mit ihm verstehen«, sagte sie und verließ das Zimmer.

Sofort riß Felicia den Brief auf, und sie erkannte gleich Peters Schrift. Er schrieb, er sei jetzt in Paris, es gehe ihm gut dort, es sei eine wunderbare Stadt. Trotzdem habe er natürlich Heimweh nach München und nach Felicia. Zum Schluß hieß es: »Die Zeiten werden schlechter, gefährlicher. Man wird sich auf die Dauer nicht heraushalten können. Es wird nicht leicht sein, genügend Mut zu beweisen, aber jeder wird eine Entscheidung treffen und dann zu ihr stehen müssen . . .«

»Liebe Güte, warum schreibt er mir das?« fragte Felicia laut. Sie verstaute den Brief in ihrem Schreibtisch, tief unter ihren anderen Zetteln und Notizen. Die gerahmte Fotografie von Peter auf dem Kaminsims rückte sie liebevoll zurecht. »Schade, daß du fortgegangen bist«, murmelte sie.

Der Juni war warm und trocken, aber bei vielen wollte sich keine heitere, sommerliche Stimmung einstellen. Immer öfter wurde vom Krieg gesprochen. Wo immer Menschen zusammenkamen, beschäftigte sie dieses Thema. Die Frage, was mit Danzig und dem polnischen Korridor, der Ostpreußen vom Reich trennte, geschehen sollte, wurde jeden Tag brisanter. In Wochenschauberichten wurde von Greueltaten an in Polen lebenden Deutschen berichtet. Schon wurden da und dort Stimmen laut, die ein Eingreifen forderten. »Der Führer muß handeln!«

Der Führer hatte unterdessen den Westwall, die feste Grenze zu Frankreich, besichtigt, von Aachen bis Lörrach, und Deutschland und Italien hatten ein militärisches Beistandsabkommen, den »Stahlpakt«, geschlossen.

Am 11. Juni erging ein Luftschutzerlaß; jedes Haus im Reich, jede Luftschutzgemeinschaft, die gebildet wurde, hatte sich mit Selbstschutzgeräten auszustatten, wozu Wassereimer, Sandeimer, Handfeuerspritze, Schaufel und Spaten gehörten. Dies alles mußte jederzeit zur Verfügung stehen und greifbar sein. Außerdem wurde zur Auflage gemacht, an jedem Fenster ein Verdunkelungsrollo anzubringen. Jolanta, die Haushälterin in der Prinzregentenstraße, murrte und schimpfte. »Wie das aussieht, diese Rollos! Nun ist man so schön und elegant eingerichtet, hat so feine Gardinen, und da muß man diese schwarzen Dinger hinhängen! So was Albernes! Und dieser Sandeimer auf dem obersten Treppenflur, also schön sieht der auch nicht gerade aus, und außerdem werde ich da noch eines Tages drüberstolpern und mir alle Knochen brechen!« Sie schwieg, starrte düster zum Fenster hinaus und setzte dann als Trumpf hinzu: »Und außerdem gibt es sowieso keinen Krieg!«

»Das haben sie 1914 auch alle gesagt«, entgegnete Felicia, deren Unternehmen auf Hochtouren Uniformen produzierte und die nicht ganz sicher war, was sie sich wünschen sollte. »Jetzt hör auf zu quengeln, Jolanta. Kümmere dich lieber um das Abendessen. Du weißt, Susannes Verlobter besucht uns.«

»Natürlich weiß ich das. Der Herr Obersturmführer.« Jolanta sagte es mit Ehrfurcht. Es imponierte ihr, daß man in Zukunft einen SS-Offizier in der Familie haben würde.

In der Hohenzollernstraße kochte Martin an diesem Abend das Essen. Er tat das jetzt meistens, denn schließlich hatte er sonst nichts zu tun, und Sara freute sich, wenn sie aus dem Kindergarten kam und sich nur noch an den gedeckten Tisch zu setzen brauchte. Allerdings wurde es immer schwieriger, etwas auf den Teller zu bekommen. Da sie nur noch von Saras Verdienst lebten und der zum größten Teil für die Miete draufging, konnten sie sich nur die billigsten Nahrungsmittel leisten. Heute gab es Krautwickel mit sehr viel mehr Semmelbröseln als mit Fleisch gefüllt. Dazu ein paar schlechte Kartoffeln. Martin bekam sie von einem Gemüsehändler, der minderwertige Waren aufhob und für wenig Geld an Leute abgab, die sich nicht mehr leisten konnten. Das waren vorwiegend Juden, die ihren Arbeitsplatz verloren hatten und sich nun mehr schlecht als recht durchschlugen. Der Kaufmann behandelte diese Kunden mit verletzender Herablassung, aber Martin ging trotzdem immer wieder hin. Von irgend etwas mußten sie schließlich leben.

Als Sara die Küche betrat, merkte Martin sofort, daß etwas

geschehen war. Sie schien heute noch blasser als sonst, noch bedrückter und niedergeschlagener.

»Martin«, sagte sie, »ich weiß nicht mehr weiter.«

»Was ist denn passiert?« Martin stellte die Teller ab, die er gerade aus dem Schrank genommen hatte, und trat auf seine Frau zu. »Sara, du bist ja weiß wie eine Wand!«

»Sie haben den Kindergarten geschlossen. Jüdischen Kindern ist es nicht mehr erlaubt, in den Kindergarten zu gehen.« Sara setzte sich an den Tisch, barg das Gesicht in den Händen. »Ab morgen habe ich auch keine Arbeit mehr.«

Martin schwieg, versuchte nicht mehr, eine rasche, tröstliche Antwort zu finden. Er setzte sich ebenfalls an den Tisch, starrte auf die weiße Leinendecke mit den grünen Blumen.

Nichts war zu hören als das Ticken der Uhr. Schließlich unterbrach Sara die Stille. »Sie wollen uns vernichten, und sie schaffen es. Martin, ich bitte dich, laß uns fortgehen aus Deutschland!«

Er sah sie nicht an. »Und dann? Werden wir woanders Arbeit finden? Was wird aus all den Büchern, die ich schreiben will? Ich kann das doch nur in meiner Sprache tun.«

»Wir könnten in die Schweiz gehen.«

»Die lassen doch keinen mehr rein.«

»Manchmal schaffen es noch welche. Außerdem können wir bestimmt irgendwann zurückkehren. Du hast selber immer gesagt, die Nazis werden sich ihr eigenes Grab schaufeln, und dann . . .«

»Ja, verdammt, aber womöglich werden wir alt und grau darüber«, sagte Martin heftig.

Sara schaute ihn an. Er wird nicht gehen. Er wird nie gehen. Er wird aushalten bis zuletzt, ganz gleich, was ihnen noch alles einfällt, um uns das Leben schwerzumachen.

»Ich werde zu Felicia gehen«, sagte sie, »vielleicht kann sie uns Arbeit in ihrer Fabrik geben.«

»Jetzt müssen wir bei unseren Freunden betteln. Ich kann das nicht. Wahrscheinlich würde Felicia etwas für uns tun, aber es ist so entsetzlich demütigend!«

»Anderenfalls verhungern wir!«

»Ja, aber . . .«

Sara stand auf. Zum erstenmal sah sie Martin zornig an, hatte ihre Stimme einen scharfen Klang. »Du und dein heiliger Stolz! Er zwingt uns, hier auszuhalten. Er zwingt uns, würdevoll den Kopf zu heben, während sie sich eine Schikane nach der anderen für uns einfallen lassen. Und er wird uns noch zwingen, voller Erhabenheit zu verhungern, weil wir natürlich unsere besten Freunde nicht um Hilfe bitten dürfen! Es sind glänzende Zukunftsaussichten, die wir damit haben!« Im nächsten Moment tat es ihr leid, ihn so angefahren zu haben. Sie lief um den Tisch herum, legte beide Arme um Martin. »Verzeih mir. Ich wollte nicht so mit dir reden. Ich verstehe deine Gründe ja.« Sanft schaukelte sie ihn hin und her. »Aber ich werde mit Felicia sprechen. Du mußt es nicht tun, du mußt auch nicht für sie arbeiten. Aber wir müssen irgendwie die Miete bezahlen, die Stromrechnung, das Essen . . .« Sie unterbrach sich. »Essen! Du hast so schön gekocht, Martin, und jetzt wird alles kalt. Komm, wir . . .«

»Ich habe keinen Hunger.«

»Wir sind bis jetzt durchgekommen, wir schaffen es auch weiter.« Sie hielt ihn noch immer umschlungen, redete sanft auf ihn ein. An ihrer Hand konnte sie spüren, daß sein Gesicht naß war von Tränen, die ihm lautlos über die Wangen liefen.

»Liebling, nicht weinen . . .«

»Ich bin Schriftsteller. Deutscher Schriftsteller. Das hier ist mein Land, verstehst du, es ist immer noch *mein* Land. Es ist *meine* Sprache. Niemand hat das Recht, mich von hier zu vertreiben. Wir haben nichts getan, wofür wir uns schämen und heimlich bei Nacht emigrieren müßten!«

»Natürlich nicht, Liebling.« *Sie werden nicht danach fragen, ob wir etwas getan haben!*

Als es an der Tür klingelte, schraken sie beide zusammen. Die Wohnung, in der sie sich früher immer so geborgen gefühlt hatten, bedeutete keinen Schutz mehr, sie konnte jederzeit zur Falle werden. Sie wußten von Leuten, die mitten in der Nacht von der Gestapo abgeholt worden waren.

»Aber wir nicht«, sagte Martin immer, »wir sind für die viel zu bedeutungslos.«

Trotzdem zögerte er nun sekundenlang, ehe er zur Tür ging. Sara vernahm einen Ausruf der Überraschung. »Vater, du bist es?«

Gleich darauf trat der alte Bankier Elias in die Küche. Er war über siebzig, hielt sich aber kerzengerade und hatte nichts von der militärischen Haltung eingebüßt, die stets für ihn charakteristisch gewesen war. Die Nazis hatten ihm praktisch alles weggenommen, was er besaß, seine Bank, sein Haus, seine unschätzbar wertvollen Antiquitäten, aber seltsamerweise verlor er trotzdem nicht die Ausstrahlung von Reichtum und Macht. Er trug einen alten Anzug aus feinstem Tuch, spiegelblank geputzte Schuhe, das silbergraue Haar war streng zurückgekämmt. In der ärmlichen Wohnung wirkte er völlig fehl am Platz.

Er hatte immer ein schwieriges Verhältnis zu Martin gehabt, der das materialistische Denken seines Vaters radikal ablehnte und jahrelang heftig dagegen opponiert hatte. Lange Zeit waren sich die beiden völlig aus dem Weg gegangen, und es mußte einen triftigen Grund geben, daß er nun plötzlich hier auftauchte.

Er begrüßte Sara, die ihm verlegen einen Platz anbot. »Setz dich doch. Entschuldige, wie es hier aussieht... wir wollten gerade essen...« Hastig räumte sie die noch unberührten Teller beiseite.

»Im Gegenteil, ich muß mich entschuldigen«, sagte Elias höflich, »weil ich hier einfach unangemeldet hereinschneie. Aber die Dinge drängen.« Er setzte sich auf den hölzernen Stuhl. Aus seiner Aktentasche kramte er ein Blatt Papier hervor. »Das kam heute mit der Post. Ich soll mich morgen abend bereithalten, weil sie mich dann abholen und nach Buchenwald bringen werden.«

»Nein!« rief Martin.

Sara bekam große Augen. »In ein Konzentrationslager?«

Elias nickte. »Ja.«

»Das kann doch nicht wahr sein!« sagte Martin fassungslos.

Sein Vater blieb völlig ruhig. »Buchenwald liegt in der Nähe von Weimar. Es soll nicht so schlecht dort sein, sagt man. Genug zu essen, Arbeit, anständige Behandlung. Vielleicht hat man dort sogar unter weniger Schikanen zu leiden als hier.«

»Vater, glaub das doch nicht«, sagte Martin beschwörend. »Diese Lager sind furchtbar. Es kommt zu brutalen Ausschreitungen gegen die Gefangenen. Vater, als Carl von Ossietzky, der große Pazifist und Friedensnobelpreisträger, im letzten Jahr starb, so geschah das aufgrund der Folterungen, die er im KZ erlitten hatte, auch wenn das von öffentlichen Stellen nie zugegeben wurde. Sie haben ihn dort physisch und psychisch zum Krüppel gemacht. Das ist die Wahrheit!«

Sara sah ihn an. Auf einmal siehst du so klar, dachte sie.

»Ossietzky war Pazifist, er mußte der Partei ein Dorn im Auge sein«, entgegnete Elias. »Aber warum sollten sie mich vernichten wollen?«

»Du bist Jude.«

Sie schwiegen alle. Dann sagte Elias: »Ich kann nichts tun.«

»Du kannst untertauchen. Du *mußt* untertauchen!«

»Ich bin fünfundsiebzig, Martin. Das ist nichts für mich. Ich schaffe das weder nervlich noch körperlich. Ich kann nicht die mir verbleibenden Jahre in einem Versteck leben. Ich bin zu alt.«

»Vater, du stirbst, wenn sie dich nach Buchenwald bringen!«

Elias richtete sich auf. »Sie werden mir nicht ernstlich etwas antun. Ich habe im Krieg gekämpft und bin mit dem Eisernen Kreuz ausgezeichnet worden. Ich habe diesem Land zuviel gegeben, als daß man mich umbringen könnte.«

Von denen interessiert es niemanden, was du für das Land getan hast, dachte Sara.

»Vater, sei vernünftig...«

»Ich bin vernünftig, Martin. Vernünftig genug, um mich nicht für die nächsten Jahre in einer Bodenkammer oder in einem feuchten Keller zu verbarrikadieren. Ich käme mir würdelos vor, und das erscheint mir schlimmer als alles.«

»Auch in einem Lager wird es dir schwerfallen, deine Würde zu bewahren«, sagte Martin.

Darauf schwiegen sie wieder alle, starrten auf das Papier, das auf dem Tisch lag und den schrecklichen Bescheid enthielt.

»Ja«, sagte Elias, »ich bin eigentlich nur gekommen, um euch das mitzuteilen. Ich werde versuchen, euch zu schreiben.« Er blickte seinen Sohn an. »Jetzt tut es mir leid, daß wir so wenig Kontakt hatten in all den Jahren. Man denkt immer, es bleibt noch so viel Zeit, die Dinge in Ordnung zu bringen, aber plötzlich ist alles vorbei, und man merkt, man hat ungezählte Stunden vertan. Martin, ich wollte dir immer sagen ... nun, ich glaube, du hast dich von mir nie verstanden gefühlt, aber du sollst wissen, daß ich dich immer geliebt habe. Selbst in deinen Studentenzeiten, als wir kein Wort mehr miteinander gesprochen haben. Du bist mein einziges Kind, und ich bin sehr stolz auf dich.«

Szenen wie diese brachten Sara in Filmen stets zum Weinen, aber jetzt, da es Wirklichkeit war, blieb sie ruhig. In der Gegenwart des alten Elias hätte man sich geschämt, Tränen zu vergießen. Sie sah zu, wie die beiden Männer einander die Hände schüttelten, dann neigte sich Elias zu ihr hin und küßte sanft ihre Wange. »Gott schütze dich, Sara.«

»Gott schütze dich.«

Felicia hatte gehofft, Obersturmführer Velin sei klein, fett und häßlich und habe vielleicht sogar noch schlechte Umgangsformen, dann hätte es eine Chance gegeben, Susanne den Gedanken an eine Verbindung mit ihm auszureden. Leider traf nichts von alledem zu. Velin war groß und schlank und sah gut aus in seiner schwarzen SS-Uniform. Er trug sein dunkelblondes Haar sehr kurz geschnitten, konnte sich das mit seinem schmalen Gesicht auch leisten. Seine blauen Augen wirkten weder brutal noch angriffslustig, aber Wärme oder Humor waren in ihnen auch nicht zu entdecken. Es waren Augen, deren Ausdruck nichts verriet.

Natürlich hatte er gute Manieren, keine Frage, einen Proleten hatte sie nicht vor sich. Er überreichte ihr einen Blumenstrauß und küßte ihr galant die Hand.

»Heil Hitler«, sagte er dann.

»Guten Abend«, erwiderte Felicia und wußte, sie würde diesen Mann nicht ausstehen können.

Es war der 19. Juni, Joseph Goebbels hatte zwei Tage zuvor auf der Gaukulturwoche in Danzig eine Rede gehalten, und Ausschnitte aus dieser Rede wurden an diesem Abend noch einmal im Radio wiederholt. Wohl um ihrem Verlobten zu gefallen, hatte Susanne den Apparat angeschaltet, und Goebbels' dämonische Stimme klang durch den Raum.

»Danziger! Ich bringe euch die Grüße des Führers und des deutschen Volkes! Ich stehe hier auf dem Boden einer deutschen Stadt, vor mir Zehntausende deutscher Menschen . . . ihr entstammt derselben Rasse, demselben Volkstum . . . ihr wollt deshalb heim ins Reich . . .«

»Kann ich auftragen?« fragte Jolanta von der Tür her. »Es wird sonst alles kalt!«

»Ich weiß nicht . . .« Felicia sah Susanne und Velin an. »Können wir essen, oder müssen wir den Herrn Reichsminister für Volksaufklärung und Propaganda bis zum Ende anhören?«

»Mutter!« zischte Susanne.

»Selbstverständlich können wir essen, gnädige Frau«, sagte Velin höflich.

Jolanta hatte sich beim Kochen selbst übertroffen, und Hans Velin, der gerne gut aß, schien außerordentlich zufrieden. Er erzählte dies und das, sprach aber wenig über seine eigene Person. Nur einmal erwähnte er, daß seine Eltern seit Jahren tot seien und er es sehr bedauere, sie nicht mit Felicia bekannt machen zu können.

»Sie hätten sich gut mit ihnen verstanden, gnädige Frau. Mein Vater war Oberstudiendirektor in Regensburg. Meine Mutter und er reisten gern und wußten immer sehr interessant zu erzählen.«

»Es wäre schön gewesen, sie kennenzulernen«, entgegnete Felicia höflich und dachte: Die gebildete, gutbürgerliche Familie mußte er mir unbedingt noch unterschieben. Ich wette, jetzt kommt gleich der Hauptangriff.

Darin hatte sie sich nicht getäuscht.

»Ich hoffe, Sie verzeihen meine Direktheit«, sagte Velin, »aber Ihre Tochter hat sich Ihnen bestimmt schon anvertraut, und Sie wissen, daß ich sie gern heiraten würde. Sie kennen mich natürlich noch viel zuwenig, aber vielleicht wird mein Anliegen doch schließlich Ihre Zustimmung finden?«

»Was meine Tochter glücklich macht, findet immer meine Zustimmung«, erwiderte Felicia und fand, sie habe einen Orden für Diplomatie verdient.

Susanne machte tatsächlich den Eindruck, glücklich zu sein, jedenfalls war sie unheimlich stolz auf den gutaussehenden Hans und gab sich alle Mühe, ihm zu gefallen. Sie trug ein geblümtes Dirndl und hatte die Zöpfe zu zwei Schnecken über den Ohren aufgesteckt. Felicia begann sich resigniert damit abzufinden, daß ihre Tochter offenbar einem völlig anderen Geschmack huldigte als sie selber.

»Was genau machen Sie eigentlich?« erkundigte sie sich bei ihrem zukünftigen Schwiegersohn.

»Ich gehöre zu den SS-Totenkopfverbänden. Und zwar zur ersten Einheit, die 1933 unter Standartenführer Eicke in Dachau aufgestellt wurde. Sie wissen vielleicht, daß wir nicht der Kontrolle der allgemeinen SS unterliegen und uns in vier Standarten aufteilen; ursprünglich gab es drei, aber nach dem Anschluß Österreichs kam die Standarte Ostmark dazu. Ich bin Obersturmführer in der Standarte ›Oberbayern‹.«

»Diese erste Einheit aus Dachau«, sagte Felicia nachdenklich, »rekrutierten sich daraus nicht die Exekutionskommandos bei der sogenannten Säuberung der SA 1934?«

»Jawohl. Diese Säuberungen waren absolut notwendig.«

»Verstehe. Und was tun Sie jetzt genau? Sie sind doch tätig im Lager Dachau?«

Er antwortete mit einem liebenswürdigen Lächeln: »Auch. Aber ich koordiniere außerdem bestimmte Problembereiche die Überbevölkerung im Reich betreffend.«

»Sie meinen, Sie gehen gezielt gegen die Juden vor?«

»Sie drücken sich ein wenig zu undifferenziert aus, liebe Frau Lavergne. Die Angelegenheit ist äußerst vielschichtig. Ich werde beispielsweise für einige Wochen ins Protektorat reisen müssen« – er meinte Böhmen und Mähren – »und sehen, welche . . . Veranlassungen dort zu treffen sind.«

»Hans ist sehr wichtig für die Partei«, erläuterte Susanne.

»Das habe ich schon begriffen«, erwiderte Felicia kühl.

Eine Weile war nur das Klappern der Bestecke zu hören, dann

kamen sie irgendwie zurück auf die Rede von Joseph Goebbels,
auf das Problem der Freien Stadt Danzig, und Felicia erzählte,
daß auf den Fahrten von Königsberg nach Berlin alle Rollos in
den Zügen heruntergelassen wurden, wenn polnisches Gebiet
durchquert wurde. Sie merkte, daß Susanne Angst hatte, es
könnte sich eine scharfe Diskussion zwischen ihrer Mutter und
ihrem Verlobten entwickeln, und daß sie deutlich aufatmete, als
plötzlich Jolanta im Zimmer erschien und mitteilte, ein Herr
wünsche Felicia zu sprechen.

»Er wartet unten. Er sagt, es ist dringend. Ich kenne den
Mann nicht, Frau Lavergne. Soll ich ihn fortschicken?«

»Nein, ich komme.«

Felicia stand auf. »Ich bin gleich zurück«, sagte sie entschuldi-
gend.

Der Mann wartete in der Haustür. Eine kleine, schmächtige
Gestalt, nervös und ängstlich. Er achtete deutlich darauf, daß
sein Gesicht im Schatten blieb. »Felicia Lavergne?«

»Ja. Was kann ich für Sie tun?« Sie trat dichter an ihn heran,
um sein Gesicht sehen zu können und bemerkte, daß er gespen-
stisch bleich war, daß es in seinen Schläfen leise pulsierte. Er
sagte nichts, sondern starrte Jolanta an. Felicia drehte sich um.
»Jolanta, laß uns bitte allein.«

Gekränkt zog sich Jolanta zurück. Erst als er sicher war, daß
sie ihn nicht mehr hören konnte, sagte der Fremde mit gedämpfter Stimme: »Wir brauchen Ihre Hilfe, Frau Lavergne.
Hier sind Menschen in Not...«

»Worum geht es denn, um Gottes willen?«

»Wir brauchen eine Unterkunft für eine Nacht. Zwei Männer
und eine Frau. Wir bringen sie morgen abend in die Schweiz.
Bis dahin müssen sie untertauchen. Bitte, Frau Lavergne...«

Felicia stand wie erstarrt. Aus der Dunkelheit roch es süß
nach Flieder, draußen auf der Straße fuhren ein paar Autos
vorbei. Ein Falter kreiste im Lichtschein, der aus der Tür fiel.

»Warum zu mir? Warum kommen Sie gerade zu mir?«

»Man hat mir Ihren Namen genannt. Und gesagt, Sie würden
uns helfen.«

»Wer hat das gesagt?« Es konnte nur Peter Liliencron gewe-

sen sein. Verdammt, und jetzt geriet sie in diesen Schlamassel!
»Wer hat Ihnen meinen Namen genannt?«

Der Mann sprach noch leiser, flüsterte nur. »Es war Maksim
Marakow.«

7

Das traf sie wie ein Schlag. Sie spürte, daß sie blaß wurde.

Der Fremde musterte sie besorgt. »Sie kennen doch Maksim
Marakow?«

»Ja . . .« Ob sie ihn kannte! Er fragte, ob sie ihn kannte! Sie riß
sich zusammen. »Ist er in Deutschland?« Sie merkte, daß ihre
Handflächen feucht wurden vom Schweiß.

»Ja. Aber bitte, Frau Lavergne, die Zeit drängt. Können diese
Leute heute nacht bei Ihnen bleiben?«

»Was sind das für Leute?«

»Kommunisten. Sie sollten heute abend verhaftet werden,
aber man hat sie rechtzeitig gewarnt.«

»Wo sind sie jetzt?«

»Sie warten hinten im Garten.« Der Mann zitterte vor Nervosität. Felicia fühlte sich wie betäubt. »Wir haben Besuch. SS.«

Er starrte sie an, schien eine Sekunde lang zu glauben, in eine
Falle geraten zu sein. Felicia schüttelte den Kopf.

»Nicht, was Sie denken. Ich habe nichts zu tun mit diesen
Leuten. In Gottes Namen«, sie trat einen Schritt zurück, »bringen Sie diese Flüchtlinge herein!«

Es war ein irrsinniges Risiko, sie wußte es. Zwar hatte das
Hausmädchen heute Ausgang, aber Jolanta würde die Geschichte mitbekommen. Außerdem saß Hans Velin oben im
Haus. Aber gerade diese Tatsache erfüllte Felicia plötzlich mit
einem Gefühl des Triumphes. Diesem SS-Offizier, mit dem
Getue um seine unsagbar wichtige Tätigkeit und den Ambitio-
nen, in ihre Familie hineinzuheiraten, würde sie es zeigen, es
würde ihr ein Vergnügen sein, drei Kommunisten an seiner
Nase vorbei ins Haus zu schmuggeln und dort zu beherbergen.

Die Leute tauchten aus der Nacht auf; sie hatten alle mehrere Kleider und Pullover übereinandergezogen, um möglichst viel mitnehmen zu können. Darüber noch warme Mäntel, was sie wie unförmige Klumpen aussehen ließ. Die Frau trug ihr Haar unter einem Kopftuch verborgen, ihre Züge waren scharf und hart. Sie hatte offenbar das Kommando, und die beiden Männer taten, was sie sagte.

»Wir können hierbleiben?« fragte sie Felicia. Sie hatte eine angenehme, klare Stimme.

»Ja. Aber leider nur im Keller. Es ist sonst zu gefährlich.«

»In Ordnung.«

Es gab im Keller einen Raum, in dem alte Möbel standen, die ausrangiert worden waren, darunter auch zwei Betten; manchmal, wenn sehr viel Besuch da war, wurden sie als Gästebetten benutzt. Felicia führte die Flüchtlinge hinunter, sagte dann zu Jolanta, es seien Gäste da, sie möge Bettzeug bringen.

»Und, Jolanta, zu niemandem ein Wort«, fügte sie hinzu.

Die alte Haushälterin nickte. Seit mehr als einem halben Jahrhundert tat sie hier ihren Dienst, sie war treu und zuverlässig und wußte, wann sie besser keine Fragen stellte.

Felicia lief wieder hinauf. An der Tür wartete der Mann, der die Flüchtlinge begleitet hatte. »Gibt es Probleme?« fragte er flüsternd.

»Nein. Es hat keiner etwas gemerkt.«

»Gut. Ich werde morgen abend wieder hier sein und die Leute abholen.« Er verschwand im Dunkeln.

Sie sah ihm nach, und tausend Fragen brannten auf ihren Lippen. Sie würde jetzt keine Antwort bekommen. Sie mußte zurück zu ihrem Gast. Am besten, sie behauptete, es habe sich bei dem spätabendlichen Besucher um einen Sammler für das Winterhilfswerk gehandelt; es sei um eine größere Spende gegangen, die sie zu geben beabsichtigte.

Maksim Marakow. Sie konnte nichts anderes denken, als immer wieder diesen Namen, während sie aus kleinen Glasschälchen Kompott mit Schlagsahne aßen und Hans Velin über die Tatkraft sprach, mit der Adolf Hitler die Arbeitslosigkeit im Reich bekämpft hatte. Keines seiner Worte drang wirklich bis zu ihr vor. Maksim Marakow.

Seit elf Jahren hatte sie ihn nicht mehr gesehen, nichts mehr von ihm gehört, nie gewußt, wo er steckte. Er war aus ihrem Leben verschwunden, und sie hatte geglaubt, die Wunden, die er ihr zugefügt hatte, seien verheilt.

Es ist ganz normal, daß ich etwas durcheinander bin, sagte sie sich, wer konnte schon damit rechnen, daß Maksim wieder in Deutschland auftaucht, dieser Erzkommunist, der alte Mitstreiter Lenins, der Mann, dem Karl Marx die Bibel ersetzte. »Sie kennen doch Maksim Marakow?« hatte der Fremde gefragt. Sie hätte antworten können: Ja, ich kenne ihn, ich kenne ihn seit wir Kinder waren. Wir spielten zusammen in den Obstgärten von Lulinn und in den dunklen Wäldern von Ostpreußen. In meiner Erinnerung ist es immer Sommer gewesen, endlos lange, heiße Tage, das Gras unter unseren bloßen Füßen war warm und trocken, wir pflückten wilde Beeren, unsere Münder waren klebrig verschmiert, und wenn wir die Allee zum Haus hinaufliefen, wieherten die Trakehner auf den Weiden, und eine ganze Schar von Gänsen lief uns schnatternd entgegen.

»Du bist völlig geistesabwesend, Mutter«, sagte Susanne vorwurfsvoll, »ich glaube, du hörst Hans gar nicht richtig zu!«

»Doch, Susanne. Natürlich höre ich zu.«

Ich habe ihn geliebt. Als Kind, und um ein Hundertfaches mehr als junges Mädchen. Er hatte helle, melancholische Augen, und es machte mich wahnsinnig, daß er neben mir stehen und dabei so fern wie der Mond sein konnte. Wir hatten die langen Insterburger Sommer geteilt, ich dachte, er müßte mir für immer gehören, aber auf einmal konnte ich ihn nicht mehr erreichen. Ich trug hübsche Kleider und benahm mich wie ein Huhn, und er sagte dauernd, die Welt müsse revolutioniert werden. Wir verstanden einander nicht. Plötzlich schien es, als stammten wir aus verschiedenen Welten.

»Sie hätten also nichts gegen eine Hochzeit im September?« fragte der Obersturmführer.

»Nein«, erwiderte sie mechanisch. Sie dachte, wie fassungslos sie gewesen war, als Maksim sie verschmähte. Als er sich mit einer anderen Frau zusammentat. Maria Iwanowna, eine Kommunistin, die bereit gewesen wäre, ihr Leben ihrer Idee zu opfern. Gemeinsam hatten die beiden in der russischen Revolution gekämpft. Gemeinsam hatten sie die Sowjetunion zu ihrer Heimat gewählt. Felicia, die Freundin aus der Kinderzeit, hatte Maksim nur noch gebraucht, wenn es ihm schlechtgegangen war. Wenn er ausruhen mußte, wenn er sich müde und zerbrochen fühlte, und er war ziemlich oft am Ende gewesen. Sie hatte immer bereitgestanden, immer.

Außerdem – aber davon hatte er keine Ahnung – war er der Vater von Belle.

Tom Wolff erschrak, als es so spät am Abend noch an seiner Haustür klingelte. Fast halb zwölf! Er überlegte, ob er überhaupt noch öffnen sollte. Insgeheim hegte er stets die Furcht, Lulu könnte eines Tages hier auftauchen.

Am Nachmittag war er wieder bei ihr gewesen, nachdem sie ihn seit Tagen telefonisch gedrängt hatte, endlich zu kommen. Irgendwann waren sie dann im Bett gelandet. Lulu war sanfter geworden, hatte aufgehört mit Drohungen um sich zu werfen. Später setzte sie sich vor ihren Toilettentisch, nackt wie sie war, und rauchte eine Zigarette. Neben all seinem Ekel empfand Tom auch ein wenig Mitleid, als er sie so sah, mit ihrer faltigen Haut. Die Schminke in ihrem Gesicht hatte sich verwischt und tarnte nichts mehr; sie sah müde und verbraucht aus.

Arme, alte Frau, dachte Tom.

Als er ging, fing sie erneut an zu weinen und schrie, sie werde sich bald umbringen, aber vorher würde sie dafür sorgen, daß Tom alles verlor, was er besaß. Tom verließ das Haus schließlich beinahe fluchtartig. Er wußte, daß Lulu sich nun betrank, und daher schlug er sich den ganzen Abend mit der alptraumhaften Vorstellung herum, sie werde plötzlich bei ihm daheim aufkreuzen.

Es läutete wieder, beinahe zaghaft.

Das klingt nicht nach Lulu, dachte Tom.

»Willst du nicht aufmachen?« fragte seine Frau Kat. Sie hatte leise Klavier gespielt, saß nun über die Noten gebeugt und studierte sie eingehend.

»Ja«, sagte Tom, »ich geh' schon.«

Vor der Tür stand Martin Elias.

»Bitte?« fragte Tom. Irgendwie kam ihm der Mann bekannt vor.

»Ich bin Martin Elias. Vielleicht erinnern Sie sich. Wir haben uns hin und wieder im Haus von Felicia Lavergne getroffen.«

»Richtig! Martin Elias. Sie haben dann diese Jugendfreundin von Felicia geheiratet – Sara hieß sie, stimmt's?«

»Ja. Herr Wolff, ich weiß, es ist eine unmögliche Zeit, aber dürfte ich kurz hereinkommen?«

Tom witterte Schwierigkeiten. Elias war Jude. Wahrscheinlich brauchte er Hilfe.

»Treten Sie ein«, sagte er höflich, aber er forderte ihn nicht auf, ins Wohnzimmer zu kommen, sondern blieb mit ihm im Flur stehen. »Ja?«

Martin kam ohne Umschweife zur Sache. »Es geht um meinen Vater. Er kam heute abend zu uns und zeigte uns einen Brief, in dem ihm befohlen wird, sich für morgen abend bereitzuhalten. Man will ihn nach Buchenwald bringen.«

»Oh, Scheiße«, sagte Tom.

»Sie sind der einzige, an den ich mich wenden kann, Herr Wolff. Sie sind in der Partei, und es heißt, Sie . . . haben einflußreiche Freunde?«

»Nun, ich würde ihren Einfluß nicht überschätzen. Aber sie sind immerhin engagierte Nazis . . .« Tom zögerte. »Ganz offen, Herr Elias, ich kann Ihnen nichts versprechen, und wenn Sie meinen persönlichen Rat hören wollen: Ihr Vater sollte untertauchen. Es findet sich bestimmt eine Möglichkeit.«

»Wir haben versucht, ihn dazu zu überreden. Aber er weigert sich. Er ist fünfundsiebzig, er sieht sich nicht in der Lage, ein Leben im Untergrund durchzuhalten. In erster Linie scheint es außerdem für ihn eine Frage der Selbstachtung zu sein. Sich zu verstecken wie ein Verbrecher . . .«

»In Buchenwald wird kein Mensch mehr Rücksicht auf seine Selbstachtung nehmen, das wissen Sie.«

»Ja. Aber es hat keinen Sinn. Er wird sich nicht verstecken.«
Tom nickte langsam. »Das kann sein Todesurteil sein.«

»Herr Wolff . . .«

»Ich werde mit ein paar Leuten reden. Aber machen Sie sich nicht zu viele Hoffnungen. In Fällen wie diesem ist plötzlich keiner mehr zuständig, alle bedauern, nichts tun zu können. Aber ich werde mein Bestes versuchen.«

»Ich danke Ihnen, Herr Wolff. Leider drängt die Zeit sehr . . .«

»Ich werde gleich morgen früh etwas unternehmen.«

Sie standen einander gegenüber, der alternde Lebemann im seidenen Morgenmantel, Ringe unter den Augen wegen seiner Sorgen um noch mehr Geld, und der jüdische Intellektuelle im abgewetzten Anzug, Ringe unter den Augen wegen seiner Sorgen ums Überleben. Zu jeder anderen Zeit hätten sie kaum ein Wort miteinander zu wechseln gewußt.

»Noch eines, Herr Elias«, sagte Tom an der Tür, »an Ihrer Stelle würde ich Deutschland verlassen. Wer weiß, was noch alles geschieht!«

Martin lachte bitter. »Das hättet ihr gern, nicht? Daß wir Juden alle verschwinden. Daß wir alles zurücklassen: unseren Besitz, unsere Heimat, unsere Sprache. Daß wir uns in alle Winde zerstreuen, daß es uns nicht mehr gibt.«

»Ich habe nichts gegen Juden, Herr Elias.«

»Sie paktieren mit den Nazis.«

»Ich habe mein Leben lang paktiert. Ich möchte Geld, Einfluß, Bequemlichkeit, Luxus. Das fällt nicht vom Himmel. Das erfordert Anpassung.«

»Und Sie finden das in Ordnung?« fragte Martin. Gleich darauf begriff er, daß er sich unklug verhielt. »Verzeihen Sie, ich habe natürlich nicht das Recht . . .«

»Ach was, entschuldigen Sie sich nicht. Es gefällt mir, daß Sie sich kein bißchen anpassen, nicht einmal in einer Situation wie dieser. Ich bewundere das, auch wenn Sie nicht weit kommen werden damit. Aber ich ändere mich nicht mehr. Wissen Sie, Martin Elias, Sie sind der Sohn eines reichen Bankiers, und Sie mögen manch rebellische Phase gehabt haben in Ihrem

Leben, aber Sie sind immer privilegiert geblieben, und Sie haben keine Ahnung, wie es einem geht, der aus der Gosse kommt. Nicht einmal jetzt, wo es Ihnen dreckig geht, können Sie das nachvollziehen. Ich war bettelarm als Kind, arm und verachtet. Ich bleibe mein Leben lang verachtet. Von meiner Frau und von euch allen. Was mir ein bißchen Schutz gibt, ist nur mein verdammtes Geld. Ich würde einen Pakt mit dem Teufel schließen, um es zu vermehren . . .« Er brach ab, merkte, daß er zuviel redete. »Aber wen interessiert das schon«, sagte er mürrisch. Er streckte Martin die Hand hin. »Ich melde mich bei Ihnen, Herr Elias.«

»Vielen Dank.« Martin verließ das Haus.

»Armer Kerl«, murmelte Tom Wolff und schloß langsam die Tür.

In Berlin besuchte Belle am selben Abend mit einer Freundin von der UFA das Metropoltheater. Die Freundin hatte von einem glühenden Verehrer Freikarten für die »Saison in Salzburg« bekommen und Belle überredet, sie zu begleiten. Belle mochte keine Operetten, aber sie wußte nicht, was sie mit dem Abend hätte anfangen sollen. Andreas hatte keine Zeit für sie, und als sie nach einer Erklärung verlangte, war er ärgerlich geworden. »Belle, ich möchte nicht über alles, was ich tue, Rechenschaft ablegen. Wenn du mir sagst, du möchtest einen Abend ohne mich verbringen, frage ich auch nicht.«

»Ich sage es dir aber immer.«

»Das bräuchtest du nicht.«

Seine Gleichgültigkeit verletzte sie, aber sie biß sich auf die Lippen und machte keine Szene. Die Affäre mit Andreas dauerte jetzt acht Monate und hatte Belle bereits vollkommen erschöpft. Zu ihren Schuldgefühlen gegenüber Max und der ständigen Angst, entdeckt zu werden, kamen die Kämpfe mit Andreas, der rätselhaft und ungreifbar für sie blieb, der zwei Schritte auf sie zukam und drei zurückging und nichts von sich preisgab.

Belle war sehr mager geworden, und sie sah verändert aus. Ihr Gesicht hatte nicht mehr den lebhaften, unbekümmerten

Ausdruck, es war ruhiger, manchmal etwas müde und verschlossen. Sie lachte weniger als früher und versank oft in grüblerischen Gedanken.

In der Pause im Metropol traf sie einen Filmproduzenten, der Belles Begleiterin kannte und sie sofort in ein Gespräch zog. Belle, in ihre eigenen Probleme vertieft, hörte kaum hin, bekam nur am Rande mit, daß es um das Desaster mit dem Tonfilm ging, der in Deutschland entwickelt, aber nicht anerkannt worden war und, nach Hollywood verkauft, den Amerikanern einen Riesenvorsprung gesichert hatte. Dann redeten sie über den Fall Lida Baarová, die ein Verhältnis mit Joseph Goebbels gehabt haben sollte und, angeblich auf Betreiben von Magda Goebbels und durch Hitlers persönliche Intervention, Deutschland hatte verlassen und ihre Filmkarriere aufgeben müssen. Belle, die Klatsch eigentlich liebte, hielt sich auch bei diesem Thema heute völlig zurück. Wie immer, wenn sie nicht mit Andreas zusammensein konnte, fühlte sie sich leer und ausgebrannt. Sie schaute sich um unter all den vielen Menschen – und dann entdeckte sie ihn. Er trug einen dunklen Anzug, hielt ein Glas Sekt in den Händen und war in Begleitung einer jungen, blonden Frau, die einer Modezeitung hätte entsprungen sein können. Sie redete lebhaft auf ihn ein, und er hörte ihr mit einem amüsierten Lächeln zu.

Belle wandte sich ab und spürte, daß sie blaß wurde.

»Wie ich höre, sind Sie ebenfalls Schauspielerin?« fragte der Produzent.

Belle starrte ihn an, ihre Augen waren schmal vor Wut und Kummer. »Ja.«

Er hatte sie vorher nicht angesehen, aber jetzt betrachtete er ihr Gesicht fasziniert. Es war weiß wie ein Papier.

»Wissen Sie, Fräulein . . .«

»Ich bin Belle Lombard.« In Filmkreisen benutzte sie ihren Mädchennamen, weil sie nun einmal mit ihm begonnen hatte.

»Belle Lombard . . . Ich heiße Sven Kronborg. Freier Produzent.« Offenbar hatte er gemerkt, daß Belle bislang nicht mitbekommen hatte, wer er war. »Ich möchte Shakespeares Romeo und Julia verfilmen, in einer modernen Version, und ich suche eine Julia mit Ihrem Gesicht. Eine wissende Julia, verstehen Sie, keine unschuldige.«

Die Freundin boxte Belle in die Seite. »Belle . . .«

»Ja, ich . . .« Wie magisch angezogen wandte sie ihren Blick Andreas zu. Jetzt sah er sie auch, aber er nickte ihr nur fast unmerklich zu. Er schien nicht die Spur eines schlechten Gewissens zu haben.

Sven Kronborg war Belles Blick gefolgt. »Ist das nicht Andreas Rathenberg?«

»Sie kennen ihn?«

»Jeder kennt ihn. Ein schillernder Paradiesvogel, ein Mann ohne Skrupel und ohne Bindungen. Er schläft sich durch alle Betten von Berlin!«

Belles Freundin kicherte. »Er sieht sehr gut aus. Ist er Schauspieler?«

»Nein. Er hat einen ganz großen Posten in der Stahlindustrie und verdient klotzig im Waffengeschäft.«

Habe ich wirklich geglaubt, er ist mir treu?

»Was ist«, fragte Kronborg, »hätten Sie Lust, mir einmal vorzusprechen, Fräulein Lombard?«

Sie erwachte wie aus einer tiefen Betäubung. »Ja. Natürlich.«

Sie empfand nichts. Kronborg reichte ihr seine Karte. »Rufen Sie mich morgen an, ja?«

»Ja.«

Es klingelte, sie kehrten auf ihre Plätze zurück. Nach der Vorstellung konnte Belle Andreas und seine Begleiterin nirgendwo mehr entdecken.

Max schlief noch nicht, obwohl er an diesem Abend keine Vorstellung gehabt hatte, als Belle nach Hause kam. Er saß im Wohnzimmer und las Zeitung. Als er seine Frau eintreten hörte, hob er den Kopf. »Da bist du ja. Hattest du einen schönen Abend?«

Sie warf ihren Hut auf einen Sessel. Warum, zum Teufel, machte er ihr niemals Vorwürfe? Sie kam oft erst tief in der Nacht nach Hause, meistens, weil sie bei Andreas gewesen war, und nachdem sie anfangs gefürchtet hatte, Max werde sie zur

Rede stellen, hoffte sie inzwischen, er würde es tun. Sie glaubte, sie würde sich weniger schuldig fühlen, wenn er sie beschimpfte, sie würde Trotz entwickeln können, anstatt sich nur als gemeines Biest zu fühlen. Warum mußte sie sich nie rechtfertigen? Warum machte ihr niemand eine Szene? Auf Schritt und Tritt wurden andere Frauen verdächtigt und kontrolliert. An Max' Weltfremdheit und grenzenloser Toleranz, an Andreas' völliger Gleichgültigkeit lief sie sich noch tot.

Nun stand sie wieder vor Max, in ihrem engen, schwarzen Kleid, mit ihrem dunkelrot geschminkten Mund, sie kam den dritten Abend hintereinander erst spät nach Hause, und er fragte nur freundlich: »Hattest du einen schönen Abend?«

»Ja, danke«, erwiderte sie, streifte ihren leichten Sommermantel ab, ließ ihn auf den Boden fallen und ging zu dem Schränkchen, in dem sich die Cognacflasche befand. Sie schenkte sich ein Glas ein und kippte es in einem Zug.

»Ich war mit Lisa im Metropol. Wir haben einen Produzenten getroffen. Er will Romeo und Julia verfilmen, und vielleicht soll ich die Julia spielen.«

»Das ist ja großartig. Gratuliere.« Er beobachtete, wie sie den zweiten Cognac hinunterstürzte. »Ist etwas?«

»Was soll denn sein?« Das klang aggressiv.

Er zuckte mit den Schultern. »Ich finde, du trinkst ein bißchen viel, das ist alles.«

»Willst du es mir verbieten?« Sie nahm den dritten Cognac, und da sie lange nichts gegessen hatte, bekam sie schnell weiche Knie, es wurde ihr schwindlig.

Max stand auf und nahm ihr das Glas aus der Hand. »In Ordnung. Ich verbiete es dir. Hör auf.«

Sie starrte ihn an, wollte ihm das Glas entwinden, aber er hielt es eisern fest. »Es ist genug für heute, Belle. Du solltest schlafen gehen.«

»Ich will nicht schlafen. Ich will mich betrinken!«

Er stellte das Glas auf den Tisch, umfaßte Belle mit beiden Armen. »Was ist denn los? Warum bist du so unglücklich?« Seine Stimme war warm und zärtlich. Belle schossen die Tränen in die Augen. Sie preßte sich noch enger an ihn.

»Max, ich muß dir etwas sagen . . .«

»Ja?«

Sie hätte nicht den Kopf heben und ihm in die Augen sehen dürfen, dann hätte sie ihm die Geschichte mit Andreas gestanden. So aber brachte sie es nicht fertig. Zum erstenmal seit langem begriff sie wieder, warum sie ihn geheiratet hatte, wußte wieder, daß sie seine Augen liebte, seinen intelligenten Mund, die schmalen Wangen, die sein Gesicht so melancholisch machten. Sie konnte ihm nicht weh tun – und selbst jetzt in diesem Moment, da sie sich wie ein hilfloses kleines Mädchen fühlte, betrunken und weinerlich, verletzt und traurig, selbst da war ihr klar, sie war die Stärkere, und sie durfte Max keinen Kummer zufügen. Er hielt es nicht für möglich, daß sie ihn betrog, genausowenig, wie er ihr das jemals antun würde. Er durfte es nicht erfahren.

»Ach nichts«, sagte sie deshalb nur. »Laß uns schlafen gehen. Ich bin irgendwie durcheinander heute. Wahrscheinlich bringt mich dieser Filmproduzent um den Verstand.«

Im Bett kuschelte sie sich ganz nah an Max heran, und schließlich schliefen sie miteinander, was sie schon sehr lange nicht mehr getan hatten. Zu ihrem Entsetzen gelang es Belle nicht, etwas dabei zu empfinden. Sie hatte inzwischen härtere Reize genossen, Max' sanfte Art, sie zu lieben, entzündete nichts mehr in ihrem Körper. Sie fing wieder an zu weinen, und als Max sie fragte, was los sei, vergrub sie ihr Gesicht in den Kissen. Sie hatte das Gefühl, sich in eine völlig ausweglose Situation manövriert zu haben.

8

Die drei kommunistischen Flüchtlinge wurden tatsächlich am nächsten Abend abgeholt, man hatte ihnen falsche Papiere besorgt und hoffte, es würde ihnen damit gelingen, in die Schweiz einzureisen. Wer »man« war – das hatte Felicia nicht herausfinden können. Es mußte eine Organisation dahinterstecken, die politisch oder rassisch Verfolgten half, das Reich zu verlassen, und Maksim Marakow gehörte dazu.

»Sagen Sie mir doch, wo er ist«, hatte sie den Mann, der kam, die Flüchtlinge abzuholen, beschworen, aber er war ihr ausgewichen. »Das sind Dinge, die nicht verbreitet werden sollten. Besser, Sie wissen nicht zuviel. Marakow wird sich bei Ihnen melden.«

Also blieb ihr nichts übrig, als zu warten, und das hatte sie ihr Leben lang gehaßt. Der Sommer war heiß und trocken, sie sehnte sich nach Lulinn, konnte aber München nicht verlassen. Abends machte sie Spaziergänge entlang der Isar, blickte in das flaschengrüne Wasser und versuchte sich einzureden, es sei der ostpreußische Himmel, was sich darin spiegelte. Die Arbeit machte ihr keinen Spaß, Uniformen, diese verfluchten Uniformen, sie brachten Geld, aber sie waren sterbenslangweilig.

In den zwanziger Jahren hatte sie Haute Couture verkauft . . . aber jetzt? Felicia kickte Steine ins Wasser und dachte: Scheiß-Nazis!

Susanne und ihr SS-Offizier feierten noch einmal offizielle Verlobung. Von Heydrich begünstigt wechselte Velin von der Totenkopf-SS in die SS-Verfügungstruppe und reiste dann ins Protektorat; es ging um »Umsiedelungsprogramme« sagte er, und er hatte seine Sache wohl gut gemacht, denn als er zurückkehrte, war er zum Hauptsturmführer befördert worden. Felicia hatte versucht, wegen des Schicksals von Martin Elias' Vater bei ihm zu intervenieren, denn Tom Wolff hatte nichts erreicht, und Sara, der sie auf deren Bitte hin inzwischen eine Halbtagsstelle als Schreibkraft in der Fabrik gegeben hatte, war schließlich zu ihr gekommen. Der alte Elias war nach Buchenwald gebracht worden, und trotz seines Versprechens, sofort zu schreiben, gab es noch kein Lebenszeichen von ihm. Hans Velin erklärte, er könne nichts tun. »Das fällt nicht in meine Kompetenz.«

»Ich dachte, Sie sind für schlechthin alles kompetent«, fauchte Felicia.

Das Verhältnis war endgültig und für immer äußerst getrübt.

Sven Kronborg hatte Belle die Rolle der Julia übertragen, was sich für sie zur reinsten Knochenarbeit auswuchs. Jeden Tag mußte sie schon in aller Herrgottsfrühe im Studio sein, selten verließ sie es vor dem späten Abend. Kronborg entpuppte sich als Perfektionist – auf eine beinahe krankhafte Art. Wenn ihm in einer Szene ein einziger Satz nicht gefiel, ließ er sie notfalls fünfzigmal drehen, und er erlaubte keinem der Beteiligten eine Pause.

»Wenn ihr eure Sache gut macht, dürft ihr ausruhen«, sagte er, »keine Minute vorher!«

Oft schwindelte es Belle vor Hunger, die Zunge klebte ihr am Gaumen, und einmal brach sie vor der Kamera in Tränen aus, weil sie denselben Satz zum hundertfünfzigstenmal sagen mußte und bereits das Gefühl hatte, vollkommen unnatürlich zu wirken.

»Wer, um Gottes willen, hat Ihnen geraten, Schauspielerin zu werden?« brüllte Kronborg. »Sie haben weniger als keine Begabung, Belle Lombard! Ich war ein Trottel, Sie zu engagieren!«

Belle schluckte ihre Tränen hinunter und sagte denselben Satz zum einhunderteinundfünfzigstenmal.

Kronborg produzierte seine Filme nicht nur, er führte auch selber Regie und schrieb das Buch. Diesmal stellte er eine höchst eigenwillige Fassung des Dramas her. Die Beteiligten trugen moderne Kostüme, die Dialoge orientierten sich nur noch wenig an Shakespeare und nahmen deutlich Bezug auf die Gegenwart – so standen unter anderem rassische Gründe gegen eine Verbindung von Romeo und Julia, und es war der allumfassende Einfluß staatlicher Organe, der bis in das intimste Privatleben der Menschen drang, ihre Pläne zunichte machte und als völlig unerträglich empfunden wurde. Belle erzählte Max davon, und er sagte, er glaube nicht, daß der Film durch die Zensur gelassen werde.

»Das darf nicht sein!« rief Belle schockiert. »Wir arbeiten uns halbtot!«

Auch im August ließen Hitze und Trockenheit nicht nach. Die politischen Geschehnisse überstürzten sich, manche redeten vom Krieg, andere wiesen jeden Gedanken daran weit von sich. Die Polenfrage würde zu klären sein, natürlich, aber daraus konnte keine große Geschichte entstehen.

Außenminister Ribbentrop unterzeichnete in Moskau einen Nichtangriffspakt zwischen dem Reich und Sowjetrußland. Polen schloß daraufhin mit Großbritannien ein Abkommen, in dem sich beide Länder gegenseitige militärische Hilfe versprachen. Beim Führer, im Gegensatz zu vielen seiner Beratern, löste das keine Besorgnis aus. Schließlich verkündete auch Frankreich, es werde Polen im Falle eines deutschen Angriffs zur Seite stehen und sperrte den Eisenbahnverkehr mit Deutschland. Holland, Belgien und die Schweiz erklärten noch einmal ihre Neutralität, ordneten jedoch eine Teilmobilmachung an, um sich gegen Versuche, sie in einen Konflikt hineinzuziehen, wehren zu können. Hitler gab seine Verhandlungsbereitschaft mit Polen bekannt, zog sie jedoch bereits einen Tag später wieder zurück, weil von polnischer Seite keine Reaktion gekommen war. In Polen begann die Mobilmachung, außerdem wurde der Zugverkehr durch den Korridor nach Ostpreußen unterbrochen.

Es war der 30. August 1939.

Belle mußte an diesem Mittwochmorgen zum Stettiner Bahnhof, um Victor, den neunjährigen Sohn von Modeste, dort abzuholen. Er kam mit dem letzten Zug, der Ostpreußen in Richtung Reich hatte verlassen dürfen. Victor war für eine der nationalsozialistischen Eliteschulen ausgewählt worden, für eine nationalpolitische Erziehungsanstalt – Napola –, die in der ehemaligen Kadettenschule von Potsdam untergebracht war. Modeste, die Mutterkreuzanwärterin, hatte damit einen weiteren Sieg in puncto Ehre und Ansehen der Familie errungen. Eigentlich hätte Belle gar keine Zeit gehabt, aber Kronborg war von einer schweren Sommergrippe erwischt worden, und nachdem er sich noch tagelang fieberglühend ins Studio geschleppt hatte, mußte er nun die Waffen strecken und sich ins Bett legen. Belle, die sich, wie so oft in der letzten Zeit, schwindelig und elend fühlte, wäre am liebsten daheim geblieben, aber sie hatte

Modeste das feste Versprechen gegeben, den Sohn abzuholen, und so machte sie sich mißgelaunt auf den Weg. Als sie Victor in der Menschenmasse entdeckte, dachte sie, es sei eine idiotische Idee, den hübschen Jungen mit den sensiblen Augen auf eine Schule zu schicken, die körperliche Kraft und Unerschrockenheit für wichtiger hielt als Bildung und Geist. Wie hatte der Führer gesagt? »Das Schwache muß weggehämmert werden. Eine gewalttätige, grausame Jugend will ich. Das freie, herrliche Raubtier muß aus ihren Augen blitzen . . .«

Armer Victor, dachte Belle mitleidig, armes, kleines Raubtier!

»Hallo, Victor«, begrüßte sie ihn munter, »ich habe mir gedacht, wir gehen jetzt erst einmal zu Kranzler, das ist eines der berühmtesten Cafés in Berlin, dann begleite ich dich hinaus nach Potsdam, und . . .«

Er sah sie ernst an. »Nein, Belle, besser nicht. Die glauben da sonst, ich komme mit meiner Mutter.«

Belle lachte. »Um deine Mutter zu sein, sehe ich ein bißchen jung aus, findest du nicht? Aber gut, dann fährst du allein.«

Sie ergatterten bei Kranzler tatsächlich einen freien Platz, und Victor begann sich etwas zu entspannen und verspeiste im Handumdrehen zwei Stück Sahnetorte. Belle hatte sich einen Erdbeerkuchen bestellt, aber ihr wurde schon übel, als sie ihn nur sah. Um sich abzulenken, erzählte sie Victor ein bißchen von der Arbeit, von der UFA, von der Filmstadt draußen in Babelsberg, die größer war, als Victor sich das vorstellen konnte. »Fast fünfhunderttausend Quadratmeter Aufnahmegelände, Wiesen, Flüsse, Seen, Tiere. Ein gigantischer Kostümfundus. Und zehn Tonfilmateliers. Autos, wahnsinnig viele Autos. Allein die würden dich schon ganz verrückt machen. Eisenbahnwaggons. Es ist eine Welt für sich, und zwar eine unheimlich faszinierende. Es gibt nichts, wo ich lieber bin als in Babelsberg!«

Stimmt nicht, sagte eine unbestechliche innere Stimme, das war einmal. Heute bist du am liebsten in den Armen von Andreas Rathenberg, und Babelsberg könnte notfalls zum Teufel gehen.

»Warum ißt du denn gar nichts?« fragte Victor.

»Ich habe keinen Hunger. Hier, du kannst meinen Kuchen noch essen.« Sie schob ihm den Teller hin, und dann erhob sie sich ruckartig. »Entschuldige bitte!« Sie erreichte die Toilette gerade noch rechtzeitig. Als sie nachher die Hände wusch und den Mund ausspülte, fand sie, sie habe nie schlechter ausgesehen. Der Spiegel warf ihr das Bild eines zittrigen Gespenstes zurück.

Ich werde zu einem Gynäkologen gehen, dachte sie, ebenso ahnungsvoll wie erschöpft, o Gott, das hat mir gerade noch gefehlt!

Der Arzt bestätigte ihr, was sie schon vermutet hatte. »Sie sind Ende des zweiten Monats, Frau Marty. Meinen herzlichen Glückwunsch!«

»Das kann alles nicht wahr sein«, murmelte Belle.

»Sie freuen sich nicht?«

»Ich bin Schauspielerin. Ich drehe gerade einen sehr schwierigen Film. Ich brauche meine Kraft.«

Der Arzt lächelte nachsichtig. »Das Kind kommt in sieben Monaten. In vier Monaten wird man überhaupt erst sehen, daß Sie schwanger sind. Bis dahin ist der Film doch bestimmt fertig!«

Es klang Belustigung in seiner Stimme.

Er nimmt mich nicht ernst, dachte Belle erbittert, ja, wenn ich Kristina Söderbaum hieße, oder Gitta Alpar . . .

Mit fahrigen Bewegungen zog sie sich wieder an. »Meine ganze Lebenssituation, Herr Doktor . . .« Es war zwecklos. Er würde sie nicht verstehen. Wenigstens sagte er nicht, es solle ihr eine Ehre sein, dem Führer ein Kind zu schenken, dann wäre sie ihm ins Gesicht gesprungen. Sie war kein bißchen besser als Modeste. Schwanger! Irgendwann würde sie auch vier Kinder haben und dieses dämliche Mutterkreuz bekommen, kein Mann würde sie mehr anschauen, und ihre Karriere konnte sie schon überhaupt vergessen.

Der Arzt, der ihr zorniges Mienenspiel beobachtete, fragte vorsichtig: »Sie . . . sind doch verheiratet?«

»Ja.« Dabei fiel ihr ein, daß sie keine Ahnung hatte, von wem das Kind war. Höchstwahrscheinlich von Andreas. »Ja, ich bin verheiratet. Das macht die Angelegenheit nur auch nicht leichter, wissen Sie.«

»Möchten Sie über Ihre Probleme sprechen?« fragte der Arzt geduldig.

»Nein.« Sie hatte sie ihm ja bereits angedeutet, und er hatte sie nicht ernst genommen. Sie reichte ihm die Hand. »Auf Wiedersehen, Herr Doktor.«

Draußen atmete sie tief durch. Sie hatte keine Ahnung, was sie jetzt tun sollte. Versuchen, jemanden zu finden, der bereit wäre, eine Abtreibung vorzunehmen? Die Kolleginnen in Babelsberg wüßten bestimmt jemanden, der es trotz des rigorosen Verbots – schließlich galt die Mutterschaft als das höchste Ziel im Leben einer Frau – tun würde. Gerade jetzt, ausgerechnet jetzt mußte ihr das passieren, wo es so aussah, als könnte doch noch eine richtige Schauspielerin aus ihr werden. Sie mußte schön aussehen, mußte ihre Kräfte zusammenhalten, um die mörderischen Regiemethoden von Sven Kronborg zu überstehen. Statt dessen würde sie bald als keuchendes Faß durch die Gegend rollen.

Entschlossen winkte sie nach einem Taxi. Sie nannte dem Fahrer Andreas' Adresse und ließ sich auf den Rücksitz fallen. Sie mußte mit ihm reden. Er sollte einen Ausweg finden.

Es blieb alles still, als sie bei Andreas klingelte. Sie klingelte zweimal, dreimal, nichts rührte sich.

Die Blockwartsfrau erschien schließlich und musterte die bleiche Belle mißtrauisch. »Wo woll'n Sie denn hin, Fräulein?«

»Zu Herrn Rathenberg. Andreas Rathenberg. Ist er nicht da?«

»Der ist seit gestern verreist.«

»Verreist?«

»Ja. Für zwei Wochen. Ich soll die Blumen gießen.«

»Für zwei Wochen?« Belle fühlte sich wie betäubt. Er verreiste für zwei Wochen und sagte ihr keinen Ton! Fand er das etwa in Ordnung? Fühlte er sich schon eingeengt, wenn er ihr mitteilen sollte, daß er Berlin für längere Zeit verließ? Sie erinnerte sich an den Abend, an dem sie ihm Vorhaltungen gemacht hatte wegen der Blondine im Metropol.

Da hatte er nur gesagt: »Belle, versuch nicht, mich mit aller Gewalt an dich zu ketten. Dabei werde ich verrückt!«

Sie war in Tränen ausgebrochen. »Und ich werde verrückt, wenn du mich betrügst.«

»Du schläfst doch auch mit deinem Mann, oder?«

»Das ist etwas ganz anderes.«

»Wieso?«

Schließlich waren sie auseinandergegangen, beide zornig und enttäuscht. Sie versöhnten sich zwar kurz darauf wieder, aber ein Stachel blieb.

In diesem Moment, als sie vor der verschlossenen Tür stand und erfahren mußte, daß Andreas ohne jede Ankündigung abgereist war, gestand sich Belle zum erstenmal ein, daß diese Beziehung für sie eher quälend als schön war. Sie hatte sich selbst getäuscht, wenn sie sich einredete, eine glücklich verliebte Frau zu sein, deren einziges Problem darin besteht, daß sie ihren Mann betrügt. In Wahrheit fühlte sie sich einfach nicht glücklich, vielleicht liebte sie nicht einmal richtig. Sie hing bloß einfach an Andreas in einer Art süchtigem Verlangen, und die Tatsache, daß sie ihr Unglücklichsein ertrug, anstatt sich davon zu befreien, bewies, wie kompliziert ihr Gefühlsleben bereits war.

Die Blockwartsfrau musterte sie neugierig. »Is' was?«

Auf einmal fühlte sie sich wieder wie ein kleines Mädchen, verloren in einer feindseligen Welt, und es verlangte sie nach jemandem, der sich ihre Probleme anhörte und ihr dann versicherte, es werde schon alles wieder in Ordnung kommen. Es verlangte sie nach ihrer Mutter. Felicia war selten für sie da gewesen in ihrer Kindheit, aber sie war ihr immer als ein Hort der Kraft und Sicherheit erschienen – Felicia, die so schön aussah, so gut roch, so elegante Kleider trug. Sie mußte sie sofort anrufen, und da sie daheim kein Telefon hatte, beschloß sie, zu ihrer Großmutter zu gehen.

Elsa Degnelly lebte in Charlottenburg, im ersten Stock eines alten, reich mit Stuck verzierten Hauses. Die große Wohnung war früher erfüllt gewesen von der Lebhaftigkeit einer Familie, drei Kinder waren hier aufgewachsen, und Dr. Degnelly hatte seine Arztpraxis hier geführt. Jetzt lag eine vornehme Stille über den Räumen, vor den Fenstern hingen schneeweiße Tüllgardinen und blühten lilafarbene Usambaraveilchen.

Manchmal, wenn es Elsa danach war, erklang Beethovens Violinkonzert von dem altmodischen Grammophon.

Elsa Degnelly war eine zarte, weißhaarige Frau, im Alter noch immer so scheu und verträumt, wie sie als junges Mädchen gewesen war. Sie hatte ihren Mann und einen Bruder im Krieg verloren, aber ihre eigentliche Tragödie hatte sich im Sommer 1916 abgespielt, als ihr jüngster Sohn, knapp neunzehnjährig, bei Verdun gefallen war. Von diesem Zeitpunkt an hatte sie aufgehört, am Leben teilzunehmen. Christians Tod konnte sie nicht verwinden; sie würde eines Tages sterben, ohne daß sich ihr Schmerz auch nur im mindesten gemildert hatte.

Belle, die viele Jahre ihrer Kindheit in der Schloßstraße verbracht hatte, hing an ihrer Großmutter, und auch jetzt wurde sie ruhiger, als sie im Wohnzimmer mit den vertrauten Biedermeiermöbeln stand und die alte Frau ihr eine Tasse Tee brachte.

»Wie schön, daß du mich wieder einmal besuchst, Belle! Aber mager bist du geworden! Komm, setz dich.«

»Gleich, Großmutter. Ich muß erst noch schnell telefonieren. Darf ich?«

»Natürlich. Drüben in meinem Salon, du weißt ja.« Sie sah ihrer Enkelin nach, dann wanderte ihr Blick zu dem großen Ölgemälde an der Wand, das ihre Tochter Felicia als junges Mädchen zeigte.

»Sie ist wie du«, murmelte sie, »so unruhig und rastlos. Und sie wird nie besonders viel Glück mit den Männern haben.«

Großmutter Elsa hatte eine feine Intuition.

9

Als Belles Anruf sie erreichte, machte sich Felicia gerade für eine Abendeinladung bei Tom Wolff zurecht. Das Essen sollte schon um halb sieben beginnen, und so war es noch Nachmittag, als sich Felicia schminkte und umzog. Sie hatte ein Sommerkleid aus schwarzer Seide mit hauchzarten weißen Streifen gewählt, das Oberteil lag eng am Körper, der Ausschnitt ließ den Ansatz ihrer Brüste sehen. Um die Taille trug sie einen breiten, weißen Gürtel aus Lack, der Rock fiel glatt und gerade über die Hüften und hörte knapp unter den Knien auf. Zweifellos zeigte sie zu viel Bein, und die schwarzweißen Schuhe mit den bleistiftdünnen Absätzen waren zu hoch für eine anständige Frau, aber sie mochte es lieber so. Die Haare fielen ihr leicht gelockt auf die Schultern, sie strich sie hinter die Ohren zurück, damit man ihre edlen Perlenohrringe sehen konnte. Um den Hals trug sie eine doppelreihige Perlenkette.

Als sie gerade die Wimpern tuschte, wurde sie ans Telefon gerufen.

»Mama, Gott sei Dank bist du daheim! Ich hatte schon Angst, ich erwische dich nicht!«

»Belle! Ist etwas passiert?«

Belle schluckte, dann folgte eine lange, verworrene Erklärung, an deren Ende sie in Tränen ausbrach. Felicia verstand, daß es um einen Mann ging – nicht um Max, sondern um einen anderen –, der offenbar einen etwas lockeren Lebenswandel pflegte, und um ein Baby.

»Du bist wirklich schwanger, Belle?«

Jetzt weinte Belle haltlos. »Es ist alles so schrecklich! Mama, bitte komm zu mir. Ich brauche dich. Bitte!«

»Möchtest du nicht hierherkommen? Es wäre . . .«

»Ich kann wegen des Films nicht. Sven Kronborg ist vielleicht wieder ganz schnell auf den Beinen, und er feuert mich, wenn ich dann nicht da bin. Bitte, Mama! Ich war dir wirklich nicht böse, daß du zu meiner Hochzeit nicht kommen konntest, aber jetzt brauche ich dich!«

Felicia zögerte noch eine Sekunde, aber die Erwähnung der Hochzeit war ein wirkungsvoller Appell an ihr schlechtes Gewissen. »In Ordnung, Belle. Ich nehme morgen früh den ersten Zug. Wein jetzt nicht. Wir werden alles in Ordnung bringen!«

Zu dem Abendessen bei Tom Wolff war überraschend auch Hans Velin erschienen, der, wie sich herausstellte, zu Toms engerem Bekanntenkreis gehörte. Neben Felicia saß ein älterer Sturmführer der SA, der von ihr fasziniert war und sich fast verschluckte, als sie nach dem Essen Lippenstift und Spiegel herauskramte und sich ihre Lippen dunkelrot nachzog. Er sprach sie auf ihre Fabrik an und erkundigte sich, ob sie an weiteren Aufträgen durch die Partei interessiert sei.

Felicia, die ihn bis dahin eher herablassend und gleichgültig behandelt hatte, wandte sich ihm zu, sah ihn zum erstenmal konzentriert an. »Aufträge durch die Partei?«

»Ja. Zu einer Zeit, da das Unternehmen noch dem Halbjuden Liliencron gehörte, wäre das natürlich nicht möglich gewesen, aber nachdem Sie nun die Führung übernommen haben . . .«

»Herr Liliencron hat sie mir übertragen. Ich habe mir nichts einfach genommen.«

»Nun, es ist zumindest begrüßenswert, daß die Dinge so sind, wie sie sind«, bemerkte das Braunhemd und lächelte frostig.

»Ich für meinen Teil«, sagte Felicia kühl, »vermisse Herrn Liliencrons Rat sehr.«

Durch Blumen und Kerzen hindurch sah sie Toms Grinsen. Er kannte sie wie kaum ein anderer, und er wußte, wie verrückt sie danach gewesen war, die Fabrik wieder zu besitzen, er wußte auch, daß zwei Seelen jetzt in ihrer Brust stritten: die Abneigung gegen die Nazis mit der Gier, an ihnen Geld zu verdienen.

»Fahnen, Armbinden, Wandschmuck«, erklärte ihr Tischnachbar, »wir brauchen das in gigantischen Mengen. Ich könnte Ihnen größere Aufträge zukommen lassen.«

Felicias Augen waren die einer Katze, die Sahne wittert.

»Das wäre natürlich zu überlegen, Herr . . .« Verdammt, wie hieß er? Er hatte sich ihr vorgestellt, aber sie hatte nicht hingehört.

»Becker«, sagte Tom und grinste wieder.

Sie lächelte Sturmführer Becker an. »Wir sollten darüber reden.«

Ihr schönes Gesicht besänftigte seinen Ärger darüber, daß sie sich seinen Namen nicht gemerkt hatte. »Vielleicht dürfte ich Sie morgen vormittag in Ihrem Büro aufsuchen, Frau Lavergne?«

»Morgen vormittag . . .« Da wollte sie bereits im Zug nach Berlin sitzen. Aber es war ein gutes Angebot, was dieser Becker ihr da machte, und vielleicht wurde eine lukrative Sache daraus. Sie könnte den Zug am Nachmittag nehmen. Belle würde das verstehen.

»In Ordnung«, sagte sie, »morgen vormittag.«

Am nächsten Tag regnete es in Strömen, so, als wolle der Sommer darauf hinweisen, daß morgen der September begann und er allmählich ans Abschiednehmen dachte. Es war kühl im Haus, Felicia trug einen warmen Pullover, als sie Becker empfing. Er himmelte sie noch genauso an wie am Abend zuvor, ihr hingegen erschien er noch unangenehmer. Die Gauleitung München, erklärte er, suche einen Fabrikanten, der die Partei regelmäßig und in größeren Mengen mit den von ihm gestern angeführten Gegenständen beliefere, und das Unternehmen Lavergne scheine geeignet – nun, da auch das jüdische Element daraus verschwunden sei.

»Zudem wird der SS-Hauptsturmführer Velin demnächst bei Ihnen einheiraten, und dann sind wir ja fast schon eine große Familie!« Er kicherte hektisch.

Felicia verzog das Gesicht.

Nachdem sie die Preise noch ein wenig in die Höhe getrieben hatte, wurden sie einig. Becker hatte einen Vertrag mitgebracht, in den sie die Bedingungen einsetzten und unterschrieben. Becker seufzte zufrieden. »Und jetzt – wollen wir nicht noch einen Kaffee zusammen trinken?«

Felicia erhob sich. »Tut mir leid. Ich muß packen. Ich fahre heute noch nach Berlin.«

»Ah, ach so . . .« Er wirkte enttäuscht und etwas verärgert.

»Nun ja, wir werden uns ja öfter sehen in der nächsten Zeit – hoffe ich.« Sein Grinsen hatte etwas unerträglich Anbiederndes. Felicia begann fast, Hans Velin sympathischer zu finden angesichts dieses Bauern.

»Grüßen Sie die Reichshauptstadt«, sagte er, dann knallte er die Hacken zusammen und reckte den rechten Arm. »Heil Hitler!«

Nachdem er gegangen war, begann Felicia die Sachen zusammenzusuchen, die sie mitnehmen wollte. Sie war allein im Haus. Das Mädchen hatte Ausgang, Jolanta war an den Chiemsee gefahren, um ihre Schwester zu besuchen, und Susanne stellte sich in der Stadt eine komplett neue Garderobe zusammen, ihrer Würde als bald verheirateter Frau angemessen. Ihr Zug ging um fünf Uhr, sie würde nach Mitternacht in Berlin ankommen. Es hatte aufgehört zu regnen, ein kräftiger Wind fegte die Wolken auseinander, ein tiefblauer Himmel schimmerte hervor, und die Sonne ließ die nassen Blätter der Kastanie hinter dem Haus leuchten.

Felicia öffnete die Fenster, frische, würzige Luft flutete ins Zimmer. Sie hatte das Radio eingeschaltet, es ging um Polen und immer nur um Polen. Offenbar versuchte sich Mussolini als Vermittler, aber die Lage schien sich zunehmend zu verschärfen. Dann berichtete der Sprecher von der Bezugscheinpflicht, die seit vier Tagen im Reich bestand, im Augenblick aber noch eher für Verwirrung als für Ordnung sorgte. »Es werden Ernährungs- und Wirtschaftsämter eingerichtet, die sich mit der Frage der Bezugscheine auseinandersetzen«, versprach der Kommentator, und dann folgte laut schmetternd das Deutschlandlied. Als es vorüber war, klingelte es an der Haustür.

Es klingelte noch einmal, ehe Felicia begriff, daß niemand öffnen würde, weil außer ihr keiner da war. Rasch eilte sie die Treppe hinunter, summte dabei leise vor sich hin.

Sie öffnete, und vor ihr stand Maksim.

In den Tagen einer ebenso fernen wie glücklichen Zeit hatten sie ihr Leben geteilt, ihre Träume, Hoffnungen und Ängste; sie waren Kinder gewesen, und die Gärten von Lulinn mit ihren alten Bäumen, dem hohen Gras und den leuchtendbunten Blumen hatten nicht zugelassen, daß etwas zwischen sie trat, was den Zauber zerstörte. Sie hatten aber nicht verhindern können, daß sie erwachsen wurden und die Welt mit anderen Augen ansahen, vor allem nicht, daß jeder die Welt auf eine Weise sah, die der andere nicht verstehen konnte.

Und nun standen sie sich gegenüber, elf Jahre nachdem sie einander zuletzt gesehen hatten. Maksim hatte sich kaum verändert, er war jetzt siebenundvierzig Jahre alt, und über der Stirn färbte sich sein dunkles Haar grau. Er war patschnaß, der Regen mußte ihn gerade noch erwischt haben, denn sein Mantel hing wie ein triefender Scheuerlappen an ihm, von dem Hut in seiner Hand tropfte das Wasser, in seinen Schuhen quatschte es, als er einen Schritt nach vorne tat. Das erste, was er sagte, war: »Bist du allein?«

Felicia machte einen Schritt zurück. »Ja, ich bin allein. Komm herein.«

Er hinterließ eine nasse Spur auf dem Weg ins Wohnzimmer. Felicia nahm mit ein paar raschen Griffen Holzscheite aus dem Korb neben dem Kamin, schichtete sie aufeinander und zündete sie an.

»Du ziehst jetzt deine nassen Sachen aus«, befahl sie, als hätte sie ihn gestern zuletzt gesehen, »ich hol' dir einen Morgenmantel, und dann setzt du dich ganz nah ans Feuer. Du bekommst sonst eine furchtbare Erkältung.«

Aber ihr Herz klopfte wild, als sie die Treppe hinauflief, ein Handtuch und einen Bademantel von ihrem geschiedenen Mann holte. Elf Jahre . . . es hatte sich nichts geändert, und vielleicht würde sie es aufgeben müssen zu glauben, daß es sich je ändern würde.

Maksim hatte sich brav seiner Sachen entledigt und stand in seiner Unterhose vor dem Kamin. Er zitterte vor Kälte. Sie reichte ihm das Handtuch. »Rubbel dich ab. Ich mache einen Glühwein.« Geschäftig eilte sie hin und her, versuchte, ihre weichen Knie zu überlisten, indem sie sie nicht beachtete. Schließlich saß Maksim in den weichen Bademantel gehüllt vor dem Feuer, vor sich einen Becher mit zimtduftendem Glühwein, und sie kniete ihm gegenüber auf dem Teppich, ihre Hände, plötzlich ganz kalt, schlossen sich fest um den eigenen Becher. Unbemerkt hatte der Wind Wolken herangepustet, und es regnete wieder; die graue Wand, die vor dem Fenster hinunterrauschte, ließ das Zimmer dunkel werden. Nur der Feuerschein verbreitete ein schwaches, rötliches Licht.

»Ich habe darauf gewartet, daß du kommst«, sagte Felicia, »seit diese Flüchtlinge hier übernachtet haben ... der Mann, der sie brachte, berief sich auf dich.« Sie sah ihn fragend an, erwartete eine Erklärung und dachte gleichzeitig: Eigentlich möchte ich ihn ganz andere Dinge fragen.

»Ja. Ich habe gezögert, dich da mit reinzuziehen, aber wir fanden keinen anderen Ausweg. Außerdem meinte Peter Liliencron, daß du bereit wärest, uns zu unterstützen.«

»Du kennst ihn?«

»Gut sogar. Wir haben in derselben Gruppe gearbeitet, die Regimegegnern zur Flucht ins Ausland verhilft.«

»Ja, aber ...« Sie starrte ihn an. »Wie lange bist du denn schon in Deutschland?«

»Seit '35. Allerdings war ich die meiste Zeit in Berlin.«

»Warum hast du dich nie gemeldet?«

Er zuckte mit den Schultern. »Zu gefährlich. Ich lebe unter falschem Namen, mit falschem Paß. Ich wußte, daß du mit Liliencron zusammenarbeitest, aber es ist ein ehernes Gesetz bei uns, Dritten gegenüber keine Namen zu nennen. Es wäre für alle Beteiligten zu riskant.«

»Einer von euch wurde letztes Jahr gefaßt. Peter hat Deutschland deshalb verlassen. Warum bist du geblieben?«

Statt einer Antwort fragte er: »Hast du eine Zigarette für mich?«

Felicia reichte ihm die Schachtel. Erst nachdem er ein paar lange, tiefe Züge genommen hatte, antwortete er: »Ich war für ein paar Monate in Holland, aber nachdem offenbar keine Gefahr drohte, bin ich zurückgekommen. Liliencron ist Halbjude, für ihn war die Lage ohnehin prekärer als für mich. Aber«, er blickte den Rauchkringeln nach, »aber irgendwie steht man bei der ganzen Geschichte ständig mit einem Fuß im Gefängnis.«

Eine Weile schwiegen sie beide, dann sagte Felicia langsam: »Es ist vollkommen wahnsinnig, was du da tust, Maksim.«

Zum erstenmal seit er hier war, lächelte er. »Meine gute, alte Felicia. Immer noch dieselbe. Tempora mutantur – aber wir uns nicht unbedingt, oder? Du könntest dir nie vorstellen, deinen Kopf für andere hinzuhalten!«

»Ich habe immer . . .«

Er unterbrach sie etwas ungeduldig. »Ich weiß. Für deine Familie hättest du dich immer vierteilen lassen. Nicht, daß du dich jemals um einen von ihnen sonderlich gekümmert hättest, aber du hättest Himmel und Hölle in Bewegung gesetzt, um ihnen Gut und Geld zu erhalten und sie gegen alles Böse zu verteidigen.«

Sie musterte ihn scharf, fragte sich, ob er sie verspottete oder ob Achtung aus seinen Worten klang. Sie kam nicht dahinter. Bei ihm war sie nie dahinter gekommen.

Nichts war zu hören als das Prasseln der Flammen und das Rauschen des Regens, und Maksim sagte leichthin: »Wir brauchen dich, Felicia. Deshalb bin ich hier.«

»Wer braucht mich?«

»Unsere Organisation. Wir brauchen ein Haus, in dem wir vorübergehend Menschen verstecken können. Es geht nur über eine Person, die den Nazis vollkommen unverdächtig ist und auf die wir uns hundertprozentig verlassen können.«

Jetzt war Felicia hellwach. »Maksim, weißt du, was du verlangst?«

»Ja.«

»Es geht nicht. Ich wohne ja hier nicht allein. Ich . . .«

»Deine Tochter Susanne heiratet einen SS-Mann. Sie wird dann also nicht mehr hier sein. Und ein SS-Hauptsturmführer in der Familie macht dich noch unverdächtiger.«

»Alle Achtung«, sagte Felicia, »du bist ja hervorragend informiert!«

»Wir müssen immer über alles informiert sein. Was lebt an Dienstboten im Haus?«

»Jolanta. Sie ist seit endlosen Zeiten hier, und ich würde meine Hände für sie ins Feuer legen. Aber das Mädchen . . .«

»Muß es bleiben?«

»Nicht unbedingt. Wenn Susanne weggeht, brauche ich es eigentlich nicht mehr.«

»Ein Gärtner?«

»Ja, aber es gibt ja nur den winzigen Garten hinter dem Haus. Der Gärtner kommt alle zwei Wochen und auch das nur im Sommer.«

Maksim nickte. »Es wäre ideal.«

»Aber, Maksim, es geht nicht!« Er war ja wohl verrückt geworden. »Susanne und ihr SS-Mann werden doch oft hier zu Besuch sein. Und dann ... ich habe jetzt einen Liefervertrag mit der Gauleitung München. Fahnen und so ein Zeug. Ich meine ...«

»Du meinst, du kollaborierst an allen Ecken und Enden mit den Nazis!«

Wütend fuhr sie auf: »Rede nicht so einen Unsinn! Ich kann die Nazis nicht ausstehen, aber ich will irgendwie durchkommen. Verdammt noch mal, wem nützt es denn, wenn ich mich gegen sie stelle? Sie kriegen ihre Lieferung eben von jemand anderem statt von mir!«

Maksim erwiderte nichts, aber sein Gesicht zeigte einen Ausdruck von Verachtung, den Felicia glaubte, kaum ertragen zu können.

»Du bist doch ganz froh, daß ich Geld habe!« fauchte sie. »Und ein großes Haus, gesellschaftliches Ansehen und einen verdammten SS-Hauptsturmführer in der Familie. So kann ich euch wesentlich mehr nützen, als ...« Sie brach ab.

Maksim sah sie ernst an. »Ich dachte, du willst nicht mit uns zusammengehen?«

Du hast mich immer zwingen können, dachte sie, aber laut sagte sie: »Ach, sei still, ich helfe euch ja. Es bleibt mir nichts anderes übrig, oder?«

»Du könntest ›nein‹ sagen.«

»Ja, und dann ersticke ich an meinem schlechten Gewissen!« Wütend kippte sie ihren Glühwein hinunter, der inzwischen lau geworden war. »Maksim Marakow, warum mußt du immer wieder auftauchen und Unordnung in mein Leben bringen?«

Er stand auf, ging zu ihr hin und kniete neben ihr nieder. »Felicia.« Er legte seine Hand auf ihren Arm. »Sei nicht so böse auf mich. Ich brauche dich.«

Der weiche Klang in seiner Stimme irritierte sie. Schärfer als beabsichtigt sagte sie: »Gebraucht hast du immer nur Maria Iwanowna – deine Mascha!«

»Mascha ist tot.«

Es war eine atemlose Stille, dann fragte Felicia heiser: »Was?«

»Im Zuge von Stalins Säuberungen . . . sie wurde Ende '37 verhaftet, im Frühjahr '38 hat man sie in einem Lager in Sibirien erschossen.«

»Warum? Warum Mascha?« O Gott, und ich habe diese Frau so entsetzlich *gehaßt*!

Maksims Gesicht sah aus, als sei es aus Stein. »Sie war die Tochter eines Kaufmannes. Das stempelte sie zur Bourgeoise . . . Mascha, die verläßlichste Streiterin, die Lenin haben konnte damals . . .« Seine Stimme schwankte, und Felicia sagte fassungslos: »Das kann doch nicht wahr sein!«

Maksim fuhr sich mit allen zehn Fingern durch die Haare.

»Himmel, Felicia, in den letzten Jahren haben da drüben noch viel absurdere Gründe ausgereicht, wenn sie jemanden liquidieren wollten . . . ich habe ihr nicht einmal helfen können . . . ich war ja in Deutschland, und es war zu spät, als ich davon erfuhr . . .«

Aber er sieht ja auf einmal aus wie ein müder, alter Mann, dachte Felicia erschrocken. Sanft zog sie ihn an sich, und er sträubte sich nicht.

»Du brauchst einen Platz zum Ausruhen, Maksim. Bleib hier heute nacht.«

Draußen rauschte der Regen stärker, sie vergruben jeder sein Gesicht am Hals des anderen und wußten nachher nicht, wieviel Zeit vergangen war. Für kurze kostbare Minuten war die Vergangenheit zurückgekehrt, die langen, sorglosen Sommertage von Insterburg lächelten ihnen zu und erinnerten daran, daß sie vergangen, nicht vergessen waren.

Sie halten uns zusammen, dachte Felicia, noch mit neunzig Jahren werden wir so dasitzen und von ihnen träumen und nicht begreifen, warum wir das alles nicht bewahren konnten. Erst als es draußen wirklich dunkel wurde, fiel ihr siedendheiß ein, daß sie Belle und die Reise nach Berlin völlig vergessen hatte.

Felicia hatte Maksim in jenem Kellerraum untergebracht, in dem sie auch die Flüchtlinge versteckt hatte, und er hatte dort geschlafen wie ein Sack. Als sie am späten Vormittag zu ihm kam, war er gerade aufgewacht. Aus verschlafenen Augen blickte er sich um. »Tut mir leid, Felicia. Ich war offenbar völlig erschöpft gestern. Man merkt es erst, wenn man auf einmal wieder in einem weichen Bett liegt . . .«

Felicia stellte ein Tablett neben das Bett. »Hier, dein Frühstück. Kaffee, Brötchen, Marmelade, Käse, Wurst und ein weiches Ei. Du bist viel zu dünn geworden.« Sie setzte sich auf den Bettrand und sah zufrieden zu, wie er das Essen verschlang. »Maksim, ich bin so froh, dich wiederzusehen!« Sie erzählte ihm von Peter Liliencrons Brief. »Und ich habe seine Andeutungen überhaupt nicht begriffen. Keiner könne sich mehr der Verantwortung entziehen, schrieb er. Ich fragte mich dauernd, was das soll. Er wollte mich auf dich vorbereiten, und auf . . . eure Organisation . . .«

»Ich habe dich ein bißchen unter Druck gesetzt, nicht?« fragte Maksim. »Wenn du dich in die Enge getrieben fühlst, dann . . .«

»Nein. Wirklich nicht. Mach dir keine Sorgen. Ich helfe euch.« Sie wirkte glücklich, heiter und gelassen.

Sie hat keine Ahnung, was auf sie zukommt, dachte Maksim.

Felicia stand auf, öffnete das Fenster, das knapp über der Erde lag. Würzige Regenluft strömte herein. »Der erste September. Jetzt wird es bald Herbst, Maksim.« Sie drehte sich zu ihm um. »Maksim, ich . . .«

Sag es nicht, bat er sie unhörbar.

Sie beendete den Satz nicht. Auf einmal erfüllte eine ungeheure Spannung den Raum. Um irgend etwas zu tun, schaltete Felicia das Radio auf dem Wandbord ein. Das Gerät hatten sie schon vor Jahren ausrangiert, es fauchte und dröhnte. Trotzdem konnte man dazwischen die bellende Stimme des Führers hören.

»Meine Friedensvorschläge und meinen endlosen Langmut

soll man nicht mit Schwäche oder gar mit Feigheit verwechseln ...«

»Das kann man ja nicht ertragen«, sagte Felicia.

Maksim runzelte die Stirn. »Bitte, laß das mal.«

»... ich habe mich daher nun entschlossen, mit Polen in der gleichen Sprache zu reden, die Polen seit Monaten uns gegenüber anwendet ...«

Maksims Gesichtsausdruck war angespannt. Er stellte das Tablett auf die Erde, richtete sich gerade auf.

»... Polen hat nun heute nacht zum erstenmal auf unserem eigenen Territorium auch durch reguläre Soldaten geschossen.«

»Maksim«, sagte Felicia leise.

Die heisere, sich überschlagende Stimme aus dem Radio schien die Worte nur so auszuspucken. »Seit fünf Uhr fünfundvierzig wird jetzt zurückgeschossen!«

II. Buch

1

Gegen Mittag hörte das Granatfeuer plötzlich auf, und nachdem es viele Stunden lang ununterbrochen getobt hatte, schien die Stille jetzt beängstigender als der Lärm. Es war dunkel und kalt im Keller, von der Decke tropfte das Wasser, und in den Ecken gruschelten die Mäuse. Aber als Phillip aufstehen und zur Treppe gehen wollte, hielt Claire ihn zurück. »Noch nicht, Phillip. Laß uns noch etwas warten.« Phillip gab nach, doch als nach einer Stunde immer noch alles ruhig blieb, beschlossen sie, sich nach draußen zu wagen.

Sie hatten, als das Feuer einsetzte, alle Tiere in die Ställe getrieben und eingeschlossen, so daß der Hof nun wie ausgestorben unter der Junisonne lag. Grillen zirpten im hohen Gras, in der Weißdornhecke neben der Haustür summten die Bienen. Es wäre das Bild eines friedlichen Sommertages gewesen, hätte nicht wenige Meilen entfernt eine gewaltige Rauchwolke den Himmel unsichtbar gemacht, wäre nicht die Luft voller Qualm gewesen. Das Dorf St. Maurin an der bretonischen Küste brannte lichterloh.

Es war noch nicht ein Jahr vergangen, seit Hitler Polen überfallen, besetzt und brüderlich mit Josef Stalin geteilt hatte, als die deutsche Führung erneut zum Schlag ausholte; die Wehrmacht war in Dänemark und Norwegen einmarschiert, und dann, am 10. Mai 1940, hatte ohne Vorwarnung Hitlers Krieg im Westen begonnen; im Handumdrehen waren die Niederlande und Belgien besetzt, die zur Hilfe eilenden Franzosen zurückgedrängt. Eine deutsche Panzergruppe überquerte die Ardennen, drang bis zur Sommemündung vor, zwischen ihr und den von Norden einstoßenden Heeresverbänden waren Franzosen und

Engländer eingeschlossen. Vom 5. Juni an rückten deutsche Truppen weiter nach Frankreich vor, am 10. Juni erklärte Mussolini den Franzosen den Krieg. Am 14. Juni war Paris besetzt. Ministerpräsident Reynaud trat von seinem Amt zurück, sein Nachfolger, der greise Marschall Pétain, der gefeierte Sieger von Verdun, ließ den Deutschen ein Waffenstillstandsangebot zukommen. Er zeigte damit zum erstenmal die Bereitschaft, sich mit den Besatzern zu arrangieren, eine Vorgehensweise, die er während seiner Regierungszeit in Vichy, im unbesetzten Frankreich, aufrechterhalten und für die er von vielen Franzosen, allen voran dem nach London geflüchteten Charles de Gaulle, scharf attackiert werden würde.

Heute war der 17. Juni 1940.

»Gleich wird es hier von Deutschen wimmeln«, sagte Phillip zu Claire.

Ihr Gesicht war weiß. »Ich hoffe, sie räubern uns nicht vollkommen aus.«

»Damit würden sie sich ins eigene Fleisch schneiden«, meinte Phillip. Er humpelte über den Hof zum Hühnerstall, um die Hühner hinauszulassen – die Feinde würden es ohnehin tun.

Claire sah ihm nach. Wie geschickt und schnell er sich mit seinem Holzbein bewegte! Als junger, deutscher Offizier hatte er die schwere Verwundung in den Schützengräben Frankreichs erlitten. Danach hatte er in Deutschland nicht mehr leben wollen. Nach einem kurzen Versuch, in die alte Welt zurückzukehren, begriff er, daß Frankreich seine neue Heimat war – und Claire, das Bauernmädchen aus der Bretagne, das ihn seinerzeit im Lazarett als Krankenschwester gepflegt hatte. Als sie heirateten, durfte er die französische Staatsbürgerschaft annehmen. Inzwischen sprach er französisch besser als deutsch, er dachte französisch und träumte französisch. Es gab seltene Momente, in denen ihn Erinnerungen heimsuchten – an die Jugendzeit in Berlin, an seinen Freund Johannes Degnelly, an dessen schöne Schwester Felicia... an eine Frau, die er geliebt und die einen anderen geheiratet hatte... es war alles so unendlich lange her. Die Dinge, die früher gezählt hatten, waren heute nicht mehr wichtig. Er war Bauer geworden, er hatte gelernt, an der Farbe des Himmels den Zeitpunkt des nächsten Regens abzulesen und am Schillern des Meeres den Anbiß der Fische, und das allein war von Bedeutung. Früher hatte er von einer großen Karriere, von Geld und einer schicken Wohnung in der Stadt geträumt, heute empfand er tiefes Glück, wenn er über seine Felder blickte, auf denen das Korn wogte, oder wenn er auf den Klippen stand und das Salzwasser des Meeres in der Luft schmeckte.

»Ich bin froh, daß Jérôme bei Sophie ist«, sagte Claire, »jetzt, wo die Soldaten hierherkommen.«

Jérôme war ihr zehnjähriger Sohn, und Sophie war eine Cousine von Claire. Sie lebte in Châlons-sur-Marne, und Jérôme war kurz vor Ausbruch des Krieges zu ihr gebracht worden, weil ihm der Arzt nach einer schweren Grippe eine Luftveränderung verschrieben hatte. Phillip verbiß es sich zu sagen, daß die Deutschen längst in Châlons waren und daß er sich Sorgen um Jérôme machte. Er hätte ihn lieber in seiner Nähe gewußt.

Die Soldaten erschienen am frühen Nachmittag auf dem Hof, angeführt von einem forschen, jungen Hauptmann, der alle auf dem Hof lebenden Personen sofort zu sehen wünschte. In St. Maurin waren Soldaten der französischen Armee verbarrikadiert gewesen, die offenbar noch nichts von den Waffenstillstandsverhandlungen wußten, denn sie hatten den Angreifern ein hartes Gefecht geliefert. Die Deutschen wirkten erschöpft und ziemlich angeschlagen.

Phillip antwortete dem Hauptmann auf französisch. »Außer meiner Frau und mir hält sich hier niemand auf.« Er sah, wie die Soldaten durch Haus und Ställe trampelten, um nach Feinden zu suchen. Die Hühner flatterten verstört über den Hof, die Schweine quiekten ängstlich. Sonst aber blieb alles ruhig.

»Die Pässe«, verlangte der Hauptmann. Als er den von Phillip sah, stutzte er. »Phillip Rath, geboren in Berlin. Sie sind Deutscher!«

»Ich war deutsch. Ich bin heute Franzose.«

»Ein Landesverräter, wie?«

Phillip tippte an sein Holzbein. »So sieht ein Landesverrat

aus, ja? Meine Knochen habe ich für euch hingehalten, damals, zwischen 1914 und 1918. Ich war Major unter Seiner Majestät dem Kaiser. Aber das ist sehr lange her...«

Der Hauptmann grunzte. Ein seltsamer Vogel, dieser Major a. D. Wahrscheinlich einer von den armen Kerlen, die damals nach dem Krieg die Kurve nicht mehr gekriegt hatten. Er reichte die Pässe zurück. »Wir haben drei Verwundete bei uns. Ihre Frau soll sich um sie kümmern.«

Claires Augen funkelten. »Ich soll mich um Männer kümmern, die unser Land überfallen und auf unser Volk geschossen haben?«

Der Hauptmann musterte sie kalt. »Madame, wir zögern nicht zu erschießen, wer sich unseren Befehlen widersetzt.« Dann wandte er sich um und brüllte irgendwelche Kommandos über den Hof.

Phillip und Claire bekamen eine Kammer unter dem Dach zugewiesen, den Rest des Hauses beschlagnahmten die Deutschen. Sie plünderten die Speisekammer und machten sich über den Weinkeller her. Phillip mußte helfen, die Verwundeten ins Wohnzimmer zu tragen, wo sie auf provisorischen Betten ihre Lager fanden. Claire verband ihre Wunden, flößte ihnen Wasser ein, fächelte die Fliegen fort. Sie tat es umsichtig, aber mit zusammengebissenen Zähnen und ohne ein einziges Mal zu lächeln.

Der Abend brach schon herein, die Sonne senkte sich bereits hinter die Klippen am Meer, als Unruhe unter den Soldaten entstand. Ein seltsamer Zug näherte sich von dem brennenden Dorf her, dessen Feuerschein mit dem roten Licht der Sonne wetteiferte. Eine lange Prozession von Männern und Frauen bewegte sich auf den Hof zu.

»Was, zum Teufel, wollen die denn?« fragte der Hauptmann. Nach einem Angriff sah das nicht aus, aber vorsichtshalber ließ er seine Männer die Gewehre anlegen. Dann rief er nach Phillip. »Gehen Sie ihnen entgegen, und fragen Sie sie, was sie wollen«, befahl er und wischte sich erschöpft den Schweiß von der Stirn. Verdammte Franzosen!

Phillip humpelte den Feldweg entlang. Später würde er sich

für immer an den eigenartigen Geruch dieses Sommerabends erinnern: blühender Jasmin und Rauch vermischt. Absurdität des Krieges.

An der Spitze des Zuges ging ein Mann, Pierre, er gehörte zu den angesehensten Bewohnern des Dorfes. Er trug einen Toten. Vor Phillip blieb er stehen. Die beiden Männer saßen oft bei einem Wein zusammen und waren enge Freunde.

»Phillip«, sagte Pierre, »wir bringen dir deinen Sohn.«

Erst jetzt senkte Phillip den Blick und sah, daß es ein totes Kind war, das Pierre trug. Sein Sohn Jérôme.

Lange nach Mitternacht schliefen sie noch immer nicht, oben in ihrer stickigen Dachkammer. Die Fenster standen weit offen, das Zirpen der Grillen klang überlaut durch die Nacht.

Sie hatten Jérôme im hinteren Teil des Gartens begraben, gleich neben Claires Eltern. Pierre hatte erzählt, daß der Junge in den allerfrühesten Morgenstunden in St. Maurin angekommen sei, erschöpft und verdreckt. Ein Pferdefuhrwerk hatte ihn mitgenommen.

»Er erzählte, daß seine Tante Sophie ihn heimgeschickt habe, kurz bevor die Deutschen Châlons nahmen. Er fuhr ein Stück mit dem Zug, aber dann gingen plötzlich keine Züge mehr, und er schlug sich durch. Meine Frau und ich nahmen ihn in unser Haus, und dann sagte ich, wir müssen ihn gleich zu seinen Eltern bringen, aber . . .«, Pierre liefen die Tränen über das Gesicht, »aber meine Frau, Gott möge ihr verzeihen, sie sagte, so lass' ich ihn nicht zu Claire, erst wird er gebadet und kriegt ein paar saubere Hosen von unseren Jungen . . . und was essen soll er auch . . . ja, und dann waren die Deutschen auch schon da, ein Wunder ist es ja, daß Jérôme so weit gekommen ist, ohne daß sie ihn aufgegriffen haben! Der Artilleriebeschuß ging gleich los, weil die offenbar wußten, daß wir Soldaten im Dorf haben, und es war zu gefährlich, Jérôme auf die Straße zu lassen. Wir kauerten im Keller, plötzlich hörten wir ein furchtbares Krachen und Tosen, ich rannte hinauf und sah, daß unser Haus in Flammen stand. Wir mußten raus, und, Phillip, ich werde es mir nicht verzeihen, solange ich lebe, wir alle schafften

es, aber Jérôme . . . ein brennender Dachbalken stürzte herab . . .
er war tot, Phillip, auf der Stelle. Ich schwöre es, er hat nicht
gelitten . . .«

Claire weinte nicht, aber sie weigerte sich, noch irgend etwas
für die deutschen Verwundeten zu tun. Der Hauptmann ließ sie
gewähren. Sie saß in der Bodenkammer am Fenster, Stunde um
Stunde, während die Nacht langsam verstrich. Phillip versuchte mit ihr zu sprechen, aber sie antwortete nicht. Erst als ein
blasser Lichtstreifen im Osten den Morgen anzeigte, sagte sie
plötzlich: »Ich werde nicht hinnehmen, was die Deutschen
getan haben, Phillip. Ich werde gegen sie kämpfen, und ich
werde jeden töten, den ich töten kann. Solche wie mich wird es
überall in Frankreich geben, und zusammen werden wir nicht
so stark sein wie sie, aber stärker als sie erwarten. Andere
zählen am Ende ihres Lebens ihre guten Taten oder ihr Geld, ich
werde die Deutschen zählen, die ich umgebracht habe. Vielleicht wird mir das etwas von dem Frieden zurückgeben, den sie
mir genommen haben.«

Er trat auf sie zu und wollte sie in die Arme nehmen, aber sie
wich zurück. »Laß das«, sagte sie schroff. »Du warst selber
einmal deutsch, du kannst sie nicht so hassen wie ich.«

»Jérôme war auch mein Sohn, Claire. Was immer du tust, ich
werde dich unterstützen.«

Schweigend saßen sie nebeneinander, bis die Sonne aufging.

Phillip begriff noch nicht, daß sich Claire in dieser Nacht weit
von ihm entfernt hatte.

Es war der 22. Juni 1940. Im Wald von Compiègne, in jenem
Salonwagen der Eisenbahn, in dem 1918 der Waffenstillstands-
vertrag von Versailles unterschrieben worden war, unterzeichnete eine französische Delegation das Waffenstillstandsabkom-
men mit den Deutschen. Hitler hatte es sich nicht nehmen lassen,
den historischen Ort der Schmach für diesen Akt zu wählen.

Frankreich war nun in zwei Teile geteilt; der Norden mit
Paris, die Kanal- und Atlantikküste waren besetzt, das verblei-
bende Drittel blieb unbesetzt. Es waren ein Blitzkrieg und ein
Blitzsieg gewesen, was die Deutschen der Welt vorgeführt hat-

ten, und Hitler, der sich im Ruhm seiner Feldherrenkunst sonnte, ordnete eine zehntägige Beflaggung im ganzen Reich an, um den glorreichsten Sieg aller Zeiten gebührend zu feiern.

Paul Degnelly saß in einem Pariser Krankenhaus auf seinem Bett, neben sich sein Gepäck, und wartete auf das Auto, das ihn und einige Kameraden zum Bahnhof bringen sollte. Noch heute würden sie in die Heimat zurückkehren.

Ein Streifschuß am Kopf hatte ihn außer Gefecht gesetzt; die Verletzung war nicht besonders gefährlich, aber er hatte ständig starke Kopfschmerzen seitdem.

»Sei froh, kriegst einen schönen Genesungsurlaub daheim«, trösteten die anderen.

Er wünschte, es wäre ihm eher passiert, nicht erst gegen Ende des Frankreichfeldzuges, als ohnehin schon alles vorbei war. So hatte er genug gesehen, um eine Reihe von Schreckensbildern in seinem Gedächtnis herumtragen zu müssen. Er hatte zum Panzerkorps unter General Guderian gehört und somit an dem berühmten »Sichelschnitt« durch Luxemburg und die südlichen Ardennen teilgenommen. Die Heeresgruppe B hatte Frankreich von Norden her angegriffen, während die Heeresgruppe A den französischen Verbänden in den Rücken gefallen war, indem sie durch die Ardennen brach und einen Bogen zur Kanalküste schlug. Dies kam für die Franzosen überraschend, da sie kaum mit einem Angriff durch die unwegsamen Ardennen gerechnet hatten.

Die heranrollenden Panzerverbände boten einen erschreckenden Anblick. Panzer an Panzer, Kolonnen, die nicht enden wollten. Das war etwas anderes als der »Drôle de Guerre«, der »lustige Krieg«, das harmlose Geplänkel, das Deutsche und Franzosen einander bisher an der Westfront geliefert hatten; man hatte zusammen geraucht und hin und wieder, um den Schein zu wahren, einen Schuß abzugeben. Die Zeiten waren vorbei.

Der Kamerad im Bett neben Paul brummte vor sich hin.

»Guderians Idee, die Panzerverbände geschlossen auffahren zu lassen, war so neu auch nicht. General de Gaulle soll sich hier in Frankreich auch immer dafür stark gemacht haben, aber das wollte keiner hören. Wir Deutschen sind nicht die einzig Schlauen auf der Welt.«

»Sicher nicht«, stimmte Paul müde zu.

»Und überhaupt, viel Theater um das alles, und über die Fehler redet keiner. Dünkirchen war eine Blamage für uns, wenn du mich fragst. Wir hätten die Engländer und Franzosen vernichtend schlagen können . . .«

Na ja, dachte Paul.

». . . und statt dessen lassen wir zu, daß sie über den Kanal hinweg evakuiert werden, während wir dabeistehen und zusehen. Großartig!«

Es war Paul so egal. Er hatte sich geschämt, als sie mit ihren verdammten Panzern in das Land einbrachen, das friedlich und blühend unter der Sonne gelegen hatte und nun auf brutale Weise gestört und aufgescheucht wurde. Der Anblick der grünen Wiesen, der plätschernden Bäche und verträumten Dörfer, an denen sie vorüberrollten, tat ihm weh. Und dann später die Straßen, die verstopft waren von der fliehenden Armee und von Bauern, die versuchten, ihr Hab und Gut in Sicherheit zu bringen. Ein Chaos in Richtung Süden, Wagen mit gebrochenen Deichseln und ohne Räder, tote und sterbende Pferde, noch im Geschirr hängend, Waffen und Proviant in den Straßengräben verstreut. Fliegenschwärme kreisten über der Verwüstung, ein fauliger Geruch hing über allem.

Aber Paul wußte: Die furchtbarste Seite des Krieges habe ich noch nicht gesehen. Das hier war ein schneller, rasanter Vorstoß, und wir haben sie so überrascht, daß sie kaum eine Abwehr entwickeln konnten. Krieg kann noch ganz anders aussehen.

»Was meinst du«, fragte er den Kameraden im Bett neben sich, »war das jetzt alles? Ich meine, glaubst du, es ist jetzt Frieden?«

Der andere grinste. »Quatsch.« Er senkte seine Stimme: »Hast du ›Mein Kampf‹ gelesen?«

»Nein, noch nicht.«

»Solltest du. Da steht alles drin. Es gibt keinen Frieden. Der Führer . . . na, der würde am liebsten die ganze Welt erobern.«

Vorsichtig bewegte er sein verbundenes Bein – Granatsplitter hatten es böse zugerichtet – und fluchte leise. »Verdammter Krieg. Wir werden alle draufgehen dabei!«

»Vor allem die anderen«, sagte Paul, »uns Deutschen scheint das Glück ja ziemlich hold zu sein.«

Sein Bettnachbar warf ihm einen langen Blick zu. »Warte es ab. Keine Armee hat immer gesiegt. Man muß wissen, wann der Höhepunkt überschritten ist, und dann muß man schleunigst aufhören, und ich fürchte, der Führer wird nicht wissen, wann es soweit ist. Ich . . .« Er brach ab, Sätze wie diese konnten einen Mann um seinen Kopf bringen. »Ist ja auch scheißegal«, murmelte er nur.

Jahre später, in Rußland, im eisigen Winter von Stalingrad, sollte sich Paul an seine Worte erinnern.

»Ich habe immerhin Besitzungen in Deutschland«, sagte Alex Lombard ruhig, »und ich habe nun diesen Verlag in München übernommen. Ich muß mich dort blicken lassen.«

Patty Lombard schnaubte verächtlich. »Das mit diesem Verlag hast du doch nur hingedreht, um einen Grund zu finden, nach Deutschland zu gehen. Zu dieser Frau!«

»Ich bin seit mehr als zwanzig Jahren von Felicia geschieden«, erklärte Alex, »es gibt nichts mehr zwischen uns. Was Benjamin Rabenstein und seinen Verlag angeht, so konnte ich seine Bitte um Hilfe einfach nicht abschlagen. Sie werden ihn enteignen, und er möchte ihnen zuvorkommen. Er will Deutschland verlassen und mir seinen Verlag vorher überschreiben, so weiß er ihn wenigstens in guten Händen. Außerdem vertraut er mir, daß er ihn zurückbekommt, falls er eines Tages wieder nach Deutschland kann. Wir haben so viele Geschäfte miteinander gemacht, Patty. Ich kann ihn nicht im Stich lassen.«

Sie saßen in einem griechischen Restaurant in der 52. Straße East in New York, es war ein brütendheißer Augustabend, und draußen verebbte allmählich der schlimmste Verkehr von Manhattan. Patty, dreißig Jahre jünger als ihr Mann, trug ein teures Kostüm aus weißer Seide und eine dreireihige Perlenkette um den Hals. Ihr blondes Haar war zu großen Wellen frisiert, das

Gesicht hatte sie blaß gepudert, die Lippen tiefrot geschminkt. Patty Lombard war fast dreißig, aber sie hatte noch denselben süß-kindlichen Ausdruck in den Augen, den sie schon als junges Mädchen gehabt hatte. Sie war die Tochter des schwerreichen Verlegers Callaghan, der fünf Jahre zuvor gestorben war und seinen Verlag, sowie seine Immobilien in verschiedenen Staaten der USA, seinem Schwiegersohn Alex, der seit 1922 für ihn arbeitete, vererbt hatte. Er hatte seine Tochter gut gekannt und gewußt, sie hätte das Vermögen in kürzester Zeit durchgebracht. So stand ihr nur eine höchst ansehnliche jährliche Apanage zu.

Freunde hatten Patty damals geraten, das Testament anzufechten, womit sie zweifellos Erfolg gehabt hätte, aber aus zwei Gründen sah sie davon ab: Zum einen hatte sie in einer Anwandlung von Vernunft erkannt, daß ihr Dad weise gehandelt hatte, denn es wäre nicht gut, ihr ein Vermögen in die Hand zu geben. Und zum anderen enthielt das Testament eine brisante Klausel: Für den Fall, daß Alex sich von Patty scheiden ließe oder getrennt von ihr lebte, würde er den gesamten Besitz verlieren. Patty hatte daher den Eindruck, ihn eher an die Kette zu legen, wenn sie ihm jetzt alles ließe und ihn nur dann und wann erinnerte, daß er sich nicht zu sicher sein durfte.

Jetzt, an diesem Abend, als Alex ihr eröffnete, er werde für einige Zeit nach Europa gehen, beglückwünschte sie sich wieder einmal dazu, ein Druckmittel gegen ihn behalten zu haben. Sie haßte ihn an diesem Abend. Patty war zwar nicht mit allzuviel Verstand gesegnet, aber sie hatte eine feine Intuition, und sie spürte, daß jene Felicia Lavergne, geschiedene Lombard, ihre ewige Rivalin war. Ganz zuunterst in Alex' Schreibtischschublade hatte sie ein Foto von ihr entdeckt und es wutentbrannt Alex gezeigt. »Warum, verdammt, hebst du Bilder von ihr auf?«

»Mein Gott, Patty, ich wußte gar nicht, daß ich das noch habe. Ich schaue es mir nicht ständig an, wenn du das meinst.«

»Du wirst es nie wieder anschauen. Nie wieder!« Vor seinen Augen zerriß sie es in kleine Stücke.

»Du hast mich ohnehin nur geheiratet, um an das Vermögen

meines Vaters zu kommen«, sagte sie nun giftig, »ursprünglich wolltest du ja nicht mal in New York bleiben. Sogar von Süd-amerika hast du doch mal geträumt. Aber dann dachtest du, wie einfach und lohnend wäre es doch, die kleine Patty Callag-han zu heiraten!«

Alex wollte über den Tisch hinweg ihre Hand greifen, aber sie zog sie weg. »Patty, das stimmt nicht, und das weißt du auch«, sagte er sehr bestimmt, »als wir heirateten, hatte ich von den Plänen deines Vaters keine Ahnung. Und Südame-rika … das war nur mal so eine Idee … du kennst mich doch, ich habe unruhige Gedanken, aber letztlich bin ich ganz so-lide.«

»Du liebst mich nicht.«

»Natürlich liebe ich dich.« Er betrachtete ihre elegante Er-scheinung in dem weißen Kostüm. Auf eine bestimmte Weise liebte er sie tatsächlich, das war nicht gelogen, er fühlte sich für sie verantwortlich und mochte ihre Zärtlichkeit. Aber sie er-warteten jeder etwas anderes vom Leben, Patty in erster Linie schöne Kleider und einen festen Platz in der New Yorker Ge-sellschaft. Alex hingegen fand die New Yorker Gesellschaft zum Kotzen, und ihre Partys ödeten ihn an; er fühlte eine verrückte, wilde Unruhe in sich, von der er nicht wußte, wo-hin sie ihn drängte.

»Magst du nichts essen?« fragte er und wies auf ihren unbe-rührten Teller.

»Nein.« Sie kramte eine Zigarette aus ihrer Handtasche. Als er ihr Feuer gab, merkte er, daß sie vor Wut zitterte.

»Hör zu, Alex, ich möchte nicht, daß du nach Europa gehst. Sowieso eine blöde Idee, an einen Ort zu gehen, wo Krieg ist …«

Es war wie eine Bestätigung ihrer Worte, daß gerade in die-sem Moment ein Zeitungsverkäufer das Restaurant betrat und die Schlagzeile seines Blattes ausrief: »Luftkrieg über England! Deutsche Luftwaffe verstärkt Angriffe auf England! Bomben auf London!«

»Da hörst du es«, sagte Patty.

»Es ändert nichts. Ich fahre nach Deutschland.«

»Du tust es nicht.«

»Schrei nicht so laut. Wir sind hier nicht allein!«

»Wenn es dir unangenehm ist, in aller Öffentlichkeit mit mir zu streiten, dann provozier mich nicht ständig.«

»Ich provoziere dich nicht, Patty. Ich habe dir nur mitgeteilt, daß ich für einige Zeit geschäftlich nach Europa gehe.«

»Geschäftlich!« höhnte Patty. »Sei doch wenigstens so anständig zuzugeben, daß du zu dieser Frau willst!«

Ein paar der anderen Gäste schauten schon herüber.

»Patty!« mahnte Alex leise. Aber damit schüttete er nur Öl ins Feuer.

»So lasse ich mich nicht von dir behandeln«, fauchte Patty, stand hastig auf, und ehe Alex es verhindern konnte, hatte sie das Tischtuch mit allem, was darauf stand, zu Boden gezogen. Laut scheppernd fielen Teller, Gläser und Bestecke hinunter, ein See von Wein und Olivenöl breitete sich unter den Stühlen aus, Scherben, Zwiebeln und Auberginen lagen in einem bunten Durcheinander. Ein Raunen ging durch den Raum, alle schauten jetzt zu Patty hin, deren weißes Kostüm mit Rotweinspritzern bedeckt war. Zwei Kellner eilten herbei. Sie kannten die Lombards, die häufig hier aßen, sie schätzten Alex' großzügige Trinkgelder und waren entschlossen, die Angelegenheit ohne Aufhebens zu erledigen.

»Ein Mißgeschick, Madame. Kein Grund zur Aufregung. Wie schade nur um Ihr schönes Kleid!«

»O Gott, lassen Sie mich in Ruhe!« Patty stürmte aus dem Restaurant. Alex bezahlte die Rechnung, legte einen angemessenen Betrag für den Schaden dazu und folgte ihr dann. Draußen packte er sie fest am Arm. »Du bist völlig übergeschnappt, Patty. Du benimmst dich wie ein kleines Kind.«

»Ein kleines Kind! Ja, das war ich, ein Kind war ich, als ich dich geheiratet habe, denn wäre ich nur ein bißchen erwachsen gewesen, hätte ich es nie getan. Du hast es ausgenutzt, ich wußte ja nicht, worauf ich mich einlasse. Du bist so gemein . . .« Sie sah sehr jung und sehr trotzig aus.

»Ich fahre trotzdem, Patty«, sagte Alex.

Sie starrte ihn an, und dann plötzlich drückte sie blitzschnell ihre brennende Zigarette auf seine Hand, mit der er sie festhielt. Mit einem Schmerzenslaut ließ er sie los und wich zurück.

»Geh doch, Alex, geh doch zu deiner Felicia! Weißt du, ich könnte dich umbringen dafür, aber was mich tröstet bei der ganzen Sache, ist, daß du sie nie und niemals bekommen wirst!« Zufrieden betrachtete sie den Brandfleck auf Alex' Hand, sah den Ausdruck von Schmerz auf seinem Gesicht. »Sie will dich nicht, Alex, deine teure Felicia, sie hat dich nie wirklich gewollt. Du bist ein armer Narr, wenn du ihr bis ans Ende deines Lebens nachläufst!«

2

Sie hatten sich geliebt, sie wußten nicht, wie lange, ungeduldig und heftig, dann wieder langsam und zärtlich. Sie flüsterten miteinander, sagten sich komische, verliebte Worte, schliefen ein, ineinander verschlungen, einer in die Arme des anderen geschmiegt. Im Zimmer flackerten ein paar Kerzen, in einem mit Wasser gefüllten silbernen Sektkübel stand ein gewaltiger Strauß dunkelroter Septemberrosen und verströmte einen süßen, starken Duft.

Es war kurz vor 23 Uhr, als der Fliegeralarm begann.

Andreas und Belle erwachten sofort und sprangen aus dem Bett. Belle angelte hastig nach ihrem Unterkleid aus Seide und zog es vor lauter Eile falsch herum an. »Mein Gott, Andreas, ich muß sofort weg!«

Er hielt inne und starrte sie an. »Weg? Bist du verrückt? Wir gehen in den Keller!«

»Ich muß zu meinem Kind. Es ist bei meiner Großmutter, also nicht weit von hier, und ich . . .«

»Du glaubst doch nicht im Ernst, ich lasse dich jetzt durch die Straßen laufen? Deine Großmutter wird schon wissen, was zu tun ist, also reiß dich zusammen.« Er fuhr sie absichtlich so hart an, um sie zur Vernunft zu bringen, denn es war ihr zuzutrauen, daß sie trotz Fliegeralarms in die Schloßstraße rannte.

Entgegen der panischen Abneigung, mit der sie zuerst auf ihre Schwangerschaft reagiert hatte, hing sie nun mit wahrer Affenliebe an ihrer im April geborenen Tochter. Sophie, in deren grauen Augen sie weder Max noch Andreas, sondern einzig sich selber erkannte. Andreas neckte sie oft damit, daß sie beim besten Willen nicht herausfinden konnte, wer der Vater des Kindes war. Gereizt und nervös, wie sie sich ihm gegenüber meist verhielt – denn er entschuldigte sich weder für seine Treulosigkeiten noch für sein zeitweise plötzliches Verschwinden – fuhr sie ihn dann an: »Bilde dir nur nichts ein! Es ist das Kind von Max, das fühle ich!«

Andreas lachte dann nur.

Sie waren fertig angezogen, Belle griff ihre Handtasche, Andreas einen kleinen Koffer, der seine allerwichtigsten Besitztümer enthielt. Der Hauptalarm dröhnte durch die Straßen, und rasch verließen sie die Wohnung. Draußen, auf dem Gang, stießen sie mit anderen Hausbewohnern zusammen; eine Frau steckte sich noch im Laufen die Haare auf, einem Mann fiel es ein, daß er seine Geldbörse in der Wohnung vergessen hatte, und trotz des Geschreis seiner Frau eilte er noch einmal zurück. Die anderen rannten die Treppen hinunter, schöne, breite, mit roten Läufern belegte Stufen, und dann die schmale Stiege, die in den Keller führte.

Der Luftschutzraum befand sich in der ehemaligen Waschküche, dem größten Raum hier unten. Entlang den Wänden hatte man Bänke aufgestellt, auf denen sich Kissen und Decken stapelten, Kerzen lagen bereit für den Fall, daß das elektrische Licht versagen sollte. Außerdem gab es einige Bücher und Zeitschriften. Wer auf die Toilette mußte, konnte diesem Bedürfnis im Nebenraum auf einem Eimer nachkommen. Die Wand am Ende des Ganges, dort, wo das direkt angebaute Nachbarhaus begann, war herausgebrochen, die Ziegelsteine nur locker wieder aufeinandergesetzt worden. Sollten sie hier verschüttet werden, gab es für Helfer damit einen Weg, zu ihnen zu gelangen. Dies und auch die großen gelben Pfeile draußen am Haus, die auf die Kellerfenster als Einstiegsmöglichkeit hinwiesen, erinnerten Belle immer wieder eindringlich an die Gefahr, in der sie hier schwebten. Sie hatte eine panische Angst vor den Bomben, und obwohl sie sich immer wieder sagte, das sei unvernünftig, wäre sie doch am liebsten bei jedem Angriff oben im Haus geblieben, anstatt in den Keller zu gehen. Hier unten entwickelte sie regelrecht klaustrophobische Zustände. Obwohl es ihr hier bei Andreas noch besserging als daheim am Alexanderplatz, wo sich alle Bewohner der Mietskaserne in einem viel zu kleinen Kellerraum drängelten, an dessen Wand zudem noch das überaus beruhigende Schild hing: »Bei Wasserrohrbruch keine Panik. Wasser steigt langsam!«

Die Bombenangriffe auf Berlin in diesem Spätsommer 1940 waren Englands Antwort auf die heftige Bombardierung Londons, mit der Hitler die Landung seiner 6. und 9. Armee in Dover vorbereiten wollte, ein Unternehmen, das unter dem Decknamen »Seelöwe« lief und das schließlich abgeblasen wurde, weil es nicht gelang, die Engländer so zu schwächen, wie in der Planung vorgesehen. Statt dessen hielt der Führer am vierten September im Sportpalast eine flammende Rede, in der er die »Ausradierung der englischen Städte« ankündigte und versprach, daß die Engländer nun »Nacht für Nacht die Antwort auf ihre Angriffe bekommen« würden. Die Zivilbevölkerung begann zu begreifen, daß Krieg nicht nur an den fernen Front stattfindet, sondern daß er ihnen allen, ohne Ausnahme, den Tod bringen konnte.

Sie hockten nebeneinander auf den Bänken, gehüllt in Decken und Mäntel, denn es war kalt hier unten, und lauschten ängstlich auf die Geräusche von oben. Ein Mann las seelenruhig in einem Buch, eine Frau schlief, den Kopf an die Wand gelehnt. Zwei Kinder stritten heftig miteinander, ein drittes weinte. Die korpulente Blockwartsfrau, die Belle ständig mit leisem Mißtrauen musterte, packte umständlich ein großes Paket mit Broten aus und begann sie genüßlich zu verzehren. Der Duft von Wurst und Schinken zog durch den Raum und ließ allen das Wasser im Munde zusammenlaufen. Noch hungerte man nicht, aber das Essen war rationiert und nur auf Marken zu bekommen, und Fleisch gehörte zu den Raritäten.

»Wo hat die Alte das her?« flüsterte Belle Andreas zu.

»Verwandte auf dem Land. Die schicken ihr riesengroße Pakete«, gab Andreas leise zurück. Er lächelte. »Neidisch?«

»Ein bißchen.«

»Schau dir ihre Taille an. Dann vergeht es dir.«

»Guter Gott!«

Sie dachte an Max. Er hatte Vorstellung gehabt heute abend, saß wahrscheinlich noch mit seinen Kollegen zusammen, als der Alarm begann und war in den Keller einer Kneipe geflüchtet. Und Großmutter und Sophie in der Schloßstraße... Sie hörte die Bomben fallen, hörte das ekelhafte, pfeifende Geräusch und dann darauf den krachenden Einschlag. Eine klang besonders nah, und alle hielten den Atem an. Die Blockwartsfrau hörte sogar auf zu essen. »Verdammte Luftpiraten«, sagte sie. Andreas hatte den Arm um Belle gelegt.

»Nicht zittern, Kleines. Uns passiert nichts hier unten.«

Sie konnte nicht aufhören zu zittern, bis Entwarnung gegeben wurde. Es war beinahe Mitternacht.

Müde, mit steifen Gliedern und frierend, stiegen sie wieder die Treppen hinauf. Belle schlugen die Zähne aufeinander vor Müdigkeit und Kälte. Auf halbem Weg vernahmen sie von oben einen gellenden Hilfeschrei: »Es brennt! Hilfe, schnell! Es brennt!«

Alle stürmten hinauf zu der obersten Wohnung. Ein jüdischer Professor hatte sie gemietet, ein stiller, etwas weltfremder Herr, der bei jedem Alarm einen ganzen Koffer voller Bücher mit in den Keller schleppte. In seinem Wohnzimmer fehlte ein Stück des Daches, sie konnten den schwarzen Nachthimmel sehen, und darunter brannten der Teppich und einige Regale lichterloh.

»Was ist denn passiert?« rief Belle entsetzt.

Der Luftschutzwart hatte schon die Feuerspritze gepackt.

»Wahrscheinlich eine Bombe ganz in der Nähe. Die Detonation hat das Dach weggerissen, und durch die Hitze ist das Feuer entstanden. Los«, kommandierte er, »Sandsäcke! Dekken! Schnell!«

Wie in allen Häusern wurden die Luftschutzbestimmungen auch hier streng eingehalten und immer wieder überprüft, so daß alle zum Löschen eines Feuers erforderlichen Gerätschaften sofort zur Hand waren. In wenigen Minuten hatten sie die Situation unter Kontrolle. Belle schlug noch ein paar kleine Flammen in einer Ecke tot, dann war alles in Ordnung. Die Männer gingen bereits daran, leere Säcke vor das Loch im Dach zu spannen, um es vorläufig wenigstens provisorisch abzudichten. Der alte Professor stand etwas verloren mitten im Zimmer und starrte betrübt auf seinen Schreibtisch, auf dem ein ganzer Stapel von Akten und Notizen den Flammen zum Opfer gefallen war.

»Jahrelange Arbeit«, flüsterte er, »alles kaputt!«

»Sie brauchen doch nichts mehr«, sagte die Blockwartsfrau, »als Jude . . .«

Alle verstummten verlegen.

Andreas hustete. »Ich denke, für heute nacht werden wir Ruhe haben. Ich hoffe, Sie können trotz des Qualmgeruches hier drinnen schlafen, Herr Professor. Morgen versuchen wir, einen Dachdecker zu bekommen.«

Alle begaben sich in ihre Wohnungen zurück. Nur Belle blieb auf dem Gang stehen. »Andreas, ich muß heim. Ich muß sehen, ob es Sophie und Großmutter gutgeht.«

»Es ist bestimmt alles in Ordnung. Bleib doch hier heute nacht, Belle.« Er wollte sie in seine Arme ziehen, aber sie wich zurück. »Nein. Ich hätte keine ruhige Minute.«

»Wie du willst.« Er zog seinen Mantel wieder an, etwas verärgert, wie es Belle schien. »Ich begleite dich.«

»Ach was, geh ins Bett, und . . .«

»Ich lasse dich nicht mitten in der Nacht allein durch Berlin laufen. Hast du alles? Komm, dann gehen wir.«

Unterwegs war er schweigsam, schien in eigene Gedanken versunken zu sein, und da Belle noch immer das Gefühl hatte, daß ihr Aufbruch ihn ärgerte, sagte sie plötzlich: »Wir sollten irgendwann einmal über unser Verhältnis reden, Andreas. Ich bin so unsicher dir gegenüber. Ich weiß nichts von dir. Ich weiß kaum etwas von deinem Beruf und nichts von dem, was in dir vorgeht. Mir ist völlig unklar, was du für mich empfindest – falls du etwas empfindest.«

Andreas blieb stehen. Die Sirenen eines Feuerwehrautos klangen ganz in der Nähe, rötlicher Schein erhellte den Himmel über dem Süden der Stadt. »Das hier, Belle, ist nur der Anfang. Es wird alles noch viel schlimmer kommen. Der Führer reißt uns in einen Abgrund . . .«

»Andreas!« Fing er jetzt auch noch so an? Das war es doch, was Max immer sagte. Abgrund, Weltuntergang . . . konnte denn kein Mann mehr über etwas anderes reden? Konnte niemand mehr die einfachsten Fragen beantworten?

»Andreas, ich hatte dich gefragt, ob . . .«

»Ich weiß«, unterbrach er, »und ich habe dir darauf geantwortet. Was ich sagen wollte, war, es ist nicht die Zeit, sich tief in eine Sache zu verstricken. Du solltest dich nicht zu sehr an mich binden, Belle, und du solltest nicht zuviel von mir wissen. Glaub mir, es ist besser.«

Er sprach in Rätseln, aber von einer schrecklichen Angst ergriffen fragte sie: »Andreas, was tust du, wenn du plötzlich tagelang verschwindest, ohne zu sagen, wohin?«

Sie konnte sein Gesicht nicht genau erkennen, aber sie meinte immerhin zu sehen, daß sich sein Ausdruck verhärtete.

»Frag mich das nicht, Belle, du bekommst keine Antwort.«

»Bist du . . . machst du etwa . . .«, sie senkte ihre Stimme zu beinahe unhörbarem Flüstern. »Arbeitest du gegen die Regierung?«

Er lachte leise. »Danke, Belle, du schätzt mich immerhin besser und heldenhafter ein, als ich bin. Aber ich muß dich enttäuschen, eine so noble Gesinnung habe ich leider nicht. Nein, im Grunde bin ich vollkommen charakterlos, und das ist alles, was man über mich sagen kann.«

»Andreas, *was tust du*?«

»Es ist zwecklos, Belle.«

»Aber dann . . . dann sag mir wenigstens . . . liebst du mich denn überhaupt?«

Eine ganze Weile erwiderte Andreas nichts. Erst als sie vor Elsas Haus angelangt waren – das völlig unbeschadet geblieben war, wie Belle erleichtert feststellte – sagte er: »Du bist die schönste Frau, die ich kenne, Belle.«

»Und du liebst mich?«

»Na ja...« Einen Moment schien es, als wolle er einfach umkehren und gehen, aber dann plötzlich zog er sie in seine Arme und küßte ihren Mund, und als sie beide wieder zu Atem kamen, sagte er hastig: »O Gott, Belle, ich liebe dich so wahnsinnig, du hast überhaupt keine Ahnung, wie ich...«

Völlig verzückt sah sie ihn an, und dann fragte sie seltsam sachlich: »Aber warum betrügst du mich dann?«

Einen Augenblick lang schwieg er verblüfft, dann lachte er.

»Ach Belle, wenn ich dir jetzt erkläre, ich will mich nicht an dich binden, ich will mich nicht verlieren an eine Frau, die verheiratet ist und die... ach, du verstehst es nicht, Belle, du bist zu jung.«

»Nein, ich verstehe es auch nicht.«

Er gab ihr einen zärtlichen Kuß, diesmal ganz ohne Leidenschaft. »Gute Nacht, Belle, Komm bald wieder.«

»Gute Nacht, Andreas.«

Auf einmal hatte Belle Angst. Sie hatte Angst um Andreas und sich selber. Nichts im Leben schien mehr einfach und normal.

Am nächsten Tag traf sie auf dem UFA-Filmgelände Sven Kronborg. Er kam ihr auf der »Wiener Straße« entgegen, der langen Prachtstraße mit den noblen Häuserfassaden rechts und links, die für »Der Kongreß tanzt« gebaut worden war. »Romeo und Julia« war seit Februar fertig, aber bei der offiziellen Abnahme gab es Schwierigkeiten, und Kronborg war völlig mit den Nerven am Ende. Belle drehte gerade einen Reklamefilm, in dem sie phantastische, neue Verdunkelungsrollos anpries, und sie tröstete sich damit, daß Greta Garbo immerhin mit dem Vorführen von Hutmodellen begonnen hatte.

»Die Zensur hat unseren Film abgelehnt«, sagte Kronborg zu Belle, kaum daß er ihrer ansichtig wurde, »gestern bekam ich den Brief. Außerdem steht da so eine Andeutung drin, daß es keineswegs sicher ist, ob ich überhaupt weiterhin Filme machen kann – zumindest wird man mich scharf beobachten. Belle, ich kann dir gar nicht sagen, wie satt ich alles habe.«

Belle sah ihn entsetzt an. »Das kann nicht wahr sein! Sven –
sie haben unseren Film nicht abgelehnt, nein!«

»Leider doch. Tut mir leid, Belle. Ich weiß, ihr habt euer
Letztes gegeben bei den Dreharbeiten, und ich habe euch das
Leben wirklich nicht leicht gemacht, aber in meiner Kritik an
diesem Scheißstaat bin ich offenbar zu weit gegangen...«

»Nicht so laut!«

»Ich dachte, die Trottel in der Reichskulturkammer merken
meine hintersinnigen Anspielungen gar nicht, aber offenbar
hatten sie ein paar Geistesblitze... es ist ein guter Film, Belle, er
hätte es verdient, überall gespielt zu werden. *Du* warst sehr gut.
Du bist wirklich ein großes Talent.«

Belle war den Tränen nahe. »Was nützt mir das? Ein einziges
Mal gibt mir jemand eine Chance, ich bekomme die Hauptrolle
in einem richtigen Spielfilm, und dann kommt irgend jemand
daher und verbietet alles. Was bilden die sich ein? O Gott, wie
ich dieses ganze System hier...«

Eine Gruppe von Technikern kam vorbei; die Männer schauten verwundert auf das völlig aufgelöste Mädchen. Belle verstummte, die Tränen schossen ihr nun tatsächlich in die Augen,
und Sven reichte ihr ein Taschentuch. »Ich denke«, sagte er,
»ich werde Deutschland verlassen.«

»Was?«

»Ich habe hier keine Zukunft. Ich kann nicht den Kram machen, den die von mir verlangen. Ich kann nicht kreativ sein,
wenn ich vorgeschrieben bekomme, was ich in meinen Filmen
sagen darf und was nicht. Das tötet mich. Ich bin ein Künstler,
und ein Künstler kann unter Druck nicht leben. Ich werde nach
Amerika gehen. Nach Hollywood.«

»Ja, und... was wird aus mir?«

»Das will ich ja gerade mit dir besprechen.« Kronborg trat
näher an sie heran. »Du solltest mit mir kommen, Belle. In
diesem Land, wie es jetzt ist, kannst du nichts erreichen. Du
gehst nach Hollywood – und zu einem Regisseur, der es versteht, etwas aus dir zu machen. Du hast sehr gute Anlagen, aber
die müssen entwickelt werden, sonst bleibst du ewig die verzo-
gene Tochter, die ihre Nase in die Luft reckt und glaubt, sie sei

die größte Schauspielerin, die die Welt je gesehen hat. Aber du...«

»Hör auf, mich zu beleidigen, Sven.«

Er grinste. »Aha. Madame ist gekränkt. Verstehst du denn nicht, Belle, was ich dir sage? Du kannst eine berühmte Schauspielerin werden, und ich biete dir an, dir dabei zu helfen. Komm mit mir nach Amerika!«

Sie war noch immer wütend über seine Worte, zumal sie ahnte, daß er recht hatte, und so erwiderte sie nur kühl: »Was du dir einbildest! Ich kann nicht einfach weg, ich bin hier verheiratet.«

Sie hatte schon oft den Verdacht gehabt, daß Kronborg sie weit besser durchschaute, als ihr lieb war, und dieser Verdacht bestätigte sich erneut, als er nun gelassen erwiderte: »Darum scherst du dich doch sonst auch nicht allzusehr, oder?«

»Wie meinst du denn das jetzt?«

»Das weißt du schon. – Kommst du mit mir nach Hollywood, verdammt noch mal, oder nicht?«

Sie hatte einmal davon geträumt, daß irgend jemand sie das fragen würde, und nun, da es passierte, sträubte sich alles in ihr. Sie konnte doch Max und Sophie nicht einfach verlassen! Was sie sich nicht eingestand, was ihr aber schwach dämmerte und was die einzige Wahrheit war: Sie würde nie von Andreas fortgehen. Sie konnte nicht von ihm fortgehen.

»Nein«, sagte sie, drehte sich um und ließ Kronborg einfach stehen.

Hinter sich hörte sie ihn lachen. »Mein Angebot steht, Belle Lombard! Heute, morgen und in zehn Jahren. Irgendwann hast du es satt, Verdunkelungsrollos zu propagieren, und dann kommst du ja doch. Vielleicht bist du sogar bis dahin ein bißchen reifer geworden, dann könnten wir ein unschlagbares Team sein.«

Belle tat so, als hörte sie ihn nicht. Ihr war noch etwas eingefallen: Wenn »Romeo und Julia« nicht gezeigt werden durfte, bekam sie mit Sicherheit nur einen Bruchteil ihrer Gage ausbezahlt – woher sollte Kronborg sie schließlich nehmen? Das bedeutete, sie stand wieder einmal ohne Geld da, und das, wo sie unbedingt ein neues Herbstkostüm brauchte, denn sie ging viel mit Andreas aus, und sie hatte alle ihre Sachen inzwischen so oft getragen. Mama mochte sie um nichts mehr bitten, seit sie ihr damals, als es ihr wirklich schlechtgegangen war mit der ungewollten Schwangerschaft, nicht geholfen hatte.

Sie seufzte tief. Sie mußte zu Großmutter Elsa gehen.

Ein Lastwagen rumpelte durch die Nacht. Die Nacht vom 1. auf den 2. November 1940. Kalter Nebel hüllte Wiesen und Wälder um Paris ein. Irgendwo, es mochte auf einem einsam gelegenen Bauernhof sein, heulte ein Hund, ein langgezogener, triumphierender Laut war es; vielleicht hatte er eine Beute erlegt oder die Gunst einer Hündin errungen. Sonst blieb alles still.

Es waren verlassene, weit abgelegene Feldwege, über die der Lastwagen fuhr. Die wenigsten waren geteert, die meisten bestanden aus Schotter oder einfach nur aus Erde. Aber man hatte die Wege mit Bedacht gewählt und mied aus gutem Grunde die Landstraßen: Zwischen dem Holz, das der Wagen geladen hatte und das für eine Möbelfabrik in Aix bestimmt war, kauerten sieben Menschen, zwei Frauen und fünf Männer, dick vermummt in Hosen, Pullover und Mäntel. Sie hielten sich ängstlich in den hintersten Winkeln des Wagens verborgen, wagten nur flüsternd miteinander zu sprechen, obwohl kein Mensch – hätte sich tatsächlich einer da draußen aufgehalten – sie durch den Motorlärm hätte verstehen können. Es waren Juden aus Paris, die in die unbesetzte Zone Frankreichs gebracht werden sollten. Unter ihnen befand sich auch Peter Liliencron.

Fluchthelfer hatten die ganze Geschichte organisiert, hatten den Fahrer aufgetrieben, ihm eine Menge Geld bezahlt und die Route festgelegt, die er nehmen sollte. Die Gefahr einer Kontrolle schien hier äußerst gering.

Peter war für einige Momente eingenickt, aber die vielen Schlaglöcher, durch die das Auto fuhr, hatten ihn schnell wieder geweckt. Er starrte in die Dunkelheit, konnte den keuchenden, angstvollen Atem seiner Gefährten hören. Eine Kerze flammte auf, beleuchtete schwach blasse, angespannte Gesichter.

»Mach das aus!« zischte jemand. »Das ist viel zu gefährlich hier mit dem vielen Holz!«

»Ich werde aber noch verrückt im Dunkeln. Laß uns doch wenigstens ein bißchen Licht machen. Ich passe schon auf!«

Sie befestigten die Kerze auf dem Boden. Eine der Frauen begann plötzlich, leise zu weinen. Ihr Mann zog sie in seine Arme, strich ihr immer wieder über die Haare, redete beruhigend auf sie ein. Sie zitterte am ganzen Körper.

Peter hatte sich mit Händen und Füßen gegen die Flucht gesträubt. Aber dann hatten Freunde von der Résistance ihn beschworen, zu gehen. »Von der freien Zone aus kannst du viel mehr für uns tun«, hatten sie gesagt, und: »Wir brauchen Männer wie dich. Du mußt in Freiheit und am Leben bleiben.«

In seiner kleinen Pariser Wohnung, stets halb und halb in der Erwartung, die Polizei werde nachts bei ihm klingeln, hatte er sich nicht so sehr gefürchtet wie in diesem schaukelnden Lastwagen. Gerade die Tatsache, daß sie über einsame Feldwege fuhren, machte ihn nervös, aber er hatte mit seinen Befürchtungen nirgendwo offene Ohren gefunden.

»Wenn uns jemand sieht, dann fallen wir dort am meisten auf«, hatte er gesagt, »und man wird uns mit Sicherheit stoppen und durchsuchen. Kein normaler Mensch würde mit einem vollbeladenen Lastwagen quer durch die Wildnis rattern. Das macht uns im höchsten Maße verdächtig.«

Niemand glaubte ihm. »Es wird uns keiner sehen . . . das ist es ja gerade, wer sollte sich schon mitten in der Nacht in dieser gottverlassenen Gegend herumtreiben . . .«

Peters Nerven waren zum Zerreißen gespannt, er konnte sein eigenes Herz laut und schnell schlagen hören.

»Wir müßten schon auf der Höhe von Orléans sein«, sagte einer der Männer. »Wir liegen recht gut in der Zeit, oder?«

»Es geht. Auf der Landstraße wären wir natürlich schon viel weiter.«

»Aber das wäre zu gefährlich«, sagte die schwarzhaarige, grünäugige Frau, die sich als einzige keine Ecke zum Verkriechen gesucht hatte, sondern mitten im Wagen auf einem breiten Balken thronte. Sie strahlte eine gewisse Furchtlosigkeit aus und schien sich keinerlei verzagte oder ängstliche Regung zu erlauben.

Sie schwiegen wieder eine Weile, bis ein Mann mit plötzlich heiserer Stimme sagte: »Hört ihr das? Hört ihr das?«

»Was denn?« fragte die Grünäugige. Sie trug eine Kette mit einem smaragdenen Anhänger um den Hals, der im Kerzenlicht herausfordernd funkelte.

»Das sind die Nerven«, sagte Peter beruhigend.

»Das sind nicht die Nerven. Das...«

Mit einem Ruck kam der Lastwagen zum Stehen. Keinem gelang es mehr, sich rechtzeitig irgendwo festzuhalten, alle wurden sie hart gegen Wände oder Holzbalken geschleudert. Die Kerze verlosch. Schon herrschte wieder vollkommene Finsternis. Von draußen vernahmen sie Stimmengewirr, Autotüren wurden geschlagen. Scharfe Stimmen klangen durch die Nacht, die die zitternden Menschen im finsteren Lastwagen jedoch nicht verstehen konnten.

»Ich wußte, ich hatte Motorengeräusche gehört«, wisperte es aus einer Ecke.

Sie konnten ihren Fahrer hören, der mit sich überschlagender Stimme offenbar eine Erklärung nach der anderen abgab.

»Schnell«, befahl Peter, »hinter die Kisten!«

Am Ende des Wagens standen ein paar Holzkisten, hinter denen eine Plane von der Decke bis zum Boden gespannt war, so daß es aussah, als ende der Wagen bereits dort; in Wahrheit gab es dahinter noch einen knappen halben Meter Zwischenraum. Weder ein bequemes noch allzu sicheres Versteck für sieben Menschen, und sie hatten alle darum gebetet, es nicht benutzen zu müssen. Nun krochen sie hastig, keuchend vor Angst, hinter die Plane.

»Keine Bewegung, kein Laut!« zischte Peter. »Versucht, ganz flach zu atmen!« Er konnte die Angst förmlich riechen, und er war plötzlich überzeugt, auch die Männer da draußen würden sie allein durch den Geruch entdecken.

Mit lautem Poltern wurden die Türen geöffnet. Der helle Schein vieler Taschenlampen fiel ins Innere.

»So, Holz haben Sie geladen?« Es waren Deutsche da draußen. »Wir werden uns das mal näher ansehen, wenn Sie erlauben.«

Der Fahrer stammte aus dem Elsaß, sprach und verstand deutsch und protestierte mit dem Mut der Verzweiflung. »Ich erlaube das ganz und gar nicht. Ich denke nicht, daß Sie das Recht haben...« Offenbar versetzte ihm jemand einen Faustschlag. Der Mann stöhnte auf.

Der Lastwagen schwankte unter den Tritten der Männer. Sie warfen aus dem Wagen heraus, was ihnen vor die Füße kam. Plötzlich sagte einer: »Hier ist eine Kerze. Am Boden mit Wachs befestigt.«

Sekunden später war das Versteck entdeckt, Taschenlampen strahlten den verängstigten Menschen in die Gesichter, grob wurden sie auf die Füße gezerrt und aus dem Wagen getrieben. Die Scheinwerfer zweier parkender Autos erhellten die Szenerie. Deutsche Wehrmachtsoldaten, das Metallschild vor der Brust, das sie als Feldjäger auswies, die Gewehre im Anschlag, die zusammengekrümmte Gestalt des Fahrers, der sich kreidebleich auf den Beinen zu halten versuchte.

O Gott, warum mußten wir denen in die Hände fallen! dachte Peter.

Sie mußten sich nebeneinander aufstellen, Gesichter zum Wagen, Beine gespreizt, Hände über den Kopf. Einer der Feldjäger durchsuchte sie nach Waffen und nahm ihnen die Pässe ab. »Was für eine nette Ansammlung von Strolchen«, sagte er langsam. »Umdrehen!«

Sie drehten sich um. Einer der Männer, ein jüdischer Arzt aus Paris, hatte die Aufforderung als Entwarnung begriffen und ließ die Arme sinken. Fast reflexhaft versetzte ihm einer der Soldaten mit dem Gewehr zwei brutale Schläge in die Nieren. Der Arzt brach zusammen und blieb regungslos auf der Erde liegen.

»Ihr haltet euch wohl für ganz besonders schlau, wie? Das unbesetzte Frankreich war das Ziel eurer Träume, ja? Ein Lastwagen voller Holz, einsame Feldwege... wie klug! Aber leider seid ihr nicht so klug wie wir. Es haben verdammt viele von euch in der letzten Zeit versucht, in die Arme von Pétain zu fliehen, und hier kreuzen überall Patrouillen.«

Die meisten sahen ihn verständnislos an, da er deutsch gesprochen hatte. Aber außer Peter und dem Fahrer verstand offenbar auch die grünäugige Frau die Sprache der Besatzer. In fehlerfreiem Deutsch, als Französin nur durch ihren Akzent zu identifizieren, sagte sie: »Ich trage sehr kostbaren Schmuck bei mir. Sie können alles haben, wenn Sie uns gehen lassen.«

Der Anführer der Gruppe trat auf sie zu, baute sich grinsend vor ihr auf. »So ... und Madame glauben, wir kommen nicht auch so ganz einfach an die niedlichen Klunker?« Seine Finger griffen an die Halskette. Sie hielt noch immer die Hände über dem Kopf, aber sie sagte mit kalter, harter Stimme: »Fassen Sie mich nicht an! Und bestehlen Sie mich nicht!«

Der Soldat ließ die Hand sinken. »Ihnen wird man noch anderes Benehmen beibringen«, murmelte er.

In diesem Moment vernahmen sie ein keuchendes Stöhnen. Es kam von dem Arzt, der niedergeschlagen worden war und noch immer auf der Erde lag. Er war aus seiner Bewußtlosigkeit erwacht, und als er versuchte, aufzustehen, schoß ihm plötzlich Blut aus Mund und Nase. Mit einem gurgelnden Laut brach er wieder zusammen. Für Sekunden richtete sich die Aufmerksamkeit aller Anwesenden auf diesen Mann.

Peter nutzte die Gunst des Augenblickes. Er stand am Ende der Reihe, im Schatten, dort, wo die Scheinwerfer der Autos nicht mehr hinreichten. Keiner beobachtete ihn. Mit einer wieselflinken Bewegung ließ er sich zu Boden fallen und rollte unter den Lastwagen, kam auf der anderen Seite wieder hervor und tauchte in das Dickicht am Wegesrand. Er vernahm einen lauten Schrei, dann fiel ein Schuß. Sie hatten es bemerkt.

Auf freiem Feld hätte er keine Chance gehabt. Aber hier tat sich Wald vor ihm auf, tiefer, dichter, dunkler Wald. Tannenzweige schlugen ihm ins Gesicht, er rutschte auf nassen Blättern aus, griff in Dornenranken und fühlte Blut über seine Hände rinnen. Hinter sich hörte er Rufe und Schüsse, aber es schien ihm, als entfernten sie sich in eine andere Richtung. Sie würden ihn nicht kriegen, er wußte es, das Dickicht war zu undurchdringlich, die Novembernacht zu schwarz und neblig. Für diesmal hatte er es geschafft.

Am nächsten Morgen fand er sich am Rande eines kleinen Bauerndorfes wieder, das noch still und verschlafen aus dem Nebel hervorsah. Die Häuser waren aus hellen Steinen gebaut und unverputzt, auf den Gartenmauern wuchs Moos, eine geschwungene, steinerne Brücke führte über einen Bach. Vereinzelt sah man Lichter hinter den Fenstern. Peter, der müde, hungrig und verfroren am Waldesrand kauerte, stellte sich plötzlich das kleine Dorf im Sommer vor, versunken zwischen Feldern, über die ein leichter Wind strich, eingehüllt in grünes Laub, das hell in der Sonne leuchtete, und eine trostlose Bitterkeit überkam ihn, weil er glaubte, daß es für ihn nie wieder etwas Schönes, Glückliches, Idyllisches geben würde. Auch wenn die Zeiten besser würden, für ihn wäre es zu spät. Nie wieder ein Morgen, der langsam und friedlich heraufdämmerte. Nie wieder ein Sommertag, nie wieder eine Nacht voller Sterne.

Er fühlte sich zu Tode erschöpft, es schien, als habe ihm die Angst, die er in dem Lastwagen empfunden hatte, alle Kraft genommen. Es war ihm, als werde er sich nie wieder aufraffen, niemals diesen Platz verlassen können. Von einem Gefühl tiefster Einsamkeit und Verzweiflung überwältigt, brach er in Tränen aus. Er dachte an die anderen, die verhaftet worden waren und nun einem schrecklichen Schicksal entgegengingen, und er dachte an seine eigene ungewisse Zukunft. Mit zitternden Händen kramte er eine Fotografie aus der Innentasche seines Mantels. Ein schon ziemlich zerknittertes, abgegriffenes kleines Bild mit gezacktem Rand, das Felicia zeigte. 1932 hatte er es aufgenommen, an einem Wintertag, als sie zusammen an den Starnberger See hinausgefahren und stundenlang spazierengegangen waren. Felicia stand am Seeufer, gehüllt in einen dicken Mantel, um den Hals trug sie einen langen Schal, dessen Enden im Wind flatterten. Die Haare lagen lockig und völlig zerzaust auf ihren Schultern. Sie lachte, strahlend und gelöst.

Die Erinnerung an Felicia gab Peter einen Funken Kraft zurück. Diese Erinnerung war das einzige, was ihm noch schön vorkam in seinem Leben, was ihn mit einem Anflug von

Wärme, von Zuversicht erfüllte. Er dachte an Felicia und stand schließlich auf. Dann machte er sich auf den Weg. Zurück nach Paris.

3

Maksim Marakow hatte die perfekte Tarnung gefunden. Eine neue Existenz. Er besaß einen Paß, der auf den Namen Christoph Brandt lautete, er war in der Fabrik Lombard als Geschäftsführer angestellt, und er ging in Felicias Haus in der Prinzregentenstraße ein und aus, als der offizielle Liebhaber der Hausherrin.

Natürlich tuschelte man in der Münchener Gesellschaft über ihn. Da hatte man immer geglaubt, Felicia führe das Leben einer Nonne und sei nur für ihre Arbeit da, und plötzlich tauchte dieser fremde Mann auf und verhexte sie offenbar; im Handumdrehen hatte er einen tollen Posten als Geschäftsführer in der Fabrik und überdies einen schönen, warmen Platz in Felicias Bett. Da er nur einmal in München gewesen war, 1915, kurz bevor er nach Leningrad ging, gab es niemanden, der ihn als Maksim Marakow wiedererkannt hätte. Nur Jolanta wußte um das Geheimnis, aber sie verlor kein Wort darüber.

Maksim hätte nichts Besseres finden können: Durch Susannes Hochzeit mit dem SS-Hauptsturmführer vor über einem Jahr wurde der Rest der Familie ebenfalls gewissermaßen der Partei zugeordnet und genoß wenigstens einen kleinen Vertrauensvorschuß bei den überall lauernden Spitzeln. Hinzu kam Felicias Freundschaft mit Tom Wolff, der – nach eigenen Worten – den Nazis »Zucker in den Arsch blies, um sie aus der Hand fressen zu lassen«. Der Spielzeugkönig machte wieder einmal Bombengeschäfte mit Guderians Panzern in Kleinformat und mit einem naturgetreu nachgebauten Wald von Compiègne, in dessen Mitte ein Eisenbahnwaggon für die Unterzeichnung des Waffenstillstandvertrages bereitstand. Felicia nahm immer mehr Aufträge für Fahnen und Wandschmuck entgegen, und obwohl sie sich noch immer weigerte, zu irgend jemandem »Heil Hitler« zu sagen, kam niemand auf die Idee, sie könnte im geheimen gegen das Regime sein. Sie galt als eine Frau, die für sich lebte und sich einen Dreck um Politik und alles andere scherte.

In Wahrheit scherte sie sich um zwei Dinge ganz gewaltig. Zum einen um die Tatsache, daß Maksim ihr noch immer nicht gesagt hatte, welche Organisation hinter ihm stand und für wen ihren Kopf hinzuhalten sie so gottverdammt blöd war. Zum anderen – das wog schwerer –: Er war nicht ihr Geliebter. Er kam nicht ins Haus, um mit ihr ins Bett zu gehen, wie die Leute dachten, er kam einzig und allein, um andere Mitstreiter zu treffen, Männer und Frauen ohne Namen, um Nachrichten zu hinterlegen oder abzuholen, manchmal auch, um Menschen mitzubringen, die ein oder zwei Nächte blieben. Mußte er übernachten, schlief er im Gästezimmer. Einmal hatte er Felicia zum Gutenachtsagen auf den Mund geküßt, aber sofort war er dann einen Schritt zurückgetreten. »Felicia, wir sollten nicht . . .«

Gereizt erwiderte sie: »Du warst nicht so zurückhaltend, als du jünger warst!«

»Das spielt doch jetzt alles keine Rolle mehr!«

»Nein, für dich spielt immer nur gerade das eine Rolle, was für dich nützlich ist. Und im Augenblick nütze ich dir nicht als Geliebte, sondern als Komplizin. Wobei ich dir sagen muß, daß ich mich ein bißchen ausgenutzt von dir fühle. Weißt du, was ich hier riskiere? Ich . . .«

»Du tust es freiwillig, Felicia. Ich habe dich nicht gezwungen.«

»Du weißt, daß . . .« Sie brach ab. Er brauchte nicht zu wissen, daß er alles von ihr haben konnte. Statt dessen sagte sie: »Mir blieb jedenfalls nicht viel anderes übrig. Und jetzt . . . ich meine, du benutzt mich, mein Haus, meine Fabrik als Tarnung, aber es kommt natürlich nicht in Frage, daß du mir erzählst, wer unsere Helfer sind, wer das alles hier organisiert, an wen ich mich wenden kann, wenn dir plötzlich etwas passiert! Du läßt mich vollkommen im ungewissen!«

Er sah zum Fenster hinaus. »Es geht nicht anders, Felicia. Es ist auch zu deinem Besten. Du sollst nicht noch mehr involviert werden.«

Erschöpft gab sie zurück: »Wenn wir auffliegen, lande ich im Gefängnis, so oder so. Ach, Maksim, manchmal . . .«

»Ja?«

Zum zweitenmal verschluckte sie, was sie hatte sagen wollen. Er brauchte auch nicht zu wissen, daß die Gefahr sie nicht gekümmert hätte, wenn sie ihn dafür hätte haben können. Er aber hatte sich eine Wohnung in Schwabing gemietet, in die er sich häufig zurückzog, und Felicia wußte nicht, was er tat, wenn er dort war. Er hatte sie noch nie dorthin eingeladen, schien fast ängstlich darauf bedacht, sie fernzuhalten. Ein-, zweimal hatte sie geargwöhnt, es gäbe womöglich eine andere Frau, aber dann schien ihr dieser Verdacht absurd. Sie hätte es ihm angemerkt. Es gab keine andere Frau für ihn, es gab überhaupt nichts, was ihn beschäftigte – außer dieser geheimnisvollen, lebensgefährlichen Tätigkeit, der er unbeirrt und entschlossen nachging.

Es war eine kalte, frostige Dezembernacht, ein bißchen Schnee war gefallen am Abend, und so lag über München ein weißer Puderzucker, der zu harschen Kristallen gefror.

Felicia war spät und hundemüde nach Hause gekommen; seitdem sie ihre Geschäfte mit der Partei machte, mußte sie so viel produzieren, daß sie überhaupt nicht mehr aus ihrem Büro fortkam. Zwischendurch war sie noch losgejagt, um einen Pflichtbesuch bei Susanne zu machen, die hochschwanger war, wie das blühende Leben aussah, weil sie auf ihre Marken Milch und Sahne soviel sie nur wollte bekam, und die sich sehnlichst einen Sohn wünschte, den sie dann »Adolf« nennen wollte. Sie hatten sich eine Weile schleppend unterhalten, dann war Felicia weitergeeilt, um sich beim Bäcker anzustellen; eine volle Stunde hatte sie das gekostet und ihre letzten Brotmarken. Sie hatte eine Menge Lebensmittelmarken gegen Zigarettenbezugsscheine eingetauscht, und inzwischen war sie rappeldünn geworden, hatte Schatten unter den Augen und fand, daß sie alt aussah.

Daheim fiel sie wie ein Stein ins Bett, sandte ein kurzes Stoßgebet zum Himmel, es möge keinen Alarm geben heute nacht, und war in der nächsten Sekunde eingeschlafen. Als sie erwachte, war es ein Uhr, und jemand hatte an der Haustür geschellt.

Schlaftrunken tastete Felicia nach ihrem Morgenmantel, angelte ihre Schuhe. Seitdem sie mit Maksim widerwillig antifaschistische Wege ging, kam es öfter vor, daß mitten in der Nacht an ihrer Haustür geklingelt wurde, daher verwunderte sie dieser Umstand nicht, noch erschreckte er sie. Sie bekam kaum die Augen auf, während sie leise fluchend das Zimmer verließ. Im Gang begegnete sie Jolanta. »Madame . . . es ist jemand an der Tür . . .«

»Ich mach' das schon, Jolanta. Leg dich nur wieder hin.« Felicia schaltete kein Licht ein, sondern nahm nur eine Taschenlampe. Zwar war das Haus den allgemeinen Vorschriften entsprechend vollkommen verdunkelt, aber wenn sie die Eingangstür öffnete, würde Licht in die Nacht fallen, und das mochte irgend jemand bemerken. Leise fragte sie hinaus: »Wer ist da?«

Sie hatten ein Losungswort, das wöchentlich wechselte. Das derzeitige lautete: Oktober 17.

»Oktober 17«, wisperte es.

Felicia entfernte die Sicherheitskette und öffnete die Tür. Sie leuchtete den beiden Männern, die vor ihr standen, direkt ins Gesicht. Den einen kannte sie, er war bereits ein paarmal dagewesen.

»Was wollt ihr? Maksim hat mir nichts von einer Aktion gesagt.«

»Können wir hereinkommen?«

Sie trat zurück. Verfroren, blaß und übernächtigt standen die Männer im Flur, und Felicia wünschte, sie würde nicht solch einen heftigen Unwillen verspüren. Jedesmal ging es ihr so. Sie tat das alles für Maksim, und weil man es, verdammt noch mal, tun mußte, wenn man sich ohne Scham im Spiegel anschauen wollte, aber sie haßte es von ganzem Herzen.

Der Mann, der zu ihrer Gruppe gehörte – sie kannte ihn unter dem Namen Jimmy – sagte: »Das hier ist ein Genosse.« Er wies auf seinen Begleiter. »Er ist gewarnt worden. Die Gestapo will ihn heute im Morgengrauen verhaften. Er muß sofort außer Landes. Kann er vorerst hier bleiben?«

Jetzt werde ich wieder tagelang zittern, dachte Felicia.

»Ja, natürlich, er kann hier bleiben. Kommen Sie mit in den Keller, bitte.«

»Ich gehe dann wieder«, sagte Jimmy nervös. Er war immer entsetzlich nervös. Seine Hände zuckten beständig, manchmal zitterte auch sein linker Mundwinkel unkontrolliert. Er befand sich seit '33 im Widerstand, und sein Nervenkostüm war wegen der andauernden Anspannung in einem völlig destabilen Zustand.

»Wir holen den Genossen ab, so schnell es geht.« Sein Mundwinkel zuckte bereits wieder. Lautlos huschte er durch den Garten davon.

Der Genosse war ein schmächtiger Mann im grauen Mantel, eine Nickelbrille auf der Nase, wache, etwas kalte Augen. Ohne ein Wort zu sagen, folgte er Felicia in den Keller, in jenes Zimmer, das nun schon eine ganze Reihe von Menschen wie ihn gesehen hatte. Felicia holte Bettwäsche aus dem Schrank und bezog das Bett. »So, hier schlafen Sie. Waschen können Sie sich morgen früh in einem der oberen Bäder, aber erst, wenn ich Sie hole. Sollte etwas sein... ich meine, wenn Sie sich verstecken müssen...« Sie rückte die Kommode zur Seite, tastete mit den Fingern über die Wand. Eine Tür sprang auf, fast völlig unsichtbar unter der Tapete, und dahinter kam ein quadratischer Hohlraum zum Vorschein. Dicht gedrängt konnten etwa vier Menschen darin Platz finden. Den Wandschrank hatte es schon immer gegeben, nur war er deutlich als solcher erkennbar gewesen mit einem großen Griff zum Öffnen. Maksim hatte ihn zum Geheimverlies gemacht, den Griff abmontiert und statt dessen eine Feder eingebaut, die die Tür aufschwingen ließ, wenn man mit dem Finger auf eine bestimmte Stelle drückte. Von innen konnte man dann den Riegel vorschieben und sich auf diese Weise verbarrikadieren; allerdings wäre die Tür natürlich relativ leicht einzutreten, wenn es jemandem auffiele, daß sich ein Hohlraum hinter der Wand befand.

»Wenn Sie hier drinnen sind, müßte ich dann die Kommode wieder vor die Tür schieben«, erklärte Felicia. »Alles klar?«

Er musterte sie, ihren Morgenmantel aus fliederfarbener Seide und den Goldschmuck an ihren Händen, den sie auch nachts nicht abnahm.

»Sie sind keine Kommunistin, nicht?« Das waren die ersten Worte, die er sprach.

Felicia schwieg einen Moment verblüfft, dann lachte sie auf. »Gott bewahre – nein!«

»Was haben Sie dann mit Marakow zu tun?«

»Mit Maksim? Wir sind zusammen aufgewachsen. In Ostpreußen.«

»Aha.« Er sah sie sehr eindringlich an. »Und das alles hier tun Sie für ihn?«

Felicia warf die Haare zurück. »Eigentlich geht es Sie nichts an, weshalb ich es tue.«

Er nickte. »Verzeihung.«

»Also dann«, sagte Felicia, »gute Nacht. Ich werde . . .« Sie brach ab. Oben an der Haustür wurde lange und anhaltend geklingelt. Dann wieder und wieder. Brutal durchschnitt das schrille Geräusch die Stille der Nacht.

Felicia wurde totenblaß. »Das sind keine von uns. Los, schnell in das Vesteck!«

Der Mann verschwand im Wandschrank, schob den Riegel vor. In fliegender Hast rückte Felicia die Kommode vor die Tür, sah sich dann im Zimmer um. Nichts verriet, daß hier eben noch jemand gewesen war.

Oben wurde noch immer geklingelt, Felicia rannte die Treppe hinauf. Sie merkte, daß die Innenseiten ihrer Hände naß wurden.

»Madame!« Jolanta neigte sich über das Geländer an der Galerie. Mit ihrem langen, hochgeschlossenen Nachthemd und dem weißen Spitzenhäubchen auf dem Kopf sah sie aus wie aus einer Zeichnung von Wilhelm Busch. »Madame, das ist bestimmt die Gestapo!«

»Behalt um Gottes willen die Nerven, Jolanta!« Felicia hatte den Eindruck, ihr Körper müsse auseinanderspringen, so klopfte ihr Herz. Sie wickelte den Morgenmantel fester um sich, öffnete mit einem Ruck die Tür, sah die fünf Männer an, die vor ihr standen, und sagte: »Können Sie mir erklären, was das bedeuten soll?«

Die Männer trugen Ledermäntel und in die Stirn gezogene Hüte. Der vorderste hielt einen Ausweis in die Höhe.

»Geheime Staatspolizei. Wir kommen, um Ihr Haus zu durchsuchen.«

Einen Moment lang verspürte Felicia ein Gefühl im Körper, als weichten ihre Knochen auf und als müßte sie gleich beginnen, haltlos zu zittern. Nach außen hin aber blieb sie kühl und ruhig. »Warum möchten Sie mein Haus durchsuchen?«

»Wir haben einen Hinweis erhalten. Danach scheint hier eine ganze Reihe verdächtiger Personen aus und ein zu gehen.«

»Es gehen hier ziemlich viele Personen aus und ein, das stimmt, aber keine davon ist verdächtig.«

Die Männer drängten an ihr vorbei ins Haus. Felicia mußte zur Seite treten. Obwohl es ihr widerstrebte, beschloß sie, den Ehemann ihrer Tochter ins Feld zu führen. »Sie werden Ärger bekommen. Meine Tochter ist mit dem SS-Hauptsturmführer Hans Velin verheiratet. Ich werde mich bei ihm beschweren.«

Natürlich hatten sie das mit Velin gewußt, daher blieben sie unbeeindruckt. Allerdings ließen sie eine gewisse Rücksicht walten. Felicia wußte, daß sie normalerweise durchsuchte Wohnungen in einem völlig chaotischen Zustand zurückließen, nicht selten sogar Möbel zertrümmerten und Matratzen aufschlitzten. Bei ihr gaben sie sich Mühe, die Unordnung in Grenzen zu halten und nichts zu zerstören, aber sie durchsuchten systematisch jedes Zimmer bis in den letzten Winkel.

»Sagen Sie«, der Chef der Truppe blieb vor Felicia stehen, »Sie verkehren doch mit einem gewissen Herrn Christoph Brandt. Ist das richtig?«

»Ja.«

»Er ist Ihr Geliebter?«

»Wäre das verboten?«

»Nein.« Abrupt wandte er sich ab. »Jetzt noch den Keller. Kommen Sie mit, Frau Lavergne.«

Sie ging voraus, und zum erstenmal seit langem betete sie wieder stumm vor sich hin. Lieber Gott, laß mich nicht im Stich.

Ich werde ein guter Mensch sein und nie mehr über meine Arbeit jammern, und ich werde dankbar sein und was du willst, aber steh mir jetzt bei!

Den Keller nahmen sich die Männer ganz genau vor. Sie öffneten jeden Schrank, jede Kommode, rückten Regale zur Seite, trugen ganze Berge von Kartons ab, um zu sehen, ob sich dahinter jemand verbarg. Wie oben bereits auch, klopften sie prüfend die Wände ab und stampften auf den Boden, lauschten, ob das Geräusch möglicherweise hohl klang. Natürlich kannten sie alle Tricks.

»Was ist das hier?«

»Ein Gästezimmer.«

»So? Ein Gästezimmer im Keller?«

»Wir haben natürlich noch andere Gästezimmer oben im Haus. Sie haben sie ja gesehen. Dieses hier wird nur benutzt, wenn wirklich die ganze Familie versammelt ist.«

»So? Und warum ist das Bett frisch bezogen?«

»Es ist immer frisch bezogen«, erwiderte Felicia. Ihr Herz ging inzwischen so schnell, daß ihr das Atmen schwerfiel. Am Hals und in den Schläfen spürte sie das Pulsieren ihres Blutes. Merkten die Männer nicht, wie heftig sie atmete? Einer rückte die Kommode von der Wand ab. Es gab ein häßliches Geräusch auf dem Fußboden.

»Sie zerkratzen den Boden«, sagte Felicia. Es hörte sich an, als habe sie ein großes Stück Watte im Mund. Niemand antwortete. Sie machten sich an der Wand zu schaffen... gleich würden sie das Versteck entdecken... jede Sekunde...

Zum drittenmal in dieser Nacht klingelte es an der Haustür. Es war zwei Uhr.

Alle standen still und sahen einander irritiert an. Dann fragte der Anführer scharf: »Wer ist das?«

»Ich weiß nicht«, sagte Felicia ehrlich. *Hoffentlich niemand, der hier ahnungslos in die Falle tappt!*

»Wir gehen nach oben, und Sie öffnen die Tür!« Einer der Polizisten nahm Felicia am Arm, schob sie aus dem Zimmer, den Gang entlang und die Stufen hinunter. »Und keinen Ton. Wer immer da klingelt, Sie werden ihn nicht warnen!«

»Ich habe überhaupt keinen Grund, jemanden zu warnen«, erwiderte Felicia. Sie hörten, wie oben ein Schlüssel im Schloß herumgedreht wurde. Jemand betrat das Haus.

Oh, verdammt, Maksim! Nur er hat einen Schlüssel.

Würden seine falschen Papiere einer Überprüfung durch die Gestapo standhalten?

Die Eingangshalle war jetzt hell erleuchtet. Ein Mann stand dort, direkt in der Mitte. Er trug einen dunkelgrauen Mantel und einen Wollschal.

»Geheime Staatspolizei!« sagte der Polizist, der noch immer Felicias Arm hielt. »Drehen Sie sich um, und weisen Sie sich aus!«

Der Fremde wandte sich um. Es war Alex Lombard.

4

Als Felicia in ihr Schlafzimmer ging, folgte Alex ihr. Wütend fuhr sie ihn an: »Laß mich in Ruhe! Ich bin todmüde, ich will schlafen, und ich will mich nicht einmal darüber wundern, warum du hier aufgetaucht bist. Morgen früh ... bis dahin geh, wohin du willst, aber laß mich zufrieden!«

Alex schloß die Tür, zog seinen Mantel und seinen Schal aus, warf beides auf einen Sessel. Sein Erscheinen hatte die Gestapo rasch vertrieben. Er stellte sich als Felicias geschiedener Mann vor, dem das Haus gehörte und der für ein paar Wochen in die Heimat gekommen war. Seine Papiere waren in Ordnung und bewiesen durch Stempel, daß er nach seiner Einreise bereits gründlich überprüft worden war. Da man auch im ganzen Haus absolut nichts Verdächtiges gefunden hatte, schien den Gestapobeamten die Angelegenheit etwas peinlich zu werden. Vielleicht dachten sie auch daran, daß der SS-Hauptsturmführer Velin doch einen Riesenzirkus um die Sache machen würde. Denn offenbar handelte es sich bei den zwielichtigen Gestalten, die der Blockwart hier hatte aus und ein gehen sehen, einfach um diverse Männer – Liebhaber und Geschiedene und was sonst noch alles –, die zu den unmöglichsten Zeiten aufkreuzten.

Felicia hoffte von ganzem Herzen, man hielte sie jetzt für eine ziemlich leichtlebige Person, nicht aber für eine Regimegegnerin.

Sie war völlig ausgepumpt, hatte sich schon im Gefängnis gesehen, sich und Maksim, von der Gestapo verhört und gefoltert. Sie dachte nur ein um das andere Mal: Nie wieder! Nie wieder lasse ich mich auf so etwas ein!

»Verlaß sofort mein Schlafzimmer«, wiederholte sie jetzt noch einmal, nicht, weil sie sich vor ihm gefürchtet hätte, aber sie wollte mit ihrem Nervenzusammenbruch lieber allein sein.

Alex lächelte. »Ich falle schon nicht über dich her, Felicia. Aber du könntest mich ein bißchen freundlicher begrüßen. Ich komme von ziemlich weit her.«

Sie kauerte auf ihrem Bettrand, sah blaß, müde und auf einmal ganz jung aus. »Was willst du hier?«

»Oh – einfach mal nach dem Rechten sehen. Irgendwie leben die Deutschen derzeit etwas... etwas expansiv. Und da ich schließlich Besitzungen hier habe, wollte ich mich persönlich überzeugen, daß alles in Ordnung ist.«

»Wenn du Lulinn meinst, ich kann dir die Bilanzen zeigen. Alles in Ordnung.« Sie sagte das ganz mechanisch.

»Davon bin ich überzeugt.« Alex ließ sich in einen Sessel fallen und streckte die Beine von sich. »Mein Gott, war das eine lange Reise! Unser Schiff hat in Lissabon angelegt. Du glaubst nicht, was in dieser Stadt los ist. Es wimmelt von Emigranten, Straßen und Hotels quellen förmlich über. Künstler, Intellektuelle... was Hitler aus diesem Land schmeißt, ist leider das Beste, was das Land hat. Eine Mischung aus Verzweiflung, Zynismus, überspannter Fröhlichkeit weht durch Lissabon... dagegen ist Deutschland mit seinen braunen Aufmärschen tot. Absolut tot.«

»Alex...« Es interessierte sie nicht im mindesten. Nicht in diesem Augenblick.

Er musterte sie spöttisch, die tiefer eingegrabenen Falten um die Augen, die vereinzelten grauen Strähnen in ihrem Haar. Es stand ihr gut, älter zu werden. »Wie ich gehört habe, warst du tüchtig in den letzten Jahren. Du hast dir die Fabrik zurückgeholt. Offenbar bist du immer noch die clevere Geschäftsfrau, die du früher warst.«

»Das hat nichts mit clever zu tun. Peter Liliencron mußte...«

»Ich weiß, ich weiß. Wie so viele mußte er Deutschland verlassen.«

Felicia sah ihn mißtrauisch an. »Woher weißt du das?«

»Ich habe noch Freunde in München, mit denen ich hin und wieder korrespondiere. Außerdem schreibt mir meine Schwester Kat alle vier Wochen einen Brief, und so erfahre ich fast jede Neuigkeit.«

»Wie schön. Dann brauche ich dir jetzt wenigstens keine langen Erklärungen abzugeben.« Obwohl alles vorüber war, kehrte das Gefühl, als ob ihre Knochen aufweichten, zurück. Sie konnte sich nicht dagegen wehren. Ihre Beine begannen haltlos zu zittern, ihre Hände, ihr ganzer Körper. Gleich würde sie auch noch mit den Zähnen klappern. Wenn Alex doch nur endlich verschwinden würde!

Er lehnte sich vor, betrachtete sie, und sein Gesichtsausdruck war auf einmal ganz weich. »Felicia, was ist los? Du siehst entsetzlich aus. Abgemagert und verstört. Warum ist mitten in der Nacht die Gestapo bei dir? Was haben die gesucht?« Seine Stimme war sanft und zärtlich. »Felicia... mir kannst du es doch sagen. Wir haben damals vielleicht keine besonders gute Ehe geführt, aber du weißt, daß ich...« Er brach ab. »Felicia, bitte...«

Sie fing an zu weinen, ganz undramatisch, die Tränen traten aus den Augen und liefen die Wangen hinunter, und sie konnte überhaupt nichts dagegen tun. Sie krümmte sich lautlos zusammen, zitternd und bebend, umklammerte ihre Beine mit den Armen und konnte keinen Halt finden. Sie hörte Alex etwas sagen – »Armer Liebling«... sagte er wirklich »Liebling«? –, und dann saß er neben ihr auf dem Bett und zog sie in die Arme. Felicia ließ es nicht nur zu, sie suchte sogar noch näher an ihn heranzukommen, preßte sich an ihn, als sei sie wirklich ein kleines Mädchen, das in einer warmen Höhle Schutz sucht. Es tat so gut, den Kopf an seine Schulter zu lehnen, seinen Geruch zu atmen – Rasierwasser und Zigaretten – und seine Hände zu spüren, die sie beruhigend streichelten.

»Was ist denn, Felicia? Sag es mir.«

Es brach aus ihr heraus, alles, was sie seit einem Jahr mit sich herumtrug, und es war ihr vollkommen gleichgültig, daß sie Maksim hatte schwören müssen, sie würde niemals darüber sprechen. Zum Teufel mit Maksim! *Er* war nicht da, wenn sie ihn brauchte, er ließ sie allein in Situationen wie dieser heute nacht. Aber Alex war da – er war eigentlich immer da gewesen, wenn es ihr wirklich schlechtging. Wenn es darauf ankam, konnte sie sich auf ihn verlassen.

»Maksim Marakow also wieder einmal, aha«, sagte er. »Der ewige Rivale. Die ewige Liebe. Für ihn stürzt du dich in ziemlich halsbrecherische Geschichten, mein Schatz.«

Jetzt weinte sie nicht mehr lautlos, jetzt schluchzte sie auf. Alex kramte ein Taschentuch hervor, versuchte es Felicia in die Hand zu drücken, aber sie ließ es kraftlos fallen.

»Wein dich nur aus. Das sind jetzt einfach die Nerven. Wahrscheinlich hast du vorhin bei den Kerlen wieder einmal die kaltschnäuzige Felicia herausgekehrt, und jetzt klappst du zusammen.«

Er streichelte sie weiter, und ganz allmählich wurde sie ruhiger. Schließlich gelang es ihr sogar, sich die Nase zu putzen und ihr Gesicht abzutrocknen. »Du mußt mich für ganz schön hysterisch halten«, murmelte sie.

Er lächelte. »Hysterisch? Ach was. Ich bin im Gegenteil erstaunt zu sehen, daß dein Panzer doch hin und wieder ein paar Risse zeigt. Und jetzt«, er stand auf, »sollten wir in den Keller gehen und für den armen Jungen im Wandschrank Entwarnung geben.«

Der Mann kauerte tatsächlich noch immer in seinem Versteck, war bleich wie der Tod und hatte sein Abendessen erbrochen. Als er Alex sah, wurde er um noch eine Schattierung blasser, aber Felicia beruhigte ihn. »Die Gestapo ist weg. Das hier ist ein Freund.« Sie brachte ihm ein paar Baldrianpillen und sagte, er solle jetzt schlafen. »Heute nacht kommt bestimmt niemand mehr. Sie können ganz ruhig sein.« Ihre eigenen Nerven hatte sie wieder unter Kontrolle. Als sie neben Alex die Treppen hinaufging, sagte sie mürrisch: »Ich hätte dir das alles nicht erzählen sollen.«

»Warum nicht? Glaubst du, ich gehe morgen hin und denunziere dich?«

»Natürlich nicht. Aber es ist nicht gut, wenn zu viele davon wissen... und außerdem... ach, ich hatte Maksim versprochen, den Mund zu halten.«

»Du hättest es mir ohnehin sagen müssen, Felicia. Oder glaubst du, du hättest das hier im Haus alles vor meiner Nase im geheimen abwickeln können?«

Sie waren vor dem Schlafzimmer angekommen. Felicia blieb ruckartig stehen.

»Ja... willst du denn länger bleiben?«

»Es ist auch mein Haus!«

»Du hast deinen Beruf in Amerika. Du kannst doch nicht einfach...«

»Womöglich habe ich hier auch einen Beruf.«

Sie runzelte die Stirn. »Sprich nicht in Rätseln. Wovon, verdammt, willst du hier leben?«

Alex lächelte sanft. »Vielleicht kennst du den Münchener Verlag Benjamin Rabenstein?«

Felicia kannte ihn tatsächlich, er hatte sogar in der Nähe gewohnt. »Ich habe ihn lange nicht mehr gesehen. Es heißt, er habe Deutschland verlassen.«

»Hat er auch. Aber vorher hat er mir seinen Verlag überschrieben. Du verstehst? Ungefähr so eine Geschichte wie die mit Liliencron und dir.«

»Ja... aber das geht doch nicht«, sagte Felicia nervös, »du läßt dich jahrelang nicht blicken, lebst dein eigenes Leben, ich lebe meines, und dann kommst du auf einmal mitten in der Nacht her und eröffnest mir, du willst bleiben!«

»Was dich zu erschüttern scheint!«

»Ja, weil... mein Gott, es ist ein absolut ungeeigneter Moment.«

Sein Gesicht zeigte keine Regung, aber Felicia spürte, daß sie ihm eben weh getan hatte. Sie berührte fast schüchtern seinen Arm. »Entschuldige. Ich bin ziemlich häßlich zu dir, nicht?«

»Das ist bei dir nichts Neues«, entgegnete er gelassen.

Sie trat näher an ihn heran. »Es war kein ungeeigneter Moment. Das hast du ja gemerkt. Es war . . .«, sie lächelte schwach, »es war auf die Minute richtig, um die Gestapo zu verscheuchen und eine heulende Frau zu trösten. Wirklich, Alex.«

»Ja . . . aber jetzt könnte ich ruhig wieder gehen, das meinst du doch.«

»Nein. Ich möchte gern, daß du bleibst.« Zu ihrer Verwunderung wollte sie das tatsächlich. Sie wollte, daß er sie wieder in die Arme nahm, so wie vorhin. Sie hatte solche Sehnsucht danach. Nie zuvor hatte sie sich eingestanden, wie allein sie war, wie lang und kalt ihre Nächte, wie einsam das Aufwachen am Morgen.

»Alex, bleib hier.«

Seine Gesichtszüge waren ihr noch vollkommen vertraut, als sei ein Tag vergangen, seit sie ihn zuletzt gesehen hatte, nicht elf Jahre. Das graue Haar stand ihm, er sah besser aus als in seinen jungen Jahren.

»Alex, bleib hier. Ich habe ja sonst niemanden.«

»Du hast Maksim. Deine große Liebe.«

Maksim, meine Liebe von Kindheit an. Maksim, der mir nie gehören wird.

Sie zuckte mit den Schultern, in einer teils ungeduldigen, teils müden Bewegung. »Maksim, ach, der . . .«

»Maksim, der Heilige.« Alex strich mit dem Finger zärtlich über Felicias Wange. »Er ist der alte geblieben, nicht? Entweder er macht mit Lenin die große Revolution, oder er macht Widerstand gegen die Nazis – aber auf jeden Fall ist er nicht da für Felicia Lavergne!«

Felicia hatte zu Boden geschaut, jetzt hob sie den Blick. Ihre grauen Augen sprachen eine Einladung aus, und Alex wußte, er würde sie annehmen.

Zum Teufel, dachte er, als er sich vorneigte, um Felicias Lippen zu küssen, werde ich denn solange ich lebe nicht von dieser

Frau loskommen, die so kalt ist, daß ein Mann neben ihr nur erfrieren kann?

»Bist du wieder verheiratet, Alex?« fragte sie.

Er schob die dünnen Träger ihres Nachthemdes von den Schultern. Seine Hand legte sich direkt auf ihr Herz, das erstaunlich ruhig schlug. Felicia hatte zwei Kerzen angezündet – irgendwie schien es ihr dazuzugehören –, und jeder konnte das Gesicht des anderen sehen.

Alex nickte. »Ja. Ich bin verheiratet.«

»Oh . . .«

»Denk nicht daran. Ich denke auch nicht an Maksim Marakow. Laß uns an gar nichts denken, auch nicht an früher.«

Aber sie mußte an früher denken, während sie so dalag und sich von seinen Händen streicheln ließ. Es war, als habe sich der Kreis geschlossen. Sie war wieder die junge Felicia, die überstürzt geheiratet hatte und nun zum erstenmal in den Armen eines Mannes lag, erwartungsvoll, nervös und angespannt, völlig verlassen von ihrer Fähigkeit, die Dinge distanziert und etwas spöttisch zu sehen. Seine Lippen, seine Finger, sein Körper hatten sie vor sechsundzwanzig Jahren mit einem ungekannten Zauber erfüllt, und sie taten es heute wieder. Die Auseinandersetzungen zwischen ihnen, die Kriege, die bitteren Wortgefechte hatten sich in Luft aufgelöst. Zwischen damals und heute hatten sich die Jahre in einen Nebel gehüllt, der alles verschleierte. Was morgen sein würde, war gleich, und es war ungewisser denn je. Konnte sein, sie schrien einander morgen wieder ihren ganzen Zorn ins Gesicht. Konnte sein, eine Bombe erschlug sie . . .

Er hatte sich mit einem Arm über ihr abgestützt, aber jetzt senkte sich sein Gewicht ganz auf sie, und ihr Körper reagierte wie elektrisiert, ausgehungert von all den Jahren, in denen sie allein gewesen war. Daß man noch so gierig sein kann nach einem Mann, in meinem Alter, dachte sie verwundert.

Sie hatte sich einzureden versucht, daß sie ihren Teil gehabt hatte, daß ihr Verlangen nachgelassen hatte, aber jetzt begriff sie ihren Irrtum. Der Hunger war nicht gestillt. Vielleicht würde er nicht vergehen bis ans Ende ihres Lebens.

Er bewegte sich so sanft in ihr, daß es ihr die Tränen in die Augen trieb, sie fühlte sich eingehüllt in seine Zärtlichkeit. So war es gewesen in ihrer ersten Nacht. Später hatte sie ihn oft grob erlebt, rücksichtslos manchmal, weil sie vorher gestritten und einander alle nur denkbaren Unverschämtheiten ins Gesicht geschleudert hatten, aber heute war er der Alex von einst und sie seine Felicia, das Mädchen mit den grauen Augen und dem kühlen Wesen.

Sie hätten es zur Ewigkeit ausdehnen mögen, aber ihre Körper erkannten einander und reagierten ohne Umschweife. Später war es Felicia, als habe sie Alex' Namen geschrien, und vielleicht hatte sie auch andere Dinge gesagt, Worte, von denen sie nur hoffen konnte, er habe sie nicht verstanden, weil sie ihm unmiß-verständlich klarmachen mußten, wie sehr sie sich nach einem Mann gesehnt hatte. Sie blieb heftig atmend liegen, verwundert, wie einfach es gewesen war und wie schön. Dann kuschelte sie sich tief in seine Arme und schlief ein mit einem zufriedenen Seufzer, wie ein Kind, das sich geborgen fühlt und endlich satt geworden ist.

Alex hielt sie fest, lauschte auf ihre Atemzüge, die immer ruhiger und gleichmäßiger wurden. Er konnte nicht schlafen. Mit keiner Frau war es so wunderbar wie mit Felicia, und es beglückte ihn zu merken, daß die Jahre daran offenbar nichts geändert hatten. Aber wenn sich im guten Sinne nichts geändert hatte, so im schlechten eben auch nicht: Was immer zwischen ihnen war an Verlangen, vielleicht sogar an Liebe, sie konnten es nicht leben. Felicia konnte es nicht. Das hatte er schon erkannt, als er die Achtzehnjährige heiratete und niemals auch nur einen Funken Wärme in ihren Augen fand, er hatte es aufgegeben, das ändern zu wollen, als er sich von ihr scheiden ließ, er fand es bestätigt kurz bevor er endgültig nach Amerika ging und Patty heiratete, und er begriff es nun erneut. Was er von Felicia bekommen konnte, waren Nächte wie diese dann und wann, mehr nicht. Er mußte sich bescheiden. So wie Felicia von Maksim nur Brosamen zugeworfen bekam – und Patty von ihm.

Ein Kreislauf, der keine glückliche Lösung vorzusehen schien.

Ehe er die Kerzen ausblies, betrachtete er noch einmal die tief schlafende Felicia. Sie tat nie etwas, ohne etwas davon zu haben. Erst hatte sie ihn hinauswerfen wollen, und dann war sie mit ihm ins Bett gegangen, und zwischendurch hatte sie wahrscheinlich überlegt, wie nützlich er ihr sein könnte. Sie steckte bis zum Hals in Problemen, und seine starken Schultern kamen wie gerufen.

In den frühen Morgenstunden, Alex war endlich eingeschlafen, klingelte anhaltend das Telefon. Es war Susanne. Ihr Baby hatte sich keinen geeigneteren Zeitpunkt aussuchen können als diesen neblig-grauen Morgen, um zur Welt kommen zu wollen, und Susanne war ganz allein; Hans weilte gerade jetzt im Generalgouvernement.

Es war ein Mädchen, glücklicherweise, denn so konnte es nicht »Adolf« genannt werden. Das war das erste, was Felicia durch den Kopf ging, als der Arzt aus Susannes Zimmer auf den Flur trat und ihr die Nachricht überbrachte. Susanne hatte daheim entbunden, und Felicia hielt ihr die ganze Zeit die Hand und versuchte dabei, an etwas anderes zu denken; erst in den letzten Minuten hatte die Hebamme sie hinausgeschickt, und Felicia war der Aufforderung nur zu bereitwillig nachgekommen.

»Ein gesundes kleines Mädchen«, sagte der Arzt zufrieden, »zwar fast einen Monat zu früh, aber wir brauchen uns trotzdem keine Sorgen zu machen.«

Felicia atmete auf. »Darf ich zu meiner Tochter?«

»Natürlich.«

Susanne lag blaß und erschöpft in ihren Kissen, die Hebamme brachte gerade das in Decken gehüllte Baby und legte es ihr in die Arme. »So, Frau Velin. Jetzt sehen Sie nur mal, was Sie da für ein bezauberndes kleines Mädchen haben!«

Das Baby sah in der Tat sehr hübsch aus. Susanne drückte die Kleine an sich, spielte gedankenverloren mit den winzigen Fingern und Zehen. Felicia setzte sich zu ihr an den Bettrand. »Sie ist entzückend, Susanne. Und dank Belles Baby habe ich den Schock, Großmutter zu sein, ja schon hinter mir. Wie wird sie heißen?«

»Ich weiß nicht.« Susannes Stimme klang müde. »Für Hans

war es so sicher, daß wir einen Sohn haben würden, daß wir nie über Mädchennamen geredet haben. Er wird hoffentlich bald nach Hause kommen, dann werden wir darüber sprechen.«

»Susanne...« Felicia zögerte. Sie war es überhaupt nicht gewöhnt, ihre Töchter nach deren Probleme zu fragen. »Susanne, ich glaube, du hast irgendeinen Kummer. Vielleicht kann ich dir helfen. Möchtest du darüber reden?«

Susanne lächelte bitter. »Ich bin jetzt zwanzig Jahre alt, Mami. Und es ist das erstemal, daß du mich fragst, ob ich Probleme habe. Nach zwanzig Jahren!«

»Susanne, sicher habe ich manches falsch gemacht, aber...«

»Entschuldige dich bitte nicht. Ich kann die ewig gleichen Erklärungen nicht mehr hören, weißt du. Die Arbeit, die große Verantwortung... und das alles nicht für dich, sondern für uns... vergiß es, Mami. Du bist eine Frau, die nie hätte Kinder haben sollen. Du solltest nicht mal Männer haben. Weil du einfach nicht lieben kannst.«

»Susanne!«

»Was du ›Liebe‹ nennst, ist bestenfalls das Bedürfnis, andere Menschen zu beherrschen. Es tut mir leid, aber warum soll ich dir nicht sagen, was ich empfinde?«

Felicia erhob sich. »Du bist völlig erschöpft, Susanne. Vielleicht solltest du erst einmal schlafen. Ich komme heute abend wieder.«

»Brauchst du nicht. Aber danke, daß du da warst. Hoffentlich habe ich dich nicht zuviel Zeit gekostet.«

Als ihre Mutter das Zimmer verlassen und die Hebamme das Baby in seine Wiege gelegt hatte, atmete Susanne tief durch. »Ich glaube, du hast irgendeinen Kummer...« Wenn das sogar schon Felicia auffiel, mußte es ihr tatsächlich anzusehen sein. Sie ärgerte sich darüber, daß sie sich wegen der Tatsache, ein Mädchen zur Welt gebracht zu haben, bedrückt fühlte. Hans hatte unbedingt einen Jungen haben wollen. Irgendwie kam sie sich schuldig vor, weil sie ihm nicht geben konnte, was er sich wünschte. Er war in ihren Augen der absolut perfekte Mann – und sie wäre ihm so gern die perfekte Frau gewesen.

Aus der Nachttischschublade angelte sie einen Brief. Er kam von Hans, war vor drei Tagen eingetroffen, und sie hatte ihn schon viele Dutzend Male gelesen. Er trug den Poststempel von Warschau.

Ihr Blick fiel auf eine Stelle mitten im Schreiben. ». . . und dieses Ghetto mitten in Warschau wurde jetzt abgeriegelt gegen die Außenwelt, ist nun gewissermaßen eine kleine Stadt für sich. Juden aus ganz Polen werden dorthin umgesiedelt. Das Leben im Ghetto ist für sie viel besser als das, was sie vorher hatten. Auf die Dauer kann es nicht gutgehen, die Juden einfach so frei zwischen den anderen Menschen. Das schafft doch unnötige Spannungen. So sind sie unter sich, bewegen sich in einer abgeschlossenen jüdischen Gemeinschaft. Generalgouverneur Frank löst das Judenproblem hier meiner Ansicht nach auf hervorragende Weise. . . meine liebe Susanne, leider geht es mir gesundheitlich gar nicht besonders gut, die asthmatischen Beschwerden, die ich als Kind bei jeder Aufregung bekam, treten wieder auf. Oft habe ich regelrechte Erstickungsanfälle. Möglicherweise werde ich darum bitten, wieder nach München versetzt zu werden. Dann kann ich auch immer bei Dir sein, mein Liebling. . . und bei unserem Sohn. . .«

Susanne faltete den Brief wieder zusammen, legte ihn in die Schublade zurück. Er wurde mit so wichtigen Aufgaben betraut, und sie konnte ihm noch nicht einmal den Wunsch nach einem Sohn erfüllen! Natürlich wußte sie, daß er ihr keine Schuld geben würde, aber für ihn war eine Tochter so gut wie gar kein Kind, und ausgelaugt und erschöpft, wie Susanne sich fühlte, quälte sie dieser Gedanke.

Die Worte, die sie gerade gelesen hatte, kamen ihr wieder in den Sinn. Ein jüdisches Ghetto in Warschau. . . umgesiedelt. . . sie verdrängte den winzigen Anflug von Unbehagen, der in ihr aufkam. Das Beste für alle, so sagte Hans, und sicher hatte er recht. Nur offenbar hatte er sich mit allem übernommen, sonst würden diese Asthmaanfälle ja nicht plötzlich auftreten. Aber wenn er sich wirklich nach München versetzen ließ, dann würde sie sich um ihn kümmern, und er würde bald wieder ganz in Ordnung sein. Ein harmonisches, ruhiges Familienleben, das war es, was er brauchte. Vielleicht freute er sich dann sogar an dem kleinen Mädchen, das zu ihnen gehörte.

Bei dem Gedanken fing Susanne an zu weinen. Sie schluchzte in ihre Kissen, bis die Hebamme, die sie draußen gehört hatte, herbeieilte, sie in die Arme nahm und tröstend hin und her wiegte. »Aber, aber, so ein hübsches Baby! Wer wird denn da weinen? Aber das geht vielen so danach, weinen Sie nur ein bißchen, Schätzchen, dann fühlen Sie sich besser!«

Sie war drall, rund und weich, und Susanne, die ihr Gesicht gegen den gewaltigen Busen preßte, dachte, sie hätte gern so eine Frau als Mutter gehabt – nicht schön, elegant und unabhängig, sondern einfach nur dick und warm, ein Kuschelnest, um darin zu versinken.

Während Felicia noch bei Susanne war, hatte Alex gefrühstückt und den Freudenausbruch der alten Jolanta über sich ergehen lassen. Als Alex' Eltern noch lebten und er und seine Schwester Kinder waren, hatte Jolanta als sechzehnjähriges Dienstmädchen im Haus angefangen.

»Daß ich Sie noch einmal wiedersehe, Herr Lombard! Daß ich Sie noch einmal wiedersehe!«

Endlich zog sie ab, um einzukaufen, und Alex streifte durch das Haus und sah sich um. Natürlich öffnete er keine Schränke und Schubladen, aber er hoffte, irgend etwas zu entdecken, was ihm Aufschluß über Felicias Innenleben geben könnte. Er ging sogar, nach einigem Zögern, in ihr Arbeitszimmer, ein chaotischer, mit Büchern und Papieren überfüllter Raum. Auf dem Schreibtisch befanden sich eine gerahmte Fotografie ihrer Eltern, aufgenommen bei deren Heirat, und ein Bild ihres Bruders Christian, der bei Verdun gefallen war.

Während er noch so dastand, vernahm er Schritte vom Gang. Es waren nicht Felicias Schritte, und Jolanta konnte noch nicht zurück sein. Einen Moment lang hatte Alex das Gefühl, er werde gleich bei etwas Verbotenem ertappt, aber dann sagte er sich, daß er schließlich nichts angerührt hatte. Die Tür ging auf, und vor ihm stand Maksim Marakow.

Sie hatten sich nur einmal gesehen, 1915 war das gewesen,

und seither war so viel Zeit vergangen, daß sie einander auf der Straße kaum erkannt hätten. Hier aber, in Felicias Arbeitszimmer, begriffen beide sofort, um wen es sich bei dem anderen handelte. Ihre Blicke kreuzten sich, hielten einander stand.

Die Rivalen, dachte Alex. Es kam ihm fast lächerlich vor. Irgendwie gaben ihrer beider grauen Haare seinem Haß auf Maksim etwas Absurdes.

»Alex Lombard«, stellte er sich vor.

»Maksim Marakow«, erwiderte Maksim, ohne Zuflucht zu seinem Tarnnamen zu nehmen.

Für Alex war es ein eigenartiges Gefühl, dem Mann gegenüberzustehen, den er seit mehr als einem Vierteljahrhundert haßte. Er entsann sich, daß dies hier sein Haus war, und nahm Zuflucht zu seinen Pflichten als Gastgeber. »Setzen Sie sich doch, Herr Marakow. Darf ich Ihnen etwas zu trinken anbieten?«

»Danke, ich habe es eilig. Ich... Felicia ist wohl nicht daheim?«

»Nein. Ich weiß auch nicht, wann sie zurückkommt.«

»Dann werde ich es später noch einmal versuchen.«

»Natürlich.«

Maksim zögerte, offenbar war er in einer bestimmten Absicht gekommen, und die Tatsache, daß er unerwartet Alex Lombard gegenüberstand, hatte alle seine Pläne durcheinandergebracht.

Unvermittelt fragte Alex: »Finden Sie nicht, daß Felicia ein bißchen viel für Sie riskiert?«

Maksim wurde blaß. »Was hat sie Ihnen erzählt?«

Alex griff sich eines der Gläser, die überall herumstanden, öffnete eine halbvolle Flasche Rotwein und schenkte sich etwas ein. Er brauchte jetzt eine Stärkung.

»Sie mußte mir gar nicht viel erzählen. Wissen Sie, ich kam letzte Nacht hier an, und Felicia hatte gerade Besuch von der Gestapo. Sie...«

»Was?«

»Ja, eine ziemlich prekäre Situation, mit dem Mann da unten im Keller. Ich kam in letzter Sekunde, Felicia war am Ende ihrer Nerven. Ich habe sie so noch nie erlebt.«

Langsam sagte Maksim: »Dann beschattet die Gestapo das Haus wahrscheinlich.«

Alex ließ sein Glas sinken. »Mehr fällt Ihnen dazu nicht ein?«

»Was erwarten Sie denn?«

»Sie bringen Felicia in Lebensgefahr, Herr Marakow. Jede Stunde, jede Minute. Ich finde, daß Sie verantwortungslos und unfair handeln. Felicia weiß nicht, wie gefährlich sie lebt. Aber Sie wissen es, und Ihr Anstand müßte Ihnen verbieten, einen anderen Menschen in eine solche Geschichte hineinzuziehen.«

»Felicia ist eine erwachsene Frau, die selber entscheidet, was sie tut und was nicht. Ich habe sie zu nichts gezwungen, Herr Lombard.«

Alex lachte. »Wahrscheinlich haben Sie moralischen Druck auf sie ausgeübt, was normalerweise allerdings bei Felicia nicht ausreicht – so edel ist sie nämlich nicht. Aber in diesem Fall . . . Sie wissen, daß Felicia für Sie alles tun würde, und genau das haben Sie skrupellos ausgenutzt.«

Maksim sah ihn überrascht an. »Weshalb sollte Felicia alles für mich tun? Was meinen Sie?«

Mit einem einzigen Zug leerte Alex sein Glas. Dann ließ er sich in einen Sessel fallen. Er sah keinen Grund mehr, höflich zu sein. »Tun Sie doch nicht so!«

»Ich weiß nicht, wovon Sie reden«, sagte Maksim steif.

»Sie sind alles mögliche, aber bestimmt nicht naiv. Felicia hat sich immer beide Beine ausgerissen für Sie, und ich fürchte, daran wird sich bis zu ihrem Lebensende nichts ändern. Was Sie angeht, wird sie zum Zirkuspferdchen, das brav mit den Füßen scharrt und mit dem Kopf nickt, um ein Zuckerstück als Belohnung zu bekommen. Das ist die einzige fatale Schwäche dieser Frau.«

Es war Maksim anzusehen, als wie unangenehm er dieses Gespräch empfand. »Herr Lombard . . .«

Alex kam ihm nicht im mindesten entgegen. »Ja?«

»Das, wovon Sie da reden, ist lange her. Als Felicia und ich jung waren, hat es bestimmte Gefühle gegeben, aber heute ist alles anders. Von allem, was einmal war, ist nichts übriggeblieben.«

Alex starrte ihn an, unverhohlene Feindseligkeit in den Augen. Nichts, dachte er, nichts bis auf Belle, deine Tochter, die meinen Namen trägt und von der du keine Ahnung hast, die aber Felicias ewiger Beweis dafür ist, daß du nicht immer so kühl und leidenschaftslos warst, wie du dich jetzt gibst.

»Wenn Sie das glauben, sind Sie ein Narr«, sagte er hart. »Felicia hat Sie immer haben wollen, und daran hat sich nie, nicht einen Tag lang, etwas geändert. Letztlich waren Sie der Grund, weshalb unsere Ehe scheitern mußte, und Sie sind es auch, weshalb Felicia sich auf keinen neuen Mann einläßt. Sie kann sich nicht von Ihnen befreien.«

»Felicia ist nicht die Frau, die an Vergangenem festhält.«

»Sie sind keine Vergangenheit. Schließlich tauchen Sie ja ständig wieder in ihrem Leben auf.«

»Hören Sie, Herr Lombard, glauben Sie nicht, das ist meine Sache und die von Felicia?«

Alex' Augen waren schmal und kalt. »Da Felicia im Moment sich selbst und alles, was sie hat, aufs Spiel setzt, kann ich nicht anders, als mich einzumischen, und Ihnen zuliebe werde ich mich bestimmt nicht diskret zurückziehen, das kann ich Ihnen versichern.«

Maksim seufzte. Er hatte Kopfschmerzen und fühlte sich angesichts der Lage kaum imstande, sich mit weiteren Komplikationen herumzuschlagen. Lebensgefahr, sagte Lombard. Großer Gott, als ob er das nicht wüßte! Warum schlief er denn keine Nacht mehr, warum zuckte er zusammen, wenn er plötzlich Schritte hörte oder das Schlagen einer Autotür? Felicia war in Lebensgefahr, er war es und Tausende ebenfalls. Sie konnten heute auffliegen, morgen oder im nächsten Jahr. Jeder einzelne von ihnen wußte das, jeder hatte die Verantwortung für sich selber übernommen. Felicia war erwachsen; er hätte sie nicht in diese Sache hineingezogen, wenn er einen anderen Ausweg gewußt hätte, aber nun war es einmal so gekommen, und sie hätte »nein« sagen können. Er konnte jetzt darüber nicht nachdenken. Einzig der Kampf gegen die Nazis zählte. Für alles andere blieb kein Raum, durfte kein Raum bleiben.

Und das, wovon Lombard sprach... Felicia, die Vergangenheit, Lulinn, die Berliner Jahre . . . das war so fern, so weit, wie in einem anderen Leben. Er konnte nichts mehr für Felicia empfinden, für keine Frau mehr. Alt fühlte er sich und verbraucht. Oft schien es ihm, als sei mit Maschas Tod etwas in ihm erloschen. Seitdem tat er nur noch, was er tun mußte, ohne an Vergangenheit oder Zukunft zu denken und ohne wirklich zu leben. Maschas Tod bedeutete nicht nur den Verlust eines geliebten Menschen, er führte auch die großen Kämpfe seines Lebens ad absurdum.

Er war müde und ausgebrannt, und alles, was er denken konnte, war, daß er diesen Kampf wenigstens, den Kampf gegen die Nazis, auf seine Art gewinnen mußte.

»Herr Lombard«, sagte er, »was haben Sie jetzt vor?«

Alex schenkte sich noch einmal Rotwein ein. »Was ich vorhabe? Sie meinen, ob ich in irgendeiner Form gegen Sie agieren werde? Nein, da haben Sie Glück. Zum einen halte ich die Nazis für Dreck und mache mir bestimmt nicht die Hände an ihnen schmutzig. Und zum anderen . . . was aus Ihnen wird, Marakow, ist mir völlig gleichgültig, das wissen Sie wahrscheinlich. Aber was ich tun kann, werde ich tun, damit Felicia heil aus der Sache herauskommt. Verstehen Sie? Sie müssen sich also keine Sorgen machen, ich tue nichts, was Ihnen schaden könnte. Aber auf eines können Sie sich gefaßt machen –« Er lehnte sich vor, sein blasses Gesicht drückte Entschlossenheit und verhaltene Wut aus. »Sie können sich darauf gefaßt machen, Marakow, daß ich hierbleibe und alles, was geschieht, scharf im Auge behalten werde. Ich werde Felicia nicht davon abhalten können, weiterhin gemeinsame Sache mit Ihnen zu machen, aber ich werde auf sie aufpassen, und, Marakow – ich warne Sie: Wenn Felicia etwas zustößt, dann werden Sie erleben, daß ich völlig rücksichtslos und auf brutale Weise rachsüchtig sein kann. Haben Sie mich verstanden?«

»Ich denke, das war sehr eindeutig«, erwiderte Maksim kühl.

Alex starrte ihn an, dann erhob er sich plötzlich und stellte klirrend sein Glas ab. »Wissen Sie was, Marakow? Zum erstenmal seit langer Zeit habe ich wieder das unwiderstehliche Bedürfnis, mich vollkommen zu besaufen. Aber nicht hier. Ich gehe in eine Kneipe.«

Maksim fragte: »Werden Sie in der nächsten Zeit hier in diesem Haus wohnen?«

Lässig schlenderte Alex zur Tür. »Richtig, Marakow. Ob es Ihnen gefällt oder nicht – das hier ist nämlich mein Haus. Auf irgendeine Weise werden Sie mit mir zurechtkommen müssen.«

Die Tür fiel hinter ihm zu. Und nun griff Maksim nach der Rotweinflasche.

5

Es war der 15. Februar 1941, nachts um 23 Uhr, und in dem milden Winter war auch diese Nacht nicht besonders kalt. Ein frischer Wind aber blies vom Atlantik her und machte das Leben ungemütlich; wer nur konnte, blieb in seinem Haus.

In dem kleinen Dörfchen Narcisse, nahe Nantes, herrschte vollkommene Stille. Es sah aus, als schliefe alles. Aber viele saßen in ihren Häusern vor ihren Radios und hörten heimlich den Sender aus London, vernahmen die Stimme des Generals de Gaulle, der von seinem Exil aus zum Widerstand gegen die Deutschen aufrief. Noch gab es nicht allzu viele Franzosen, die seinem Ruf folgten. Aber de Gaulle baute darauf, daß der Wille zum Kampf mit der Härte der Repressalien, die auf der Bevölkerung lasteten, wachsen würde. Vierhundertmillionen Franc Besatzungskosten pro Tag mußten die Franzosen aufbringen. Dazu wurden täglich Lebensmittel, Benzin und andere Bedarfsgüter beschlagnahmt. Der Haß auf die Besatzer wuchs – und de Gaulle vergaß nie, auch den Haß auf die Vichy-Regierung im unbesetzten Frankreich zu schüren.

In Narcisse hatten die Deutschen auf allen Bauernhöfen der Umgebung die Herausgabe von Schweinefleisch, Eiern und Milch gefordert, die örtliche Bäckerei leer geräumt und einen Mann erschossen, der sich gegen die Diebstähle zur Wehr zu setzen versucht hatte. Die erbeuteten Lebensmittel sollten nach

Nantes gebracht werden, wurden aber in dieser Nacht in einer leeren Scheune am Ortsrand gelagert. Drei junge deutsche Soldaten hielten Wache.

Zwei durften in der Scheune bleiben – hier konnte man auf ein paar übriggebliebenen Heuballen sitzen und war außerdem vor dem heftigen Wind geschützt –, und einer mußte draußen patrouillieren, wobei die Verteilung der Aufgaben stündlich wechselte. So ließ sich das wenig beliebte Wachegehen in der stürmischen Nacht ertragen.

Von 23 Uhr bis Mitternacht mußte Gert Ullbach draußen sein, ein zwanzigjähriger Gefreiter aus dem Chiemgau. Er war fast noch ein Kind, ein langer, strohblonder Junge, ziemlich naiv und weltfremd. Der Einmarsch in Frankreich war für ihn ein gewaltiges Abenteuer gewesen, Wirklichkeit gewordener Romanstoff. Allmählich aber bekam er Heimweh. Nach der Mutter sehnte er sich, nach dem Vater, nach dem Bauernhaus mit dem tiefgezogenen Giebel und den vielen Blumenkästen entlang dem Balkon, nach den grünen Hügeln und Tälern und den blumigen Wiesen, nach dem klaren, blaugrünen Wasser des Chiemsees. Gert hoffte, er würde bald zurückkehren, und dann würde alles sein, wie es einmal gewesen war. Der Krieg, das war doch nur ein kurzes Intermezzo. Er rieb seine Hände gegeneinander. Als er das Ende der Scheune erreicht hatte, drehte er um, wollte zurückschlendern, denn Bewegung war besser als Stillstehen, da wurde ihm von hinten blitzschnell eine Drahtschlinge über den Kopf geworfen und um den Hals gelegt, viel zu rasch, als daß er hätte reagieren können. Er schaffte es nicht, sich zu wehren, nicht einmal zu schreien. Mit einem kräftigen Ruck wurde die Schlinge zugezogen. Gert Ullbach starb innerhalb weniger Sekunden. Ohne einen Laut fiel er in den dunklen, kalten Schlamm zu seinen Füßen.

Claire neigte sich zu ihm hinab, griff seine Pistole, durchwühlte rasch seine Taschen. Zwei Zigaretten, ein paar französische Geldscheine, eine halbe Scheibe Brot säuberlich in Wachspapier gewickelt, ein Foto, das offenbar die Eltern des Toten zeigte, und das Soldbuch – diese vor allem bedeutete eine höchst willkommene Beute für die Résistance.

Claire ließ alles in ihrer Jackentasche verschwinden, machte den beiden Männern, die hinter ihr aus der Dunkelheit auftauchten, lautlose Zeichen. Jetzt mußten noch die beiden Wachen in der Scheune erledigt werden, dann konnte man das nächtliche Unternehmen als Erfolg verbuchen.

Es war ein Uhr, als Claire auf ihren Hof zurückkehrte. Sie mußte sich dabei nicht besonders vorsehen, denn sie hatten keine deutschen Einquartierungen mehr bei sich – vor allem deshalb nicht, weil es bei ihnen überhaupt nichts mehr zu holen gab. Die Deutschen waren wie ein Heuschreckenschwarm gewesen, hatten sich niedergelassen, alles leer gefressen und waren dann verschwunden.

Phillip erwartete Claire voller Ungeduld und Sorge. An ihren Unternehmungen konnte er nicht teilnehmen, sein Holzbein war ihm im Wege. Verdammter, alter Krüppel, der er war! Hatte sich eingebildet, so beweglich zu sein wie ein Gesunder, aber nun konnte er ja sehen, daß er sich nur etwas vorgemacht hatte. Nun war er dazu verurteilt, nächtelang daheim zu warten, während Claire irgendwo da draußen ihr Leben riskierte. Manchmal befielen ihn neben dem Gefühl der Sorge, neben der Wut, zur Tatenlosigkeit verurteilt zu sein, auch Gedanken quälender Eifersucht. Nun begriff Claire ja wohl, mit welch einer Krücke von Mann sie sich da eingelassen hatte.

Wie immer atmete er auch diesmal erleichtert auf, als sie ins Zimmer trat. Er stand auf und humpelte auf sie zu.

»Claire! Gott sei Dank, du bist wieder da!«

Sie hatte leuchtende Augen, ihre Wangen glühten, und als sie das Kopftuch abriß, wallte eine Flut von schwarzen Haaren auf ihre Schultern hinab. »Phillip! Ich habe heute zum erstenmal einen Deutschen umgebracht!«

Irgendwie machte ihn ihre beinahe hysterische Freude beklommen.

»Ach ja?« sagte er etwas schwach.

Unter der Jacke hatte sie eine Rotweinflasche verborgen gehalten. Sie zog sie hervor, stellte sie auf den Tisch.

»Schnell, Phillip! Zwei Gläser!«

Er rührte sich nicht. »Wie . . . wie hast du es denn getan?«

»Mit einer Drahtschlinge. Ein riesiger Mann war es, aber ich . . . Phillip, in mir war so unheimlich viel Kraft auf einmal. Ich wußte, ich kann ihn töten. Er war mehr als zwei Köpfe größer als ich, aber er knickte unter meinen Händen weg wie ein Streichholz. Es war ganz leicht. Ich dachte dabei an unseren Sohn, Phillip, und tötete diesen Deutschen, und ich . . .«

»Setz dich doch erst einmal!« Phillip holte die beiden Gläser, schenkte ein. »Woher hast du den Rotwein?«

»Der gehörte zu den Sachen, die von den Deutschen erbeutet und in der Scheune gelagert worden waren. Ich habe den Mann erledigt, der draußen Wache gehalten hat, René und Vincent die beiden, die in der Scheune saßen. Wir haben beinahe alle Lebensmittel fortgeschafft, in ein sicheres Versteck. Den Rotwein habe ich dabei für mich abgezweigt.« Sie hob ihr Glas. »Prost, Phillip!«

Sie glüht wie im Fieber, dachte er, und gleich darauf: Es kann nicht gut sein, so sehr zu hassen!

Aus ihrer Tasche kramte sie das erbeutete Soldbuch hervor. »Hier. Das hat ihm gehört.«

Phillip wurde blaß. »Bist du wahnsinnig? Du kannst das Ding doch nicht mit dir herumtragen! Weißt du, was passiert, wenn das die Deutschen bei dir finden?«

Claire seufzte, es klang etwas ungeduldig. »Ich wollte es dir ja nur zeigen. Natürlich behalte ich es nicht.«

Phillip schlug das Buch auf. »Gert Ullbach.« Seine Zunge sprach leicht und vertraut den deutschen Namen. »Geboren am 7. August 1920 in Übersee. Claire – der war ziemlich jung, den du da umgebracht hast. Zwanzig Jahre alt!«

Claire bekam schmale Augen, ihr Gesicht wurde maskenhaft. »Mein Sohn war zehn, als sie ihn ermordeten.«

»Ja, nur . . .«

»Was?«

»Claire, dein Haß hat etwas so Fanatisches. Ich kann dich ja verstehen. Aber Jérôme ist im Krieg umgekommen, im Granatenbeschuß. Du kannst nicht einzelne Menschen dafür verantwortlich machen.«

»Ich mache die Deutschen dafür verantwortlich.«

»Dieser zwanzigjährige Junge hier . . .«, Phillip legte das Sold-buch zurück auf den Tisch, ». . . der konnte nichts dafür. Der kann für den ganzen Krieg nichts. Der wurde eingezogen und nach Frankreich geschickt, und er hatte überhaupt keine Wahl.«

Claires Lippen waren nur noch ein dünner, weißer Strich. »Mein Sohn hatte auch keine Wahl.«

»Nein. Aber es fragt sich, ob wir deshalb das Recht haben . . .«

Claire ließ ihn nicht ausreden. »Du bist Deutscher. Ich wußte, daß das irgendwann ein Problem für dich wird. Für uns.«

»Claire . . .« Wenn sie ihn doch verstehen wollte. Es war für ihn keine Frage der Nationalität. Nicht mehr seit dem letzten Krieg, in den er als junger Mann voll begeistertem Patriotismus gezogen war, um dann Zeuge eines furchtbaren, sinnlosen Sterbens auf allen Seiten zu werden.

»Claire, mich erschreckt dein Rachedurst. Du bist so erbar-mungslos. Wo ist die sanfte, zärtliche Claire, die ich . . .«

Sie stand auf, mit einer so heftigen Bewegung, daß die Gläser auf dem Tisch klirrten. Ihre langen Haare flogen. »Die gibt es nicht mehr, Phillip. Die Claire, die du gekannt hast, ist tot. Ich habe keine . . . Weichheit und Zärtlichkeit mehr, und ich will das auch nicht mehr haben. Vielleicht kannst du meinen Schmerz nicht verstehen. Ich könnte ihn nicht aushalten, wenn ich ihn nicht in Haß verwandeln würde.« Sie zog ein Taschenmesser hervor, trat an die Tür und schnitt eine tiefe, lange Kerbe in den hölzernen Rahmen. »So. Das war der erste. Und bald wird es hier nur noch Kerben geben. Schau nicht hin, Phillip, wenn du es nicht erträgst, denn du wirst mich nicht davon abbringen zu tun, was ich tun muß.« Sie brach plötzlich in Tränen aus, aber als Phillip sie an sich ziehen und trösten wollte, riß sie sich los und lief aus dem Zimmer. Er konnte sie die ganze Nacht ruhelos hin und her wandern hören.

Das Glück stand auf seiten des Führers. Im April griffen deut-sche Truppen Griechenland und Jugoslawien an und errangen schnelle Siege. Im Mai eroberten deutsche Fallschirmjäger die Flugplätze auf Kreta, die bis dahin von den Briten besetzt gewesen waren. Und am 22. Juni 1941 startete Hitler seinen kühnsten Feldzug: Ohne Kriegserklärung marschierten die Deutschen in der Sowjetunion ein. Das »Unternehmen Barbarossa« begann.

Der Angriff war seit 1940 vorbereitet worden, getarnt allerdings als Schlag gegen England, aber gegen Ende hatten sich die Anzeichen dafür gehäuft, daß keineswegs die Insel jenseits des Kanals, sondern der große Bruder im Osten gemeint war. Stalins Truppen wurden ohne größere Schwierigkeiten überrannt, und die deutsche Luftwaffe bombardierte grenznahe sowjetische Flugplätze zu Trümmern, ohne daß irgend jemand sie daran gehindert hätte. Ende des Monats stand die Heeresgruppe Nord bereits im Baltikum, die Heeresgruppe Mitte war bis an die Beresina vorgestoßen, die Heeresgruppe Süd kämpfte in Bessarabien und Galizien. In der Kesselschlacht von Bialystock konnten über dreihunderttausend Gefangene gemacht werden. Nächstes Ziel sollte Leningrad sein. Dann Moskau. Mancher in der Heimat, der sich die Weltkarte betrachtete, schüttelte den Kopf. War dem Führer klar, *wie* groß dieses Land war? Wußte er, wie viele Truppen Stalin noch würde zusammenziehen können? Noch nutzte er die Vorteile des Überraschungsangriffes – aber er konnte dieses gigantische Land nicht besetzen, ehe sich die Russen von ihrer Überraschung erholt hatten. Stalin hatte während seiner Säuberungsaktionen die besten Köpfe seiner Armee ausgerottet, und das war sicher ein weiteres Plus für die Deutschen, aber: Die Russen hatten ihren Winter. Den furchtbaren, russischen Winter. Er konnte bereits im Oktober, in vier Monaten, hereinbrechen.

Die Zeitungen jubelten, Goebbels sprach vom »Lebensraum«, den man sich endlich erobern werde. Viele Menschen begannen zu glauben, Hitler sei tatsächlich ein genialer Feldherr. Andere aber sahen das Ende des Dritten Reiches in greifbare Nähe rücken, waren sicher: In diesem Sommer 1941 begann sich der Führer zu übernehmen. Jetzt fing er an, sein eigenes Grab zu schaufeln.

Seit in jener Dezembernacht die Gestapo bei Felicia aufgetaucht war, hatte Maksim das Haus in der Prinzregentenstraße für ein halbes Jahr aus allen Aktivitäten herausgenommen. Die Wahrscheinlichkeit, daß sie beobachtet wurden, war hoch. Es blieb für alle Zeiten ein Rätsel, wer der Gestapo den Tip gegeben hatte; Felicia hielt den Blockwart für den Schuldigen, der sie noch nie hatte leiden können und sie schikanierte, wo er nur konnte. In jedem Fall mußten sie nun äußerst vorsichtig sein.

Das bedeutete, daß Felicia Maksim nicht mehr allzu häufig sah und auch selten wußte, was er vorhatte. Sie sorgte sich um ihn, gleichzeitig kränkte es sie tief, daß er sie in seine Pläne nicht einweihte. Alex, der ihren Ärger ahnte, machte sich nur lustig darüber. »Arme Felicia! Gar kein Glück mit den Männern! Wenn du schon nicht Maksims Geliebte sein darfst, dann wenigstens eine Komplizin. Dafür riskierst du schließlich deinen Hals, nicht? Und jetzt verweigert er dir selbst diese Rolle!«

»Ach, laß mich in Ruhe, Alex. Du hast überhaupt keine Ahnung, wovon du redest.«

Nach seiner Ankunft in der Prinzregentenstraße hatte die Polizei Alex noch einmal verhört; er hatte zwar einen deutschen Paß, kam jedoch aus Amerika, hatte dort gelebt. Überzeugend machte er klar, er sei wegen seiner deutschen Besitztümer zurückgekehrt, sein Besitz in diesem Land, der Verlag in München und das Gut in Ostpreußen verpflichte ihn, in schweren Zeiten hier, und nirgends sonst, zu weilen. Damit gewann er gewissermaßen den Status eines verlorenen Sohnes, der heimgekehrt ist und mit offenen Armen empfangen wird, und als er auch noch auf seinen Schwager Tom Wolff, treues Parteimitglied und Freund des Gauleiters, hinweisen konnte, verflog der letzte Rest Mißtrauen. Unbehelligt konnte er sich nun mit seinem Verlag beschäftigen.

»Dir ist schon klar, daß du von nun an nur Nazi-Literatur verlegen wirst«, bemerkte Felicia spitz, und Alex gab kühl zurück: »Ja. So wie du Hakenkreuzfahnen herstellst, nicht? Wer so laut mit den Wölfen heult wie du, Felicia, sollte sich nicht über andere entrüsten.«

Alex hatte schon immer die Gabe gehabt, sich anzupassen, ohne sich anzubiedern. Er verlegte parteitreue Schriften, nichtssagende, spannende Romane, aber er vermittelte dabei den

Eindruck, er würde auch Brötchen verkaufen oder Rennpferde züchten, wenn es die Zeit erforderte. In erster Linie machte er sich ein gutes Leben. Er war viel unterwegs, besuchte Autoren, führte interessante Gespräche und schien sich keineswegs zu überarbeiten. Seine Lebenslust litt nicht im geringsten unter dem Krieg, das war schon 1914 so gewesen. Er hatte eine Gelassenheit gegenüber den Dingen, die Felicia verrückt machte, vor allem deshalb, weil sie selber nicht so sein konnte. Sie strampelte sich ab in ihrer Fabrik, mußte ihre Zeit auf langweiligen Abendgesellschaften mit angeberischen Nazibonzen verplempern, war so gierig nach Zigaretten, daß sie nach wie vor die meisten ihrer Essensmarken gegen Zigaretten tauschte, viel zu wenig aß und nur noch nervöser wurde. Während der, zum Glück noch seltenen, Luftangriffe auf München, saß sie halb krank vor Angst im Keller. Die Bomben ließen sie panisch reagieren, und in Momenten wie diesen dankte sie Gott für Alex' Existenz. Sosehr er sie auch sonst oft ärgerte, wenn er merkte, daß es ihr wirklich schlechtging, wurde er sanft und zärtlich. Während die Bomben herunterkrachten, nahm er sie in die Arme, strich ihr über die Haare, redete beruhigend auf sie ein.

»Alles in Ordnung, Felicia, alles in Ordnung. Hör mal, sie sind ganz weit weg, uns kann nichts passieren. Sei ganz ruhig, Liebling.«

Er konnte der wunderbare Beschützer sein, und er konnte sticheln, bis Felicia außer sich war vor Wut, er schlief mit ihr und verschwand dann schon vor dem Frühstück, um erst spätabends wieder aufzutauchen. Ab und zu erhielt er ein Telegramm von Patty, seiner Frau, danach war er meist mürrisch und trank zuviel. Ansonsten gab er sich als leichtsinniger, etwas frivoler Lebemann. Nur wenn Maksim auftauchte, verschwand er sofort von der Bildfläche, blieb manchmal zwei Tage und zwei Nächte fort, und wenn er wiederkam, sah er so grau und verquollen aus, daß Felicia argwöhnte, er habe sich einen gewaltigen Rausch angetrunken.

Im Sommer, kurz nach Beginn des Krieges mit der Sowjetunion, setzte überall im Reich eine neue Verhaftungswelle, vor allem von Juden, ein, und viele versuchten noch schnell unterzutauchen. Ein entscheidendes Problem bestand darin, diese Menschen zu ernähren. Da es sie offiziell nicht mehr gab, bekamen sie natürlich auch keine Lebensmittelkarten und mußten von ihren Helfern mitversorgt werden. Wegen der immer strengeren Rationierungen – besonders für die mit einem großen N gekennzeichneten Normalverbraucher – wurde das zunehmend schwierig.

An einem sehr heißen Tag im Juli kam Maksim in Felicias Büro auf dem Fabrikgelände und teilte ihr mit, für den Abend sei ein Überfall auf eine Zweigstelle der Kartenverteilung geplant. Er wisse, wie man dort ziemlich problemlos eindringen könnte. Ohne viel Umschweife fragte er: »Würdest du mitkommen?«

Sie saß an ihrem Schreibtisch über einem Berg von Abrechnungen, qualmte eine Zigarette und hatte eine zerfurchte Stirn vor Anstrengung. »Guter Gott«, sagte sie gereizt, »bisher hast du mich aus solchen Aktionen herausgehalten!«

»Ich weiß. Und ich war auch fest entschlossen, das weiterhin so zu machen. Aber mir bleibt nichts anderes übrig. Ich habe niemanden, und allein schaffe ich es nicht.«

»Ich denke, unsere geheimnisvolle Organisation hat so unheimlich viele Mitglieder?«

»Trotzdem, ich habe niemanden.« Maksims Stimme klang ungeduldig und nervös. »Der Genosse, der mich begleiten sollte, hat sich ins Ausland abgesetzt.«

»Wie loyal!«

»Er hatte keine Wahl. Felicia, manchmal denke ich, du weißt immer noch nicht genau, gegen welchen Teufel wir kämpfen und in welcher Gefahr . . .«

»Himmel noch mal, Maksim Marakow!« Mit einer heftigen Bewegung drückte Felicia ihre Zigarette aus. »Hältst du mich denn für vollkommen naiv? Mitten in der Nacht trampelt die Gestapo durch mein Haus, wühlt das Unterste zuoberst, stürzt mich fast in einen Nervenzusammenbruch, und du denkst, ich habe immer noch keine Ahnung, in welcher Gefahr wir alle schweben. Maksim, ich weiß von den Gefängnissen, den Folterungen, den Lagern, und du kannst mir glauben, es wäre mir verdammt viel wohler zumute, wenn ich nicht in dem ganzen Schlamassel mit drinstecken würde.«

»Dann kommst du nicht mit heute abend?«

Sie zündete sich die nächste Zigarette an. »Es hat mir mehr Spaß gemacht, als wir Räuber und Gendarm nur *spielten*, früher in Lulinn . . .«

»Das Leben hat schon sehr lange aufgehört, ein Spiel zu sein. Und Lulinn . . .«

»Das war eine andere Zeit, ich weiß.« Sie stand auf. »Also, in Ordnung. Ich hänge nun mal mit drin, nicht? Wann steigt die Sache heute abend?«

Bei Familie Velin gab es an diesem Abend Eintopf. Sie löffelten schweigend. Susanne in großen Abständen, denn sie war wieder schwanger, und im Gegenteil zum erstenmal war ihr dabei ständig übel. Hans hatte schnell auf ein zweites Kind gedrängt. Susanne, die sich ausgelaugt und erschöpft fühlte, hatte ihn gebeten, damit noch zu warten, seinem ständigen Drängen aber schließlich nachgegeben. Da er genau Kalender führte und ihre empfängnisbereiten Tage kannte, stellte sich der Erfolg schnell ein. Jetzt sprach er schon wieder, wie schon beim erstenmal, ständig von »unserem Sohn«. Susanne konnte es nicht mehr hören. Glaubte er, die Möglichkeit, daß es wieder ein Mädchen würde, ausschalten zu können, indem er sie einfach ignorierte? Seine Penetranz in dieser Frage machte sie wütend, ebenso wie die Tatsache, daß er das bereits vorhandene Kind weitgehend ignorierte. Sogar die Frage, welchen Namen es bekommen sollte, war ihm ziemlich egal gewesen.

Heute nun, an diesem Abend, war er sehr schweigsam. Sein Asthma, dessentwegen er im Februar von Warschau nach München zurückgekehrt war, hatte ihm den ganzen Tag zu schaffen gemacht. Die Erstickungsanfälle bedeuteten für ihn nicht nur körperliche, sondern auch psychische Qual, wollte der Führer den germanischen Mann doch kerngesund und strotzend vor Kraft und Energie. Hans Velin aber, wenn er sich an seinem Schreibtisch festklammerte und mit bläulich verfärbten Lippen um Atem rang, bot keineswegs das Bild des unverwundbaren deutschen Siegfried. Als Susanne ihn kennengelernt hatte, strahlte er in ihren Augen Ruhe und Ausgeglichenheit aus, aber nun begriff sie, wie wenig das mit der Wirklichkeit zu tun hatte. Im Grunde ertrug er kaum Belastungen. Seine Launen und Stimmungen wechselten häufig, und Susanne merkte, wie sie ihm gegenüber immer nervöser und ängstlicher wurde.

Er schob seinen leeren Teller von sich und lehnte sich zurück. Seine schmalen, an diesem Abend sehr bleichen Lippen gaben seinem Gesicht einen Ausdruck von großer Kälte. »Wäre heute nicht dein Frauenschaftsabend gewesen?« fragte er stirnrunzelnd.

»Doch. Aber es geht mir nicht gut.« Susanne legte ihren Löffel ebenfalls hin, obwohl sie nichts gegessen hatte, merkte, daß sie wieder einen Schweißausbruch am ganzen Körper hatte. Warum nur ging es ihr während dieser Schwangerschaft so schlecht? Und warum fand sie einfach nicht die Energie, all die Dinge zu tun, die sie sonst immer mit soviel Begeisterung getan hatte? Frauenschaftsabend . . . ja, und für das Winterhilfswerk müßte sie sammeln, aber der Gedanke, mit einer Blechbüchse in der Hand von Tür zu Tür zu gehen, machte sie ganz elend. Sie meinte, kaum die Kraft zu haben, einen Fuß vor den anderen zu setzen. Und nun war Hans auch noch ärgerlich, das spürte sie ganz genau.

Unvermittelt sagte er: »Wir müssen uns einmal ernsthaft mit deiner Mutter unterhalten.«

»Mit Mami? Warum?«

»Es sind mir ein paar unangenehme Dinge zu Ohren gekommen. Es gibt einige . . . häßliche Verdachtsmomente gegen deine Mutter.«

»Welcher Art?« fragte Susanne. Die Übelkeit kam jetzt in Wellen, unauffällig hielt sie sich am Tisch fest.

»Könnte es sein«, fragte Hans, »daß Felicia . . . vorsichtig ausgedrückt . . . Umgang mit Leuten hat, die gegen diesen Staat und seine Ziele agieren?«

»Das kann ich mir nicht vorstellen.«

»Nun – vielleicht ist dir schon einmal aufgefallen, daß sie grundsätzlich den Hitlergruß verweigert?«

»Ach, so ist Mami eben. Das hat nichts zu bedeuten. Sie ist weder für noch gegen den Führer. Sie ist für sich und ihr eigenes Fortkommen, und sie würde für nichts und niemanden ihren Hals riskieren. Außerdem schließt sie ständig neue Lieferverträge mit der Partei ab.« Susanne starrte Hans an. »Sag mal, du verdächtigst sie doch nicht im Ernst?«

Hans konnte Felicia nicht ausstehen, und Kollaboration mit den Feinden des Nationalsozialismus war genau das, was er ihr zutraute, aber wenn man ihr tatsächlich derartige Aktivitäten nachweisen konnte, bedeutete das für ihn äußerste Peinlichkeit. Immerhin war diese Frau seine Schwiegermutter. Was sie tat, färbte unweigerlich auf ihn ab.

»Wer ist dieser . . . Liebhaber, den sie außerdem in ihrer Fabrik beschäftigt?« fragte er. »Wo kommt der her?«

Susanne, die Maksim tatsächlich früher nie gesehen hatte, zuckte mit den Schultern. »Keine Ahnung. Ich kenne ihn kaum. Außerdem ist er nicht ihr Liebhaber.«

Hans sah sie kühl an. »Was denn sonst?«

Wie so oft in der letzten Zeit hatte Susanne das Gefühl, gleich losheulen zu müssen. »Du brauchst das jedenfalls nicht so häßlich zu sagen! Liebhaber . . . warum mußt du es so böse ausdrücken? Und überhaupt . . . du kannst doch nicht einfach völlig unhaltbare Verdächtigungen gegen meine Mutter aussprechen!« Ihre Stimme schwankte bedenklich. Im Nebenzimmer fing gleichzeitig das Baby an zu schreien.

Hans sagte nervös: »Natürlich mußt du jetzt schon wieder ein Drama darum machen! Ich habe lediglich gesagt, es sind Gerüchte über deine Mutter im Umlauf, die sie in Schwierigkeiten bringen könnten, und vielleicht solltest du mit ihr darüber reden und ihr erklären, daß sie irgendwie gegen diese Gerüchte ansteuern muß. Herrgott!« Er wischte sich mit seiner Serviette den Mund ab. »Du bist aber in der letzten Zeit sehr empfindlich.«

»Entschuldige«, schluchzte Susanne. Dann wurde ihr speiübel, sie sprang auf, stürzte aus dem Zimmer und erreichte gerade noch die Toilette.

Als sie zurückkam, stand Hans am Fenster und kippte gerade

einen Schnaps hinunter. Er hatte das Radio eingeschaltet, es lief ein Bericht über die vielen deutschen Frauen, die warme Socken und Mützen für die Soldaten im Osten strickten und damit unermüdlich das Ihrige zum Endsieg beitrugen.

»Ich werde in die Sowjetunion gehen«, sagte Hans fast beiläufig.

Susanne sah ihn ungläubig an. »Was?«

»Unsere Truppen stoßen dort immer weiter vor. In den von ihnen besetzten Gebieten gibt es ähnliche Probleme wie im Generalgouvernement . . .«

»Was für Probleme?«

Hans zögerte. »Das ist im einzelnen schwierig . . .«

»Juden?«

»Ja. Auch Juden.«

»Bist du dir eigentlich sicher«, fragte Susanne, »daß es absolut richtig ist, was ihr mit diesen Menschen tut?«

In Hans' Blick breitete sich eine Mischung aus Ungläubigkeit und Zorn aus. »Das fragst du? Als meine Frau?«

Sie senkte die Augen. Sie fühlte sich zu schwach für eine Auseinandersetzung, zu elend. Hans schenkte sich einen zweiten Schnaps ein. »Deine Schwangerschaft macht dir zu schaffen, Susanne, du bist unausgeglichen und durcheinander. Ich denke, das gibt sich alles, wenn unser Sohn auf der Welt ist. Zu seiner Geburt im November versuche ich selbstverständlich, nach München zu kommen.«

Die Stimme des Berichterstatters im Radio brach ab. Das Motiv aus den »Les Préludes« von Liszt, mit dem alle Sondermeldungen eingeleitet wurden, erklang. Die Musik, mächtig und triumphierend, erfüllte den ganzen Raum. Höchstwahrscheinlich hatten die Deutschen wieder einen Sieg errungen, gleich würde ein Sprecher die Nachricht überbringen. Das war eine gute Zigarre wert! Erregt griff Hans Velin nach dem Kästchen, das am Fenster stand, zog seine Hand aber in letzter Sekunde zurück. Unweigerlich hätte er sonst die Sondermeldung mit einem Asthmaanfall begleitet.

6

Der Tresor mit den Lebensmittelkarten für die kommenden drei Monate befand sich in einem Büro in der Königinnenstraße. Es lag im Erdgeschoß, darüber befanden sich Mietwohnungen. Maksim hatte die Information, daß man vom Hof aus durch eine Tür leicht in den Keller gelangen könnte und von dort durch eine Bodenklappe in das Büro. Maksim bewahrte absolutes Stillschweigen über den Informanten, und Felicia konnte nur beten, daß es sich nicht um eine Falle handelte.

Sie und Maksim waren für 23 Uhr am Englischen Garten verabredet, und es kam fast zu einer Katastrophe, als Maksim feststellte, daß Alex mitgekommen war.

»Dann lassen wir die Sache«, sagte er kalt.

»Sehr vernünftig«, erwiderte Alex, »ich fühle mich ohnehin zu alt für derartige nächtliche Eskapaden. Wissen Sie, ich bin es eigentlich nicht gewohnt, nachts in fremde Wohnungen einzusteigen und Tresore auszurauben.«

»Dann möchte ich wissen, was Sie hier suchen?«

»Wohin Felicia geht, gehe auch ich. Zumindest, wenn es sich um so wahnsinnige Vorhaben handelt wie dieses hier. Das habe ich Ihnen ja bereits einmal gesagt.«

Maksim war blaß vor Wut. »Glauben Sie, daß ist irgendein gruseliges Gesellschaftsspiel, das wir hier betreiben? Meinen Sie, ich tue das aus Zeitvertreib? Von diesen Karten hängen Menschenleben ab, und was Sie Wahnsinn nennen, ist der verzweifelte Kampf von Hunderten von Männern und Frauen, die wegen ihres Glaubens, ihrer Nationalität, ihrer Rasse oder ihrer politischen Überzeugung von den Nazis gnadenlos verfolgt werden. Geht das denn nicht in Ihren Kopf?«

»Doch. Deshalb bin ich ja hier.«

»O Gott«, sagte Felicia, die lange schwarze Hosen und einen schwarzen Pullover trug und sich wie in einem schlechten Krimi fühlte, »hört bloß auf zu streiten! Maksim, Alex hat bessere Nerven als wir beide zusammen, und ich bin sehr froh, daß er dabei ist.«

Endlich zogen sie los, Maksim offenbar außer sich vor Wut, und Alex amüsiert. Was sind wir für ein verrücktes Trio, dachte Felicia, mein geschiedener Mann, Maksim und ich auf einem absolut gefährlichen Beutezug, der uns mindestens ins Gefängnis bringt, wenn wir geschnappt werden!

Das Haus war vorschriftsmäßig verdunkelt und lag still und stumm in der Nacht. Der Hof war von einem eisernen Zaun mit scharfen Spitzen umgeben, und Felicia fürchtete schon, sie müßten dort hinüberklettern, aber es stellte sich heraus, daß das Torschloß leicht aufzubrechen war. Maksim ging voran, die anderen beiden folgten ihm. Er schien seinen Weg sehr genau zu kennen, offenbar hatte er einen wirklich guten Informanten.

Im Hinterhof lag Gerümpel. »Paßt auf, wohin ihr tretet«, flüsterte er, »wenn uns jemand hört, wird's gefährlich!«

»Das hätten wir von allein gar nicht vermutet«, murmelte Felicia.

Über ein paar steile Stufen gelangten sie zur Kellertür. Maksim kramte eine Taschenlampe hervor und reichte sie Felicia. »Halt die mal. Ich muß irgendwie das Schloß öffnen.« Im Schein der Lampe fummelte er mit einem kleinen Haken an der Tür herum. Obwohl es eine warme Sommernacht war, begann Felicia zu frösteln. Überall am Körper bildete sich Gänsehaut. Wie verrückt, das alles! Hier zu stehen, eine Taschenlampe zu halten und Maksim zuzusehen, wie er eine Tür aufzubrechen versuchte. Über ihnen das stille Haus, das hundert Augen und Ohren haben konnte, die mitbekamen, was dort unten vor sich ging. Jedes Geräusch, das Maksim verursachte, schien in der Stille widerzuhallen. Felicias Finger zitterten leicht. Sie spürte, wie sich eine Hand auf ihre Schulter legte. »Ganz ruhig«, sagte Alex leise. Sofort entspannte sich ihr Körper.

Das Schloß gab schließlich nach, und die Tür ging auf. Vorsichtig tasteten sie sich in den Keller. Die Taschenlampe gab wenig Helligkeit, aber erst als sie drinnen waren und die Tür hinter sich geschlossen hatten, erlaubte Maksim, das Licht einzuschalten. Sie blinzelten geblendet und sahen sich in dem kargen Raum, der aus einem zementierten Boden und steinernen Wände bestand, um. An einem Ende waren ein paar Wä-

scheleinen gespannt, über denen langbeinige Männerunterho-
sen trockneten. Ansonsten standen da nur ein paar leere
Körbe, ein kaputtes Fahrrad und ein Besen mit abgebrochenem
Stiel.

»Habt ihr eigentlich überlegt, was passiert, wenn es plötzlich
Fliegeralarm gibt und sämtliche Hausbewohner in den Keller
stürmen?« fragte Felicia.

Maksim zuckte mit den Schultern. »Das wäre verdammtes
Pech. Im übrigen ist das hier aber offenbar nicht der Luftschutzraum.«

»Vielleicht sollten wir uns trotzdem ein wenig beeilen«,
sagte Alex.

»Ja, genau. Wo ist denn jetzt diese Klappe, die in das Büro
führt?« fragte Felicia.

Sie hatten sie ziemlich schnell oben an der Decke entdeckt,
stellten dabei aber auch fest, daß sie äußerst schwierig zu erreichen war.

»Vielleicht gibt es hier in diesem Keller irgendwo eine Leiter«, sagte Felicia. »Oder einen Stuhl.«

»Sie waren zwar absolut dagegen, daß ich mitkomme, Herr
Marakow«, sagte Alex, »aber vielleicht könnte ich mit den
Händen einen Steigbügel bilden, von dem aus Sie sich dann
hinaufziehen?«

»In Ordnung.« Maksim ging auf seinen Ton nicht ein. »Das
ist eine gute Idee.«

Die Klappe schwang nach oben, als sich Maksim dagegen
stemmte. Mit großer Kraftanstrengung zog er sich von Alex'
Händen aus hinauf. Einen Moment noch konnte man seine
Beine baumeln sehen, dann war er verschwunden.

»Alles in Ordnung!« rief er leise.

»Gut. Dann lassen Sie uns die Sachen herunter«, gab Alex
zurück.

»Wie will er denn jetzt den Tresor aufbekommen?« fragte
Felicia.

»Ich nehme an, er weiß die Nummer. Sein Informant scheint
ihm ja alles gesagt zu haben. Wahrscheinlich jemand, der in
dem Büro arbeitet.«

Es dauerte eine Zeit, dann erschien Maksim wieder oben an der Klappe. Er hatte zwei zusammengefaltete Säcke mitgebracht, von denen er einen bereits mit Lebensmittelkarten gefüllt hatte.

»Könnt ihr fangen?« flüsterte er.

»Klar«, sagte Alex.

Im gleichen Moment vernahmen sie Schritte. Jemand kam die äußere Kellertreppe herunter. Felicia wurde weiß wie die Wand. Weder brachte sie einen Ton heraus, noch vermochte sie sich zu bewegen. Sie stand wie paralysiert und starrte zur Tür, als erwarte sie dort den Teufel selber auftauchen zu sehen.

Glücklicherweise reagierte Alex geistesgegenwärtig. »Maksim! Schließen Sie die Klappe, und seien Sie, um Gottes willen, still!«

Er packte Felicias Hand. »Komm!«

»Nein! Nicht ohne Maksim!«

Grob zerrte er sie zu der gegenüberliegenden Tür, durch die man in andere Kellerräume gelangen würde und von der er nur hoffen konnte, daß sie nicht verschlossen war.

Oben wurde die Klappe zugezogen. Kein Laut war mehr von Maksim zu hören. Alex knipste das Licht aus. Die Tür war nicht abgesperrt. Sie gelangten in einen Kellerflur, der kalt war und muffig roch und in dem sie sich ohne Licht nur schwer orientieren konnten. Felicia zitterte so sehr, daß ihre Zähne aufeinanderschlugen. »Alex, wer ist das?«

»Psst!« machte Alex fast unhörbar. Deutlich konnten sie jetzt Stimmen vernehmen.

»Komisch, irgend jemand hat das Schloß aufgebrochen«, sagte ein Mann.

Daraufhin folgte ein längeres Schweigen, dann erklang die ängstliche Stimme eines Mädchens. »Laß uns lieber verschwinden. Ich habe kein gutes Gefühl!«

»Ach, Quatsch! Das waren sicher die Kinder, die hier immer spielen. Jetzt schau nicht wie eine Kuh, wenn's donnert. Entspann dich!«

Damit hatte das Mädchen offenbar gewisse Schwierigkeiten, denn nach einer Weile kam es von dem Mann gereizt: »Willst du

175

dich nicht setzen? Es macht einen ja ganz verrückt, dich da herumstehen zu sehen. Hier auf der Decke ist es gemütlich!«

»Ich möchte lieber stehen.«

»O Gott, was hast du denn?«

Felicia in dem dämmrigen Gang konnte Alex' Grinsen förmlich spüren. »Ein Liebespaar«, flüsterte er. »Das hat uns wirklich noch gefehlt!«

»Was machen die denn da?« fragte Felicia, noch immer frierend und zittrig.

»Liebes Kind . . . soll ich dir das ganz genau erklären?«

»Ach was! Außerdem verstehe ich nicht, wie du dich über all das auch noch amüsieren kannst! Wir sitzen hier in der Falle!« Wenigstens war nicht die Polizei gekommen, dachte sie, auch nicht ein Blockwart, niemand, der Geräusche gehört hatte und nun nach dem Rechten sehen wollte. Nur ein harmloses Liebespaar, das sich an einem verschwiegenen Ort vergnügen wollte. Trotzdem blieb die Lage mehr als brenzlig, denn solange die beiden den Raum blockierten, saßen sie alle drei fest. Alex hielt noch immer den Sack mit den Lebensmittelkarten in den Händen. Es würde kaum möglich sein, irgend jemandem ihre Anwesenheit an diesem Ort harmlos zu erklären.

Eine Weile war nichts zu hören – aber Felicia wagte nicht zu hoffen, die beiden seien gegangen, wahrscheinlich umarmten sie einander bloß –, dann sagte das Mädchen quengelig: »Ich verstehe nicht, warum du jetzt trinken mußt!«

»Weil ich Durst habe!«

»Gegen Durst trinkt man keinen Schnaps.«

Ein tiefer Seufzer. »Bist du mit hierhergekommen, um zu streiten oder um . . .«

»Was?«

»Oder um . . . na ja . . . um mal wirklich mit mir allein zu sein!«

Es schien, als versuche er sie zu küssen, denn sie protestierte ziemlich lautstark. »Laß das! Hör auf! Du riechst nach Schnaps, und das kann ich nicht leiden!«

»Armer Junge«, murmelte Alex.

Das Ganze ging noch eine Weile hin und her, dann reichte es dem Mann offenbar, und er verließ den Keller. Das Mädchen folgte ihm schluchzend und zeternd. Die Tür fiel krachend hinter ihnen zu, und Felicia hielt einmal mehr den Atem an, denn sie war überzeugt, daß gleich überall im Haus Fenster aufgehen und erboste Mieter die Köpfe hinausstrecken würden. Aber alles blieb still.

»Ich glaube, die kommen nicht wieder«, sagte Alex. Vorsichtig betrat er den Kellerraum. Die beiden jungen Leuten hatten das Licht brennen lassen, ein zerknäultes Taschentuch lag in der Ecke. Ein Hauch von Zigarettenqualm hing in der Luft.

»Okay«, sagte Alex. Aus seinen Händen bildete er abermals einen Steigbügel. »Steig hinauf und öffne diese verdammte Klappe! Von mir aus könnte dein geliebter Maksim da oben zwar verschimmeln, aber ich fürchte, da würdest du wieder Zeter und Mordio schreien. Also befreien wir ihn in Gottes Namen.«

Sie warf ihm einen wütenden Blick zu, schwang sich hinauf und drückte gegen die Klappe. Federnd sprang sie auf.

»Maksim!« rief sie leise.

Sekunden später erschien Maksim. Als sei nichts geschehen, reichte er den zweiten Sack hinunter. »Schnell jetzt!« befahl er. »Wir haben viel zuviel Zeit verloren!«

Es war kurz vor halb eins, als sie das Haus verließen. Draußen war es ziemlich hell, denn ein fast voller Mond schien, und der Himmel war übersät mit Sternen. Jeder konnte in den Gesichtern der anderen Erschöpfung und Erleichterung lesen, und alte Feindseligkeiten waren für einen Augenblick verschwunden. Während sie sich in eine Hofeinfahrt kauerten, um einer Polizei-Streife auszuweichen, die die Straße entlang patrouillierte, schien es Felicia sogar, als habe sich ein hauchfeines Band der Solidarität zwischen Alex und Maksim gewoben; es war nicht so, daß sie jemals Freunde sein könnten, aber sie sahen einander mit anderen Augen an: Der bourgeoise Kapitalist und der sozialistische Weltverbesserer hatten gemeinam eine kritische Situation gemeistert. Widerwillig zollten sie einander ein gewisses Maß an Achtung.

Kurz vor zwölf Uhr in derselben Nacht kehrte Belle in ihre Wohnung am Alexanderplatz zurück. Sie war mit Andreas im Kino und dann zum Essen gewesen, aber seinen Vorschlag, sie könne doch über Nacht bei ihm bleiben und anschließend wieder behaupten, bei ihrer Großmutter und Baby Sophie gewesen zu sein, lehnte sie ab. Sie war zu selten in der letzten Zeit daheim gewesen, und ihr Gewissen machte ihr zu schaffen.

Max war da, als sie die Wohnung betrat. Sie warf einen kurzen Blick in den Spiegel, der neben der Eingangstür hing. Ihre dunklen Haare hatte sie ganz aus dem Gesicht gekämmt und am Hinterkopf aufgesteckt; zu der schlichten Frisur wirkte ihr stark geschminktes Gesicht mit den tiefroten Lippen und der blaß gepuderten Haut besonders aufreizend. Zwei SA-Männer hatten sie deshalb auf der Straße bereits angepöbelt, aber sie hatte zurückgeschnauzt und sich nicht weiter irritieren lassen. Nun kramte sie hastig ein Taschentuch hervor, tupfte sich den Mund ab und streifte die hochhackigen Schuhe von den Füßen. Dann erst trat sie in die Küche. »Guten Abend, Max«, sagte sie.

Max saß am Küchentisch, vor ihm lag eine aufgeblätterte Zeitung, aber er las nicht darin. Er starrte in die Luft und rauchte eine Zigarette. Vor ihm stand ein halbvolles Weinglas.

»Ach, Belle! Ich habe gar nicht mit dir gerechnet. Ich dachte, du schläfst bei deiner Großmutter!«

Schuldbewußt lauschte sie, ob da ein Vorwurf aus seinen Worten klang, aber er sagte es offenbar ganz arglos.

»Ich dachte, Sophie braucht mich nicht jeden Tag, schließlich sorgt Großmutter hingebungsvoll für sie. Aber . . . dich hätte ich eben gern mal wieder gesehen. Wir haben sowenig voneinander.« Sie trat auf ihn zu, küßte ihn auf die Stirn, strich ihm über die Wangen. Wie mager er geworden war in den vergangenen Wochen! Und diese Falten von der Nase zum Mund – waren die immer schon so scharf gewesen?

Sie sah in sein schmales, empfindsames Gesicht und dachte voller Reue: Er hätte eine bessere Frau als mich verdient!

»Max, es tut mir leid, daß ich so spät komme! Rabenalt hat mich zum Essen eingeladen. Vielleicht hätte er mal eine größere Rolle für mich . . .«

Wie du lügst, Belle Lombard! Rabenalt hatte kürzlich einen Film über das Leben des deutschen Turnierreiters Freiherr von Langen gedreht und Belle darin eine Statistenrolle gegeben, aber es war nie die Rede von einem weiteren Projekt gewesen. Seit Kronborg hatte überhaupt niemand mehr in Belle den kommenden Filmstar gesehen.

»Soll ich dir noch etwas zu essen machen, Max? Ein Rührei vielleicht wenigstens? Es müßte noch ein Ei da sein... Du kannst dich ja nicht nur von Zigaretten ernähren!«

»Nein danke. Ich habe keinen Hunger. Belle...« Er sah sie an, so ernst, daß sie zutiefst erschrak. Jetzt kam es. Er wußte alles, und gleich würde er es ihr ins Gesicht sagen.

»Ja?«

»Ich habe heute meinen Einberufungsbescheid bekommen. Ich muß nach Rußland.«

Sie schämte sich, weil sie in der ersten Sekunde Erleichterung verspürte. Er hatte sie nicht auf Andreas angesprochen, Gott sei Dank! Rußland... Sie brauchte einen Moment, um diesen neuen Schrecken zu begreifen. »Rußland? Wieso? Sie können dich nicht einziehen! Du warst nie beim Militär! Du hast das doch nie gelernt! Du gehörst doch zu den Jahrgängen, die aufgrund des Versailler Vertrages keinen Wehrdienst...«

»Ich weiß. Deshalb war ich ja auch weder in Polen noch in Frankreich dabei. Aber offenbar wird ihnen das menschliche Material knapp. Sie ziehen jetzt überall Männer wie mich ein.«

»Aber du weißt ja nicht einmal, wie man ein Gewehr richtig hält!« rief Belle, die selbst von den ostpreußischen Jagdgesellschaften her zumindest eine gewisse Ahnung hatte. Max schüttelte den Kopf. »Nein, ich weiß das wirklich nicht. Aber ich denke, ich werde es begreifen. Ich muß jetzt erst einmal zu einer dreimonatigen Schnellausbildung, und dann, Ende September, schicken sie mich an die Front.«

»Ja – aber das können sie doch nicht machen! Du hast eine Frau und ein kleines Kind!«

»Das haben viele andere auch. Nein, Belle, ich bin jetzt eben dran, und ich werde nicht drum herumkommen.«

Belle sank auf einen Stuhl. »Du bist kein Patriot, Max. Du bist nicht für die Nazis, und du bist nie für den Krieg gewesen. Und jetzt sollst du in dieses verdammte Rußland gehen und kämpfen!«

»So ist es eben, wenn ein großer Führer beschließt, die Welt zu erobern. Das Volk zahlt den Preis dafür.«

Oh, verdammt! Verdammt! Lieber Gott, du kannst ihn nicht in diesen Krieg schicken, ehe ich nicht alles wiedergutgemacht habe!

»Wann mußt du fort zu der ... der Ausbildung?«

»Bald. Anfang nächster Woche.«

Belle fühlte sich wie erschlagen. »Ach, Max ...«, sagte sie hilflos.

»Möchtest du auch einen Wein?« fragte er, und als sie nickte, stand er auf, holte ein zweites Glas und schenkte es voll. »Du wirst dann sicher sehr oft in der Schloßstraße sein«, sagte er.

»Ja.«

»Vielleicht ... dauert der Krieg ja nicht mehr so lange ...«

»Er kann nicht mehr lange dauern! Bald ist Rußland erobert, und dann ...«

Max lachte zynisch. »Ja, das sind die Parolen des Herrn Goebbels! Und die Schlagzeilen des ›Völkischen Beobachters‹. Belle, weißt du, wie groß das Land ist, in das die Deutschen da in ihrer Selbstherrlichkeit einmarschieren? Wie kompliziert es mit dem Nachschub wird, je mehr sie sich Moskau nähern? Und hast du eine Vorstellung vom russischen Winter?«

»Aber wir siegen doch ständig!«

»Ja. Es ist Sommer, unsere Truppen sind ausgeruht und stark, die Russen haben sich von ihrer Überraschung noch nicht erholt und sind weit davon entfernt, ihre Kräfte wirklich auszunutzen. Aber das wird umschlagen, und ich fürchte, es gibt ein schreckliches Erwachen.«

»Aber du hast selber gesagt, vielleicht ist der Krieg bald aus.«

»Das habe ich anders gemeint. Ich dachte dabei nicht an einen deutschen Sieg. Ich dachte an die absolute und endgültige Niederlage.«

Belle sah in verwirrt an. Glaubte er wirklich, was er da sagte? »Max, denk an Polen, an Holland, an Frankreich. Dänemark.

Griechenland hat kapituliert, Jugoslawien auch. Wir siegen überall!«

»Ja«, sagte Max, »aber entschuldige, wenn ich jetzt ein abgegriffenes Beispiel bringe: Napoleon siegte auch überall, ehe er sich an Rußland machte. Das kann nicht gutgehen, und es wird nicht gutgehen.«

»Dann ist es ja noch viel schlimmer für dich! Wenn du in einen Krieg ziehst, von dessen schlechtem Ausgang du von vornherein überzeugt bist, dann . . .«

In Max' Augen blitzte plötzlich Wut. »Ich werde nicht gefragt, Belle, genausowenig wie all die anderen, die jetzt schon ihre Köpfe hinhalten! Und wenn ich wüßte, Hitler gewinnt den Krieg, was Gott verhüten möge, dann wäre alles genauso schlimm für mich. Ich kann nicht töten, Belle. Ich weiß nicht, was ich tun werde, aber ich kann nicht hingehen und einen Menschen erschießen. Ich bin unfähig, eine Fliege totzuschlagen, aber ich soll hingehen und so viele Russen wie möglich erledigen. Noch nie in meinem Leben habe ich mich vor etwas so sehr gefürchtet. Den ganzen Tag habe ich überlegt, ob ich weglaufen und mich verstecken soll. Aber dann müßtet ihr es ausbaden, du und Sophie.« Die Wut verschwand aus seinen Augen, er sah wieder müde und elend aus. »Ich habe so gehofft, du würdest heimkommen. Ich habe dich nie so gebraucht wie heute. Ich weiß, du hättest einen anderen Mann als mich haben müssen . . .«

Belle sprang auf, lief um den Tisch herum zu Max, kniete neben ihm nieder und ergriff seine beiden Hände. »Ich hätte keinen anderen Mann haben müssen, Max. Du bist nur zu gut für mich. Ich bin ein egoistisches, dummes, kleines Ding, und du bist . . .«

Er lächelte. »Ich bin der große, ernste, schwierige Max, der furchtbar viel über die Menschen und das Leben nachgrübelt und nie für einen Spaß zu haben ist. Wir hätten vielleicht nicht heiraten sollen, Belle. Was du vom Leben erwartest, das, worauf du ein Recht hast, habe ich dir nicht geben können. Ich kann mich nicht amüsieren und lachen und tanzen . . und wahrscheinlich bin ich auch kein besonders guter Liebhaber!«

Sie erstarrte fast vor Schreck – über diesen Teil ihrer Ehe hatte er in seiner zurückhaltenden Art nie gesprochen, und vielleicht tat er es jetzt, weil er einen bestimmten Verdacht hatte.

»Max, das ist nicht wahr. Du hast mir soviel gegeben. Ich war doch wirklich ein richtig dummes, kleines Mädchen, bevor ich dich traf . . .«

Sie ignorierte die innere Stimme, die sie höhnisch fragte: So, und was bist du jetzt?

»Und, Max, ich habe nichts vermißt, nie. Ich fand es wunderbar, mit dir . . . mit dir . . .« Seltsam, ihm gegenüber blieb sie so verlegen wie ein Kind, dem man beigebracht hat, daß man bestimmte Dinge nicht sagt. »Max«, flüsterte sie, »mach dich nicht so schlecht, bitte! Von allen Menschen hast du es am wenigsten verdient. Max«, ihre Hände griffen seine immer fester, »ich weiß nicht, wie ich es aushalten soll, wenn du nach Rußland gehst. Ich werde Tag und Nacht Angst haben. Ich werde nur warten und beten, daß du zurückkommst.«

Sie sah ihn an, versuchte in seinen Augen zu lesen. Sie sah Mitleid, weil sie so verzweifelt war, Angst und Niedergeschlagenheit, weil man ihn etwas zu tun zwang, wovon er schon jetzt wußte, daß er daran zerbrechen würde. Eine hilflose Wut auf die, die das alles zu verantworten hatten. Aber kein Mißtrauen, keine Zweifel an dem, was Belle sagte. Lieber Gott, er hat nichts gemerkt! Schick ihn mir heil zurück!

In diesem Moment war Belle fest entschlossen, Andreas Rathenberg niemals wiederzusehen.

7

Paul Degnelly war zur 23. Panzerdivision nach Rußland berufen worden, durfte aber Anfang September für eine Woche nach Hause, weil ihm die Kopfschmerzen, unter denen er seit seiner Verwundung in Frankreich immer wieder litt, erneut zu schaffen machten. Er fuhr nicht nach Berlin, sondern nach Lulinn, und rief von dort seine Verlobte Christine an. »Komm hierher und wir heiraten! Bitte! Du glaubst nicht, was mir das da draußen bedeuten würde!«

Christine hatte immer dafür plädiert, die Hochzeit zu verschieben, bis sie beide ihr Studium beendet hätten, aber nun willigte sie in die überstürzte Trauung ein. Im übrigen taten sie damit nichts Ungewöhnliches; der Rußlandfeldzug hatte im ganzen Reich eine neue Heiratswelle ausgelöst. Leben und Sicherheit waren bedroht, die nächtlichen Luftangriffe der Royal Air Force taten ihr übriges, die Menschen suchten nach etwas Beständigem, woran man festhalten konnte. In aller Eile wurde das Hochzeitsfest vorbereitet, Christine reiste nach Lulinn, Pauls Eltern kamen, auch Belle machte sich von der Studioarbeit frei und flüchtete geradezu nach Ostpreußen; unruhig und unglücklich, wie sie seit Max' Fortgang war, hungerte sie förmlich nach dem alten, warmen Haus, das von soviel Stimmen und Leben erfüllt war.

Hier hatte sich nichts verändert, nicht der schwarze Tannengürtel am Horizont, nicht der hochgewölbte, leuchtendblaue Himmel, die Allee von dickstämmigen Eichen, der wildbunte Rosengarten, die Gänseherden und auch nicht die alte Jadzia, die über den Dreck schimpfte, den sie alle in die Zimmer trugen. Wie immer kam es Belle vor, als krieche sie in ein weiches Nest.

Und doch konnte sie auch in Lulinn, das doch jenseits der Welt zu stehen schien, die Zeichen der Zeit erkennen: Ganz junge Trakehner waren auf den Koppeln, keine älteren, die waren längst für den Krieg konfisziert. Modestes zweitältester Sohn, der jetzt ein Pimpf war, empfing seine Verwandten mit zackigem Hitlergruß. Zwei russische Kriegsgefangene halfen, die letzte Ernte einzubringen, sie sahen harmlos und unglücklich aus und wurden von den Kindern mit ehrfürchtigem, gruseligem Staunen beobachtet. Der böse, bolschewistische Feind aus dem Osten – man lernte ja in der Schule, wie gefährlich er war.

Aber Belle wollte über das alles hinwegsehen. Der Herbst war überall zu spüren, und damit begann Lulinns beste Zeit. Dicke, rotbäckige Äpfel hingen an den Bäumen, und die Blätter färbten sich. Am Morgen war die Luft kalt und klar wie Kristall. Nach der Trauung von Paul und Christine in Insterburg wurde im Garten gefeiert, an langen Tischen und Bänken, die sich unter der Last der Speisen bogen. Die Berliner machten große Augen, denn so gut lebten sie in der Stadt schon lange nicht mehr. Hier gab es noch üppig, was anderswo streng rationiert war.

Zur allgemeinen Überraschung war Modeste einmal nicht schwanger, aber sie hielt natürlich einen Säugling in den Armen, und das Mutterkreuz prangte an ihrem Busen; kein General hätte auf seinen Orden stolzer sein können als Modeste auf dieses Emblem. Onkel Joseph hatte eine Menge grauer Haare bekommen und pflegte noch immer jene leutselige, indiskrete Art, die alle in die Flucht schlug.

»Na, wie fühlt sich der frischgebackene Ehemann?« fragte er Paul und schlug ihm kumpelhaft auf die Schulter. Dann zwinkerte er vertraulich. »Nervös?«

»Nein«, sagte Paul und machte, daß er fortkam.

Jo und Linda, Pauls Eltern, hatten traurige Augen und besorgte Gesichter, für sie bedeutete das Fest in erster Linie den erneuten Abschied von ihrem Sohn, und besonders Jo, Frontsoldat des Ersten Weltkrieges, wußte, welch ungewisses Schicksal auf seinen Sohn wartete. Auch Christine, die Braut, machte keinen fröhlichen Eindruck. Sie trug ein helles Kostüm, denn es war keine Zeit mehr geblieben, ein richtiges Kleid schneidern zu lassen, und sie sah so blaß aus, daß Onkel Joseph schließlich nicht mehr von ihrer Seite wich und sie stürmisch bedrängte, ihm ihren geheimen Kummer anzuvertrauen.

Als sie am späten Abend alle im Wohnzimmer vor dem Radio saßen und Nachrichten hörten – die deutschen Truppen stießen immer tiefer nach Rußland vor –, stahl sich Belle hinaus auf den Hof. Sie, die sonst immer die Geselligkeit gesucht hatte, fühlte sich plötzlich wie erdrückt von den Menschen, sie, die sonst die Fröhlichste gewesen war, brachte kaum mehr ein Lächeln zustande. Sie wollte allein sein, wollte den Nachthimmel und die Sterne sehen und an Rußland denken, wo Max jetzt vielleicht dieselben Sterne sah. Sie fröstelte in der kühlen Luft. Wie zarte Elfen bewegten sich die Fohlen über die Weide, Schattenspiele nur in der Dunkelheit. Belle stürzte sich auf den Zaun und sah

ihnen zu. Ein feuchter Geruch nach Blättern und Erde stieg aus
den Wiesen, sie mußte an Pilze und Schwarzbeeren denken, an
Stoppelfelder, an neblige Morgen, an silberglitzernde Spinnwe-
ben an den Blättern und an Kartoffeln, die über Laubfeuern in
den Gärten geröstet wurden. Herbst... sie hatte ihn nie als
wehmütig empfunden, aber heute schnitt er ihr ins Herz. Wo
war der Sommer geblieben? Wo ihre Liebe, ihr Glück, die
Schönheit des Lebens?

»Hast du es drinnen auch nicht mehr ausgehalten?« fragte
eine Stimme hinter ihr. Sie drehte sich um. Paul kam über den
Hof geschlendert und blieb neben ihr stehen.

Sie lächelte. »Ich hatte Sehnsucht, die Nacht zu sehen.«

Paul nickte. »Ich auch. Weißt du noch, früher standen wir oft
in Sommernächten draußen und haben versucht, Glühwürm-
chen zu entdecken.«

»Ja. Aber jetzt gibt es keine mehr. Der Sommer ist vorbei.«

Schweigend standen sie am Zaun, betrachteten den Mond,
der als schmale Sichel über den Tannen hing. Die Pferde waren
inzwischen herangekommen, leise tauchten sie aus der Dunkelheit auf und stubsten Belle und Paul mit ihren weichen Nasen
an. Belle neigte sich vor und vergrub ihr Gesicht in der Mähne
einer jungen Stute. »Hoffentlich holen sie euch nicht auch noch
alle«, murmelte sie. »Ihr seid doch nun wirklich völlig unschuldig an diesem Krieg.«

»Wer ist schon schuld daran?« fragte Paul. »Letztlich am
wenigsten die, die es ausbaden müssen. Die es angezettelt
haben, lassen sich nicht an der Front totschießen.«

»Das war immer schon so.«

»Ja.«

Wieder war es ganz still, nur ab und zu schnaubte ein Pferd.
Ein leichter Wind kam auf und rauschte in den Eichen entlang
der Allee. Noch acht Wochen und sie würden ihre Blätter verlieren, dann würde die ganze Auffahrt wieder ein einziger dicker,
bunter, raschelnder Teppich sein. Belle erinnerte sich, wie sie
als Kind im Herbst mitten hindurchgerannt war. Das unbeschreibliche Gefühl von Leichtigkeit, das es nur auf Lulinn
gab... warum wollte es sich diesmal nicht einstellen?

»Hast du Angst, Paul?« fragte sie leise.

»Ob ich Angst habe?« Er lachte spöttisch. »Ich werde halb verrückt vor Angst, Belle. Für mich ist dieser Krieg eine unbeschreibliche, schreckliche Tragödie. Als ich mich für die Panzer habe ausbilden lassen, war es ein Spiel. Ich interessierte mich einfach für Technik. Ich habe nie daran gedacht, es könnte ernst werden, verstehst du? Nie. Aber jetzt ist es tödlicher Ernst... du sitzt in diesen gewaltigen, stählernen Ungetümen, die alles niederwalzen können, was sich ihnen in den Weg stellt, du sitzt da und weißt, wieviel Schrecken du verbreitest, aber gleichzeitig zitterst du selber wie Espenlaub, denn an jeder Wegbiegung kann der Gegner lauern und dich unter Beschuß nehmen, und die brauchen nur den Tank zu treffen, schon steht das ganze Ding in Flammen, und es gibt nicht die geringste Chance, lebend herauszukommen.« Er sprach heftig und schnell, so, als habe sich das alles lange in ihm aufgestaut und stürze nun befreit hervor. »Im August, in Rußland, sprang ein russischer Soldat auf den Panzer, der vor meinem fuhr. Er warf eine Handgranate in die obere Öffnung. Es war ein ohrenbetäubender Lärm, so laut, daß alle Schreie darin untergingen, aber sie müssen geschrien haben, meine Kameraden, als die Granate zwischen ihnen explodierte und sie alle in Fetzen riß... Seither kann ich an nichts anderes mehr denken, und ich werde nie aufhören, Angst zu haben.« Er war leiser geworden, versunken in seine Erinnerung an die Bilder, die sein Gedächtnis peinigten. »Belle, ich habe es gewußt. Als wir durch Frankreich rollten, als mich diese Kugel streifte und ich im Lazarett lag, wußte ich, daß ich das Schlimmste noch nicht erlebt hatte. Und ich wußte auch, daß ich es eines Tages noch würde erleben müssen... weißt du, irgendwie so, als würde mir jemand sagen, Paul, so leicht kommst du nicht davon, du wirst lernen, was es heißt, wirklich Angst zu haben. Und, weiß Gott, ich lerne es!«

Er schwieg. Belle legte ihre Hand auf seinen Arm. »Paul...«

Seine Stimme war voller Traurigkeit, als er sagte: »Es hilft mir nicht einmal mehr, hier auf Lulinn zu sein. Das war früher das unfehlbare Mittel. Die absolute Zuflucht. Es konnte sein, was wollte, hier kam alles in Ordnung. Aber diesmal... meine

Unruhe und Verzweiflung werden um nichts besser. Ich sehe die Eichenallee, die Pferde, den Rosengarten – aber um vieles deutlicher die Panzer, immerzu. Es gibt keinen Trost.«

»Oh, Paul, aber so ist es ja auch bei mir!« Belle wandte sich ihm zu, ihre Hand umklammerte seinen Arm. »Genau das habe ich vorhin auch gedacht. Der Friede ist nicht mehr da, den ich hier früher empfunden habe. Seit Max nach Rußland mußte, habe ich auch Angst. Sie ist Tag und Nacht da, und nicht einmal Lulinn kann mir helfen. Als Kind kam ich hierher, und sofort waren alle Sorgen verschwunden, und ich dachte, es wird schon alles gut. Jetzt«, sie machte eine hilflose Handbewegung, »jetzt kann ich einfach keinen Moment aufhören, Angst zu haben.«

Sie erinnerten sich beide des Glanzes früherer Tage, dachten an die Jahre der Kindheit, an die Zeit, da sie gelacht und gespielt, gestritten und sich versöhnt hatten, da sie eine verschworene Gemeinschaft gegen die zickige Modeste gewesen waren und ihren kleinen Cousins und Cousinen Regenwürmer in die Betten gelegt hatten. Sie dachten an das überwältigende Glücksgefühl, das sie empfanden, wenn das alte Gutshaus seine Pforten öffnete, um sie aufzunehmen. Es war vorbei, und es würde nie wieder dasselbe sein.

Ihr gemeinsames Schweigen war friedlich und ein wenig tröstlich, aber mitten hinein platzte Onkel Joseph, der sich nach den Vermißten auf die Suche gemacht hatte. Er trug eine große Stallaterne und stieß ein helles Kichern aus. »Hat er doch Angst vor seiner eigenen Courage bekommen, der Bräutigam, wie? Versteckt sich im Dunkeln bei der lieben Cousine! Und die hält sein Händchen! Na, na!« Spielerisch drohte er mit dem Finger, ehe er erwartungsvoll fragte: »Ist etwas? Kann ich euch helfen? Erzählt es dem guten Joseph!«

Der Zauber der nächtlichen Stunde war restlos zerstört.

Am 6. September 1941 wurde den Juden in Deutschland befohlen, in der Öffentlichkeit einen gelben Stern zu tragen. Er mußte groß und deutlich auf der Vorderseite von Mänteln und Jacken plaziert sein; ein Umgehen der Vorschrift konnte die sofortige Verhaftung zur Folge haben.

Sara Elias erschien diese Maßnahme der Gipfel aller Schikanen, denen sie seit Jahren ausgesetzt waren. Die leuchtendgelbe Kennzeichnung machte sie und Martin endgültig zu Außenseitern, zu Parias der Gesellschaft. Als sie die Sterne auf die Mäntel nähte, weinte sie, und Martin machte keinen Versuch, sie zu trösten. Sonst hatte er meist etwas Beruhigendes gesagt, diesmal aber saß er ihr nur stumm gegenüber, den Kopf gesenkt, wartete, daß sie ihm Vorwürfe machen würde. Er war schuld, er hatte sich gegen ihr Bitten und Drängen, Deutschland zu verlassen, immer gewehrt. Andere deutsche Schriftsteller, große Autoren, waren gegangen, aber er hatte gemeint, es nicht aushalten zu können. Jetzt war es zu spät, Emigranten wurden in kaum noch einem Land der Welt aufgenommen. Sie hatten den entscheidenden Zeitpunkt verpaßt.

»Fertig«, sagte Sara leise. »Dein Mantel ist fertig. Jetzt muß ich nur noch meinen machen.« Sie hatte aufgehört zu weinen. Martin hob den Blick und sah in ihre geröteten, tieftraurigen Augen. Er begriff, daß sie ihm keine Vorwürfe machen würde, sie war schon zu zermürbt, um es noch zu tun. Die tägliche Angst hatte ihre Kräfte verbraucht. Sie arbeitete noch immer bei Felicia, aber sie wußte, daß die Freundin in ihrem Unternehmen eigentlich keine Schreibkraft mehr gebraucht hatte und sie für Dienste bezahlte, derer sie nicht bedurfte. Martin korrigierte heimlich Druckfahnen für den Verlag, der einst seinen Roman veröffentlicht hatte, aber er bekam nicht viel Geld dafür, und es war zweifelhaft, wie lange er das noch tun dürfte. Die Leute hatten Angst, Juden zu beschäftigen, diese Angst würde sich vertiefen, nun, da sie auch noch deutlich gekennzeichnet waren. Finanziell kamen Martin und Sara jetzt einigermaßen zurecht, aber das beruhte nur auf Felicias Großzügigkeit, und es tat Martin weh, so abhängig zu sein.

Sara fädelte wieder den Faden ein. Es war schon 23 Uhr, sie hatte gearbeitet und dann lange um Essen angestanden; es gab Geschäfte, die an Juden nichts mehr verkauften, und das machte alles noch schwieriger. Sie war hundemüde, ihre Finger zitterten leicht.

»Laß mich das doch machen«, bat Martin.

»Schon gut. Es dauert nur noch zehn Minuten. Geh ruhig schon ins Bett. Ich komme gleich nach.«

»Nein. Ich warte. Sara . . .«

»Ja?«

»Nichts.« Ich hätte auf dich hören sollen!

»Hast du schon Nachrichten gehört?«

»Ja. Aber nichts Neues. Unsere Soldaten siegen noch. Noch.«

»Sie werden in alle Ewigkeit siegen, Martin. Wir sollten uns nichts vormachen.«

»Niemand siegt in alle Ewigkeit. Schon überhaupt nicht die Nazis. Es ist nur eine Frage . . .«

In genau diesem Augenblick erklang der langgezogene, schrille Ton des Voralarms.

»O nein«, sagte Sara, »warum gerade heute?« Müde stand sie auf. Martin schlüpfte in seinen Mantel, griff nach der Tasche, die für solche Fälle immer gepackt neben der Wohnungstür stand. Sara kramte im Nähkorb nach einer Sicherheitsnadel, um ihren nur halb festgenähten Stern anzustecken. Sie wußte zwar nicht genau, ob er auch im Luftschutzraum getragen werden mußte, vermutete es aber.

Im Treppenhaus trafen sie auf andere Hausbewohner, die dabei waren, mit Sack und Pack in den Keller zu flüchten. Die meisten schimpften lautstark, andere zeigten schon alle Anzeichen von Panik, obwohl es noch gar keinen Hauptalarm gegeben hatte. Ein kleiner Junge schrie wie am Spieß und stemmte sich dagegen, die Treppe hinuntergezerrt zu werden. Ein Mädchen weinte nach seiner Puppe, die in der Wohnung liegengeblieben war. Dazwischen das Getrappel der Füße.

Der Luftschutzraum war karg und ungemütlich, aber sehr geräumig; die Kinder hatten sogar Betten, damit sie weiterschlafen konnten. Als Sara und Martin eintraten, eilte ihnen eine dicke Blondine mit Lockenwicklern entgegen; Frau Kellner war die Frau des Blockwarts dieses und des danebenstehenden Hauses.

»Tut mir leid«, sagte sie, »aber Juden haben hier keinen Zutritt mehr.«

»Wie bitte?« fragte Martin ungläubig. Andere drängten vorbei, suchten sich Plätze, wo sie Kissen und Decken ausbreiteten und sich erleichtert fallen ließen.

Frau Kellner schien die Angelegenheit etwas unangenehm. »Ich kann auch nichts für die Bestimmungen. Es ist nun mal so.«

»Wir waren immer hier unten, und ich glaube nicht, daß wir irgend jemandem zur Last gefallen sind«, sagte Martin erregt, »es ist außerdem genug Platz da für uns. Sie können uns doch nicht während der Bombenangriffe hinauf in unsere Wohnung schicken!«

»Juden ist das Betreten des Luftschutzraumes untersagt«, erklärte Frau Kellner mit Bestimmtheit.

Ein älterer Herr mischte sich ein. »Das ist doch unmenschlich. Wen stört es denn, wenn diese armen Leute hier auch noch ein Fleckchen besetzen?«

»Mich stört es«, sagte Frau Kellner, »denn wir sind hier im Haus verantwortlich!«

»Wenn ich Jude wäre«, sagte eine Frau, die ein kleines Mädchen auf dem Schoß hielt und ein mißmutiges Gesicht machte, »wenn ich Jude wäre, hätte ich Deutschland längst verlassen. Wenn man so unerwünscht ist, geht man doch weg!«

In dem Moment begann der Hauptalarm. Sara zuckte zusammen.

»Wo sollen wir denn hingehen?« fragte Martin. »Welches Land der Welt will uns denn noch?«

Einige sahen ihn betroffen an, die meisten schauten in eine andere Richtung. Frau Kellner drängte sie zur Tür hinaus.

»Gehen Sie jetzt bitte. Es tut mir leid, aber ich habe auch meine Vorschriften!«

Ganz in der Nähe detonierte eine Bombe. Sie konnten den Druck bis in den Keller spüren. Frau Kellner taumelte leicht. »Raus jetzt!« befahl sie und schlug die Tür zu.

Martin nahm Sara am Arm. »Komm! Wir drängen uns nicht auf!«

Sie stolperten die Kellertreppe hinauf. Wieder das widerliche, surrende Geräusch einer fallenden Bombe, wieder eine Detonation ganz in der Nähe. Sara liefen Tränen über die Wangen. »Ich will nicht in die Wohnung hinauf, Martin. Ich habe Angst. Laß uns unten bleiben, ich habe solche Angst!«

Sie setzten sich schließlich auf die Kellertreppe, legten sich die mitgebrachten Decken unter. Es war kühl hier und stockfinster.

Sara sprach leise ein Gebet, aber als sie Martin sagte, er solle auch beten, wurde er zornig: »Nein. Es gibt keinen Gott, zu dem ich beten könnte. Ich glaube an keinen mehr. Und wenn es ihn doch gibt, ist er so grausam und böse und gnadenlos, daß er Gebete nicht verdient!«

»Martin! Versündige dich nicht!«

Martin lachte. »Wieso nicht? Aus Angst vor der Rache Gottes? Was könnte er uns denn noch antun? Er hat uns doch alles genommen, was uns zu Menschen macht, tiefer können wir nicht fallen, also brauchen wir ihn auch nicht zu fürchten!« Jetzt war es Martin, der weinte. »Dieser Stern! Dieser verdammte, gelbe Stern, der uns zu Aussätzigen macht! Solche wie uns läßt man nicht einmal mehr in den Luftschutzraum. Wir sind nichts wert, wir können ruhig verrecken, je eher, desto besser . . .«

»Martin!« Sie hielt ihn umklammert, während die Bomben fielen und über ihnen im Haus alle Fensterscheiben zersprangen.

»Martin, du hast so lange durchgehalten, laß dich jetzt nicht unterkriegen! Du hattest beschlossen, hierzubleiben und ihnen die Stirn zu bieten, jetzt laß nicht zu, daß sie dich doch besiegen!«

Kurz nach Mitternacht wurde Entwarnung gegeben. Müde, mit steifen Knochen gingen Martin und Sara in ihre Wohnung zurück. Die Fensterscheibe im Schlafzimmer und die im Bad waren zersprungen, aber sonst war alles heil geblieben. Auf dem Küchentisch standen noch die Nähsachen, und Sara machte sich resigniert daran, die zweite Hälfte ihres Sterns festzunähen. Sie waren so müde, aber gleichzeitig fühlten sie sich zu krank, zu verletzt und zu gedemütigt, um schlafen zu können. Sie verbrachten die Nacht in der Küche, tranken den letzten Kaffee, den sie besaßen, sprachen leise miteinander, weinten und hielten einander in den Armen.

Am nächsten Morgen brachte der Briefträger einen Brief aus dem Konzentrationslager Buchenwald. Er war an Martin adressiert. In dürren Worten wurde darin von amtlicher Seite mitgeteilt, der Bankier Elias sei bedauerlicherweise an akutem Herzversagen gestorben.

In der Spielzeugfabrik von »Müllers Spielwaren« arbeiteten auch zehn russische Mädchen aus der Ukraine, Mädchen, die in ihrer Heimat ohne Grund verhaftet worden waren, um im Reich als Fremdarbeiterinnen die fehlenden Arbeitskräfte, vor allem in der Industrie, zu ersetzen. Dank seiner erstklassigen Beziehungen zur Gauleitung München war es Tom Wolff gelungen, einige von ihnen für sich abzuzweigen. Auch er hatte zu wenig Arbeiterinnen, und die Russinnen waren natürlich sehr billig. Tom hatte allerdings den Verdacht, er würde bald die Produktion umstellen müssen, denn wenn der Krieg noch lange dauerte – und so schien es seit dem Wahnsinnsangriff auf die Sowjetunion –, dann würde Spielzeug zum untragbaren Luxus werden. Abgesehen davon, daß das Rohmaterial zur Herstellung deutscher und russischer Divisionen im Miniaturformat immer schwieriger zu bekommen war; irgendwann würden die Rationierungen mit Sicherheit so streng sein, daß man mit Spielzeug keinen Blumentopf mehr gewinnen konnte. Aber er wollte sich nicht beklagen, er hatte satt verdient an seiner glänzenden Idee, und wenn sie wirklich umstellen mußten – er würde auch daraus ein großartiges Geschäft machen, da war er sicher.

Von den zehn Russinnen in der Fabrik waren drei außergewöhnlich hübsch, und eine, Tatjana, hatte es ihm besonders angetan. Er ließ ihr jede nur denkbare Bevorzugung zukommen, ohne ihre eisige Ablehnung auch nur ein winziges Stück aufzuweichen. Allerdings hatte er nie in Erwägung gezogen, mit Tatjana ein Verhältnis anzufangen – er hatte weiß Gott genug am Hals –, aber er sah sie gern an, und er konnte an sie denken, wenn er gezwungen war, sich mit Lulu zu vergnügen. So war es auch heute wieder, und er war froh, daß es die junge Russin mit ihrem grauen Leinenkleid, das um ihre Hüften spannte, für seine Träume gab. Wenn er Lulu auch so keine

Meisterleistung mehr bieten konnte, so war es doch mehr, als sie von irgend jemand noch bekommen könnte.

Lulu stand auf, schlüpfte in ihren Morgenmantel, trat vor den Spiegel und begann ihr Haar zu richten. Sie trug neuerdings eine höchst komplizierte Frisur, die Haare beidseitig gescheitelt und auf dem Kopf zu einer Rolle gedreht, die übriggebliebenen Strähnen hingen an den Seiten glatt herunter, waren aber so dürftig, daß Lulu insgesamt das Aussehen eines gerupften Huhnes oder einer räudigen Ratte bekam. Tom fragte sich, warum sie ausgerechnet einen Stil kopierte, der zur Zeit bei den kleinen Schulmädchen Mode war! Hatte es ihr nicht genügt, herumzulaufen wie eine Dreißigjährige – grotesk genug! –, mußte sie nun völlig infantil werden? Na, ihn ging's nichts an, wenn sie sich lächerlich machte, schließlich traten sie in der Öffentlichkeit nie zusammen auf.

Während er langsam einen Whisky trank und Lulu zusah, wie sie ihren absurden Haaraufbau frisierte, sagte sie plötzlich: »Ich habe eine Überraschung für dich!«

In der ersten Sekunde erstarrte er, aber dann atmete er tief durch. Dummkopf, sie ist über sechzig, sie kann gar nicht schwanger sein!

»So?« fragte er. »Was ist es denn?«

»Du hast ja heute wirklich keine Belohnung verdient, aber man kann nicht sagen, du hättest dich nicht bemüht!« Sie zupfte ihre jämmerlichen Löckchen zurecht, was ohne Wirkung blieb, und stand auf. Aus dem obersten Schreibtischfach nahm sie einen weißen Briefumschlag. »Mein Testament. Ich habe es neu verfaßt. Dies ist eine Kopie, das Original liegt bei meinem Anwalt.«

Tom konnte nicht verhindern, daß ein nervöses Flackern in seine Augen trat. Lulu bemerkte es. Sie lachte. »Das heiße Thema, nicht? Meine Fabrik – dein ganzes Sinnen und Trachten. Jaja, ich weiß schon, warum du zweimal in der Woche angetrottet kommst und in mein Bett schlüpfst! Deine Motive sind nur allzu menschlich!«

»Lulu, du weißt doch, daß...«

»O nein, versuch nicht, mir zu erklären, du seist verrückt

nach mir oder meinem Körper! Das nehme ich dir nicht ab, also erspar uns die Peinlichkeit, hier Theater zu spielen!«

Tom schwieg. Dies war wieder einer jener Momente, in denen Lulu ihm trotz allem ein wenig leid tat. Die alte, aufgetakelte Frau, die sich keinen Illusionen hingab und trotzdem mit allen Mitteln versuchte, den schmerzhaften Prozeß des Älterwerdens mit allerlei Tricks aufzuhalten. Trotz des triumphierenden Lächelns sah sie so unglücklich aus mit ihrer seltsamen Frisur.

»Na gut, Lulu«, sagte er, »dann also in aller Offenheit: Was steht drin in dem Testament?«

Lulu schwenkte das Kuvert wie eine Fahne, legte es dann zurück in die Schublade, schloß sie und drehte sogar demonstrativ den Schlüssel herum. »Ich habe dich zu meinem alleinigen Erben gemacht«, erklärte sie.

Tom schluckte trocken. »Wie bitte?«

»Du hast dich nicht verhört. Du bist mein Alleinerbe.«

Er lauschte dem Klang dieses Wortes nach. Alleinerbe . . . das Ziel seiner Träume? O ja, aber solange diese Frau noch lebte und jeden Tag in der Lage war, alles umzustoßen, hatte er sein Ziel nicht erreicht.

Als ob sie seine Gedanken kannte, sagte Lulu: »Ich möchte, daß du von nun an viermal in der Woche kommst!«

»Lulu, das geht nicht. Meine Frau . . .«

»Was du deiner Frau sagst, ist mir vollkommen gleichgültig. Regel das irgendwie. Mich interessiert nur, daß du viermal bei mir bist!«

»Dann schlafe ich von sieben Nächten vier hier und drei zu Hause. Das kann ich nicht machen! Und selbst wenn ich . . . danach jedesmal heimgehe, bin ich zumindest vier *Abende* in der Woche weg. Ich . . .«

»Du willst also nicht mein Spielzeugimperium eines Tages übernehmen?«

Verdammte Hexe! Der Anflug von Mitleid war ihm schlagartig vergangen. Viermal die Woche! Das konnte ihm nicht einmal mit Tatjanas Hilfe gelingen!

»Wir brauchen ja keine Umschweife zu machen«, sagte Lulu,

»ich habe die Firma, du willst sie haben, und umsonst ist nur der Tod. Du verstehst mich?«

»Nur zu gut.«

Sie fixierten einander, dann lachte Lulu schrill auf.

»Vielleicht hast du Glück, und ich sterbe beim nächsten Bombenangriff. Vielleicht hast du Pech, und wir spielen unser Spiel noch die nächsten zwanzig Jahre! Man weiß nie, was kommt. Das Leben ist wie russisches Roulette, es trifft dich, oder es trifft dich nicht !« Sie lachte noch lauter, hysterisch, mit sich überschlagender Stimme. »Das ist die Spannung, die uns jung hält! Jung, Tom Wolff, jung! Ist das nicht letztlich das einzige, was zählt?«

Daheim empfing ihn seine Frau Kat mit der Nachricht, Martin Elias sei da gewesen, habe eine Stunde gewartet, sei jedoch schließlich gegangen. Kat, eingesponnen in ihre Melancholie, zeigte selten eine Gefühlsregung, aber jetzt sagte sie: »Der arme Mann tat mir in der Seele leid. Er saß hier in diesem Sessel, zusammengesunken zu einem Häufchen Elend, diesen furchtbaren Stern auf dem Mantel . . . er wirkte so ausgeliefert . . . und wie gebrochen.«

»Was wollte er?«

»Er wollte dich fragen, ob du ihm helfen kannst. Man hat ihm geschrieben, sein Vater sei in Buchenwald an einem plötzlichen Herzversagen gestorben, und er will nun herausfinden, ob das stimmt oder ob es andere Gründe gibt. Und da du so viele Beziehungen hast . . .«

»Das wird nichts nützen«, sagte Tom, »denn wenn der alte Elias nicht an einem Herzversagen gestorben ist – und meiner Ansicht nach ist es leider sehr wahrscheinlich, daß er auf ganz andere Art ums Leben gekommen ist –, dann wird das niemand zugeben. Die sind da eisern. Auch mir gegenüber.«

Kat zuckte mit den Schultern. »Ich dachte, du könntest vielleicht etwas tun. Schließlich arbeitest du ja Hand in Hand mit den Nazis, und die Großen der Partei sind regelmäßig unsere Gäste.«

»Kat, du weißt, warum ich mit ihnen . . .«

»Ich weiß. Du warst immer ein Opportunist. Deshalb braucht man sich ja um dich auch nie Sorgen zu machen.«

Natürlich, dachte er, Sorgen würdest du dir nie um mich machen! Sie stand vor dem Wohnzimmerfenster, ein breiter Streifen Septembersonne fiel zwischen den Bäumen im Garten hindurch in den Raum und ließ Kats dunkles Haar flimmern. Tom fand, sie sei feingliedrig und zerbrechlich wie ein ganz junges Mädchen, dabei hatte sie gerade ihren dreiundvierzigsten Geburtstag gefeiert. Kassandra Lombard. Alex Lombards Schwester, in seinen Augen das schönste Mädchen von ganz München. Er hatte sie aufwachsen sehen, und seit sie vierzehn Jahre alt gewesen war, hatte er sie geliebt. Wie chancenlos, das wußte er. Ein neureicher Emporkömmling hatte sich in den Kopf gesetzt, die Tochter einer der ältesten und angesehensten Familien in der Stadt zu heiraten. Man hatte gelacht über ihn, Kat am allermeisten. Und er war nur um so entschlossener gewesen. Es war schließlich nicht mehr bloß um Kat gegangen, sondern darum, dieses Hindernis nehmen zu müssen, um den eingebildeten Scheißern von München zu zeigen, wer er war! Als der letzte Krieg endete, als die Verhältnisse umstürzten, als die Reichen in der Inflation verarmten und solche wie er das große Geld kassierten, da hatten die Lombards mit der Nase im Dreck gelegen, und er war intrigant und raffiniert genug gewesen, die Umstände zu nutzen und Kat für sich zu gewinnen. Das heißt: Er hatte gedacht, die Umstände hätten sie klein werden lassen und in seine Arme getrieben. Erst später stellte sich sein Irrtum heraus. Sie hatte einen anderen geliebt und verloren, und es war ihr egal, mit wem sie nun ihr Leben verbrachte. Er war ihr egal. Daran hatte sich nie etwas geändert.

Wieder einmal, als er sie jetzt dort stehen sah, verspürte er den heftigen Wunsch, sie in die Arme zu nehmen, das Gesicht in ihren Haaren zu vergraben und ihr zu sagen, wie sehr er sie brauchte, wie sehr er sich nach ihr sehnte. Aber er wagte es nicht. In ihrer Gegenwart wurde er, der Bauerntölpel aus dem Bayerischen Wald, das prahlerische Großmaul, der laute Trampel, der knallharte Geschäftsmann, ein anderer; Kassandra

Lombard ließ ihn sich klein fühlen, schüchtern, unterlegen, er wurde leise, behutsam, nahm Rücksicht auf ihre Melancholie.

So sagte er kein Wort, aber wieder einmal wurde ihm schmerzlich klar, daß er den einzigen Menschen, die einzige Frau, für die er Liebe zu empfinden fähig war, nie bekommen würde. Ihm blieben die Tatjanas für die Phantasie und die Lulus für die Verwirklichung der ehrgeizigen Pläne. Mehr nicht.

»Ich setze mich noch eine Weile an den Schreibtisch«, murmelte er. Kat nickte. Sie würde ihn nie bitten, sich mehr Zeit für sie zu nehmen, genausowenig, wie sie ihn jemals zur Rede stellen würde, wenn er eine Nacht fortblieb. Es ließ sie ganz einfach kalt.

Er zog sich in sein Arbeitszimmer zurück, um über den Plänen für seinen neuesten Einfall zu brüten; ein kleines, russisches Dorf könnten sie nachbauen, auf einer Holzplatte. Häuser mit Strohdach, ein Brunnen, russische Frauen – Tatjana! –, Hühner, Ziegen, Schafe. Die Kinder konnten dann spielen, deutsche Soldaten erobern ein russisches Dorf.

Hervorragender Einfall. Wenn doch der ganze Laden endlich ihm gehörte! Wenn er statt für Lulu für sich arbeitete!

III. BUCH

1

Im Granatfeuer der anrückenden deutschen Verbände hatten sich die russischen Verteidiger des Dorfes rasch zurückgezogen. Eigentlich war es nur eine armselige Ansammlung von Hütten, dreißig Kilometer westlich von Moskau, aber für die frierenden, hungernden Wehrmachtssoldaten bedeutete es eine vage Hoffnung: Vielleicht gab es etwas zu essen hier. Vielleicht auch Schutz vor der eisigen Kälte.

Dezember 1941. Minus 25 Grad. Schnee und Eis. Und die deutschen Heeresgruppen, in einer tausend Kilometer langen Front, erfroren buchstäblich im gnadenlosen russischen Winter.

»Bevor der erste Schnee fällt, haben wir Moskau«, hatte der Führer gesagt. Vollkommener Blödsinn. Nichts war mit Moskau. Sie hockten in ihren Stellungen, in Gräben aus Eis, rückten nur, wenn überhaupt, millimeterweise vorwärts und mußten zusehen, wie sich ihre Reihen lichteten; sowohl unter den Geschützen der Gegner als auch unter der furchtbaren Kälte. Hitlers Siegestrunkenheit hatte nicht zugelassen, einen Wintereinbruch vor der Besetzung Moskaus überhaupt in Erwägung zu ziehen, und nun waren seine Armeen nicht im mindesten darauf vorbereitet.

Aber in der Heimat schreiben die Zeitungen wahrscheinlich immer noch, es gehe alles glänzend voran, dachte Max voller Bitterkeit. Er robbte sich durch den Schnee auf eines der ersten Häuser des Dorfes zu, sprang dann hoch, stieß die Tür auf und trat mit entsichertem Gewehr ein. Es erwarteten ihn keine Soldaten, zwei Frauen kauerten ängstlich und blaß in der Ecke, schrien bei seinem Anblick auf und hielten schützend die Hände vor ihre Gesichter. Neben ihnen lagen die Waffen, mit denen sie sich zu verteidigen gedacht hatten: ein faustgroßer Stein und ein stumpfes Küchenmesser.

»Habt keine Angst«, sagte Max, »es passiert euch nichts!«

Natürlich verstanden sie kein Wort. Die ältere Frau wagte sich ein kleines Stück vor und begann hektisch und mit schriller Stimme, wild gestikulierend, auf Max einzureden. Er konnte sie genausowenig verstehen wie sie ihn, aber er meinte zu begreifen, daß sie ihm sagen wollte, es gibt nichts, was wir dir geben könnten. Wir haben nichts!

Wie sich herausstellte, stimmte das, und es traf im wesentlichen auf das ganze Dorf zu. Max und seine Kameraden durchkämmten Haus um Haus. Vieles war durch die Granaten zerstört worden, Tote lagen im Schnee. Eine Frau kauerte mit verzweifeltem Gesicht neben ihrem Kind, das wachsbleich und starr wie eine Puppe am Wegesrand zusammengesunken war. Sie spuckte aus, als sie Max sah.

Die Soldaten rissen Stroh von den Dächern der Hütten und gaben es den vor Hunger brüllenden Pferden zu essen. Zwei mußten erschossen werden, sie lagen, von schrecklichen Koliken gequält, auf dem Boden, und vor Schmerzen traten ihnen die Augen aus dem Kopf. Ein paar Männer mußten von ihren Kameraden ins Dorf getragen werden, denn sie konnten auf ihren erfrorenen Füßen keinen Schritt mehr gehen. Es gab ohnehin kaum mehr einen, dem nicht zumindest die Zehen erfroren waren – ebenfalls eine Folge des grotesken Leichtsinns, mit dem man diesen Feldzug gen Osten begonnen hatte: Es war bekannt, auch im Oberkommando der Wehrmacht, daß russische Soldaten im Winter grundsätzlich Stiefel trugen, die wenigstens zwei Nummern zu groß waren, damit man sie zum Schutz gegen die Kälte mit Stroh und Zeitungen ausstopfen konnte. Die Deutschen hatten das nicht nötig gehabt, trugen perfekt sitzende Stiefel. Da paßte nicht ein Strohhalm mehr hinein.

In einer Scheune fand sich ein ganzer Haufen Futterrüben, über den sich die Soldaten wie eine Schar verhungerter Tiere hermachten. Viele litten schon unter der Ruhr, und mit dieser Art von Ernährung wurde dem Übel noch Vorschub geleistet, aber die Alternative war nur der langsame Hungertod.

»Gottverdammte Scheiße, das alles«, sagte ein Kamerad von Max, Fred, ein junger Gefreiter aus Hamburg, »warum schaffen die uns keinen Nachschub heran? Essen! Warme Sachen! Munition! Und ausgeruhte Soldaten. Egal, wie. Die können uns doch hier nicht einfach verrecken lassen! Ich meine, für die halten wir doch unsere Köpfe hin!«

Sie saßen in einer der Hütten, dichtgedrängt zwischen anderen Soldaten, sie waren hundemüde, aber an Schlaf war nicht zu denken, sie konnten sich nicht ausstrecken, und zusätzlich hielten ihre knurrenden Mägen sie wach. Doch zumindest kauerten sie zum erstenmal seit vielen Tagen nicht in Unterständen aus Holz und Schnee, und jemand hatte sogar ein Feuer im Ofen entfacht, so daß die erstarrten Gliedmaßen kribbelnd zu neuem Leben erwachten.

»Die würden schon für Nachschub sorgen«, sagte Max, »wenn sie könnten. Aber . . .« Er ließ den Satz unvollendet, die anderen wußten ohnehin, was los war. Die Lokomotiven froren ein in der Kälte und kamen nicht vom Fleck, Versorgungsflugzeuge konnten im Schneetreiben nicht starten. Wenn wirklich einer durchkam, Flieger oder Zug, bedeutete die Hilfe, die er brachte, nur einen Tropfen auf den heißen Stein.

Max schälte sich aus seinem Pelz. Widerliches, verdrecktes Ding voller Läuse! Er hatte ihn einem toten Russen abgenommen und seit fast zehn Tagen nicht mehr ausgezogen. Sie liefen alle in diesen Vermummungen herum und hatten den Kampf gegen die Läuse schon aufgegeben. Die uralten Felle waren wahre Brutstätten für Ungeziefer. Ein warmes Bad, dachte Max, angeekelt von seinem eigenen Schweißgestank, ein Bett mit frischer Wäsche, saubere Kleider . . .

»Man sagt«, flüsterte Fred, »die Russen ziehen unheimliche Kräfte zusammen. Die bauen gigantische Armeen auf. Glaubst du, das stimmt?«

»Darauf kannst du dich verlassen. Ich habe nie verstanden, wie irgend jemand glauben konnte . . .« Ach, wozu es zum hundertstenmal sagen! Zumal auf ihn sowieso niemand hörte. Die Deutschen würden an Rußland scheitern, aber das hatte er von Anfang an gepredigt, und keiner hatte zugehört.

Er kramte ein Stück Papier und einen Stift aus seinem Tornister. Wann immer er Gelegenheit hatte, versuchte er ein paar Zeilen an Belle zu schreiben. Belle und Sophie hatten so sehr an Bedeutung für ihn gewonnen, seitdem er in diesem Schlamassel steckte. Schuldbewußt dachte er oft daran, wie häufig er Belle vernachlässigt hatte. Die lebenslustige Frau hatte in ihm keinen wirklichen Partner gefunden.

»4. Dezember 1941. Liebe Belle! In den Zeitungen schreiben sie natürlich, daß es an der Ostfront glänzend vorangeht, aber ich kann Dir nur sagen, es ist ein Desaster, und wir können alle nur beten, daß der Winter nicht ewig dauert. Sonst nämlich nimmt er den Russen alle Arbeit ab, der Frost erledigt uns von alleine . . .«

Solche Sätze waren gefährlich, aber er riskierte es, sie zu schreiben, weil es ihm die Luft abgeschnürt hätte, sich in denselben beruhigenden Lügen zu ergehen, mit denen die Propaganda daheim die Bevölkerung einzulullen versuchte.

»Ich glaube nicht, daß ich an Weihnachten zu Hause sein kann, aber ich werde mit ganzem Herzen an Dich und Sophie denken. Ich denke sowieso ständig an Euch und vermisse . . .«
An dieser Stelle sank sein Kopf nach vorn, völlig übermüdet schlief er ein.

Am nächsten Tag, es war der 5. Dezember, startete die große russische Gegenoffensive, vor der sich alle schon lange gefürchtet hatten. Die Besatzer im Dorf wurden aus dem Schlaf gerissen, als die ersten Russen bereits die äußersten Häuser erreicht hatten. Man hatte nur wenige Wachtposten aufgestellt, denn der Leutnant, der die Kompanie führte – der Hauptmann war längst gefallen –, war der festen Überzeugung gewesen, man befinde sich in zweiter Frontlinie und habe noch deutsche Einheiten vor sich, daher brauche man nicht allzu wachsam zu sein. Offenbar hatte er sich in dieser Annahme geirrt.

»Guck dir das an!« sagte Fred. Er und Max waren aufgesprungen, hatten ihre Gewehre geschnappt – zum erstenmal seit Tagen waren die Schlösser nicht mehr eingefroren, und sie würden die Waffen wenigstens gebrauchen können – und kauerten nun am Fenster. Irgend jemand hatte Gucklöcher in das Eis gekratzt.

»Auf Skiern!« sagte Fred. »Die kommen tatsächlich auf Skiern!«

Nach Osten hin erhob sich ein Hügel, ein Berg fast, auf dem Kamm dicht bewaldet, aber sonst ohne einen Baum oder Strauch, bedeckt von einer glatten, glitzernden Schneeschicht. Diesen Berg hinunter fegten die Russen auf Skiern, gehüllt in weiße Fellmäntel: Erst bei schärferem Hinschauen konnte man sie entdecken.

»Sibirische Truppen, nehme ich an«, sagte Fred, und in der nächsten Sekunde ging die Hütte direkt neben ihnen in Flammen auf. Hell schlug das Feuer in den herandämmernden Morgen. Fred drehte seinen Karabiner um und zerschlug die Fensterscheibe, dann feuerte er und tötete zwei Russen, die sich dem Haus genähert hatten. Auch Max schoß jetzt, wie immer konnte er das nur, indem er seine Gedanken völlig betäubte und sich vorstellte, er sei eine Maschine, die irgendwie funktionieren müsse. Einen Russen, der schon fast das Fenster erreicht hatte, traf er mitten ins Herz, der Mann sah ihn völlig fassungslos an, während er langsam zu Boden sank.

»Verflucht!« schrie Fred. »Das sind zu viele!«

Mit einem ohrenbetäubenden Krachen zerbarst die Tür. Schüsse peitschten. Unmenschliche Schreie erschollen. Ein deutscher Soldat wälzte sich am Boden, brüllte, preßte beide Hände auf seinen Bauch.

»Den Sebastian hat's erwischt!« rief Fred. Max wandte sich vom Fenster ab. »Zurück! Raus! Wir geben die Hütte auf!« Sie waren zu wenige hier, um sich noch länger als fünf Minuten zu halten.

»Durch die Hintertür«, befahl Fred. Er und Max halfen dem schreienden Soldaten auf die Beine, wohl wissend, daß dies für ihn eine grauenvolle Tortur bedeutete, sich aber ebenfalls bewußt, daß ihnen keine Zeit blieb, sanfter mit ihm umzugehen. Durch Rauchschwaden hindurch, an umgestürzten Tischen, Bänken und toten Männern vorbei, kämpften sie sich in den hinteren kleinen Raum, eine Schlafkammer mit einer Tür zum

Hof. Zwei junge russische Mädchen, die sich offenbar hierher geflüchtet hatten, kauerten in dem schmalen Gang zwischen Bett und Kommode, sie starrten die Männer aus weitaufgerissenen schwarzen Augen an. Max machte eine Bewegung zur Tür hin. »Raus! Ihr verbrennt hier sonst! Raus, schnell!«

Irgendwie kapierten sie, folgten den Männern. Hustend und keuchend erreichten sie die Tür. Max riskierte einen Blick zurück. Die halbe Hütte mußte schon in Flammen stehen. Wo waren die anderen? Drei Soldaten tauchten aus den wogenden Rauchschwaden auf, schnappten halb erstickt nach Luft.

»Wo sind die anderen?« schrie Max.

»Keine Ahnung!« kam es zurück. »Weiter! Lauft weiter!«

Sie torkelten über den Hof, schleiften Sebastian mit sich, der keinen Laut mehr von sich gab. Gewehrkugeln pfiffen ihnen um die Ohren. Einer brach im Schnee zusammen, in Sekundenschnelle färbte sich alles um ihn herum tiefrot. Die anderen erreichten das gegenüberliegende Haus, die Tür wurde vor ihnen aufgerissen, deutsche Soldaten. »Los, kommt rein! O Gott, den Sebastian hat's voll erwischt, wie?«

Die beiden russischen Mädchen drängten mit ins Haus. Sie duckten sich hinter eine umgestürzte Bank und hielten einander fest umschlungen.

Kein Mensch konnte sich um Sebastian kümmern, der leise wimmernd das Bewußtsein wiedererlangte. Die Russen nahmen nun dieses Haus unter heftigen Beschuß. Fensterscheiben zersprangen klirrend, Geschosse sausten durch die Luft. Die Verteidiger dieses Hauses hatten ein MG zur Verfügung, dessen kurze Feuerstöße die angreifenden Russen immer wieder in die Deckung trieb. Damit wehrten sie sich verbissen, aber gegen Mittag mußten sie das Haus aufgeben. Als Max Sebastian von seinem Lager in der Ecke aufheben und mitschleppen wollte, stellte er fest, daß der Kamerad inzwischen gestorben war. Das Gesicht war noch im Tod von Qual verzerrt, die Augen standen weit offen. Max zögerte eine Sekunde, aber dann zerrte er dem Toten die Pelzmütze und die Pelzjacke vom Leib; letztere war wesentlich besser erhalten als seine eigene, und Sebastian brauchte sie nicht mehr. Dann folgte er den anderen.

So ging es den ganzen Nachmittag weiter, Rückzug der Deutschen Haus um Haus. Ihre Munition neigte sich dem Ende zu, sie hatten zwei Pferdegespanne verloren und einen Kübelwagen zurücklassen müssen, denn das Kühlwasser war gefroren, das Frostschutzmittel ausgegangen. In den Höfen zwischen den Häusern lagen tote Soldaten, deutsche und russische, dazwischen sterbende Pferde, ausgemergelte Elendsgestalten, denen das Blut warm über die Flanken lief. Es gelang Fred noch, eines der armen Tiere zu erschießen, seine Augen waren bereits von einem weißen Schleier überzogen gewesen, und es hatte nur noch schwach den Kopf gehoben und leise gewiehert. Fred hatte danach Tränen in den Augen. »Das ist die größte Scheiße«, murmelte er, »die allergrößte Scheiße.«

Erst am Abend gaben sie das Dorf auf. Der Leutnant, der die Kompanie befehligte, bestimmte den Rückzug in die alten Stellungen. Die Kompanie hatte noch fünfundneunzig Mann gehabt, jetzt waren es knapp vierzig. Sie kauerten in ihren Eisgräben und in provisorischen Unterständen aus Sandsäcken, Schnee und Reisig, die sie nicht im mindesten gegen die Kälte schützten, erschöpft, verzweifelt, mutlos. Um sie herum war nichts als die barbarische Kälte dieses russischen Winters. In der Feldküche gaben sie Graupensuppe aus, einen Schlag für jeden, heißes Wasser eigentlich nur, in dem ein paar undefinierbare Brocken herumschwammen; weder sättigte das Gebräu, noch erleichterte es das elende Frieren. Ein Soldat starb noch in der Nacht, ein anderer bekam hohes Fieber und redete wirr. Gegen Morgen fing es wieder an zu schneien, ein eisiger Wind wehte aus Nordosten. Im Radio spielten sie »Lili Marleen«, das Lied, das die Soldaten aller Lager in ganz Europa hörten und das den Männern Tränen in die Augen trieb. Max beendete seinen Brief an Belle; vielleicht würde es eine Möglichkeit geben, ihn abzuschicken, und dann hatte sie zu Weihnachten wenigstens ein Lebenszeichen von ihm.

Doch bis Weihnachten geschah noch etwas, was die ganze Welt den Atem anhalten ließ: Am 7. Dezember 1941 überfielen die Japaner aus heiterem Himmel den amerikanischen Marinestützpunkt Pearl Harbour auf Hawaii und lösten damit den

Krieg mit Amerika aus. Deutschland, das wenige Tage zuvor ein Beistandsabkommen mit Japan unterzeichnet hatte, bekam einen neuen Gegner: die Vereinigten Staaten von Amerika.

Belle erhielt den Brief von Max am 23. Dezember. Sie war am Morgen im Studio gewesen und sehr abgespannt nach Hause gekommen. Er herrschte eine angespannte Atmosphäre in Babelsberg, der Druck der Partei auf die Arbeit der Schauspieler wurde immer massiver, und der tragische Selbstmord ihres großen Kollegen Joachim Gottschalk im November steckte ihnen allen noch in den Knochen. Gottschalk, von den Nazis wegen seiner jüdischen Ehefrau mehr und mehr in die Enge getrieben, hatte schließlich den Gashahn aufgedreht und sich und seine Familie vergiftet. Man redete bei der UFA von nichts anderem mehr. Belle, die seitdem Max an der Ostfront stand, auch für Ereignisse in ihrer näheren Umgebung wesentlich sensibler geworden war, hatte der Tod dieses Mannes sehr getroffen. Sie hatte Gottschalk nur flüchtig gekannt, war aber immer sehr beeindruckt gewesen von ihm. Sie merkte, daß die Schauspielerei auf einmal nicht mehr so wichtig war für sie, daß sie den Spaß daran verloren hatte. Sie konnte nicht mehr von den großen Rollen träumen, und sie wollte es auch nicht mehr. Sie wollte nur, daß der Schrecken aufhörte, der plötzlich ihrer aller Leben beherrschte.

Frau Kramer, die Frau des Blockwarts, hatte den Brief entgegengenommen und brachte ihn am Abend herüber, als Belle gerade vor dem Spiegel stand und sich für ein Essen mit Andreas zurechtmachte. Den Heiligabend wollte sie mit Großmutter Elsa und Sophie in der Schloßstraße verbringen, aber für den Abend vorher hatte Andreas sie eingeladen. Sie hatte ihn nicht mehr sehen wollen, nachdem sie Anfang Oktober aus Lulinn zurückgekommen war. Und sie wäre auch stark geblieben, wenn er sie ständig angerufen und angehimmelt hätte, aber erst reiste er in die Schweiz, weil er irgendwelche Präzisionsmaschinen brauchte, die er offenbar nur in Zürich bekommen konnte, und danach mußte er aus denselben Gründen noch einmal nach Schweden. Dazwischen war er rund um die Uhr beschäftigt, meldete sich nur sporadisch, und als er Belle schließlich zu dem Weihnachtsessen einlud, war sie so zermürbt von seinem langen Schweigen, daß sie sofort zusagte. Nachher weinte sie die halbe Nacht, weil sie sich für schwach und moralisch verwerflich hielt und dann, weil sie begriff, daß sie Andreas nicht aufgeben wollte, daß sie nichts tun konnte gegen ihre Abhängigkeit von ihm, und das stürzte sie erst recht in Verzweiflung.

Auch als sie nun vor dem Spiegel stand und ihre Wimpern tuschte, dachte sie zornig: Er winkt mit dem kleinen Finger, und ich komme gesprungen. So kann das nicht weitergehen.

Es war schwierig geworden, Kleider und Stoffe zu bekommen, Belle trug daher ein Modell aus Vorkriegszeiten; es war aus rotem Samt, knielang und sollte eigentlich eng am Körper liegen, aber sie war zu dünn geworden. Ich muß einen Gürtel nehmen, dachte sie. In dem Moment klingelte es.

Frau Kramer, die Frau des Blockwarts. Bis zur Machtergreifung hatte sie ein eher langweiliges Dasein geführt; Kinder konnte sie keine bekommen, und so hatte sie sich mit ganzer Vehemenz auf ihren Haushalt gestürzt und im übrigen ihre Zeit dafür genutzt, alles in Erfahrung zu bringen, was ringsum in der Nachbarschaft passierte. Sie war versessen auf Klatsch und Tratsch, was viele als lästig empfanden, womit sie aber keinen allzu großen Schaden anrichten konnte. Dann jedoch, als ihr Mann Blockwart wurde und sie plötzlich im Bereich dreier aneinandergebauter Häuser am Alexanderplatz für schlechthin alles zuständig waren, konnte sie ihre Leidenschaft mit staatlicher Unterstützung und Förderung ausüben, niemand durfte ihr mehr die Tür vor der Nase zuschlagen, niemand durfte ihre Fragen unbeantwortet lassen, niemand durfte sie einfach stehenlassen. Sie hatte es besonders auf Belle abgesehen, die so gar keine Anstalten machte, sich wie eine ordentliche deutsche Soldatenfrau zu benehmen.

Auch jetzt musterte sie die junge Schauspielerin mißtrauisch. Das rote Kleid, das stark geschminkte Gesicht – soviel Aufmachung gehörte nicht in die Zeit, schon gar nicht bei einer Frau, deren Mann in Rußland kämpfte.

»Ein Brief für Sie«, sagte sie, »von der Front.«

Belle griff nach dem Umschlag. »O Gott«, flüsterte sie unwillkürlich. Jedesmal der Schreck, es könnte etwas passiert sein, sie könnte die mitfühlenden Zeilen des Kompanieführers in den Händen halten und in schonungsvollen Worten Max' Tod mitgeteilt bekommen. Aber dann erkannte sie an der Schrift, daß Max selber Anschrift und Absender geschrieben hatte; also konnte er nicht tot sein.

»Sie gehen aus heute abend?« fragte Frau Kramer mißbilligend.

»Ja . . . mit Bekannten«, murmelte Belle.

»Sie haben sicher nichts dagegen, wenn ich kurz hereinkomme und mich überzeuge, daß mit dem Luftschutz alles in Ordnung ist«, sagte Frau Kramer und war schon in der Wohnung.

Natürlich hatte Belle etwas dagegen, sie wollte ganz schnell den Brief lesen, aber, weiß Gott, sie würde ihn nicht öffnen, solange diese Schnüfflerin neben ihr stand, auch wenn es genau das war, was die Alte wollte.

Frau Kramer steckte ihre Nase in alle Räume und fand natürlich etwas zu monieren.

»Ihre Badewanne«, sagte sie, »Sie wissen, daß für den Fall eines Brandes alle Badewannen immer mit Wasser gefüllt zu sein haben. Ihre ist leer!«

»Ich habe gerade gebadet«, sagte Belle, »und das schmutzige Wasser danach abgelassen.«

»Ich muß Sie dringend bitten, die Wanne wieder vollaufen zu lassen. Sie dürfen das nie vergessen, das ist leichtfertig und verantwortungslos.«

Sie blieb im Bad stehen, bis Belle die Wanne wieder voll hatte, dann erst, und weil sie jetzt beim besten Willen nichts mehr finden konnte, verließ sie wortlos die Wohnung.

»Verdammte alte Schnüfflerin«, murmelte Belle, nachdem die Tür hinter ihr zugefallen war, dann riß sie mit fliegenden Fingern den Umschlag auf.

»Liebe Belle! In den Zeitungen schreiben sie wahrscheinlich, daß es an der Ostfront glänzend vorangeht, aber ich kann nur sagen, es ist ein Desaster . . .«

»Es ist vollkommen wahnsinnig«, murmelte Belle, »mit solchen Sätzen kann er sich um Kopf und Kragen schreiben. Wenn das in falsche Hände kommt!«

Das Papier mußte im Schnee naß geworden sein, denn stellenweise war die Schrift so verschmiert, daß Belle Mühe hatte, sie zu entziffern.

». . . und wie oft ich denke, ich habe Dir nicht gezeigt, wie sehr ich Dich liebe! Wenn man hier draußen nicht gerade kämpft, verfällt man unweigerlich ins Grübeln, vielleicht ist das der *einzige* Vorteil an der Situation. Man sieht vieles in einem anderen Licht und wird in allem bescheidener, weil man begreift, wie vergänglich und möglicherweise unwiederholbar vieles ist. Hast Du gewußt, Belle, wie sehr ich Dich brauche, was Du mir bedeutest, oder habe ich mich allzu gleichgültig verhalten, Dich als Selbstverständlichkeit hingenommen? Nie werde ich unsere erste Nacht vergessen, in dem schrecklichen Zimmer am Prenzlauer Berg, der Wasserhahn tropfte, und nebenan stritten sie und warfen mit Geschirr . . . Du warst so jung, Belle, und auf einmal schauten Deine Augen ganz schüchtern, was ihnen zum erstenmal etwas Wärme gab. Du, die schöne, lebenslustige, von allen begehrte Belle Lombard, hattest mich auserkoren. Ich war glücklich damals, aber heute denke ich oft, ich habe dieses Geschenk zu leichtherzig und unbekümmert angenommen. Ich meine, ich habe Dir zu wenig zurückgegeben. Ich habe mein Leben weitergelebt, ausgerichtet nach meinen Bedürfnissen, nicht nach Deinen, und ich habe Deine Art immer kritisiert, meine aber unangetastet gelassen. Max Marty, das Maß aller Dinge . . .«

Jetzt war es nicht mehr nur die verwischte Schrift, die Belle das Lesen schwermachte; aus ihren Augen liefen Tränen und verschleierten ihren Blick.

»Du weißt, ich glaube nicht an Gott und kann daher nicht beten«, hieß es am Schluß, »aber ich sehne mich aus tiefstem Herzen danach, diesen Krieg zu überleben und zu Dir zurückkehren zu können. Meinst Du nicht, wir könnten noch einmal ganz von vorne anfangen?«

Sie weinte so heftig, daß ihr der Brief aus der Hand fiel. Warum nur war er so gut? Warum suchte er die Schuld bei sich,

wo sie es doch war, die belog und betrog und alles kaputt-
machte? Damit traf er sie hundertmal mehr, als wenn er sie
angegriffen hätte. Was immer er getan hatte, er hatte sie jedenfalls nie hintergangen, war ihr nie untreu geworden, hatte sich
nie ein leichtes Leben gemacht und sie darüber vergessen. Was
hatte er schon falsch gemacht, was konnte sie ihm denn vorwer-
fen? Daß er zu ernst war für einen Kindskopf wie sie? Daß er sich
nie amüsieren, nie unbeschwert lachen konnte, daß er ewig
politisieren mußte, keinen Sekt mochte, ungern tanzte und
lieber verhungerte, als unter der obersten Regie von Joseph
Goebbels Theater zu spielen? Wie hatte sie sich aufgeregt über
all das, wieder und wieder, sich entrüstet über seine Art, ihre
Nächte mit Andreas mit seiner Unfähigkeit, sie zufriedenzustel-
len, gerechtfertigt . . . Und jetzt entschuldigte er sich für seine
Fehler, dabei wäre es ihre Sache gewesen, sie hätte um Verzeihung bitten müssen und hätte auf Knien danken können, wenn
er ihr verziehen hätte.

Sie ging mit schleppenden Schritten ins Bad, starrte in den
Spiegel. Die Wimperntusche war ihr über das Gesicht gelaufen,
der Lippenstift hatte sich verschmiert. Ein verheultes, kleines
Mädchen blickte sie an, mit heißen, roten Wangen und weitaufgerissenen Augen.

Sie riß ein Stück Klopapier ab und schneuzte sich kräftig die
Nase. Dann spritzte sie sich etwas kaltes Wasser ins Gesicht,
trocknete sich mit dem Handtuch ab. Die Augenlider blieben
gerötet und verschwollen, aber das konnte sie nicht ändern. Sie
mußte hinuntergehen, zur Telefonzelle, und Andreas anrufen
und ihm sagen, daß sie heute abend nicht kommen würde. Bei
dem Gedanken an die Einsamkeit, die sie die ganze Nacht
empfinden würde, wurde ihr bleischwer ums Herz. Sophie war
bei Elsa, sie hatte niemanden, sie würde wachliegen und immer
wieder Max' Brief lesen und grübeln und weinen, aber sie
mußte stark bleiben. Sie mußte ein für allemal einen Schluß-
strich ziehen. Sie würde ihm sagen, daß sie heute abend nicht
kam und auch sonst nie mehr wieder. Schon während sie die
Wohnung verließ, wußte sie, daß sie es nicht durchhalten
konnte.

»... der Schriftsteller tauchte den Lappen tief in das warme Seifenwasser, wrang ihn sorgfältig aus und wischte über die steinernen Fliesen, die schwarzweiß, wie ein Schachbrettmuster, angeordnet waren. Er hatte das Fenster weit geöffnet, um etwas von der süßen, milden Frühlingsluft in den Raum zu lassen. Warmer Wind brachte den Duft der blühenden Forsythien, von Gras und Erde. Der Garten war das Schönste an der Villa. Voll hoher, alter Bäume, wuchernder Sträucher, Blumen und Knospen in Hülle und Fülle. Ein kleiner Teich, in dessen Wasser die Zweige der Trauerweide spielten. Der vollkommene Friede mitten im Kriegsjahr '42.

April '42. Neun Jahre Nazidiktatur. Der Schriftsteller dachte daran, wie er später über diese Zeit schreiben würde. Eine Zeit, in der Intellektuelle plötzlich gezwungen waren, alten, reichen Damen die Häuser zu putzen, nur weil sie Juden und damit Volksfeinde Nummer eins waren ...«

Martin schrubbte den Fußboden im Badezimmer einer alten Villa. Die einzige Arbeit, die er noch hatte bekommen können. Seine Verzweiflung darüber wuchs von Tag zu Tag, und manchmal rettete er sich vorübergehend in eine gedankliche Beschreibung seiner Situation.

Er hielt inne. Die Verzweiflung drohte sich wieder an ihn heranzuschleichen. Dieses schöne alte Haus ... so eines hätte er sich auch gewünscht, und er hätte es bekommen, wenn sie nicht aufgetaucht wären, die Männer in den braunen Uniformen, die ihm das Leben zur Hölle machten.

Die Baronin Kronburger, für die er hier arbeitete, erschien in der Tür. Sie war achtzig Jahre alt, aber glasklar im Kopf und vital wie andere mit fünfzig. Ihr Mann war seit Jahren tot, Kinder hatte sie keine, und wenn sie sich einsam fühlte, so zeigte sie es zumindest nicht. Sie fühlte sich niemandem verpflichtet, auch nicht den Nazis. Zwei Männer von der SA waren kürzlich bei ihr erschienen und hatten sie gefragt, weshalb sie einen Juden bei sich beschäftigte. Sie hatte ihnen nur erklärt, daß sie beschäftige, wen sie wolle, und im übrigen wünsche sie, nicht weiter mit ihnen zu sprechen. Die Männer gingen widerspruchslos und ließen sich nie mehr blicken. Martin hatte sich manchmal überlegt, ob er die alte Frau in einer eventuellen Notlage würde um Hilfe bitten können, hatte diesen Gedanken aber rasch wieder verworfen. So weit würde sie sicher nicht gehen, denn letzten Endes waren ihr andere Menschen gleichgültig. Es interessierte sie nur, daß sie tun konnte, was sie wollte. Sich für einen anderen in Gefahr zu begeben, war nicht ihre Sache.

»Herr Elias, ein Anruf für Sie.« Sie hatte eine tiefe, emotionslose Stimme. »Ihre Frau.«

Martin wurde sofort unruhig, Sara hatte noch nie hier angerufen.»Ist etwas passiert?«

»Ich weiß es nicht. Sie hat mir keine Erklärung abgegeben.«

Martin ging hinüber in den Salon, wo das Telefon stand.

»Der Teich draußen müßte gründlich gesäubert werden«, sagte die Baronin, »es wuchern zu viele Algen darin. Sonst ersticken die Fische.«

Martin nahm den Hörer auf. »Sara? Wo bist du?«

Ihre Stimme klang hell und verzweifelt. »Daheim. Martin, du mußt sofort nach Hause kommen!«

»Was ist denn passiert?«

»Wir haben einen Brief bekommen. Morgen früh um fünf Uhr haben wir uns in einer leerstehenden Lagerhalle am Ostbahnhof einzufinden. Wir sollen umgesiedelt werden.«

»Was?«

»Wir dürfen jeder nur einen kleinen Koffer und Verpflegung für zwei Tage mitnehmen. Martin, was soll jetzt werden? Was . . .«

»Von wo aus rufst du an?«

»Von Frau Kellners Apparat. Sie hat es mir erlaubt. Keine Angst, sie kann mich nicht hören. Martin . . .«

»Ganz ruhig, Sara, ganz ruhig. Uns bleiben ja noch ungefähr achtzehn Stunden. Wir finden einen Weg.« Er war selber erstaunt, daß er so normal sprechen konnte. Saras Worte hatten ihn wie ein Schlag in den Magen getroffen. Jetzt war es also passiert, Tag für Tag hatte er darauf gewartet, Tag für Tag gehofft, der Kelch werde irgendwie an ihnen vorübergehen. Vielleicht vergessen sie uns einfach. Vielleicht ist die Ära der Nazis vorbei, ehe uns etwas geschieht. Vielleicht, vielleicht...

Jetzt blieb kaum mehr Zeit für ein »Vielleicht«. Jetzt mußte er so schnell wie möglich handeln. »Sara, du wartest jetzt in aller Ruhe, bis ich komme. Ich werde...« Er war sich bewußt, daß sich die Baronin ebenfalls im Zimmer aufhielt, sie hatte sich an ihren Schreibtisch gesetzt und schrieb an einem Brief.

»Sara, ich werde eine Lösung finden. Bleib, wo du bist!«

»Ich habe Angst. Es wird etwas Furchtbares geschehen, ich weiß es.«

»Mach dir keine Sorgen. Es kommt alles in Ordnung.« Er legte den Hörer auf. Seine Hände zitterten. Ruhig bleiben, befahl er sich, du darfst jetzt nicht die Nerven verlieren.

»Frau Baronin.« Er räusperte sich, weil seine Stimme plötzlich doch belegt klang. »Könnten Sie mir für den Rest des Tages freigeben?«

Sie blickte auf. Kühle Augen musterten ihn. »Etwas nicht in Ordnung?«

»Meine Frau... fühlt sich nicht wohl...«

»Das tut mir leid. Ja, gehen Sie nur.«

»Ich säubere den Teich dann morgen«, schwindelte er. Hier würde es für ihn kein Morgen geben.

Die Baronin stand auf. Die Falten ihres langen Kleides raschelten. Sie ließ sich ihre Sachen noch immer nach der Mode der Jahrhundertwende schneidern. »Hier.« Einer Schreibtischschublade entnahm sie ein Bündel Geldscheine. »Ihr Lohn für den Monat April. Ich gebe Ihnen das Geld heute schon.«

Er protestierte. »Das geht nicht. Es ist erst der dreiundzwanzigste, und ich...« *Ich werde nicht mehr kommen!*

Er hatte das seltsame Gefühl, als schaue sie ihn sehr wissend an. »Nehmen Sie das Geld trotzdem. In diesen Zeiten ist es nicht gut, ohne Geld zu sein. Man weiß nie, wann man es plötzlich braucht.«

Martin ergriff zögernd die Scheine, verstaute sie in seiner Brieftasche. »Das ist sehr großzügig von Ihnen, Frau Baronin. Ich danke Ihnen.« Noch einmal überlegte er kurz, ob er sie um

Hilfe bitten sollte, aber da sagte sie schon in geschäftsmäßigem Ton: »Dann gehen Sie jetzt. Ich wünsche Ihnen alles Gute.«

Sie wußte, was los war. Und hätte sie helfen wollen, dann hätte sie es angeboten. Er griff nach Hut und Jackett. »Auf Wiedersehen, Frau Baronin.« Er trat in den blütenduftenden Frühlingstag hinaus und glaubte, erdrückt zu werden von der Last, die auf ihm lag.

Zweieinhalb Stunden später erst kam er zu Hause an. Sara hatte schon seine Schritte auf der Treppe gehört und erwartete ihn an der Wohnungstür. Es schnitt ihm ins Herz, sie so zu sehen; sie schien in wenigen Stunden um Jahre älter geworden zu sein. Ihre Gesichtsfarbe hatte einen beinahe gelblichen Ton angenommen, unter ihren Augen lagen bräunliche Ringe. Sie trug ein grün-weiß gemustertes Sommerkleid, das wie ein Sack an ihr herumhing. Die Haare hatte sie zurückgebunden, was ihr mageres Gesicht noch spitzer erscheinen ließ.

»Martin! Wie gut, daß du da bist! Ich habe so auf dich gewartet! Ich weiß nicht mehr, was ich tun soll. Martin, es wird etwas Furchtbares passieren, ich spüre es.« Sie klammerte sich an ihn, zog ihn in die Wohnung. Er strich ihr beruhigend über die Haare. »Sara! Beruhige dich doch! Glaubst du, ich lasse es zu, daß wir irgendwohin in den Osten deportiert werden und dann auf mysteriöse Weise sterben wie mein Vater?«

»Aber was sollen wir tun?«

Er schloß nachdrücklich die Tür, sprach mit gesenkter Stimme. »Ich war bei Felicia. Sie nimmt uns auf. Wir können uns bei ihr verstecken.«

»Untertauchen?«

»Wir haben keine andere Wahl.«

»Aber, Martin, wie lange können wir uns verstecken? Ein Jahr? Zwei Jahre? Fünf Jahre? Ein halbes Leben? Wie sollen wir das aushalten, wie . . .«

»Sara, wir können jetzt nicht so weit vorausdenken. Wir sind in einer Situation, da können wir nur für den Augenblick leben. Wir müssen uns in Sicherheit bringen.«

Mit verstörten Augen blickte sie sich um. »Ja, du hast recht . . .«

»Hör zu, ich möchte ein paar Sachen zu Felicia bringen. Aber es wäre zu gefährlich, einen großen Koffer zu nehmen, da werde ich womöglich an der nächsten Straßenecke verhaftet. Ich packe etwas in meine Aktentasche und gehe eben zweimal oder dreimal.«

Sara starrte an ihm vorbei zur Wand. »Wir sollten sofort verschwinden.«

»Wir müssen uns erst morgen früh melden. Es gibt keinen Grund, jetzt etwas zu überstürzen. Laß uns vorsichtig sein, Sara.«

Sie versuchte, ihre Verzweiflung zu beherrschen. »Gut. Während du gehst, suche ich zusammen, was wir noch alles brauchen, wir müssen gut überlegen, was wir mitnehmen.«

»Auf jeden Fall«, sagte Martin, »brauche ich meine Schreibmaschine. Stell dir vor, wenn ich die Zeit nutze und ein ganz phantastisches Buch schreibe, und wenn der Spuk vorbei ist, wird es das meistgelesene Werk aller Zeiten.«

»Ja«, antwortete sie leise. Sein bemüht lustiger Ton heiterte sie nicht auf. Mit schweren, schleppenden Bewegungen half sie ihm, die Aktentasche vollzupacken – Socken, Wäsche, warme Pullover für den Winter. Martins Versuche, das Entsetzliche mit Humor zu entschärfen, zerrten fast unerträglich an Saras Nerven. Sie mußte sich zusammennehmen, um ihn nicht anzufahren. Er konnte doch nicht so tun, als packten sie hier für eine Urlaubsreise! Sie waren Ausgestoßene, Flüchtende, Verfolgte. Sie wußte nicht genau, was mit ihnen geschehen würde, wenn man sie ergriffe, was genau am Ende der Reise in den Osten stand, aber sie wußte, daß es tödlich sein könnte.

Martin zog seinen Mantel wieder an – er war zu warm für diesen Tag, aber so konnte er ihn am diskretesten transportieren – und nahm die Tasche in die Hand. Er gab Sara einen Kuß. »In einer Stunde bin ich zurück. Vielleicht suchst du ein paar Bücher heraus, die wir in den Einkaufstaschen mitnehmen können.«

»Paß auf dich auf«, erwiderte Sara. Und plötzlich unruhig, fügte sie hinzu: »Beeil dich!«

Das waren die letzten Worte, die Martin von ihr hören sollte.

Eine Stunde nachdem er fortgegangen war, tauchte die Gestapo in der Hohenzollernstraße auf und verhaftete Sara.

Felicia hatte beschlossen, Martin mit dem Auto in die Hohenzollernstraße zu fahren, um Sara und das übrige Gepäck abzuholen – sie besaß ja noch den großen, schönen Wagen von Peter Liliencron –, aber dann fand sie es noch besser, allein zu fahren, das fiele am wenigsten auf. Martin sträubte sich natürlich. »Felicia, Sie haben durch uns ohnehin genug Ärger am Hals. Machen Sie sich nicht noch zusätzliche Umstände.«

»Ich bin mit dem Auto viel schneller da als Sie mit der Straßenbahn. Und es ist wirklich ungefährlicher, wenn Sie jetzt nicht schon wieder dort aufkreuzen. Es macht mir keine Mühe, wirklich nicht.«

Das ist nun wirklich der kleinste Teil der ganzen Geschichte, dachte sie, während sie ihren Autoschlüssel suchte. Die Entscheidung, Martin und Sara bei sich aufzunehmen, hatte sie ganz allein treffen müssen, als Martin am Mittag bei ihr erschienen war und sie um Hilfe gebeten hatte. Maksim war seit Tagen verschwunden – eine seiner geheimnisvollen Reisen, über die er niemals ein Wort verlor –, und Alex war schon zum Frühstück mit einem Autor verabredet gewesen und hatte sich seither nicht blicken lassen. Felicia war deshalb wütend auf ihn, sagte sich aber, daß er schließlich irgendeinem Beruf nachgehen mußte. Auf Maksim war sie noch wütender, obwohl sie gerechterweise zugeben mußte, daß die Geschichte mit Martin und Sara ausnahmsweise nicht unter seine Verantwortlichkeit fiel. Auch ohne ihn hätte sie nicht anders handeln können. Mit Sara war sie vor unendlich langen Jahren in Berlin gemeinsam zur Schule gegangen, und es war völlig unmöglich, sie jetzt im Stich zu lassen.

Felicia bog mit dem Auto in die Hohenzollernstraße ein, genau in dem Augenblick, als Sara, gefolgt von einem Gestapobeamten, das Haus verließ und in den schwarzen Wagen stieg.

»Oh, Scheiße!« sagte Felicia laut, steuerte ihr Auto an den rechten Straßenrand und hielt an. Sie hatte die Situation sofort erfaßt, und in ihrem Kopf begannen sich tausend Gedanken zu überschlagen. Wieso waren die jetzt plötzlich in der Wohnung erschienen, Martin und Sara hatten sich doch erst am nächsten Morgen melden sollen! Hatten sie Wind bekommen von dem geplanten Verschwinden? Oder machten sie das einfach manchmal, die Leute plötzlich früher abzuholen als geplant, um eben eine mögliche Flucht noch zu vereiteln? Und warum, zum Teufel, hatte Sara nichts gemerkt, vielleicht hätte sie noch irgendwie entkommen können, durch eine Hintertür . . . aber da fiel ihr ein, daß Sara von Anfang an gegen das Haus in der Hohenzollernstraße gewesen war, weil es keinen Ausgang zum Hof hatte und sie darin eine Gefahr sah. Sie stöhnte auf. Saras seltsame Ahnungen hatten sich wieder einmal als richtig erwiesen. Das Haus war ihr zur Falle geworden.

Der Wagen, in den Sara gestiegen war, fuhr an, rollte langsam die Straße entlang. Felicia starrte verzweifelt hinterher, hilflos und unfähig, irgend etwas zu tun. Vorläufig konnte sie Sara nicht helfen, sie mußte nach Hause und sich um Martin kümmern. Wie würde er die schreckliche Nachricht aufnehmen? Sara war der einzige Mensch, den er auf der Welt hatte.

Während der Heimfahrt überlegte sie abwechselnd, wie sie Martin die schlimme Nachricht überbringen sollte, wo sie ihn vorübergehend unterbringen konnte – für den Fall, daß Sara im Verhör redete – und wie sie am ehesten irgend etwas für sie tun könnte. Vielleicht könnte sie den verdammten Mann ihrer Tochter mobilisieren.

Ich werde Alex anrufen, beschloß sie, er muß mir jetzt irgendwie helfen.

Es erwies sich jedoch als unnötig, hinter ihm herzutelefonieren. Gerade als Felicia ankam, traf auch er ein, gutgelaunt und seelenvergnügt. Er spazierte auf die Haustür zu, als gebe es auf der Welt keine schwerwiegenden Probleme.

»Hallo, Felicia!« Er zog seinen Hut, und sie sah verärgert zu, wie er damit herumwedelte, als sei er ein jugendlicher Möchtegern-Casanova. »Ist das nicht ein wunderschöner Frühlingstag heute? Ich war noch bei Kat, wir haben auf der Terrasse gesessen und Tom Wolffs Weinkeller um zwei äußerst exklusive Flaschen erleichtert. Ich glaube, ich werde jetzt . . .«

Sie unterbrach ihn. »Alex! Gott sei Dank, daß du da bist!«

Alex verzog das Gesicht, als sei er von Rührung überwältigt. »Daß ich solches einmal aus deinem Mund vernehmen würde!«

»Ach, jetzt hör auf, es ist ernst!« Sie lief auf ihn zu, packte ihn am Arm und zog ihn hinter sich her ins Haus. »Ich muß es dir drinnen erzählen, es darf uns niemand hören!«

3

Alex nahm die Dinge in die Hand, und wieder einmal hatte Felicia das Gefühl, daß er und nicht Maksim es war, der in den kritischen Momenten ihres Lebens an ihrer Seite stand. Er entschied, daß man Martin nirgendwo hinbringen konnte, weil es eine zu große Gefahr bedeutete, Dritte ins Vertrauen zu ziehen. Sie müßten auf die Sicherheit des Geheimschrankes im Keller vertrauen. Dann bestimmte er, was Felicia Hans Velin erzählen sollte, wenn sie ihn anriefe: Nichts davon, daß sie in der Hohenzollernstraße gewesen und Saras Verhaftung gesehen hatte, sondern nur, daß Sara bei ihr angerufen und von dem Deportationsbescheid berichtet habe. Nun wolle sie alles tun, um sie und Martin aus der Geschichte herauszuholen.

»Man wird dir dann noch früh genug erzählen, daß Martin verschwunden ist und dich fragen, ob du etwas davon weißt«, sagte Alex, »und dann mußt du die Nerven behalten.«

»Ich werde es versuchen«, murmelte Felicia zaghaft.

Das Schlimmste war, daß Martin vollkommen zusammenbrach. Er geriet außer sich, und sie mußten ihn fast mit Gewalt daran hindern, sofort das Haus zu verlassen und sich freiwillig der Gestapo zu stellen.

»Ich kann Sara nicht im Stich lassen!« schrie er. »Ich muß zu ihr! Ich bin an allem schuld. Alles, was jetzt mit ihr passiert, ist ganz allein meine Schuld!«

Es gelang Felicia, ihm zwei Beruhigungstabletten aufzureden, aber die bewirkten nur, daß er sich schlapp und elend zu fühlen begann, ohne daß seine Verzweiflung auch nur um ein weniges geringer wurde.

»Wir werden alles tun, um ihr zu helfen«, sagte Felicia, »bitte, Martin, geben Sie noch nicht auf! Vor allem stürzen Sie sich jetzt nicht selbst ins Messer, das nützt doch nichts!«

Er lag in ihren Armen und weinte wie ein Kind, schrie seinen ganzen Jammer heraus und seine bitteren Selbstanklagen.

»Sie wollte Deutschland verlassen, schon bald nach der Machtergreifung, ich habe sie daran gehindert, sie wußte, was passieren würde, eine mörderische Angst hat sie gehabt, aber ich wollte ja nicht auf sie hören, wegen meines verdammten Stolzes, ich wollte ausharren, wollte es allen zeigen, mich kriegen die Nazis nicht klein, mich nicht!« Er hob sein Gesicht, es war tränenüberströmt. »Und jetzt muß sie für mich leiden. Ich bin in Sicherheit, und sie wird sterben. Sara, der beste Mensch auf der Welt. Sie hat niemandem jemals etwas zuleide getan, niemals! Sie hat es nicht verdient. Ich hätte es verdient, viel mehr als sie! Laßt mich doch zu ihr, ich kann mich doch nicht verstecken und sie den Henkern ausliefern!«

»Ganz ruhig, Martin. Warten wir ab, was Velin sagt. Vielleicht kann er helfen.«

Hans Velin erschien am Abend in der Prinzregentenstraße, nachdem Felicia einige Stunden vorher mit ihm telefoniert und ihm die Lage geschildert hatte. Er war seit Anfang des Jahres wieder in München, nachdem ihn in Rußland das Asthma beinahe umgebracht hatte. Daheim ging es ihm etwas besser, aber immer noch nicht wirklich gut, er konnte vieles nicht mehr tun, was er früher ganz selbstverständlich getan hatte, und sein dadurch labil gewordenes Selbstwertgefühl ließ ihn abwechselnd aggressiv und wortkarg sein. Zu allem Überfluß war das im November geborene Kind wieder ein Mädchen, aber Susanne war bereits wieder schwanger, und vielleicht würde sie nun endlich dem Führer einen Sohn schenken.

Mit etwas verbissener Miene kam er ins Haus. Alex, der ihn noch nicht erwartet und im Salon gesessen und BBC gehört hatte, gelang es in letzter Sekunde, den Sender zu verstellen.

»Heil Hitler«, grüßte Hans.

»Zum Teufel«, sagte Alex, »dieses Radio spinnt wieder einmal.« Er hatte nämlich den richtigen Sender noch nicht gefunden, und aus dem Apparat klang nur Glucksen und Rauschen. Velin setzte sich, sein Atem ging etwas schwer. Felicia fand, daß er wirklich sehr schlecht aussah. Seine Wangen hatten keine Farbe, und seine Augen waren umschattet, Folge vieler durchwachter Nächte, in denen er um Luft rang, anstatt zu schlafen.

»Üble Geschichte«, begann er, »ich habe mich umgehört inzwischen. Diese . . . diese Sara . . . wie hieß sie noch?«

»Sara Elias«, antwortete Felicia. Unmerklich krampften sich ihre Hände zusammen.

»Ja, richtig, Sara Elias. Sie ist heute nachmittag von der Gestapo verhaftet worden, in ihrer Wohnung. Sie hielt sich alleine dort auf. Ihr Mann . . .«

»Martin Elias.«

»Martin Elias war nach ihren Angaben noch bei der Arbeit. Sie selber geht keiner beruflichen Tätigkeit nach.«

Also hatte sie die Halbtagesstelle in Felicias Unternehmen nicht erwähnt, vermutlich, um die Freundin nicht in Schwierigkeiten zu bringen. Wäre alles anders gekommen, wenn sie heute in der Fabrik gewesen wäre? Aber müßig, darüber nachzudenken, es gab einfach nicht genug zu tun für sie, oft war sie daheim geblieben, weil es sinnlos gewesen war, die Zeit im Büro abzusitzen. Felicia hatte ihr solche Tage bezahlt, trotz Saras Protest. »Das kann ich nicht annehmen, Felicia!«

»Quatsch, nimm es. Wir sind Freunde, es ist normal, daß wir einander helfen, oder nicht?«

»Martin Elias«, fuhr Velin fort, »ist bis jetzt noch nicht in der Wohnung aufgetaucht, die unter Bewachung steht – was er aber nicht wissen kann.«

»Ja, aber«, fragte Felicia, »wo kann er dann sein?«

Velin warf ihr einen scharfen Blick zu. »Eine gute Frage. Man hat sich bei seiner Arbeitgeberin erkundigt, einer Baronin Soundso. Er ist dort wie immer am späten Nachmittag fortgegangen . . .«

Aha, wer immer die Alte war, zumindest hatte sie ihn gedeckt!

»Es gab keine besonderen Vorkommnisse, der Baronin ist nichts aufgefallen. Möglich, daß sie lügt, aber nicht sehr wahrscheinlich. Irgend jemand muß ihn gewarnt haben.«

»Und Sara ist jetzt bei der Gestapo?« erkundigte sich Felicia.

»Ja. Man hat sie verhört, aber angeblich hat sie keine Ahnung, wo sich ihr Mann aufhält.« Velin hustete. »Vielleicht redet sie aber noch.«

Felicia mußte sich beherrschen, um nicht zu schreien. Sie wußte, was ein Verhör durch die Gestapo bedeutete.

»Wo immer Martin ist, wir müssen vor allem Sara helfen«, sagte sie erregt. »Hans, sie ist eine sehr alte Freundin von mir. Wir sind in Berlin zusammen zur Schule gegangen. Hans, bitte, ich möchte, daß Sara freikommt und, wenn es irgendwie geht, Deutschland verlassen kann!«

»Das stellst du dir so einfach vor«, erwiderte Hans, »ich möchte nicht, daß für meine Familie eine Extrawurst gebraten wird. Das Ganze ist ohnehin äußerst peinlich . . .«

Felicia sah ihn fragend an. Alex war unterdessen aufgestanden, hatte ein Glas aus dem Schrank genommen und schenkte Cognac ein. Er reichte es an Hans. »Herr Hauptsturmführer . . .«

»Danke.« Hans nahm einen Schluck. »Die Angelegenheit ist deshalb peinlich, weil manch häßlicher Verdacht geäußert wird. Es gibt Leute, die glauben, daß Felicia etwas mit dem Verschwinden von Elias zu tun hat.«

»Ich?« Felicia sah ihn entrüstet an. »Das ist ja Unsinn! Ich lasse mich doch nicht auf solche Wagnisse ein! So dumm bin ich nicht, daß ich meinen Hals riskiere für irgend jemanden!«

Sie fing einen amüsierten Seitenblick von Alex auf und wußte, daß sie überzeugend wirkte – weil sie genau das sagte, was sie empfand. Sie spielte nicht, sie war Felicia. Die Felicia, die für niemanden ihren Kopf hinhalten mochte, es aber dann und wann doch tat, widerstrebend und zähneknirschend, weil die Umstände sie dazu zwangen.

Der Cognac wirkte entspannend auf Velin, er schien eine

Spur gelöster als zu Beginn der Unterredung. »Natürlich . . . es sind ja auch nur Gerüchte. Aber wenn sich solche Gerüchte verdichten, kann es unangenehme Folgen haben.« Er trank das Glas aus.

»Wissen Sie«, sagte Alex, »meine geschiedene Frau und ich haben uns an Sie gewandt, weil wir glauben, daß Sie wirklich helfen können.« Er schenkte ihm Cognac nach und lächelte ihn an. »Wir verstehen, daß es eine schwierige Situation für Sie ist, aber bitte, verstehen Sie auch Felicia. Sara Elias hat viel für sie getan . . .« Das war eine Lüge, beeindruckte Velin aber sicher mehr, als wenn Alex einfach auf die freundschaftliche Verbundenheit der beiden Frauen hingewiesen hätte.

Velin lehnte sich zurück. »Ich will sehen, was ich tun kann«, sagte er, »aber ich möchte Sie bitten, sich nicht zu große Hoffnungen zu machen. Ich habe keine Ahnung, ob man mir entgegenkommen wird. Ehrlich gesagt, ich bezweifle es sogar.«

»Wir sind Ihnen jedenfalls für Ihre Bemühungen schon im voraus sehr dankbar«, erwiderte Alex höflich.

Velin hatte offenbar keine besondere Lust, nach Hause zu gehen, außerdem schmeckte ihm der Cognac, jedenfalls blieb er fast bis Mitternacht und erzählte detailliert von einer faszinierenden Begegnung, die er mit dem Führer auf dem Berghof gehabt hatte. Zweifellos war er nicht dumm, seine Art, Ereignisse wiederzugeben, zog Zuhörer in seinen Bann. Er war nicht der Mann, für den sich Felicia jemals hätte erwärmen können, aber sie begann ganz vage zu verstehen, was ihre Tochter in ihm sah.

Nachdem er fort war, ließ sich Felicia erschöpft in einen Sessel fallen. »Ich dachte, wir werden ihn nie mehr los! Alex, glaubst du, er kann etwas für Sara tun?«

Alex war in der Zimmertür stehengeblieben, im Schein des hinter ihm hell erleuchteten Flures sah er aus wie ein dunkler Schatten. »Ich will dir den Mut nicht nehmen, Felicia, aber ich sehe keine allzu großen Chancen. Was hier stattfindet, ist ein gigantischer Feldzug gegen ein ganzes Volk, und es gehört zur unbedingten und notwendigen Strategie, keine Ausnahmen zu machen. Ich weiß nicht, wie weit Hans Velins Einfluß reicht . . .

ich weiß auch nicht, wie entschlossen er noch ist, wenn morgen früh die Wirkung des Alkohols nachläßt. Ich fürchte fast, er wird nichts erreichen.«

Mit einer müden Bewegung strich sich Felicia die Haare aus der Stirn. »Wie konnte das nur passieren? Wie konnte dieser Irrsinnige an die Macht kommen? Und wie lange wird das alles noch dauern?«

»Nicht mehr lange. Die Grabesglocken läuten schon ganz leise. Moskau war eine ernste Niederlage, der Führer hat sich gewaltig übernommen, und jetzt gerät er in Panik. Die Entlassung seiner besten Generäle im Januar war ein typisches Zeichen. Wenn diese größenwahnsinnigen Diktatoren an ihre Grenzen stoßen, beginnen sie in hysterischer Hast, ihre Leute auszutauschen, und machen die Augen zu vor der Tatsache, daß es nicht an der Mannschaft liegt, sondern daran, daß sie Unmögliches wollen. Anstatt zu retten, was vielleicht noch zu retten wäre, versuchen sie, ihr Ziel mit aller Verbissenheit und Gewalt zu erreichen. Damit schaufeln sie die Grube nur immer tiefer, in die sie nachher fallen.« Er hielt inne, fuhr dann fort: »Du solltest auch hin und wieder BBC hören. Dann wüßtest du, daß die Nazis keineswegs so glänzend dastehen, wie es uns Funk und Zeitungen hier weiszumachen versuchen.«

»Ja«, sagte Felicia, »aber was immer geschieht, für Sara wird es zu spät sein.«

»Du kannst im Augenblick nichts tun, Felicia. Schau noch einmal nach Martin und leg dich schlafen.« Seine Stimme war sanft. Felicia erinnerte sich, daß sie schon oft das Gefühl gehabt hatte, er könne mit seiner Stimme streicheln – und wie gut ihr das immer getan hatte.

»Ich bin so froh, daß du heute da warst, Alex«, sagte sie leise, »danke.«

Für einen Moment war wieder die alte Spannung zwischen ihnen, die geheimnisvolle, unvergängliche Anziehungskraft, die sich ihrer in den Pausen zwischen den Gefechten immer bemächtigte. Felicia schloß ganz kurz die Augen. Gleich würde er zu ihr kommen und sie in die Arme nehmen . . .

Sie glaubte ihren Ohren nicht zu trauen, als er freundlich

»Gute Nacht« sagte und in seinem Zimmer verschwand. Mit deutlichem Nachdruck schloß er die Tür.

Peter Liliencron war gegen Morgen noch einmal in einen unruhigen Schlaf gefallen, nachdem er wieder die halbe Nacht wachgelegen und gegrübelt hatte. Er hatte nie gedacht, daß er das Emigrantendasein so schwer würde ertragen können. Seit vier Jahren lebte er nun schon nicht mehr in Deutschland, und es gab keinen Tag, an dem ihn nicht das Heimweh quälte. Mit der Zeit, so hatte er sich stets getröstet, wird es besser, aber statt dessen wurde es nur schlimmer. Der Gedanke, er werde Deutschland, München, vielleicht nie wiedersehen, steigerte sich zur Besessenheit; er konnte praktisch über nichts anderes mehr nachdenken. Hinzu kam die ungeliebte Arbeit, mit der er seinen Unterhalt verdiente – Freunde hatten ihm die Stelle als Kellner in einem Bistro besorgt, nachdem es für ihn schon lange nicht mehr möglich war, Geld von seinen Schweizer Konten nach Frankreich zu transferieren und alles, was er mitgeführt hatte, aufgebraucht war.

Er wachte davon auf, daß heftig gegen seine Wohnungstür gehämmert wurde und eine kräftige Stimme: »Aufmachen!« brüllte. Erschreckt öffnete er die Augen, schloß sie gleich darauf geblendet; es war Juni, die Sonne stand schon früh am Morgen sehr hoch und schien direkt in sein Schlafzimmer, das nach Osten ging. Dann erhob er sich, angelte nach Bademantel und Schuhen und machte die Tür auf. Vor ihm stand ein Beamter der französischen Polizei. »Peter Liliencron?«

Wie hatten sie seine Identität feststellen können? Seine Freunde hatten ihm damals, nach der Rückkehr von der mißglückten Flucht, falsche Papiere beschafft, die auf den Namen Vincent Latour lauteten. »Ich bin nicht Peter Liliencron. Mein Name ist Latour. Vincent Latour.« Er griff in die Innentasche seines Jacketts, das neben der Tür an einem Haken hing, und zog seinen Ausweis hervor, zeigte ihn dem Beamten. Der warf kaum einen Blick darauf. »Wir wissen, daß Sie Peter Liliencron sind, Jude aus Deutschland, und daß Sie hier unter falschem Namen in Paris leben.« Peter hatte den Eindruck, daß in dem

Blick des Polizisten fast so etwas wie Mitleid lag. Viele Franzosen haßten es, für die Deutschen auf Menschenjagd zu gehen, und dieser gehörte offenbar dazu. »Es tut mir leid«, sagte er, »ich muß Sie verhaften. Sie sollen in den Osten gebracht werden.«

Peter hatte sich nie sicher gefühlt und immer damit gerechnet, daß er eines Tages in diese Situation kommen würde, aber jetzt traf es ihn trotzdem wie ein Keulenschlag.

Gleichzeitig überlegte er: Wie hatten sie herausgefunden, wer er war? Sie mußten jemanden von seinen Freunden gefaßt und verhört haben, und wahrscheinlich hatte er eine ganze Reihe von Namen und Adressen preisgegeben. Es hatte keinen Sinn, zu leugnen, er war entdeckt.

»Sie können Verpflegung für zwei Tage mitnehmen und ein paar persönliche Kleinigkeiten.« Der Polizist schob umständlich den Ärmel seiner Uniform zurück und blickte auf die Uhr.

»Bis Sie angezogen sind und gepackt haben ... sagen wir, in einer Stunde bin ich wieder hier.«

Peter hielt den Atem an. Der Beamte warf ihm einen scharfen Blick zu. »In einer Stunde«, wiederholte er, dann drehte er sich um und stieg die Treppe hinunter.

Peter schloß die Tür und konnte es im ersten Moment nicht fassen. Er hatte schon manchmal davon gehört: Es gab französische Polizisten, die unbarmherzig zuschlugen, es gab aber auch solche, die noch versuchten, etwas für ihre Opfer zu tun und ihnen eine letzte Gelegenheit zur Flucht einräumten. Eine Stunde! Ihm blieb eine Stunde, um zu entkommen.

Hastig begann er, sich anzuziehen.

Claire kehrte an diesem Morgen von einem ihrer gefährlichen Ausflüge auf den Hof zurück, die Sonne stand schon hoch über den Hügeln, der Tau glitzerte auf dem Gras, und in der Ferne rauschte leise und friedlich das Meer. Ein klarer Sommertag begann, in den Stunden der mittäglichen Hitze würden sich vielleicht ein paar Dunstschleier über die Felder senken, sich später wieder aufheben und den Himmel über dem Meer in den abendlichen Farben Rot und Violett erstrahlen lassen.

Phillip, der wach im Bett lag und auf Claires Schritte lauschte, wußte, wie diese bretonischen Sommertage waren, er liebte sie, liebte sogar das Gefühl schläfriger Müdigkeit, das in den Mittagsstunden den Körper schwerfällig werden und den Eindruck entstehen ließ, als fließe das Blut zäh und süß wie Honig durch die Adern. Dann, wenn der Abend nahte, verlor sich die Mattigkeit, und man konnte durch den Sonnenschein über die Wiesen zu den Klippen laufen, eine Handvoll erster Himbeeren mitnehmen von der wuchernden Hecke, die Früchte langsam auf der Zunge zergehen lassen und dort oben stehen, den ersten aufkommenden Wind spüren und zusehen, wie endlich die Sonne in den Wellen versank.

Er fragte sich, wo die Freude geblieben war, mit der er solche Tage früher begrüßt hatte. Er war kein junger Mann mehr, aber die Tatsache, älter zu werden, schwächer, hatte ihn nie traurig gestimmt. Immer hatte er gewußt: Ich habe Claire. Ich habe dieses herrliche Leben auf dem Land am Meer. Ich habe die Sommerabende voller Farben, tiefverschneite Wintertage, Nächte, in denen der Sturm heult und der Regen gegen die Fenster schlägt, und den Frühling, wenn das Meer leuchtet wie ein Smaragd und die Tiere hinaus dürfen und vor Glück schreien. Solange ich das habe, kann mir nichts geschehen.

Aber da hatte er nicht geahnt, was passieren würde. Daß die Deutschen Frankreich besetzen, daß sein kleiner Sohn im Granatfeuer ums Leben kommen würde. Daß Claire eine andere werden würde, eine vom Haß getriebene, fanatische Kämpferin.

An diesem Morgen gestand er sich zum erstenmal ein: Er hatte Claire verloren. Er kam nicht mehr an sie heran, erreichte sie nicht mehr mit seinen Worten. Was war mit ihr geschehen an dem Tag, als Jérôme starb? Gab es für sie keinen Weg mehr zurück? War die Claire von einst mit Jérôme zusammen begraben worden? Die alten Tage waren vergangen, was sein würde, blieb ungewiß.

Tap-tap-tap machten ihre Schritte im Zimmer über ihm. Phillip starrte an die Decke. Sie schlief nicht mehr im gemeinsamen Schlafzimmer, sondern hatte sich eine eigene kleine Kammer eingerichtet. Sie hatte das damit begründet, daß sie ihn nicht stören wollte, wenn sie nun oft erst sehr spät nach Hause kam, aber Phillip wußte, daß sie sich damit herausredete. In Wahrheit wollte sie ihm sagen: Laß mich mein eigenes Leben führen.

Sie lief noch eine ganze Weile hin und her, er kannte diese Unruhe schon. Immer wenn sie nach solch einer Nacht nach Hause kam, war sie zunächst unfähig, sich hinzusetzen oder hinzulegen, ganz gleich, wie erschöpft sie sich fühlte. Meist mußte sie sogar zwei Becher Rotwein trinken – ihr sicherstes Schlafmittel –, um wenigstens für kurze Zeit in einen unruhigen Schlummer zu fallen.

Tap-tap-tap, es ging bestimmt eine halbe Stunde so, dann verschwand sie in ihrer Kammer, Phillip hörte die Tür gehen. Und wie immer wurde seine Willenskraft auf die Probe gestellt: Nein, ich gehe nicht hinauf. Ich sehe nicht nach. Es geht mich nichts an! Ich stehe jetzt auf und frühstücke. Ich gehe nicht hinauf. Er stand auf, zog sich langsam an, stand dann lange am Fenster, atmete die Luft, die noch kühl war, und verließ schließlich das Zimmer. Er tat sich schwer heute beim Gehen, der Stumpf des amputierten Beines schmerzte, die Holzprothese klang laut auf der Treppe. Gegen seinen Willen, getrieben von einer magischen Kraft, betrat er das Wohnzimmer. Sein Blick wanderte zu dem Balken neben der Tür. Er sah es sofort: Es war wieder eine Kerbe mehr eingeritzt.

Peter hatte das Notwendigste zusammengepackt, das Allernotwendigste, denn er mußte mit einer unauffälligen, kleinen Tasche auskommen. Zuunterst lag Felicias Foto. Dann ein bißchen Unterwäsche und Strümpfe. Er lächelte, als er daran dachte, daß er früher immer mehrere Koffer gebraucht hatte.

Als er gerade die Eingangshalle des Hauses durchquerte, kam aus dem Nichts die Concierge angeschossen und packte ihn am Arm. »Halt! Wo wollen Sie denn hin?«

Eine grobe Zurechtweisung lag auf Peters Lippen, die Frau hatte weder das Recht, seinen Arm festzuhalten, noch, ihm eine solche Frage zu stellen, aber seine prekäre Lage erlaubte es ihm nicht einmal, sich mit ihr anzulegen.

»Ich mache ein paar Besorgungen«, erwiderte er höflich.

Sie fixierte ihn aus zusammengekniffenen Augen. »So, Besorgungen? Das sieht mir aber gar nicht so aus! Was haben Sie denn in der Tasche?«

Peter bemühte sich noch immer um einen höflichen Ton.

»Entschuldigen Sie, aber ich glaube, das ist wirklich meine Sache. Und würden Sie bitte meinen Arm loslassen?«

Sie ließ ihn tatsächlich los, sagte aber gleich: »Die Haustür ist verschlossen.«

»Warum denn das?«

Bildete er es sich ein, oder lächelte sie höhnisch?

»Erschien mir sicherer. Habe das Gefühl, der Polizist, der vorhin bei Ihnen war, wäre nicht damit einverstanden, daß Sie das Haus verlassen. Wollte er nicht in einer Stunde wiederkommen und Sie mitnehmen?«

Die Frau hatte offenbar unten an der Treppe gestanden und gelauscht. Peter gab es auf, ihr etwas vormachen zu wollen.

»Dann wissen Sie ja, worum es geht. Bitte, öffnen Sie die Tür.«

»O nein!« Die Concierge schüttelte heftig den Kopf. »Ich bin eine gute Staatsbürgerin. Ich unterstütze die Polizei meines Landes und arbeite nicht gegen sie.«

»Sie wissen doch, warum er mir eine Stunde Zeit gegeben hat!« Großer Gott, er konnte doch nicht an dieser fetten Schachtel scheitern!

»Ich weiß gar nichts. Außer daß Sie verhaftet wurden und in einer Stunde abgeholt werden. Ich lasse nicht zu, daß Sie in der Zwischenzeit zu entkommen versuchen.« Sie stand wie eine Wand, wich und wankte nicht, der blonde Dutt auf dem Kopf machte sie noch größer, als sie ohnehin schon war, und trotz der schlechten Versorgungslage von Paris spannten ihre Kleider um wohlproportioniertes Fett. Sie, die gute Staatsbürgerin als die sie sich sah, bekam ausreichend zu essen, weil sie seit über einem Jahr ein festes Verhältnis mit einem Besatzungssoldaten hatte, ihm vor wenigen Wochen sogar ein Kind geboren hatte.

»Madame«, sagte Peter, »Sie wissen, daß die französische Polizei im Auftrag der Deutschen handelt. Sie unterstützen also im Augenblick keineswegs Ihr Land. Sie unterstützen die Feinde Frankreichs, die fremde Besatzungsarmee, unter der Ihr Volk schwer zu leiden hat.«

»Ich tue meine Pflicht«, erwiderte sie ungerührt.

Peter kehrte wortlos um, wollte wieder die Treppe hinauf. Es ist ein Wahnsinn, dachte er, da kommt dieser Mann und gibt mir die Chance, mein Leben zu retten, und dann stellt sich mir eine Verrückte in den Weg und liefert mich den Henkern aus, und beide gehören sie zu demselben Volk . . . ich werde sterben, ich werde verdammt noch mal sterben, weil dieses Weib mich hier festhält . . .

In seinem Kopf jagten sich die Gedanken. Er konnte nicht durch ein Fenster seiner Wohnung hinausklettern: zum einen befand sie sich im ersten Stock, was einen Sprung zu gefährlich gemacht hätte, und zum anderen lagen alle Räume zur Straße hin, und sämtliche Anwohner rechts und links hätten ihn beobachten können. Durch den Keller . . . da gab es eine Tür zum Hinterhof, aber die war immer versperrt, unwahrscheinlich, daß sie heute offen war, das hatte die Concierge mit Sicherheit überprüft.

Ich kann doch nicht hingehen und sie einfach niederschlagen. Ich habe noch nie einen anderen Menschen angegriffen, ich kann nicht . . .

Seine Gedanken kamen ins Stocken, seine Schritte wurden zögernd. Natürlich, Peter Liliencron, der vollendete Herr, der Ästhet, der Mann mit den geschliffenen Umgangsformen, dem alles Laute, Grobe, Brutale zutiefst zuwider war, der sollte jetzt hingehen und diese fette, blonde Frau irgendwie überwältigen und zum Schweigen bringen? Der Schweiß brach ihm aus vor Schreck bei dieser Vorstellung, aber fast gleichzeitig hatte er ein Bild vor Augen, das sich ihm immer deutlicher aufdrängte, es war das Bild von Felicia, und die Erinnerung an sie war so stark wie am Morgen nach seiner mißglückten Flucht ins unbesetzte Frankreich. Sie sah ihn ungeduldig an, hatte die Stirn gerunzelt vor Ärger und Unverständnis. »Peter, Herrgott, du wirst doch nicht so wahnsinnig sein, dich jetzt da oben in deine Wohnung zu setzen und auf die Polizei zu warten! Wenn du diese Chance nicht ergreifst, kriegst du keine zweite mehr. Geh hin, hau ihr einen Stein auf den Kopf oder sonst etwas, und dann sieh zu, daß du wegkommst! Tu es! *Tu es!*«

Er wandte sich langsam um. An seinen Füßen schienen Gewichte aus Blei zu hängen.

»Madame?«

Sie stand am Fuße der Treppe, starrte ihn unverwandt an, bereit, das geringste Anzeichen eines Fluchtversuches im Ansatz zu ersticken. »Ja?« sagte sie mißtrauisch.

»Madame, eine letzte Bitte. Ich möchte noch einen Brief an meine Mutter abschicken. Ich habe aber keine Briefmarke und kann mir auch keine mehr kaufen. Würden Sie mir eine geben?«

Der Ausdruck von Mißtrauen auf dem Gesicht der Frau wandelte sich in Verachtung. Einen Brief wollte er schreiben! Mehr fiel ihm nicht ein! Sie hatte erwartet, er werde wenigstens versuchen, an der Regenrinne hinunterzurutschen; sie hätte die ganze Straße zusammengeschrien, und man hätte ihn festgehalten, und sie hätte einen großen Auftritt gehabt... aber nein, er kapitulierte sofort, typisch, genauso hatte sie ihn immer eingeschätzt. Sonderling, der er war, furchtbar höflich, ja, aber still und verschlossen, und dann dieses asketische Gesicht! Klar, der würde nicht mal den kleinen Finger heben, um sich zu wehren.

»Na, wenn's weiter nichts ist«, sagte sie, »eine Briefmarke können Sie haben. Aber Sie müssen sie bezahlen!«

»Selbstverständlich«, sagte Peter und kam die Treppe hinunter.

Die Concierge wandte sich um und trat in ihre Wohnung, da wurde ihr von hinten plötzlich der Arm auf den Rücken gedreht, und eine Hand preßte sich auf ihren Mund.

»Keinen Ton«, sagte Peter, »keinen Ton, ich muß Sie sonst töten.«

Die Concierge gab einen gurgelnden Laut von sich und wehrte sich aus Leibeskräften, sie trat ihrem Angreifer gegen die Beine und zappelte wie ein Fisch am Haken, aber mit einer Brutalität, die sie bei dem bleichen Intellektuellen nie vermutet hätte, ruckte Peter ihren verdrehten Arm nach oben, und der Schmerz machte sie gefügiger. Sie ließ sich in ihre Wohnung hineindrängen und kopfüber auf das Sofa in der Wohnküche werfen; ihr Gesicht, von dem Peter nun seine Hand genommen hatte, preßte er in ein Kissen, so daß sie glaubte, ersticken zu müssen. Der Mann lag halb auf ihr und drückte sie mit seinem Gewicht hinunter, gleichzeitig fummelte er in ihren Schürzentaschen herum, bis er endlich hatte, was er suchte: den Schlüssel für die Haustür! Jenen Sicherheitsschlüssel, den nur die Concierge besaß, niemand sonst im Haus. Den Schlüssel in die Freiheit.

Die Frau zappelte jetzt wieder heftiger, weil sie offenbar keine Luft bekam. Peter sah sich um, entdeckte ein weißes Tuch auf dem Tisch neben dem Sofa, in das die Concierge säuberlich ihre Handarbeitssachen gewickelt hatte, zog es zu sich heran, schüttelte das scheußliche gelbgrüne Häkelzeug heraus und band dann seinem Opfer das Tuch blitzschnell um den Kopf, so, daß der Mund offenstand und der Stoff die Mundwinkel auseinanderpreßte. Er verknotete es an ihrem Hinterkopf, dann drehte er ihr erneut den Arm herum und zwang sie, aufzustehen; sie sah grotesk aus mit dem Knebel, rollte die Augen und schien wütend mit der Zunge zu arbeiten.

Peter stieß sie durch den Flur vor sich her, fieberhaft nach einer Möglichkeit suchend, sie einzuschließen. Dabei kam er sich die ganze Zeit vor, als spiele er die Hauptrolle in einem schlechten Film. Szenen wie diese kannte er aus dem Kino, sie gehörten nicht ins wirkliche Leben, und am wenigsten in seines.

Neben dem Bad lag eine kleine Vorratskammer ohne Fenster, sie war dunkel wie ein Grab. Peter stieß die sich wild wehrende Concierge hinein, hörte es rumpeln und poltern, weil sie offenbar über all die Sachen fiel, die sie dort aufgetürmt hatte. Sie stöhnte entsetzlich, womöglich hatte sie sich den Knöchel verstaucht oder sich sonst etwas getan, aber es war nicht die Zeit, das herauszufinden. Peter schlug die Tür zu und schloß ab. Für eine Sekunde lehnte er sich aufatmend von außen dagegen. Gerettet!

»Felicia würde es kaum glauben«, murmelte er.

Dann eilte er in die Wohnküche zurück, nahm den Schlüssel

an sich, der im Handgemenge auf den Boden gefallen war. Jetzt nur schnell fort. In seinem Kampf ums Überleben hatte er einen entscheidenden Sieg errungen; irgendein tiefverwurzelter Instinkt hatte von ihm Besitz ergriffen, und schon jetzt kam es ihm wieder völlig unwahrscheinlich vor, was da eben geschehen war.

4

Die Division, zu der auch Max Martys Regiment gehörte, war nach Polen zurückgenommen worden; die Lücken in allen Reihen waren seit der mißglückten Offensive auf Moskau noch größer geworden, und die Männer litten unter Erschöpfungszuständen, an den Nachwirkungen von Krankheiten und Strapazen. Sie lagen ein ganzes Stück westlich von Warschau, fast an der Grenze zwischen Generalgouvernement und Reich, und Max fieberte einem Urlaub in Berlin entgegen. Endlich erteilte der Kompanieführer die Erlaubnis.

»Aber Sie halten sich immer erreichbar«, schärfte er ihm ein, »denn es ist möglich, daß Sie von einem Moment zum anderen abberufen werden.«

»Natürlich, Herr Leutnant.« Zum erstenmal seit langer Zeit spürte Max wieder ein wenig Zuversicht. Manchmal hatte er das Gefühl gehabt, der eiskalte Winter, das Sterben ringsum, die Trostlosigkeit eines jeden Tages hätten alles in ihm abgetötet, was ihm einmal etwas bedeutet hatte: Friede, Glück, Sehnsucht, Begeisterung... Aber jetzt, fern von dem Grauen, erkannte er, wie lebendig er noch war. Auf einmal hatte er wieder Hoffnung, daß dieser Krieg irgendwann vorbei sein würde und daß er ihn überlebte, auf einmal glaubte er wieder daran, daß das alte Leben zurückkehren und die Wunden der Zeit behutsam zudecken würde.

Belle... er sagte sich den Namen in Gedanken wieder und wieder. Wenn er sie jetzt sähe, ganz egal, wie kurz der Urlaub dauern mochte, dann könnte er ihr alles sagen, was ihm durch

233

den Kopf gegangen war in der Zeit ihrer Trennung; zum größten Teil hatte er es ja bereits geschrieben, aber es war doch etwas anderes, wenn man einander gegenüberstand und nicht nur mit Worten sprach, sondern auch mit den Augen, einem Lächeln und mit vertrauten Berührungen.

In einem altersschwachen, klapprigen Bus fuhr Max über die Grenze nach Oberschlesien und nahm von Breslau aus den Zug nach Berlin. Es war der 24. Juni 1942.

Belle verließ das UFA-Filmgelände und atmete tief durch, als ihr die reine Abendluft entgegenschlug. Soeben war die letzte Klappe gefallen, und Belle machte drei Kreuze, weil sie endlich aufhören konnte. Sie litt noch unter den Folgen einer schweren Erkältung und fühlte sich elend. Mit einer blonden Perücke auf dem Kopf hatte sie in einem dämlichen Propagandafilm für »Kraft durch Freude« mitspielen müssen; es ging um eine Frau, die von zwei tapferen Frontsoldaten heftig umworben wurde und sich erst nach vielem Hin und Her für einen von ihnen entschied; für den anderen fand sich dann aber auch ein nettes, blondes Mädel, und am Schluß strahlten sie alle in die Kamera und bekundeten so, daß drei Jahre Krieg die Lebensfreude und den Optimismus der Deutschen nicht im mindesten zu dämpfen vermocht hatten.

Fehltritte wie diesen muß ich später in meinen Memoiren weglassen, dachte Belle. Sie stand auf der Straße und überlegte, wohin sie gehen sollte: nach Hause, wie es ihr am liebsten gewesen wäre, oder zu Großmutter Elsa, die Sophie schon die ganze Woche hütete und die sie anständigerweise endlich entlasten müßte.

Plötzlich sagte jemand hinter ihr: »Hätten Sie noch Zeit für einen dritten Mann?«

Sie fuhr herum: »Andreas!«

Er stand einfach da, lächelte sie an. Nach einer Weile begriff sie, daß seine Bemerkung sich auf den Film und das Hickhack mit den zwei Männern bezog, und überrascht fragte sie: »Woher weißt du . . .«

»Ich habe die letzte Stunde zugesehen. Ein sehr nettes Mädchen, das irgend etwas mit der Beleuchtung zu tun hatte, gab mir die Erlaubnis.«

»Das war nicht richtig von dir. Du weißt, ich hasse es, wenn Außenstehende mir bei der Arbeit zuschauen.«

»Ja. Aber irgendwie mußte ich doch an dich herankommen.«

Belle schwieg und fragte sich, warum, zum Teufel, sie so unglaublich froh war, ihn zu sehen. Schließlich sagte sie leise: »Dann kannst du mir ja jetzt wieder lange Reden darüber halten, welch furchtbaren Schund ich produziere.«

Er nahm einfach ihren Arm und zog sie zu seinem Auto hinüber. »Nein. Schließlich dient der Film dazu, den Durchhaltewillen im Volk zu stärken, und das ist doch sehr ehrenwert.«

Sie sah ihn mißtrauisch an. Er lachte. »Mach nicht so ernste Augen, Belle. Ich verzehre mich ein halbes Jahr lang nach dir, und dann sehe ich dich endlich wieder, und du glaubst, ich wollte nur auf dir herumhacken.«

»Das wäre nicht das erste Mal, oder?«

»Belle, ich will mit dir zu Abend essen.«

Sie zögerte, sie hätte auf der Stelle »ja« sagen mögen, so ausgehungert war sie nach männlicher Gesellschaft, des Alleinseins so müde.

»Ich weiß nicht, Andreas. Ich müßte eigentlich mein Kind bei meiner Großmutter besuchen, es ist schon viel zu lange ...«

»Alle Großmütter sind närrisch auf Babys«, erklärte Andreas, »und alle Babys sind närrisch auf Großmütter. Ich spreche aus eigener Erfahrung. Also laß den beiden die Freude des Zusammenseins und komm mit mir!«

»Andreas ...« Sie wand sich wie ein Fisch auf dem Trockenen. »Ich habe dir doch damals an Weihnachten erklärt, weshalb es nicht geht!«

»Sicher. Du willst unbedingt eine treue Ehefrau sein. Aber da du nach diesem Grundsatz ohnehin nie gelebt hast, sehe ich nicht ein, warum du es unbedingt jetzt tun mußt.«

»Hör mal ...«, brauste sie auf, aber er lachte nur und öffnete die Wagentür für sie. »Steig ein und mach dir nicht so viele Gedanken. Du siehst furchtbar blaß und müde aus. Ich glaube, du gönnst dir kein bißchen Spaß mehr.«

Es war schön, mit ihm zu reden, neben ihm zu sitzen und ihn von Zeit zu Zeit anzusehen, sich vorzustellen, mit den Fingern durch seine schwarzen Haare zu streichen. Er benutzte noch dasselbe Rasierwasser wie zu der Zeit ihres Kennenlernens, und in Belle begann eine Erinnerung nach der anderen aufzusteigen, Bilder aus den Nächten mit ihm, Einzelheiten, die sie bisher in den hintersten Winkel ihres Gedächtnisses verbannt hatte. Als sie vor dem Haus ankamen, in dem Andreas wohnte, war ihre Abwehr nichts mehr wert.

»Ich dachte, wir gehen essen?«

»Wir essen ja auch. Aber bei mir.«

In der Wohnung hatte sich nichts verändert. Belle setzte sich auf das Sofa und hörte Andreas zu, der telefonisch ein fünfgängiges Menü bei »Habels Weinstuben« orderte.

»In etwa einer halben Stunde werden sie da sein«, sagte er, nachdem er den Hörer aufgelegt hatte.

»Das kostet dich die Lebensmittelmarken eines ganzen Monats!« Belles Stimme war belegt. »Ist dir das klar?«

»Das ist mir vollkommen klar«, erwiderte Andreas leise, setzte sich neben sie auf das Sofa und küßte sie.

Sie nahmen sich nicht die Zeit, ins Schlafzimmer hinüberzugehen, obwohl das bequemer gewesen wäre als auf dem schmalen Sofa, sie zogen einander ungeduldig aus; es war ein heißer Tag gewesen und ihre Haut war noch warm und schmeckte salzig vom Schweiß.

»Schick mich nie wieder fort«, flüsterte Andreas, »ich war so wütend auf dich an Weihnachten, daß ich dir den Hals hätte umdrehen können, und dann bin ich fast verrückt geworden vor Sehnsucht nach dir.«

»Mir ging es genauso... Andreas, es war ein Gefühl, als würde ich gar nicht richtig leben und als hätte alles keinen Sinn...«

Sie wollte ihm die Verzweiflung schildern, mit der sie auf Max' Brief an Weihnachten reagiert hatte, wollte ihm erklären, warum alles so gekommen war, aber sie konnte keine Worte mehr formen. Andreas bewegte sich sacht in ihr, hielt dann inne, weil er nicht wollte, daß alles sofort vorbei wäre. Er richtete sich auf, behutsam strich er ihr über die Haare und entdeckte, daß sich die grauen Augen ein wenig verschleiert hatten, daß sie auf einmal nicht mehr so kühl, so gänzlich unberührt schienen.

»Meine schöne Belle! Ich habe noch keine Frau so geliebt wie dich. Ich habe vielleicht überhaupt noch nie wirklich geliebt. Ich werde mich nicht mehr wehren dagegen, Belle. Ich liebe dich, und es wird immer so sein.«

Es waren Worte, die man sich sagt in Momenten wie diesem, aber Belle kannte Andreas und wußte, er hätte sie nicht ausgesprochen, wenn er nicht so empfunden hätte. Sie hoffte, er würde das Gefühl des Triumphes nicht bemerken, das in ihr aufstieg. Sie gehörten zusammen. Sie hatte es immer gewußt, und er hatte es endlich auch begriffen. Belle machte sich in diesem Moment nicht klar, daß sie damit ebenfalls vor eine Entscheidung gestellt war; sie dachte an keinerlei Konsequenzen. »Andreas, bleib bei mir, solange ich lebe«, sagte sie. Gleich würden sie beide sekundenlang vergessen, daß es noch eine Welt um sie herum gab.

Max kam gegen acht Uhr in der Wohnung am Alexanderplatz an und stellte enttäuscht fest, daß niemand da war. Halb und halb hatte er damit natürlich gerechnet, denn Belle kam oft spät nach Hause; vielleicht arbeitete sie noch oder war mit Kollegen ausgegangen. Womöglich tauchte sie jedem Moment auf.

Er hatte Hunger und suchte erst einmal in der Küche nach etwas Eßbarem. Schließlich fand er etwas Brot und Käse und eine halbvolle Flasche Rotwein. Er aß und trank in Ruhe, dann ging er durch die Zimmer und stellte mit einem Gefühl der Beruhigung fest, daß sich nichts verändert hatte. Ein Paar Schuhe von Belle lag im Schlafzimmer herum, auf dem Sessel übereinandergeschichtet ein Stapel Kleider. Im Bad hatte sie sich richtig ausgebreitet, ihre Kosmetik rundherum verstreut, ihre Unterwäsche über den Rand der Badewanne verteilt. Im Spiegel klemmte ihr Hochzeitsfoto. Er sah sich das Bild genau an: Wie ernst er aussah! Belle hingegen, im weißen Kostüm, ein weißes Hütchen auf dem Kopf, strahlte über das ganze Gesicht. Zweifellos war sie an diesem Tag wirklich glücklich gewesen.

Belle, es gibt so vieles, was ich dir sagen muß!

Er saß da und wartete, lauschte dem Ticken der Wanduhr und sah zu, wie es draußen Nacht wurde. Da er kein Licht anschaltete, verzichtete er auf die Verdunkelungsrollos und konnte den Sternenhimmel betrachten. Gegen zehn Uhr kam ihm der Gedanke, Belle könnte die Nacht bei ihrer Großmutter verbringen. Natürlich, darauf hätte er schon viel früher kommen können! Sie mußte ja Sophie tagsüber dort lassen, und wahrscheinlich übernachtete sie deshalb in der Schloßstraße sooft sie konnte, um das Kind wenigstens morgens und abends zu sehen. Er setzte seine Mütze auf und verließ die Wohnung.

Elsa Degnelly war noch wach und geriet ganz außer sich, als sie Max erblickte. Sie fiel dem Mann ihrer Enkelin um den Hals. »Max! Gott sei Dank. Wir waren so lange ohne Nachricht! Hast du Urlaub? Bleibst du länger in Berlin? Wie mager du geworden bist!«

Max lächelte, während die zarten Hände der alten Dame vorsichtig über sein Gesicht strichen.

»Mir geht es gut, Elsa. Wirklich. Der Winter vor Moskau war ziemlich strapaziös...« Die dreisteste Untertreibung aller Zeiten! »...aber im Augenblick habe ich die Frostbeulen und den Hunger vergessen.« Er konnte seine Ungeduld und Erwartung kaum verbergen, als er fragte: »Elsa – ist Belle da?«

Elsa sah ihn verwundert an. »Nein. Ich nehme an, sie ist bei euch daheim.«

»Da ist sie nicht. Ich habe dort zwei Stunden gewartet. Wo kann sie denn sein?«

Elsa, der seine Enttäuschung nicht entging, blickte ihn ratlos und unglücklich an. »Mein Gott, das ist aber zu dumm! Da kommst du endlich einmal nach Hause, und gleich am ersten Abend verfehlt ihr euch! Vielleicht ist Belle mit Kollegen zum Feiern gegangen, denn sie haben irgend so einen Propagandafilm gedreht, und der sollte heute fertig sein. Aber«, sie nahm seine Hand, »Sophie ist da. Sieh sie dir an.«

Sophie schlief tief und wachte auch nicht auf, als sich ihr Vater über sie beugte. Für ein zweijähriges Mädchen sah sie bereits ungewöhnlich hübsch aus, hatte lange Wimpern und ein kleines Grübchen im Kinn. Im Schein der Lampe leuchteten ihre runden Wangen rosig.

»Wenn sie groß ist«, flüsterte Max, »wird sie noch schöner als Belle.« Dann drehte er sich um. »Komm. Wenn sie plötzlich aufwacht und sieht hier einen fremden, unrasierten Mann in Uniform, erschreckt sie sich ja zu Tode.«

Auf Zehenspitzen verließen sie das Zimmer. Draußen sagte Elsa: »Bleib doch hier heute nacht, Max. Bestimmt wird Belle auch kommen, denn sie hat Sophie seit drei Tagen nicht gesehen. Außerdem müßtest du sonst durch die halbe Stadt zurückfahren.«

Max nickte. Er war sehr müde, außerdem wollte er nicht noch einmal das Risiko eingehen, in eine stockfinstere, leere Wohnung zu kommen. Elsa führte ihn in das ehemalige Zimmer ihrer Tochter Felicia, in dem jetzt Belle immer schlief, wenn sie da war. »Hier findet sie dich gleich, wenn sie nach Hause kommt. Schlaf gut, Max. Ich bin froh, daß du da bist.«

Nachdem Elsa gegangen war, zog sich Max aus, legte seine Sachen sorgfältig über eine Stuhllehne und war auf einmal kein bißchen müde mehr. Eine Weile las er noch in einer Zeitschrift, die auf dem Tisch gelegen hatte, dann, kurz nach Mitternacht, löschte er das Licht und konnte doch nicht schlafen. Mit weit offenen Augen starrte er in die Dunkelheit, lauschte auf jedes Geräusch im Haus. Aber Belle kam nicht.

Am nächsten Morgen regnete es in Strömen, ein warmer Sommerregen, der kaum Abkühlung brachte. Belle hatte in Andreas' Armen geschlafen wie ein Stein. Nach einem herrlichen Abendessen waren sie ins Bett gegangen, um sich sofort wieder zu lieben, und irgendwann, gegen drei Uhr, waren sie auf geheimnisvolle Weise gleichzeitig erwacht und hatten sich erneut umarmt, während draußen bereits der Regen herunterrauschte.

Beim Frühstück – Belle trank bloß schwarzen Kaffee, eine Kostbarkeit – eröffnete Andreas, er werde nach Zürich fahren. Belle ließ ihre Tasse sinken. »Heute? Jetzt?«

»In einer Stunde. Es ist eine lange Fahrt, wir sollten keine Zeit verlieren.«

»Wir?«

»Ja, ich dachte, du könntest eigentlich mitkommen. Das Ganze wird fünf Tage dauern, und wir machen uns eine schöne Zeit.«

»Ja, aber das geht doch nicht . . . ich meine, ich kann nicht so einfach weg . . .«

»Wieso nicht? Du sagtest, das war gestern der letzte Drehtag. Du siehst, ehrlich gesagt, ziemlich mitgenommen aus. Eine Luftveränderung würde dir guttun, Belle. Du bist viel zu blaß.«

»Eigentlich müßte ich mich um Sophie kümmern«, sagte Belle unbehaglich.

Andreas lächelte. »Und wer kümmert sich um mich?«

»Da«, sagte Belle spitz, »gibt es genug Anwärterinnen, fürchte ich.«

»Sicher. Aber ich will nur dich.« Er sah sie ernst und eindringlich an. »Bitte. Ich glaube, du wirst es nicht bereuen.«

Das Ende vom Lied war natürlich, daß Belle nachgab, wenn auch das schlechte Gewissen wie eine Ratte in ihr nagte. Sie fuhren an ihrer Wohnung vorbei, damit sie Wäsche und ein paar Kleider mitnehmen konnte. In der allgemeinen Unordnung fiel es Belle nicht auf, daß ein Glas und ein Teller mehr auf dem Küchentisch standen, und da Max sein weniges Gepäck zuoberst auf dem Kleiderschrank im Schlafzimmer verstaut hatte, sah sie es nicht. Als sie die Wohnung verließ, hatte sie keine Ahnung, daß ihr Mann da gewesen war.

Andreas war während der Fahrt in bester Stimmung, erzählte und lachte und gab alle möglichen Geschichten aus seinem Leben zum besten. Er hatte verschiedene Salate bei Horcher gekauft und eine Flasche Wein eingepackt, und mittags machten sie Picknick auf einer Wiese mitten im Wald. Der Krieg schien ganz, ganz fern. Es hatte aufgehört zu regnen, die Sonne brach durch die Wolken, brachte das nasse Gras zum Dampfen. Die Luft roch nach Harz und Moos. Hungrig, wie sie stets aufeinander waren, schliefen sie auch hier miteinander, und Belle hatte nachher Grasflecken auf ihrem Kleid. Als sie in der

Nacht Frankfurt erreichten und in ihr Hotel gingen, hängte Andreas ihr sein Jackett um die Schultern, damit sie nicht so vollkommen sittenlos aussähe, wie er sagte.

Belle hatte ihrer Großmutter nicht Bescheid gesagt; weder direkt noch am Telefon brachte sie es fertig, die alte Frau so dreist zu belügen, und den wahren Grund für ihre Reise konnte sie auf keinen Fall preisgeben. Von Frankfurt aus schickte sie ein Telegramm, in dem sie behauptete, überraschend zu einigen Außenaufnahmen hier zu sein, sie werde in wenigen Tagen nach Berlin zurückkommen. Die Lügerei fiel ihr ungeheuer schwer, und Andreas machte sich beim Abendessen – weil es so spät war, bekamen sie nur noch eine dürftige Käseplatte und etwas Schwarzbrot – darüber lustig.

»Immer noch das kleine Mädchen, das gelernt hat, man darf einen Erwachsenen nicht anlügen! Manchmal bist du richtig niedlich, Belle. Vor allem, wenn du so nach schlechtem Gewissen aussiehst wie jetzt.«

Belle schaute ihn böse an. »Du machst es dir leicht. Ich bin schließlich eine verheiratete Frau. Es ist überhaupt nicht selbstverständlich, daß ich hier bei dir sitze.«

»Du warst zu jung, als du geheiratet hast. Viel zu unerfahren. Und du hast Max Marty nie geliebt.«

»Das ist nicht wahr. Ich habe ihn sehr geliebt. Auf eine bestimmte Weise liebe ich ihn auch jetzt noch. Es ist nur...«

Zynisch vollendete er ihren Satz: »Es ist nur, daß du mit mir so gern ins Bett gehst, stimmt's?«

Belle betrachtete ihn kühl. »Stimmt. Was das betrifft, dürften wir eine Art Interessengemeinschaft sein.«

Fast unbemerkt hatte sich ein anderer Ton zwischen ihnen eingeschlichen: Aggression und Eifersucht waren beinahe spürbar bei Andreas, und Belle genoß es, weil früher sie diesen Part hatte spielen müssen. Andreas schob seinen Teller mit dem trockenen Stück Camembert fort und stand auf.

»Komm«, sagte er, »unter den Umständen sollten wir keine Zeit mehr verlieren.«

In dieser Nacht gebärdete er sich brutal und rücksichtslos, und Belle gefiel es beschämend gut. Bis zum Morgen waren sie beide strahlender Laune, sie teilten ein paar unaussprechliche Geheimnisse miteinander, und immer, wenn sie einander ansahen, mußten sie nach der Hand des anderen greifen. Es regnete wieder, und Deutschland war im Krieg, aber es würde aufhören zu regnen, und es würde aufhören, Krieg zu sein.

Kurz vor der Schweizer Grenze schien es Belle, als werde Andreas schweigsamer, fast wirkte er ein wenig nervös. Er fuhr jetzt sehr konzentriert und sah nur noch geradeaus. Auf seiner Stirn stand eine tiefe Falte.

Dann waren sie die einzigen am Schlagbaum, und der deutsche Beamte war offenbar erfreut über die Abwechslung. »Weshalb wollen Sie in die Schweiz?« erkundigte er sich nach genauer Durchsicht der Pässe.

»Ich bin Leiter eines Betriebes, der Edelstähle herstellt«, erklärte Andreas. »Wir arbeiten eng mit der Rüstungsindustrie, besonders mit den Messerschmittwerken in Augsburg, zusammen. Bestimmte Präzisionsmaschinen, die für unsere Forschungen sehr wichtig sind, können wir nur in der Schweiz bekommen, und eben deswegen muß ich nach Zürich. Sie haben ja meinen Sonderausweis gesehen, außerdem sind hier die Gutscheine für Benzin, die ich für diese Fahrt erhalten habe.«

»Am besten, Sie kommen kurz mit in mein Büro.«

Mit einem leisen Seufzer stieg Andreas aus dem Auto. »Warte hier, Liebling. Ich bin gleich zurück.«

Sie sah ihm nach, wie er in dem kleinen Häuschen verschwand, und mit einem Schlag fielen wieder alle Probleme über sie her. Was sollte aus ihnen werden? Was aus Max? Sie konnte doch nicht hingehen und ihm alles sagen! Nein, das würde sie nicht ertragen, nicht den Schmerz und die Enttäuschung in seinem Gesicht.

»Ich will jetzt nicht mehr darüber nachdenken. Ich finde keine Lösung!« Um sich abzulenken und um ihre steifen Knochen zu bewegen, beschloß sie, ein paar Schritte auf und ab zu gehen. Sie hängte sich Andreas' Mantel zum Schutz gegen den Regen um und atmete tief die würzige Luft. Wie gut war das nach den vielen stickigen Tagen in Berlin! Eine Sekunde lang kam ihr die absurde Idee, einfach nie mehr zurückzukehren, mit Andreas durchzubrennen und ein neues Leben zu beginnen. Aber sie konnte ja Sophie nicht einfach im Stich lassen.

Ein raschelndes Geräusch ließ sie aus ihrer Versunkenheit erwachen. Prüfend blickte sie an dem Mantel hinunter. Sie konnte sich nicht erklären, woher das Knistern rührte, neigte sich schließlich nach vorn und strich prüfend mit den Fingern am Saum entlang. Papier. Papier im Futter eingenäht. Ganze Bögen befanden sich dort, sie konnte es deutlich spüren. Nachdem sie sich vergewissert hatte, daß niemand sie beobachtete, schlug sie den Mantel um und begutachtete die Innenseite. Tatsächlich: Jemand hatte das Futter aufgetrennt und es dann mit erstaunlich feinen Stichen wieder zugenäht. Andreas wahrscheinlich. Was, um Himmels willen, schmuggelte er auf diese Weise über die Grenze? Was hatte er einmal gesagt? »Frag mich nie nach dem, was ich tue!«

Sie stemmte beide Hände in die Manteltaschen und starrte in den rauschenden Regen. Was wußte sie überhaupt von Andreas?

»Belle!« Sie drehte sich um, sah ihn am Auto stehen. »Du wirst ja ganz naß! Komm, es ist alles in Ordnung, wir fahren weiter!« Er war schon wieder bester Laune und blieb das auch am nächsten Tag.

Als sie sich schließlich auf die Heimfahrt machten, befühlte Belle unauffällig wieder den Mantel, der auf dem Rücksitz lag. Kein Knistern und Rascheln mehr. Die Papiere waren verschwunden.

Nach dem Eintreffen des Telegramms aus Frankfurt war Max an den Alexanderplatz umgesiedelt, trotz Elsas inständiger Bitten, er möge doch bei ihr bleiben. Aber ihre Alpenveilchen am Fenster, die Sofakissen und die gerahmten Familienbilder hatten ihn schon immer bedrückt. Außerdem spürte er das Mitleid der alten Frau, sie war bekümmert und besorgt, und das ertrug er schon überhaupt nicht. Es quälte ihn, ständig Enttäuschung und Kummer überspielen zu müssen, um Elsas tröstenden Worten zu entgehen. Lieber wollte er allein sein damit. Er versuchte, sich selber einzureden, daß er keinen Grund hatte, so verstört auf Belles Abreise zu reagieren, sie hatte nichts von seinem Kommen geahnt und konnte schließlich nicht ständig daheim auf der Lauer liegen für den Fall, daß er plötzlich hereingeschneit käme. Es war außerdem dumm von ihm, an ihr zu zweifeln, nur weil er festgestellt hatte, daß sie offenbar selten, nicht einmal nachts, zu Hause war. Er wollte nicht kleinlich und eifersüchtig sein.

Ich bin so durcheinander, weil mein ganzes Leben aus der Bahn geworfen ist, dachte er, während er ruhelos in der Wohnung herumging, immer wieder stehenblieb und aus dem Fenster starrte, ich habe mich noch nie so schwach gefühlt. Dieser Irrsinn da draußen . . . Belle ist der einzige Halt, den ich noch habe. Auf einmal . . . habe ich eine entsetzliche Angst, sie zu verlieren . . .

Er sah auf die Straße hinunter, die Sonne schien, und die Menschen trugen leichte, sommerliche Kleidung. Er fragte sich, ob sie ahnten, welches Damoklesschwert über ihren Köpfen schwebte und wie das Ende aussehen würde. Was bliebe wohl für ihn und Belle, wenn alles vorüber war?

Einen Tag später erreichte ihn ein Telegramm, das ihn dringend und unverzüglich zu seiner Einheit zurückrief. Zwei Tage darauf – am Abend würde Belle wieder in Berlin eintreffen, aber davon hatte er keine Ahnung – saß er bereits im Zug nach Warschau. Wohin es dann gehen sollte, wußte er nicht. Gewißheit darüber herrschte in diesen Tagen nur im OKW: Die »Operation Blau« lief an. Der Marsch auf Stalingrad.

5

Anfang September teilte Claire Phillip mit, sie könne nicht länger bei ihm bleiben. »Du mußt das verstehen. Uns verbindet nichts mehr. Ich kann nicht mit einem Mann leben, der mich nicht begreift. Der mich ansieht, als . . . täte ich etwas Ungeheuerliches.«

Es war mitten in der Nacht, im Zimmer flackerten nur ein paar Kerzen, und Claire stand am Fenster, rauchte eine Zigarette nach der anderen. Phillip saß auf einem Stuhl und hielt sein Holzbein von sich gestreckt. Der Stumpf tat wieder einmal sehr weh, aber der Arzt hatte ihm erklärt, dagegen könne man nichts machen.

»Uns verbindet nichts?« griff er ihre Worte auf. »Wir kennen uns seit über zwanzig Jahren. Wir haben geheiratet, wir haben zusammengelebt. Wir hatten ein Kind . . .«

»Unser Kind ist tot.«

»Ja. Aber muß nun deshalb auch unsere Liebe sterben?«

»Ach, Phillip!« Es klang ungeduldig; hastig zündete sich Claire eine neue Zigarette an. »Es ist doch alles viel komplizierter!«

»Es müßte nicht kompliziert sein, Claire. Es bräuchte nichts zu geben, worüber wir nicht reden könnten.«

»Bräuchte! Müßte! Sieh doch einmal die Realität! Phillip! Wir schweigen einander an, weil keiner mehr versteht, was der andere tut. Ich muß meinen Weg gehen, begreif das doch!«

Eifersüchtig fragte er: »Gibt es einen anderen Mann?«

»So etwas solltest du mich nicht fragen.«

»Verdammt, Claire, wir sind immer noch verheiratet! Ich denke, ich habe das Recht, solche Fragen zu stellen!«

Sie schaute an ihm vorbei zur gegenüberliegenden Wand. »Ich hätte keinen Deutschen heiraten sollen. Die Deutschen haben meinen Vater auf dem Gewissen und meinen Sohn. Ich hätte wissen müssen, daß ich nie aufhören würde, sie zu hassen, und daß du das nicht würdest akzeptieren können.«

»Es hat nichts damit zu tun, daß ich Deutscher bin . . . war!« fügte er hinzu. »Ich denke, fühle, spreche, träume französisch. Das hier ist auch mein Land!« Er hätte sie schütteln mögen, um sich ihr verständlich zu machen.

Sie sagte ganz ruhig: »Man kann sein Land nicht wechseln wie ein Paar Schuhe, Phillip. Nicht wirklich. Man kann seine allertiefsten Wurzeln nicht durchschneiden und verpflanzen.«

»Dann«, seine Stimme klang bitter und verzweifelt, »dann verläßt du mich, weil ich deutsch bin.«

»Nein. Weil ich eine andere geworden bin.«

Es ist so absurd, dachte er müde. »Und wohin soll ich gehen?«

»Du kannst hier bleiben. Ich gehe.«

»Es ist dein Hof. Ich will mir nichts . . .«

Ungeduldig drückte sie ihre Zigarette aus. »Inzwischen gehört er längst viel mehr dir als mir. Das weißt du genau. Ich hätte ihn alleine nie halten können. Es sind deine Arbeit, dein Fleiß, die ihn getragen haben.«

»Ich will mich nicht bereichern«, beharrte er und dachte gleichzeitig: Wie verrückt, jetzt *darüber* zu reden! Das ist doch gar nicht wesentlich im Moment.

Claire wurde ein wenig sanfter. »Ich kann mich nicht darum kümmern. Mir zuliebe – bleib hier. Laß nicht alles verfallen. Der Hof hat meiner Familie mehr als zweihundert Jahre lang gehört, meine Eltern und mein Kind liegen hier begraben. Ich würde mir wünschen, daß du bleibst.«

Er dachte: Es wird November werden, und die Herbststürme auf dem Atlantik werden beginnen. Weißer Nebel wird die Küste verhüllen. Die Bäume im Garten verlieren ihre Blätter, und Rauhreif liegt über allen Wiesen. Die Schreie der Möwen verhallen in einer trostlosen Einsamkeit. Ich werde allein sein.

»Und wohin gehst du?« fragte er.

»Hierhin und dorthin«, sagte Claire ausweichend, »ich bin zu unruhig geworden, um an einem Ort länger zu bleiben.« Sie zündete sich erneut eine Zigarette an und verließ langsam den Raum.

»Claire!«

Sie drehte sich um. »Ich will ja nur für ein paar Minuten in den Garten. Ich verschwinde doch nicht von einem Moment zum anderen.«

Er hatte tatsächlich Angst gehabt, sie könnte in dieser Sekunde gehen und er würde sie nie wiedersehen. Das Zimmer und alle Möbel verschwammen vor seinen Augen. Seine Jugend – undenklich lange schien das her – hatte er in einer preußischen Kadettenanstalt verbracht, und da hatte man ihm das Weinen gründlich ausgetrieben; tatsächlich hatte er sich Tränen stets verboten, selbst in jenem furchtbaren Moment, als ihm der französische Arzt mitteilte, man werde ihm das Bein abnehmen müssen. Aber jetzt saß er hier und weinte, weinte haltlos und immer heftiger, und zum erstenmal wünschte er sich, sie hätten ihn damals, 1918, in den Schützengräben der Westfront nicht nur zum Krüppel geschossen, sondern ihm die Kugel gleich ins Herz oder durch den Kopf gejagt.

Die Lebensmittel in Deutschland wurden immer strenger rationiert und die Warteschlangen vor den Geschäften in den Städten immer länger. Für Brot und Fleisch standen die Menschen stundenlang an, und die Ausbeute war oft nur gering. Es war ein kalter Tag Anfang Dezember, und ein scharfer Wind wehte durch die Straßen von Breslau. Die Oder war zugefroren, am Rand liefen die Kinder Schlittschuh.

Nicola Rodrow hatte zwei Stunden beim Bäcker angestanden und dann noch eine Stunde beim Gemüsehändler. Ihre Lippen hatten sich bläulich verfärbt, ihre Füße fühlten sich an wie Eisklumpen. Mitleidig betrachtete sie einen Mann, der von den Wartenden gerade nach vorne gelassen wurde; ein Frontkämpfer offenbar, dem unterhalb vom Knie ein Bein fehlte. Er bewegte sich mühsam auf zwei Krücken voran.

Den Schal vor das Gesicht gezogen, hastete Nicola die Straße entlang der Wohnung zu. Wie häßlich und düster alles aussah heute! Sie hatte Breslau nie gemocht, aber wenn sie ehrlich war, mußte sie zugeben, daß sie der Stadt damit Unrecht tat. Sie hatte sie nur nie mögen *wollen* und von Anfang an nichts Gutes entdeckt. Sie war verliebt gewesen in Berlin und hätte keiner anderen Stadt eine Chance gegeben. Sergej hatte sie gezwungen, dort zu wohnen. Weil er zu blöd gewesen war, in Berlin Arbeit zu finden! Und dann hatte er sich in Breslau auch nur mühsam über Wasser gehalten. Jetzt war er in einem Schreibbüro der Wehrmacht untergekrochen und hatte es erreicht, daß sein Vorgesetzter ihn als unentbehrlich deklarierte, aber auch das konnte nicht mehr lange gutgehen, denn die Reihen in der Wehrmacht lichteten sich mehr und mehr, und ein gesunder Mann von vierzig Jahren würde sich nicht dauerhaft drücken können.

Nicola sehnte sich von ganzem Herzen nach Berlin, nach den schönen Zeiten mit den vielen Freunden und der munteren Belle. Sie hatten so viel Spaß gehabt, und das Leben war leicht gewesen. Nicola dachte oft, in Berlin würde ihr selbst das Schlangestehen weniger ausmachen.

Sergej war zu Hause, er lag auf dem Sofa im Wohnzimmer und las den »Stürmer«. Die Zeitung war ihm wohl irgendwie in die Hände gekommen, denn Sergej hatte für Hitler nichts übrig, das wußte Nicola. Die Schuld des Führers war es schließlich, daß er jeden Moment an die Front geschickt werden konnte.

»Nicola, bist du das?«

»Ja«, antwortete sie mürrisch. Sie stellte den Einkaufskorb ab, schälte sich langsam aus Mantel, Schal, Mütze und Handschuhen. Ihre Füße erwachten blitzschnell zu neuem Leben, nachdem sie sich aus den Stiefeln gequält hatte. Sie humpelte ins Wohnzimmer. »Wieso bist du nicht bei der Arbeit?«

»War nichts mehr zu erledigen.« Sergej schaffte es offenbar wieder auf irgendeine Weise, sich jeglicher Anstrengung zu entziehen. Nicola konnte sich eines Gefühls der Bitterkeit nicht erwehren. Andere standen im Feld und ließen sich totschießen, und Sergej räkelte sich derweil behaglich auf dem Sofa. Sie müßte an Cousin Paul denken, der sich mit seinem Regiment am Kaukasus befand, und an Belles Mann Max, der an der erbitterten Schlacht von Stalingrad teilnahm. Jeden Tag konnte von beiden die Todesnachricht kommen.

»Ich bin vollkommen kaputt«, sagte sie, »ich habe insgesamt drei Stunden in dieser Eiseskälte herumgestanden.« Sie trat an den Ofen, preßte ihren Körper dagegen. »Ich frage mich, warum du nicht auch einmal einkaufen kannst, wenn du schon sonst nichts zu tun hast.«

Sergej wäre es nicht im Traum eingefallen, sich irgendwo in eine Schlange einzureihen, schon überhaupt nicht bei Minusgraden. Er war stets um seine Bequemlichkeit besorgt, liebte gutgeheizte Räume, elegante Kleider, teure Weine und schmackhafte Zigarren. Im Schneematsch stehen für ein halbes Pfund Brot ... allein bei der Vorstellung schüttelte er sich. Nicola fand es empörend, wie selbstverständlich er ihr alles Unangenehme überließ und sich selber ein gutes Leben machte. Sie war genauso erpicht auf Samt, Seide und warme Zimmer, aber sie stammte von Lulinn, sie hatte die kühlen, grauen Augen der Frauen ihrer Familie und besaß auch deren Fähigkeit, in kritischen Momenten Verantwortung zu übernehmen.

»Kleines, jetzt schimpf doch nicht gleich!« sagte Sergej nun träge. »Du könntest dich doch auch freuen, mich schon am frühen Nachmittag daheim anzutreffen!«

Nicola, die wußte, daß er immer noch ein Verhältnis mit einer Sekretärin hatte, zuckte mit den Schultern. »*Sie* hatte wohl keine Zeit«, sagte sie anzüglich.

Sergej lächelte. »Ich hatte keine Zeit. Für sie. Liane wird alt. Sie sollte sich nach einem weniger anspruchsvollen Mann umsehen.«

Obwohl es um die Frau ging, die seit acht Jahren das Bett mit Sergej teilte und ihr nur Kummer und Schmerz gebracht hatte, fand Nicola die Art, wie er von ihr sprach, unerträglich. Seine ganze Haltung gegenüber Frauen kam darin zum Ausdruck. So war er immer gewesen, schon früher, als sie eine neunzehnjährige Abiturientin und so naiv gewesen war, sich in sein blendendes Äußeres zu verlieben. Der schöne Serjoscha mit dem schwarzen Haar, dem schlanken Körper, dem breiten Lachen und den kleinen Fältchen um die tiefdunklen Augen! Heute konnte sie seine Schönheit nur noch mit zynischer Verbitterung betrachten. Er hatte zu viele Frauen damit beglückt.

»Vielleicht mußt du dich nun auch nach einer weniger anspruchsvollen Frau umsehen«, meinte sie.

Sergej legte seinen »Stürmer« beiseite und richtete sich auf. »Ich muß mich nach überhaupt keiner Frau umsehen. Ich habe ja eine.«

»Ach! In den letzten Jahren hatte ich selten den Eindruck, daß du dir dieser Tatsache noch bewußt bist!«

Er stand auf und kam auf sie zu. Instinktiv wollte Nicola zurückweichen, aber sie lehnte ja direkt am Ofen. »Versuch jetzt bloß nicht die große Verführung«, sagte sie rauh. »Ich bin wirklich nicht in der Stimmung.«

»Wo ist unsere Tochter?« fragte Sergej leise. Er war direkt vor Nicola stehengeblieben.

Nicola schluckte. »BDM. Die machen heute eine Wanderung oder etwas Ähnliches.«

»Wie günstig.« Er streckte die Hand aus und strich eine Haarsträhne aus Nicolas Gesicht zurück. Unwillig wich sie aus. »Laß das doch!« Sie wollte an ihm vorbei, aber Sergej packte plötzlich ihr Handgelenk und hielt sie fest. »Nicht so eilig, Nicola. Ich habe doch wohl das Recht, mir meine Frau hin und wieder näher anzusehen. Und sie anzufassen.« Er legte den Arm um sie und zog sie an sich.

Nicola stemmte sich mit aller Kraft gegen ihn. »Verdammt, Sergej, du hast überhaupt kein Recht mehr! Du hast alles verwirkt. Du hast seit Jahren ein Verhältnis, und dann kommst du plötzlich an und besinnst dich auf mich. Ich will aber nicht mehr!« Sie wand sich hin und her, ihr Widerstand schien ihn noch mehr zu reizen, ein seltsam starrer Ausdruck kam in seine Augen. Dummer, primitiver Kerl, schoß es ihr durch den Kopf, genießt es, wenn eine Frau faucht, beißt und kratzt! Billig, so billig ist er!

»Laß mich los, Sergej! Tu nichts, was du später bereust! Ich warne dich!«

»Spiel kein Theater, Nicola. Du bist genauso verrückt nach mir wie ich nach dir. Ich weiß das, du brauchst mir nichts vorzumachen!«

Mit eisernem Druck zwang er sie in die Knie. Sie hatte das Gefühl, er werde ihr den Arm brechen, wenn sie sich länger wehrte. »Was willst du?« fragte sie atemlos.

»Du bist eine schöne Frau, Nicola ... wie eine russische Großfürstin hast du ausgesehen, als du eben ins Zimmer gekommen bist ... mit der Pelzmütze auf deinen dunklen Haaren und den geröteten Wangen ...« Vorsichtig ließ er ihre Handgelenke los. Nicola überlegte, ob sie aufspringen und aus dem Zimmer laufen sollte, aber es war ihr klar, er würde sie sofort wieder festhalten und wäre vielleicht noch verrückter. Sie blieb niedergekauert sitzen, und es war, um die eigene Würde zu wahren, daß sie Sergej schließlich freiwillig tun ließ, was er tun wollte.

Aus den Augenwinkeln konnte sie sehen, daß es draußen zu schneien begonnen hatte. Ganz nüchtern dachte sie plötzlich: Warum bin ich eigentlich bei ihm geblieben so viele Jahre? Nur weil ich ihn vor langer Zeit aus lauter Dummheit geheiratet habe?

Er lag auf ihr und schlief, schnarchte leise. Dann erwachte er und fand offenbar die Besinnung wieder, denn er stand hastig auf und wirkte auf einmal ziemlich verlegen. »Tut mir leid, Nicola. Ich . . . nun, ich wollte das eigentlich nicht . . .«

Er bot einen recht unattraktiven Anblick, wie er da im trüben Licht des Wintertages im Zimmer stand und in seine Hose schlüpfte, nach seinem Pullover suchte, den er in irgendeine Ecke geknäuelt hatte.

»Hat's dir nicht auch ein bißchen Spaß gemacht?« fragte er schließlich, unsicher durch ihr Schweigen.

Nicola erhob sich, machte sich nicht die Mühe, ihre wollenen Strümpfe wieder anzuziehen, sondern strich nur sehr langsam und sorgfältig ihren Rock glatt. »Ich gehe nach Berlin«, sagte sie ruhig, »zusammen mit Anne.«

»Wie? Nach Berlin? Jetzt?«

»Jetzt und für immer, Sergej. Du mußt dir leider eine andere Frau suchen, die du bei Bedarf auf die Erde werfen kannst. Ich vermag dieser Rolle nichts abzugewinnen.« Sie ging hinüber in die Küche und schaltete das Radio ein. Ihre Hände zitterten leicht. Verdammter Dreckskerl, dachte sie.

Er war ihr nachgekommen. »Jetzt mach doch kein Drama aus der Sache, Nicola. Ich habe mich entschuldigt. Es kommt nicht mehr vor.« Er versuchte, ihre Hand zu greifen, aber sie zog sie sofort zurück. »Nicola, Herrgott, wir sind verheiratet. Wir sind immer gern miteinander ins Bett gegangen . . .«

»Das ist lange her. Da war ich sehr jung und sehr dumm und habe überhaupt nicht bemerkt, wie viele Frauen außer mir auch noch in den Genuß gekommen sind, von dir beschlafen zu werden.«

»Wie du das formulierst! Nur weil ich . . .«

»Nur weil du acht Jahre lang ein Verhältnis mit dieser Sekretärin hattest? Ganz zu schweigen von dem, was noch so nebenher lief! Was denkst du eigentlich, wie mir zumute war die ganze

Zeit?« Sie hatte den letzten Satz geschrien. In die darauf folgende unbehagliche Stille hinein berichtete der Sprecher im Radio von schweren Abwehrkämpfen der Deutschen im Osten und von »bemerkenswerten Erfolgen«. Konkretes zur Lage der eingekesselten 6. Armee in Stalingrad wurde wie immer vermieden.

»Stell doch das Ding aus«, sagte Sergej nervös.

Nicola schaltete das Radio ab. Mit mechanischen Bewegungen packte sie ihre Einkäufe aus.

Sergej ging unruhig hin und her. »Mußt du ewig die alten Geschichten aufwärmen? Ich habe dir doch gesagt, das mit Liane ist vorbei. Und auch sonst . . .«

»Es reicht, daß es gewesen ist. Es reicht, was heute war. Du hast jahrelang meine Gefühle mißachtet und mich behandelt wie Dreck, und dann plötzlich erscheine ich dir doch wieder ganz reizvoll, und du fällst wie ein Wilder über mich her. Aber das ist nicht die Art, wie ich möchte, daß ein Mann mit mir umgeht.« Sie sah ihn hochmütig an. »An deiner Seite, Sergej, hätte ich fast vergessen, aus welcher Familie ich stamme. Wir sind es nicht gewöhnt, ausgenutzt, hintergangen und mißbraucht zu werden. Wir haben das auch nicht nötig. Ich werde morgen nach Berlin abreisen.«

»Denkst du, ich lasse das zu? Ich werde zumindest alles tun, um zu verhindern, daß du Anne mitnimmst. Du kannst sie nicht aus allem Gewohnten herausreißen, aus ihrer Schule, ihrem Freundeskreis . . .«

Nicola hatte die spärlichen Lebensmittel eingeräumt, drehte sich um und sah Sergej an. Das diffuse Licht machte die Farbe ihrer Augen sehr blaß. »Du wirst alles tun? Mein lieber Sergej, ich an deiner Stelle würde alles vermeiden, was in irgendeiner Form Wirbel um deine Person macht. Sonst könnte es doch noch jemandem auffallen, daß du längst dran bist, an die Front geschickt zu werden, und daß es überhaupt keinen Grund gibt, dich noch länger auf deinem jetzigen Drückebergerposten zu belassen. Also sei ein bißchen vorsichtig!«

Sergej wurde blaß vor Wut. »Und du, Nicola«, gab er giftig zurück, »bist und bleibst eine Schlampe, ob hier oder in Berlin.

Alle Männer werden dich so behandeln, wie ich es getan habe, weil du es nicht anders verdienst. Dein verdammtes arrogantes Getue und dein vornehmes Gerede sind doch nur aufgesetzt. Deine Familie! Wer sind die denn schon? Nur wegen dieses blöden Besitzes da oben in Ostpreußen spielt ihr euch so auf! Mit Trakehnern und polnischen Dienstboten und Jagdgesell-schaften und all dem Quatsch! Tut noch so groß, dabei gehört euch in Wahrheit kein einziger Grashalm mehr! Der Ex-Mann von deiner Cousine Felicia hat alles geschluckt, und ihr seid nur noch die Verwalter! Und du selber, mit deinem baltischen Vater und einem verdammten Herrenhaus in Estland, phantastisch, wirklich, ja, und vielleicht haben deine Eltern ein paarmal mit dem Zaren im Winterpalast zu Abend gegessen – na und? Hat doch auch nichts genützt, oder? Merkst du denn nicht, daß du und deine tolle Familie, daß ihr immer mehr runterkommt, daß euch Stück um Stück entzogen wird, worauf ihr immer so scheißstolz wart?« Und als Nicola darauf nichts erwiderte, schrie er: »Und was dich betrifft, Nicola Rodrow, ehemalige von Bergstrom, du warst immer ein Flittchen und wirst es auch bleiben. Die Männer werden dich aufs Kreuz legen und dir nachher einen Tritt geben, weil es genau das ist, wozu du sie herausforderst! Verstehst du?« Sie sagte immer noch nichts, und er brüllte: »Verdammte Hure!«

Sie sah ihn nur spöttisch an und sagte ruhig: »Ich wäre nicht so laut, Sergej. Schließlich – du mußt mit den Leuten hier im Haus ja noch eine Weile auskommen, nicht?«

Sergej hatte das Gefühl, auf ganzer Linie verloren zu haben.

6

Am 9. November 1942 hatte Hitler bei der alljährlichen Feier seines Marsches zur Feldherrenhalle im Münchener Löwen-bräukeller über Stalingrad gesagt: »Keine Macht der Erde kriegt mich dort wieder weg!«

Einige meinten, es ginge einfach darum, russische Armeen

dort zu binden, um der Heeresgruppe Süd das Vordringen zum Kaukasus, zu den heißbegehrten Erdölvorräten zu erleichtern. Andere meinten, Stalingrad solle die persönliche Revanche Hitlers für das Scheitern vor Moskau sein. In vielen Kreisen der Bevölkerung begann man zu begreifen, daß sich das Kriegsglück der ersten Jahre wendete, und zwar nicht nur an der Ostfront, und es hieß, Hitler brauche einen Sieg, den er propagandistisch ausschlachten könnte.

Am 18. November starteten die Russen ihre Offensive. Am 23. November fiel die Stadt Kalatsch, westlich von Stalingrad, und damit schloß sich der Ring. Generaloberst Paulus sandte einen Funkspruch an das OKW: »Halte Durchschlagen nach Südwesten noch für möglich.«

Als er darauf keine Antwort erhielt, funkte er an den Führer direkt: »Erbitte Handlungsfreiheit!«

Hitlers eindeutige Antwort lautete: »Wolgafront und jetzige Nordfront unter allen Umständen halten! Luftversorgung.«

Das hieß, sechshundert Tonnen Lebensmittel mußten täglich in die eingeschlossene Stadt geflogen werden. Bei winterlichem Wetter, was unter Umständen Nebel oder Schneetreiben bedeutete, und unter schwerem Beschuß durch die russische Flak.

Hermann Göring, der Reichsmarschall und Oberbefehlshaber der Luftwaffe, jedoch garantierte die ausreichende Luftversorgung und wies darauf hin, daß man im Winter zuvor zehntausend Mann im Kessel von Demjansk zwei Monate lang auf diese Weise erfolgreich über Wasser gehalten hatte.

Am Morgen hatte es zu schneien begonnen, im Laufe der Vormittagsstunden wurde das Schneetreiben immer dichter. Mehr und mehr versanken die Straßen und Plätze von Stalingrad unter einer weißen Decke. Man konnte kaum mehr die Hand vor den Augen sehen. Der Wind fegte eiskalt von der Wolga her ins Innere der Stadt.

Max kauerte auf einer Decke im Kellergewölbe eines Kaufhauses, das sich seit dem letzten Tag in deutscher Hand befand. Sie hatten es, Raum um Raum, Stockwerk um Stockwerk, erobert. Dutzende von Männern, Deutsche und Russen, hatten für einen einzigen Treppenaufgang ihr Leben lassen müssen. So viele waren gefallen in den letzten Wochen im erbitterten Kampf um die Industriegebäude hier im Norden der Stadt, im Kampf um das Traktorenwerk, um die Geschützfabrik »Rote Barrikade«, um das Hüttenwerk »Roter Oktober« und die Brotfabrik. Hier wurde am heftigsten und grausamsten gerungen um jeden Mauervorsprung, jeden Millimeter Boden. Ein Alptraum ohne Ende. Noch schlimmer als das blutige Fiasko vor Moskau im vergangenen Jahr. Jedesmal dachte Max, er werde es nicht noch einmal aushalten, einem anderen Mann mit dem Spaten den Schädel oder die Schulter zu spalten, in seine brechenden Augen zu sehen und ihn im Schnee liegenzulassen, tot manchmal, oft noch stöhnend, verblutend. Es gab Momente, da wurde die Verzweiflung in Max übermächtig, und er fragte sich, weshalb er in blinder Angst um sein Leben kämpfte. Warum nicht nachgeben und sich selber töten lassen? Warum nicht zulassen, daß der andere schneller war, warum nicht zulassen, selber mit dem Gesicht nach unten im Schnee zu liegen? Er dachte daran wie besessen, jede Minute. Aber im entscheidenden Moment war sein Instinkt stärker, und er konnte nicht anders, als sich verzweifelt wehren.

Im Erdgeschoß des verwüsteten Kaufhauses wurde Suppe ausgegeben, eine dünne Brühe mit ein paar kläglichen Kartoffelstücken darin. Max raffte sich auf und humpelte los, um sich in der Schlange anzustellen. Seine erfrorenen Zehen taten höllisch weh und machten jeden Schritt zur Qual, aber erst Erfrierungen dritten Grades langten fürs Lazarett. In der Ferne war schwaches Artilleriefeuer zu hören. Der Kompanieführer drängte: »Schnell essen, schnell! Wir müssen wieder raus!«

Max schleppte sich zu seiner Decke zurück, kauerte sich nieder und löffelte die Suppe. Sie schmeckte nach nichts, aber die Wärme tat ihm gut. Ein Kamerad setzte sich neben ihn. »Heute können bestimmt wieder keine Flugzeuge landen«, murmelte er, »muß doch das totale Blindfliegen sein bei dem Scheißwetter!«

Max blickte auf. »Und die Russen sparen Munition. Die brauchen überhaupt keine Abwehrgeschütze, das machen Schnee und Nebel für die!«

Der Kamerad nickte düster. »Und das Schlimmste ist, die haben noch nicht einmal Probleme mit der Munition. Uns steht das Wasser bis zum Hals, und die schaffen über die Wolga immer neue Geschütze heran, und kein Mensch kann sie daran hindern. Der Dampfer braucht zwar seine Zeit gegen die Eisschollen, aber er kommt durch, und das ist für sie die Hauptsache.«

Max dachte an die endlose Steppe jenseits des großen Stromes; manchmal konnte man sie vom Westufer aus sehen, an den meisten Tagen schimmerten nur ganz schwach ein paar Büsche durch den Nebel hinüber. Das war Rußland. Die endlosen Fluten der Wolga. Wälder und Steppen, so weit das Auge reichte. Die Züge rollten aus den entlegensten Winkeln herbei, brachten Menschen und Munition. Unermüdlich. Nachschub, Nachschub, Nachschub, es wollte nicht aufhören, das gigantische Land spuckte aus, was es nur hatte.

Der Kompanieführer trieb zur Eile an, Munition wurde ausgegeben. Feindeinbruch an der Geschützfabrik »Rote Barrikade«. Im Laufschritt ging es durch die Straßen, immer geduckt, immer den Schutz der Häuser ausnutzend. Der Schneesturm schlug ihnen in die Gesichter, wehte die Gerippe zweier Pferde zu, die mitten auf der Straße lagen. Max lief mechanisch, versuchte, die kreisenden Gedanken in seinem Kopf auszuschalten, versuchte, kein Mensch mehr zu sein, denn ein Mensch atmet, friert, hungert, fühlt; er wollte nur noch eine Maschine sein, die einfach funktioniert. Die Angst kroch wieder in ihm auf, diese lähmende Angst, die ihn begleitete, seitdem man ihn in den Krieg geschickt hatte.

Ein wütendes Maschinengewehrfeuer aus den unteren Hallen der »Roten Barrikade« empfing sie. Der Soldat gleich neben Max brach in die Knie und kippte in den Schnee, die Augen weit aufgerissen und tief verwundert. Ein anderer schrie auf, er war ins Bein getroffen, und er schleppte sich mit letzter Kraft von der Straße weg in einen Hauseingang. Max duckte sich blitzschnell hinter eine niedrige Mauer. Die Kugeln pfiffen über ihn hinweg. Eine Handgranate bohrte sich hinter ihm in den Schnee und explodierte dort. Das Schneetreiben hatte sich noch verstärkt, er konnte niemanden sehen, und als dann Schatten auftauchten aus diesem Weltuntergang, Kameraden, die auf die Fabrikgebäude zustürmten, schloß sich Max ihnen ohne zu zögern an. Seinen Karabiner hielt er mit beiden Händen fest umklammert.

Für eine kurze Zeit wurde das Wetter ihr Verbündeter, denn es ermöglichte ihnen, sich der Fabrik zu nähern, ohne daß die Russen sie sehen konnten. Sie mußten blind schießen und hatten damit wenig Erfolg. Sie zogen sich in ein Nebengebäude zurück und errichteten in den Gängen Barrikaden. Trotz des heftigen Beschusses drangen die Deutschen nach. Während draußen die Welt im Schnee versank, füllten sich die verwüsteten Gänge und Hallen mit Rauch und Qualm. Zerbrochene Treppengeländer lagen herum, umgestürzte Regale, irgendwo stand ein einsamer Schreibtisch mit nur drei Beinen und aufgerissenen Schubladen. Tote überall, ein verwundeter Russe schrie um Hilfe.

Max kauerte hinter einer Art kleiner Barrikade aus zwei Stühlen, er schoß, fünfmal, dann nachladen, dann wieder schießen. Er sprang auf, wollte weiter nach vorne, da stand wie aus dem Nichts ein Russe vor ihm, ein Riese von einem Kerl. Sein Gesicht war rußgeschwärzt. Max riß sein Gewehr hoch – Scheiße, dachte er, warum hab' ich den nicht gesehen? –, aber diesmal war er den Bruchteil einer Sekunde zu spät. Der andere schoß zuerst. Max fühlte nichts, aber er fiel zu Boden, dachte verwundert und im Zeitlupentempo: Bin ich hingefallen nur von dem Knall?

Aber da war auch schon der Schmerz, ein scharfer Schmerz, der ihm seine Eingeweide in Stücke zu reißen schien. Warmes Blut breitete sich unter ihm aus, so, wie er es sich immer vorgestellt hatte.

Dieser Russe, dieser verdammte Russe hat mich in den Bauch geschossen!

Die drei Panzerdivisionen waren so nah an den Kessel von Stalingrad herangekommen, daß sie nachts die Feuer der Artillerie zucken sehen konnten.

Arme Hunde da drin, dachte Paul. Er und seine Kameraden hatten ihre Panzer verlassen und versuchten, sich in einem leerstehenden Bauernhaus über einem kleinen Herdfeuer die Hände zu wärmen. Es war der 22. Dezember 1942. Kein Gedanke mehr daran, Weihnachten in der Heimat zu verbringen.

Dies hier war nun der wirkliche Krieg. Er hatte gewußt, schon damals in Frankreich, die Wirklichkeit in ihrer ganzen Brutalität würde ihn irgendwann einholen, und sie hatte es getan.

Zu Beginn des Rußlandfeldzuges hatte er zur 1. Panzerdivision gehört, die als Teil der Panzergruppe 4 der Heeresgruppe Nord unterstellt war, aber dann war er zur 23. Panzerdivision versetzt worden und hatte am Zug zum Kaukasus teilgenommen. Es war ihm vorgekommen wie der Eintritt in eine andere Welt. Unter glühender Sonne zogen sie durch die Kalmückensteppe, und keinen hätte es verwundert, wenn plötzlich die Reiter des Dschingis-Khan aus der endlosen, verdorrten Weite aufgetaucht wären. Am Horizont konnten sie den schneebedeckten Gipfel des Elbrus sehen, des höchsten Berges im Kaukasus. Fünfundfünfzig Grad zeigte das Thermometer bei ihnen, und dort oben herrschte das ewige Eis. Einheimische schlossen sich ihnen an, Menschen, die unter Stalin gelitten hatten und die Deutschen als Befreier sahen. Sie kamen auf Kamelen, und Paul dachte immer, es mußte ein eigenartiges Bild sein, die langen Panzerkolonnen und die zweihöckrigen Tiere, die neben ihnen einhertrabten.

Am 1. November nahmen sie Alagier ein und konnten die uralte ossetische Heerstraße sperren, aber ihr eigentliches Ziel, die Städte Baku und Tiflis und die Ölfelder einzunehmen, scheiterte, nachdem Mitte November fast von einem Tag zum anderen der Winter hereinbrach. Die Front kam völlig zum Stehen.

Und nun lagen sie vor Stalingrad, eine schwer angeschlagene, reichlich dezimierte 23. Panzerdivision, die nur noch aus einigen zwanzig Panzern bestand. Man hatte ihr Panzerkorps der 4. Panzerarmee des Generals Hoth unterstellt, die am 12. Dezember antrat, von Süden her in den Kessel einzudringen und die 6. Armee frei zu schlagen.

Paul war für eine halbe Stunde eingedämmert – er hatte eine Ewigkeit lang den Panzer gefahren und nicht geschlafen –, aber gegen Mitternacht schreckte er auf, als ein Trupp Soldaten in die Hütte stürmte. »Auf! Los, aufstehen! Alles in die Panzer!«

Alle waren sofort hellwach und sprangen auf die Füße. Was sie nicht wußten: Die Russen waren dabei, am Tschir durchzubrechen, standen dicht vor Morosowskaja, dem Flughafen hundertfünfzig Kilometer westlich von Stalingrad. Von dort starteten die Flieger, die Nachschub in den Kessel brachten. An Morosowskaja hing alles. Wenn die Russen ihn besetzten, eskalierte die Lage.

Aber was noch schlimmer war: Wenn es den Russen gelang, die deutsche Front am Tschir zu durchbrechen, sich nach Süden zu schlagen und die Stadt Rostow zu besetzen, wäre sowohl die Heeresgruppe Don unter Feldmarschall von Manstein als auch die Heeresgruppe unter Generaloberst von Kleist, die im Kaukasus stand, von allen rückwärtigen Verbindungen abgeschnitten. Das konnte den Verlust von anderthalb Millionen deutscher Soldaten bedeuten.

»Scheiße«, sagte Paul. Er blickte in die Schneeflocken, die vor dem Fenster tanzten. Christine hatte ihm geschrieben, daß Belles Mann in Stalingrad festsaß. Er hatte nie viel Kontakt zu Max Marty gehabt, aber er hatte ihn sympathisch gefunden, und außerdem – er gehörte nun einmal zur Familie. Einer aus der Familie saß in diesem gottverdammten Schlamassel an der Wolga, und er, Paul, würde vermutlich überhaupt nichts tun können, um ihm da herauszuhelfen. Flüchtig fragte er sich, was Belle daheim in Berlin in diesen Wochen durchmachen mußte.

Ein weiterer Soldat polterte ins Haus, brachte Kälte und Schneegeruch mit sich. »Was ist? Alles in die Panzer. Weitere Befehle abwarten!«

Am nächsten Tag, es war der 23. Dezember, zog Hoth die 6. Panzerdivision ab, um sie an den Tschir zu schicken und das totale Desaster abzuwenden. Mit den verbleibenden Divisionen setzte er seinen Angriff auf Stalingrad fort, aber es gab kaum eine Chance, mit derart reduzierten und angeschlagenen Truppen einen Sieg zu erringen. Manstein sandte ein Fernschreiben ins Führerhauptquartier, in dem er beschwörend darauf hinwies, daß es unter den gegebenen Umständen keine Möglichkeit gab, der bedrängten 6. Armee zu Hilfe zu kommen, daß eine ausreichende Luftversorgung nicht gewährleistet sei und daß Generaloberst Paulus nichts anderes übrigblieb, als mit seinen Truppen den Ausbruch nach Süden zu Hoth zu versuchen – trotz der Risiken, die das barg; Hitler lehnte ab. Kein Ausbruchsversuch. Begründung: Paulus habe überhaupt nicht genügend Sprit, um sich zu Hoth durchzuschlagen.

Der 24. Dezember. Belle verbrachte den Weihnachtsabend bei Elsa. Die stille Wohnung hatte immer eine beruhigende Wirkung auf sie gehabt, und nun, da sich auch noch Nicola und Anne dort aufhielten, schien es ihr der beste Ort, um sich abzulenken. Natürlich war Andreas wütend gewesen. »Nennst du das Liebe? Wenn jeder von uns Weihnachten für sich feiert? Komm, Belle. Ich opfere wieder einmal alle meine Marken, und wir gehen fürstlich essen.«

»Andreas, versteh das doch. Ich kann nicht. Max ist in Stalingrad eingeschlossen. Er hungert und friert, er hat Todesangst und ist verzweifelt. Ich kann nicht... während er...«

»O Gott, Belle, das Schlimmste an dir ist diese furchtbare Doppelmoral. Das heißt, im Grunde hast du gar keine Moral. Du bist gern mit mir zusammen und machst dir auch weiter keine Gedanken. Aber du bist eben doch ein kleines Mädchen geblieben, ein richtiges kleines Mädchen, das Angst hat, bestraft zu werden, wenn es etwas Böses tut. In regelmäßigen Abständen steigt dieses Gefühl in dir auf, und dann übst du wieder ein paar Wochen Enthaltsamkeit, und ich bin erst einmal abgemeldet. Liebe Güte, verstehst du denn nicht, daß es ganz gleich ist? Du betrügst deinen Mann, und da spielt es überhaupt keine Rolle, ob er gerade in Stalingrad oder auf dem Mond sitzt. Du amüsierst mich, Belle. Ich frage mich, ob du mit fünfzig Jahren auch noch so bist.«

Sie hatte ein paar zornige Worte der Verteidigung versucht, war aber an seinem Lachen gescheitert und hatte wütend den

Telefonhörer aufgelegt. Zehn Minuten später rief er wieder an, offenbar versöhnlich gestimmt. »In Ordnung, Belle. Ich akzeptiere deine Gründe. Wie ist es mit Silvester? Könntest du dich dann überwinden, ein Glas Sekt mit mir zu trinken?«

Sie sagte nur halb zu, legte sich nicht fest, brach nach dem Gespräch in Tränen aus, weil sie sich unglücklich fühlte und weil sie wirklich das Gefühl hatte, irgendwann bestraft zu werden für ihre zahlreichen sündigen Nächte mit Andreas. Sie hatte tagelang nichts essen können, als sie damals aus Zürich zurückgekehrt war und Elsa ihr gesagt hatte, Max sei unterdessen in Berlin gewesen. Sie weinte sich Abend für Abend in den Schlaf und schrieb Dutzende von Briefen an Max, obwohl sie keine Ahnung hatte, ob einer davon ihn erreichte. Dann bekam sie Post von ihm, er schrieb, sie seien im Marsch auf Stalingrad, dann kam die Nachricht, daß die Falle zugeschnappt war, und schließlich erreichte sie sogar von dort noch ein Brief; Max beschrieb in sehr vorsichtigen Worten die kritische und verhängnisvolle Lage. Nun gab es seit Anfang Dezember kein Lebenszeichen mehr, und Belle träumte in den Nächten, Max sei tot.

Sie hatte in der Wohnung am Alexanderplatz einen Brief hinterlassen, unübersehbar gegenüber der Eingangstür an die Wand geheftet, in dem sie ihm mitteilte, sie halte sich bei Elsa auf. Ganz tief im Innern hegte sie noch diese winzig kleine, irrwitzige Hoffnung, er könne plötzlich auftauchen. Vielleicht war er verwundet worden und gehörte zu denen, die ausgeflogen wurden und in die Heimat zurückkehren konnten.

In diesem Jahr hatten sie keinen Baum, aber Elsa hatte einen dicken Busch Tannenzweige in eine Bodenvase gestellt und mit Kugeln, Kerzen und Lametta geschmückt. Auf dem Grammophon spielte eine Weihnachtsplatte. Nicola hatte sich sehr festlich herausgeputzt, sie trug einen schmalen schwarzen Samtrock und eine weiße Spitzenbluse und hatte die dunklen Haare zu einer komplizierten Frisur aufgesteckt. Elsa zündete eine Kerze an, die sie vor dem Bild ihres im letzten Krieg gefallenen Sohnes aufgestellt hatte.

In der Küche war Nellie, die Haushälterin, schon mit dem Braten beschäftigt, den sie mühsam aufgetrieben hatte. Belle überkam ein Gefühl der Geborgenheit. Was auch immer passierte, sie hatte ihre Familie. Wie sehr sie oft zankten, stritten und übereinander herzogen, im Ernstfall standen sie doch unverbrüchlich zueinander. Es war keine Frage gewesen, daß Elsa die vor ihrem Ehemann geflüchtete Nicola samt Anne aufnahm, ebenso wie sie sich rührend um Baby Sophie kümmerte, damit Belle ihre komischen Filme drehen konnte. Letztlich, dachte Belle, würde man sich sogar auf die gräßliche Modeste verlassen können.

Auf einmal hatte sie das Bedürfnis, ihre Mutter in München anzurufen. Zum Glück meldete sich Felicia sofort: »Felicia Lavergne.«

»Mami? Hier ist Belle!«

»Belle? Wie schön, daß du anrufst!« Es schwang Erleichterung in Felicias Stimme. Sie freute sich, daß Belle an sie dachte, obwohl sie so oft von ihrer Mutter enttäuscht worden war.

»Ich wollte dir frohe Weihnachten wünschen, Mami.«

»Danke, Belle. Bist du bei Elsa?«

»Ja. Mit Sophie. Nicola und Anne sind auch hier. Aber . . . es ist nicht . . .«

». . . es ist nicht Lulinn«, sagte Felicia.

Beide schwiegen einen Moment, dann fragte Belle: »Und du? Feierst du mit Alex?«

»Wir sind bei seiner Schwester Kat und Tom Wolff eingeladen. Ich ziehe mich gerade um. Nicht, daß ich große Lust hätte, aber ehe ich allein herumsitze . . . Hast du Nachricht von Max?«

»Nein.« Da war wieder dieses würgende Gefühl, dieser Klumpen im Hals. Nur nicht von Max reden. Eilig fragte sie: »Hast du Nachricht von Sara?« Felicia hatte ihr von Saras Verhaftung erzählt, sich aber natürlich gehütet, Martin zu erwähnen, der bei ihr im Keller wohnte.

»Nein. Wir haben keine Ahnung, wohin Sara deportiert worden ist. Niemand konnte etwas für uns tun – oder jedenfalls wollte es niemand. Schon gar nicht der unfähige Mann

deiner Schwester. Ach, übrigens, Susanne hat wieder ein Mädchen. Das dritte.«

»Ach Gott«, sagte Belle.

Felicia lachte, aber es klang müde. »Jetzt habe ich schon bloß
Töchter, nun bekomme ich auch nur Enkelinnen. Na ja, die
kann man wenigstens nicht eines Tages einfach an die Front
schicken. Belle, es war so schön, von dir zu hören! Grüß alle von
mir. Und grüble nicht zuviel wegen Max... du kannst jetzt
nichts tun, als zu hoffen!«

Nur hoffen, dachte Belle, nachdem das Gespräch beendet
war, oh, wenn sie wüßte, was ich Schreckliches getan habe! Sie
blickte in den Spiegel, der im Flur hing und überlegte, ob sie sich
umziehen sollte, aber es erschien ihr sinnlos.

»Alles ist so anders dieses Jahr«, sagte sie, als sie wieder ins
Wohnzimmer trat, »früher war die ganze Familie zusammen,
und jetzt... drei Frauen und zwei Kinder. Es ist...«

»Ich bin kein Kind«, widersprach Anne empört. Sie hatte sich
ein schwarzes Samtkostüm von ihrer Mutter erbettelt, in dem
sie tatsächlich ziemlich erwachsen aussah. Natürlich trug sie
Lippenstift und duftete nach einem schweren Parfüm.

Nicht gerade der Prototyp eines BDM-Mädels, dachte Belle
belustigt, sie wird ihrer Mutter immer ähnlicher.

»Ich möchte eine Zigarette«, verlangte Anne, »Mama, du hast
doch so viele. Gib mir eine!«

Nicola seufzte. »Ich habe Unmengen von Essensmarken dafür eingetauscht, Anne, und nun nimmst du mir alles weg!«

Anne maulte, erreichte natürlich, was sie wollte und zündete
sich die Zigarette sehr gekonnt an. Offenbar besaß sie einige
Übung darin.

»Nicola, ich bin ein bißchen erstaunt«, mischte sich Elsa ein,
»findest du nicht, ein dreizehnjähriges Mädchen sollte noch
nicht rauchen?«

»Ich bin sehr reif für mein Alter«, behauptete Anne.

Nicola machte ein sorgenvolles Gesicht. »Sicher, Elsa, du hast
recht. Aber Anne ist schrecklich verzogen.«

Belle setzte sich an den Tisch und vergrub ihr Gesicht in den
Händen. Auf einmal hatte sie das Gefühl, sie würde verrückt

werden an diesem Abend. Eben noch hatte das warme Zimmer mit dem Tannenduft, hatte die Anwesenheit dieser ihr so vertrauten Menschen Trost und Geborgenheit für sie bedeutet, jetzt war es, als würde ihr die Luft abgeschnürt. Sie dachte an Max, der in der Hölle von Stalingrad kämpfte, und plötzlich meinte sie, es sei unerträglich, wie Elsa mit sanfter Stimme über die Gefahr des Rauchens sprach und wie Nicola nun wegen Sergejs beständiger Untreue zu lamentieren begann. Sie hätte schreien mögen, um ihre zum Zerreißen gespannten Nerven abzureagieren. Den Abend über trank sie ein Glas Rotwein nach dem anderen und wurde davon schließlich so müde, daß sie, kaum im Bett, tief und fest einschlief.

7

Der 24. Dezember in den kriegsverwüsteten Weiten um Stalingrad. Ein klarer, sonniger Tag mit schreiender Kälte, der Schnee war harsch gefroren und reflektierte das Licht aus Tausenden von kleinen, funkelnden Kristallen. Die Steppe jenseits der Wolga stand in tiefem Schweigen, die Büsche sahen aus wie mit Puderzucker bestäubt.

Wie schön könnte es sein, dachte Paul. Seit dem Morgen rollten die Panzerkolonnen auf Stalingrad zu, näher und näher, und die Soldaten spürten den heißen Klumpen der Angst im Magen. Und der Traurigkeit. Heiligabend in der Fremde und auf dem Marsch in die Hölle.

Paul dachte an Christine und an seine Eltern. Ob sie in Berlin waren oder in Lulinn? Wahrscheinlich in Berlin, hoffend, daß er doch noch als Weihnachtsgeschenk plötzlich vor der Tür stehen würde.

Er konnte nichts anderes denken in seinem Panzer als an frühere Weihnachtsabende; fast immer hatten sie sich alle in Lulinn getroffen, wo im Wohnzimmer ein gewaltiger, buntgeschmückter Tannenbaum aus den eigenen Wäldern stand und in der Küche so viel gebacken, gebraten und gebrutzelt wurde, daß man halb Ostpreußen damit hätte versorgen können. Es roch nach Kerzenwachs und Tannennadeln, im Kamin knisterte ein Feuer. Der Schnee hatte dicke Mützen auf die Weidezäune gezaubert und die kahlen Eichen entlang der Allee in weißbemäntelte Gestalten aus einem Wintermärchen verwandelt. Er sah sie alle vor sich: Modeste in einem ihrer unförmigen Hängekleider, Pralinen, Buttergebäck und Christstollen wahllos und unaufhörlich in den Mund schiebend. Joseph, noch schmächtiger als sonst in seinem dunklen Anzug mit den etwas zu langen Hosenbeinen, von penetranter Heiterkeit erfüllt. Urgroßmutter Laetitia in ihrem Rollstuhl am Fenster, das Leben und Treiben betrachtend, aus scharfen Augen, denen nichts entging. Felicia, aus München angereist, im elegantesten Kleid des Abends. Ihre Tochter Belle, der Mutter an Schönheit um nichts nachstehend, mit Nicola in einer Ecke sitzend; Nicola zu stark geschminkt, mit zu viel Schmuck behängt, Sergej gelangweilt seinen Wein trinkend. Irgend jemand knackte Nüsse, und vom Plattenspieler erklang: Stille Nacht, heilige Nacht. Später würden sie mit Sekt anstoßen und auf die rückwärtige Terrasse treten, um den Sternenhimmel anzusehen, und Modestes Kinder würden wieder laut schreien, weil sie das neue Spielzeug bereits zerschlagen hatten.

Ob ich Lulinn jemals wiedersehe? fragte sich Paul. Und Christine?

Am frühen Nachmittag, als die Schatten schon lang wurden und die Sonne im Untergehen begriffen war, gerieten die Panzer unversehens in einen Hinterhalt der Russen und wurden mit heftigem Kanonenfeuer empfangen. Der Panzerkommandant, Feldwebel Kolkow, der gleich neben Paul kauerte, brüllte: »Scheiße!« Und dann: »Feuer!«

Laden, feuern. Laden, feuern; sie waren ein perfekt eingespieltes Team. Sie vernahmen das Krachen der Geschütze, der eigenen und der anderen, und ein paarmal schwankte der Panzer heftig, als er getroffen wurde. Die Deutschen fochten verbissen und hatten nach einer Stunde die russischen Angreifer zurückgeschlagen, vor allem deshalb, weil eigene Panzer nachrückten und ihnen zu Hilfe kamen. Die Dunkelheit war hereingebrochen, und sie rollten weiter Richtung Stalingrad, aber nach drei Kilometern erreichte sie der Befehl, umzukehren. Rückzug hinter den Aksai, den Fluß, den sie vor wenigen Tagen erst überquert hatten.

»Und was wird mit denen da drinnen?« rief Paul außer sich. »Sie warten auf uns! Wir sind ihre einzige Hoffnung!«

Feldwebel Kolkow sah das realistischer. »Da steht wahrscheinlich eine unheimlich starke russische Abwehr. Hat doch keinen Sinn, Degnelly. Die schlachten uns ab.«

Zutiefst enttäuscht und erschöpft kehrten sie um. Der Mond stand jetzt hoch am Himmel, die weiten Schneefelder leuchteten.

»Fröhliche Weihnachten«, murmelte Kolkow. Karl Friedberg, der Ladeschütze, grinste. »Jetzt fangt bloß nicht mit ›O Tannenbaum‹ an!«

»Danach ist mir absolut nicht zumute«, sagte Paul, »der Mann von meiner Cousine sitzt da in Stalingrad. Wenn er überhaupt noch am Leben ist. Es ist alles ein Wahnsinn!«

»Wahnsinn . . .«, wiederholte Kolkow. Sie schwiegen, jeder hing eigenen Gedanken nach. Plötzlich sagte Franz Beniti, der Richtschütze: »Der Motor klingt irgendwie komisch. Findest du nicht auch, Paul?«

Paul biß sich auf die Lippen; er war der Fahrer, er hätte es zuerst hören müssen, aber er war völlig weggeträumt. Karl Friedberg hielt die Taschenlampe, während Paul den Motor untersuchte. Diesmal war er mit seinem Latein am Ende: Er konnte nichts feststellen.

»Tut mir leid«, sagte er, »keine Ahnung, was er hat. Ich bin noch nie so ratlos gewesen. Ich kann nichts machen!«

Sie starrten in die mondhelle russische Winternacht, starrten den Panzer an und fühlten sich vollkommen ausgeliefert.

»Scheiße, Scheiße, Scheiße!« sagte Beniti und sah aus, als wollte er dazu noch mit dem Fuß aufstampfen. »Was machen wir jetzt? Wir sind ja mal wieder allein auf weiter Flur. Die vor uns hab' ich schon ewig nicht mehr gesehen!«

»Wir fahren weiter«, bestimmte Kolkow, »so lange es der elende Karren noch macht.«

Sie schafften es noch gut einen Kilometer, wobei sich das Motorengeräusch immer bedrohlicher anhörte, dann erklang ein letztes müdes Fauchen und der Panzer stand. Nichts ging mehr.

»So«, sagte Friedberg, »und jetzt? Warten oder zu Fuß weiter?«

»Wir könnten einen von den Tannenbäumen hier schmücken und ein Lied singen«, schlug Franz vor, aber es war niemandem nach derlei Späßen zumute. Kolkow, der wie ein Verrückter funkte und keine Antwort bekam, sah ihn nur eisig an. »Wir marschieren los«, befahl er, »ich verstehe nicht, warum kein Mensch meine Funksprüche empfängt! Sind wir denn allein auf der Welt?«

»Besser allein, als ...«, deutete Karl vielsagend an.

Kolkow verstand. »Ja, wir wissen nicht, was hier alles an Russen herumlungert. Wir sollten sehen, daß wir schleunigst wegkommen! Den Panzer stecken wir nicht in Brand, sonst ziehen wir im Nu die Feinde auf uns!«

Bewaffnet mit ihren Brotbeuteln, Wolldecken und Pistolen stapften sie los. Der harsche Schnee knirschte unter ihren Füßen. Stellenweise lag er so hoch, daß sie bis zum Stiefelschaft einbrachen. Einmal wandte sich Paul um und sah zurück, düster und mächtig lag da der verlassene Panzer unter dem nächtlichen Himmel, ein Bild von unerträglicher Einsamkeit und Hoffnungslosigkeit. Das Relikt einer geschlagenen Armee.

Geschlagene Armee? Das sind wir noch nicht, dachte Paul, das sind wir noch nicht! Oder doch? Da war diese unüberhörbare Stimme in seinem Innern: Ihr seid am Ende! In Stalingrad stirbt die 6. Armee. Zu Fuß schleppt ihr euch durch die eisige Nacht. Am Tschir fechten eure Truppen einen verzweifelten Kampf. Ihr seid am Ende! Fröhliche Weihnachten!

Ihre Schritte wurden langsamer, ihr Atem ging keuchend. Nach den vielen Stunden im Panzer waren ihre Gelenke steif geworden und schmerzten, ihre Körper waren erfüllt von brennender Müdigkeit. Sie hatten Hunger und waren deprimiert. Der kleine Beniti blieb schließlich stehen. »Können wir nicht einen Moment ausruhen?« fragte er heftig atmend.

Kolkow nickte. »Eine Viertelstunde aber nur. Wir dürfen hier nicht einschlafen, sonst erfrieren wir.«

Die mörderische Kälte stach wie mit tausend Nadeln, besonders an den Füßen. Schon nach kurzer Zeit begannen sie alle wieder heftig aufzustampfen und zu trampeln, weil es anders nicht auszuhalten gewesen wäre. Kolkow, der an einem Baum gelehnt hatte, drängte zum Aufbruch. »Es hat keinen Sinn. Wir müssen weiter.«

»Ja, dann sollten wir . . .«, begann Paul, aber weiter kam er nicht, denn nun ging plötzlich alles sehr schnell. Der Wald ringsum bewegte sich, was vorher schweigend und reglos gewesen war, hatte plötzlich Arme, Beine, Gesichter. In Scharen brachen sie aus dem Dickicht, russische Soldaten, warm verpackt in schwere Pelze. Paul und seine Kameraden starrten in drei Dutzend Gewehrläufe und in finstere Gesichter. Eine Stimme brüllte russische Befehle.

»Ihr sollt eure Waffen in den Schnee werfen!« Kolkow, der etwas russisch sprach, übersetzte. Im Schein einer Taschenlampe, die sich auf ihn richtete, konnten sie sehen, daß er totenblaß geworden war. »Tut, was sie sagen. Wir haben keine Chance gegen sie«, fügte er hinzu. Die Männer ließen ihre Waffen fallen. Ein kleiner Mongole trat an Paul heran, stieß ihm hart das Gewehr ins Kreuz und brüllte irgend etwas. Die anderen taten es ihm nach. Dann wurden sie gezwungen, sich in einer Reihe aufzustellen, und Paul dachte: Jetzt erschießen sie uns. Einen nach dem anderen. Wir werden alle in dieser furchtbaren, kalten Winternacht tot in den Schnee fallen, und niemand wird uns je finden.

Zu seinem Erstaunen aber fiel kein Schuß. Statt dessen trat ein russischer Hauptmann vor und sagte etwas mit barscher, unbeteiligter Stimme.

»Wir haben uns als ihre Gefangenen zu betrachten«, dolmetschte Kolkow, »sie werden uns von hier fortbringen in ein Lager. Wer zu fliehen versucht, wird sofort erschossen.«

»In ein Lager?« Karl hatte plötzlich Schweißperlen auf der Stirn, trotz einer Temperatur von dreißig Grad unter Null.

»Das heißt doch . . .«

».. . Sibirien«, sagte Paul, »ja, wahrscheinlich.«

Umgeben von Soldaten setzte sich der kleine Gefangenenzug in Bewegung. Noch immer schien der Mond, der Sternenhimmel war von überwältigender Klarheit. Die Heilige Nacht . . .

»Vermißt«, werden sie an Christine schreiben, dachte Paul, seit dem 24. Dezember 1942 vermißt. Sie wird glauben, ich bin tot.

Ob ich Lulinn jemals wiedersehe?

Am Silvestertag hielt es Belle nicht mehr aus. Sie hatte in der Nacht wieder von Max geträumt, war schweißgebadet aufgewacht und hatte zwei Stunden lang in ihre Kissen geweint. Am nächsten Morgen wußte sie, daß sie die Jahreswende nur mit Andreas verbringen konnte, auch wenn sie sich deswegen für charakterlos hielt. Der Familie gegenüber behauptete sie, zu einem UFA-Fest nach Babelsberg zu gehen, und machte sich am späten Nachmittag auf den Weg.

Es hatte den ganzen Tag über leicht geschneit, und ganz Berlin war wie mit Puderzucker bestäubt. Viele ließen bereits ihre Verdunkelungsrollos hinunter, aber hier und da konnte Belle noch in erleuchtete Fenster spähen, in denen geschmückte Tannenbäume standen. Unwillkürlich fröstelte sie und hüllte sich fester in ihren Mantel.

Andreas öffnete sofort, nachdem sie geklingelt hatte, und zerstreute damit zumindest ihre Angst, er könnte vielleicht gar nicht daheim sein. Er trug seinen Smoking und roch nach einem seiner teuren Rasierwasser. An seiner rechten Hand prangte der große, goldene Siegelring, den er von seinem Vater geerbt hatte.

Belle war etwas perplex. Zwar hatte sie im stillen gehofft, daß Andreas vielleicht mit ihrem Kommen rechnete, aber daß er sich gleich derart in Schale warf?

Unsicher lächelte sie ihn an. »Hallo, Andreas. Ich . . . kann ich reinkommen?«

»Ja . . . natürlich . . .« Er trat einen Schritt zur Seite, aber sie spürte sein Zögern.

Sie blieb stehen. »Was ist los?«

»Nichts. Du kannst ruhig hereinkommen. Ich muß nur in ungefähr zehn Minuten fort.«

»Was? Wohin denn?«

»Belle . . .« Er zog sie herein und schloß die Tür. »Belle, ich kann nicht darauf warten, aus welcher Laune heraus du welche Entscheidung triffst. Es tut mir leid, aber ich war Weihnachten allein, und ich hatte keine Lust, auch an Silvester einsam in meiner Wohnung zu sitzen. Deshalb habe ich mich verabredet.«

Belle brauchte eine Sekunde, um diese Nachricht zu verdauen, dann fragte sie scharf: »Mit wem?«

Andreas lachte. »Jetzt hast du mich angeschaut, als wolltest du mich fressen! Belle, ich bin kein Spielzeug, das du in die Ecke stellen und bei Bedarf wieder hervorholen kannst. Ich . . .«

»Mit wem?«

»Du kennst sie nicht.«

»Sie?«

»Eine alte Bekannte von früher.«

Sie schluckte und wartete, daß er noch etwas hinzufügte, eine Entschuldigung wenigstens, doch er schaute sie nur ruhig an.

Belle, überreizt wie sie war, hatte Mühe, nicht in Tränen auszubrechen. »Das ist also die Strafe für Weihnachten! Ich hätte mir denken können, daß dir noch irgend etwas einfallen würde. Mein Gott, wie habe ich es auch wagen können . . .«

Zu ihrem Erstaunen reagierte er nicht mit irgendeiner zynischen Erwiderung. Er war seltsam ernst. »Keine Strafe, Belle. Diese Zeiten sind vorbei. Ich habe dir einmal gesagt, was du mir bedeutest. Daran hat sich nichts geändert, und deshalb ertrage ich deine Unentschlossenheit nicht. Du mußt endlich entscheiden, was du willst. Bis dahin sollten wir uns vielleicht nicht so oft sehen.«

»Andreas!« Jetzt schossen ihr wirklich die Tränen in die Augen. »Andreas, ich habe dir doch zu erklären versucht, daß ich . . .«

». . . daß du dich in einer komplizierten Lage befindest? Ja, natürlich. Trotzdem könntest du hin und wieder auch einen Gedanken an meine Lage verschwenden, findest du nicht?«

»Ja, aber . . .«

»Sei mir nicht böse, Belle, aber ich muß jetzt gehen.«

Sie trottete hinter ihm her die Treppe hinunter.

»Willst du nach Hause?« fragte Andreas. »Ich könnte dich noch ein Stück begleiten.«

»Nein. Ich . . . weiß noch nicht, wohin ich gehe.« Sie sah einen Anflug von Mitleid in seinen Augen, und das ließ sie ihre Beherrschung wiederfinden. »Geh du nur. Und mach dir bloß keine Gedanken. Deinetwegen hänge ich mich bestimmt nicht auf!«

Zum erstenmal an diesem Abend grinste er. »Nein. Belle Lombard hängt sich nicht auf. Sie geht hin und nimmt das Leben auf die Hörner. Ein gutes neues Jahr, Belle. Ich rufe dich an.«

Belle stand im Schneegestöber, sah ihm nach und dachte, jetzt müßte einer dasein, der meine Hand nimmt und mir sagt, es wird schon alles in Ordnung kommen. Mami oder Großmutter Elsa oder irgend jemand.

Aber es war keiner da, so wie früher immer. Bei dieser ganzen Geschichte mit Andreas war keiner da. Sie mußte das ganz allein mit sich abmachen.

Sie beschloß, in ihre und Max' gemeinsame Wohnung zu gehen, denn in die Schloßstraße konnte sie nicht zurück, nachdem sie allen von der großen UFA-Party erzählt hatte. Sie fuhr mit der Straßenbahn, fühlte sich hungrig und verfroren, als sie ankam. Die Heizung funktionierte nicht. Sie kramte einen alten Wollpullover von Max aus dem Schrank und zog ihn über ihr Kleid, dann holte sie sich eine Flasche Wein aus dem Keller – wie gut, daß sie einst einen Vorrat angelegt hatte – und machte sich aus einem Ei ein Omelett. Sie dachte, der Wein werde ihr helfen, die Nacht zu überstehen, aber als um zwölf Uhr alle Kirchenglocken von Berlin läuteten, begann sie haltlos zu weinen. Sie konnte nicht mehr aufhören, und als sie gegen zwei Uhr ins Bett wankte, hatte sie rote, brennende Augen und Kopfweh.

So begann für Belle das Jahr 1943.

Max lag vier Wochen in einem Lazarett, das man im Keller einer ehemaligen Automobilfabrik errichtet hatte. Ein übermüdeter

Arzt, dem vor Hunger und Erschöpfung die Hände zitterten, operierte ihm die Kugel aus dem Leib, und erstaunlicherweise blieb Max am Leben. Er war bereits für den Rücktransport in die Heimat vorgesehen, da bekam er eine Bauchfellentzündung und lag tagelang mit hohem Fieber, zeitweise bewußtlos.

»Nicht transportfähig«, bemerkte der Arzt jeden Morgen, wenn er zu dem Kranken trat und seinen fieberheißen Atem spürte, »laßt ihn liegen.«

Er wollte kein Risiko eingehen, aber seine Besorgnis mutete beinahe lächerlich an angesichts der vielen sterbenden Männer hier. Irgendwie hatte er eine besondere Beziehung zu Max Marty, von dem er nicht einmal den Namen kannte. Einen Bauchschuß überstanden nicht viele, schon überhaupt nicht bei einer so miserablen medizinischen Versorgungslage. Aber Max schien, obwohl schon mehr als einmal die fast sichere Beute des Todes, von einem Lebenswillen besessen, der ihm unfaßbare Kraft gab. Er lag ganz still, die Augen geschlossen, sein Atem ging flach und stoßweise, aber etwas in seinem Inneren kämpfte und kämpfte, jeden Tag von neuem, und irgendwann war auch der Arzt entschlossen, sich diesen Mann nicht entreißen zu lassen. Vielleicht lag es daran, daß er, wie die anderen auch, ab und zu einen Hoffnungsschimmer in dieser Hölle brauchte.

Am Morgen des 8. Januar erwachte Max aus einem Schlaf, der zum erstenmal seit langer Zeit nicht von wirren Fieberträumen begleitet gewesen war, und vor seinen Augen lag kein Schleier. Er fror erbärmlich unter seiner dünnen Wolldecke, aber das war nicht mehr dieser haltlose Schüttelfrost, der ihn Tag und Nacht gequält hatte. Wie lange hatte er hier gelegen? Er versuchte, sich aufzurichten, fiel aber kraftlos zurück. Zu seinem Entsetzen war er fast zu schwach, auch nur den Arm zu heben. Hätte er sich selber sehen können, sein Schreck wäre noch größer gewesen: Die Wangen waren tief eingefallen, und die Augen lagen in roten Höhlen, ungepflegte Haare und ein vier Wochen alter Bart bildeten ein wüstes Gestrüpp. An den Schultern standen die Knochen hervor, die Haut über den hochgewölbten Rippenbögen sah aus wie gelbliches, straff gespanntes Pergament. Der Ehering an seinem rechten Ringfinger saß so locker, daß er schon längst hätte verlorengehen müssen.

»Der wievielte ist heute?« fragte Max mühsam.

»Der 8. Januar 1943«, antwortete der Kamerad neben ihm, »du liegst schon ziemlich lange hier.«

»Wo?«

»Na, wo schon? In Stalingrad, immer noch. Keine Chance mehr. Der Hunger bringt uns alle um. Und die verfluchten Flöhe. Hast du auch so viele Flöhe?«

»Ich weiß nicht.« Er wußte es wirklich nicht. Er war zu schwach, um irgend etwas zu wissen.

An diesem 8. Januar machten die Russen der 6. Armee zum letztenmal das Angebot, ehrenvoll zu kapitulieren. Über der verwüsteten, verschneiten Stadt wurden Hunderte von Flugblättern in deutscher Sprache abgeworfen und die Soldaten aufgefordert, sich zu ergeben. Leben und Sicherheit wurden garantiert, aber: »Wer Widerstand leistet, wird erschossen.«

Generaloberst Paulus lehnte ab.

Russische Kriegsgefangene zogen den Schlitten, auf dem Max und einige Leidensgenossen am späten Nachmittag zum Flughafen Pitomnik gebracht wurden, wo in zwei großen Zelten verwundete Soldaten darauf warteten, nach Smolensk ausgeflogen zu werden. Dort gab es genug Ärzte und genug Medikamente. Immer, wenn eine der Maschinen, die Lebensmittel, Verbandzeug und Munition brachten, gelandet war, schleppten Träger Bahren mit Verletzten herbei, die eilig verladen wurden. Es kam zu schrecklichen Szenen: Männer krochen durch den Schnee und versuchten, noch irgendwie in die Flugzeuge zu gelangen, krallten sich an ihnen fest, während sie bereits wieder zum Start ansetzten. Die Piloten mußten sie gewaltsam hinunterstoßen, manchmal schossen sie sogar mit Maschinengewehren über ihre Köpfe, um sie zum Loslassen zu bewegen, schlugen mit Gewehrkolben auf ihre Hände, traten nach ihnen. Wie viele Flüge nach Stalingrad hinein würden überhaupt noch glücken? Viele Maschinen wurden abgeschossen, ehe sie landen konnten, viele mußten wegen der heftigen Schneestürme abdrehen, ehe sie die Stadt erreichten.

Am 10. Januar begann die letzte russische Großoffensive auf den Kessel. Die Chance zur Kapitulation war vertan. Halb verhungerte, halb erfrorene, ausgemergelte deutsche Soldaten, in Fetzen gekleidet, manche dem Wahnsinn nahe, krochen aus den Kellern der zerstörten Häuser und verschossen ihre letzten Patronen gegen die Angreifer. Sie litten unter der Ruhr und unter den Flöhen, hatten erfrorene Gliedmaßen, und der Hunger zerfraß ihnen die Eingeweide. Sie hatten Ratten geschlachtet und ihr Fleisch roh heruntergeschlungen, und sie hatten die gefallenen Pferde aus dem Schnee gegraben und in ihrer Verzweiflung aufgegessen. Es herrschte sibirische Kälte, fünfunddreißig Grad unter Null, ein eisiger Sturm jagte die Schneeflocken in wildem Wirbel vor sich her. Männer, die seit Tagen schon auf den Tod warteten, schossen sich kurzerhand selbst eine Kugel durch den Kopf. Sie wußten längst, was Hitler daheim im Führerhauptquartier immer noch abstritt: Es war alles verloren.

In den Verwundetenzelten herrschte bittere Kälte, obwohl die Soldaten dicht nebeneinanderlagen. Max krümmte sich unter seiner Decke zusammen und hauchte immer wieder warmen Atem in seine klammen Hände. Wenn er sich umdrehte und dabei an seinen Nachbarn stieß, brüllte der auf vor Schmerz. Ein Stück weiter schrie ein Armamputierter seine wirren Fieberphantasien heraus. Es stank nach menschlichen Exkrementen, nach Blut und Eiter, und wieder und wieder ertönte der schwache Ruf: »Sanitäter! Hier ist einer gestorben! Sanitäter!«

Max versuchte, sich fortzudenken aus dem Zelt: Belle, die Berliner Wohnung, das Theater, seine Kneipen, Sophie ... es lag alles so weit weg und war wie in einen Nebel gehüllt ... es fiel ihm schwer, sich darauf zu konzentrieren, das Stöhnen um ihn herum, die erbarmungslose Kälte, der Hunger rissen ihn immer wieder aus seinen Träumen zurück. Er begriff, wie entsetzlich schwach er war, und er versuchte, sich gegen den Schlaf zu wehren, der ihn allzu rasch hätte für immer davontragen können. Am Abend bekam er seine winzige Ration Brot zugeteilt und einen Schöpflöffel voll mit Suppe in seinen Blechteller. Er versuchte, ganz langsam zu essen, aber nach zwei Minuten schon war nichts mehr übrig. Von draußen erklang heftiges Artilleriefeuer.

»Die Russen brechen überall in den Kessel ein«, murmelte der Mann, der auf der anderen Seite von Max lag, »wir sind bald am Ende. Paulus hätte kapitulieren sollen.«

Ein junger Leutnant, der für den Abtransport der Verwundeten zuständig war, trat heran. Er hielt seine Liste in der Hand. »Marty, Maximilian?« Er mußte sehr laut sprechen, um den Lärm der Geschütze draußen zu übertönen.

»Ja«, antwortete Max schwach.

»Sie kommen morgen zum Transport.«

»Ja . . . danke . . .« Morgen fliege ich nach Hause. Er fragte sich, warum er nichts empfand. Kein Glücksgefühl. Nur Schwäche und Kälte.

Einen Tag später fiel der Flughafen Pitomnik.

Gleich zu Beginn der letzten russischen Großoffensive war er besonders hart umkämpft worden, denn natürlich wußten auch die Russen, daß hier der letzte schwache Puls der Stadt schlug, daß hier der lebenswichtige Strang verlief, den sie durchtrennen mußten. War Pitomnik erledigt, konnte die 6. Armee ihren Grabesgesang anstimmen.

Für die Verletzten, die hilflos, zum größten Teil bewegungsunfähig, in den Zelten lagen, verlief das Ende von Pitomnik wie ein Weltuntergang. Das Geschützfeuer klang zum Schluß so nah, als werde unmittelbar vor den Zelteingängen gekämpft, und an einer Ecke hatten sogar Granaten eingeschlagen, ein gewaltiges Loch ins Dach gerissen und ein furchtbares Blutbad unter den Männern, die direkt darunter gelegen hatten, angerichtet. Der Mann neben Max verlor fast den Verstand, er schrie und brüllte, daß man ihn doch hier nicht liegenlassen dürfe! Ein paar Verwundete wurden auch tatsächlich noch auf Bahren davongetragen, aber es war völlig klar, daß die meisten zurückbleiben mußten. Wieder schlug eine Granate am äußersten Ende des Zeltes ein.

»Zurück! Zurück!« schrie eine Stimme. »Wir räumen!«

Ein Soldat, der vorübergetrabt kam, warf Max' wimmerndem Nachbarn eine Pistole zu. »Hier! Noch eine Patrone! Du brauchst sie vielleicht dringender als ich!«

Der Angesprochene schleuderte die Waffe fort, versuchte auf Händen und Füßen kriechend den Mittelgang zu erreichen, brach kurz davor zusammen und blieb bewegungslos liegen. Die Pistole war direkt neben Max gelandet. Er starrte sie an. Eine letzte Patrone ... viele hatten sich eine letzte Patrone aufgespart, für den Fall ... Mit zitternden Händen griff er nach der Waffe. Das Toben und Lärmen um ihn, das für einige Sekunden ganz klar gewesen war, verschwand wieder in der dämpfenden Umhüllung des Nebels, als er den Lauf an seine Schläfe drückte.

Es war gut, daß er am Ende die Dinge selber bestimmen konnte.

8

Das hagere Gesicht des Mannes, vorne auf der Bühne des Berliner Sportpalastes, war verzerrt. Seine Stimme überschlug sich.

»Wollt ihr den totalen Krieg?« brüllte Joseph Goebbels.

Der Sportpalast war bis in den letzten Winkel voller Menschen. Sie sprangen auf, hoben die Hand zum Führergruß, und ein gewaltiger, tosender Schrei ertönte: »Ja!«

Belle drängte sich durch die Reihen zur Tür: »Bitte ... lassen Sie mich durch ...«

Am Ausgang standen ein paar SA-Männer. Sie begriffen nicht, warum die junge Frau fort wollte. »Sie können jetzt nicht gehen. Der Minister spricht noch.«

»Mir ist nicht gut. Mein Kreislauf ... bitte, ich brauche etwas frische Luft ...«

Widerwillig machten sie Platz. Belle rannte durch die Gänge und blieb erst stehen, als sie draußen war. Ein kalter Februarwind wehte durch die Straßen, aber das tat ihr gut. Von allein wäre sie niemals zu einer Goebbels-Rede gegangen, aber man hatte eine Menge Schauspieler von der UFA dazu befohlen, sie sollten die ohnehin positive Stimmung noch anheizen. Belle verzog das Gesicht. Sie hatte nicht »ja« gerufen.

Am 31. Januar hatte der größte Teil der 6. Armee in Stalingrad kapituliert. Wer noch lebte, trat den Marsch in die Gefangenschaft an. Über die Toten schrieb der »Völkische Beobachter«: »Sie starben, damit Deutschland lebt.«

Tausende trauerten, aber noch viel mehr verharrten in quälender Ungewißheit. Es war kaum Post aus dem Kessel herausgekommen in den letzten Wochen, viele der Toten waren in dem Chaos dort wohl auch gar nicht mehr registriert worden. Wer war tot, wer verwundet, wer gefangen? Keine Gefallenenmeldung bekommen zu haben, sagte überhaupt nichts. Auch Belle hatte keine Nachricht von Max.

Jetzt begriff sie, warum er so wütend gewesen war, wenn sie seine Sorgen wegen der Nazis nicht geteilt hatte. Wie dumm, wie gleichgültig, wie oberflächlich war sie gewesen! Max hatte die Wahrheit längst erkannt, als sie noch ihren Kleinmädchenträumen nachgehangen hatte. Jetzt endlich wachte sie auf. Sie haßte Hitler aus ganzer Seele. Weil er diesen Krieg angefangen hatte, weil er täglich Scharen von Männern in den Tod sandte, weil er ein ganzes Volk kontrollierte, bespitzelte, unterdrückte und in die Irre führte. Weil er Stalingrad zugelassen hatte, weil er dem Feldmarschall Paulus bis zuletzt die Kapitulation verboten hatte, weil er damit das Leid der eingeschlossenen Männer nur noch sinnlos herausgezögert hatte. Sie haßte ihn für all dies und für hundert Dinge mehr, und an diesem Tag, nachdem sie den geifernden Joseph Goebbels angehört hatte, fühlte sie ihren Haß noch intensiver.

Sie beschloß, nach Hause zu gehen, um nicht auf offener Straße in Tränen auszubrechen. Sie hoffte, unbemerkt in ihr Zimmer zu kommen, damit sie mit niemandem mehr reden müßte. Aber als sie die Wohnungstür aufschloß, prallte sie direkt auf Nicola, die vor dem Spiegel im Flur stand und ihr verweintes Gesicht anstarrte.

»Nicola! Was ist denn?«

»Dieser gemeine, dreckige Kerl!« stieß Nicola hervor. In diesem Ton sprach sie nur von einem.

»Sergej?« fragte Belle.

»Natürlich Sergej. Wer sonst? Wer sonst würde mir so etwas antun?«

»Was hat er denn getan?«

Nicola schossen die Tränen aus den Augen. »Ich bin schwanger, Belle. Fast schon im dritten Monat.«

»Sicher?«

»Ich war beim Arzt. Es besteht überhaupt kein Zweifel.«

»Oh, verdammt!« sagte Belle. Sie erinnerte sich an ihr eigenes Entsetzen, als sie festgestellt hatte, daß sie ein Kind erwartete.

»Ich wollte nie wieder ein Kind!« Mit beiden Händen fuhr Nicola über ihren Bauch und ihre Hüften. »Und dann ausgerechnet jetzt, wo eine Frau einen stabilen Körper braucht und nicht einen dicken Bauch.«

Als Belle in ihr Zimmer kam, fand sie einen Brief, der auf ihrem Schreibtisch lag. Darin wurde ihr mitgeteilt, sie habe sich am 20. Februar bei der städtischen Verkehrsgesellschaft zu melden und sei auf unabsehbare Zeit als Fahrkartenkontrolleurin in der Straßenbahn eingeteilt. Ihr Tätigkeit beim Film sehe man nicht mehr als unumgänglich notwendig an, hingegen sei es in diesen Zeiten Pflicht einer jeden Frau, ihre ganze Kraft für das Allgemeinwohl einzusetzen und die Männer würdig zu vertreten, die draußen im Feld standen und für das Vaterland kämpften.

Zum erstenmal in ihrem Leben bekam Belle einen Migräneanfall, der erst nachließ, nachdem sie sich einige Male übergeben hatte. Sie hatte sich noch kein bißchen erholt, als das Telefon klingelte. Es war Christine. Sie hatte Post aus Rußland: Paul Degnelly wurde seit Weihnachten 1942 vermißt, es gab keine Spur von ihm.

1943 begannen die Alliierten mit gezielten Angriffen auf die Zivilbevölkerung, auf Städte, Häuser und Straßen.

Am 10. März wurde ein Großangriff auf München geflogen. Der Alarm ging spätabends los, als Felicia gerade ins Bett gehen wollte. Sie hielt inne, fluchte und zog den Pullover wieder an, den sie eben erst ausgezogen hatte. Sie war so müde. Sie haßte den Gedanken an eine Nacht im Keller.

Zu viert kauerten sie in dem kleinen Zimmer, das Martin als Versteck diente: Felicia, Alex, Jolanta und Martin selber. Er sah bleich und elend aus.

»Verrückt«, sagte er, als ringsum das Krachen und Tosen losging, »in einer solchen Nacht habe ich am wenigsten Angst. Jetzt traut sich die Gestapo bestimmt nicht auf die Straße.«

»Nein, aber ich kann nicht behaupten, daß ich die Bomben viel harmloser finde«, murmelte Felicia. Sie hatte sich in der hintersten Ecke zusammengekauert und ihren Mantel um die Schultern gehängt. Jedesmal, wenn wieder ein Einschlag zu hören war, zuckte sie zusammen. Schließlich flüsterte sie: »Wann ist es vorbei? Wann ist es vorbei?«

Alex setzte sich neben sie und zog sie in seine Arme. »Gleich«, sagte er beruhigend, »gleich ist es vorbei.«

Eine Bombe detonierte ganz in der Nähe, ihre Druckwelle war so stark, daß sie alle gegen die Wand geschleudert wurden und das Gefühl hatten, ihre Lungen würden für Sekunden zusammengepreßt.

»Heilige Jungfrau!« stieß Jolanta hervor. Ihre Lippen waren ganz weiß geworden. Sie schlug rasch das Kreuz. »Ich will nicht sterben!«

»Ich wünschte, ich würde sterben«, sagte Martin.

»Ich aber nicht!« fuhr Felicia ihn an. »Ich will nicht, daß mir eine Bombe auf den Kopf fällt!«

Wieder ein ohrenbetäubendes Krachen, und wieder und wieder. Felicia hielt sich bloß noch die Ohren zu und vergrub das Gesicht in Alex' Armen. Jolanta umklammerte ihren Rosenkranz. Als endlich die Entwarnung erklang, konnte es zuerst keiner richtig begreifen. Dann rappelte sich Felicia mühsam auf, ihre Knochen taten ihr weh, weil sie so verkrampft am Boden gekauert hatte.

»Ich glaube«, sagte sie mit schwacher Stimme, »unser Haus steht noch.«

»Ob sie heute nacht noch einmal kommen?« erkundigte sich Jolanta.

Alex schüttelte den Kopf. »Sicher nicht. Wir sollten schlafen gehen. Es ist schon spät.«

Nacheinander stiegen sie – bis auf Martin – die Treppe hinauf. Von draußen waren jetzt die Sirenen der Löschfahrzeuge zu hören, und als Felicia eines der Verdunkelungsrollos beiseite schob, sah sie den roten Feuerschein über der Stadt. Sie schauderte. Wie leicht hätte es sie selber erwischen können! Jolanta ging in die Küche, um sich einen Melissentee für ihre Nerven zu brauen.

»Mir ist eher nach einem Schnaps«, sagte Felicia, »willst du auch einen, Alex?«

Er nickte und folgte ihr ins Arbeitszimmer, wo sie ihre Alkoholvorräte aufbewahrte. Er beobachtete sie genau, während sie ihren Schnaps hinunterkippte. Sie schien ihm heute besonders nervös.

»Wahrscheinlich«, sagte er unvermittelt, »denkst du die ganze Zeit darüber nach, ob deinem geliebten Maksim auch nichts passiert ist!«

Sofort trat ein gereiztes Funkeln in ihre Augen. »Was weißt du, was ich denke? Und was geht es dich überhaupt an?«

Er hob abwehrend die Hände. »Nicht gleich Krieg machen! Ich habe mich nur gefragt, warum du so unruhig bist. Und da ich dich kenne . . .«

»Du kennst mich überhaupt nicht! Sonst würdest du wissen, daß . . .« Sie brach ab und schenkte sich einen zweiten Schnaps ein.

»Ich würde wissen, daß du vor allen Dingen im Moment im Zustand der vollkommenen Verwirrung lebst«, vollendete Alex ihren Satz, »deinen geliebten Maksim siehst du beinahe nie, und wenn, geht er ungerührt an dir vorüber. Und mit mir lebst du seit zwei Jahren in demselben Haus, aber seit einiger Zeit betrete ich dein Schlafzimmer nicht mehr, und das verunsichert dich!«

»Welch feinsinniger Psychologe! Überschätz dich bloß nicht, Alex!«

Sie starrten einander an, tausend unausgesprochene Dinge waren zwischen ihnen. Plötzlich sehr müde, dachte Felicia: Wenn er mich doch in die Arme nähme! Er oder ein anderer! Das Leben ist so kalt und öde!

Als ob er lesen könnte, was hinter ihrer Stirn vorging, sagte

Alex: »Ich möchte nie wieder eine Augenblickslaune von dir sein, Felicia. Die starke Schulter für deine schwachen Stunden und ansonsten dein Fußabstreifer. Diese Rolle habe ich zu oft gespielt, aber jetzt bin ich nicht mehr jung genug dafür. Ich brauche etwas Beständigkeit in meinem Leben.«

Nicht mehr jung genug . . . die Worte hakten sich in ihr fest. Sie sah ihn an, und nie war sie sich seiner grauen Haare, seiner leicht gebeugten Schultern so bewußt gewesen, aber nie hatte sie auch so sicher den Eindruck gehabt, in einen Spiegel zu blicken. Es waren *ihre* grauen Haare, *ihre* gebeugten Schultern. Ihre Jugend war ebenso dahingegangen wie seine. Belle war heute jung, Susanne – aber sie nicht mehr.

Hastig sagte sie: »Es geht mir ja wie dir, Alex. Ich suche auch nach etwas . . . vielleicht nach etwas Beständigem. Ich fühle mich so leer. Ich arbeite sechzehn Stunden am Tag und habe keine Ahnung, wofür. Früher, da hatte alles einen Sinn. Ich hatte immer ein Ziel. Irgendeine . . . Sehnsucht. Auch wenn sie etwas Unbestimmtem galt, etwas, wovon ich nicht wußte, was es sein würde, aber ich wußte, es würde kommen, und es würde mein Leben füllen. Diese Sehnsucht, die mir soviel Kraft und Zuversicht gegeben hat . . . wohin ist sie denn nur verschwunden? Und wann ist sie verschwunden?«

Er lächelte. Es war ein Lächeln voller Zärtlichkeit. »In dir hat einmal Sehnsucht gebrannt – in meiner kalten Felicia? Schüttelfrost habe ich jedesmal gehabt, wenn ich dir in die Augen schaute . . . Felicia, du schönes Irrlicht, du hältst es auch nicht mehr durch, das Leben, das du einmal geführt hast. Du bist so vielen Dingen hinterhergejagt, aber du mußt bedenken, daß einer Frau von bald siebenundvierzig Jahren die Puste schneller ausgeht als einer Zwanzigjährigen. Komm ein bißchen zur Ruhe, Felicia.«

»Aber ich . . .«, begann sie, doch er unterbrach sie grob, jetzt ohne Wärme: »Aber du wirst nie aufhören, nach Maksim Marakow zu gieren, ich weiß. Da hast du sie noch, deine Sehnsucht! Oder ist sie schal geworden über die vielen, vielen Jahre hin? Lassen wir das. Mir wird schlecht, wenn ich über dieses Thema noch einmal sprechen muß.«

Einem Impuls folgend sagte Felicia: »Ich glaube, ich fahre für einige Zeit nach Lulinn. Ich brauche es.«

»Ja, und solange du lebst, hast du immer nur darüber nachgedacht, was du brauchst. Es hat dich nie . . .«

»Mußt du jetzt unbedingt wieder mit mir streiten?«

»Ich . . .«, setzte er an, aber gerade da klingelte es an der Haustür.

»Wer kann denn das schon wieder sein?« fragte Felicia. »Irgendwie scheint dieses Haus für nächtliche Besucher besondes anziehend zu sein!«

»Ich helfe Martin in sein Versteck«, sagte Alex, »du öffnest. Wenn es die Gestapo ist, halt sie möglichst lange hin!«

Diesmal war es nicht die Gestapo. Vor der Haustür standen Susanne, Hans und ihre drei Töchter, alle mit zerzausten Haaren, rußgeschwärzten Gesichtern und zwei großen Koffern. Susanne war in Tränen aufgelöst.

»Unser Haus«, schluchzte sie, »es ist abgebrannt. Wir haben alles verloren. Mami, es ist alles verbrannt!«

Hans, den die Aufregung wieder mit seinem Asthma kämpfen ließ, erklärte keuchend: »Volltreffer einer feindlichen Bombe! Konnten gerade noch durch den hinteren Kellerausgang in den Garten fliehen. Nachbarn haben uns aufgenommen, bis der Angriff vorüber war.«

»O Gott«, sagte Felicia, während Alex, der aus dem Keller zurückgekehrt war, unauffällig im Salon verschwand.

»Mami, können wir bei dir bleiben?« fragte Susanne.

Die drei Kinder begannen zu plärren. Felicia, die zeitlebens kleine Kinder nicht besonders gut hatte leiden können, sagte nur: »Bitte, Susanne, bring sie zum Schweigen. Natürlich könnt ihr hierbleiben – euer Haus ist ja vielleicht bald wieder bewohnbar?« setzte sie hoffnungsvoll hinzu.

Susanne schüttelte den Kopf. »Du hast nicht verstanden. Es ist alles zerstört. Wir können dort nie mehr leben.«

Es war fast Morgen, als Jolanta alle Betten gemacht hatte und die fünfköpfige Einquartierung in den Zimmern verschwunden war. Felicia genehmigte sich einen dritten Schnaps in dieser Nacht und fragte sich, womit sie soviel Ärger verdient hatte.

»Warum mußte meine Tochter nur diesen Mann heiraten? Und mit ihm auch noch diese drei unausstehlichen Kinder produzieren? Und warum, zum Teufel, habe ich sie jetzt alle wieder am Hals?«

Alex lachte. »Das ist deine Rolle in diesem Leben. Du wirst dich immer für deine Familie abstrampeln. Aber ich habe das Gefühl, du hast das entscheidende Problem noch gar nicht erkannt.«

»Welches denn? Ich meine, außer dem, daß ich wahrscheinlich keinen Bissen mehr hinunterbringe, wenn ich von jetzt an bei jeder Mahlzeit in das arrogante Gesicht von Hans Velin blicken muß!«

»Ich meine das Problem Martin Elias.«

Felicia ließ ihr Glas sinken. »Oh«, sagte sie leise.

Alex nickte. »Ja. Es ist völlig unmöglich, daß Martin Elias und Hans Velin unter einem Dach leben.«

»Wie immer«, sagte Tom Wolff lächelnd, »bewundere ich deinen Mut, Felicia. Nach deiner Schönheit ist er deine stärkste Waffe.«

»Laß solche Sprüche, Tom. Es ist zu ernst. Hilfst du mir oder nicht?«

Sie saßen in der Bibliothek von Wolffs Haus, Tom im seidenen Hausmantel, eine dicke Zigarre zwischen den Fingern, das Gesicht noch stark glänzend von der Hautcreme, mit der er sich jeden Tag nach dem Aufstehen einzureiben pflegte. Felicia trug ein graues Wollkostüm aus Vorkriegstagen, in dem sie außerordentlich seriös aussah – was Tom, der sie zu genau kannte, belustigte.

»Da versteckst du also seit einem Jahr den guten Elias bei dir«, sagte er langsam, »woher weißt du, daß ich jetzt nicht hingehe und dich anzeige?«

»Weil du mich im Grunde magst. Du bringst mich in alle möglichen Schwierigkeiten, aber nicht in lebensbedrohliche!«

»Wahrscheinlich würde ich das wirklich nicht fertigbringen«, gab Tom zu.

»Tom!« Sie lehnte sich vor und sah ihn eindringlich an.

»Tom, du mußt mir helfen. Das Risiko, Martin Elias in einem Haus zu verstecken, in dem ein SS-Hauptsturmführer wohnt, ist zu groß. Und dann sind da auch noch diese Kinder . . .«

»Deine Enkelkinder«, warf Tom grinsend ein.

»Ja. Meine . . . meine Enkelkinder, wenn du es so direkt ausdrücken mußt. Laß sie irgendwann über ihn stolpern und das dann in alle Welt hinausplärren. Ich kann keinem aus dieser Familie trauen. Bitte, Tom. Nimm Martin bei dir auf!«

»Hm«, machte Tom, »es wäre nicht ohne Reiz, wenn man bedenkt, wie viele Nazibonzen hier ein und aus gehen und dann keine Ahnung hätten, daß . . . Apropos: Wie steht es denn mit deiner Parteitreue? Die gnädige Frau macht schließlich auch gute Geschäfte mit den Nazis – aber dann einem Staatsfeind Zuflucht gewähren!«

Felicia zündete sich eine Zigarette an. »Martin Elias ist genausowenig ein Staatsfeind wie die meisten Juden. Und ich bin genausowenig parteitreu wie du. Wir sind beide zu klug, Tom, irgendeinem Kerl zuzujubeln, der sich zu unser aller Führer erklärt hat. Aber wir sind auch zu klug, uns gute Geschäfte entgehen zu lassen. Wir sahnen ab bei den Nazis, und wenn sie eines Tages das Feld räumen müssen, kriegen sie von uns noch einen Tritt in den Hintern. So einfach ist das.«

Tom grunzte. Er war absolut ihrer Meinung. »In Ordnung, Felicia. Wenn Kat nichts dagegen hat – und das wird sie nicht –, kannst du Elias zu mir bringen. Unter uns: Falls der Führer und seine Getreuen eines Tages den Bach runtergehen und sich die Zeiten wandeln, kann es mir, als Mitglied der Partei, nicht schaden, wenn ein Verfolgter wie Elias für mich aussagt. So muß man das auch sehen.«

»Eben.«

Tom musterte sie aufmerksam. »Warum tust du es?«

»Was?«

»Warum hast du Elias bei dir aufgenommen? Und vielleicht noch andere, ich . . .«

»Unsinn!« Das kam etwas zu heftig. »Niemand anderen!«

Tom winkte ab. »Bei mir mußt du sowieso keine Geständnisse ablegen. Es sieht dir nur nicht ähnlich, Kopf und Kragen zu riskieren für jemanden, der nicht gerade zu deiner heiligen Familie gehört. Also, warum tust du es? Kalkül wie bei mir? Oder hast du gar ein moralisches Gewissen, das ausgeprägter ist, als ich bisher dachte? Oder steckt noch etwas ganz anderes dahinter?«

»Kalkül«, erklärte Felicia, »und weil man . . . ach, zum Teufel, ich konnte Martin doch nicht im Stich lassen! Er ist Saras Mann, und Sara war meine Freundin von klein auf!«

Sie zog hastig an ihrer Zigarette. Es stimmte, was sie sagte, aber es war nicht die einzige Wahrheit. Hätte sie das alles für all die Leute, die sich bei ihr versteckt hatten, riskiert, wenn es Maksim nicht gäbe? Tat sie es aus blinder Liebe? Nein, das war zu einfach. Die Wahrheit dämmerte ihr in diesem Moment: Nach all den langen, langen Jahren hatte sie wohl im Allerinnersten immer noch nicht aufgehört, Maksim beweisen zu wollen, daß es nicht nur Geld und Erfolg und Macht waren, wovon sie ihr Leben bestimmen ließ, hatte nicht aufgehört, um seine Anerkennung zu werben, die sie vielleicht noch heftiger wollte als seine Liebe; Anerkennung auf einem Gebiet, das ihm wirklich wichtig war, und nicht nur einfach Bewunderung für ihre Intelligenz, ihre Geschäftstüchtigkeit und ihren unbeirrbaren Ehrgeiz.

Tom hatte ihr Mienenspiel beobachtet, konnte es aber nicht entschlüsseln. Unvermittelt fragte er: »Hast du eigentlich wieder etwas mit deinem Ex-Mann?«

»Hast du etwas mit der berühmt-berüchtigten Lulu?« fragte Felicia zurück.

Tom seufzte. »Ein düsteres Kapitel. Aber was dich betrifft: Du solltest nicht dumm sein. Alex Lombard ist der richtige Mann für dich. Weiß der Teufel, warum du das nicht kapierst.«

»Tom, um das zu beurteilen, hast du zuwenig Ahnung von meiner und Alex' Vergangenheit.«

»Ich weiß mehr, als du denkst!« Er kicherte. »Zum Beispiel weiß ich, daß die niedliche Belle nicht Alex Lombards Tochter ist. Sie kann es gar nicht sein!«

»Wie klug du bist!«

»Ja, ich erinnere mich, als sei es gestern gewesen . . . kurz vor

Kriegsende war es, 1918, Lombard war seit Monaten an der Westfront, du warst lang fort gewesen, in Berlin und in Petrograd, und du kamst hier anspaziert mit einem ziemlich dicken Bauch, und ich dachte, die traut sich was! Wer mag der Mann sein, mit dem sie sich eingelassen hat?« Er sah sie abwartend an, aber sie erwiderte nichts. »Ich frage mich immer noch, wer er war, Felicia. Ist er der Grund für diese lebenslange Traurigkeit in deinen Augen, die nur entdeckt, wer dich ganz genau kennt? Wer ist dieser komische Heilige, den du in deinem Unternehmen angestellt hast und den man kaum zu Gesicht bekommt?«

Felicia stand auf. »Ich muß jetzt gehen, Tom.«

Er erhob sich ebenfalls. »Du solltest irgendwann zur Ruhe kommen. Du siehst so müde aus.«

»O Gott, fang nicht auch noch damit an! Alex hat mir das neulich schon in aller Deutlichkeit erklärt. Wenn ihr so weitermacht, fühle ich mich wirklich bald als uralte Frau!«

»Was sollte ich da sagen? Nein, nein, Felicia, du bist immer noch das bildhübsche Mädchen von früher, äußerlich, aber deine Seele ist nicht mehr so jung, wie sie mal war. Nicht mehr geeignet, auf dem stürmischen Meer zu treiben. Irgendwann braucht man einen Hafen.« Er verzog das Gesicht, es sollte komisch aussehen, wirkte aber eher traurig. »Ich weiß, wovon ich rede. Man wünscht sich Frieden und warme Sommerabende und einen Menschen, der neben einem sitzt und mit dem man sich ohne Worte versteht ... na ja, ich will dich nicht langweilen. Du kannst Martin Elias heute abend zu mir bringen. Mich ehrt dein Vertrauen, liebe Felicia. Wenn wir schon beide keinen Menschen haben, den wir von ganzem Herzen lieben und der uns ebenso inbrünstig zurückliebt, haben wir wenigstens einer im anderen einen guten Freund. Das ist ja auch viel wert.«

»Nicht sentimental werden, Tom. Wir haben uns auch ganz schöne Schlachten geliefert, früher!«

»Wir waren einander ebenbürtig. Und du hast nie den Snob herausgekehrt, Felicia. Die höhere Tochter aus Berlin mit ihrem ostpreußischen Herrensitz im Hintergrund und der arme Bauernsohn aus dem Bayerischen Wald ... du warst nicht wie die anderen, du hattest Achtung vor mir, weil ich einen Sinn für gute Geschäfte hatte und eine Nase für Geld, und weil ich ein viel besserer Händler war, als alle deine feinen Freunde mit ihren hochvornehmen Manieren...« Er seufzte noch einmal tief, dann lächelte er Felicia zu, und sie erwiderte das Lächeln.

»Ein letzter guter Rat«, sagte er, als er sie zur Tür begleitete, »du solltest Urlaub machen. Irgendwohin verreisen.«

»Ich wollte nach Lulinn. Aber mit dieser furchtbaren Einquartierung kann ich nicht weg. Die nehmen alles auseinander, bis ich zurück bin.« Bei sich dachte sie: Und außerdem kann Maksim jederzeit wieder auf der Bildfläche erscheinen, und wer weiß, was für Leute er dann wieder mitbringt, die auf gar keinen Fall Hans Velin begegnen dürfen.

Sie fand es langsam etwas zu anstrengend, einen SS-Mann in der Familie zu haben.

9

Am 28. und 30. März 1943 war Berlin das Ziel schwerer Luftangriffe. Fast anderthalbtausend Tonnen Sprengstoff wurden über der Stadt abgeworfen. Pausenlos heulten die Sirenen, und der Himmel war glühendrot vom Schein des Feuers. Häuser stürzten ein, als habe sie nur Sand zusammengehalten: in den Straßen klafften nun riesige Löcher. Die großen Bahnhofshallen waren schwarz von Menschen, die ausgebombt worden waren und hier ein Dach über dem Kopf suchten oder die Reichshauptstadt fluchtartig verlassen wollten. Nur fort, irgendwohin aufs Land, wo man die Nächte ruhig durchschlafen konnte und nicht um sein Leben zittern mußte.

In der ersten Bombennacht kamen Johannes und Linda Degnelly ums Leben. Christine, die bei ihnen wohnte, hatte sich an diesem Abend bei einer Kommilitonin verschwatzt und war dort in den Keller gegangen. Sie sah das Haus ihrer Schwiegereltern als rauchenden Trümmerhaufen wieder, davor ein Dutzend erschöpfter Feuerwehrleute, die ihr erklärten, man habe die meisten Bewohner aus dem verschütteten Keller ausgegraben, sie seien tot. Christine identifizierte Johannes' und Lindas Leichen, dann stieg sie, seltsam ruhig und starr, in eine Straßenbahn, fuhr nach Charlottenburg, klingelte an Elsas Wohnung in der Schloßstraße. Als Nicola öffnete, brach sie weinend zusammen.

Belle war nicht daheim, da sie ihren Dienst als Schaffnerin tun mußte, so daß sich Elsa und Nicola allein um die völlig verzweifelte Christine kümmern mußten. Es dauerte lange, ehe sie herausbekamen, was geschehen war. Als Elsa begriff, daß ihr ältester Sohn ums Leben gekommen war, stand sie auf, verschwand wortlos in ihrem Salon und verriegelte die Tür hinter sich. Nicola, außer sich vor Sorge, flehte sie an, ihr zu öffnen, aber sie bekam keine Antwort. Zwischendurch machte sie eine Tasse Tee für Christine und jagte die maulende Anne mit den Karten fort, um Lebensmittel zu kaufen. »Wenn doch Belle endlich käme!« rief sie verzweifelt.

Belle erschien am späten Abend, völlig erschöpft und mit schmerzenden Füßen, aber sie nahm die Dinge gleich in die Hand. Sie packte die immer noch zitternde Christine mit einer Wärmflasche ins Bett und bewegte ihre Großmutter, die Tür zu öffnen und sie einzulassen. Eine halbe Stunde blieb sie bei ihr, und als sie wieder herauskam, sah sie sehr besorgt aus. »Sie ist eine alte, kranke Frau«, sagte sie zu Nicola, »der Tod von Onkel Johannes hat noch einmal alle alten Wunden aufgerissen, sie hatte ja den Tod ihres jüngsten Sohnes noch nicht verwunden. Nicola, ich möchte sie weghaben aus Berlin. Sie braucht Ruhe, keine Nächte, die sie in Luftschutzkellern verbringt. Ich werde sie nach Lulinn schicken. Und meine Sophie soll sie gleich mitnehmen. Die ist dort auch viel sicherer als hier.«

Wie sich herausstellte, war es überhaupt kein Problem, Elsa zur Abreise zu überreden. Das heißt, sie sagte zwar nicht »ja«, sie sagte aber auch nicht »nein«. Sie sagte überhaupt nichts. Völlig apathisch sah sie zu, wie Belle ihre Koffer packte.

»Großmutter, es ist nicht für lange. Nur bis der Krieg vorbei ist.«

Elsa gab keine Antwort, sondern starrte nur auf die gerahmte Fotografie von Christian, die sie in ihren Händen hielt. Sophie machte weitaus mehr Schwierigkeiten. Sosehr Belle ihr auch von den Kühen und Pferden vorschwärmte, die es auf Lulinn gab, Sophie schrie nur. Tränen liefen ihr übers Gesicht, die grauen Augen glühten vor Zorn. »Nein!« brüllte sie. »Nein, nein, nein!«

Am allermeisten sträubte sich jedoch Anne, die Nicola auch gerne in Sicherheit gebracht hätte. Sie stand da in einem eleganten Wollkleid ihrer Mutter, in hochhackigen Schuhen, die Arme in die Seiten gestemmt. »Ihr seid wohl übergeschnappt!« sagte sie empört. »Ihr könnt mich doch nicht in die hinterste Provinz verbannen. Jetzt bin ich endlich in Berlin – glaubt ihr, da gehe ich wieder weg?«

»Du versäumst hier nichts. Und es gibt dort viel mehr zu essen und keinen Alarm in der Nacht!«

»Nein. Ich denke nicht daran.«

Das Ende vom Lied war, daß am nächsten Morgen nur eine völlig versteinerte Elsa und eine heulende Sophie im Zug saßen, während Anne bei den drei erwachsenen Frauen auf dem Bahnsteig stand und zum Abschied winkte.

»Ich tue immer nur, was ich will«, erklärte sie zufrieden.

»Wärest du meine Tochter«, erwiderte Belle, »dann wärest du gefahren, da kannst du sicher sein.«

In der nächsten Nacht, es war die Nacht vom 30. auf den 31. März 1943, ging das alte Haus in der Schloßstraße in Flammen auf. Belle, Nicola, Christine und Anne hatten mit den anderen Hausbewohnern angstvoll im Keller gesessen, hatten sich beim Surren und Krachen der Bomben jedesmal zusammengekauert, bis die Wucht einer Detonation sie fast von den Bänken schleuderte und den Kalk von den Wänden rieseln ließ.

»Das war bei uns! Sie haben uns getroffen!« schrie Nicola.

Der Luftschutzwart befahl mit bemüht ruhiger Stimme:

»Sitzenbleiben! Ich sehe nach, ob die Tür noch zu öffnen ist. Wassereimer bereithalten. Und behalten Sie Ihre Kinder an der Hand. Vorsicht, ich öffne jetzt die Tür!«

»Wir müssen raus!« sagte Christine aufgeregt und wollte gleich hinter dem Mann her. Belle hielt sie zurück. »Nicht! Er muß erst nachsehen, was los ist.«

Der Luftschutzwart stemmte sich gegen die Tür, die endlich nachgab. Sofort wogten Qualm und Rauch in den Raum.

»Feuer!« schrie eine Frau entsetzt. »Es brennt! Schnell, ich will raus!«

»Nacheinander!« rief der Luftschutzwart. »Wir bekommen alle hinaus! Aber langsam! Nicht drängeln! Ihr blockiert die Tür, wenn ihr alle auf einmal hinausstürmt!«

Hustend und keuchend kämpften sie sich durch das Treppenhaus hinauf ins Erdgeschoß. Der Qualm wogte so dicht, daß sie kaum mehr die Hand vor Augen sehen konnten. Draußen fielen noch immer Bomben, es war, als bebte die Erde und als gehe die ganze Welt in Flammen auf. Nicola umklammerte Belles Arm. »Wir können nicht auf die Straße, Belle! Das ist verrückt! Wir sterben!«

»Hier drinnen sterben Sie auch!« schrie der Luftschutzwart zurück. Er bewegte sich an der Spitze der Gruppe und riß die Haustür auf. Die Nachtluft, die ihnen entgegenflutete, war ebenfalls voller Rauch, aber es war erträglicher als innen im Haus, und man konnte freier atmen. Sie stolperten auf die Straße, drehten sich um und starrten zurück. Aus allen Fenstern schlugen Flammen. Das Nachbarhaus existierte nicht mehr; wo es gestanden hatte, türmte sich ein Berg brennenden Schutts.

Belles erster Gedanke war: Gott sei Dank, daß Großmutter das nicht erleben muß! Die Wohnung, in der sie seit fast fünfzig Jahren gelebt hat, in der sie mit ihrem Mann glücklich war und in der ihre Kinder aufwuchsen . . . und nun wird nichts übrigbleiben.

Eine Frau versuchte, in das Haus zurückzulaufen, sie schrie etwas von Briefen, die auf keinen Fall verbrennen durften. Zwei Männer hielten sie zurück, obwohl sie sich aus Leibeskräften wehrte. Anne verlor völlig den Kopf. »Ich will weg! Mami, hilf mir! Hilf mir!«

»Du wolltest doch unbedingt in Berlin bleiben, jetzt dreh gefälligst nicht durch!« fuhr Belle sie an. Sie überlegte fieberhaft. Sie mußten weg hier, sie durfte nicht daran denken, noch irgend etwas retten zu wollen. Bis zum Alexanderplatz, in ihre kleine Wohnung, war es zu weit. Es blieb nur Andreas.

»Kommt mit. Wir gehen zu einem Freund von mir!«

Sie folgten ihr, ohne weitere Fragen zu stellen. Mit den Taschen in den Händen, die sie für den Notfall immer im Keller dabeihatten, hasteten sie durch die Straßen. Einmal mußten sie über einen Berg Schutt klettern, ein anderes Mal öffnete sich vor ihnen ein großes Loch, und sie suchten sich ihren Weg durch Hinterhöfe und über Mauern. Sie begegneten Menschen, die panisch herumrannten, Karren mit den wenigen geretteten Habseligkeiten hinter sich herzogen oder Unterschlupf in den unversehrten Hauseingängen suchten. Eltern riefen nach ihren Kindern, Kinder weinten, weil sie ihre Eltern nicht mehr fanden. Verletzte schrien um Hilfe, Feuerwehrleute und Sanitäter versuchten, mit lauten Befehlen Panik zu verhindern. Als sie Andreas' Wohnung erreichten, wurde gerade Entwarnung gegeben.

Andreas war zu Hause und machte keinerlei Aufhebens um die unerwartete Invasion. Die Gäste saßen schon kurz nach ihrer Ankunft in seinem Wohnzimmer, wärmten sich an heißem Tee, den Belle gekocht hatte, und stärkten sich mit dem Schnaps, den Andreas freigebig ausschenkte. Christine, die zum zweitenmal innerhalb weniger Tage vor den Trümmern eines Hauses gestanden hatte, das einmal ihr Heim gewesen war, saß noch immer mit schreckgeweiteten Augen da und schien in Gedanken versunken, während Nicola und Anne bereits ihre Lebensgeister wiederfanden und sich neugierig umblickten. Wer war dieser Andreas? Woher kannte ihn Belle? Mit feiner Intuition spürten sie die Vertrautheit und die Spannung, die zwischen den beiden war. Andreas war nicht nur »ein Freund«. Er spielte eine wesentlich gewichtigere Rolle in Belles Leben, und Nicola hätte gern mehr darüber gewußt. Unglücklicherweise bot sich vorläufig keine Gelegenheit zu einem Gespräch mit Belle unter vier Augen.

Es war fast drei Uhr, als sie alle schlafen gingen. Christine bekam das kleine Gästezimmer neben dem Bad, Nicola und Anne schliefen auf den beiden übereck stehenden Sofas im Wohnzimmer. Belle rollte sich auf einer aufklappbaren Liege zusammen. Aber eine halbe Stunde nachdem das Licht gelöscht war, erwachte Nicola, die einen sehr leichten Schlaf hatte, von einem kaum hörbaren Knarren des Bodens und sah Belle wie einen Schatten durch das Zimmer schleichen und in Andreas' Schlafzimmer verschwinden. Nicola lächelte zufrieden. Sie hatte es doch geahnt.

Andreas war noch wach, er hatte auf Belle gewartet. Sie glitt neben ihn unter die Decke und schmiegte sich eng an ihn. Er schlang beide Arme um sie. Ihr Rücken lag an seiner Brust, und sie konnte seine Atemzüge und das gleichmäßige Schlagen seines Herzens spüren. Eine Weile sagte keiner von ihnen etwas, dann begann Belle leise zu weinen, und schließlich stieß sie in wirren, unzusammenhängenden Sätzen alles hervor, was ihr das Herz so schwer machte: Das ungewisse Schicksal von Max... ihre Arbeit als Straßenbahnschaffnerin... ihre Angst vor jedem neuen Tag... Onkel Johannes war tot, und das Haus in der Schloßstraße war niedergebrannt, sie hatte dieses Haus so geliebt, es kam gleich nach Lulinn...

»Wie gut, daß Großmutter es noch nicht weiß«, schluchzte sie, »und wie gut, daß Sophie nichts mehr passieren kann, nicht wahr? Wenn ich nur wüßte, was mit Max ist...« Sie weinte heftiger.

Andreas streichelte sie geduldig und redete beruhigend auf sie ein. »Es ist alles gut. Komm, wein dich nur aus. Es kommt alles in Ordnung!«

Endlich setzte sie sich auf, angelte sich ein Taschentuch und putzte die Nase. »Entschuldige, Andreas. Es sind nur die Nerven. Normalerweise bin ich nicht so eine furchtbare Heulsuse. Wirklich, es tut mir leid.«

Sie dachte, er würde jetzt etwas Bissiges sagen, aber zu ihrem Erstaunen flüsterte er sanft: »Ich verstehe dich. Es ist alles nicht leicht.«

Sie konnte sein Gesicht im Dunkeln nicht sehen und war nicht sicher, ob er bei diesen Worten vielleicht gegrinst hatte. »Machst du dich lustig über mich?«

»Nein. Diesmal nicht.« Seine Hand strich langsam über ihren Rücken, zögernd, als sei er nicht sicher, ob sie das wirklich wollte. Im ersten Moment wollte sie ihn abwehren, es schien ihr nicht richtig zu sein in dieser Nacht, aber dann merkte sie, daß ihr Körper längst erwacht war. Scham und Schuldgefühle fielen von ihr ab. Vielleicht würden sie nur für die Dauer dieser Nacht weichen, und morgen würde sie schockiert sein über sich selber, aber es war ihr gleichgültig. Unter seinen streichelnden Händen wurde ihr Leib zu dem einer Katze, dehnte sich, rollte sich auf den Rücken und wieder auf den Bauch, wollte überall gleichzeitig berührt werden und wollte doch noch keine Erfüllung. Es sollte lang dauern, so lang wie noch nie. Bis zum Morgengrauen oder noch länger. Es war ihr auch ganz gleich, ob die anderen etwas merkten und was sie von ihr denken würden. Sie wollte Andreas als ihren Geliebten vor der ganzen Welt, alle durften es wissen und sollten es wissen.

»Ich liebe dich, Andreas«, sagte sie atemlos, »ich liebe dich für mein ganzes Leben.«

Dieses Versprechen, selbst wenn es eines Tages keinen Bestand mehr haben würde, war für den Augenblick ernst gemeint. Vielleicht, dachte Andreas, muß man es einmal im Leben tun, ewige Liebe schwören und daran glauben, entgegen jeder Erfahrung. Er langte neben sich, fand ein Feuerzeug und zündete eine Kerze an, und in ihrem Schein sah er eine andere Belle, eine sanfte, zarte und sehr junge Frau. Ihre Oberarme glänzten weiß, ihr Mund stand leicht offen, er konnte ihre ebenmäßigen Zähne sehen. In ihren Augen, diesen kalten, grauen Steinen, lag ein warmer Glanz.

Langsam und zärtlich begann er, sie zu lieben, wie sie es sich gewünscht hatte, Stunde um Stunde. Die ganze Zeit dachte er, daß er sich nun endgültig und für immer in ihr verlor und daß er aufhören würde, dagegen zu kämpfen; vielleicht würde sie Max und Stalingrad und das alles irgendwann vergessen. Sie mußte es vergessen. Es gab für sie beide kein Zurück mehr.

Am nächsten Morgen saßen sie alle etwas befangen um den Eßtisch. Anne hatte Augen groß wie Untertassen und platzte fast vor Neugier. Nicola verschlang Andreas förmlich mit ihren Blicken. Sie nahm mehrere Anläufe, um mit ihm zu flirten, mußte aber schließlich einsehen, daß er darauf nicht eingehen wollte. Christine wirkte schockiert und verletzt. In Belle hatte sie eine Verbündete in ihrem Kummer gesehen, es einte sie dasselbe Schicksal: Paul und Max, beide in Rußland verschollen. In ihrer quälenden Ungewißheit hatte Christine etwas Trost in dem Gedanken gefunden, daß es Belle ebenso traf wie sie. Nun fühlte sie sich verraten, Belle war aus dem gemeinsamen Schmerz auf eine – wie ihr schien – unsagbar billige Weise ausgebrochen. Sie hatten sich immer gut verstanden, aber von diesem Tag an verlief ein Riß zwischen ihnen, der sich nie wieder ganz schließen würde.

»Ihr könnt alle in meiner Wohnung am Alexanderplatz wohnen«, sagte Belle, »ich brauche sie im Augenblick nicht.«

»Wo willst du denn wohnen?« fragte Anne.

»Hier«, sagte Belle, ohne die Augen niederzuschlagen.

Nicola räusperte sich, dann nahm das Frühstück einen schweigsamen Verlauf.

Später ging Belle allein zur Schloßstraße, um zu sehen, ob sie noch etwas aus den Trümmern des Hauses bergen könnte. Sie hatte für diesen Tag freibekommen, nachdem sie erklärt hatte, in der Nacht ausgebombt worden zu sein. Nun stand sie vor der rauchenden Ruine, starrte in die leeren Fensterhöhlen und betrachtete die kahlen Wände, die wie ein leeres Gerippe in den regnerischen Frühlingshimmel ragten. Im Innern des Hauses fand sie noch einen einigermaßen unversehrten Sessel, sonst war alles verbrannt.

Die nächsten Wochen waren die glücklichsten, die Belle jemals erlebt hatte. Sie mußte immer an das Märchen vom Froschkönig denken, das Elsa ihr früher oft erzählt hatte, an die drei eisernen Reifen, die sich vom Herzen des Kutschers lösen und ihn wieder fähig machen, zu empfinden und zu fühlen. Genauso etwas mußte mit ihr passiert sein. Der unerträgliche Druck, der auf ihr gelastet hatte, war verschwunden. Nie zuvor hatte sie sich so frei gefühlt. Nie den Wunsch gehabt, singen zu wollen, wenn sie durch die Straßen ging. Nie eine urplötzliche Freude mitten am Tag, so heftig, als müsse sie gleich explodieren. Es war, als würde sie endlich wirklich leben. Sie konnte sich vorstellen, wieder ganz jung und frei zu sein. Es gab so vieles, was sie unbedingt tun wollte: Sie wollte um die ganze Welt reisen. Sie wollte die größten Städte, die berühmtesten Hotels, die besten Theaterhäuser, die interessantesten Menschen kennenlernen. Es wuchs eine Kraft in ihr, die die Lethargie und Sorgen der letzten Jahre endlich ablöste. Im August würde sie ihren fünfundzwanzigsten Geburtstag feiern, und sie war überzeugt, daß damit ein völlig neuer Lebensabschnitt für sie begann. Natürlich gab es auch die dunklen Stunden, in denen sie in das alte Grübeln zurückfiel. Noch immer hatte sie keine Nachricht über das Schicksal von Max, weder eine Todes- noch eine Vermißtenmeldung, und sie klammerte sich an die Hoffnung, daß er noch lebte. Zwar würde sie ihm dann bei seiner Rückkehr eröffnen müssen, daß sie einen anderen Mann liebte, und sie würde ihn um die Scheidung bitten (»Sie ist kein bißchen besser als ihre Mutter!« würde Tante Modeste empört feststellen), aber sosehr sie sich auch davor fürchtete, so genau wußte sie auch, daß sie lebenslänglich mit Schuldgefühlen würde kämpfen müssen, wenn er tot wäre. Ab und zu erschreckte sie der Egoismus, den sie in sich entdeckte, denn im Grunde kreisten ihre Gedanken ständig um *ihre* Gefühle, nicht um die von Max. Sie dachte weniger an seinen Schmerz als an ihre Reue.

»Böses Biest«, sagte sie zu sich, wenn sie sich im Spiegel betrachtete und bemerkte, wie unverdient gut sie aussah: Rosige Wangen in dem meist so blassen Gesicht, Augen, die noch katzenhafter wirkten als sonst, um den Mund herum keine Spur mehr von Kindlichkeit und Unschuld. Die Nächte mit Andreas hinterließen Spuren. Auf der Straße drehten sich die Männer nach ihr um und musterten sie begehrlich, und sie fühlte nur einen Wunsch: Lieber Gott, laß diesen Krieg bald vorbei sein! Ich will wieder als Schauspielerin arbeiten, ich will schöne Kleider anziehen und nicht immer um Essen anstehen! Und keine Bomben mehr, und Berichte von der Front, und »Lili Marleen« im Radio und Männer, die sich totschießen lassen. Sie hatte es satt, und es war ihr auch gleich, wie das Ende aussehen würde – wenn es nur bald käme.

Andreas war wenig daheim, offenbar wurde er in seinem Unternehmen gebraucht. Einmal nahm er Belle mit und führte sie durch den ganzen Gebäudekomplex. Die Fabrik befand sich am Rande von Brandenburg und war bisher von den Bomben verschont worden, glücklicherweise, wie Andreas sagte, denn Stahl war wichtig, sehr wichtig – für den Krieg.

»Hast du nicht manchmal das dumme Gefühl, daß du mithilfst, den Krieg zu verlängern?« fragte Belle eines Abends.

Andreas schien sehr genau zu überlegen, was er darauf antworten sollte. Schließlich sagte er: »Ich bin Geschäftsmann. Ich glaube, in jedem Beruf muß man herausfinden, worum es einem geht, und dann muß man genau das tun, was zum Erreichen des persönlichen Zieles notwendig ist. Man kommt nicht weiter, wenn man zu oft nach rechts und links schaut. Mein persönliches Ziel ist es, Geld zu verdienen. Verstehst du?«

Sie erfuhr, daß der Betrieb in Brandenburg Teil eines großen Konzerns war, daß Andreas als Geschäftsführer eingesetzt war und fast völlig freie Hand in allen seinen Entscheidungen hatte. Er verfügte sogar über einen beträchtlichen Aktienbesitz, hatte jedoch keine Ahnung, wie lange er das alles noch machen würde. »Es gibt noch hundert andere Dinge, mit denen man Geld verdienen kann. Wer weiß, was ich in zehn Jahren tue!«

Anfang Mai mußte er wieder in die Schweiz reisen, um über neue Materiallieferungen zu verhandeln. Belle hätte ihn gern begleitet, aber seine Termine lagen mitten in der Woche, und sie konnte von ihrer verhaßten Arbeit als Straßenbahnschaffnerin nicht weg. »Wenn ich die Nazis wegen sonst nichts verabscheuen würde, dann zumindest wegen dieses gräßlich öden Jobs, zu dem sie mich gezwungen haben. Ich bin Schauspielerin! Ich sehe nicht ein, weshalb ich mir Tag für Tag in einer Straßenbahn die Füße plattstehen und dabei noch eine scheußliche Uniform tragen muß!«

»Besser, als in einer Fabrik zu landen«, tröstete Andreas, »und diese Episode wird sich später sehr gut machen in deinen Memoiren. Sei nicht traurig, Schatz. In drei Tagen bin ich zurück. Ich freu' mich auf dich!«

Das sollten für lange Zeit die letzten Worte sein, die Belle von ihm hörte. Er fuhr an einem Mittwoch fort, wollte Freitag abend zurückkommen. Er kam weder am Freitag noch am Samstag, noch am Sonntag. Auch nicht am Montag oder Dienstag.

Er schien spurlos verschwunden.

10

Während der ersten drei Tage machte sich Belle noch nicht allzu viele Sorgen. Sie konnte sich gut vorstellen, daß Andreas aufgehalten worden war oder länger zu tun gehabt hatte, als ursprünglich geplant. Telegrammzustellungen und Telefonverbindungen ins Ausland funktionierten nicht mehr richtig, und so konnte es sein, daß er sie einfach nicht erreicht hatte. Dann kam ihr die Sache aber mehr und mehr unheimlich vor. Sie rief seine Sekretärin an, die auch ratlos war, jedoch beschloß, über die Schweizer Firma nach Andreas' Verbleib zu forschen. Später rief sie bei Belle zurück.

»Frau Marty, das ist alles sehr mysteriös. Er war in Zürich, aber nur bis Freitag mittag. In seinem Hotel wurde das bestätigt. Freitag ist er abgereist.«

Belle wurde blaß. »Und heute ist Mittwoch! Fast eine Woche! Es muß ihm etwas passiert sein.«

Die Sekretärin versuchte, sie zu beruhigen. »In diesen Zeiten kann man immer mal an der Grenze hängenbleiben. Vielleicht hat er Einreiseschwierigkeiten nach Deutschland.«

»Aber warum sollte er das haben? Wissen Sie, womit man sich in der Firma gerade beschäftigt? Kann es sein, daß er in der Schweiz festgehalten wird, weil er ... weil er Dinge weiß, die für das Ausland interessant sind?«

Die Sekretärin zögerte, schien nicht ganz sicher, wie weit sie Belle einweihen durfte. Schließlich sagte sie: »Es geht schon um ein sehr wichtiges Projekt im Augenblick. Es wird versucht, Stahl zu entwickeln, der eine weit höhere Hitzeeinwirkung verträgt als das herkömmliche Material. Kurz und viel zu grob gesagt: Die deutschen Abfangjäger könnten sehr viel wirkungsvoller eingesetzt werden, wenn sie länger in der Luft bleiben und sich dabei schneller fortbewegen könnten, aber in den Triebwerken entsteht dabei eine solche Hitze, daß der Stahl, aus dem sie gebaut sind, das nicht aushält. Es ist aber möglich, Edelstähle herzustellen, die weniger hitzeempfindlich sind, und wir haben gute Erfolge auf dem Gebiet zu verbuchen. Allerdings – ich kann mir einfach nicht vorstellen, daß Herr Rathenberg deswegen in Schwierigkeiten sein sollte! Wer weiß schon davon?«

Den ganzen Tag überlegte Belle hin und her und wurde immer nervöser. Als sie abends todmüde nach Hause kam, war da immer noch keine Spur von Andreas. Statt dessen wartete Nicola vor der Wohnungstür. Sie war jetzt im fünften Monat ihrer Schwangerschaft, ihr Bauch trat schon deutlich hervor, und im Gesicht wirkte sie aufgedunsen. »Belle, gut daß du kommst! Sergej hat mir geschrieben – und da er sämtliche in Frage kommenden Adressen auf den Umschlag angegeben hat, ist der Brief tatsächlich bei mir gelandet. Er muß nach Rußland!«

Belle schloß die Wohnungstür auf, nahm den Hut ab und ordnete sich geistesabwesend vor dem Spiegel die Haare. »Nach Rußland? Wirklich? Das tut mir leid, Nicola.«

»Im Grunde war es zu erwarten. Ich weiß nicht, ob es mich berührt. Meinst du, es ist sehr schlecht von mir, daß ich mich nicht richtig darüber aufrege?«

Belle hatte Nicola immer gern gemocht, aber heute ging ihr das Geplapper auf die Nerven. »Ich weiß nicht. Nein, das ist doch nicht schlecht von dir... entschuldige, Nicola, ich bin ganz erledigt!« Sie ließ sich auf das Sofa fallen.

»Kann ich etwas zu trinken haben?« fragte Nicola.

»Klar.« Belle beobachtete, wie sich Nicola einen Cognac einschenkte und gierig davon trank.

»Ich meine, ich würde bestimmt trauern, wenn Sergej fiele. Aber es ist nicht so, daß ich mir jetzt Tag und Nacht das Gehirn deswegen zermartere.«

Das zermarterst du dir ohnehin selten, dachte Belle gehässig. Gleich darauf tat es ihr leid, und sie versuchte, etwas Nettes zu sagen. »Ich bin ganz sicher, daß Sergej . . .«

Aber Nicola hatte bereits das Thema gewechselt. »Wo ist denn dieser... dieser Andreas? Seit wann kennst du ihn? Er sieht viel besser aus als Sergej. Ich sage dir, die gute Christine ist vollkommen schockiert wegen dieser Geschichte. Ich glaube, so etwas hätte sie dir nie zugetraut.«

»Andreas ist seit einer Woche verschwunden«, sagte Belle. Nicola ließ ihr Glas sinken. »Was?«

»Er mußte in die Schweiz. Irgendwelche Maschinenteile besorgen für seine Fabrik. Er ist seit einer Woche überfällig.«

»Eine andere Frau?« Das war typisch Nicola.

»Ich glaube nicht.« Belle kramte nach einer Zigarette, es war ihre letzte, und sie hatte keine Marken mehr. »So oder so, er würde mich nicht im ungewissen lassen.«

»Hm.« Nicola trat ans Fenster, öffnete es und fächelte sich etwas frische Luft zu. »Seit ich schwanger bin, ist mir dauernd zu warm. Entschuldige, Belle, aber dieser Andreas sieht schon ein bißchen leichtfertig aus. Zu schön... aber vielleicht...«

Sie macht mir Kopfweh, dachte Belle müde.

»Die zwei Kerle in dem Auto stehen da bestimmt schon eine Stunde«, sagte Nicola plötzlich.

Belle sah sie verwundert an. »Welche zwei Kerle?«

»In einem schwarzen Auto auf der anderen Straßenseite. Als ich vor ungefähr einer Stunde hier ankam, standen sie auch schon da und starrten auf den Hauseingang. Seltsame Leute!«

Belle trat neben sie und sah hinunter. Merkwürdig, daß ihr das Auto nicht aufgefallen war vorhin, aber sie war auch völlig in Gedanken versunken gewesen.

»Irgendwie«, sagte sie langsam, »sieht das nach Gestapo aus.« Sie dachte sofort an Andreas, dann an den jüdischen Professor, der noch immer in der kleinen Dachwohnung über ihnen wohnte. Ob sie seinetwegen hier waren? Aber sie hatte ihn gesehen, vorhin im Treppenhaus, scheu war er an ihr vorübergehuscht. Er war also daheim, und sie hätten ihn leicht verhaften können.

»Es ist so schön hier«, sagte Nicola, die in ihrer sprunghaften Art schon wieder anderes im Sinn hatte, »eine wirklich elegante Wohnung!« Es klang sehnsüchtig.

»Ja«, sagte Belle pflichtschuldig, »die von mir und Max ist nicht so fein. Fühlst du dich dort einigermaßen wohl?«

»Ja, natürlich, es ist nur ... die Gegend, weißt du ... ich meine, man soll ja auch nicht so zimperlich sein, aber ... also, hier gefällt es mir wirklich! Was meinst du, soll ich Sergej schreiben und ...«

Es ging noch eine Weile um das Thema Sergej, Nicola genehmigte sich noch einen Cognac und trat dann schließlich in fast heiterer Stimmung den Heimweg an. Kaum war sie fort, stürzte Belle erneut ans Fenster. Die Männer standen noch immer unten.

Sie schlief schlecht in dieser Nacht. Wenn sie tatsächlich hin und wieder eindämmerte, hatte sie sogleich wirre, erschreckende Träume, von denen sie wieder aufwachte. Sie war immer sicherer, daß sie die Spitzel da unten mit Andreas' Verschwinden in Zusammenhang bringen mußte. Eine Unterhaltung fiel ihr ein ... nachts in den Straßen von Berlin – wie lange war es her?

»Frag mich nicht, was ich tue, Belle ... es ist besser für dich, wenn du nicht zuviel von mir weißt ... im Grunde bin ich vollkommen charakterlos ...«

War es verboten, was er tat? Die Papiere, eingenäht in seinem Mantel ... ihr wurde heiß und kalt, wenn sie daran dachte. In welch dunkle Geschichten hatte sich Andreas verstrickt? Sein Betrieb arbeitete eng mit der deutschen Rüstung zusammen, die Sekretärin hatte gesagt, daß er eine Menge kostbarer Informationen besaß. Nicht weiterdenken, befahl sie sich, Andreas ist nicht dumm. Er riskiert nicht Kopf und Kragen!

»Mein persönliches Ziel ist es, Geld zu verdienen.« Was würde er für Geld wohl tun?

Sie stand schon früh auf am nächsten Morgen und warf als erstes einen Blick aus dem Fenster. Das Auto stand noch immer dort – oder schon wieder? Belle machte sich einen dünnen Kaffee und schaltete das Radio ein. Mit ungebrochenem Optimismus wurde da der Endsieg beschworen, obwohl gerade erst deutsche Truppen vor den Alliierten in Tunis hatten kapitulieren müssen und der U-Boot-Krieg im Atlantik abgebrochen worden war, weil es gegen die Radargeräte der Gegner fast kein Durchkommen mehr gab. Diese Schlappen aber wurden nicht mehr erwähnt, und wenn doch, dann nur so verdreht, daß sie immer noch wie Triumphe der Deutschen aussahen.

Wenn eines Tages russische Panzer durch Berlin rollen, werden die immer noch behaupten, wir hätten den Krieg gewonnen, dachte Belle.

Ein klarer, blauer Morgen dämmerte heran, sicher würde es heute wieder frühsommerlich werden. Zum Glück hatte Belle alle ihre Kleider für die warme Jahreszeit in ihrer eigenen Wohnung gehabt, so daß nichts davon verbrannt war. Sie zog einen schmalen grauen Rock und eine weiße Bluse an – nachher käme die scheußliche Uniformjacke darüber – und kämmte sich sorgfältig die Haare. Als sie das Haus verließ, brannten die Blicke der beiden Männer im Auto auf ihrem Rücken. Im Laufe des Tages gelangte sie endgültig zu der Überzeugung, daß es sich bei ihnen um Gestapobeamte handelte und daß sie wegen Andreas vor dem Haus standen und es offenbar rund um die Uhr beobachteten. Sie warteten hier, um ihn festzunehmen. Aber irgend jemand mußte ihn gewarnt haben. Und deshalb ließ er ihr auch kein Lebenszeichen zukommen. Er wollte sie auf keinen Fall in die Geschichte hineinziehen und womöglich in Schwierigkeiten bringen.

Sie werden mich verhören, dachte sie unbehaglich, wenn er lange nicht auftaucht, werden sie versuchen, über mich etwas von ihm zu erfahren. Meine einzige Möglichkeit wird sein, mich vollkommen ahnungslos zu stellen.

Die Gestapo schlug schneller zu als erwartet. Als Belle am Abend nach Hause kam, hatten die Männer das Auto verlassen und standen vor der Haustür. Als Belle herankam, zückten sie ihre Ausweise. »Geheime Staatspolizei. Sie sind Frau Belle Marty?«

»Ja.«

»Dann kommen Sie bitte mit uns.«

»Bin ich verhaftet?«

»Nein. Aber wir möchten uns mit Ihnen unterhalten.«

Belle war sich bewußt, daß sie von allen Seiten beobachtet

wurde, als sie in das Auto stieg. Hinter den Fenstern schoben sich die Gardinen zur Seite, eine Frau, die vom Einkaufen zurückkehrte, glotzte unverhohlen. Es erfüllte Belle mit Beruhigung. Falls man sie länger festhielte, würde bestimmt Nicola bald auf ihr Verschwinden aufmerksam, und die Nachbarn konnten ihr dann sagen, daß sie von der Gestapo abgeholt worden war. Zumindest konnte sich ihre Spur nicht völlig verlieren.

»Wohin fahren wir?« erkundigte sie sich vorsichtig.

»Prinz-Albrecht-Straße.«

Ins Gestapo-Hauptquartier! Belles Mut sank immer mehr. Es kursierten viele Gerüchte um die sadistischen Folterungen, mit denen dort verhört wurde, und um hermetisch abgeriegelte Kellerräume, die niemand lebend verlassen hatte.

Der Wagen hielt vor dem grauen Gebäude. Rechts und links von ihren Begleitern flankiert, ging Belle die Stufen zur Pforte hinauf. Hinter ihr fiel die Tür wieder zu.

Endlos scheinende, lange Gänge. Treppen, wieder Gänge, Türen, Treppen, Gänge. Zumindest ging es hinauf und nicht hinunter, sie wurde also nicht in den Keller gebracht. Vor einer Tür blieben sie stehen, öffneten, schoben Belle in das dahinterliegende Zimmer. Geblendet blinzelte sie in das Licht einer Lampe, die direkt auf sie gerichtet war.

»Setzen Sie sich«, sagte jemand.

Sie setzte sich auf einen Stuhl, der direkt vor einem Schreibtisch stand. Das grelle Licht wurde abgedreht, und sie konnte den Mann erkennen, der ihr gegenüber auf der anderen Seite des Tisches saß. Er trug eine Uniform und auf der Nase eine Brille mit schmalem Goldrand. Schmächtig und unscheinbar wirkte er, aber Belle fielen Kälte und Unbeweglichkeit seines Gesichtes auf.

Offenbar hatte er sich ganz genau über sie informiert. »Belle Marty, geborene Lombard, geboren 1918 in Berlin. Sie sind seit Mai 1938 mit dem Schauspieler Max Marty verheiratet, der bis heute aus Stalingrad nicht zurückgekehrt ist.«

Wie sollte er auch? dachte Belle aggressiv.

»Sie haben eine Tochter, Sophie, die jetzt drei Jahre alt ist. Sie selbst waren Statistin bei der UFA, haben aber auch in einigen Filmen kleinere Rollen gespielt. Unter anderem die Rolle der Julia in dem von Sven Kronborg 1939 produzierten Film »Romeo und Julia«, der von der Zensur verboten wurde. Im Februar dieses Jahres wurden Sie kriegsdienstverpflichtet und sind seither hier in Berlin als Straßenbahnschaffnerin tätig. Stimmt das soweit?«

»Ja.«

»Seit wann kennen Sie Andreas Rathenberg?«

»Seit Oktober 1938.«

»Wo haben Sie ihn kennengelernt?«

»In einem Restaurant. Das heißt... vor einem Restaurant, genauer gesagt. Er sprach mich dort an.«

»Seit wann haben Sie ein Verhältnis mit ihm?«

»Seit... seit November 1938.« O Gott, wie sich das anhören mußte! Belle merkte, wie ihr Gesicht ganz heiß wurde. Ein Mann sprach sie vor einem Restaurant an, und kurz darauf wurde sie seine Geliebte. Glücklicherweise interessierte sich ihr Gegenüber wohl nicht für den moralischen Aspekt der Sache.

»Frau Marty, uns beschäftigt vor allem eines: Wo befindet sich Andreas Rathenberg derzeit?«

»Ich weiß es nicht. Ich bin in größter Sorge um ihn. Vergangenen Mittwoch ist er nach Zürich gefahren, um Maschinen für seinen Betrieb zu kaufen. Er wollte nach drei Tagen zurück sein, aber bis jetzt habe ich kein Lebenszeichen von ihm.«

»Merkwürdig, oder? Daß er Sie so im ungewissen läßt?«

»Es ist sonst nicht seine Art, nein. Aber seine Schweizer Geschäftspartner haben keine Ahnung, wo er geblieben sein kann, und in seinem Hotel konnte man uns auch nur mitteilen, daß er abgereist ist.«

»Uns?«

»Seiner Sekretärin und mir. Wir sind beide völlig ratlos.«

Kalte Augen musterten sie aufmerksam. »Sie haben sicher in den letzten Tagen bemerkt, daß Sie beschattet worden sind, Frau Marty.«

»Ich habe es gestern abend bemerkt. Vorher nicht.«

»Und Sie haben es sofort auf sich bezogen?«

Belle wurde vorsichtig. Zeigte sie sich schuldbewußt, wenn sie seine Frage bejahte? Aber ein Gefühl sagte ihr, es sei geschickter, wenn sie ihre ursprünglich geplante Taktik der vollkommenen Ahnungslosigkeit aufgäbe. Sie spürte, daß sie diesen Mann nicht würde täuschen können, und vielleicht hatte sie bessere Karten, wenn sie sich aufrichtig zeigte. »Natürlich habe ich es nicht sofort auf mich bezogen. Ich habe überlegt, um wen im Haus es gehen könnte. Aber schließlich habe ich es doch irgendwie in Zusammenhang mit Andreas gebracht. Immerhin ist er seit einer Woche verschwunden.«

»Noch kein Grund, daß die Geheime Staatspolizei nach ihm fahndet, oder?« Das kam mit großer Schärfe. »Es sei denn, er agiert in irgendeiner Form gegen den Staat. Dieser Gedanke müßte Ihnen doch auch gekommen sein.«

Belle beschloß, alles auf den Tisch zu legen. »Der Gedanke ist mir gekommen«, erwiderte sie ruhig, »aber ich versichere Ihnen, daß ich vollkommen im dunkeln tappe. Ich habe keine Ahnung, worum es geht.«

Er glaubte ihr, aber er war unzufrieden. »Sie scheinen ziemlich wenig von dem Mann zu wissen, mit dem Sie seit viereinhalb Jahren ein Verhältnis haben.«

»Wir haben insgesamt nicht sehr viel Zeit miteinander verbracht.«

»Haben Sie ihn einmal auf einer Reise nach Zürich begleitet?«

Er kann es nicht wissen, dachte Belle, die Frage zielt ins Schwarze.

»Nein«, sagte sie. Er schaute sie eindringlich an, und sie fügte hinzu: »Ich bin eine verheiratete Frau. Mein Mann weiß nichts von... von meinem Verhältnis.«

»Ihr Mann ist seit zwei Jahren in Rußland.«

»Trotzdem. Ich habe so viele Freunde und Verwandte hier in Berlin, vor denen ich die Geschichte ebenfalls geheimhalten möchte und denen ich äußerst umständliche Erklärungen abgeben müßte, wenn ich plötzlich so weit verreisen würde. Deshalb habe ich es nicht getan.« Sie fand, das hörte sich entsetzlich nach einem billigen Seitensprung an, nach einem schäbigen Verhältnis, das sich auf zwei Abende in der Woche und dritt-

klassige Hotelzimmer beschränkt. Aber es war ganz gleich, ob
der Mann hinter dem Schreibtisch dachte, sie sei eine Schlampe
oder nicht. Wichtig war nur, daß er sie in den entscheidenden
Punkten für unwissend und unschuldig hielt.

»Frau Marty, ich muß Ihnen sagen, daß Andreas Rathenberg
Dinge getan hat, die für ihn sehr unangenehm werden können,
wenn er jemals gefaßt wird.«

Belle bemühte sich, nicht zusammenzuzucken, aber sie
spürte, daß sie bleich bis in die Lippen wurde. »Was hat er denn
getan?«

»Landesverrat. Ein unverzeihliches Verbrechen, wenn man an
den heroischen Kampf denkt, den das Reich zur Zeit nach allen
Seiten hin führt.« Er schwieg einen Moment, um seine Worte in
aller Gewichtigkeit wirken zu lassen. »Andreas Rathenberg gilt
als bedeutender Geheimnisträger. Seine Stellung erlaubt es ihm,
Zugang zu brandneuen Forschungsergebnissen, die Entwick-
lung von Edelstählen für die Rüstung betreffend, zu bekommen.
Wir wissen, daß er seit Jahren diese jeweils neuen Erkenntnisse
über einen Zwischenmann in Zürich an das Ausland verkauft hat
– im wesentlichen an die Engländer. Er hat dafür Unsummen
eingestrichen, die auf Schweizer Konten liegen. Wahrscheinlich
muß ich Ihnen nicht erläutern, welch unermeßlichen Schaden er
seinem Vaterland damit zugefügt hat.«

Belle saß wie betäubt. Sie hatte so etwas geahnt, aber es war
noch etwas anderes, es dann tatsächlich zu hören. Es war so
genau das, was sie von Andreas hätte erwarten müssen, daß sie
sich fragte, woher ihre Enttäuschung rührte. Wie hatte sie damals gefragt? »Bist du im Widerstand, Andreas?«

Er hatte gelacht. »Du hältst mich für viel anständiger, als ich
bin, Belle!«

Sie wußte nichts mit ihren eigenen widerstreitenden Empfindungen anzufangen. Wäre es ihr lieber, er hätte etwas »Anstän-
diges« getan, wäre im Widerstand gegen das Regime gewesen?
Sie haßte Hitler und seine Anhänger, aber sie hatte immer
gedacht, es sei Wahnsinn, gegen ihn zu opponieren, und sie
hatte es geschätzt, daß Andreas in dieser Frage dieselben realisti-
schen Ansichten vertrat. Doch was sie nun erfuhr, ging ihr

ebenfalls gegen den Strich; es bewies, wie hemmungslos geld-
gierig und vollkommen auf seinen Vorteil bedacht Andreas war.
Aus dem schrecklichen Krieg, der soviel Leid über die Menschen brachte, zog er jeden nur erdenklichen Nutzen für sich.
Wahrscheinlich war er reicher, als sie je gedacht, und skrupelloser, als sie gefürchtet hatte. Und ich sitze jetzt bei der Gestapo,
dachte sie, vielen Dank, Andreas!

Sie nahm sich zusammen. »Wie haben Sie das herausgefunden?«

Die blaßblauen Augen hinter der Brille wurden um eine
Nuance kälter. »Das ist unsere Sache und braucht Sie nicht zu
interessieren. Was wirklich unangenehm und sehr viel rät-
selhafter ist: Wie hat Rathenberg erfahren, daß wir ihm auf der
Spur sind? An allen Grenzen sind sein Name und sein Bild
bekannt; wo auch immer er nach Deutschland eingereist wäre,
er wäre sofort verhaftet worden. Da er nirgendwo aufgetaucht
ist, wurde er offenbar gewarnt.«

Belle erwiderte seinen Blick sehr offen. »Ich erfahre heute
zum erstenmal von der Angelegenheit. Ich habe ihn nicht gewarnt. Ich war in größter Sorge um ihn, und ich weiß wirklich
nicht, ob ich jetzt ruhiger sein soll. Verstehen Sie, ich muß das
erst irgendwie verarbeiten, was Sie mir da eben gesagt haben.«

Er nickte langsam, aber noch immer trug sein Gesicht diesen
Ausdruck von Regungslosigkeit. »Wissen Sie, Frau Marty, wir
verfügen hier über genügend Mittel und Möglichkeiten, um Sie
sehr schnell zum Reden zu bringen, wenn wir glauben würden,
daß Sie mehr wissen, als Sie zugeben. Ich bin jedoch im Moment
der Ansicht, daß Sie die Wahrheit sagen. Sollte sich später
herausstellen, daß Sie Rathenberg gedeckt haben, daß Sie irgend etwas über seinen Verbleib wußten oder sogar mit ihm in
Kontakt standen, müßten Sie sich als seine Komplizin vor Gericht verantworten und kommen möglicherweise um nichts
besser weg als er. Haben Sie das verstanden?«

»Ja«, sagte Belle.

Der Mann erhob sich. »Sie können gehen. Ihr Haus wird
natürlich weiterhin bewacht. Außerdem ist es Ihnen untersagt,
die Stadt zu verlassen.«

»Warum das?«

»Sie haben keine Fragen zu stellen«, wies er sie zurecht. »Sie bleiben in Berlin.« Er machte eine ungeduldige Handbewegung zur Tür hin. Draußen wartete ein anderer Mann, der Belle wortlos über die vielen Gänge und Treppen zum Ausgang brachte.

Sie stand auf der Straße, der Maiabend war noch hell, und auf einmal traten all ihre widerstreitenden Gefühle in den Hintergrund, und eine tiefe Erleichterung durchströmte sie: Andreas war nicht in eine Falle getappt. Wie die Hyänen hatten sie auf der Lauer gelegen, aber Andreas hatte sie ausgetrickst. Hatte er einen Tip bekommen? Oder war es sein sechster Sinn? Wie auch immer, sie konnten sich vor seinem Haus die Füße in den Bauch stehen, er würde dort nicht aufkreuzen, er war zu schlau für sie.

Kluger, gewitzter Fuchs, dachte sie. Dann lachte sie, aber es schwang Hysterie darin mit, denn sie wußte, die Lage war so verdammt gefährlich, und ein einziger Fehler, den Andreas beging, konnte ihn den Kopf kosten. Bei dem Gedanken, wie nervenaufreibend die nächste Zeit für sie sein würde, schauderte sie. Dann fiel ihr Nicolas gestriger Besuch ein, und sie seufzte erleichtert. Die Cousine hatte ihr deutlich zu verstehen gegeben, daß sie nichts lieber täte, als in Andreas' feine Wohnung in der Berliner Straße umzusiedeln, und wahrscheinlich wäre das auch für sie, Belle, die beste Lösung. Zumindest blieben ihr einsame Abende voller Grübeln und Furcht erspart. Mochten Christine und Anne ruhig mitkommen.

Sie würde jetzt gleich zu ihnen fahren und sie einladen. Was Andreas anging, so konnte sie behaupten, er sei in geschäftlichen Schwierigkeiten im Ausland verwickelt. Wahrscheinlich würde ihr niemand nähere Fragen stellen.

11

Er brauchte genau sieben Schritte, um den Raum der Länge nach zu durchqueren und vier Schritte für die Breite. Weißgekalkte Wände, ein steinerner Fußboden, auf dem zwei Flickenteppiche lagen, in der Ecke ein schmales Bett, ein Tisch und zwei Stühle, ein Wandbord mit einem Radioapparat. Kein Fenster, kein Fetzen Himmel, nur künstliches Licht, das von einer kleinen Lampe kam, die an der Decke hing.

In diesem Kellerloch begann sich Martin Elias sogar nach dem noch kleineren Gästezimmer bei Felicia zu sehnen, wo es wenigstens ein winziges Fenster gegeben hatte, das den Blick auf Gras und Erde und ein paar Gänseblümchen freigab.

Aber sehnte er sich überhaupt noch nach irgend etwas?

Seit über einem Jahr war er untergetaucht. Ein Jahr in Gefangenschaft. Manchmal konnte er nachts kurz hinaus, vorzugsweise bei Fliegeralarm, denn da verkrochen sich alle und niemand achtete auf ihn. Aber im wesentlichen war er zur Bewegungslosigkeit verurteilt, und manchmal hatte er schon das Gefühl, seine Knochen und Muskeln seien eingerostet. Er war immer ein Schreibtischmensch gewesen, aber er war auch gern größere Strecken gelaufen. Wie sehr vermißte er das jetzt! Das leise Rauschen der Blätter im Wind, raschelndes Laub unter den Füßen, ein warmer, blütenduftender Wind im Frühling oder die klare, kühle Luft des Herbstes. Wie oft war er im Sommer hinausgefahren an den Starnberger See oder an den Ammersee! Seidig und glatt hatte das Wasser seine Haut umschlossen, kleine silbrige Fische waren um ihn herum geschossen, grün hatten die Steine vom Grund heraufgeschimmert, und bei Föhn hatte er im Süden die schneebedeckten Alpengipfel sehen können. Es gab Stunden, in denen er nur weinte vor Verzweiflung – über sein eigenes, qualvoll beengtes Leben und über Sara, die allein ihrem Schicksal hatte entgegengehen müssen.

Sara war der ewige Alptraum, aus dem er nie erwachen würde. Erbarmungslos rekonstruierte er immer wieder alle Gespräche, die sie über die Frage »Auswandern oder nicht?« geführt hatten, und natürlich lag am Ende jedesmal die Erkenntnis, daß es einzig seine Schuld war, welchen Lauf die Dinge genommen hatten. Er bestrafte sich dafür, indem er seinem zerquälten Hirn niemals auch nur eine Stunde Ruhe schenkte und irgendeine Form der Ablenkung suchte. Auch wenn er Radio hörte oder Zeitung las und für Momente nicht an Sara dachte, war sie doch immer unmittelbar in seinem Bewußtsein. Niemals, das hatte sich Martin geschworen, durfte sich auch nur ein Anflug von Vergessen über Saras Schicksal breiten. Lebenslang zu leiden, bedeutete für ihn fast eine gewisse Linderung der Qual.

Er schrieb wieder an einem Buch, das natürlich von Sara und ihm handelte und dessen ungewisser Ausgang ihn sehr belastete. Er hatte sich schon jede Menge Varianten ausgedacht, sie aber alle immer wieder verworfen. An vielen Tagen schrieb er wie ein Besessener, zerknäulte am Abend alles und lief ruhelos stundenlang hin und her. Nur gut, daß Kat, Tom Wolffs Frau, alles daransetzte, ihm stets neues Papier zu beschaffen. In seiner ganzen ausweglosen Lage bedeutete sie ohnehin den einzigen Trost. Sie versorgte ihn mit Büchern und Zeitungen, sie hatte ihm das Radio gebracht, und oft kam sie zu ihm, um eine Tasse Tee mit ihm zu trinken und sich zu unterhalten. In gewisser Weise war sie auch einsam und gefangen, und Martin empfand ihre Nähe als wohltuend. Er wußte, daß sie die Ehe mit Tom Wolff eingegangen war, weil sie den Mann, den sie in ihrer Jugend liebte, nicht hatte haben können, und seither verharrte sie meist in freudloser Apathie; sie klagte nicht, aber sie lachte auch sehr selten, und als Martin sie einmal während eines ihrer vielen vertraulichen Gespräche nach ihrer Ehe fragte, sagte sie nur: »Tom braucht mich. Und, sehen Sie, das gibt mir viel Kraft.«

Er ging zum Radio und schaltete es ein. »Hier ist London.« War da ein triumphierender Klang in der Stimme des Sprechers? »Benito Mussolini wurde heute, am 28. Juli 1943, in Rom verhaftet. Der König von Italien hat den Oberbefehl über das Heer übernommen, Marschall Badoglio wurde mit der Bildung eines neuen Kabinetts beauftragt. Mussolini hatte . . .«

Martin lauschte mit angespannter Aufmerksamkeit. Sein Herz klopfte schneller, und zum erstenmal seit langem war es ihm nicht, als werde ihm langsam die Kehle zugeschnürt und als senke sich ein Gewicht auf seine Brust. Jetzt sah es einmal nicht so aus, als würde das Böse ewig siegen. Die Niederschlagung des Aufstandes im Warschauer Ghetto, die Vernichtung der »Roten Kapelle«, die Entdeckung der »Weißen Rose« – jedesmal war es ihm gewesen, als blute sein eigenes Herz.

Aber heute, das war der Lichtschimmer am Horizont. Die Alliierten in Italien, Mussolini verhaftet. Die Faschisten konnten nicht ewig an der Macht bleiben.

Die Nachrichten waren vorüber, und Martin schaltete das Radio ab. Über sich hörte er Stimmen, eine davon klang schrill und zänkisch. Aha, Lulu war wieder da. Martin war notgedrungen über sämtliche Geschehnisse im Haus ziemlich genau unterrichtet; so wußte er von Lulu, daß sie ein Verhältnis mit Tom hatte. Manchmal, wenn Kat fort war, kam sie hierher, aber sehr vergnügliche Stunden schienen sie einander nicht zu bereiten, den meistens hörte Martin sie lautstark streiten. Kat war heute zu einer alten Freundin gefahren und würde erst morgen wiederkommen, Lulu hatte also freie Bahn. Erst hatte Martin befürchtet, Kat würde leiden, weil sie von ihrem Mann betrogen wurde, aber schließlich glaubte er aus ihren Unterhaltungen herauszuhören, daß sie davon wußte und daß es sie kaltließ.

Ob er noch ein wenig an seinem Buch schrieb? Er lauschte nach oben, hätte sich gern damit unterhalten, ein paar Satzfetzen aufzuschnappen, aber es war still geworden, die beiden schienen zum gemütlichen Teil des Abends übergegangen zu sein. Bei dem Gedanken, sich hinzusetzen und einen Stift in die Hand zu nehmen, schüttelte es ihn. Den ganzen Tag hatte er gesessen, hatte gelesen, geschrieben, gelesen, geschrieben. Die Sehnsucht nach frischer Luft wurde beinahe übermächtig in ihm, er wollte sich bewegen, wollte atmen, den Himmel sehen, die Bäume, die Straßen und Menschen. Freiheit . . . das höchste, erstrebenswerte, vollkommenste aller irdischen Güter.

Er setzte sich auf sein Bett und vergrub das Gesicht in den Händen.

Seit Februar '43 wurden immer mehr Franzosen zur Zwangsarbeit in der Landwirtschaft, in Rüstungsbetrieben und der Industrie nach Deutschland geschickt, und wer sich dem zu entziehen versuchte, hatte mit harten Repressalien der Besatzer zu rechnen. Eine Woge von Zorn ging durch das Volk und machte selbst solche, die bislang versucht hatten, sich aus der Politik herauszuhalten, zu glühenden Patrioten. Man hatte einiges zu ertragen gelernt, man hatte versucht, sich mit der Situation auf irgendeine Weise zu arrangieren, aber dies nun ging den Menschen zu weit. Es gab kaum einen, der sich nicht mit den Männern solidarisierte, die gegen ihren Willen in das feindliche Land jenseits des Rheins gebracht wurden.

Unweit der Stadt Nantes lag das kleine Dörfchen Chatville, ein paar Dutzend Häuser nur, die sich um eine alte, steinerne Kirche scharten. Fast nur Bauern lebten hier, wortkarge, mürrische Männer, die die Einsamkeit auf den Feldern jeder Geselligkeit vorzogen.

Es gab ein Wirtshaus im Dorf, das »Pont Vieux«, und hier saßen die Bauern oft in den Abendstunden nach einem harten Tag, aßen Brot und Käse und tranken einen klaren Schnaps. Die Runde bestand überwiegend aus älteren Männern, aber es waren auch ein paar junge dabei, solche, die die Höfe ihrer Väter übernehmen und Chatville nicht verlassen wollten.

Am Abend des 20. August drang die SS in das Wirtshaus ein, niemand hatte eine Chance, noch schnell zu entkommen, und in weniger als fünf Minuten waren sämtliche anwesenden jungen Männer verhaftet. Einen Tag später sollten sie zum Bahnhof in Nantes gebracht und von dort nach Deutschland zur Zwangsarbeit transportiert weren. Unter den Männern befand sich auch Jean Lavelle, Mitglied der Résistance – und Claires Freund.

Jean und Claire waren für einige Zeit in Chatville untergetaucht, vor allem, damit sich Jean von einer Schußverletzung erholen konnte, die ihn fast das Leben gekostet hätte. Sie hatten einen Waffentransport aus Deutschland gestoppt und ausgeraubt, es war dabei zu einer Schießerei gekommen, und Jean war schwer verwundet worden. Mit knapper Not hatten sie entkommen können. Weitläufige Verwandte nahmen sie in Chatville auf.

Claire erfuhr von Tante Josephine, was geschehen war. »Tante« Josephine war eigentlich eine Cousine vierten Grades von Jean, alt, dick und gemütlich, aber als sie an diesem Abend in die Küche ihres steinernen Hauses – in dem es weder elektrischen Strom noch fließendes Wasser gab – gestürzt kam, war von ihrer phlegmatischen Ruhe nichts mehr zu spüren. »Sie haben Jean verhaftet!« rief sie. »Er soll nach Deutschland gebracht werden!«

Claire, die gerade Bohnen schnippelte, wurde bleich. »Um Gottes willen! Wo ist er? Wohin haben sie ihn gebracht?«

Tante Josephine ließ sich ächzend auf einen Stuhl fallen. »In die Kirche. Elf Männer, alles ganz junge Kerle, haben sie mitgenommen und über Nacht in die Kirche gesperrt. Natürlich haben sie Wachen aufgestellt.«

»Jean ist nicht so jung, weshalb . . .«

»Er ist fünfundvierzig Jahre alt und ein kräftiger Kerl. Den können die Deutschen schon gut brauchen. Ach . . .« Tante Josephine schüttelte wieder und wieder den Kopf. »Zeiten sind das! Zeiten!«

Claire legte das Messer weg, schob die Schüssel mit den Bohnen fort. »Ich werde sehen, ob ich irgend etwas tun kann.«

Tante Josephine griff erschrocken nach ihrem Arm. »Du kannst nichts tun! Bring dich nicht selber in Gefahr!«

»Ich passe auf. Aber ich kann Jean nicht einfach seinem Schicksal überlassen.«

Um die Kirche herum waren Posten aufgestellt. Claire sprach einen der Männer an, aber er verstand kein Französisch, und so mußte sie es in deutsch versuchen.

»Mein Freund ist da in der Kirche. Jean Lavelle.«

»Kann sein.«

»Sie können ihn nicht mitnehmen. Er muß für seine Familie sorgen.«

»Gehen Sie nach Hause. Was Sie hier versuchen, hat keinen Sinn.«

»Aber Sie . . .«

»Ich habe gesagt, gehen Sie nach Hause. Oder wollen Sie sich noch selber Ärger einhandeln?«

Claire begriff, daß es tatsächlich keinen Zweck hatte. Aber sie ging nicht nach Hause, wie er ihr gesagt hatte. In den Wäldern um Chatville hielten sich genügend Männer der Résistance verborgen, und Claire wußte, wo sie sie finden konnte. Gegen die Deutschen gab es nur eine Waffe: Gewalt. Sie verstanden keine andere Sprache. Und Jeans Befreiung war für die Bewegung wichtig. Jean gehörte zu ihren führenden Köpfen. Seine Tapferkeit war unschlagbar, sein Haß auf die Deutschen grenzenlos. Dieser Haß war es wohl auch, der sie beide so miteinander verband. Sie mußten ihre Verbitterung und Ruhelosigkeit nicht voreinander verstecken.

Die fünfzehn Männer hatten Waffen – deutsche Waffen! Sie nutzten den Schutz der Dunkelheit und den Vorteil des Überraschungsangriffes, und sie wußten um die Solidarität des ganzen Dorfes. Ihr Ziel war es, die Wachtposten mitten in der Nacht anzugreifen, sich den Weg zum Kirchenportal frei zu schießen und alle gefangenen Männer zu befreien. Dabei ging es nicht nur um die Verhafteten. Es ging auch darum, den Besatzern zu zeigen, daß sich die Franzosen zu wehren wußten.

Sie kamen gegen ein Uhr. Es war eine warme Augustnacht, sanft und lau, und die Stille wurde nur hin und wieder durch einen Käuzchenruf aus dem Wald unterbrochen. Die Posten schienen nicht im mindesten mit einer Gefahr zu rechnen. Als die Franzosen aus der Dunkelheit auftauchten und von einer Sekunde zur anderen das Feuer eröffneten, hatten die Deutschen nicht einmal ihre Gewehre griffbereit. Aber neben den Gefangenen in der Kirche hatte sich ein Trupp Soldaten verborgen gehalten. Fast fünfzig Deutsche, die plötzlich aus ihrem Versteck hervorkamen, bewaffnet mit Gewehren, Bajonetten und Handgranaten. Irgend jemand hatte ihnen einen Tip gegeben. Der Angriff war für sie keineswegs überraschend gekommen.

Kurz vor halb zwei hatte sich alles entschieden. Drei deutsche Soldaten lagen tot am Boden, ein vierter war verletzt worden.

Von den fünfzehn Männern der Résistance waren neun getötet und sechs gefangengenommen worden, unter den Festgenommenen in der Kirche, die versucht hatten, sich ebenfalls an dem Kampf zu beteiligen, gab es zwei Schwerverletzte. Dann begann die Jagd auf Komplizen im Dorf. An allen Häusern wurde gegen die Türen gehämmert, manchmal wurden sogar ohne Umschweife die Fenster eingeschlagen. Die SS durchsuchte jeden Raum, jede noch so kleine Kammer. Schubladen wurden aufgerissen, der Inhalt wahllos über den Fußboden verstreut, Matratzen aufgeschlitzt, Vorhänge und Gardinen abgerissen. Sie klopften Fußboden und Wände nach Hohlräumen ab und zerrten bei dem geringsten Anflug eines Verdachts die Dielenbretter aus ihrer Verankerung. Die schlaftrunkenen Hausbewohner trieben sie in irgendeinem Raum zusammen, wo sie ihnen befahlen, stehenzubleiben, und verboten, sich zu setzen.

Gegen drei Uhr drangen sie in Tante Josephines Haus ein, wo Claire, zusammen mit der Tante, hellwach in der Küche saß und angstvoll auf Nachricht wartete. Sie wußten bereits vom Scheitern der Aktion. Was sie aber nicht wußten: Jean war einer der beiden Schwerverletzten in der Kirche und rang in diesen Minuten mit dem Tod.

Die SS-Leute begannen sofort mit ihrer rücksichtslosen Hausdurchsuchung, die diesmal von einem überraschenden Erfolg gekrönt war: In einer Kammer fanden sie zwischen einem Stapel Zeitschriften – gut getarnt und nur durch Zufall zu entdecken – das Soldbuch eines deutschen Wehrmachtsangehörigen. Er lautete auf den Namen Gert Ullbach.

»Interessant«, bemerkte der SS-Obersturmführer, der die Aktion leitete, »ein nettes kleines Nest von Partisanen, das wir hier ausgehoben haben!«

Claire, die Tante Josephine und ihre Familie auf keinen Fall in Schwierigkeiten bringen wollte, gestand sofort, daß sich das Soldbuch in ihrem Besitz befunden hatte. »Sonst wußte hier niemand etwas davon«, fügte sie hinzu.

Sie wurde auf der Stelle verhaftet.

Gut, dachte sie, dann ist das also jetzt das Ende. Sie werden mich erschießen. Ich werde keine Kerben mehr in die Tür ritzen, aber es sind schon eine ganze Menge, sie haben mit ziemlich viel Blut bezahlen müssen.

Wie sich herausstellte, hatte sie ihre Gegner unterschätzt. Sie wurde nicht erschossen. Sie wurde in das Gefängnis von Nantes gebracht und dort gefoltert.

Natürlich hatte Claire manchmal daran gedacht, daß ihr so etwas passieren könnte, aber sie hatte immer versucht, diese Gedanken von sich wegzuschieben. Man konnte zu leicht allen Mut darüber verlieren, und Mut brauchte sie für das Leben, das sie führte. Jetzt hoffte sie nur noch, daß sie nichts und niemanden verraten würde, ganz gleich, was sie mit ihr anstellten. Es gab grauenhafte Berichte über die Folterungen, aber es gab auch genug Beispiele von Opfern, die standgehalten hatten. Allerdings lebte davon kaum noch eines.

Sie hängten Claire mit den Handgelenken an die Decke, ihre Füße endeten knapp über dem Fußboden. Die eisernen Handschellen schnitten tief in ihr Fleisch. Man ließ sie fast eine Stunde so hängen. Hin und wieder wagte Claire einen Blick hinauf und sah, daß sich ihre Hände blau zu verfärben begannen. Sie kämpfte gegen die aufsteigende Panik und sagte sich, daß ihr Leben nichts mehr wert war, daß es Unsinn wäre, sich über den Zustand ihrer Hände aufzuregen. Die Schmerzen wurden immer schlimmer, der Atem fiel ihr schwer. Zweimal wäre sie beinahe ohnmächtig geworden – ein Zustand, den sie durchaus begrüßt hätte –, aber irgendwie kehrten ihre Lebensgeister jedesmal zurück, ehe ihr endgültig schwarz vor Augen wurde. Sie versuchte, sich abzulenken, sagte sich Gedichte auf, die sie vor ewigen Zeiten in der Schule gelernt hatte, und dachte an Jean. Ihn durfte sie nicht enttäuschen, indem sie schwach wurde, weinte, schrie und ihre Peiniger um Gnade anflehte. Sie biß die Zähne zusammen. Sie würde durchhalten.

Nach einer Stunde tauchten zwei Männer in dem Keller auf, ein kleiner, dicker mit verschlagenem Gesichtsausdruck, und ein Größerer, der sehr viel intelligenter und noch brutaler aussah. Er rauchte eine Zigarette und musterte Claire kühl. »Ich hoffe, Sie sind bereit, uns ein paar Auskünfte zu geben«, sagte er in fließendem Französisch, »das heißt, ich hoffe das für Sie.«

»Das kommt darauf an, was Sie wissen wollen«, erwiderte Claire. Da sie so schlecht Luft bekam, klangen ihre Worte schleppend und rauh. Ihre Zunge fühlte sich dickgeschwollen an. Von den Handgelenken aus jagten die Schmerzen wie Feuerströme durch den Körper.

»Alles wollen wir wissen. Sie gehören zur Résistance, Sie sind des Mordes an dem Gefreiten Gert Ullbach im Februar 1942 überführt. Die Wahrscheinlichkeit ist groß, daß Sie noch mehr Morde auf dem Gewissen haben. Wir wollen Ihr Geständnis. Und wir wollen Namen und Aufenthaltsorte weiterer Mitglieder der Résistance. Wobei, das sollte ich dazu sagen, Sie es bitter bereuen würden, wenn Sie uns auf falsche Spuren schicken.«

Jesus, sei bei mir! Ich habe furchtbare Angst, aber keiner von denen soll es merken!

»Ich glaube«, stieß sie hervor, »ich habe Ihnen nichts zu sagen.«

Er nahm seine Zigarette aus dem Mund, drückte sie langsam auf einem Tisch aus. »Das ist sehr schade«, sagte er, »Sie machen sich alles unnötig schwer. Denn früher oder später reden Sie sowieso, nur leider sehen Sie bis dahin nicht mehr so hübsch aus wie jetzt.«

»Ich habe nichts zu sagen«, wiederholte Claire und versuchte, sich an die Gebete zu erinnern, die sie als Kind von ihrer Mutter gelernt hatte.

»Du bist in Gottes Hand, Claire. Immer. Auch in den schwärzesten Stunden deines Lebens.«

Wenn ich jetzt nur daran glauben könnte!

Der dünne Mann mit der Zigarette gab nur die Befehle, der kleine Dicke fungierte als Folterknecht. Er hatte plötzlich eine Lederpeitsche in der Hand, mit der er Claire zu schlagen begann – auf den Rücken, daß sie dachte, ihre Schulterblätter müßten krachen, in die Nieren, in die Kniekehlen. Bei jedem Schlag schwang Claire hilflos herum, zerrte ihr Gewicht an den Handgelenken, die in den Eisenringen hingen. Zuerst hatte sie sich die Lippen blutig gebissen, um still zu bleiben, aber schließlich schrie sie bei jedem Schlag, brüllte ihren ganzen Schmerz heraus und verschaffte sich damit ein wenig Erleichterung. Sie schrie Jeans Namen: »Jean! Jean! Jean!«

Als ihr Peiniger sie in den Unterleib schlug, verlor sie das Bewußtsein, aber er rief sie in die Wirklichkeit zurück, indem er ihr einen Eimer mit kaltem Wasser ins Gesicht schüttete.

Claire merkte, daß sich ihre Kleider in Fetzen aufzulösen begannen, daß die Schläge sie nun auf bloßer Haut trafen. Sie war beinahe soweit, alles zu sagen, was sie hören wollten, ihre eigene Mutter zu verraten, und Jean und Phillip und alles, was ihr lieb und teuer war, aber da hatte er sich ihre Brüste vorgenommen, und es waren Schmerzen, die Claires Kraft überforderten. Sie wurde zum zweitenmal bewußtlos, und diesmal für länger.

Als sie erwachte, lag sie in einem dunklen Verlies auf dem steinernen Fußboden, eine Öllampe flackerte müde, und alles war eisige Kälte.

»Jean«, flüsterte Claire.

Neben ihr regte sich etwas, sie erkannte, daß sie nicht allein hier lag.

»Claire! Ich dachte schon, du wachst überhaupt nicht mehr auf!«

Die Stimme kannte sie, aber es war nicht Jeans Stimme. Einer der Männer, die sie zu Hilfe geholt hatte, um die Eingeschlossenen in der Kirche zu befreien ... wie hieß er noch? Ein Name dämmerte durch die Wirrnis in Claires Kopf heran ... Luc ... ja, Luc hieß er.

»Wasser«, stieß sie hervor. Eine Hand legte sich ihr sacht auf die Stirn. »Arme Claire, sie haben dich schlimm zugerichtet. Und ich habe kein Wasser für dich, nicht einen Tropfen. Hast du große Schmerzen?«

Große Schmerzen? Sie war ein einziger geballter Schmerz, ein Stück rohes, blutendes Fleisch, das man in eine Ecke geworfen hatte.

»Wo ist Jean?«

»Nicht reden jetzt, Claire. Du mußt schlafen. Du brauchst alle Kraft.«

Allmählich wurden die Bilder vor ihren Augen klarer, sie

gewöhnte sich an das trübe Licht der Öllampe. Sie stieß einen leisen Schrei des Schreckens aus – was hatten sie mit Luc gemacht? Sein verschwollenes Gesicht war kaum mehr menschlich zu nennen, und sein rechter Arm stand in einem seltsamen Winkel vom Körper ab. Seine Beine waren an den Knöcheln mit Eisenketten gefesselt, unter denen das Blut hervorquoll.

»Luc! Du siehst ja entsetzlich aus!«

Er nickte und verschwieg, daß sie selber einen noch schlimmeren Anblick bot. Aber da war ihr Blick schon auf ihre Hände gefallen, unförmige blauschwarze Klumpen, mit großen Wunden an den Gelenken. »Luc... meine Hände... hast du meine Hände gesehen? Ich kann meine Finger nicht mehr bewegen... ich fühle nichts in den Fingern...«

»Das geht vorüber, Claire. Du wirst sie wieder bewegen können.« Wenn du am Leben bleibst, fügte er in Gedanken hinzu.

»Haben sie dich auch gefoltert, Luc?«

»Ja. Aber ich habe ihnen nichts gesagt.«

Habe ich etwas gesagt? fragte sich Claire. Sie konnte sich an nichts mehr erinnern, nur an Schmerzen. Vergangenheit, Gegenwart und Zukunft bestanden nur aus Schmerzen. Stöhnend bewegte sie sich, um es gleich darauf bitter zu bereuen. Ruhig zu liegen, war das einzig Erträgliche.

»Sind noch andere von uns hier?«

»Alle, die die Aktion überlebt haben. Im Moment nehmen sie sich gerade Pierre und Napoléon vor.«

»Oh, mein Gott... und Jean? Wo ist Jean?«

Lucs Stimme klang sanft und traurig. »Jean wurde beim Sturm auf die Kirche angeschossen und ist wenig später gestorben. Claire, ich...«

»Nein!« Es hätte ein Aufschrei sein sollen, aber er geriet nur zu einem Krächzen. Während ihrer Folterungen hatte sie so laut geschrien, daß ihre Stimme nun keine Kraft mehr hatte. »Nein, o nein«, flüsterte sie, »nicht Jean...«

»Claire, ich weiß, das ist kein Trost für dich, aber...«, Luc stoppte, doch dann vollendete er den Satz. »Er ist leichter gestorben, als wir sterben werden. Ich hätte gern mit ihm getauscht.«

»Jean . . . und ich bin schuld! Ich habe alles angezettelt. Hätten sie ihn doch nach Deutschland gebracht, dann wäre er am Leben geblieben und irgendwann zurückgekehrt. Aber so . . . was habe ich nur getan?« Endlich fing Claire an zu weinen, und Luc störte sie nicht. Er strich ihr nur immer wieder sanft über die Haare und flüsterte ihr beruhigende Worte zu.

Als sie wieder sprechen konnte – es war fast eine halbe Stunde vergangen –, sagte sie: »Luc – werden sie uns wieder foltern?«

»Ich fürchte es, ja. Sowie wir uns ein bißchen erholt haben.«

»Ich stehe es nicht durch. Nicht noch einmal.«

»Doch. Du stehst es durch. Du bist stark und tapfer. Du hast es auch bisher geschafft.«

»Nur weil ich an Jean dachte. Ich habe für ihn durchgehalten. Meine ganze Kraft kam von ihm. Aber jetzt weiß ich, daß er tot ist, und jetzt werde ich keine Kraft mehr haben.«

»Claire!« Er wollte nach ihren Händen fassen, zuckte aber im letzten Moment zurück. Sie hätte geschrien vor Schmerzen. »Claire, du hast nicht nur durch Jean gelebt und gekämpft. Da war schon etwas, bevor du ihn kennengelernt hast, erinnere dich!«

»Mein Haß«, murmelte sie müde.

»Ja. Du hast es mir doch erzählt. Die Deutschen haben im letzten Krieg deinen Vater getötet, und in diesem dein Kind. Du haßt sie aus ganzer Seele. Denk an diesen Haß, Claire. Er ist in dir, stark und unversöhnlich. Sie haben Jean ermordet! Alles, was du liebst, hast du an die Deutschen verloren. Du wirst ihnen nicht den Gefallen tun, jetzt unter ihnen zusammenbrechen. Du wirst nicht reden. Laß diese Teufel einmal an ihre Grenzen stoßen. Sie sind das Böse, und was wir tun können, sollten wir tun, daß das Böse nicht immer wieder siegt.«

Claire war zu erschöpft, um wirklich zu verstehen, was er sagte, aber vielleicht würde sie die Kraft zum Durchhalten finden, vielleicht gab es sie wirklich noch in ihr. Sie konnte jetzt nicht darüber nachdenken. Sie mußte schlafen – und vergessen, was auf sie zukam.

12

Belle schlief erst seit zehn Minuten, als der Fliegeralarm los-
heulte, und sie brauchte ein paar Sekunden, um zu begreifen,
was los war. Dann wurde auch schon die Tür zu ihrem Schlafzimmer aufgerissen, und Anne erschien auf der Schwelle.
»Belle! Alarm! Wir müssen schnell in den Keller!« Belle sprang
aus dem Bett, schlüpfte in Wäsche und Kleider, die sie schon in
der richtigen Reihenfolge bereitgelegt hatte, und nahm ihre
Tasche. In Momenten wie diesem war sie froh, die anderen bei
sich zu haben, die Bombennächte ertrugen sich leichter.

Der Hauptalarm folgte unmittelbar auf den Voralarm, von
Ferne hörten sie schon die ersten Einschläge. Christine, bleich
und verängstigt, öffnete die Wohnungstür. »Beeilt euch doch!«
drängte sie.

Aus dem Wohnzimmer vernahmen sie eine weinerliche
Stimme. »Helft mir doch! Ich kann meine Schuhe nicht zubin-
den!« Das war Nicola. Die Schwangerschaft hatte sie geradezu
monströs dick werden lassen, sie füllte einen ganzen Sessel aus
und war außerstande, sich nach vorn zu beugen und ihre
Schuhe zuzubinden. Das Kind sollte in knapp einer Woche
kommen, und Nicola, die nur noch wie eine Ente watschelte
und bei der geringsten Anstrengung ins Keuchen geriet, zählte
bereits die Minuten. Sie weinte viel und erging sich in endlosen
Haßtiraden gegen Sergej, der ihr das alles eingebrockt hatte.

Belle kniete sich hin, band in Windeseile die Schuhe zu, half
ihr dann, aufzustehen. »Mach schon, Nicola! Wir müssen in
den Keller!«

Jetzt kamen die Einschläge schon näher. Die Druckwelle war
so stark, daß in allen Räumen laut klirrend die Scheiben zersprangen. Nicola atmete asthmatisch. »Mein Gott, wie furchtbar. Ich habe solche Angst. Ich könnte nicht einmal fortlaufen,
so dick wie ich jetzt bin! Dieser verdammte Ser . . .«

»Fortlaufen würde dir sowieso nichts nützen«, erklärte Belle,
»wir anderen können auch nur wie die Maulwürfe im Keller
sitzen und hoffen, daß nicht alles über uns zusammenfällt.«

Anne und Christine waren bereits die Treppen hinuntergejagt, als die Fensterscheiben zerbrachen. Ringsum waren Krachen und Tosen und eine Detonation nach der anderen zu hören. »Dieses Baby wird mit einem Gehörschaden auf die Welt kommen!« rief Nicola und hielt ihren Bauch umklammert.

Niemand im Keller versuchte zu schlafen. Sie saßen aufrecht auf ihren Stühlen oder Sesseln, Taschen oder Koffer auf dem Schoß, zwei Kinder weinten, ein zitternder kleiner Hund preßte sich verängstigt gegen die Beine seiner Besitzerin. Der alte jüdische Professor, der noch immer in der Dachwohnung lebte, sah sich mit großen, traurigen Augen um; die Angst vor den Bomben war für ihn nur ein weiterer Aspekt aller Ängste, die seit langem schon sein Leben beherrschten.

Nach einer Stunde gab es Entwarnung, und sie stolperten alle müde und abgespannt die Treppen wieder hinauf.

»Hoffentlich können wir den Rest der Nacht durchschlafen«, sagte Belle, als sie die Wohnung betraten. Im selben Moment wurde Nicola plötzlich weiß wie eine Wand und krümmte sich zusammen. Sie schnappte nach Luft. »Belle! Ich glaube, das Kleine kommt!«

»Aber heute ist der 1. September, es sollte doch erst ab dem 5. kommen!« widersprach Belle.

»Verdammt, danach richtet es sich aber offensichtlich nicht!« fauchte Nicola. Sie schwankte. Christine stützte sie, führte sie zu einem Sessel. Anne kam mit einem Fläschchen Kölnisch Wasser, das sie ihrer Mutter unter die Nase hielt. »Mama! Mach dir keine Sorgen, wir bringen dich in ein Krankenhaus!«

Nicola stöhnte leise. Belle überlegte fieberhaft: Würden sie irgendwie an ein Auto kommen? Wie zerstört waren die Straßen? Wahrscheinlich wimmelte es von Leuten, die ausgebombt worden waren und jetzt mit ihrem geretteten Hab und Gut durch die Gegend irrten. Wer war nach einem solchen Angriff bereit, eine schwangere Frau ins Krankenhaus zu fahren?

»Ihr müßt etwas tun!« rief Anne.

Nicola sah zum Gotterbarmen aus. Von einer Sekunde zur anderen war ihr Gesicht schweißüberströmt. Sie hielt die Augen geschlossen.

»Ich glaube, es ist besser, wenn wir versuchen, eine Hebamme hierher zu bekommen«, sagte Belle. »Das war eben ein sehr schwerer Angriff, und wir kommen vielleicht nicht bis zum Krankenhaus durch.«

Sie hatte den Satz noch nicht zu Ende gesprochen, als erneut die Sirenen erklangen.

»Runter in den Keller!« kommandierte Belle. Sie und Anne hakten die stöhnende Nicola unter und schleppten sie die Treppe hinab. Christine trug Decken und Kissen. Belle beschloß, für Nicola ein Lager in der Waschküche herzurichten, schließlich konnte sie nicht vor aller Augen im Luftschutzkeller ihr Kind bekommen.

»Leg dich hierhin, Nicola. Versuch dich ein bißchen zu entspannen. Vielleicht dauert es ja noch ein paar Stunden, und bis dahin ist der Angriff vorbei, und wir können eine Hebamme holen.«

»Aber es dauert nicht mehr lange«, jammerte Nicola. Sie lag wie ein kleines Häufchen Unglück in der großen, kalten Waschküche, rollte abwechselnd auf den Rücken und auf die Seite und stöhnte. »Es wird eine schwere Geburt, hat der Arzt gesagt. Belle, du mußt mir helfen!«

»Klar. Mach dir keine Sorgen.« Warum, zum Teufel, mußte Nicola ihr Kind jetzt bekommen? Weshalb hatte sie sich von dem verdammten Sergej überhaupt eines anhängen lassen? Belle versuchte, sich zu erinnern, wie es bei Sophies Geburt gewesen war, aber sie hatte natürlich in einem richtigen Krankenhaus gelegen und war leicht narkotisiert gewesen, irgendwie war alles in einen Nebel gehüllt an ihr vorbeigeglitten. Heißes Wasser, in Büchern brauchten sie immer heißes Wasser.

»Christine, geh bitte hinauf«, sagte sie, »hol ein paar Eimer und Schüsseln mit heißem Wasser. Und Handtücher. Beeil dich!«

Christine rührte sich nicht vom Fleck. »Ich kann doch jetzt nicht hinaufgehen! Es hagelt Bomben ringsum!«

Belle fluchte. »Dann bleib hier und halte Nicolas Hand. Ich gehe.«

Sie rannte die Treppen hinauf. Um sie herum schien die Welt

unterzugehen. Wäre ich doch in Lulinn! Warum muß ich hier sein und Angst haben, zu sterben?

Als sie den Lichtschalter im Flur von Andreas' Wohnung drehte, tat sich nichts. Stromausfall. Im Stockfinstern tastete Belle zu einem Wandschrank, kramte eine Kerze und Streichhölzer hervor, tappte ins Bad und stellte fest, daß es nur kaltes Wasser gab. Eine Bombenexplosion in unmittelbarer Nachbarschaft erschütterte das ganze Haus, ließ Bücher aus den Regalen fallen und den Putz von den Wänden rieseln. Belle wurde in eine Ecke geschleudert und schmeckte den Kalkstaub auf den Lippen. Als sie wieder atmen konnte, rappelte sie sich auf, füllte einen Kessel mit Wasser, zündete ihre Kerze erneut an und lief in die Küche. Gott sei Dank, es waren genug Holz und Kohlen da, sie konnte wenigstens Feuer machen. Während sie mit zitternden Händen den Kohlenanzünder mit der Kerze entflammte, erschütterte eine weitere Detonation das Haus und preßte Belle gegen die Wand. Sie schnappte nach Luft, riß den Kessel vom Herd, legte die eisernen Ringe auf die Flamme und rannte zur Wohnungstür hinaus. Ob das Wasser heiß war oder nicht, sie blieb keine Sekunde länger hier.

Als sie auf der obersten Stufe der Kellertreppe angelangt war, erfolgte die dritte Detonation. Belle fiel die Stufen hinab, das kostbare, hart erkämpfte Wasser ergoß sich in den Gang. Hinter sich hörte sie infernalisches Krachen und Toben, und eine Wolke Staub senkte sich über sie. Keuchend lag sie am Boden, ihre Augen brannten, ihr Hals, ihre Nase, und über ihre Beine lief Blut, sie hatte sich beim Sturz beide Knie aufgeschlagen.

Irgend jemand packte sie am Arm und zog sie in die Höhe. Durch den Staub hindurch erkannte sie besorgte Gesichter. »Schnell! Das Haus ist zusammengestürzt, aber der Keller steht noch. Wir kommen raus! Los, stehen Sie auf!«

Sie kam schwankend auf die Füße. »Nicola! Ich muß nach Nicola sehen!« Gegen den Strom der Hausbewohner bahnte sie sich ihren Weg zur Waschküche. Anne und Christine kamen ihr wie zwei kleine, zitternde Gespenster entgegen; vom herunterfallenden Kalk waren sie weiß überstäubt.

»Belle!« schrie Anne. »Sie sagen, der Keller kann jeden Moment einstürzen! Wir müssen hier raus!«

Sie lief einfach an ihnen vorbei zu Nicola und beugte sich über sie. »Kannst du aufstehen, Nicola?«

Nicolas Gesicht war verzerrt vor Schmerzen. »Nein, Belle, unmöglich. Es tut mir leid. Laß mich liegen. Bring dich in Sicherheit.«

»Rede keinen Quatsch! Natürlich lasse ich dich nicht im Stich!«

Sie drehte sich zu Anne und Christine um. »Seht ihr zu, daß ihr fortkommt. Ich bleibe bei Nicola.«

Anne wurde völlig hysterisch. »Aber der Keller kann jeden Moment einstürzen! Ihr könnt nicht hierbleiben. Bitte, ihr müßt mitkommen!«

Belle trat auf sie zu und sagte mit leiser, warnender Stimme: »Anne, einmal im Leben reiß dich zusammen. Du siehst, wie deine Mutter dran ist, sie kann nicht aufstehen, und wir bringen sie um, wenn wir sie dazu zwingen. Ihr beiden geht nach oben, in Sicherheit, und ich bleibe bei Nicola, und dieser verdammte Keller wird schon nicht einstürzen. Jetzt verschwindet!«

Sie waren weg wie der Blitz. Fünf Minuten später wurde Entwarnung gegeben. Die Alliierten hatten in dieser Nacht fast anderthalbtausend Tonnen Bomben über Berlin abgeworfen.

Die Straßen waren beinahe taghell, so viele Feuer brannten in der Reichshauptstadt. Feuerwehrsirenen heulten, Schuttberge lagen quer über den Straßen. Es war kühl und regnerisch, wobei der Regen jedoch bei weitem nicht reichte, die vielen Brände zu löschen. Viele Leute zogen kleine Leiterwagen hinter sich her, in denen die wenigen Habseligkeiten lagen, die sie hatten retten können: ein einsamer Sessel manchmal, ein Kinderbett, ein paar Bücher oder Koffer, ein Radioapparat. Eine alte Frau saß auf einem Sofa im Vorgarten ihres halb eingestürzten Hauses und wackelte unablässig mit dem Kopf. Eine andere grub wie verrückt in den Trümmern und schrie, als müsse sie sterben. Helfer suchten nach Verschütteten. Anne und Christine sahen zu ihrem Entsetzen zwei Männer, die ein totes Kind aus einem

Luftschutzkeller zogen, wie sie weitergruben und ein abgefetztes Bein zutage förderten. Anne wandte sich ab. »O Gott, Christine, hast du das gesehen? Da ist jemand ganz und gar in Stücke gerissen!«

»Schau nicht hin! Komm weiter!«

In dem Strom von Menschen kämpften sie sich durch die Straßen.

»Wohin gehen wir überhaupt?« keuchte Anne.

»Zum Bahnhof. Hoffentlich gibt es die Wohnung von Belle und Max noch, dann können wir dorthin übersiedeln.« Mit letzter Kraft zerrte Christine ihren Koffer hinter sich her; sie hätte ihn am liebsten liegengelassen, aber sein Inhalt war das buchstäblich Letzte, was sie noch besaß. Als sie die Bahnhofshalle erreichten, setzte zum drittenmal in dieser Nacht Fliegeralarm ein.

Alle Bahnsteige waren schwarz vor Menschen. Sie saßen auf Decken oder einfach nur auf Koffern, hüllten sich frierend in ihre Mäntel und hielten argwöhnisch ein Auge auf die paar Habseligkeiten, die sie mit sich führten. Überall schrien Kinder, zwei Hunde bellten einander wütend an. Der Alarm löste einen Schrei der Verzweiflung aus. Christine kauerte sich auf ihren Koffer und preßte beide Hände auf die Ohren. »Ich halte das nicht mehr aus, Anne. Ich halte diese Bomben nicht mehr aus. Wenn hier eine reinfällt, sind wir alle erledigt.«

»Wir können überall erledigt werden«, sagte Anne. Mit brennenden Augen starrte sie in das Menschengewühl, zuckte jedesmal zusammen, wenn eine Bombe in der Nähe einschlug. »Meine arme Mama! Allein in diesem Keller... kein Arzt...«

Christine hatte sie gehört. »Sie ist nicht alleine. Belle ist ja bei ihr.«

»Gott sei Dank. Belle ist wunderbar. Sie hat mehr Mut als wir alle zusammen.«

Christine erwiderte nichts. Anne sah sie aggressiv an. »Du kannst nichts Gutes mehr an ihr finden, nicht?«

»Nein. Ich kann nicht verstehen, wie sie sich mit einem... einem Lebemann einlassen kann, während ihr Mann in Stalingrad eingeschlossen war und bis jetzt niemand weiß, was aus

ihm geworden ist. Ich finde das so schrecklich gefühlskalt!«
Christine schwieg einen Moment. »Komisch – ich hatte immer
Schwierigkeiten mit ihr. Diese kalten Augen, die sie hat . . .«

»Das ist die Farbe«, sagte Anne, »die haben alle, die von
Lulinn kommen.«

»Ihr und euer Lulinn!« Christine lachte, es klang bitter. »Das
macht euch unheimlich sicher! Und das scheint euch einen
Freibrief für alles zu geben. Wir kommen eben von Lulinn! Ihr
baut alles auf diese paar Morgen Land da hinten in Ostpreußen
und auf euren eindrucksvollen Stammbaum. Im übrigen gehört
euch das Gut ja gar nicht mehr! Paul hat es mir einmal erzählt.
Felicia Lavergne hat es doch an ihren geschiedenen Mann verloren, oder?«

Anne schüttelte den Kopf. »Wie haßerfüllt du redest. Du bist
selber mit einem von uns verheiratet!«

»Ja . . . die Männer in eurer Familie sind auch anders. An
denen erfriert man nicht.«

»Immerhin ist es Belle, die jetzt bei meiner Mutter geblieben
ist und dabei ihr Leben aufs Spiel setzt. Darin ist sie genau wie
Felicia. Sie lebt ihr Leben, wie es ihr paßt, aber wenn es darauf
ankommt, ist sie da. Sie würde nie jemanden aus der Familie im
Stich lassen.«

»Sie läßt ihren Mann im Stich.«

»Wäre er in Not, würde sie alles für ihn tun.«

»Er ist in Not. Wenn er überhaupt noch lebt, dann ist er in
russischer Kriegsgefangenschaft, und wenn er das durchsteht,
dann nur in dem Vertrauen darauf, daß Belle auf ihn wartet.«

Anne verzog das Gesicht. »Das klingt wie die Propagandaauf-
rufe für Mütter und Frauen unserer tapferen Frontkämpfer. Das
ist doch sentimental. Sollte er die russische Gefangenschaft
überstehen, dann übersteht er auch die Erkenntis, daß seine
Frau einen anderen Mann hat.«

»Ich könnte es nicht. Ich könnte Paul nicht untreu werden.
Nie.«

»Du mußt es ja auch nicht.«

»Wie unbeteiligt du über all das reden kannst, Anne! Abgesehen von allem anderen, finde ich diesen Andreas Rathenberg

auch noch besonders unsympathisch. Ein eiskalter Geschäftsmann und ein skrupelloser Verführer!«

»Ich glaube nicht, daß du befürchten mußt, daß er dich zu
verführen versucht«, sagte Anne boshaft. Und dann fügte sie
hinzu: »Er paßt zu Belle. Ich bin sicher, er liebt sie, und vielleicht
ist sie die erste Frau, für die er wirklich etwas empfindet. Max
Marty hatte von der Sekunde an keine Chance mehr, als Andreas in Belles Leben trat. Was auch immer geschieht, die beiden werden nie voneinander loskommen.«

»Dann hat Belle einen verdammt schlechten Tausch gemacht.«

»Du redest wie eine neidische, alte Jungfer!«

»Unsinn! Auf Belle neidisch? Ich . . .«

Sie stritten noch, als die Flugzeuge – zum Glück nur eine
kurze Nachhut – schon wieder weg waren.

13

Das Kind wurde um vier Uhr morgens geboren. Nicola hatte
sich stundenlang abgekämpft, war zweimal in einen kurzen
Schlaf gefallen, um gleich darauf wieder zu erwachen und zu
schreien aus Angst vor jeder neuen Wehe. »Belle, nimm meine
Hand! Halt mich fest! Oh, Belle, es ist so furchtbar! Es ist so
furchtbar!«

»Halt dich nur fest an mir, Nicola. Gleich hast du es geschafft,
bestimmt!« Aber sie war sich keineswegs sicher. »Es wird alles
gut werden, Nicola! Bei Anne ist ja auch nichts passiert.«

»Bei Anne hatte ich überhaupt keine Schwierigkeiten,
aber . . .« Sie stöhnte laut und richtete sich halb auf. Ihr süßes,
hübsches Gesicht war nicht mehr zu erkennen, sie sah rotge-
fleckt und verschwollen aus, ihre Lippen waren aufgesprungen, die schweißfeuchten Haare hingen ihr wirr in die Stirn.
»Das vergesse ich dir nie, Belle«, keuchte sie, »daß du hier
aushältst . . . meinst du, es stürzt wirklich alles ein? Ich will
nicht, daß . . .« Sie sank erschöpft zurück.

Belle, die bei der halbgebückten Stellung neben Nicolas Lager immer heftigere Rückenschmerzen bekam, versuchte zu lächeln. »Ach was, hier stürzt nichts ein. So ein Keller ist massiv gebaut!« Lieber Gott, laß das bloß wahr sein!

Sie hatte etwas kaltes Wasser geholt – es gab einen Wasserhahn im Keller – und tauchte nun ein Taschentuch hinein. Vorsichtig tupfte sie Nicolas Stirn ab. »Ruh dich einen Moment aus. Und dann versuchst du noch einmal zu pressen, ja?«

Die Stunden schlichen nur so vorüber. Der dritte Angriff begann und endete. Diesmal blieb die ganze Straße verschont. Einmal rieselte plötzlich wieder eine Wolke von Kalkstaub von den Wänden, und Belle hielt entsetzt den Atem an. Doch nichts weiter geschah. Der Keller hielt.

Nicola war halb tot, und Belle weinte vor Müdigkeit, als das Baby seinen ersten Schrei tat.

»Nicola, du hast wieder ein Mädchen. Gott sei Dank, sie scheint in Ordnung zu sein. Sieh nur, wie hübsch sie ist! Lieber Himmel, aber deinen Sergej schicken wir in die Wüste, noch mal will ich das nicht durchmachen!«

»Sergej wünsche ich eine hübsche, schmerzhafte Verletzung an der Ostfront«, sagte Nicola grimmig, »er braucht ja nicht zu sterben, aber er soll schon ein bißchen leiden, wenigstens halb so sehr wie ich. Belle, wie sieht sie aus? Ist sie mir ähnlich?«

Belle wickelte das kleine Mädchen in einen Wollpullover, den sie in ihrer Tasche gehabt hatte. »Ich weiß nicht . . . sie ist ganz rot und verschrumpelt. Aber sehr süß. Wie wirst du sie nennen?«

»Wenn sie ein Junge gewesen wäre, hätte ich sie Julius genannt. Mein Vater hieß so. Aber nun wird es wohl eine Julia.«

»Das ist ein sehr hübscher Name«, sagte eine Stimme von der Tür her. Belle fuhr herum. Dort stand der alte jüdische Professor, und auf seinem von Angst und Entbehrung gezeichneten Gesicht lag der Anflug eines Lächelns. »Wirklich, sehr schön.«

»Was tun Sie denn noch hier?« fragte Belle entgeistert. »Warum sind Sie nicht mit den anderen fortgegangen?«

Er zuckte mit den Schultern. »Wohin? Dieser gelbe Stern auf

meinem Mantel macht mich zum Freiwild. Ich fühle mich hier sicherer.«

»Aber der Keller kann einstürzen!«

»Ich habe nichts zu verlieren.«

Belle reichte ihm das Baby. »Halten Sie bitte die Kleine mal. Ich muß mich um Nicola kümmern.« Sie kniete neben Nicola nieder, wusch ihr das Gesicht ab und strich ihr vorsichtig die Haare aus der Stirn. »Siehst du, du hast es wunderbar überstanden. Wie fühlst du dich jetzt?«

»Besser. Aber sehr müde.« Nicola nahm Belles Hand: »Das vergesse ich dir nie, Belle. Alle sind sie weggelaufen, nur du bist geblieben. Wirklich, ich werde dir immer dankbar sein dafür.«

»Schon gut. Es ist ja nichts passiert.« Belle richtete sich auf. Sie hatte weiche Knie vor Müdigkeit, und ihre Haare hingen ihr wirr und struppig ins Gesicht. Als sie auf den Professor zutrat, um ihm das Baby wieder abzunehmen, lächelte er sie an. »Sie sind eine sehr mutige Frau«, sagte er, »was Sie heute nacht getan haben, verdient alle Hochachtung. Sie sollten wissen, daß ich Sie sehr bewundere.«

Sie lächelte zurück. Sie hatte nicht das Gefühl, besonders mutig gewesen zu sein, aber das Lob erfüllte sie mit Stolz, besonders, weil es von einem Mann kam, der allen Grund hatte, jeden einzelnen Deutschen zu hassen.

Claire hatte immer daran geglaubt, daß alles im Leben Bestimmung ist. Geburt und Tod und jeder Lauf des Schicksals folgte einem von allem Anfang an feststehenden Gesetz. Niemand konnte entkommen, niemand konnte das Rad anhalten oder es in eine andere Richtung drehen.

Claire war davon überzeugt: Hätte sie im Folterkeller der SS sterben sollen, dann wäre sie gestorben, und die Tatsache, daß sie noch lebte – was an ein Wunder grenzte –, bewies, daß es ihr zu diesem Zeitpunkt noch nicht bestimmt gewesen war. Vier von ihnen waren tot, auch Luc, einer war unter der Folter wahnsinnig geworden. Claire hatte keine Hoffnung, ihre Hände jemals wieder gebrauchen zu können, und sie fragte sich, wie es im Inneren ihres Leibes aussehen mochte, da sie dunkelroten Urin ausschied und keine Nahrung bei sich behalten konnte. Aber auf geheimnisvolle Weise hatte sie überlebt.

Die Überlebenden der Folter hatten zunächst im Gefängnishof erschossen werden sollen. Der Einfachheit halber – die SS hatte inzwischen Schwierigkeiten, die vielen Leichen zu beseitigen – wurde dann doch beschlossen, die Häftlinge hinaus auf die Felder hinter der Stadt zu fahren, sie dort einen Graben ausheben zu lassen und an Ort und Stelle hinzurichten. Unterwegs passierte dann das Unglaubliche: Der Wehrmachtslastwagen, der sie alle transportierte, war eben in einen Feldweg eingebogen, als er von einem Bomber der Royal Air Force gesichtet wurde; er warf eine Bombe, die ein Stück entfernt detonierte. Der Fahrer bekam einen Todesschrecken, bremste, sprang aus dem Führerhaus und warf sich flach auf die Erde. Die drei SS-Männer, die den Transport begleiteten, versuchten sich ebenfalls sofort in Sicherheit zu bringen. Von den Gefangenen waren nur Claire und ein junger Mann, Alain, nicht an den Beinen gefesselt, sie sprangen hinunter und liefen weg, so schnell sie konnten. Es war ihr Glück. Denn da hatte der Bomber bereits wieder umgedreht und nahm erneut Kurs auf den Wagen.

»Verdammt«, schrie ein SS-Offizier. »Der kommt zurück!«

Diesmal traf er sein Ziel genau. Der Wagen ging in Flammen auf, alle Insassen, aber auch Fahrer und Bewacher, die daneben lagen, starben sofort. Außer Claire und Alain, die zehn Meter entfernt auf dem staubigen Weg standen und mit weitaufgerissenen Augen in das Inferno blickten, hatte niemand überlebt.

»Alain«, schrie Claire, »wir müssen fort!«

Das Flugzeug drehte ab, wurde mehr und mehr zu einem kleinen Punkt am blauen Himmel. Das Feuer loderte hoch auf. Im Augenblick drohte keine Gefahr, aber Claire hatte gelernt, daß es im besiegten Frankreich nie eine wirklich ungefährliche Situation gab, und so lief sie los, zur Seite hin, über die Wiesen, taumelnd und stolpernd, denn ihre Hände waren auf den Rücken gefesselt, und es fiel ihr schwer, das Gleichgewicht zu halten. Hinter sich vernahm sie Alains keuchenden Atem.

»Wir schaffen es nicht«, stieß er hervor. Er war ein kleiner, schmächtiger Mann, aber tapfer für zehn, ein leidenschaftlicher

Patriot. Sie hatten ihn halb zu Tode gefoltert und ihm dabei auch zwei Rippen gebrochen. Er litt entsetzliche Schmerzen.

»Red keinen Unsinn, Alain«, japste Claire.

Sie erreichten ein kleines Waldstück, und hier erst, im Schutz von Bäumen und Büschen, blieben sie stehen. In der Ferne konnten sie den dicken, schwarzen Qualm sehen, der von dem Lastwagen aufstieg.

»Wir müssen uns von den Fesseln befreien«, sagte Claire. Mehr als Alain hatte sie ihre fünf Sinne beisammen, von irgendeinem Instinkt geleitet bestimmte sie, was getan werden mußte.

Sie stellten sich Rücken an Rücken, und Alain, der seine Hände besser bewegen konnte, machte sich als erster daran, die Stricke um Claires Handgelenke zu lösen. Da er dabei keine Rücksicht auf ihre Wunden nehmen konnte, wurde sie beinahe ohnmächtig vor Schmerzen, und um nicht zu schreien, biß sie sich die Lippen blutig. Die Prozedur dauerte eine Stunde, und danach lagen sie beide erst einmal im Gras, um sich von ihrer Erschöpfung zu erholen. Claire betrachtete ihre Hände mit Schaudern, dann machte sie sich daran, Alain loszubinden. Es dauerte wiederum beinahe eine Stunde, ehe auch er befreit war.

»Und jetzt?« fragte Alain.

Claire wußte nur eine einzige Antwort darauf. »Zu Phillip. Meinem Mann.«

»Ist das sehr weit?«

»Nicht so sehr.«

Alain schüttelte den Kopf. »Ich schaffe es nicht, Claire, ich brauche einen Arzt. Die Schmerzen bringen mich um. Ich klappe zusammen, ehe eine Stunde um ist.« Sein Gesicht war gelblich fahl, die Lippen weiß. Claire begriff, er würde es tatsächlich nicht mehr lange machen.

»In Ordnung. Wir versuchen, das nächste Dorf zu erreichen. Man wird uns helfen. Du kriegst deinen Arzt, Alain.«

»Und du?«

»Ich will nach Hause. Nichts sonst.«

So hatte sie also Alain bei einem Doktor abgeliefert und sich selbst auf den Weg nach St. Maurin gemacht. Mit aller Macht zog es sie heim zu Phillip. Sie fühlte sich wie ein kleines, verletztes Kind, das nach starken Armen und einer tröstenden Stimme verlangt. Jean war tot, man hatte sie gefoltert, und sie hatte ihre besten Freunde sterben oder den Verstand verlieren sehen. Sie wollte sich verkriechen und ihren Kopf an eine Schulter lehnen. Sie wollte schlafen, schlafen, schlafen, und wenn sie aufwachte, sollte Phillip dasein und seine Hand auf ihre Stirn legen.

Es war ein sonniger Spätsommerabend, als sie den Hof ihrer Familie erreichte. Vom Meer her wehte ein frischer Wind ins Land, und es würde keine Stunde mehr dauern, bis die Dunkelheit kam und Nebel aus den Wiesen stieg. Claire sah von weitem schon, daß sich die Obstbäume im Garten unter ihrer Last bogen und die Blumen in den wildesten Farben leuchteten. Sie war müde, sterbensmüde von dem langen Weg, aber es war ein so gutes Gefühl, die Heimat wieder zu erblicken. Einen Moment noch überfiel sie jähe Angst, denn es war so still auf dem Hof, daß ihr plötzlich der Gedanke kam, Phillip sei für immer fortgegangen. Aber dann hörte sie Babou, den Hund, bellen und vernahm gleich darauf Phillips Stimme. »Still, Babou. Das ist sicher nur jemand aus dem Dorf. Nun sei schon still.«

Das Klappern des Holzbeines auf dem gepflasterten Hof, dieses vertraute Geräusch. Die Stimme...

»Phillip!« rief Claire. Es klang schwach und zittrig. »Phillip, ich bin es. Claire.« Warum, zum Teufel, verließ sie gerade jetzt alle Kraft? Warum brachte sie nur ein komisches kleines Piepsen zustande, warum gelang es ihr kaum noch, einen Fuß vor den anderen zu setzen? Sie schwankte und hielt sich an einem Pfosten des Zaunes fest. »Phillip!«

Kläffend stürzte Babou herbei und sprang schwanzwedelnd an ihr hoch. Dann endlich kam Phillip. Er blieb wie erstarrt stehen. »Claire! Das kann doch nicht sein!«

Ihr wurde schwarz vor den Augen; nun, da sie den Hof erreicht hatte und Phillip vor ihr stand, begann die Welt um sie herum zu schwanken. Armer Phillip, wie soll er mich ins Haus tragen, dachte sie, ehe sie umfiel und im Gras liegenblieb.

Irgendwie mußte es ihm gelungen sein, sie auf die Arme zu heben und hineinzubringen, denn als sie aufwachte, lag sie auf dem Sofa in der Wohnstube. Ihre Kehle brannte, und es dauerte ein paar Sekunden, ehe sie begriff, daß Phillip ihr einen großen Schluck Schnaps eingeflößt hatte. Hustend richtete sie sich auf. Phillip saß neben ihr, sein Gesicht war von Schmerz verzerrt. Claire erschrak. »Was ist, Phillip? Was ist los mit dir?«

»Was haben sie mit dir gemacht, Claire?« fragte er leise. »Deine Hände . . . o Gott, wie konnte das geschehen?«

Sie schaute auf ihre Hände. Verschwollen und unförmig lagen sie auf der Decke, verkrustet von Blut und Eiter.

»Claire, was haben sie noch getan? Zieh deine Kleider aus, ich möchte deinen Körper sehen. Ich will alles wissen. Ich . . .«

»Nein!« Schutzsuchend zog sie die Beine an, rollte sich zusammen wie ein Embryo. »Du sollst es nicht sehen. Aber es wird alles verheilen. Alles.«

»Es waren die Deutschen, ja?«

»Ja. Und sie haben Jean getötet.«

Phillip wußte nicht, wer Jean war, aber er ahnte, daß er Claire damals an diesen Mann verloren hatte. Deshalb also war sie zurückgekommen. Sie hatte niemanden mehr, es blieb nur er. Zunächst jedenfalls. Bis sie sich erholt hätte, ihre Kräfte wiederkehrten, ihr Haß und ihre Unruhe sie wieder einholten. Phillip unterdrückte ein Seufzen. Claire hatte soviel erdulden müssen; es stand ihm nicht zu, sich in den Vordergrund zu bringen.

Als ahnte sie seine Gedanken, sagte sie auf einmal: »Ich werde nicht mehr zu Résistance zurückgehen. Es ist vorbei.«

Phillip versuchte ein gelassenes Lächeln. »Du bist jetzt ein ziemlich angeschlagenes kleines Mädchen. Wenn du gesund bist, änderst du deine Meinung.«

Sie schüttelte heftig den Kopf. »Es geht nicht um meine Gesundheit. In mir ist etwas zerbrochen, Phillip. Als ich von Jeans Tod erfuhr, als sie mich folterten, verlor ich all meine Kraft. Das bißchen, das blieb, brauchte ich, um hierherzukommen.«

Ihr Blick ging zu der Tür, in die sie die Kerben für die Toten eingeritzt hatte. »Zweiundzwanzig tote Deutsche. Und es sind noch mehr geworden in der Zwischenzeit. Ich glaube, es reicht, Phillip. Ich habe getan, was ich tun mußte, und jetzt will ich Frieden. Es ist nicht gut, sein Leben lang immer nur zu hassen.«

»Das sagst *du*? Nach allem, was war? Dein Vater, unser Sohn und ... und Jean ... und ganz abgesehen davon, was sie dir angetan haben! Claire, ich kann nicht glauben, daß ...«

In ihren Augen standen auf einmal Tränen. »Glaub es halt einfach, Phillip. Vielleicht kann man ja auch etwas glauben, was man nicht erwartet hat.« Sie war so müde, und es tat gut, hier zu sein und zu schlafen. Sie mochte nicht weiterreden. Phillip sollte nicht alles wissen, nicht, wie zerstört, verzweifelt und elend sie sich fühlte. Er sollte glauben, daß sie wirklich zu ihm zurückgekehrt war, nicht, daß sie nur kam, weil ihr kein anderer Platz auf der Welt blieb. Aber während sie dies dachte, dämmerte ihr schon, wie es wirklich war. Phillip war mehr für sie, als nur der letzte Strohhalm. Viel mehr. Ihre Kraft hatte sie aus ihm geschöpft, und wie sie nun dalag und in seine besorgten, klugen Augen blickte, begriff sie nicht, warum sie das nicht früher erkannt hatte. Nicht Jean hatte ihr Kraft gegeben, auch nicht ihr Haß. Die geheime Quelle war er. Sie hatte gekämpft, getötet, hatte der Folter standgehalten, weil sie wußte, er stand hinter ihr, und ganz gleich, was geschah, er war bereit, sie aufzufangen. Was sie an ihn band, war keine leidenschaftliche Verliebtheit mehr, keine romantische Sehnsucht. Aber sie hatte ein unerschütterliches Vertrauen zu ihm, und es hatte ihre Trennung überdauert. Als sie von ihm fortging, hatte sie gewußt, daß er auf sie warten würde. Die ganze Zeit hatte sie es gewußt.

»Nimm mich in die Arme, Phillip«, bat sie leise, und zum erstenmal versuchte sie nicht, den Gedanken zu verdrängen, daß er Deutscher war und sie Französin. Es spielte keine Rolle mehr. Draußen war die Welt mit all ihren Grausamkeiten, ihren verrückten Spielen, ihren heimtückischen Gefahren, und hier waren sie, lösgelöst von allem, was passierte. Er glaubte ihr nicht, das spürte sie, aber sie wußte, daß sie ihn nie wieder verlassen würde; vielleicht war auch dieses Wissen eine Art von Liebe.

IV. BUCH

1

Im Jahr 1944 waren das Heulen der Sirenen, das Bellen der Flak, die Christbäume am nächtlichen Himmel, das Pfeifen der Bomben zu ebenso schrecklichen wie vertrauten Begleiterscheinungen des täglichen Lebens geworden, ebenso wie gepackte Taschen, Gasmasken und stets gefüllte Badewannen. Je deutlicher sich die Lage an allen Fronten und in der Heimat verschlechterte, desto lauter brüllte der Reichspropagandaminister seine Parolen. Der Endsieg sei nur eine Frage des Willens. Das deutsche Volk dürfe sich jetzt nicht unterkriegen lassen.

In der Nacht vom fünften auf den sechsten Juni landeten die Alliierten in der Normandie. »Unternehmen Overlord« war angelaufen. Über eine halbe Millionen amerikanische, kanadische und englische Soldaten gingen an Land. Die Panzergruppe West brach zusammen. Am 26. Juni nahmen die Amerikaner Cherbourg ein. Die Nachschubmöglichkeiten für die Deutschen wurden durch die Résistance immer wieder vernichtet. Gleichzeitig sah sich im Osten die Heeresgruppe Mitte nach einer heftigen Offensive der Roten Armee in ihrer Auflösung begriffen. Wie gewöhnlich verweigerte der Führer die Genehmigung zum Rückzug. Je dramatischer sich das Ende abzeichnete, um so gnadenloser schien er bereit, auch noch den letzten seiner Soldaten zur Schlachtbank zu führen.

SS-Hauptsturmführer Velin lebte im Juli '44 noch immer im Haus seiner Schwiegermutter in der Prinzregentenstraße. Es war nicht leicht, im zerstörten München eine Wohnung zu finden, allerdings hatte Hans auch keine großen Anstrengungen unternommen. Tatsächlich fühlte er sich zu müde. Sein

Asthma hielt ihn inzwischen beinahe jede Nacht wach. Er hatte zwar ein Medikament, mit dem er die Anfälle ein wenig eindämmen konnte, aber es half nur, ihn vor dem Schlimmsten zu bewahren, er fand keinen Schlaf, aß kaum und war erschreckend abgemagert.

An einem heißen Tag im Juli fühlte er sich besonders unruhig. Ziellos lief er durchs Haus. Die Stille in allen Räumen machte ihm zu schaffen; komisch, wie schlecht er neuerdings Ruhe vertrug. Am besten ging es ihm immer unter vielen Menschen, war er allein, steigerte sich seine Nervosität ins Unerträgliche. Felicia und Susanne waren losgezogen, Eisstangen zu besorgen, denn in der Julihitze verdarben alle Lebensmittel schnell. Sie hatten die Kinder mitgenommen. Alex Lombard hatte unmittelbar nach dem Frühstück das Haus verlassen und gesagt, er werde beruflich ein paar Tage unterwegs sein; er hatte den angespannten Zug um den Mund gehabt, den man immer bei ihm sah, bevor er untertauchte. Offenbar brauchte er gelegentlich Abstand von Felicia. Hans, der die beiden tagtäglich beobachten konnte, hatte erstaunt erkannt, wieviel sie noch immer miteinander verband. Mochten sie noch so lange geschieden sein, miteinander fertig waren sie jedenfalls nicht. Zumindest nicht Lombard mit Felicia, und wenn es umgekehrt genauso war, gestand es sich Felicia jedenfalls nicht ein.

Hans ging in den Salon, blieb vor dem Radioapparat stehen und stellte fest, daß Alex ein schwerwiegender Fehler unterlaufen war, er hatte vergessen, den Sender wieder zu verstellen. Hans hatte ihn schon lange im Verdacht gehabt, Radio London zu hören.

Er wandte sich hastig um, da fühlte er schon wieder das beklemmende Gefühl auf der Brust, und der Atem wurde ihm schwer. Entsetzt stöhnte er auf. Nicht schon wieder! Nicht schon wieder ein Anfall! Er wollte an seiner Krawatte reißen, stellte aber fest, daß er gar keine trug. Der furchtbare Druck auf seinem Hals kam von innen. Hastig wühlte er in seinen Hosentaschen nach dem kleinen Sprayfläschchen, das er immer mit sich trug. Wenn er es sofort benutzte, konnte er das Schlimmste vermeiden. Er fand die Flasche nicht, und es fiel ihm ein, daß er sie vorhin neben dem Bett hatte stehenlassen. Eine Treppe höher. Verdammt, er würde die Treppe nicht mehr schaffen, es ging ihm schon zu schlecht.

Röchelnd fiel er in einen Sessel, sein Atem kam stoßweise und schwer und hörte sich furchterregend an. Zwischen blauen Lippen stieß er hervor: »Jolanta! Jolanta!« Dabei wußte er nicht einmal, ob die Haushälterin überhaupt da war.

In diesem jämmerlichen Zustand fand ihn Maksim Marakow, der nach zwei Jahren zum erstenmal wieder in die Prinzregentenstraße kam und sich, nachdem auf sein Läuten niemand reagierte, mit seinem Schlüssel selber Eintritt verschafft hatte. Er wollte in Felicias Arbeitszimmer, aber auf dem Weg dorthin vernahm er merkwürdige Geräusche aus dem Eßzimmer. Hans lag dort völlig verkrümmt im Sessel und rang um Atem. »Hilfe«, flüsterte er, »Hilfe!«

Die beiden Männer kannten einander flüchtig; Hans hielt Maksim natürlich für den ominösen Geschäftsteilhaber und Geliebten Felicias.

Er streckte den Arm aus. »Meine . . . Medizin . . . im Gästezimmer . . . oben . . .« Maksim zögerte eine Sekunde, den SS-Mann vor dem Erstickungstod zu retten, aber dann ging er die Treppe hinauf, fand die Flasche und brachte sie herunter. Mit letzter Kraft sprühte sich Hans das Medikament in den Rachen. Seine Atmung wurde unmittelbar darauf etwas ruhiger.

Das war der Moment, in dem Felicia und Susanne zurückkehrten und tiefverwundert auf die Szene blickten, die sich ihnen darbot. Susanne stieß einen leisen Schrei aus: »Mein Gott, hattest du wieder einen Anfall?«

Gleichzeitig sagte Felicia fassungslos: »Maksim!«

Glücklicherweise fiel es in der allgemeinen Verwirrung niemandem auf, mit welchem Namen sie ihn nannte. Hans hing in seinem Sessel und schien erst nach und nach zu begreifen, daß er mit dem Leben davongekommen war. Susanne war zum Telefon gelaufen. »Ich rufe einen Arzt. Das geht so nicht weiter. Eines Tages erstickt er noch!«

»Können wir irgendwo reden?« fragte Maksim.

»Gern«, erwiderte Felicia kühl. Sie hatte sich von ihrer Überraschung erholt. Ihre Augen waren hell und kalt. In ihrem Arbeitszimmer machte sie hinter sich und Maksim die Tür zu.

»Einen Schnaps?« fragte sie.

Er nickte. »Könnte ich schon brauchen, ja.«

Er beobachtete sie, wie sie zwei Schnäpse einschenkte und sich eine Zigarette anzündete. Sie war so mager, als habe sie seit Wochen keine anständige Mahlzeit mehr gehabt. Noch mehr graue Haare zeigten sich jetzt über ihrer Stirn. Achtundvierzig mußte sie sein, weit entfernt von dem kleinen Mädchen, das da hoch oben im Norden, auf Lulinn, Nachlaufen mit ihm über die Sommerwiesen gespielt hatte. Mehr denn je fiel ihm an diesem Tag auf, wieviel Willensstärke von ihr ausging.

Noch als alter Mann werde ich zu ihr kommen, wenn ich Hilfe brauche, ging es ihm unvermittelt durch den Kopf, aber ich werde sie nie lieben. Ich habe sie auch nie geliebt. Sie ist nur . . . sie stellt das einzige in meinem Leben dar, was von Bestand ist. Felicia . . . vielleicht könnte ich gar nicht sein, ohne das Bewußtsein, daß es sie gibt.

Ihre Stimme war wie klirrend vor Wut.

»Wo bist du gewesen, Maksim? Zwei Jahre! Du hast dich zwei Jahre lang nicht blicken lassen! Du hast mir nicht einmal eine Nachricht geschickt! Du hättest tot sein können, und ich hätte es nicht einmal erfahren. Hast du eigentlich eine Ahnung, was du anderen Menschen zumutest?«

Er drehte sein Schnapsglas in den Fingern, wich ihrem zornigen Blick aus. »Ich konnte keinen Kontakt zu dir aufnehmen. Es wäre zu gefährlich gewesen.«

»O ja, ich weiß. Das hatten wir ja schon mehrmals. Maksim, der Held! Wie edel von dir, mich nicht in Gefahr bringen zu wollen! Mit dieser Ausrede kommst du immer daher, wenn du mich für ewige Zeiten vollkommen im ungewissen gelassen hast!«

»Ich mußte untertauchen. Ich war in Schweden.«

»Aha.«

Jetzt leerte er in einem Zug sein Glas. »Du darfst nicht alles wissen. Nur soviel, ich mußte mal wieder ganz schnell verschwinden.«

Felicias Augen wurden schmal. »Jetzt sag bloß nicht, deine Gruppe ist aufgeflogen?«

»Ja. Ich bin in letzter Sekunde entkommen, buchstäblich über Dächer und Hinterhöfe. Ich war bei einem Freund, in dessen Wohnung wir einen Radioapparat mit eingebautem Sendegerät installiert hatten. Die Gestapo fuhr mit Sendepeilgeräten durch die Straßen. Sie stürmten die Wohnung. Wie gesagt, meine Flucht war halsbrecherisch, aber ich hab's geschafft.«

»Hast du etwas mit Spionage zu tun?«

»So kann man es nennen.«

»Dann war das alles hier, die Flüchtlinge, die über die Grenze gebracht und vorher bei mir versteckt wurden, nur eine klitzekleine Nebenbeschäftigung. Die Hauptsache war deine Spionagetätigkeit. Du hast für die Russen spioniert, stimmt's? Für Stalin. Ausgerechnet du. Du hast doch selbst gesagt, er hat die Revolution verraten. Er hat die meisten deiner Genossen hinrichten lassen, auch deine . . . deine Mascha. Er ist nicht besser als Hitler.«

»Ich habe nicht für Stalin spioniert, sondern für den Kommunismus. Gegen die Nazis. Und . . .«

»Herrgott, du wirst nie klüger werden, solange du lebst, Maksim Marakow. Der Kommunismus, die heiligste aller heiligen Kühe. Wann erkennst du endlich, daß du nicht die Idee ansehen mußt, sondern die Menschen. Was eine Idee aus Menschen macht, ist entscheidend, nicht, was sie dir bedeutet. Aber du bist jetzt über fünfzig Jahre alt, und ich denke, du wirst eines Tages sterben und es immer noch nicht wissen.«

»Laß mir mein Leben«, sagte er ungeduldig, »laß mich meinen Weg gehen.«

»Gern. Spionier weiter für Rußland – ich werde kein Stolperstein für dich sein!«

»Wirfst du mir die Spionage vor? Ich dachte immer, als allerletztes könnte man dich eine Patriotin nennen!«

»Stimmt. Aber mir gefällt trotzdem nicht besonders gut, was du getan hast. Vielleicht liegt es daran, daß mein Vater und mein jüngerer Bruder im letzten Krieg für dieses Land gefallen sind. Mein älterer Bruder ist in den Bomben dieses Krieges umgekommen. Sein Sohn ist in Rußland verschollen. Von dem Mann meiner Tochter haben wir seit Stalingrad nichts mehr gehört. Ich empfinde nichts Heroisches, wenn ich an sie alle denke, aber da ist ein Gefühl von . . . von Loyalität vielleicht. Sie halten ihren Kopf hin für eine Sache, die du untergräbst. Ich kann es weder gut noch schlecht finden, was du getan hast. Es berührt mich nicht. Zum erstenmal in meinem Leben, Maksim, berührst du mich nicht.«

Er wußte nicht, woher das jähe Gefühl von Eifersucht in ihm kam – eifersüchtig, worauf überhaupt, vielleicht war es eher eine Art von Schmerz darüber, daß sie sich ihm entzog, und er hatte plötzlich den beinahe kindlichen Wunsch, ihr weh zu tun. Mit dem Zynismus, zu dem er in seiner Jugend manchmal fähig gewesen war, sagte er: »Tu doch nicht so. Du hättest das größte Verständnis für meine Handlungsweise, wenn ich mich dafür hätte bezahlen lassen. Fassungslos bist du doch bloß, wenn jemand etwas aus Idealismus tut. Hätte ich ein Vermögen dabei kassiert, du wärest voller Hochachtung vor mir auf die Knie gefallen!«

Diesmal hatte er sie getroffen – in jener alten Wunde, in der er beharrlich stocherte, solange sie einander kannten. Sie erwiderte nichts, aber es war ein verbittertes, haßerfülltes Schweigen zwischen ihnen, ohne auch nur einen Rest jener tiefen Vertrautheit, die sie früher selbst in den kritischsten Momenten gespürt hatten.

Der alte Hausarzt der Lombards hatte Hans eine Spritze gegeben, »für die Nerven«, wie er sagte, und schickte sich nun an, zu gehen. Susanne begleitete ihn zur Tür.

»Ich mache mir große Sorgen um meinen Mann«, sagte sie, »diese Attacken häufen sich. Ich weiß überhaupt nicht, was der Grund dafür sein könnte!«

Der alte Mann schüttelte nachdenklich den Kopf. »Wissen Sie, nach meiner Erfahrung sind es oft psychische Ursachen, die Krankheiten dieser Art zugrunde liegen. Gerade asthmatische Beschwerden sind Ausdruck seelischer Komplikationen, die sich auf diese Weise ein Ventil schaffen. Sie sollten herausfinden, was Ihren Mann so sehr bedrückt, Frau Velin. Es könnte ihm helfen, wenn er darüber spricht. Auf Wiedersehen!«

Er nickte ihr zu und verließ das Haus. Nachdenklich kehrte Susanne in das Zimmer zurück, in dem ihr Mann lag. Hans sah sie an. »Was hat er dir gesagt? Daß ich sterben muß?«

»Nein, Unsinn. Du mußt nicht sterben.« Susanne setzte sich auf den Bettrand. Hans hob die Hand und strich ihr über die Haare, über die festgeflochtenen Schnecken an ihren Ohren.

»Was hat der Arzt gesagt?« fragte er leise.

»Er meint, du trägst irgendwelche tiefsitzenden psychischen Probleme mit dir herum, und das könnte die Ursache für diese Anfälle sein.«

Er wich ihrem Blick aus. »Quacksalberei«, murmelte er.

»Bist du sicher? Ich versuche mich zu erinnern, wann das mit dem Asthma begonnen hat. Ich glaube, das war, als du ins Protektorat gereist warst. Später wurde es in Polen wieder so schlimm, dann in Rußland. Du hast mir nie erzählt, was du dort wirklich getan hast. Es hatte mit der Umsiedlung der dort ansässigen Juden zu tun, nicht?«

»Hör auf, Susanne. Wärm keine alten Geschichten auf!«

Ihr Blick war kühl und unbestechlich, ein wenig ähnelte sie plötzlich ihrer Mutter. »Besser, wir wärmen sie auf, als du erstickst daran, nicht? Hans, was hast du wirklich getan in diesen Ländern? Was hast du gesehen? Was ist es, was dich bis heute verfolgt? Dich krank macht?«

Er erwiderte nichts. Drängend wiederholte Susanne: »Du mußt es mir sagen. Was ist geschehen?«

Er schwieg noch immer, aber dann plötzlich sagte er sehr laut: »Halt doch endlich deinen Mund! Ich will nicht darüber reden! Also hör auf, mich zu fragen, verdammt noch mal!« Zitternd und nach Luft ringend fuhr er fort: »Es wird keiner je wieder davon sprechen, hörst du?«

Susanne nahm seine Hände in ihre. »Du wirst darüber reden müssen, Hans. Oder deine Erinnerung richtet dich zugrunde. Du wirst gar keine Wahl haben.«

Felicia rauchte bereits ihre dritte Zigarette, als Maksim ihr mitteilte, er müsse für einige Tage nach Berlin. Sie hatten lange Zeit geschwiegen, versucht, ihre widerstreitenden Gefühle zu ordnen und dabei gemerkt, wie sich die Feindseligkeit aufzulösen begann; zurück blieben eine unbestimmbare Leere und Traurigkeit.

»Nach Berlin?« fragte Felicia. »Was hast du denn da wieder vor?«

Er mußte lächeln. »Wieder etwas, worüber ich nicht reden kann.«

»Und schon gar nicht mit mir. Klar, ich weiß es.«

»Felicia . . . trotz allem, du bist der Mensch, dem ich am meisten vertraue. Es gibt niemanden, der . . .« Er unterbrach sich, hielt die Worte zurück, noch ehe sie ihm über die Lippen kommen konnten. »Wenn etwas schiefgeht in Berlin, kann ich dann zu dir kommen? Eigentlich nur, um das zu wissen, bin ich hier.«

»Also hast du wieder etwas vor, was dich ins Gefängnis bringen kann!«

»Heutzutage kann einen alles ins Gefängnis bringen. Jeder von uns tanzt doch am Rande des Abgrundes entlang.«

»Du kannst immer zu mir kommen, das weißt du. Das einzige Risiko ist mein verdammter Schwiegersohn. Den werde ich wohl nie mehr los. Aber ansonsten – du hast eine erprobte Widerstandskämpferin vor dir!«

Maksim lächelte. »Wenn man bedenkt, daß du das wahrscheinlich als allerletztes jemals hast sein wollen, eine Widerstandskämpferin, dann hast du dich phantastisch gehalten. Du bist die mutigste und loyalste Kapitalistin, die ich kenne.«

»Danke.« Felicias Miene zeigte keine Regung, aber bei sich dachte sie: Das Schlimme ist, er wird es immer fertigbringen, die Verwundungen von Jahren mit einem einzigen Satz und einem einzigen Lächeln zu heilen. Vermutlich ist es das, weshalb ich nie aufhöre, auf ihn zu warten.

»Es lebten viele Juden in dem Dorf«, sagte Hans. Er sprach so leise, daß er kaum zu verstehen war. Er sah Susanne nicht an, sondern starrte zum Fenster, als sähe er dahinter etwas anderes als den blauen Sommerhimmel. »Wir holten sie aus ihren Häusern und zwangen sie, auf große Lastwagen zu steigen. Sie standen unerträglich eng zusammengepfercht, aber immer noch kamen mehr dazu. Die Kinder schoben wir schließlich einfach über die Köpfe der Stehenden. Wir hatten nur diese zwei Lastwagen, und es durfte niemand zurückbleiben.«

»Erzähl weiter«, sagte Susanne, als er, wie erschöpft, eine lange Pause machte.

»Es war ein heißer Sommertag, ein Tag wie dieser heute. Wir fuhren hinaus in die Felder. Grillen zirpten, es ging ein ganz leiser Wind, weißt du, einer, der sacht alle Blätter rauschen läßt. Die Welt sah so . . . so wunderschön aus. Wir hielten die Wagen an und trieben die . . . die Menschen von den Ladeflächen. Ein kleines Kind war in der Enge erstickt, es hing schlaff und tot in den Armen seiner Mutter. Zwei junge Mädchen preßten sich zitternd aneinander, ein alter Mann, er muß über neunzig gewesen sein, taumelte vor Schwäche und fiel hin. Er reagierte nicht einmal mehr auf die Tritte meiner Leute . . .«

Er schwieg wieder, aber diesmal sagte Susanne nichts, sie saß wie erstarrt mit riesengroßen Augen, die fiebrig und trocken waren.

Schließlich fuhr Hans fort: »Die jüngeren und kräftigeren Männer bekamen Spaten in die Hände gedrückt, und, angetrieben von unseren Leuten, mußten sie einen zehn Meter langen Graben ausheben. Schwerstarbeit bei der Hitze und bei der knochentrockenen Erde. Als sie fertig waren, wurden alle angewiesen, sich auszuziehen und die Kleider auf einen Haufen zu legen. Sie sahen wohl ein, daß es keinen Sinn hatte, Widerstand zu leisten. Die ersten fünfzehn oder zwanzig Menschen – ich weiß nicht mehr genau, wie viele es waren – mußten sich am Rande des Grabens aufstellen. Meine Leute nahmen ihre Gewehre und . . .«

»Nein«, sagte Susanne. Sie war weiß bis in die Lippen. »Nicht weiter. Bitte, ich will nichts mehr hören.«

Aber jetzt hatte Hans gemerkt, welche Befreiung darin lag, das Furchtbare zu erzählen. »Die Gewehrsalven krachten, die Menschen stürzten in den Graben. Schon kamen die nächsten dran. Sie fielen auf die Leichen der anderen. Und wieder kamen neue . . . es ging alles schnell und reibungslos. Niemand wehrte sich.«

»Bitte«, flüsterte Susanne, »hör auf!«

»Vielleicht haben sie begriffen, daß es keine Chance für sie gab . . .« Hans wandte sich Susanne zu, sah sie jetzt an. In seinen Schläfen pulsierten die Adern. »Ich habe nicht geschossen«, sagte er, »glaub mir, ich habe nicht geschossen! Ich stand nur dabei, ich habe nicht ein einziges Mal geschossen!«

»Schrei nicht so laut«, sagte Susanne, aber diese Worte kamen mechanisch. Sie war noch immer ganz starr.

»Am Abend dieses Tages«, sagte Hans, »hatte ich einen furchtbaren Asthmaanfall. Ich konnte die Bilder nicht verdrängen, die ich gesehen hatte, so sehr ich es versuchte. Plötzlich war es, als würde meine Kehle langsam zugeschnürt, und ich fing an, nach Luft zu ringen. Ich kannte asthmatische Beschwerden aus meiner Kindheit, aber so heftig hatte ich es noch nie erlebt.«

»Und du . . .«, Susanne fand nur mühsam Worte, »du brachtest das nicht in Zusammenhang mit diesem . . . diesem Massaker?«

Noch vor wenigen Stunden wäre er ihr für das Wort »Massaker« ins Gesicht gesprungen, jetzt nahm er es stillschweigend hin. »Vielleicht habe ich es einfach verdrängt. Damit wäre ja alles ins Wanken gekommen . . . alles, was ich vorhatte, was ich für den Führer sein wollte. Ich redete mir ein, ich bräuchte wohl nur ein paar Tage Erholung, dann ginge es mir wieder gut, aber ich . . .«

»Das geschah in Polen. Später bist du nach Rußland gegangen. Ihr habt dort weitergemacht, nicht wahr? Diese Gräben, diese Erschießungen, das hast du wieder erlebt. Wieder und wieder.«

»Ja.«

Beide schwiegen jetzt. Susanne wollte aufstehen und weggehen, da brach Hans endlich das Schweigen. »Ich bin schwach. Ich bin ein Feigling. Andere haben dasselbe mit angesehen wie ich, aber sie sind danach nicht beinahe erstickt. Ich wollte so gern ein Mann sein, wie ihn der Führer sich wünscht. Ich habe versagt, Susanne. Schau mich an, wie ich hier liege! Wenn dieser Freund deiner Mutter mich vorhin nicht gefunden hätte, ich wäre da im Eßzimmer elend krepiert.« Da war ein Unterton von Selbstmitleid in seiner Stimme. »Übrigens«, fuhr er fort, sichtlich bemüht, den Schrecken wieder in die tiefsten Abgründe seines Gemütes zu verbannen, »habe ich herausgefunden, daß Alex Lombard Radio London hört. Ich werde ihn mir einmal ernsthaft vornehmen müssen.«

Er würde Alex bestenfalls ein müdes Lächeln entlocken, davon war Susanne überzeugt. Lombard war nicht einzuschüchtern, auch nicht durch SS-Hauptsturmführer Hans Velin.

»Diese Massenerschießungen«, fragte sie, »finden die immer noch statt?«

»Wenig. Praktisch nicht mehr. Die machen das jetzt mit Zyklon B.«

»Was ist das?«

»Gas.«

»Gas?«

»Na ja, Gas halt. Aber darüber brauchst du wirklich nicht so genau Bescheid zu wissen.«

»Die Juden werden mit Gas umgebracht?«

»Ich habe nichts damit zu tun.«

»Aber es stimmt? Sie werden auf diese Weise ermordet?«

»Ermordet! Wie das klingt! Denk nicht soviel darüber nach, Susanne. Irgendwann wird es besser sein, nichts gewußt zu haben. Man wird die Dinge verdrehen und uns alle verteufeln, und es ist in jedem Fall besser, keine Ahnung zu haben. Wirklich«, er griff nach ihrer Hand, strich beruhigend darüber, »vergiß es!«

2

Am 19. Juli wurde die Fabrik Lombard bei einem Fliegerangriff in Schutt und Asche gelegt.

Felicia hatte am Morgen länger geschlafen als sonst, weil sie wegen der Fliegerangriffe in der Nacht kein Auge zugetan hatte, und es war Alex, der gegen neun Uhr in ihr Zimmer kam und ihr so schonend wie möglich mitteilte, daß von der Fabrik mit allen dazugehörenden Gebäuden nur ein paar verkohlte Mauerreste übriggeblieben waren. »Ein Volltreffer. Man sagt, aus allen Fenstern seien meterhohe Flammen geschlagen. Es war überhaupt nichts mehr zu retten.«

»Das kann doch nicht wahr sein! Alex, sag, daß es nicht wahr ist! Die ganze Fabrik? Es ist nichts übrig?« Sie sah aus wie ein entsetztes Kind, das einen bösen Traum nicht begreifen will.

»Alex, diese Fabrik war alles, was ich hatte!«

Es lag Alex eine spöttische Bemerkung darüber auf den Lippen, daß sie Peter Liliencron aus Gründen beerbt hatte, die mit dem System zu tun hatten, das auch die Bomben verantworten mußte, aber er verschluckte sie, denn Felicia, in ihrem fassungslosen Schrecken, tat ihm leid.

»Du hast noch dieses Haus, und ...«

»Ach was, das Haus gehört dir! Und Lulinn gehört dir! Ich habe überhaupt nichts mehr! Ich stehe mit leeren Händen da. Oh, verdammt, verdammt, verdammt!« Im Zorn war sie so ungestüm wie als junge Frau. »Wovon soll ich jetzt leben?«

»Du könntest mich heiraten.«

»Ach, red nicht solchen Unsinn. Außerdem bist du verheiratet!«

»Für dich würde ich mich glatt scheiden lassen. Aber«, er wurde ernst, »was du noch wissen solltest und was vielleicht schlimmer ist als der Verlust deiner irdischen Güter: von den französischen Arbeitern, die ja in den Baracken gleich neben den Hallen untergebracht waren, sind zehn Männer ums Leben gekommen, drei wurden schwer verletzt. Die Bombe hat auch dieses Gebäude zur Hälfte einstürzen lassen.«

»Oh . . . wie schrecklich . . .«

Sie fand es nicht einen Bruchteil so schrecklich wie die Tatsache, daß sie ihre Existenzgrundlage verloren hatte, in diesem Punkt machte sich Alex nichts vor. Er erinnerte sich, wie es 1929 gewesen war, als sie bereits einmal alles verloren hatte, im großen Börsenkrach, der die Weltwirtschaftskrise einläutete. Genauso wie jetzt hatte sie ausgesehen, sehr müde auf einmal, sehr blaß, und er hatte dieselbe Art von Rührung gefühlt . . . an eine Katze hatte er gedacht, an eine abgekämpfte Katze, die niemanden hat auf der Welt und allen Tiefschlägen nur ihren andauernden Mut und ihre Zähigkeit entgegensetzen kann.

»Ich hatte so viele Aufträge von der Partei! Wirklich, ich hätte die besten Geschäfte meines Lebens machen können. Ausgerechnet jetzt muß das passieren! Ach, was heißt jetzt! Es wäre immer schlimm. Jetzt kann ich nur noch putzen gehen, um mein Geld zu verdienen!«

»Felicia, so schlimm es ist, glaub mir, du wirst nicht die einzige sein, die mit leeren Händen dasteht. Dieser Krieg ist bald zu Ende, und dann geht das gesamte deutsche Volk mit Glanz und Gloria unter. Dann herrscht hier das vollkommene Chaos, und alle stehen am Punkt Null. Eine ganze Nation wird von vorne anfangen, und eine von vielen bist du. Aber du schlägst sie alle aus dem Feld. Komm, Felicia, du hast dich doch nie gefürchtet!«

»Verfluchte Bombe! Verfluchter Krieg! Ich bin an nichts schuld und muß meinen Kopf hinhalten! Ich habe Hitler ja nicht einmal gewählt!«

»Das haben viele nicht und mußten in diesem Krieg ihr Leben hingeben. Wir zahlen alle drauf.«

»Du nicht. Du hast dich ja rechtzeitig abgeseilt. Deine Millionen drüben in New York sind dir sicher.«

Alex lachte. »Nur kein Neid, mein Herz. Ich habe dich oft genug gefragt, ob du mit mir nach Amerika gehen willst. Aber dir war es wichtiger, hierzubleiben und zurückzuerobern, was man dir genommen hat. Jetzt steh auch dazu!«

»Es war auch einmal deine Fabrik, über die du jetzt so leichtherzig redest.«

»Ach, weißt du«, er zuckte gleichmütig mit den Schultern, »mit allem, was hier ist, habe ich längst abgeschlossen. Es interessiert mich nicht mehr, was irgendwann einmal war. Wenn nicht...«

Er führte den Satz nicht zu Ende, wußte nicht mehr, ob er überhaupt noch meinte, was er hatte sagen wollen.

Einen Tag später, am 20. Juli, mißlang das Attentat auf Hitler.

»Diese Verschwörer sind eine kleine Clique ehrgeiziger, gewissenloser, verbrecherischer, dummer Offiziere!« bellte der Führer in das Mikrofon, das über den Rundfunk seine Ansprache überall im Reich übertrug. »Dieser ganze Klüngel verbrecherischer Elemente wird unbarmherzig ausgerottet werden!«

Belle hörte es in der kleinen, armseligen Wohnung, die ihr und Max gehörte. Im Nebenzimmer krähte Nicolas kleine Tochter, ein Jahr jetzt fast alt; sie schrie die Nächte durch, weil sie Zähne bekam, aber da man wegen der nächtlichen Angriffe ohnehin nicht schlafen konnte, fiel das beinahe nicht mehr ins Gewicht. Nicola war für eine Rüstungsfabrik dienstverpflichtet worden und begab sich jeden Morgen mit einem Gesicht dorthin, als gehe sie zu ihrer eigenen Hinrichtung. Anne mußte die kleine Schwester mittags aus der Kinderkrippe holen und für den Rest des Tages beaufsichtigen, eine Aufgabe, die sie mit kaum verhohlener Wut erfüllte. Auch jetzt kam sie fluchend ins Zimmer. »Verdammt, ich möchte wissen, warum...«

»Psst!« Belle winkte ab. »Der Führer spricht gerade über den mißglückten Anschlag.«

Anne interessierte das nicht. Ihr Leben drehte sich derzeit um die »Scheißwindeln meiner blöden Schwester«, wie sie immer sagte, und die waren kaum etwas, was ein fast fünfzehnjähriges, schönes, lebenshungriges Mädchen auch nur im mindesten befriedigen konnte.

Die Namen Stauffenberg, Beck, Olbricht, Haeffen glitten an Belles Ohr vorüber. Seit einem Jahr keine Nachricht von Andreas. Seit Stalingrad kein Lebenszeichen von Max. Die ungeliebte Arbeit als Straßenbahnschaffnerin. Das Leben zu fünft in dieser furchtbaren Wohnung. Ein Alptraum, in den dieser Hitler ein ganzes Volk gestürzt hatte. Wäre er doch von der Bombe in tausend Stücke gerissen worden! Sie, die nie durch irgendein politisches Geschehnis bewegt worden war, fing plötzlich an zu weinen, als ihr das Ausmaß der Bedeutung dieser vertanen Chance aufging.

Martin Elias konnte nicht einmal weinen, da unten in seinem dunklen Verlies vor dem Radioapparat. Ein Sprecher verlas mit tragisch gefärbter Stimme Einzelheiten über das ». . . abscheuliche Verbrechen der Verräter vom 20. Juli. Die Vorsehung hat den Führer gerettet. Wäre die Tasche mit der Bombe nicht zufällig an einen anderen Platz gestellt worden, hätte sie Adolf Hitler das Leben gekostet«.

Die Vorsehung . . . Martin sah zu dem schmalen Silberrahmen hin, aus dem ihn Saras dunkle Augen still und schwermütig ansahen. Welchen Weg war sie gegangen? Hätte ein Ende des Terrors in diesem Sommer ihr Leben retten können?

Aufstöhnend barg er das Gesicht in den Händen. Er lebte. Dieser Teufel lebte weiter.

Martin schrak zusammen, als sanfte Finger ihm vorsichtig über die Haare strichen. Kassandra Wolff war zu ihm in den Keller gekommen. Sie hatte geahnt, was in diesen Momenten in ihm vorgehen mußte. »Er ist sterblich wie wir alle«, sagte sie leise, »es wird nicht ewig dauern.«

»Nicht ewig . . . aber was nützt es? Das Beste ist mir ja schon genommen worden . . . und niemand zieht ihn zur Rechenschaft, nicht einmal Gott!«

Kassandra Wolff hatte vor langer Zeit aufgehört, an Gott zu glauben, aber sie sagte es nicht. Sie hatte vor allem aufgehört, an eine Gerechtigkeit zu glauben, aber davon wollte sie noch weniger sprechen. Martin Elias war beinahe am Ende seiner Kraft, und einen Funken von Stärke mußte sie ihm zurückgeben, und so sagte sie: »Adolf Hitler und seine Helfershelfer werden sich verantworten müssen, Martin, irgendwann, gegenüber irgendeiner Macht, und das muß nicht mehr hier in diesem Leben sein. Verstehen Sie? Wer immer hinter der Welt und ihren Gesetzen steht, er ist nicht so gnädig, uns die Gerechtigkeit spüren zu lassen. Er zwingt uns, daran zu glauben, obwohl wir mit unseren eigenen Augen immer wieder Dinge sehen müssen, die jedem Gefühl von Gerechtigkeit widersprechen. Glauben Sie trotzdem daran, Martin, bitte, Sie überleben es sonst nicht.« Sie war erstaunt, mit welcher Inbrunst sie gesprochen hatte und fragte sich, ob sie ihn hatte überzeugen wollen oder in Wahrheit sich selber?

Tom Wolff hatte gerade eine der vielen unschönen Szenen mit seiner Geliebten hinter sich, als er die Nachricht im Radio hörte. Lulu hatte ihm mittags eine Eifersuchtsszene gemacht, die ihn immer noch beschäftigte. Ihr gellendes Geschrei tönte ihm noch daheim in den Ohren.

»Ich mach' dich fertig, Tom Wolff! Du wirst sehen, ich mach' dich fertig! Ich werde dich ruinieren, und du wirst dir wünschen, du hättest mich anders behandelt!«

Mich ruinieren, dachte Tom, ob sie das kann? Haßerfüllt, wie sie ist . . . Er versuchte, nicht darüber nachzudenken, hörte auf den Radiosprecher.

Am morgigen Abend wollte er ein kleines Essen für ein paar Leute von der Partei geben – noch war es von Vorteil, sich mit ihnen gut zu stellen, man würde nur rechtzeitig abspringen müssen! Eigentlich konnte er auch Felicia und Alex Lombard einladen. Aus irgendeinem Grund baute es ihn immer auf, wenn er Felicia sah. Längst hatte es sich auch bis zu ihm herumgesprochen, daß ihre Fabrik ein Opfer der Bomben geworden war. Es wäre interessant zu sehen, wie sie diesen Schlag verkraftet. Da sie ihn immer fasziniert hatte, belebte ihn der Gedanke an sie tatsächlich. Er würde die Party eine »Feier der Vorsehung, die den Führer rettete« nennen. Eine glänzende Idee.

Auf Lulinn hörten sie die Nachricht auch und wußten nicht, wie sie reagieren sollten. Tante Modeste glaubte an den Führer und hatte ihm schließlich schon bald ein halbes Dutzend Kinder geschenkt, aber sie hegte eine Heidenangst vor den Russen, und seit die Wehrmacht im Osten Schritt um Schritt zurück-, die russische Armee entsprechend Schritt für Schritt vorrückte, wurde sie sich der exponierten Lage Ostpreußens täglich bewußter. Hätte der Tod Hitlers das Ende des Krieges bedeutet, die Gefahr aus der Sowjetunion abgewendet? Modeste wußte es nicht, hätte es auch nicht gewagt, laut darüber zu sprechen, nicht einmal mit Joseph. Aber sie mußte sich an diesem Tag ohnehin mit einem anderen Thema beschäftigen: Es ging Elsa Degnelly sehr schlecht. Von einer Lungenentzündung im Frühjahr hatte sie sich nie recht erholt, und nun, in diesen heißen Sommertagen, war das Fieber zurückgekehrt; es ging einher mit einer unaufhaltsamen Schwäche, und der Arzt, der täglich gerufen wurde, schüttelte immer nachdenklicher den Kopf. An diesem 20. Juli nun entschieden Modeste und Joseph, ein Telegramm an Felicia abzusenden und sie vom schlechten Gesundheitszustand ihrer Mutter zu unterrichten.

»Dann haben wir wenigstens unsere Pflicht getan«, sagte Modeste.

Der 20. Juli in Lausanne. Eine kleine Wohnung in der Altstadt, zwei Zimmer, Blick auf verwinkelte Gassen. Andreas stand am Fenster, trank einen Schluck Sekt aus einem hohen Glas. Ein Jahr schon im Exil . . . wie schon oft dankte er seinem Instinkt, der ihn sein Geld in der Schweiz und nicht irgendwo sonst im Ausland hatte deponieren lassen. So konnte er wenigstens sorgenfrei leben, sogar für Sekt reichte es, aber die Schweiz war, weiß Gott, nicht das geeignete Umfeld für ihn, und manchmal fluchte er wie ein Bierkutscher vor Sehnsucht nach Berlin. Warum, zum Teufel, hatte Hitler den Anschlag überleben müssen? Mit welchen bösen Geistern stand der Mann im Bunde?

Er trank sein Glas aus, lauschte noch einen Moment auf das verklingende abendliche Leben in den Straßen, wandte sich dann der jungen Frau zu, die in der Sofaecke saß und etwas mißmutig in einer Zeitschrift blätterte. »Wo wollen wir denn nun hingehen heute abend?« fragte sie. Sie hatte sich feingemacht, trug ein duftiges weißes Sommerkleid und Sandalen mit hohen Absätzen, auf denen sie nachher wieder umknicken würde. Anfangs hatte Andreas den leicht quengelnden Unterton in ihrer Stimme ganz sexy gefunden, aber inzwischen ging er ihm nur noch auf die Nerven. Er hatte sich mit Jaqueline aus St. Gallen nur wegen ihrer ins Auge springenden Attraktivität eingelassen, aber inzwischen war ihm aufgegangen, daß er ihren rosaroten Schmollmund, das glatte, blonde Haar und die überlangen Fingernägel eigentlich fad fand, und daß seine Fähigkeit, sich auch mit den blödesten Frauen oberflächlich zu vergnügen, seit Belle entscheidend nachgelassen hatte. Dieses Berliner Mädchen mit den ostpreußischen Erinnerungen in den Augen hatte ihn zur Monogamie verleitet. Im Grunde war er ihr treu, selbst wenn er mit Jaqueline schlief, denn er tat es widerwillig und ohne Spaß, nahm sie nur als Mittel gegen die Einsamkeit. Er sehnte das Ende seines unfreiwilligen Exils herbei und dachte, er würde es der Vorsehung nie verzeihen, daß sie den Führer offenbar mit neun Leben ausgestattet hatte.

»Komm«, sagte er zu Jaqueline, »wir gehen irgendwohin, wo wir uns besaufen können. Heute abend möchte ich alles vergessen. Das Leben kann so beschissen sein.«

Sie stand auf und trottete verwundert und ergeben hinter ihm her.

In derselben Nacht fuhr Maksim Marakow von Berlin nach München zurück. Der Zug ratterte gleichmäßig über die Schienen. Das erleuchtete Abteil, in dem er ganz allein saß, spiegelte sich in der Fensterscheibe, und er konnte sein eigenes angespanntes Gesicht sehen. Seine Züge waren so elend, daß er meinte, man müßte ihn schon allein dafür verhaften. Das Entsetzen und die Fassungslosigkeit über das Mißlingen des Anschlags konnte er nicht verwinden, sosehr er sich auch bemühte, den Schock wenigstens zu verdrängen. Was war aus den anderen geworden? Wo war Stauffenberg jetzt, wo der Generaloberst Beck? Er hatte keine Nachrichten mehr hören können, war nur um kurz vor sechs Uhr von einem Genossen angerufen worden.

»Hitler lebt.«

»Was?«

»Es ist sicher. Hitler ist nicht tot. Generaloberst Fromm hat veranlaßt, daß alle Beteiligten verhaftet werden.«

Maksim hatte gemeint, seine Beine müßten unter ihm nachgeben. Die leise Stimme aus dem Telefonhörer fuhr fort: »Hau ab! Verlaß Berlin noch heute abend! Verstehst du?«

Dann brach das Gespräch ab. Mit mechanischen, starren Bewegungen packte Maksim ein paar Habseligkeiten zusammen und verließ das schäbige Hotel im Norden Berlins, in dem er für zwei Tage gewohnt hatte. Er war zwar nur eines der kleinsten Rädchen im Getriebe der Widerstandsgruppe gewesen, für zwei oder drei Leute eine Art Schaltstelle, aber er unterschätzte trotzdem nicht die Gefahr, in der er schwebte. Die gesamte gigantische Polizeimaschinerie des Terrorregimes würde nun anlaufen, um auch den letzten Beteiligten an der Geschichte aufzustöbern. Wie viele Denunzierungen würde es wieder geben, wie viele Geständnisse unter der Folter! Der Genosse am Telefon hatte recht: Der Berliner Boden war im Moment zu heiß, viel heißer als der in München.

Und in München war Felicia. Maksim hätte es sich nie eingestanden, aber er sehnte sich nach ihr, gerade in einem Moment wie diesem. Je älter er wurde, desto weniger verkraftete er derartige Nackenschläge, desto wichtiger wurde die Freundin aus der Jugend für ihn. Den Gedanken, Felicia könnte mehr für ihn sein als eine Komplizin, blockte er jedoch immer rechtzeitig ab, ehe er sich irgendwo in seinem Gehirn oder in seiner Seele etablieren konnte.

3

Das Drama um Felicias zerbombte Fabrik war Hauptgesprächsthema bei der »Feier der Vorsehung, die den Führer rettete«. Parteigenosse Becker versenkte seinen Blick wieder einmal in Felicias Dekolleté und bedauerte heftig, eine so zuverlässige, kompetente und attraktive Geschäftspartnerin verloren zu haben. »Wirklich, liebe Frau Lavergne, ein großes Opfer, das wir hier dem Reich und dem Führer bringen mußten!«

»Wir?« fragte Felicia aggressiv zurück. »Dieses Opfer habe in erster Linie ich gebracht. Und bestimmt nicht gern.«

Einen Moment lang herrschte konsterniertes Schweigen am Tisch. Der Gauleiter war anwesend, daneben noch ein paar Größen der Partei. Tom Wolff thronte am Kopfende des Tisches und weidete sich an der vielen Prominenz in seinem Haus. Neben ihm saß Kat, schön, blaß und verschlossen wie immer, in einem schwarzen Kleid, die Haare glatt zurückfrisiert. Irgendwie hatte sie es geschafft, ein vergleichsweise üppiges Mahl zusammenzustellen, und sie hatte die Rosensträucher im Garten geplündert; der Tisch war übersät mit bunten, duftenden Blüten, zwischen denen Kerzen brannten.

Verschwendung das alles, dachte Felicia, aber ein wenig neidisch stellte sie auch fest, daß sich Kassandra im Laufe der Zeit eine Unberührbarkeit anerzogen hatte, die sie über alle Dinge des Lebens erhaben sein ließ. Für sie war nicht Krieg, auch wenn draußen die Bomben fielen und die Soldaten auf den Schlachtfeldern verbluteten. Wenn das Deutsche Reich in Trümmer fiel, würde sie noch immer aufrecht und stumm am Tisch sitzen, und es würde keine Rolle spielen, ob sie dann Lumpen trug und Wassersuppe löffelte.

»In dem Augenblick, da der Einsatz für das Vaterland ein größeres Opfer verlangt, haben wir sicher alle Schwierigkeiten, mit der Situation fertigzuwerden«, meinte der Gauleiter ein wenig unbehaglich, »aber letzten Endes sollten wir doch freudigen Herzens dabei sein. Es ist nichts umsonst.«

»Eben«, erwiderte Felicia, »es ist nichts umsonst. Genau das geht mir immer durch den Kopf, wenn ich darüber nachdenke, wovon ich von jetzt an leben soll!«

»Aber, meine Liebe!« sagte Becker pikiert. Alex grinste von einem Ohr zum anderen. Aber nicht seinen Blick suchte Felicia. Durch das Gewirr von Blumen und Kerzen hindurch bemühte sie sich, Maksim zu entdecken. Er saß ihr genau gegenüber und sah aus, als habe ihn jemand mit einem schweren Gegenstand auf den Kopf geschlagen. Völlig benommen.

Wie bleich du bist, Maksim, sagte sie wortlos zu ihm, und wie verschleiert deine Augen sind. Du wirst Kopfweh bekommen, später, wenn du dich so verspannst. Dein Mund ist eine einzige dünne, weiße Linie. Lächle mal, oder sag wenigstens ein Wort!

Aber ihre stumme Botschaft erreichte ihn nicht. Er starrte auf seinen Teller, raffte sich während einer vollen halben Stunde nur dazu auf, ein Stück Kartoffel in den Mund zu schieben, einmal am Wein zu nippen.

Sie hatte ihn bewogen, mitzukommen zu der Party, obwohl ihr inzwischen Zweifel kamen, ob das richtig gewesen war. Als er aus Berlin zurückkehrte, weiß wie eine Wand und vollkommen durcheinander, war ihr bereits klar gewesen, daß er in Stauffenbergs Attentat verwickelt gewesen sein mußte.

»Felicia, ich war die ganzen letzten Tage hier in München«, sagte er eindringlich, »verstehst du? Du kannst beschwören, daß ich gestern bei dir in der Fabrik war!«

Die Fabrik!

»Es gibt keine Fabrik mehr seit der vorletzten Nacht. Wir hatten einen schweren Fliegerangriff. Es ist nichts übriggeblieben.«

»Wie bitte?«

Komisch, wie weh es tat, davon zu reden. In dem Ausdruck auf seinem Gesicht erkannte sie ihr eigenes Entsetzen wieder.

»Ja«, fuhr sie hastig fort, »alles kaputt. Wir können uns dort nicht gesehen haben. Aber ich leiste jeden Eid, daß ich bei dir in deiner Wohnung war. Offiziell gelten wir ja immer noch als so etwas wie ein Liebespaar.«

»Felicia . . . das ist ja furchtbar mit deiner Fabrik . . .«

O Gott, sie wollte jetzt bloß nicht getröstet werden! Und am wenigsten von Maksim. Wenn er jetzt sagte, wie leid sie ihm täte, finge sie an zu heulen, und dann hörte sie so schnell nicht auf. »Ich werde schon irgendwie zurechtkommen, Maksim, mach dir keine Sorgen. Aber du solltest heute abend mit mir und Alex zu Tom Wolff gehen. Er gibt ein Essen für ein paar Leute von der Partei, und es kann dir nur nützen, dich ganz ungerührt vor ihnen blicken zu lassen. Überleg es dir.«

Er hatte sich natürlich gegen diesen Vorschlag entschieden, denn das letzte, was er wollte, war, einen Abend mit irgendwelchen Nazi-Größen zu verbringen, aber Felicia hatte ihn schließlich so bedrängt, daß er nachgab. Jetzt, dachte sie, führt er sich geradezu verräterisch auf. Wie er mit geistesabwesender Miene das Essen auf seinem Teller hin und her schiebt, düster auf die weiße Tischdecke starrt, als gebe es dort etwas zu entdecken. Er macht den Eindruck, der ganzen Runde so fern zu sein wie der Mond und sich mit quälenden Gedanken herumzuschlagen. Sie hoffte nur, man werde es allgemein der Tatsache zuschreiben, daß er ja ihr Geschäftspartner war und erschüttert über den Verlust ihrer Existenzgrundlage.

Nach ihrer unpassenden Antwort auf die Bemerkung des Gauleiters, herrschte pikiertes Schweigen am Tisch. Alle aßen konzentriert, nur Becker rutschte auf seinem Stuhl hin und her; er versuchte, unter dem Tisch Felicias Bein zu berühren, fand es aber nicht. Nun, da sie in Not geraten war, sah er seine Chancen steigen. Er würde ihr sagen, was er für sie empfand und auch gleich andeuten, daß er sich vorstellen konnte, irgendwann mit ihr zum Standesamt zu gehen. Als Mann, soviel stand fest, mußte er den ersten Schritt tun.

Lulu hatte eine halbe Flasche Rotwein und zahlreiche Schnäpse getrunken, und nachdem sie dadurch zuerst in eine weinerliche, selbstmitleidige Stimmung gefallen war, wurde sie im Laufe des Abends immer aggressiver. Dazu trug auch der Anblick bei, den sie sich selber im Spiegel bot: Eine alte Frau starrte ihr entgegen, ja, sie konnte es nicht leugnen, eine alte Frau. Der Alkohol, der sonst die Wirklichkeit sanft verschleiert, hatte heute fatalerweise die gerade entgegengesetzte Wirkung. Er zeichnete besonders scharf. Waren ihre Haare wirklich so dünn und ausgefranst? Hatte sie so tiefe Falten, so unübersehbare Ringe unter den Augen? Diese schlaffen Wangen, die hängende Haut an den Unterkiefern, der plissierte Hals – gehörte das alles zu ihr? Sie zog ihr Kleid aus, betrachtete mit erbarmungslosem Blick ihre hängenden Bauchfalten. Selbst das dunkle Gekräusel zwischen ihren Beinen war eher von grauer als von schwarzer Farbe und sah irgendwie vertrocknet aus. Eine hilflose Wut überkam sie, sie nahm das noch halbvolle Schnapsglas und schmetterte es gegen den Spiegel. Das Glas zerbrach, der Spiegel verwandelte sich in ein riesiges Spinnennetz. Das Bild der alten Frau verschwamm darin.

Tom Wolff. Unwillkürlich mußte sie an ihn denken. Auf einmal erschien er ihr als der Ausgangspunkt allen Ärgers. Indem er ihr so deutlich zeigte, wie wenig er sie begehrte, führte er ihr ständig vor Augen, daß sie unattraktiv und alt war. Um jede Zärtlichkeit ließ er sie bitten und betteln, und wenn er sich dann herabließ, sie in die Arme zu nehmen, gab er sich kaum Mühe, seinen Widerwillen zu verbergen. Alles, was er wollte, war, seinen Namen an erster Stelle in ihrem Testament zu sehen. Lulu schnaubte zornig. Den Zahn konnte er sich ziehen. Im Augenblick war er tatsächlich der Alleinerbe von »Müllers Spielzeug«, aber gleich morgen würde sie zum Notar gehen und einen neuen letzten Willen aufsetzen lassen. Eher sollte das Lebenswerk ihres Mannes an eine wohltätige Stiftung gehen, als daß Tom Wolff auch nur den Bruchteil einer Aktie erhielt.

Der Plan ließ sie sich ein klein bißchen besser fühlen. Sie zog ihr Kleid wieder an, kämmte sich die Haare glatt zurück und setzte eine blonde Lockenperücke auf, die ein wenig grotesk über dem faltigen Gesicht aussah. Mit zitternden Händen – die vielen Gläser Alkohol wirkten immer deutlicher – tuschte sie ihre dünnen Wimpern mit viel Farbe und malte ihre Lippen dunkelrot an, sie schmierte die Farbe dabei über die Ränder, weil sie in dem zersplitterten Spiegel nichts mehr so genau erkennen konnte. Jetzt nur noch der Schmuck ... protzen wollte sie, richtig protzen. Perlen, Brillanten, die Smaragde, die sie zur Hochzeit bekommen hatte, die Goldketten, die diamantenbesetzte Brosche ihrer Großmutter ... Lulu trug schließlich ein halbes Vermögen an sich, als sie fertig war. Sie war in einer merkwürdigen Stimmung: Ihre Laune hatte sich deutlich gehoben, seitdem sie sich mit allem nur greifbaren Glitzer behangen hatte, aber noch immer pulsierte auch die Wut in ihr, die sie gegen Tom empfand. Sie dachte nicht daran, einsam und allein zu Hause zu sitzen, während er sich bei seiner Party vergnügte. Sie würde jetzt auch dorthin gehen, aufgetakelt und betrunken wie sie war. Tom sollte sehen, daß er sie nicht so einfach ausschließen konnte aus seinem Leben; sie war keine Marionette, die nach seinen Launen tanzte.

Als Lulu bei Tom ankam, war das Essen beendet, die Gäste hatten den Tisch verlassen, Kaffee und Likör wurden herumgereicht, und Tom bot großzügig aus seiner Zigarrenkiste an. Man hatte sich zwischen Eßzimmer und Salon verteilt, ab und zu trat auch jemand auf die Terrasse hinaus in die warme, sommerliche Luft. Allmählich wurde es dunkel. Kat ließ die Kerzen in den Leuchtern anzünden, setzte sich an den Flügel und spielte ein paar leise, traurige Lieder. Ihr Bruder Alex lehnte neben ihr und sah ihr zu. »Spiel etwas Fröhliches, Kat«, sagte er, »das Leben ist gar nicht so düster.«

Sie erwiderte nichts darauf. Vom Garten her war das dröhnende Lachen des Gauleiters zu vernehmen. »Die Alliierten wissen, daß Tom Wolff heute ein Fest für uns gibt. Die trauen sich nicht, einen Angriff auf München zu fliegen!«

»Prolet«, murmelte Alex. Maksim kam vorbeigeschlendert, tief in Gedanken versunken, ein Cognacglas in der Hand.

»Wo ist denn Felicia geblieben, Monsieur Marakow?« fragte Alex.

Maksim zuckte zusammen. »Die ist mit diesem Becker oder wie er heißt aus dem Zimmer gegangen.«

»Ach!« machte Alex anzüglich. Er nahm sein eigenes Cognacglas zur Hand. »Prost, Maksim! Auf Felicia!«

Maksim ging wortlos weiter. Kat spielte ihre traurige Musik. Alex kippte den Cognac in einem Schwung. Wirklich, ein gelungenes Fest! Allmählich bekam er Lust, sich zu betrinken.

Felicia saß tatsächlich mit Becker in Toms Bibliothek und ärgerte sich, daß sie so dumm gewesen war, mit ihm zu gehen. Er hatte behauptet, er wolle »etwas Geschäftliches« mit ihr besprechen, aber wie sich herausstellte, ging es um höchst private Dinge.

»Sie haben sicher bemerkt, daß Sie mir nicht ganz gleichgültig geblieben sind, liebe Felicia«, sagte er umständlich, »von unserer ersten Begegnung an habe ich Sie verehrt. Daran konnte auch die Tatsache nichts ändern, daß Sie ... eine etwas unkonventionelle Art haben zu leben ...« Er hustete. Offenbar spielte er darauf an, daß sie mit ihrem geschiedenen Mann in einem Haus lebte und sich nebenher noch einen Liebhaber leistete, und wahrscheinlich kam er sich sehr großzügig und modern vor, weil er kein Drama um diese Angelegenheit machte. Felicia sah in sein feistes, von der Hitze und vom Wein gerötetes Gesicht und fragte sich, warum es oft die unattraktivsten Männer sind, die am innigsten an ihre umwerfende Wirkung auf Frauen glauben.

Sie erhob sich. »Herr Becker . . .«

»Ich weiß«, unterbrach er sie hastig, »Sie sind jetzt verwirrt. Das alles muß recht überraschend für Sie kommen. Obwohl . . . Sie haben doch sicher schon manchmal gespürt, daß mehr zwischen uns ist als eine bloße berufliche Beziehung?«

»Ich . . . nun . . .«, Felicia überlegte verzweifelt, wie sie ihm eine Absage erteilen konnte, ohne ihn zu sehr zu verärgern. In ihrer Lage konnte sie sich Feinde nicht leisten.

Er wollte nach ihren Händen greifen, aber sie zog sie sofort zurück. Verlegen er, entnervt sie, so standen sie einander gegenüber. In dem Augenblick klingelte es an der Haustür.

»Es hat geklingelt«, sagte Felicia und wandte sich zum Gehen. Becker vertrat ihr den Weg. »Nein, ich lasse Sie jetzt nicht fort«, sagte er heiser und kam sich dabei ungeheuer männlich vor.

Es war Lulu, die geklingelt hatte und nun an dem öffnenden Hausmädchen vorbeistürmte, ungeachtet der Versuche des Mädchens, sie zurückzuhalten. »Sie können nicht einfach hinein! Herr Wolff hat Besuch. Hören Sie doch . . .!«

Lulu fuhr herum, ihr Schmuck klimperte. Sie verströmte eine ungeheure Alkoholfahne. »Mein liebes Kind, wenn Sie Ihre Stelle behalten wollen, rate ich Ihnen, mich höflich zu behandeln. Ich bin Tom Wolffs Chefin, und ich kann ihn aufsuchen, wann immer ich will. Verstanden?«

Sie riß die Tür zum Salon auf, stand pompös, glitzernd und blondgelockt auf der Schwelle. »Guten Abend, Tom«, sagte sie laut. Alle verstummten. Kats leises Klavierspiel brach ab. Die Blicke wanderten zur Tür. Tom war käsebleich geworden. »Lulu! Was tust du denn hier?«

Lulu lächelte mit ihrem grotesk verschmierten Mund. »Lieber

Tom, du hast ganz vergessen, mir eine Einladung für den heutigen Abend zu schicken. Da ich das nur für ein dummes Versehen halte, dachte ich, ich komme einfach vorbei!«

Sie sprach mit schwerer Zunge. Tom registrierte es mit Entsetzen. Wenn Lulu betrunken war, wurde sie völlig hemmungslos und ließ sich kein bißchen mehr steuern.

»Willst du mich nicht vorstellen?« fragte sie.

»Man kennt dich doch sowieso«, erwiderte Tom gequält, »die berühmte Lulu von Müllers Spielzeug!«

In der Tat war sie keine Fremde für die Anwesenden, man hatte einander schon auf genügend Festen und Veranstaltungen gesehen. Außerdem war es stadtbekannt, daß sie ein Verhältnis mit Tom hatte, und die Peinlichkeit der Szene war kaum mehr zu übertreffen. Nur Kat hatte Lulu noch nie gegenübergestanden. Sie kam hinter ihrem Klavier hervor, und krasser als in ihrem eleganten schwarzen Kleid hätte sie gegen die aufgetakelte Lulu gar nicht abstechen können. Es blieb Tom nichts anderes übrig, als die beiden miteinander bekannt zu machen.

»Lulu Müller. Meine Frau, Kassandra Wolff.«

Lulu musterte Kat mit zusammengekniffenen Augen. »Die schöne Kassandra! Du hast recht, Tom, sie ist eine wirklich vornehme Frau. Edel und unnahbar. Aber ist sie das Richtige für einen Mann wie dich? Du bist derbere Genüsse gewöhnt, scheint mir!«

Vom Gauleiter war ein hysterisches Kichern zu hören. Alex war neben Kat getreten, er wollte nach ihrem Arm greifen, aber sie stand auch ohne ihn kerzengerade da und sagte mit klarer Stimme: »Kann ich Ihnen etwas zu trinken anbieten, Frau Müller?«

Lulu haßte es, »Frau Müller« genannt zu werden, und sie hatte das Gefühl, neben Kat ziemlich ungünstig zu wirken. So flüchtete sie sich in ein besonders aggressives Gebaren. »Wie schön sie das macht, nicht wahr, Tom? Darf ich Ihnen etwas zu trinken anbieten? Die perfekte Gastgeberin! Nun ja, Sie kommen ja auch aus der erstklassigen Familie Lombard, Kindchen! Eine gute Erziehung macht sich doch ein Leben lang bezahlt!«

»Leider«, sagte Tom mühsam beherrscht, »kann man bei dir

von einer guten Erziehung nicht einmal im Ansatz sprechen, Lulu!«

»Oh! Bin ich dir nicht fein genug? War es vielleicht gar kein Versehen, daß ich nicht eingeladen wurde? Meinst du, man kann mich nicht vorzeigen?«

»Lulu, wir sprechen ein anderes Mal darüber. Aber bitte . . .«

Sein beruhigender Ton brachte sie nur noch mehr auf. Plötzlich brüllte sie los: »Du bist ein Dreckschwein, Tom Wolff! Ein verdammtes Dreckschwein! Ich bin dir recht, wenn du eine Schlampe suchst, die du vögeln kannst, aber ansonsten willst du mit mir nichts zu tun haben! Du hast mich immer nur benutzt! Du . . .«

»Lulu, halt sofort deinen Mund«, sagte Tom mit bebender Stimme.

»Alex«, sagte Kat, »würdest du mich bitte auf mein Zimmer begleiten?«

Alex nickte, nahm sie an der Hand und verließ mit ihr den Raum.

Lulus Stimme überschlug sich fast. »Habt ihr das gesehen? Habt ihr das scheißvornehme Getue gesehen? Spielt sich hier auf, die feine Dame, dabei wird sie seit Jahren von ihrem Mann betrogen! Jawohl, viermal die Woche ist er bei mir! In vier Nächten kriecht er in mein Bett! Ha!« Die Tränen liefen ihr über die Wangen, während sie kreischte und kreischte. »Seht ihn euch an! Der große Tom Wolff! Wißt ihr, was er will? Lulus Fabrik möchte er haben! Ja, die sticht ihn in der Nase, schon immer, von Anfang an. Dafür hätte er alles getan. Dafür hat er sogar noch einmal den tollen Liebhaber herausgekehrt, obwohl es ihn fast überanstrengt hat. Könnt ihr ihn euch vorstellen bei mir im Bett? Diesen fetten, schlaffen, alten Mann? Kein Saft mehr in den Knochen, und bei der kleinsten Anstrengung keucht er wie eine Lokomotive! Hättest dir glatt einen Herzschlag holen können, Tom, war verdammt gefährlich, was du da getrieben hast! Aber was tut man nicht alles für sein Erbe! Da spielt man lieber noch mal den munteren Springbock, als daß man sich etwas entgehen läßt, stimmt's, Tom?« Sie lachte schrill.

Maksim stellte klirrend sein Glas ab und verließ das Zimmer. Szenen dieser Art waren ihm zu peinlich. Lieber würde er sich ein paar Minuten auf der Toilette einschließen, vielleicht wäre dann alles vorbei. Die anderen Gäste aber standen wie Salzsäulen. Tom, wegen seines Bluthochdruckes sonst immer rotgesichtig und glänzend, war inzwischen von einer wirklich erschreckenden Fahlheit.

Lulu grinste genüßlich, warf ihre Handtasche auf einen Tisch und ließ sich in einen der bequemen Sessel fallen. »Jetzt«, sagte sie, »hätte ich tatsächlich gern etwas zu trinken.«

Ihre Dreistigkeit verblüffte alle. Alle – bis auf Tom. In ihm erwachte plötzlich wieder Leben. Er machte einen Satz auf Lulu zu, und im ersten Moment dachten die anderen, er wolle sie niederschlagen, aber er packte nur ihren Arm, zerrte sie aus dem Sessel und stieß sie zur Tür. »Hau ab! Hau ab, und laß dich hier niemals wieder blicken! Verstehst du? Ich will dich nie mehr sehen, komm mir nie mehr unter die Augen! Und deine Spielzeugfabrik, auf die scheiße ich! Ich hab' den Laden wieder hochgebracht, bankrott wärst du ohne mich, aber du kannst das alles behalten, das ganze Geld, das ich dir eingebracht habe. Mach damit, was du willst, und ich sage dir, es ist mir völlig gleichgültig, wem du den ganzen Krempel vererbst, auf den Mond kannst du alles schießen, aber laß mich in Ruhe, laß mich bloß in Ruhe!«

Lulu heulte auf, hatte aber keine Chance, sich gegen den rasenden Tom zu wehren. Im Nu hatte er sie herausbefördert und schlug mit einem lauten Krachen die Tür zu. Er lehnte sich von innen dagegen, als wolle er unter allen Umständen verhindern, daß sie sich wieder Zutritt verschaffte. Dann hob er die Augen und sah seine Gäste der Reihe nach an.

»Verzeihen Sie bitte«, sagte er, rutschte in einen Sessel, zog ein Taschentuch hervor und tupfte sich die Stirn ab. Inzwischen hatte sich sein Gesicht dunkelrot verfärbt. Sein Blutdruck, mutmaßte er, mußte sich in schwindelerregenden Höhen befinden.

Während der lautstarken Szene im Salon hatte sich das Hausmädchen möglichst weitab verkrochen, so daß nun niemand bereitstand, die wutschnaubende Lulu zur Tür zu begleiten. Sie brauchte ein paar Sekunden, um sich zu orientieren, vor Erregung konnte sie kaum mehr geradeaus schauen. Dreckskerl. Dieser verdammte Dreckskerl! Wie konnte er es wagen, sie so zu behandeln? Tränen der Empörung schossen ihr erneut in die Augen. Wie wüst er sie beschimpft hatte, am Arm gepackt und hinausgeschmissen hatte er sie vor allen Leuten. Aber das sollte er bereuen, bitter bereuen! Nicht nur, daß sie ihn aus dem Testament streichen würde, sie würde ihn auch gleich morgen überhaupt aus der Firma werfen, und dann sollte er mal sehen, woher er neue Arbeit bekäme! Dieses luxuriöse Haus konnte er dann jedenfalls nicht mehr halten. Sie sah sich um, lächelte grimmig und haßerfüllt, während ihre Tränen versiegten. Das Bild der großen Eingangshalle, in der für Tom typisch protzigen Art eingerichtet, gab ihr eine tiefe Befriedigung. Mit alldem war es nun vorbei, mit eichenholzgetäfelten Wänden, Persianerbrücken, goldenen Kerzenhaltern. Ja, jetzt konnte er wieder lernen, bescheiden zu leben, und seine Frau, diese hochnäsige, dumme Gans, die sich erhaben glaubte über alles und jeden, konnte sich auch gleich daran gewöhnen. Vielleicht kriegten sie ja auch noch einen Volltreffer durch eine Bombe ab, das wäre natürlich ein besonderes Fest. Tom Wolff ausgebombt, ein paar wenige Habseligkeiten auf einem Leiterwagen hinter sich her durch München ziehend. Bei der Vorstellung straffte sich Lulus Körper.

Sie kramte in ihrer Handtasche nach dem Puderdöschen, als sie oben im Haus eine Tür gehen hörte. Es war Alex, der das Zimmer seiner Schwester verlassen hatte und sich anschickte, wieder hinunter zu den anderen zu gehen. Lulu klappte eilig ihre Handtasche zu. Sie wollte jetzt niemandem begegnen. Rasch öffnete sie die nächste Tür und verschwand dahinter. Sie würde warten, bis der, der da kam, vorüber war.

Es war die Tür zum Keller, die sie erwischt hatte. Lulu stand auf dem obersten Treppenabsatz in völliger Dunkelheit und tastete nach einem Lichtschalter. Als Helligkeit aufflammte, bemerkte sie die steile Treppe, die vor ihr lag, und erschrak. Wie leicht hätte sie da hinabstürzen können! Während sie dort

stand, ungeduldig, den Kopf noch immer voll wilder Rache-
pläne, vernahm sie aus den Tiefen des Kellers plötzlich Stimmen. Ihr erstes Gefühl war eine Art Panik – raus konnte sie
nicht, denn da kam irgend jemand gleich die Treppe hinunter,
und vor ihr waren nun auch irgendwelche Leute –, aber dann
zwang sie sich zur Ruhe, hörte genau hin. Das waren gar keine
Menschen da unten, das war ein Radio. Lulu runzelte die
Stirn.

Vorsichtig ging sie die steile Treppe hinunter. Die Absätze
ihrer Schuhe klapperten auf den Steinen. Sie hörte, wie das
Radio ausgeschaltet wurde. Ein böses Lächeln verzog ihren
Mund. Sie lief schneller, den Gang entlang bis zur Tür, hinter
der sie die Stimmen zu vernehmen gemeint hatte. Sie riß sie
auf und stand Martin Elias gegenüber.

4

Lulu war zwar betrunken und erregt, aber erstaunlicherweise
erfaßte sie die Situation innerhalb weniger Sekunden. Der fen-
sterlose Raum. Ein Bett, ein Tisch. Reste eines Abendessens auf
einem Tablett. Saras Foto im silbernen Rahmen. Das Radio auf
dem Wandbord. Der bleiche, dunkelhaarige Mann, dem die
Kleider um den knochigen Körper schlabberten. Martin Elias.
Lulu kannte ihn. Schließlich war sein Vater Münchens promi-
nentester Bankier gewesen.

Sie sagten beide kein Wort, aber in diesen wenigen Minuten
des Schweigens realisierte Lulu, was sie da gegen Tom in den
Händen hielt und daß alles, was sie sich vorgenommen hatte –
ihn zu enterben, ihm zu kündigen – nicht so wirkungsvoll wäre
wie das, was ihr nun gerade zugefallen war. Tom Wolff war
vernichtet. Absolut, für immer. Das überstand er nicht. Sie
hatte es geschafft. Er saß praktisch schon im Gefängnis. Sie
lachte brüllend auf. Martin öffnete den Mund, um etwas zu
sagen, aber noch ehe ihm das gelingen konnte, hatte sich Lulu
schon umgedreht und rannte den Gang zurück. Sie stürzte die

Treppe hinauf. Immer noch schreiend und lachend stand sie in der Halle und schnappte nach Luft.

»Ein Jude!« schrie sie. »Gott im Himmel, Tom, jetzt bist du dran! Ein verdammter Jude in deinem Keller!«

Alex hatte auf der oberen Galerie noch eine Zigarette geraucht und kam gerade erst in diesem Moment die Treppe hinunter. Im gleichen Augenblick öffnete sich die Tür der Gästetoilette im Erdgeschoß, und Maksim trat heraus. Er hatte ebenfalls eine Zigarette geraucht, um den Moment seiner Rückkehr in den Salon zu verzögern; genau wie Alex verspürte er nicht die geringste Lust, noch einmal einer so geschmacklosen Szene, wie der gerade erlebten, beizuwohnen. Beide Männer standen nun ganz überrascht vor der tobenden Lulu.

»Jetzt mach dein Testament, Tom Wolff!« schrie sie. »Du bist erledigt! Du bist so gut wie tot! Der Jude da unten in deinem Keller bringt dich um!«

Drinnen im Salon hatte jemand eine Schallplatte aufgelegt, die Musik klang durchdringend heraus, so daß wohl noch niemand etwas gemerkt hatte. Aber sie würde hineinstürmen, und sie würde alles herausbrüllen, was sie gerade gesehen hatte. Alex, der von Martin Elias wußte, und Maksim, der es nicht wußte, aber die Zusammenhänge begriff, hatten dieselben Gedanken: Martin Elias – der Fremde da unten im Keller – würde ins KZ kommen. Tom Wolff und Kat zumindest ins Gefängnis. Und die Gestapo würde stochern und fahnden, und dann flogen auch Felicia, Alex und Maksim auf, und Gott mochte wissen, wie weit sich der Kreis dann noch zog.

»Ich bitte Sie, beruhigen Sie sich«, sagte Alex beschwörend.

Lulu starrte ihn an, aus flammenden, wilden Augen. »Ich bring' ihn ins Gefängnis! Ich bring' den gottverdammten Dreckskerl ins Gefängnis!«

Was nun geschah, spielte sich innerhalb weniger Sekunden ab. Maksim Marakow war mit einem Schritt neben ihr. Er zögerte nicht, er funktionierte, und er tat es auf die Weise, die ihn jahrzehntelange Erfahrung gelehrt hatte, im Hinterkopf den Satz, den ihm seine Mascha, seine Geliebte, seine Lehrerin, sein unerreichtes Vorbild, immer wieder eingehämmert hatte: »Laß

einen Feind niemals am Leben, und gib ihm keinen Moment
Zeit, denn das könnte schon dein Verhängnis sein!«

Er tötete Lulu mit einem Handkantenschlag gegen den Hals.
Sie kippte um und blieb regungslos liegen.

In die Stille hinein klang das Gedudel des Grammophons
besonders laut. Alex sprang die letzten beiden Treppenstufen
hinunter, kniete neben Lulu nieder und fühlte ihren Puls.
»Donnerwetter, Monsieur Marakow«, sagte er, »sie ist tot!«

Maksim gab sich keine Zeit, darüber nachzudenken, was
geschehen war. »Schnell, nehmen Sie ihre Beine. Wir bringen
sie vorläufig in den Keller.«

Alex packte die Beine, Maksim die Arme. Es war genau der
Moment, in dem Felicia aus Toms Bibliothek kam, gefolgt von
einem niedergeschlagenen Becker, der das Ziel seiner Wünsche
nicht erreicht hatte. Felicia sah Alex und Maksim, wie sie Lulu
zur Kellertür trugen, drehte sich zu Becker um und drängte ihn
ins Zimmer zurück. »Wir sollten so nicht auseinandergehen«,
sagte sie hastig.

Becker strahlte entzückt auf. »Meine Liebe . . . die ganze Zeit
hoffte ich . . .« Er sah sie an. Wie bleich sie geworden war! Sanft
drückte er sie in einen Sessel. »Liebe Felicia . . .«

Alex und Maksim schleppten Lulus Leiche in den Keller.
Martin kam ihnen entgegen; er hatte Todesängste ausgestan-
den, seitdem die fremde Frau plötzlich aufgetaucht und dann
schreiend davongelaufen war, und was er jetzt sah, war nicht
dazu angetan, ihn zu beruhigen.

»Was ist denn geschehen?« fragte er entsetzt.

»Sie war drauf und dran, uns alle auffliegen zu lassen«, erklärte Alex. »Glücklicherweise hat Monsieur Marakow keine
Sekunde gezögert.«

Über den Körper der toten Frau hinweg sahen die beiden
Männer einander an. Etwas war zwischen ihnen . . . dieser Anflug von Achtung und Kameradschaft, den sie empfunden hatten, als sie damals in das Haus eingebrochen waren, um Lebensmittelkarten zu stehlen. Es hatte Alex überrascht, wie dieser Kommunist, den er insgeheim einen versponnenen, heillo-
sen Idealisten ohne Mumm in den Knochen nannte, hinging

und kaltblütig eine Frau erschlug, die sie eine halbe Minute später alle hinter Gitter gebracht hätte. Ihm war klar, er selber, der zynische Intellektuelle und gerissene Geschäftsmann mit seinem ungetrübten Realitätssinn, hätte es nicht fertiggebracht. Er wäre nicht mal auf den Gedanken gekommen. Er konnte nicht anders, als ein paar seiner Ansichten über Maksim Marakow zu revidieren.

»Sie . . . kann doch nicht hierbleiben«, sagte Martin schließlich.

»Nein«, erwiderte Alex, »aber wir müssen jetzt sehr genau überlegen, was wir tun. Marakow, Sie gehen und befreien Felicia aus den Fängen dieses Herrn Becker, der sie schon den ganzen Abend über mit seinen Blicken verschlungen hat. Sie hat uns vorhin in der Halle gesehen und bemerkenswert geistesgegenwärtig reagiert, aber wahrscheinlich sitzt sie jetzt auf glühenden Kohlen. Am besten, Sie bringen sie nach Hause.«

»In Ordnung«, sagte Maksim.

»Ich werde mich wieder unter die Gesellschaft mischen und versuchen, Tom Wolff beiseite zu nehmen. Ich werde ihm alles erklären, und wir können dann zusammen überlegen, wo wir die . . . Leiche hinbringen. Vorläufig bleibt sie am besten hier unten bei Ihnen, Martin.«

»Ja«, murmelte Martin, noch immer verwirrt und schockiert. Sie ließen Lulu vorsichtig zur Erde gleiten. Im Tod nahm ihr grell geschminktes Gesicht mehr und mehr einen friedlichen Ausdruck an.

Felicia hatte einen reichlich verstörten Becker zurückgelassen und war mit Maksim nach Hause gegangen. Unterwegs hatte er ihr im Flüsterton alles erzählt. »Alex Lombard versucht nun irgendwie, zusammen mit Tom Wolff, die Leiche fortzuschaffen. Wenn es schiefgeht, sind wir alle erledigt.«

Felicia, die Lulus Auftritt nicht mitbekommen hatte und deshalb völlig ahnungslos gewesen war, brauchte daheim eine ganze Weile, um die Nachricht ganz zu begreifen. »Um Gottes willen, Maksim, ich hätte nie gedacht, daß du . . .«

Er war völlig grau geworden im Gesicht. »Was? Daß ich fähig bin, einen Menschen zu töten?«

Sie nickte. Maksim starrte sie an. »Alex Lombard konnte es auch nicht fassen, das habe ich ihm angesehen. Was habt ihr geglaubt, wie Widerstand aussieht?«

»Spiel dich nicht auf. Du bist völlig fertig, also tu nicht so, als ob Dinge dieser Art zu deinem Alltag gehören! Abgesehen davon finde ich es ja in Ordnung, was du getan hast.« Sie streifte ihre Schuhe ab, ließ sie achtlos liegen. Allmählich faßte sie sich wieder. »Was für ein Abend. Der gute Sturmführer Becker ist völlig erledigt. Maksim, er glaubt im Ernst, ich würde ihn heiraten. Kannst du dir vorstellen, wie jemand so danebengreifen kann?«

Maksim erwiderte nichts. In dem Bemühen, seine Spannung zu mildern, plapperte Felicia weiter: »Weißt du, dieser Becker hat . . .«

»Ach, hör doch auf damit«, unterbrach Maksim grob. »Glaubst du, das interessiert mich jetzt?«

»Ich wollte dich ablenken. Und außerdem, schrei mich nicht an.«

Sie atmeten beide hastig, nervös bis in jede Faser ihres Körpers. Was würde diese Nacht noch bringen? Würden es Alex und Tom schaffen, die tote Lulu spurlos zu beseitigen? Schließlich atmete Maksim tief. »Entschuldige. Es ist nur . . . ich fühle mich zu elend, um vor mich hin zu plappern. Das fehlgeschlagene Attentat von Berlin hat Pläne und Bemühungen und Hoffnungen von vielen Monaten zunichte gemacht. Menschen, die mir sehr viel bedeutet haben, sind hingerichtet worden oder sehen ihrem Prozeß entgegen, der auch nur am Galgen oder unter dem Fallbeil enden kann. Ich weiß nicht, ob du das verstehst . . . aber ich bin so entsetzlich deprimiert, so völlig am Ende meiner Kräfte. Zum erstenmal habe ich keinen Mut mehr, weiterzumachen . . . nein, es ging mir schon einmal so. Vor vielen, vielen Jahren in Petrograd, nach der Revolution, als ich sah, wie das, wofür ich gekämpft hatte, soviel Elend über die Menschen brachte. Ich war leer und krank, und so ist es auch heute . . .« Sein Blick verlor sich irgendwo an den Wänden des Zimmers, aber es mochte auch sein, daß er in sich selber hineinblickte und vor dem resignierten alten Mann erschrak, den er dort fand.

Aber mir geht es auch schlecht, wollte Felicia sagen, ich habe alles verloren, was ich besaß. Ich weiß nicht, wovon ich leben soll. Ich habe Angst vor der Zukunft, und es ist auch mir so, als seien alle meine Kräfte gelähmt ... Aber sie schwieg, denn sie begriff, daß es einen Unterschied zwischen ihrer beider Not gab und daß seine tiefer ging – so wie alles bei ihm tiefer ging, alles von ihm heftiger empfunden wurde, weil er der Schwächere von ihnen beiden war und weil er um hohe Ideale kämpfte, statt wie sie um plumpen irdischen Besitz. Wenn sie geredet hätte, wäre er einmal mehr davon überzeugt gewesen, daß sie überaus banal dachte, und so blieb ihr nichts als das, was ihr immer geblieben war: Sie mußte ihn aufrichten, ihn trösten und ihm seine Kraft zurückgeben.

»Maksim ...« Sie legte beide Arme um ihn und zog ihn an sich. Er roch nach Alkohol und Zigaretten, eine Geruchsmischung, die sie liebte. Zudem war dieser Körper, den sie dicht an ihrem fühlte, das Vertrauteste, was es auf der Welt für sie gab. Es war, als hätte er sich in all den Jahren und Jahrzehnten nie verändert. Es gab keinen Unterschied zwischen dem schmächtigen, mageren Jungenkörper, den sie als kleines Mädchen umarmt hatte, der sehnigen, etwas knochigen Gestalt des jungen Mannes aus den Tagen des letzten Krieges und dem Fünfzigjährigen, dessen Schultern sich beinahe unmerklich ein wenig nach vorne zogen und der sich an manchen Stellen ein bißchen weicher anfühlte, aber das wußte nur sie, keiner sonst. Irgendwie hatte sich auch nie etwas daran geändert, daß sie seinen Körper als ihren Besitz ansah, nicht einmal in den Zeiten der Mascha Iwanowna war das anders gewesen. Es waren ihr Atem, ihr Herzschlag, ihr leises Schaudern aus Angst vor zu großer Nähe. Seine Hände gehörten ihr, seine Lippen, seine Augen, seine Haare. Selbst seine Gedanken, für die sie meist nur ein Kopfschütteln übrig hatte, waren ihr so vertraut, daß sie nie aufhören würde, sie in die Kette ihrer Besitztümer einzureihen. Gerade weil sie einander nie wirklich verstanden, gab es diese einzigartige Spannung zwischen ihnen, diese nie endende Anziehungskraft. Er braucht mich, er wird mich immer brauchen, dachte Felicia, aber zugleich wußte sie, daß er sich ihrer immer nur in den Augenblicken von Not und Verzweiflung erinnern würde: So war es während Lenins Revolution gewesen, die blutiger verlief, als er sich das in seiner Naivität ausgemalt hatte, so war es auch, als Mascha das erstemal nach Sibirien gebracht worden war, und jetzt, da alle seine Hoffnungen zerschmettert wurden, war es wieder so.

Sie saß auf einem der großen Kissen, die vor dem Kamin lagen, und Maksims Kopf ruhte in ihrem Schoß. Er lag auf dem Rücken und sah sie an, betrachtete ihr Gesicht, ihre Augen mit einer Eindringlichkeit, als wolle er von der Kraft trinken, die er darin fand. Er hob eine Hand und strich sanft über Felicias Augenbrauen, folgte mit dem Finger der Linie ihrer Wangen, verharrte auf ihren Lippen und glitt an ihrem Hals hinab. Seine Bewegungen waren von einer Zartheit, die Felicia in den verletzlichsten und geheimsten Winkeln ihres Gemüts berührte. Es war wie vor fünf Jahren, als er aus dem Regen eines Augustnachmittages bei ihr aufgetaucht war und hier, vor diesem Kamin, mit ihr gesessen hatte; damals wie heute hatte sie in seinen Augen gelesen, daß es ihn nicht kümmerte, ob sie alt war oder jung, solange sie Felicia war. Das allein zählte. Er berührte das Mädchen, das er sein Leben lang schon kannte, und sie wußte, ganz gleich, wie erfolgreich und stark und unabhängig sie jemals sein würde, im Allerinnersten würde sie nie die Sehnsucht verlassen, wieder die kleine Felicia, seine Freundin aus den Gärten und Wäldern von Lulinn zu sein.

Er war eingeschlafen, tief erschöpft von den Schrecken der letzten Tage, und Felicia lauschte auf seine Atemzüge, betrachtete seinen Schlaf. Sie wartete auf die Sekunde, in der er erwachte und sein Blick noch etwas verschleiert und verwirrt sein würde. Dann gehörte er ihr noch ganz. Erst wenn sein Blick klar wurde, war er wieder der alte Maksim.

Er wachte auf, sie teilten sich Felicias letzte Zigarette. Maksim ging ans Fenster, blickte in den sternenübersäten Himmel. »Ich gehe dann besser in meine Wohnung«, sagte er.

»Willst du nicht warten, bis Alex zurückkommt? Wir müssen doch wissen, was sie mit der Leiche gemacht haben.« Was für eine scheußliche Unterhaltung, dachte sie, als wären wir eine Bande von Gangstern.

»Du hast recht. Ich sollte warten.«

Es verging noch über eine Stunde, bis Alex kam. Inzwischen war es fast zwei Uhr, und Felicia hatte bereits gefürchtet, es sei alles schiefgegangen und Alex sitze schon im Gefängnis. Sie kauerte mit angezogenen Beinen in einem Sessel, blaß und fröstelnd.

Maksim, der noch immer am Fenster stand, fuhr herum, als Alex ins Zimmer trat. Eine eigenartige Spannung war zwischen den beiden Männern; sie hatten gemeinsam einen Mord begangen, und das hatte ein Band zwischen ihnen geschmiedet, ob sie wollten oder nicht, aber jetzt schien sich Alex wieder einmal zu erinnern, daß er keinen größeren Rivalen auf der Welt hatte als Maksim. In seinen Augen flackerte Wut, als er die beiden zusammen sah.

»Alles in Ordnung«, sagte er, »das eine muß man Tom Wolff lassen: Er hat gute Nerven. Ich habe ihm gesagt, was passiert ist, und er hat schnell und ohne Lamentieren reagiert.«

»Wo habt ihr sie hingebracht?« erkundigte sich Felicia.

»In den Garten vor ihrem Haus. Wolff hat ihr ihren gesamten Schmuck abgenommen. Wir hoffen, daß man es für einen Raubüberfall hält. So, wie sie mit Juwelen behangen war, wäre das nicht einmal unwahrscheinlich.« Alex fuhr sich mit den Fingern durch die Haare. Er sah sehr müde aus.

»Hat Tom den Schmuck gut versteckt?« fragte Felicia.

»Vergraben. Irgendwo in einem Waldstück an der Isar. Den findet wahrscheinlich nie jemand«, entgegnete Alex. Dann fügte er hinzu: »Ein Arzt wird wahrscheinlich den ziemlich genauen Zeitpunkt von Lulus Tod feststellen können, plus minus eine Stunde. Glücklicherweise haben wir keine größeren Schwierigkeiten, was unsere Alibis für diesen Zeitraum betrifft. Tom Wolff befand sich in der Gesellschaft seiner Gäste, und Felicia hatte in der Bibliothek ein Tête-à-tête mit Sturmführer Becker, und . . .«

»Ich hatte kein . . .«

»Das ist doch gleich. Der Mann kann jedenfalls beschwören, daß du mit ihm zusammen warst, das allein zählt. Was mich betrifft und Monsieur Marakow . . .«, wieder sein Blick zu dem anderen, feindselig und aggressiv, »wir sind jeder der Zeuge für den anderen. Wir waren zusammen im Treppenhaus, peinlich berührt von der Szene, die sich gerade vor unseren Augen abgespielt hatte. Wir sahen wie Lulu, noch immer geifernd, das Haus verließ. Mehr wissen wir nicht. Marakow begleitete dann Felicia, die Becker entkommen wollte, nach Hause. Ich mischte mich wieder unter die Feiernden. Ich glaube nicht, daß irgend jemand große Nachforschungen anstellt.«

»Das ist zu hoffen«, sagte Maksim. Ein verlegenes Schweigen breitete sich im Raum aus.

»Könnten wir nicht ein Fenster öffnen?« fragte Felicia. Der Klang ihrer Stimme brach den Bann. Maksim blickte sie an, sagte ein paar kurze Abschiedsworte, die Felicia in ihrer Unpersönlichkeit weh taten, dann verließ er das Haus.

»Was für eine Nacht!« sagte sie. »Maksim geht hin und tötet Lulu! Hättest du ihm das zugetraut?«

»Nein«, erwiderte Alex. Der Blick, mit dem er Felicia betrachtete, war eigentümlich lauernd.

Sie wurde nervös. »Was schaust du mich denn so an? Ist etwas?«

Als er nicht antwortete, wiederholte sie dringender: »Was ist denn?«

»Nichts. Ich möchte nur wissen, wie eine Frau aussieht, die einen phänomenalen Triumph zu verbuchen hat. Der es endlich gelungen ist, den Mann ihres Lebens wieder einmal bei sich zu haben.«

»Ich habe keine Ahnung, wovon du redest.«

»Komm, Felicia, ich kenne dich zu lange, mach mir nichts vor! Du brauchst nicht die ahnungslose Unschuld zu spielen, damit beeindruckst du mich überhaupt nicht. Ich weiß, wer du bist und was du bist. Wenn Maksim in deiner Nähe ist, hast du etwas von der berühmten Schlange, die das Kaninchen fixiert.«

»Wir sollten uns dieses Gespräch sparen«, sagte Felicia kalt, »denn im Grunde genommen geht es dich überhaupt nichts an, was ich tue.«

Er sagte nichts darauf, und sie fuhr, nun wieder sehr selbstsicher, fort: »Wir sind jetzt seit bald dreißig Jahren geschieden.

Vielleicht könntest du irgendwann einmal damit aufhören, mir vorschreiben zu wollen, mit wem und wie ich meine Zeit verbringe. Da dieses Haus dir gehört, kann ich dich nicht daran hindern, hier zu leben, aber ich bitte dich wirklich, führ dich nicht auf wie ein Ehemann, der seine Frau voller Eifersucht bewacht. Du hast kein Recht dazu.«

Es stimmte, was sie sagte, und er wußte es. Was sie betraf, besaß er nicht das mindeste Recht – außer dem, sie auf die Straße zu setzen und ihre Familie von Lulinn zu jagen, und sie kannte ihn zu gut, um das zu fürchten. Er betrachtete sie, wie sie da in ihrem Sessel kauerte, das lange Haar verteilte sich wirr auf ihren Schultern, das Kleid war verrutscht und ließ beinahe alles von ihren Beinen sehen. Wie so oft, wenn er mit ihr zusammen war, registrierte er erschrocken, daß Felicia es schaffen könnte, ihn um seine Selbstbeherrschung zu bringen. Wie alt mußte er werden, um von dieser Frau nicht mehr aus der Fassung gebracht zu werden?

»Wie eiskalt du bist, Felicia«, sagte er leise, »es gibt nichts Warmes in dir, und deshalb wirst du auch nie wirklich glücklich sein.«

Aber während er das sagte, wußte er, daß es nicht stimmte und daß darin seine Qual begründet lag: Es gab ja etwas Warmes in ihr, doch das hatte sie nicht für ihn bestimmt. Wie ein Kind, das mit eiserner, naiver Entschlossenheit einen schönen und irrealen Traum hütet, so bewahrte sie ihre Wärme für Maksim Marakow. Was ihm, Alex, blieb, war ihre Leidenschaft hin und wieder und die Funktion, in den wenigen schwachen Momenten ihres Lebens die starke Schulter zum Anlehnen zu spielen. Und vielleicht war es das, was ihn so bitter sein ließ: Diese paar Brosamen hätte er zurückweisen sollen; statt dessen hatte er immer gierig danach gegriffen, weil es ihm besser schien, wenig von ihr zu bekommen als nichts.

Armer, alter Schlappschwanz, sagte er zu sich, und mit diesem Anflug von Selbstironie kehrte seine Selbstbeherrschung zurück. »Wie dem auch sei, Felicia«, sagte er gelassen, »es stimmt natürlich, du kannst tun, was du willst, aber gestatte mir bitte hin und wieder, dein amüsierter Zuschauer zu sein.«

Er hat sich wieder vollkommen in der Gewalt, dachte Felicia, aber eben gerade hätte er mich am liebsten umgebracht vor Eifersucht, dieser amüsierte Zuschauer!

Um halb drei Uhr in der Nacht hätte sie mit allem gerechnet – mit einem Fliegerangriff etwa –, aber bestimmt nicht mit Jolanta, die plötzlich ins Zimmer kam, ohne anzuklopfen.

»Ja, Jolanta, schläfst du denn noch nicht?« fragte Felicia erstaunt.

»Ach, Madame, ich hab' ja warten wollen, bis Sie von Herrn Wolff zurückkommen, und so hab' ich mich auf den Sessel in mein Zimmer gesetzt, ich dachte, im Sitzen schlafe ich nicht ein, aber dann muß es doch passiert sein, und eben bin ich wach geworden, und da hab' ich den Kopf aus meinem Zimmer gesteckt und Stimmen gehört, also habe ich gedacht, Sie sind noch wach oder sind vielleicht überhaupt eben erst gekommen...«

»Was gibt es denn?«

»Ein Telegramm«, sagte Jolanta, »aus Ostpreußen. Der Bote brachte es, als Sie schon fort waren.«

»Gib es her!« Hastig griff Felicia nach dem zusammengefalteten Papier, das sie jetzt in Jolantas Hand bemerkte. Sie deutete die bedrückte Miene der Haushälterin richtig: Es war keine gute Nachricht, die auf sie wartete.

Sie seufzte erschrocken, während sie las, dann erhob sie sich hastig von ihrem Sessel. »Ich muß nach Lulinn fahren«, sagte sie, »meine Mutter ist sehr krank. Offenbar befürchten sie das Schlimmste.«

Alex war sofort an ihrer Seite. »Das tut mir leid, Felicia. Aber du solltest versuchen, herauszufinden, ob man sie nicht vielleicht nach Berlin bringen kann. Es sollte jetzt keiner mehr freiwillig nach Ostpreußen reisen.«

»Warum nicht?«

»Weil die Russen kommen. Und da oben sind sie zuerst. Du kannst mir glauben, Felicia, das wird keine besonders angenehme Begegnung.«

»Ach, Alex! Ich glaube, du hast ein bißchen zu viele ausländische Sender gehört! Unsere Soldaten werden die Russen schon aufhalten...«

»Dein Kinderglaube in Ehren, aber die Heeresgruppe Mitte ist soeben in sämtliche Himmelsrichtungen auseinandergeschlagen worden, und ich denke nicht, daß sie sich so schnell wieder formieren kann. Die Russen haben ziemlich freie Bahn nach Deutschland.«

»Aber an den Grenzen stehen Soldaten. Außerdem . . .«

»Richtig!« Alex grinste, aber er wirkte keineswegs amüsiert. »Außerdem läßt der berühmte Gauleiter Erich Koch an den Grenzen Ostpreußens ja einen Wall bauen und Gräben ausheben. Nennt er das nicht die ›Ostpreußenschutzstellung‹? Dann können wir natürlich ganz beruhigt sein. Diese Maulwurfshügel werden der Roten Armee mit Sicherheit Einhalt gebieten.«

»Der Führer wird dafür sorgen, daß kein Russe deutschen Boden betritt«, sagte Jolanta schüchtern. Sie war keine Anhängerin der Nazis, aber sie fühlte sich von Hitlers Reden unwillkürlich immer beeindruckt. Felicia teilte ihre Ansicht zwar nicht, aber im Moment waren ihr die Russen auch ganz egal.

»Alex, wenn meine Cousine Modeste sich aufrafft und mir diese Nachricht hier schickt, dann muß es meiner Mutter wirklich sehr schlechtgehen. Bestimmt zu schlecht, um sie nach Berlin transportieren zu können. Ich fahre zu ihr, und ich würde es auch tun, wenn ich quer durch die Front der Roten Armee hindurchmüßte. Ich lasse meine Mutter nicht im Stich.«

Alex begriff, daß er sie nicht würde umstimmen können und nickte. »Ich verstehe dich. Aber allein solltest du nicht reisen. Ich komme mit.«

»Das kannst du nicht. Du mußt ja in den Verlag.«

»Ich muß gar nicht. Ich bin doch mehr oder weniger nur eine Repräsentationsfigur, das läuft auch alles ohne mich. Ich sage nur, ich muß für einige Zeit dringend verreisen.«

»Aber . . . aber du fragst nicht mal, ob ich das will?«

»Da Lulinn mir gehört, erübrigt sich das meiner Ansicht nach«, entgegnete Alex kühl.

Dem war nichts entgegenzusetzen. Felicia blickte ebenso kalt wie er. »Da hast du natürlich recht. Und da ich dich hier schon seit vier Jahren ertrage, kommt es auch nicht mehr darauf an, ob ich dich in Lulinn jeden Tag sehe oder nicht.«

Wenn sie ihn mit diesen Worten verletzt hatte, so zeigte er es jedenfalls nicht. Er hielt ihr die Tür auf, als sie den Raum verließ, und sie schaute ihn nicht an, als sie an ihm vorbeiging. Aber irgendwo, tief in ihrem Innern, registrierte sie erstaunt einen Funken von Dankbarkeit für sein Vorhaben. Sie hatte Angst um Elsa; und in dieser Angst tat es gut, jemanden neben sich zu wissen, auf den sie sich im Ernstfall würde verlassen können.

5

Elsa Degnelly war auf Lulinn geboren, aber sie hatte nicht vorgehabt, dort zu sterben, auch wenn sie sich damit einmal mehr außerhalb ihrer Familie stellte, in der man so stolz auf das alte Gut war, das seit Generationen den Dombergs gehörte, daß man es am liebsten kaum je für einen einzigen Tag verlassen hätte.

»Wir sind mit dem Land hier verwachsen«, hatte ihr Vater immer gesagt, »wir haben die Sehnsucht nach diesen dunklen Wäldern, nach den Flüssen und Seen, den weiten Kornfeldern in uns, nach den mächtigen Eichen und den wilden Lupinen. Ein echter Domberg fühlt sich nur hier wohl, nirgends sonst auf der Welt. Wer hier aufgewachsen ist, reiten gelernt hat auf den Trakehnern, Elchen begegnet ist im Wald, mit seiner Schulklasse zu den Nehrungstränden am frischen Haff gefahren ist, der kann sich nie wieder von hier losreißen. Wir werden verrückt, wenn wir die Wildgänse nicht mehr schreien hören und diesen Sternenhimmel nicht mehr sehen, der höher und klarer ist als überall. Egal, wohin wir gehen, wir kehren immer zurück.«

Elsa erinnerte sich, zeitlebens Schuldgefühle gehabt zu haben, weil sie nicht so empfand. Im Gegenteil, es schien ihr, als könne sie an jedem Ort leben, bloß nicht hier. Sie hatte nie in diese Familie gepaßt, nie auf dieses Gut gehört. Das zarte, blasse Kind war für das Landleben immer zu empfindsam gewesen; sie hatte sich verzweifelt die Ohren zugehalten, wenn ein Schwein geschlachtet wurde und zum Gotterbarmen schrie, sie hatte die jungen Katzen versteckt, wenn Jadzia auf sie Jagd machte, um sie zu erschlagen, und sie hatte sich völlig verängstigt im hintersten Winkel des Hauses verkrochen, wenn ihr Vater einmal im Jahr ein großes Fest für die Gutsarbeiter veranstaltete und dabei den Wodka in Strömen fließen ließ, das Geschrei der Betrunkenen durch die Nacht hallte und niemand die derben Flüche und obszönen Witze der Knechte überhören konnte. Es war nicht ihre Welt, nein, und hätte Belle sie nicht gedrängt, sie wäre nie hierhergekommen. Auf der Reise hatte sie von Königsberg an heftig geweint, so daß ihre kleine Urenkelin Sophie nur immer ganz entsetzt fragte, was denn los sei. Und es wunderte sie nicht im mindesten, daß es gesundheitlich nun mit ihr bergab ging. Sie hatte auch gar keine Kraft, sich gegen ihren körperlichen Verfall zu wehren. Im nachhinein erschien es ihr, als sei sie schrittweise und unaufhaltsam gestorben, seitdem ihr Sohn Christian 1916 vor Verdun gefallen war, sie verblutete gleichsam an seiner Verwundung, und nun war ihre letzte Etappe gekommen. Es war eine Bosheit des Schicksals, daß sie die hier würde zurücklegen müssen.

Immerhin – Felicia war gekommen . . . oder hatte sie nur wieder einen Fiebertraum gehabt? Nein, nein, da war eine kühle Hand auf ihrer glühenden Stirn gewesen, und sie hatte auch Felicias Stimme deutlich erkannt. »Mami, ich bin hier, Felicia. Modeste hat mir geschrieben, daß es dir nicht gutgeht, und da dachte ich, ich schaue mal nach dir. Hat der Arzt dir etwas gegen das Fieber verschrieben?«

Sie gab sich munter und gelassen, aber das konnte Elsa nicht täuschen; das Fieber verschleierte ihr zwar den Blick und verwirrte ihre Sinne, aber zugleich verschärfte die Todesnähe ihre Empfindsamkeit, und sie begriff, daß Felicia gekommen war, weil ihre Mutter sterben könnte.

Danke, hätte sie sagen mögen, aber das wäre doch nicht nötig gewesen. Was nützt es mir schon?

Sie hatte nie eine innige Beziehung zu ihrer Tochter gehabt, es wäre ihr ohnehin lieber gewesen, wenn ihr zweitältestes Kind auch ein Junge gewesen wäre. Aber vielleicht wäre er dann auch nicht mehr am Leben. In dieser Generation starben die Männer wie die Fliegen.

Elsa seufzte tief und drehte sich auf die Seite. Die Knochen in ihrem ausgemergelten Körper schmerzten. Durch das geöffnete Fenster trug der heiße Sommerwind den Duft der Rosen, die unten an der Hauswand blühten. Sie empfand die Diskrepanz zwischen ihrem letzten bißchen Leben und diesem machtvollen Sommer da draußen als bedrückend, aber sie mochte sich nicht mehr wehren. Sie hatte längst kapituliert.

Unten im Eßzimmer sagte Felicia besorgt: »Sie sieht wirklich sehr schlecht aus. Du hättest mich schon viel früher benachrichtigen sollen, Modeste!«

Modeste war wieder schwanger, obwohl sie für dieses Abenteuer allmählich zu alt wurde, und das heiße Wetter machte ihr zu schaffen. Joseph flatterte ständig um sie herum, bemüht, ihre schlechte Laune durch immer neue Aufmerksamkeiten zu besänftigen, aber er handelte sich nur böse Worte ein.

»Elsa sagt ja nie, wenn ihr etwas fehlt«, knurrte Modeste nun, »wenn man sie fragt, geht's dir gut, sagt sie ja, und das würde sie noch sagen, wenn sie im Sterben liegt. Bei ihr muß man immer erahnen und erfühlen, was sie wirklich meint.«

»Meiner Ansicht nach«, mischte sich Joseph ein, »sind seelische Probleme der Auslöser. Ich habe mir viel Zeit genommen, um sie auszufragen, aber sie ist mir immer ausgewichen.«

»Arme Mami«, murmelte Felicia. Dann sagte sie abrupt zu Alex: »Komm mit hinaus. Ich zeige dir Lulinn.«

Draußen auf dem Hof atmete sie tief durch. »Puh, wenn ich Modeste nur sehe, bekomme ich Platzangst. Wie kann eine Frau so fett sein?«

Alex machte ein ratloses Gesicht, und Felicia lachte.

»Na ja, wir sollten über etwas Erfreulicheres sprechen. Oder etwas tun, was Spaß macht. Soll ich dir wirklich Lulinn zeigen?«

»Gern.« Er betrachtete sie nachdenklich. Wie anders sie hier war als in München! Obwohl sie blaß aussah und sich Sorgen um ihre Mutter machte, wirkte sie lebendiger, jünger und ausgeglichener als da unten im Süden an der Isar. Sie gehörte hierher, war verwoben mit den Kornfeldern, dem Himmel und dem Wind. Er hatte sie nie vorher auf Lulinn erlebt, daher war ihm nie so klar gewesen, wie tief verwurzelt sie mit dem Gut war. Zugleich erkannte er auch, daß sich hier das Geheimnis ihrer Bindung an Maksim Marakow erklärte: Die Kindheit auf Lulinn warf einen fortdauernden Zauberglanz über ihr Leben, und es war ein Zauber, den sie mit Maksim geteilt hatte. Er würde nicht verlöschen, und er gab Maksim einen Vorsprung, den kein Mann jemals einholen könnte. Alex dachte: Von Anfang an habe ich einen vergeblichen Kampf geführt, denn ich hatte nicht nur Marakow als Gegner, sondern dies alles hier, und dazu Felicias verflucht romantische Seele, von deren Vorhandensein man nichts ahnen kann, wenn man ihr in die Augen schaut. Diese Seele wird sie an Marakow noch auf dem Sterbebett fesseln. Ich ... ich bin nur zufällig der Mann ihres Lebens, der Mann, den sie auf eine Weise liebt, die den Kern ihres Wesens unberührt läßt.

Sie stapfte vor ihm her, hinüber zu den Ställen und Scheunen, wo sie entsetzt feststellte, daß es kaum mehr Pferde auf Lulinn gab. »Aber wo sind sie alle? Ich habe mich schon gewundert, warum vorn auf der Koppel keine waren! Wo sind sie?«

Ein junger Franzose, der als Kriegsgefangener auf dem Gut arbeitete, antwortete: »Mußten in den Krieg. Nur vier Pferde sind geblieben für die Ernte. Sonst alle weg.«

»Alle? Unsere Trakehner? Sie haben unsere Trakehner für den Krieg geholt?«

»Das ist überall so, Felicia«, sagte Alex, »alles, was nur irgendwie krabbeln kann, wird für den großen Sieg gebraucht.«

»Ach, zum Teufel!« sagte Felicia heftig. Sie wandte sich an den jungen Franzosen. »Wie heißen Sie?«

»Yves.«

»Yves ... und woher kommen Sie?«

»Aus Angers.« Er sprach mit stark französischem Akzent, was sich für Felicia angenehm anhörte. Seine dunklen Augen waren traurig, er hatte offenbar Heimweh und Kummer.

»Der Krieg ist bald vorbei«, sagte Felicia, »dann werden Sie nach Frankreich zurückkehren, und wir werden wieder Pferde haben, und das Leben wird endlich normal sein.«

Sein ernster Ausdruck änderte sich nicht. »Ja. Krieg wird vorbei sein. Aber wer weiß, was wird aus uns allen? Die Russen kommen . . .«

»Hierher kommen sie nicht«, erwiderte Felicia mit Überzeugung. Sie starrte die leeren Boxen an, über denen noch die Schilder mit den Namen der Pferde hingen, die zuletzt hier gewohnt hatten. »Nein«, wiederholte sie, »hierher kommen sie nicht!«

Die Russen kamen am 4. August '44, allerdings nur zu einem kurzen Blitzangriff auf das Memelland, den nordöstlichsten Zipfel Ostpreußens. Ein paar Gutsbesitzer und Bauern verließen voller Panik und trotz Verbots ihre Gehöfte und flohen Richtung Westen, aber sie konnten schon nach wenigen Tagen umkehren und zurück in ihre Heimat.

Das war für die meisten natürlich der Beweis, daß die Partei recht hatte, die Russen würden an Ostpreußens Grenzen keine Chance haben.

»Na also«, sagte auch Felicia, »wir brauchen uns überhaupt keine Sorgen zu machen.«

Alex verbiß es sich, ihr zu widersprechen. Hätte es irgendeinen Eindruck auf sie gemacht, wenn er ihr erklärte, wie die Dinge wirklich standen? Daß es nur eine lächerliche kleine Vorhut der Roten Armee gewesen war, die den Vorstoß ins Memelland unternommen hatte, daß die russischen Soldaten mit ihren Kanonen und Panzern den deutschen Verteidigern zahlenmäßig haushoch überlegen waren, daß sie auf den Erdwall höchstens spucken würden, falls sie ihn überhaupt bemerkten . . . sie hätte es ihm nicht geglaubt, weil sie es nicht glauben wollte. Er kannte sie als ausgesprochen realistische Frau, aber was da aus dem Osten auf sie zukam, überstieg offenbar ihr Vorstellungsvermögen. Sie sehnte das Ende des Krieges herbei, weil sie dann endlich darangehen könnte, ihr Leben neu aufzubauen, unbehelligt von Bomben und der drohenden Einberufung zum Kriegsdienst und von all den Verrücktheiten, mit denen Maksim sie ständig konfrontierte und die alle dazu angetan waren, ihr die Gestapo auf den Hals zu hetzen. Daß das Ende schrecklich sein könnte, auch und gerade für die Zivilbevölkerung, daß sie ihre Heimat für immer verlieren könnte, kam ihr nicht in den Sinn.

»1914, als ich gerade achtzehn Jahre alt war, fielen die Russen schon einmal hier ein«, sagte sie. »Ich war mit Großmutter Laetitia und mit meinem Großvater, der im Sterben lag, allein auf Lulinn. Sie haben unsere Vorratskammern ausgeräubert und eine ziemliche Unordnung angerichtet, aber sie haben uns nicht bedroht. Es ist absolut nichts passiert.«

»Das kannst du nicht vergleichen, Felicia. Diesmal haben wir eine völlig andere Vorgeschichte. Seit dem Überfall der Deutschen auf ihr Land haben die Russen durch uns nur Terror, Unterdrückung, Ausbeutung und oft genug willkürliches Töten erlebt. Weniger durch Angehörige der Wehrmacht als durch die in ihrem Windschatten nachrückenden SS-Verbände. Euer Gauleiter hier war bis vor kurzem noch Reichskommissar in der Ukraine, und niemand hätte die Bevölkerung dort schlimmer schinden können. Diese Armee, die sich auf Deutschland zu bewegt, marschiert durch verwüstetes Land, und die Wege sind gesäumt von ermordeten Russen. Abgesehen davon entdecken sie unterwegs womöglich noch ein paar Konzentrationslager, und das dürfte sie dann endgültig davon überzeugen, es bei den Deutschen mit direkten Helfershelfern des Teufels zu tun zu haben. Ich fürchte, sie werden nicht mehr allzu genau abwägen, wer hier wirklich zu den Schuldigen gehört und wer nicht.«

Er konnte Felicia geradezu ansehen, wie sie das Gehörte verdrängte, wie sie es irgendwo nach ganz weit hinten in ihrem Gedächtnis schob. Es verwunderte ihn nicht einmal, denn was hätte sie sonst tun sollen? Sie konnte ihre Mutter nicht im Stich lassen, und jeder Arzt hätte es als bodenlosen Leichtsinn angesehen, Elsa Degnelly in ihrem Zustand den Strapazen einer Reise auszusetzen. Irgendwann hatte Alex das Gefühl, er mache sich lächerlich, wenn er ununterbrochen predigte, es sei noch leichtsinniger, sie *nicht* einer Reise auszusetzen. Derzeit vertrat er leider völlig unpopuläre Ansichten.

Am 25. August wurde Paris befreit. Die Truppen des gaullistischen Generals Leclerc zogen unter dem Jubel der Bevölkerung durch die Straßen. Es war ein heißer Tag, so wie der ganze Sommer des Jahres '44 heiß war, und überall in Frankreich feierten die Menschen den Sieg über die verhaßten Deutschen. Sie verziehen ihnen die jahrelangen Demütigungen nicht, nicht die Repressalien, nicht die schnelle Niederlage von 1940, nicht die blutigen Ausschreitungen der SS, nicht Massaker wie die von Tulle und Oradour. Der Rachedurst der Franzosen war groß, und vor allem entlud sich der Volkszorn über Kollaborateure jeder Art, wobei es nicht selten völlig unschuldige Menschen waren, die ohne Gerichtsverfahren und ohne Chance auf Verteidigung für Dinge zur Rechenschaft gezogen wurden, die sie überhaupt nicht getan hatten.

Anfang September besetzten britische Truppen Brüssel und Antwerpen. Zwei Wochen später versuchte der Oberbefehlshaber der britischen Invasionsarmee, Feldmarschall Montgomery, bei Arnheim am Rhein einen Brückenkopf zu errichten und ließ an die zehntausend Soldaten mit Fallschirmen dort abspringen. Die Deutschen mobilisierten noch einmal alle ihre Kräfte und leisteten unerwartet heftigen Widerstand. Die Brücke blieb in ihren Händen, zudem konnten sie eine Reihe von Engländern und Amerikanern gefangennehmen. Ein Rückschlag für die Alliierten, dessen Bedeutung man aber dort einzuschätzen wußte. Ärgerlich, aber keine Katastrophe. Er verzögerte den Sieg über Deutschland, verhinderte ihn aber nicht. Jeder wußte: Das Ende des tausendjährigen Reiches stand unmittelbar bevor.

6

Elsas Zustand verschlechterte sich beinahe täglich, inzwischen glaubte keiner mehr, daß sie sich jemals wieder erholen würde. Auch der Arzt war mit seinem Latein am Ende. »Ich weiß nicht weiter«, sagte er zu Felicia, »ich weiß nicht, wie man diese fortschreitende Entkräftung aufhalten könnte. Mir fällt kein Mittel mehr ein gegen die Fieberschübe!«

Felicia sagte nachdenklich: »Sie wehrt sich kein bißchen. Sie liegt völlig apathisch im Bett und läßt alles über sich ergehen. Ich habe das Gefühl, sie hat keine Lust mehr zu leben.«

Der Arzt nickte. »Solange sie sich so sehr dagegen sträubt, gesund zu werden, kann kein Medikament der Welt anschlagen. Irgendwie glaube ich . . . nun, früher nannte man das: ein gebrochenes Herz. Eine Bezeichnung, die heute vielleicht belächelt wird, aber es gibt dieses Phänomen tatsächlich, und ich bin sicher, das ist es, worunter Ihre Mutter leidet.«

»Wird Elsa wieder gesund?« fragte Sophie. Sie war jetzt vier Jahre alt und sah Belle sehr ähnlich, nur daß ihre Augen nicht das unverfälschte Grau hatten, sondern sich mit einem Anflug von Grün mischten; es gab ihnen Wärme und ein eigentümliches Schillern, die Farbe wechselte oft innerhalb von Sekunden, je nach Einfall des Lichtes. Felicia war einerseits stolz auf diese Enkelin, aber sie hatte andererseits immer noch Schwierigkeiten, sich als Großmutter zu sehen, daher ließ sie sich auch von all ihren Enkeln mit dem Vornamen ansprechen.

»Ich weiß es nicht«, antwortete sie auf Sophies Frage. »Elsa ist sehr krank, weißt du. Niemand weiß, was werden wird.« Hand in Hand gingen sie die Treppe hinunter. Durch eines der Fenster konnte Felicia einen Blick auf den Herbsttag draußen erhaschen. Die Wälder um Lulinn glühten in allen Farben, über den Himmel zogen Wildgänse in den Süden. Der Oktober war hier oben von einer einzigartigen Schönheit, und Felicia sagte sich, daß sie eigentlich hierbleiben sollte, jetzt, da in München alles kaputt war, was sie sich aufgebaut hatte.

Ich bin sowieso nirgendwo glücklicher, dachte sie.

»Ein Brief für Sie, Madame.« Jadzia war wieder einmal auf leisen Füßen wie ein Geist von irgendwoher aufgetaucht. »Ist eben gekommen mit Post.«

»Danke, Jadzia.« Ein Brief aus München von Tom Wolff. Eilig riß sie den Umschlag auf, begann hastig zu lesen. Gleich darauf schrie sie leise auf. »Das kann doch nicht wahr sein! Der Mann hat, weiß Gott, mehr Glück als Verstand!«

»Was ist los?« fragte Sophie.

»Das verstehst du nicht.« Sie schüttelte den Kopf. Typisch Tom. Er hatte es wieder einmal geschafft.

Er schrieb, er sei Alleinerbe von Lulus Spielzeugimperium. »Zu meinem Erstaunen wurde ich zur Testamentseröffnung geladen. Ich dachte, Lulu habe mir vielleicht irgendein kleines Andenken vermacht, eine Fotografie von sich im silbernen Rahmen oder etwas Ähnliches. Aber nein. Ich bin der Alleinerbe all ihrer irdischen Güter – außer von ein paar Möbeln und Bildern, die sie an entfernte Verwandte verteilt hat. Ich kann es noch gar nicht glauben . . . ich bin ein reicher Mann . . .«

Und dann hatte er hinzugefügt – wohl für den Fall, daß ein Unbefugter den Brief lesen sollte –: »Aber nichts tröstet mich über das Schreckliche hinweg, das mit Lulu passiert ist. Wie kann einer aus Habgier morden?«

»Du Pharisäer«, murmelte Felicia, »du würdest aus Habgier noch ganz andere Dinge tun.«

Obwohl sie gerade noch überlegt hatte, daß sie eigentlich für alle Zeiten auf Lulinn bleiben könnte, begann sie sich gleich mit anderen Möglichkeiten zu beschäftigen. Tom hatte ein Unternehmen, sie hatte keines. Sie hatten schon einmal zusammengearbeitet und waren ein unschlagbares Team gewesen. Sie hatten ständig versucht, einander die Aktienmehrheit abzujagen, und Felicia hatte sich oft halb krank geärgert, weil Tom ihr meist eine Nasenlänge voraus war.

»Man sollte . . .«, murmelte sie nachdenklich, aber sie kam nicht dazu, den Gedanken zu Ende zu denken. Joseph kam mit ungewohnter Hast ins Haus gestürzt. »Felicia!« Er atmete schwer. »Felicia, die Russen sind in Ostpreußen! Gumbinnen steht in Flammen! Und sie rücken stündlich weiter vor.«

»Was?«

»Überall wird davon geredet. Es sollen sich schon Flüchtlingstrecks gebildet haben, obwohl die Gauleitung jede Abreise verboten hat. Es kursieren Gerüchte über furchtbare Ausschreitungen durch die Russen. Sie erschießen jeden Deutschen, der in ihre Hände fällt, oder schlagen ihn tot, und am schlimmsten soll es den Frauen ergehen, sie werden auf bestialische Weise vergewaltigt, und . . .«

Ein Schrei unterbrach ihn. Niemand hatte Modeste bemerkt, die, ihren Bauch mit ihren Händen schützend, herangekommen war. »Wir müssen fort!« rief sie. »Joseph, wie kannst du hier noch stehen und reden? Wir müssen nach Königsberg und von dort nach Berlin, und . . .«

»Wir können doch hier nicht alles stehen- und liegenlassen«, sagte Felicia. »Außerdem ist meine Mutter nicht reisefähig. Großmutter Laetitia auch nicht. Willst du, daß sie allein zurückbleiben?«

»Ich weiß nicht . . . nein, aber . . .« Modeste schien völlig aufgelöst. Sophie, die die allgemeine Panik spürte, brach in Tränen aus. Joseph versuchte, souverän zu sein und machte wirre Pläne. In diese Aufregung hinein platzte Alex, der – zu Felicias geheimem Ärger – mit einer jungen Frau von einem der benachbarten Gehöfte spazierengegangen war. Er war guter Laune und sah auf fast provozierende Weise gesund und braungebrannt aus.

»Eine Krisenkonferenz?« fragte er.

Alle antworteten gleichzeitig: »Die Russen!«

»Sie haben Gumbinnen in Brand gesteckt«, fügte Modeste mit zittriger Stimme hinzu.

»Ich weiß«, sagte Alex, »es redet ja keiner von etwas anderem.«

Felicia starrte ihn an. »Du weißt es? Und du kommst hier hereinspaziert, als wäre nichts?«

»Meine Liebe, ich hätte es von mir aus gar nicht gewagt, davon zu sprechen. Wann immer ich in der letzten Zeit auch nur andeutungsweise von einer möglicherweise aus dem Osten drohenden Gefahr geredet habe, seid ihr alle über mich hergefallen, weil ihr diese Kassandrarufe nicht hören wolltet. Jetzt enthalte ich mich jeglichen Kommentars.«

»Sei nicht so verdammt selbstgerecht!« fauchte Felicia.

»Nur weil du ausnahmsweise einmal recht hattest! Im übrigen glaube ich ja gar nicht, daß die Russen bis hierher kommen. Sie müssen noch über die Angerapp, und spätestens da werden unsere Leute sie stoppen und zurückwerfen.«

»General Felicia!« Alex grinste. »Du weißt ganz genau, wie das geht, nicht?«

»Glaubt ihr, wir haben Zeit, hier zu stehen und zu diskutieren?« fragte Modeste schrill. »Es kann jede Minute zu spät sein!«

»Wir sollten . . .«, setzte Joseph an.

Es gelang niemandem, einen konstruktiven Vorschlag zu machen. Bis zum Abend hatten sie sich nicht dazu durchringen können, Lulinn zu verlassen, und im Radio war inzwischen gemeldet worden, daß jegliche Flucht bei Androhung strengster Bestrafung verboten war.

Die Russen rückten weiter und weiter vor, und die Bewohner von Lulinn und den umliegenden Gütern gaukelten sich noch immer vor, daß sie hier sicher seien. Der Oktober war von strahlender Schönheit, die Sonne hatte einen goldenen Glanz, den sie im Sommer nie erreichte, und es lag ein atemberaubendes Licht über den bunten Wäldern; keinem erschien es vorstellbar, dieses Paradies zu verlassen.

»Die Russen kommen nicht weit«, tröstete man sich gegenseitig, »sie können gar nicht weit kommen!«

Am 20. Oktober erhielt Joseph einen Brief von der Gauleitung. Darin wurde ihm befohlen, sich noch am selben Tag im Rathaus von Insterburg zu melden: er war zum Volkssturm einberufen.

Natürlich konnte er es kaum fassen.

»Das können die doch nicht machen!« rief er immer wieder. »Ich war doch für die Kriegswirtschaft zurückgestellt! Das gibt es nicht!«

Der »Volkssturm« war das Aufgebot der allerletzten Kräfte im Reich. Männer im Alter von sechzehn bis fünfundsechzig Jahren waren aufgerufen, sich für die Landesverteidigung bereit zu halten. Alle, die vorher entweder zu jung oder zu alt gewesen waren, sollten nun mit erbeuteten Gewehren und Panzerfäusten ihr Land verteidigen. Die Ausbildung mußte blitzschnell und oberflächlich erfolgen, die Männer wurden besonders hier in Ostpreußen dringend gebraucht.

Joseph sah so unglücklich und verstört aus, daß es selbst Felicia ins Herz schnitt. Sie hatte ihn nie besonders gut leiden können, aber er war ein guter Kerl, der keiner Fliege etwas antat.

»Ich begleite dich, Joseph«, sagte sie, »ich werde mit denen reden. Wir brauchen dich hier auf dem Gut, und sie können dich nicht einfach zu diesem idiotischen Volkssturm einberufen!«

»Ich fürchte, das können die schon«, meinte Alex, »ihnen rutscht der Boden unter den Füßen weg, und sie greifen nach jedem Strohhalm. Joseph ist ein Mann in den besten Jahren.«

»Er wird hier gebraucht, das müssen die kapieren!« unterbrach Felicia heftig. »Keine Angst, Joseph. Ich komme mit nach Insterburg.«

Natürlich konnte sie überhaupt nichts ausrichten, im Gegenteil, sie mußte sogar allein nach Hause zurückkehren, weil man Joseph gleich dabehalten hatte. Er sollte schon am nächsten Tag auf einem Kasernenhof seine Grundausbildung bekommen.

Felicia fuhr mit Modestes kleinem Auto, das große war schon längst requiriert, zurück und schimpfte die ganze Zeit vor sich hin. Herbstliche Dunkelheit hatte sich schon herabgesenkt, und über den Wiesen rechts und links der einsamen Landstraße lastete dichter Nebel. Auf einmal hatte sie Angst, eine unsinnige, heftige Angst. Viel mehr Angst als bei den Bombenangriffen in München, mehr Angst als in der Nacht, als Maksim Lulu getötet hatte, sogar mehr Angst als vor der Gestapo und ihren Haussuchungen. Tief in ihr hatte es immer, in jeder Lebenslage, die Gewißheit für sie gegeben, daß sie durchkommen würde, so oder so, und egal, wie angeschlagen. Diesmal verließ sie der Mut. Nachdem sie wochenlang Alex' Besorgnis immer mit einer einzigen lässigen Handbewegung vom Tisch gewischt hatte, überfiel sie nun plötzlich ein Gefühl der Beklemmung, das nicht mehr weichen wollte. Sie kam nicht an dagegen. Sie sah den Mond als blasse Sichel über den dunklen Bäumen hängen, er verbreitete bereits das silbrig-kalte Licht der Winternacht, und sie dachte voller Schrecken: Jetzt kommt das Ende. Seit 1939 warten wir darauf, und jetzt kommt es, und es wird furchtbarer sein, als wir es uns ausmalen können.

Das Gefühl der Furcht beherrschte sie noch, als sie die eichengesäumte Auffahrt zu Lulinn hinauffuhr. Ein Blatt segelte herab und blieb auf der Windschutzscheibe liegen. Ich gehe nicht fort, dachte sie, ich verlasse Lulinn nicht. Es ist gleich, was passiert, aber Lulinn gebe ich nicht her. Schon von weitem sah sie, daß irgend etwas los war, denn überall im Haus brannten Lichter. Felicia erkannte in ihrem Schimmer mehrere Wagen und Pferde, auch eine Kuh, die angstvoll muhte, als einer der Knechte sie nun zum Stall führen wollte. Auf den Wagen türmte sich allerlei Hausrat.

»Was ist denn passiert?« fragte Felicia, als sie aus dem Auto stieg.

Yves, der französische Arbeiter, der eine Stallaterne hielt und aufgeregt wirkte, antwortete ihr. »Flüchtlinge. Kommen aus . . . aus Goldap. Russen sind dort.«

»Ach du lieber Gott!« Felicia lief ins Haus, wo ihr im Flur schon Modeste entgegenwatschelte. »Felicia! Wie gut, daß du kommst! Wo ist Joseph?« Sie wartete keine Antwort auf diese Frage ab, sondern sprudelte gleich weiter. »Wir haben Flüchtlinge hier. Fünf Frauen, ein alter Mann und sieben Kinder. Sie haben Schreckliches erlebt.«

Die Flüchtlinge saßen im Eßzimmer um den großen Tisch, bleich und übermüdet und mit vom Schrecken gezeichneten Gesichtern. Jadzia schleppte Brot, Butter, Käse und große Krüge mit Milch heran. Die Kinder griffen eifrig zu, aber die Erwachsenen schienen keinen Bissen hinunterbringen zu können. Sie nippten nur an der Milch. Einer jungen Frau liefen die Tränen über das Gesicht.

»Ihr kommt aus Goldap?« fragte Felicia. »Und dort sind schon die Russen?« Eine erschreckende Vorstellung, Goldap war so nah.

Die Flüchtlinge berichteten, daß man ihnen bis zum letzten Augenblick verboten hatte, die Stadt zu verlassen.

»Wir hörten den ohrenbetäubenden Lärm der Geschützfeuer«, sagte eine Frau, »die Panzer kamen immer näher. Das Dach unseres Hauses wurde von Granaten getroffen, und ich dachte, jeden Moment stürzt alles über mir ein. Ich konnte nicht verstehen, warum man uns nicht erlaubte, wegzulaufen. Ich habe die Pferde eingespannt und ein paar Sachen auf den Wagen geladen, aber mich nicht getraut, wirklich aufzubrechen. Ich saß mit meinen Kindern im Keller und habe gebetet. Dann kamen plötzlich andere Frauen ins Haus gestürmt, sie waren völlig aufgelöst, und sie schrien, daß die Russen da sind und daß wir sofort fliehen müssen, weil sie alle Frauen vergewaltigen, erschlagen oder erschießen würden.«

Die junge Frau, die nicht aufhören konnte zu weinen, nickte. »Ich habe es erlebt. Die Russen machten buchstäblich Jagd auf alles, was sich bewegt. Sie waren wie ... wie betrunken. Sie drangen in die Häuser ein und fielen über die Frauen her, auch über ganz alte Großmütter und über kleine Mädchen, die vielleicht gerade zehn waren. Manche schossen auch nur einfach wild um sich, egal, wen sie trafen. Ich sah eine ganze Familie tot in ihrem Blut liegen.« Ihr Schluchzen wurde heftiger. Eines der Kinder kam heran, streichelte ihr hilflos über die Wangen. »Ich konnte mit meiner Tochter auf den Speicher fliehen, wo sie mich nicht fanden, und dann über die Dächer entkommen. Es ist ein Wunder, daß ich noch lebe.«

»Wie furchtbar«, sagte Felicia leise.

»Sie haben Unmenschliches erlebt, und nun handeln sie unmenschlich.« Unbemerkt war Alex ins Zimmer gekommen. »Das Schlimme ist, es trifft wieder einmal die Unschuldigen. Ich bin absolut sicher, der hochverehrte Herr Gauleiter, der jetzt noch Tag für Tag seine kernigen Durchhalteparolen ausgibt, wird es im Ernstfall verstehen, sich blitzschnell aus dem Staub zu machen, wenn hier über uns die Katastrophe hereinbricht.«

Hoffnungslose, erschöpfte Augen blickten ihn an.

»Können wir hierbleiben heute nacht?« fragte der alte Mann. »Wir sind am Ende unserer Kräfte. Wir schaffen es nicht weiter.«

»Natürlich. Sie können bleiben, solange Sie möchten«, sagte Felicia.

Eine der Frauen schüttelte den Kopf. »Nur bis morgen. Dann fahren wir weiter. Nach Westen, so weit wir nur können. Und Sie sollten mitkommen. Sie würden es auch tun, wenn Sie gesehen hätten, was wir gesehen haben!«

Felicia schauderte und schlang die Arme um ihren Körper. Es war warm im Zimmer, ein großes Feuer brannte im Kamin, aber sie fror. Sie sah sich nach Alex um, der gerade im Begriff war, das Zimmer zu verlassen.

»Wo willst du hin?«

»Ich habe eine Verabredung.«

Die Eifersucht war wie ein jäher, harter Schlag. »Mit wem? Mit diesem Mädchen, das du so oft hier triffst?«

Alex nickte. »Ja. Sie heißt Clarissa – dieses Mädchen.«

Es war Felicia im Moment gleich, daß die Fremden mithörten. »Du bist ein verheirateter Mann, Alex!«

Er sah sie schweigend an, einen Augenblick lang. Dann sagte er nur: »Ja. Aber Gott sei Dank nicht mit dir.« Er schloß die Tür hinter sich.

Der Kessel von Witebsk hatte Sergejs Leben beendet, auch wenn er noch nicht tot war. Sein Herz schlug noch, er konnte sehen, hören, riechen, aber das alles war schlimmer, als wenn er kalt und starr unter der Erde gelegen hätte. Sie hatten ihm ein Bein am Oberschenkel amputiert, und vorläufig konnte er sich nicht anders als im Rollstuhl bewegen, aber man hatte ihm erklärt, daß er lernen werde, auf Krücken zu laufen. Außerdem hatte ihm der Arzt, so zartfühlend wie möglich, beigebracht, daß es mit seiner Manneskraft für immer vorbei wäre.

»Diese Granate, die Ihr Bein zerfetzt hat, daß wir es abnehmen mußten... Splitter davon sind auch in Ihren Unterleib gedrungen. Nerven wurden zerstört. Aber bitte, verzweifeln Sie nicht! Andere sind ebenso schlimm oder noch schlimmer dran. Es sind die Opfer, die wir für das Vaterland bringen mußten.«

Verzweifeln Sie nicht! Sergej empfand dieses Aufforderung fast als Hohn. Hatte der Kerl denn eine Ahnung, wie ihm zumute war? Konnte er sich denn nicht vorstellen, daß er lieber richtig tot wäre als nur zur Hälfte? Daß er sich nichts sehnlicher wünschte, als daß dieses verdammte Herz zu schlagen aufhörte, daß seine Atmung einfach verstummte, daß er sich jeden Morgen beim Aufwachen voller Qual fragte, warum er nicht im

Schlaf hatte sterben dürfen. Warum überhaupt hatte er Witebsk überleben müssen? Die meisten seiner Kameraden hatten es nicht geschafft. Bloß er, bloß sein Körper, hatte zäher sein müssen als jeder andere. Ein zerfetztes Bein, und trotzdem war er nicht verblutet. Die Ärzte waren erstaunt gewesen, daß er das überlebt hatte. »Sie sind schon ein harter Knochen«, hatte einer von ihnen nach der Amputation gesagt.

Neben seiner Impotenz und dem Unvermögen, sich normal vorwärts zu bewegen, empfand er sein verstümmeltes Äußeres als besonders quälend, schlimmer als die bohrenden Schmerzen, die in seinem nicht mehr vorhandenen Bein tobten – ein besonders infamer, aber typischer Streich, den ihm seine Nerven spielten. Das Wichtigste, das absolut Wichtigste in seinem Leben war immer sein schöner Körper gewesen. Ihm hatte er die meiste Zeit und aufopferungsvolle Pflege gewidmet. Sein Selbstwertgefühl, seine Sicherheit, sein umwerfender Snobismus hatten sich von seinem makellosen Äußeren abgeleitet, denn im Grunde – das wurde ihm jetzt erst richtig klar – hatte er mehr nicht zu bieten gehabt. Wahrscheinlich hatte Nicola recht gehabt, als sie ihn einmal bei einem Streit angebrüllt hatte: »Du bist eine absolut hohle Nuß!«

Nicola. Er war wild entschlossen, ihr nichts von seinem Zustand zu sagen. Er hatte sie ohnehin verloren, er würde es nicht ertragen, wenn sie aus Pflichtgefühl zu ihm zurückkäme und er täglich den Abscheu in ihren Augen lesen müßte. In den schwärzesten Stunden seiner Verzweiflung allerdings war er immer wieder nahe daran, ihr doch zu schreiben, und sein Verlangen, sie möge herkommen, seine Hand halten und ihm über die Stirn streichen, rang mit seiner Angst, sie könnte erstarren vor Entsetzen, wenn sie alles erführe. Ein zweiundvierzigjähriger Mann auf Krücken, impotent, ohne Geld, ohne Zukunft.

»Übermorgen darf ich das Lazarett verlassen«, sagte sein Bettnachbar Karl, ein junger Deutscher aus Prag, dem sie einen Arm und einen Fuß abgenommen hatten und der zudem nur noch auf einem Auge sehen konnte, weil in das andere Granatsplitter eingedrungen waren. »Halbe Portion« nannte er sich immer lachend, weil er von allem nur noch eins hatte. Sergej konnte nicht verstehen, wie man in einer solchen Lage auch nur einen Anflug von Humor aufbringen konnte.

»Sei doch froh«, pflegte Karl oft zu sagen, »uns arme Kreaturen kann nicht einmal mehr der Heldenklau holen und an die Front schicken.«

»Du fährst heim?« fragte Sergej nun.

Karl nickte. »Der Doktor meint, ich bin halbwegs in Ordnung. Wahrscheinlich brauchen die dringend das Bett. Aber ich bin froh. Und meine Frau, die wird sich auch freuen, die muß ja die ganze Zeit den Laden allein machen.« Karl besaß ein kleines Gemüsegeschäft in Prag.

»Deine Frau . . .«, sagte Sergej dumpf.

Karl sah ihn aufmunternd an. »Vielleicht ist es ja nicht zu spät. Schreib deiner Frau, bestimmt findet ihr zueinander zurück!«

»So? Schau mich doch an! Nicola hat es nicht nötig, sich mit einem wie mir abzugeben. Sie ist eine schöne Frau. Sie kann jeden haben.«

»Aber vielleicht liebt sie nur dich.«

Sergej lachte bitter. »Warum sollte sie? Ich habe ihr nicht viel Grund dazu gegeben, Karl. Ich habe sie immer nur betrogen, jahrelang. Weißt du, manchmal denke ich, das hier ist eine Strafe des Himmels. Immer bin ich fremdgegangen, und jetzt bin ich . . . ich meine, ich kann nie mehr . . . ein richtiger Mann für sie sein.«

»Ja, aber das ist doch nicht das Wichtigste. Sehr viele Frauen sind nicht einmal halb so scharf darauf, wie die Männer glauben«, behauptete Karl. Aber er merkte, daß sich Sergej überhaupt nicht getröstet fühlte.

»Ich möchte sterben«, sagte er leise, »ich möchte nichts so sehr wie sterben. Wenn ich draußen bin, werde ich alles versuchen, um dieses beschissene Leben zu beenden.«

Karl schüttelte den Kopf. »Ehe du irgendwelchen Quatsch machst, komm doch lieber zu mir. Ehrlich, wäre das nicht eine gute Idee? Meine Frau und ich würden uns freuen, dich bei uns zu haben. Du könntest uns im Laden helfen . . .«

»Ich? Ich kann mir ja kaum selber bei irgend etwas helfen!«

»Du hast immerhin einen Arm mehr als ich. Sergej, Mensch, überleg es dir! Du mußt ja nicht für immer bleiben. Aber bis du dich gefangen hast wenigstens. Du kannst jetzt nicht allein in einer Wohnung herumsitzen und grübeln, da wirst du ja verrückt!«

»Ich will kein Mitleid.«

»Ich hab' kein Mitleid. Ich mag dich einfach, Sergej.«

Sergej sah ihn an. Ein blasses, einfaches, freundliches Gesicht. Normalerweise hätte er einem Mann wie Karl nicht eine Minute Aufmerksamkeit geschenkt, das wußte er. Er hätte ihn fad und bieder gefunden . . . ein Gemüsehändler aus Prag! Jetzt aber erkannte er überrascht, daß die Wärme dieses Mannes echt war und daß sie ihm wohltat. Er begann zu ahnen, daß er das Leben in Zukunft mit anderen Maßstäben messen würde, daß ihm gar keine Wahl blieb, als andere Werte anzuerkennen als bisher. Die Zeiten des oberflächlichen, sorglosen Amüsements waren vorbei, auch die der schicken, lustigen Freunde, auf die man in guten Tagen bauen und die man in schlechten vergessen konnte. Er würde anspruchsloser werden müssen – oder letztlich anspruchsvoller?

Wie auch immer, den Luxus, wählen zu können, hatte er nicht mehr. Im Augenblick blieb ihm nur der blasse, nette Karl aus Prag, sonst niemand. Während ihm die Tränen über das Gesicht liefen, sagte er: »Ja. Ich komme mit. Ich kann nirgendwo sonst hin. Ich komme mit.«

7

Es gelang den deutschen Soldaten tatsächlich noch einmal, die Russen aus Ostpreußen herauszudrängen, und zwar, wie viele prophezeit hatten, noch ehe es ihnen gelungen war, die Angerapp zu überqueren. Bis Nemmersdorf waren sie gekommen und hatten in dem kleinen Ort grausam gewütet. Eines der Dienstmädchen auf Lulinn, dessen Eltern in Nemmersdorf ge-

wohnt hatten, fuhr nach Hause, um die Leichen ihrer Angehöri-
gen zu identifizieren; sie kehrte mit Augen voller Entsetzen
zurück und war nicht in der Lage, über das zu reden, was sie
gesehen hatte. Diesen Blutrausch hatte niemand erwartet, auch
deshalb nicht, weil die wenigsten wußten, welche Ausschreitungen es durch die SS in Rußland gegeben hatte, und weil sie
keine Ahnung hatten, welche Bilder sich den Sowjetsoldaten
bei der Befreiung der von Deutschen besetzten Gebiete geboten
hatten.

»Zerfleischt das faschistische Tier in seiner Höhle!« lautete die
Parole, die Stalin ausgegeben hatte, und Ostpreußen hatte
einen Vorgeschmack davon bekommen, wie das aussah. Die
Verteidigungslinien waren noch einmal gefestigt worden, aber
das Vertrauen der Bevölkerung in die Standhaftigkeit der Wehrmacht war erschüttert. »Kein Russe wird deutschen Boden betreten«, hatte es immer geheißen, und dann waren sie einfach
eingefallen.

»Ein zweites Mal schaffen sie es nicht!« verkündete die Gauleitung und stellte das Verlassen des Landes unter schwere
Strafe. Zur gleichen Zeit formierten sich entlang der ostpreußischen Grenzen die russischen Armeen, ein gewaltiges Heer,
bereit, bei der nächsten günstigen Gelegenheit zuzuschlagen.
Auf fünfzig deutsche Soldaten kamen fünfhundert Sowjetsoldaten. Spätestens zu diesem Zeitpunkt war das Schicksal des
Landes zwischen Ostsee und Memel besiegelt.

Felicia begann nun, angesichts der Ereignisse von Nemmersdorf, ihre Flucht zumindest vorzubereiten. Ihre größte Sorge in
diesen Wochen war Elsa. Wer sie anschaute in ihrer unsagbaren
Schwäche, konnte nicht annehmen, sie würde ihr Bett noch
einmal verlassen können. Felicias zweite Sorge galt den Wertge-
genständen, die das Haus barg. Das silberne Teeservice. Das
Meissner Porzellan. Die alten Kerzenleuchter, die aus napoleo-
nischen Zeiten stammten. Im Zweifelsfall konnten sie das unmöglich alles mitschleppen, aber sie fand die Vorstellung, es
könnte in den Besitz eines Russen gelangen, scheußlich. In den
letzten Oktobertagen machte sie sich daran, all diese Besitztü-

mer in große Kisten zu verpacken, sorgfältig in Zeitungen und Wachstücher gehüllt. Natürlich wurde sie dabei von Modeste überrascht. »Was tust du denn da?« fragte sie neugierig.

»Das wird vergraben«, sagte Felicia, »dann fällt es nicht in die Hände der Russen.«

Modeste machte große, erschreckte Augen. »Glaubst du, wir müssen doch fliehen? Ich kann nicht, ich bin schwanger, ich . . .«

»Modeste, ich weiß es nicht!« unterbrach Felicia unwirsch, »aber man sollte auf alles vorbereitet sein, verstehst du?«

»Wo willst du die Kisten denn vergraben?«

»Im Obstgarten. Aber ich mache es nachts. Weder die russischen Kriegsgefangenen noch die polnischen Dienstboten müssen wissen, wo das Zeug zu finden ist.«

Gleich in der darauffolgenden Nacht machte sie sich an die Arbeit. Im Obstgarten gab es viele große Büsche, deren Zweige rings um den Stamm die Erde bedeckten, und im Schutz dieser Zweige wollte sie graben. Man würde nicht sehen, wo die Erde frisch umgewühlt war, und selbst wenn die Russen gezielt auf die Suche gingen, bestand die Chance, daß sie das eine oder andere nicht fanden.

Die Nacht war dunkel und kalt. Felicia brauchte eine Stallaterne, um überhaupt etwas sehen zu können. Sie hatte sich dick angezogen, trug einen warmen Schal, Handschuhe und eine fellgefütterte Jacke von Alex. Trotzdem fror sie. Es regnete leicht, und die nassen Zweige der Büsche schlugen gegen ihren Hals und ihre Schultern. Die ganze Zeit über dachte sie, wie schön es sein müßte, einfach alles stehen- und liegenzulassen und sich wieder in ihr warmes Bett zu verkriechen, aber dann kamen ihr die Russen in den Sinn, und sie sah es vor sich, wie sie alles an sich raffen würden, was im Haus nicht niet- und nagelfest war. Mit verbissener Wut hackte sie die Erde auf, um sie zu lockern, dann griff sie zum Spaten und grub immer tiefer nach unten. Allmählich wurde ihr zumindest warm, und von der Anstrengung hämmerte ihr Herz wild.

Sie hatte die Kisten auf die hintere Veranda gestellt und trug sie nun nacheinander in den Garten. Sie keuchte leise, mußte die Last zwischendurch immer wieder abstellen, weil sie keine Kraft mehr hatte. Als sie zum drittenmal zur Veranda zurückkehrte, löste sich ein Schatten aus der Ecke neben der Tür. Es war Alex.

Er knipste eine Taschenlampe an, und sie konnte sein Gesicht erkennen.

»O Gott, Alex!« sagte sie. »Du hast mich fast zu Tode erschreckt!«

»Tut mir leid. Ich hörte ein Geräusch und dachte, ich sehe mal nach.«

Sie war sehr leise gewesen, wenn er geschlafen hätte, hätte er unmöglich etwas hören können. Außerdem war er komplett angezogen.

»Warst du überhaupt schon im Bett?« fragte Felicia.

Er schüttelte den Kopf. »Nein. Ich habe noch gelesen.«

»Es ist mitten in der Nacht. Warum schläfst du um diese Zeit nicht?«

Er zuckte mit den Schultern. »Ich schlafe nie viel. Was sind das für Kisten?«

Felicia erklärte es ihm. »Du kannst mir helfen, sie in den Obstgarten zu tragen. Ich habe dort schon alles vorbereitet.«

Erschöpft strich sie sich die nassen Haare aus der Stirn. »Ich muß furchtbar aussehen. Schau mich bloß nicht an!«

Sein Blick umfaßte sie zärtlich. »Dich anzuschauen würde ich mir nicht einmal entgehen lassen, wenn du die Pocken hättest. Komm, zeig mir, wohin ich die Kisten bringen soll!« Er ließ es nicht zu, daß sie noch etwas schleppte, und er schüttete auch die Erde wieder auf und trampelte sie fest. Zum Schluß war er genauso naß wie Felicia und hatte klamme, schmerzende Hände.

»Immerhin«, sagte er, fuhr sich mit der Hand über das schmerzende Kreuz und unterdrückte ein Stöhnen, »immerhin gibt mir dieser nächtliche Kraftakt ein wenig Hoffnung. Du scheinst allmählich doch darüber nachzudenken, daß die Russen vielleicht kommen könnten.«

»Man kann nie wissen. Auf jeden Fall möchte ich von ihnen nicht restlos ausgeplündert werden.« Sie schauderte vor Kälte.

»Komm, schnell, laß uns hineingehen. Wir werden sonst noch krank.«

Alex hielt ihr die Verandatür auf. Während er sie hinter ihnen beiden sorgfältig schloß, fragte er: »Trinkst du noch etwas mit mir?«

Ursprünglich hatte Felicia vorgehabt, so schnell wie möglich in ihr Bett zu kriechen, aber nun stellte sie überrascht fest, daß sie gar nicht mehr müde war und daß sie jetzt nicht allein sein mochte. Sie folgte ihm ins Wohnzimmer, wo er nur die kleine Lampe am Fenster anschaltete, die den Raum wenig erhellte und seltsame Schatten an den Wänden hervorrief. Im Kamin glühte noch das Feuer vom Abend. Felicia kauerte sich davor nieder, pustete kräftig in die Glut, bis eine Flamme aufzüngelte. Sie legte zwei Holzscheite nach und sah zufrieden zu, wie sie Feuer fingen. Umständlich und zitternd – das Wasser lief ihr aus den nassen Haaren über den Rücken – schälte sie sich aus ihren Sachen, aus Stiefeln, Hose, Jacke und Pullover, bis sie mit nackten Beinen und einem leichten Baumwollhemd dasaß.

Alex hatte unterdessen Gläser geholt und Portwein eingeschenkt; er tat das sehr selbstverständlich, so, als sei er hier schon immer zu Hause, aber, dachte Felicia etwas mißvergnügt, es ist ja auch sein Haus.

»Hier. Das wird dich von innen ein bißchen wärmen.« Er setzte sich zu ihr vor das Feuer und reichte ihr ein Glas. »Soll ich dir ein Handtuch für deine Haare holen?«

»Nein, laß nur. Die trocknen jetzt schnell.« Sie trank ihren Portwein in kleinen Schlucken und sah Alex zu, der sich nun ebenfalls auszog. Er behielt nur seinen Rollkragenpullover an, und Felicia mußte plötzlich kichern. Mit den Männern in meinem Leben lande ich immer wieder vor dem Kamin, dachte sie.

»Warum lachst du?« fragte Alex.

»Ach, nur so . . . wie wir hier sitzen, diese romantische Szenerie, und . . . und irgendwie sind wir einander so vertraut, daß wir uns ohne weiteres voreinander ausziehen, aber dann bleiben wir wieder in so sittsamem Abstand voneinander, als seien wir nie verheiratet gewesen und hätten nie . . .«

»Was?«

»Und hätten nie unsere Nächte geteilt.«

Alex stellte sein Glas zur Seite. »Wir haben ein halbes Leben geteilt, Felicia, auch wenn wir so viele Jahre getrennt waren. Ich weiß, daß mir nichts und niemand auf der Welt so vertraut ist wie du. Und ich glaube, umgekehrt ist es genauso, nur kannst und willst du es nicht erkennen.«

Er breitete die Arme aus, und Felicia kroch zu ihm hinüber, schmiegte sich in seine Umarmung und empfand jenes Gefühl von Geborgenheit, das Alex ihr immer gegeben und das sie immer geringgeschätzt hatte, weil sie meinte, es nicht zu brauchen. Die Wolle seines Pullovers kratzte ihre Wange. Ineinandergekuschelt blieben sie sitzen und sahen dem Feuer zu, und irgendwann schlief Felicia ein. Sie träumte, daß sie Löcher in die Erde grub, um sich darin vor Feinden zu verstecken, aber so wild sie auch arbeitete, die Erde rutschte immer wieder hinunter und schüttete alles zu. Alex tauchte aus dem Dunkel der Nacht auf und rief ihr etwas zu, aber sie konnte ihn nicht verstehen, und als sie zu ihm hinlaufen wollte, versagten ihr die Beine. Schließlich wachte sie auf und brauchte ein paar Sekunden, um sich zurechtzufinden. Sie lag noch immer in Alex' Armen, irgendwie hatte er eine Wolldecke geangelt und sie über sie beide gebreitet, denn das Feuer war verloschen, und das Zimmer war kühl geworden. Alex saß gegen einen Sessel gelehnt, sein Kopf lag auf dem Polster, er atmete tief und gleichmäßig. Felicia blinzelte in das graue Morgenlicht. Vor den Fenstern rauschte der Regen, ein heftiger Wind war aufgekommen und heulte um das Haus, zerrte an den Blättern der Bäume. Sie seufzte tief. Die Anstrengungen der letzten Nacht hatten sich gelohnt. Die Russen würden nicht die volle Beute kassieren.

»1945 bringt die Entscheidung.« Das sagten fast alle inzwischen. Hitlers Ardennenoffensive war gescheitert. Die Amerikaner hatten Aachen eingenommen, ihr Vormarsch schien unaufhaltsam. Die Bevölkerung Deutschlands litt unter den schweren Bombardierungen. Aber noch immer machten SS und Gestapo Jagd auf Widerständler und andere »subversive Elemente«, immer noch fanden Hinrichtungen und Folterungen statt.

Auf Lulinn verbrachten sie den Weihnachtsabend still und in dem Bewußtsein der bevorstehenden Bedrohung. Joseph hatte Dienst an der Grenze und durfte nicht nach Hause, worüber Modeste stundenlang jammerte und sich gebärdete, als sei sie bereits Witwe. Die Geburt ihres Kindes stand unmittelbar bevor, und sie regte sich entsetzlich auf, als einen Tag vor Heiligabend ihr kleines Auto, das letzte, das noch auf Lulinn geblieben war, von der Armee abgeholt worden war. Nun würde man sie im Zweifelsfall nicht einmal in ein Krankenhaus bringen können.

Alex hatte zusammen mit Yves eine Tanne geschlagen und im Wohnzimmer aufgestellt. Felicia hatte den Baum mit dem alten Familienweihnachtsschmuck geschmückt und den traditionellen Rauschgoldengel auf die Spitze gesteckt. Draußen schneite es leicht, drinnen brannte ein Feuer im Kamin. Sie hatten Fett und Mehl zusammengespart, so daß Jadzia ein paar Plätzchen und sogar einen kleinen Stollen hatte backen können. Felicia hatte Yves eingeladen, mit der Familie zu feiern – das war natürlich verboten, aber wer sollte es herausfinden? –, und Modeste fand das ganz unmöglich und rückte, so weit sie nur konnte, von dem jungen Franzosen ab. Sie war ohnehin zornig, weil Felicia in Insterburg Geschenke für Sophie gekauft und nicht im Traum daran gedacht hatte, auch etwas für ihre Kinder mitzubringen. Modeste hatte sie aufgebracht zur Rede gestellt, aber Felicia hatte nur erwidert, daß sie für so viele Kinder nichts hätte auftreiben können. Nun waren die Cousinen miteinander verkracht und gingen sich aus dem Weg.

Alex und Yves hatten Urgroßmutter Laetitia heruntergetragen, aber bald stellte sich heraus, daß die Anstrengung schon zuviel für sie gewesen war; bleich vor Erschöpfung mußte sie wieder nach oben gebracht werden. Elsa blieb gleich im Bett; sie hatte wieder Fieber, aber es war Jadzia wenigstens gelungen, ihr eine Tasse mit Hühnerbrühe einzuflößen.

Ein Haus voller alter, kranker oder schwangerer Frauen, dachte Felicia, und da draußen, nicht weit von hier, irgendwo im Schnee, stehen die russischen Soldaten. Wie gut, daß wenigstens Alex da ist . . .

Durch den Kerzenschein hindurch beobachtete sie ihn. Er

hatte gerade Sophie auf ihr neues Schaukelpferd gehoben und versuchte herauszufinden, wie sich die Steigbügel verstellen ließen. Von Anfang an hatte er vor der Gefahr einer russischen Invasion gewarnt, trotzdem blieb er auf Lulinn. Er hätte leicht gehen können. Seine Heimat war New York. Er aber verharrte in Ostpreußen, zu einer Zeit, da die Feinde bereitstanden, jeden Mann zu erschlagen oder zu erschießen, den sie antrafen.

Das nimmt er jedenfalls nicht auf sich wegen dieser Clarissa oder wie sie heißt, dachte Felicia, er bleibt meinetwegen!

Alex mußte gespürt haben, daß er beobachtet wurde, denn er drehte sich plötzlich um, lächelte. Felicia wandte sich rasch ab. Ihr wurde bewußt, daß sie ihn angestarrt haben mußte wie eine hungrige Katze. Als er neben sie trat, zuckte sie zusammen. »Woran hast du gedacht, Felicia?«

Sie errötete ganz leicht. »An . . . an Paul. Und an Max, Belles Mann. Ich habe überlegt, ob sie noch am Leben sind und was sie wohl tun heute abend.«

Er grinste scheinheilig. »Komisch, und ich hätte schwören können, du denkst an mich. Du hattest diesen rabiaten Gesichtsausdruck, den du immer bekommst, wenn ich dir durch den Kopf gehe. Aber offenbar kenne ich dich nicht so gut, wie ich immer dachte.«

»Allerdings nicht. Du hast dich in dieser Hinsicht schon immer überschätzt.«

Alex lachte nur. Felicia stand schließlich auf und verließ den Raum. Sie brauchte ein wenig frische Luft.

Am nächsten Tag, es war der erste Weihnachtsfeiertag, starb Elsa. Genauer gesagt, sie mußte irgendwann in der Nacht gestorben sein, denn Jadzia fand sie am nächsten Morgen tot im Bett; sie war kalt und starr, und auf ihrer Bettdecke lag die gerahmte Fotografie ihres Sohnes Christian. Die alte Polin reagierte auf den Tod mit derselben Gelassenheit, mit der sie alles hinnahm, was das Leben brachte.

»Die gnädige Frau Degnelly ist für immer eingeschlafen«, teilte sie der um den Frühstückstisch sitzenden Familie mit.

Alle starrten sie an. »O Gott«, sagte Felicia leise. Eines der

Kinder fing an zu weinen. Im schwachen Licht der Kerze, die sie auf den Tisch gestellt und angezündet hatten, sah Felicia in blasse, verstörte Gesichter. Sophie hatte aufgehört zu essen.

»Ist Elsa tot?« fragte sie.

»Ja, Kleines. Sie ist tot.« Felicia konnte spüren, wie bleich sie selber geworden war. Sie hatte damit gerechnet, aber jetzt war es, als schnüre ihr etwas die Kehle zu. Mutter war tot. Nach Vater und den beiden Brüdern nun auch sie.

Verdammt, ich bin alt genug, nicht zu weinen!

Aber da war es wieder, dieses Gefühl grenzenloser Verlassenheit. Sie saß hier allein mit Modeste und Yves und einer ganzen Schar Kinder, und nichts war mehr da von der Fröhlichkeit, mit der sie früher gefeiert hatten. Alex war zum Sektfrühstück zu Clarissa gegangen. Sie wollte nicht, daß jemand die Tränen sah, die ihr in die Augen traten, und stand auf. »Entschuldigt mich bitte«, sagte sie hastig.

Zehn Minuten später setzten bei Modeste die Wehen ein. »Einen Arzt, schnell, holt einen Arzt!« keuchte sie und setzte sich dann einfach mitten auf die Treppe, wo der erste Schmerz sie überrascht hatte.

Jadzia und Felicia zerrten sie mit vereinten Kräften in die Höhe, schleppten sie in ihr Bett, zogen ihr die Kleider aus und redeten ihr gut zu. Dann lief Felicia zum Telefon und rief den Arzt in Insterburg an, der versprach, sich sofort auf den Weg zu machen, allerdings könnte er nicht garantieren, daß er bei dem Wetter so schnell da wäre wie sonst. Tatsächlich blieb er dann auch prompt in einer Schneewehe stecken und brauchte fast eine Stunde, um sich frei zu schaufeln. Als er endlich ankam, waren Felicia und Jadzia bereits am Ende mit ihren Nerven, und Modeste biß in die Bettdecke, um die Schmerzen zu ertragen.

»Sie sollten jetzt keine Kinder mehr bekommen, Modeste«, sagte der Arzt. »Sie sind nicht mehr jung genug. Außerdem – sechs reichen, finden Sie nicht?«

Modeste konnte nicht antworten, da eine neue Wehe ihr den Atem nahm. Schließlich keuchte sie: »Muß ich sterben?«

»Ach was! Es wird nur nicht ganz leicht, das ist alles. Entspannen Sie sich, und behalten Sie die Nerven!«

Es dauerte bis mittags, dann war das Kind, ein kleiner Junge, da. Modeste schlief sofort tief erschöpft ein, während sich Jadzia um das Baby kümmerte. Felicia fing den Arzt an der Tür ab. »Herr Doktor, Sie müssen noch einen Totenschein ausstellen. Meine Mutter . . .«

Er sah sie erschrocken an. »Elsa ist gestorben?«

»Letzte Nacht. Ich kann nur hoffen, daß sie nicht gelitten hat. Sie war allein.«

Das Baby krähte. »Heute«, sagte der Arzt, »haben sich hier Leben und Tod wirklich die Hand gereicht.«

Sie nickte, aber der Arzt fürchtete, er habe etwas allzu Banales gesagt. Deshalb fügte er hinzu: »Wissen Sie, das ist für Sie jetzt sicher kein Trost, aber ich empfand es immer als etwas besonders Schönes bei diesen großen, alten Familien wie der Ihren, daß da ein Kreislauf ist, der nie endet. Sterben, geboren werden, sterben, wieder geboren werden . . . es geht ewig weiter, immer neues Leben. Und wenn man so fest zusammenhält wie ihr, ich meine, wenn das alles einen Kern hat wie Lulinn, um den sich alles immer wieder schart, dann wird es auch nie auseinandergerissen werden und verwehen. In dieser Familie und mit Lulinn im Hintergrund sind Sie geborgen, Felicia. Fühlen Sie sich nicht einsam.«

Sie dachte über seine Worte nach, als er gegangen war und sie noch einen Moment in der Haustür stand und in den unermüdlich fallenden Schnee sah. Ja, es stimmte, was er gesagt hatte. Lulinn war der Kern. Darin hatte immer der Zauber des großen alten Gutshauses hier oben bestanden. Sein Dach hatte, egal, wo sie sich aufhielten, ihrer aller Leben und Sterben beschirmt. Auch wenn sie manchmal einer dem anderen am liebsten die Augen auskratzten, sie kamen doch immer wieder hier zusammen, gehalten von einem unsichtbaren Band, das sie umgab.

»Solange es Lulinn gibt, werdet ihr nicht auseinandergerissen werden und verwehen.«

Aber jetzt standen die Russen entlang den Grenzen, und vielleicht war Elsa die letzte, die auf dem Familienfriedhof der Dombergs beerdigt werden würde.

Diese Vorstellung brachte sogar Felicia zum Weinen, und als

sie merkte, daß die Tränen ihr guttaten, versuchte sie auch gar nicht mehr, sie zurückzuhalten. Sie stand in der Tür und schluchzte und spürte nicht einmal die eisige Kälte.

Alex fand Clarissa von Schonau zwar sehr attraktiv, aber nichts an ihr berührte ihn wirklich. Sie erinnerte ihn an Patty, blond, blauäugig, sehr süß und sehr egoistisch, allerdings schien sie intelligenter als die derzeitige Mrs. Lombard. Sie war gerade zwanzig Jahre alt.

Ihr Vater züchtete Trakehner auf seinem Gut Schonau, dessen Ländereien gleich an Lulinn anschlossen. Er galt als einer der reichsten Männer der Gegend, aber trotz seines vielen Geldes gelang es ihm nie, wirklich »dazuzugehören«. Er traf nie den richtigen Ton, fand Dinge gut, die andere ablehnten, und ignorierte, was für die anderen wichtig war. Zum Beispiel hätte es kein Mann in der Gegend gern gesehen, daß sich seine knapp zwanzigjährige Tochter regelmäßig mit einem siebenundfünfzigjährigen Mann traf, der zudem noch eine Ehefrau in New York hatte. Baron Schonau hingegen begriff gar nicht, weshalb er daran Anstoß nehmen sollte. Alex Lombard war ein sehr gutaussehender, eleganter Mann; er sah ihn gern zusammen mit seiner hübschen Tochter.

Das Sektfrühstück war vorüber, die meisten Gäste hatten sich bereits wieder auf den Heimweg gemacht. Clarissa und Alex waren im Salon zurückgeblieben, vor dem Kamin sitzend, eine halbvolle Flasche Sekt und zwei Gläser zwischen sich. Clarissa trug ein Kleid aus rotem Samt, das sehr schön zu ihrem hellblonden Haar paßte. Sie sah nicht nach Krieg und Not aus, hatte nichts gemeinsam mit den Frauen, die Alex in den Städten erlebt hatte, in deren müden, blassen Gesichtern die Bombennächte, die Angst und die Entbehrung zu lesen waren. Hier oben hatte man diese unmittelbaren Auswirkungen des Krieges noch nicht zu spüren bekommen, und Clarissa war nicht der Mensch, der sich um etwas grämte, was ihn nicht direkt selbst betraf.

»Woran denkst du?« fragte sie.

»An nichts.«

Sie machte ein ungeduldiges Gesicht. »Das glaube ich dir nicht. Du hast ganz versunken ausgesehen. Wo warst du? Wieder bei dieser Felicia?«

Alex sah sie scharf an. Wie viele Frauen ihrer Art hatte sie für bestimmte Dinge eine verblüffend feine Intuition. Ohne daß sie je davon gesprochen hätten, war ihr längst klar, daß ihn mit seiner Frau in New York nichts verband und daß er an Felicia Lavergne wie eine Klette hing.

»Ich war nicht bei Felicia«, sagte Alex nun, »ich sage ja, ich habe an gar nichts gedacht.«

Clarissa kicherte, schenkte sich ihr Glas noch einmal voll. »Wenn wir beide heiraten würden«, sagte sie unvermittelt, »hätten wir das größte Gut in der Gegend. Lulinn und Schonau zusammen. Wir könnten uns hauptsächlich auf die Trakehnerzucht verlegen. Allein das unendliche Weideland . . .«

»Clarissa – ich bin verheiratet!«

Sie machte eine wegwerfende Handbewegung. »Ich weiß. Laß dich scheiden. Du hast dich ja schon vor vielen Jahren von Felicia scheiden lassen. Du bist geübt darin.«

»Du hast einen ganz schön vorlauten Mund, Clarissa. Und du bist ziemlich überzeugt von dir.«

»Ja«, erwiderte Clarissa einfach. Sie neigte sich vor und küßte Alex' Wange. »Du bist dafür ungeheuer kompliziert.«

»Ich bin kein bißchen kompliziert. Ich habe nur ein paar Frauen zuviel in meinem Leben.«

Sie lachte. »Entschuldige, aber das klingt nun auch etwas eingebildet. Wie ist es, wollen wir einen Spaziergang machen?«

»Gern.«

»Gut. Ich ziehe mich nur schnell um.«

Er sah ihr nach, als sie das Zimmer verließ. Sie war jung und hübsch und vollkommen sorglos. Eine Frau, die es gar nicht in Erwägung zog, daß ihre Welt anfangen könnte, zu wanken. Sie würde an die Russen auch dann noch nicht glauben, wenn sie mitten in ihrem Haus stünden.

Nach zwanzig Minuten kam sie zurück, in langen Hosen und Stiefeln und in einer dicken, roten Windjacke; auf dem Kopf trug sie eine schwarze Pelzkappe, um den Hals einen schwarzen Kaschmirschal. Wie immer strahlte sie eine ungeheure Energie und Lebensfreude aus.

»Weißt du, Alex«, sagte sie, während sie sich ihre Handschuhe überstreifte und sorgfältig jeden einzelnen Finger glattstrich, »das Schlimme ist, daß du nicht begreifen willst, daß du Felicia nie mehr wiederbekommen wirst. Wenn du es in all den Jahren nicht geschafft hast, warum sollte es dann jetzt gelingen? Einen Traum, der sich nicht erfüllt, sollte man irgendwann begraben, sonst hängt man zuviel Zeit daran, die dann sinnlos vertan ist. Man muß in der Lage sein, Dinge über Bord zu werfen, um neu anfangen zu können.«

»So jung und so gescheit«, sagte Alex lächelnd. »Aber mit Felicia, da hast du dich in etwas verrannt. Das ist Jahre her. Sie bedeutet mir nichts mehr.«

Clarissa zuckte mit den Schultern. »Ist ja auch egal«, sagte sie friedfertig, »komm, laß uns gehen!«

Für heute würde sie das Thema fallenlassen. Schließlich wollte sie ihn ja auch nicht verärgern.

Am 9. Januar 1945 kam der Frost. Es hatte schon die ganze Zeit immer wieder geschneit, aber der dicke Schnee war flockig und leicht gewesen, hatte Baumäste und Sträucher mit dicken Puderhauben bedeckt. Jetzt fror er zu harten Kristallen. Alles vereiste. Die Flüsse, die Seen, die weiten, schneebedeckten Wiesen. Die Temperaturen sanken auf zwanzig Grad unter den Gefrierpunkt.

Am 12. Januar griffen die Russen an. Sie kamen in drei großen Flügeln: Im Norden drangen sie in Ostpreußen ein, in der Mitte machten sie sich auf den Marsch nach Berlin, im Süden stießen sie in Richtung Schlesien vor. Es war die größte Armee aller Zeiten; Hitler jedoch nannte sie den »größten Bluff seit Dschinghis-Khan«.

Der »größte Bluff seit Dschinghis-Khan« brauchte genau einen Tag, um den vielgepriesenen Ostwall zu überwinden und die deutschen Stellungen zu überrennen, und dann rollten ihre Panzer über die vereisten Straßen und Wege Ostpreußens, unaufhaltsam und unerbittlich. Das Drama begann, und es stand von Anfang an fest, daß die deutschen Soldaten keinen wirklichen Widerstand leisten konnten. Sie wußten, was den Zivilisten bevorstand, wenn sie in die Hände der Rotarmisten fielen und lieferten den Russen verzweifelte Gefechte, deren Sinn nicht mehr darin bestand, sie aus dem Land zu jagen, sondern nur noch der Versuch waren, ihren Vormarsch wenigstens zu verlangsamen, damit Frauen und Kinder die Chance hatten, in Richtung Westen zu fliehen. Die ersten großen Trecks setzten sich in Bewegung, meist gegen den ausdrücklichen Befehl der Kreisleitung. Man hielt am Evakuierungsverbot fest, die Russen mußten gewissermaßen schon in den Vorgärten der Häuser stehen, ehe es den Bewohnern erlaubt wurde, sich in Sicherheit zu bringen. In langen Zügen schleppten sich die Flüchtenden über die Straßen, oft genug russischen Bombern oder plötzlichem Artilleriefeuer aus den Wäldern ausgesetzt. Viehherden irrten durch den Schnee, Kühe mit geschwollenen Eutern, die vor Schmerz und Hunger brüllten, Pferde mit weitaufgerissenen Augen voller Entsetzen. Verwundete Soldaten schlossen sich den Trecks an, versuchten noch mit letzter Kraft und letzter Munition, sie gegen Angriffe zu verteidigen. Bald waren alle Wege von Menschen, Tieren und Wagen verstopft, oft ging es stundenlang weder vorwärts noch rückwärts.

Das absolute Chaos war über Ostpreußen hereingebrochen.

V. BUCH

1

Am Tag als die Russen einfielen, war Modeste zum erstenmal wieder aufgestanden, aber es ging ihr nicht gut, und sie sah so schlecht aus, daß man ihr Jammern ernst nehmen mußte. Sie fühlte sich schwach und klagte über Schwindel, sobald sie eine Treppe steigen oder sich von einem Stuhl erheben mußte. Die Geburt des Kindes hatte sie alle Kraft gekostet.

Schließlich legte sie sich auf das Sofa im Wohnzimmer und zitterte vor Kälte, obwohl neben ihr ein großes Feuer im Ofen brannte und der Raum fast überwarm war.

Felicia hatte sich eine heftige Erkältung geholt, mit der sie trotz Kamilledampfbädern, Gurgeln und Kannen voll bitterem Salbeitee nicht fertigwurde. Sie hatte ständig etwas Fieber und lief mit geröteten, brennenden Augen herum. Als sie hörte, daß die Russen erneut in Ostpreußen eingefallen waren, dachte sie nur: O Gott, jetzt gehen wieder diese schrecklichen Diskussionen los, ob wir bleiben oder abhauen!

Alex war natürlich für weggehen. Felicia verwies auf die schwache Modeste, das kränkelnde Baby, die gelähmte Großmutter Laetitia – ganz zu schweigen von ihrer eigenen Erkältung – und darauf, daß unerlaubtes Trecken durch Standgerichte bedroht war, die sogar Todesurteile aussprechen konnten.

Alex fegte das alles mit einer einzigen Handbewegung vom Tisch. »Felicia, wir brechen bei Nacht und Nebel auf, und ich schwöre dir, ich sorge dafür, daß uns niemand deswegen zur Rechenschaft zieht. Wir schaffen es. Aber wenn wir bleiben, haben wir irgendwann keine Chance mehr. Felicia, glaub mir doch endlich, wenn die Russen erst da sind, ist es aus. Es ist sehr unwahrscheinlich, daß wir dann mit dem Leben davon-kommen.«

»Das letztemal sind die Russen an der Angerapp zurückge-schlagen worden. Warum sollte diesmal . . .«

»Diesmal«, unterbrach Alex sie mit angespanntem, weißem Gesicht, »diesmal, darauf kannst du wetten, kommen die Rus-sen bis Berlin. Ihre Kräfte haben sich inzwischen verfünffacht. Nichts und niemand kann sie mehr aufhalten. Aber ihr Weg dorthin wird eine einzige Blutspur sein, und ich sehe nicht ein, weshalb wir in den Leichenbergen sein sollen!«

»Ach was!« Sie versuchte, forsch zu erscheinen, aber seine Worte hatten ihre Angst geweckt. Irgendwie tat sie ihm plötz-lich leid, wie sie dastand, mit ihren fiebergeröteten Wangen und den entzündeten, heißen Augen. Vorsichtig griff er nach ihrer Hand. »Felicia . . .«

»Alex, wenn wir gehen, dann brennen sie Lulinn vielleicht nieder. Sie machen es dem Erdboden gleich. Wir verlieren es. Wenn wir zurückkommen, finden wir das Haus nicht mehr. Wir können das nicht riskieren. Es ist zu . . .«

»Felicia, du hast keine Ahnung, wovon du redest. Wenn sie wollen, brennen sie Lulinn so oder so nieder, ob wir da sind oder nicht. Allerdings bringen sie uns vorher um, so daß wir es jedenfalls nicht mit ansehen müssen.«

»Sie zünden ein Haus nicht an über einem neugeborenen Baby, einer gelähmten alten Frau und einem ganzen Haufen Kinder!«

»Aktionen dieser Art«, erwiderte Alex, »waren drüben in Rußland die besondere Spezialität der SS. Ich sage es dir noch einmal, Felicia: Wir haben keinen Grund, auf Milde zu hoffen!«

Aber sie wollte, wollte, wollte einfach nicht! Trotz ihrer Erkäl-tung zog sie sich am Nachmittag warm an und machte einen Spaziergang. Die Sonne stand schon tief im Westen, der Him-mel zeigte dort ein ins Violette spielendes Rot. Die Schneefelder dehnten sich bis zum Horizont, verloren sich irgendwo in einer unendlichen Ferne. Felicia ging quer über die Wiesen, sank knirschend im harten Schnee ein, manchmal bis über die Knie. Ihre Wangen brannten von der Kälte. Sie hatte den Pelzkragen ihres Mantels hochgeschlagen, die Hände tief in den Taschen vergraben und zog schließlich den Schal vor die Nase, um sie vor dem beißenden Frost zu schützen. Der Schal, anthrazitgrau und flauschig, gehörte Alex, sie roch sein Rasierwasser und etwas Zigarrenrauch. Alex gelang es selbst in diesen Zeiten noch, Zigarren aufzutreiben. »Alex...« Sie murmelte seinen Namen vor sich hin. Er wollte, daß sie alle flohen, ja, aber er hatte es auch leicht. Lulinn bedeutete ihm nichts. Schon die ganze Zeit hatte sie dieses starke Gefühl, daß er einfach nicht hierher gehörte. Lulinn war nur für Maksim bestimmt, es war sein Haus, seine Wiesen und Wälder, sein Himmel mit der untergehenden Sonne, seine herrlichen, kalten Farben, in die der verdämmernde Wintertag getaucht dalag. Alex würde nie verstehen, was es bedeutet, ein Land wie dieses zu lieben, worin sein einzigartiger Zauber lag. Maksim aber, der es begriff und mit dem sie davon hätte sprechen können, war nicht hier.

Soll Alex allein gehen, ich bleibe.

In den nächsten beiden Tagen kamen Ströme von Flüchtlingen nach Lulinn, sie blieben eine Nacht oder auch nur ein paar Stunden, dann zogen sie gehetzt weiter. Nach Westen, nach Westen, ohne noch einmal zurückzuschauen, nur fort von den Russen. Die meisten wollten nach Königsberg, dessen Hafen Pillau an der Danziger Bucht lag; vielleicht ergatterte man einen Platz auf einem Schiff nach Danzig oder sogar nach Kiel.

Lulinn glich mehr und mehr einem Flüchtlingslager. Die Menschen kampierten auf den Sofas und Betten, in Sesseln, auf dem Fußboden und auf den Tischen. Das Geschrei der Kinder hallte durch alle Räume, dazwischen war oft das Schluchzen der Mütter zu hören. Verwundete Wehrmachtssoldaten baten um Hilfe, viele hatten Erfrierungen an den Füßen, und ihre Uniformen hingen in Fetzen um sie herum. Felicia, immer noch niesend und hustend, hatte alle Hände voll zu tun, sie alle zu versorgen. Sie rannte mit Verbandszeug herum, brachte Medikamente, flößte Schwerverletzten Wasser oder ein paar Schlucke Branntwein ein. Sie wies Jadzia an, immer einen großen Topf kräftige Suppe auf dem Herd warm zu halten, obwohl die alte Polin deswegen murrte: »Werden verhungern, wenn geben alles Fremden!«

Die Vorüberziehenden beschworen Felicia, sich ihnen anzuschließen, aber sie sagte immer nur: »Es ist bei Todesstrafe verboten.«

Sie versuchte Alex' zornigem Blick auszuweichen, aber einmal fuhr sie ihn heftig an: »Geh doch! Dich hält hier keiner!«

»O nein!« Diesmal war Alex weder spöttisch noch belustigt, nichts milderte den Zorn in seiner Stimme. »O nein, wir gehen entweder alle oder niemand. Das sollst du ruhig auf dich laden, daß durch deine Sturheit wir alle hier sterben werden, und es ist nur schade, daß dir dann überhaupt keine Zeit mehr bleiben wird, deine Dummheit und deine Verantwortungslosigkeit zu bereuen!«

Sie konnten nicht weiterstreiten, denn es kamen schon wieder Flüchtlinge an, ein Treck aus Osterode. Eine der Frauen war wahnsinnig geworden, weil sie hatte zusehen müssen, wie die Russen ihren Mann und ihren fünfzehnjährigen Sohn, der das HJ-Abzeichen getragen hatte, mit Baumästen erschlugen. Sie selber hatte in letzter Sekunde entkommen können.

Joseph war in Insterburg aufgewachsen, und er liebte Ostpreußen, aber noch mehr liebte er sein Leben und seinen Seelenfrieden. Das bedeutete: Er wollte sich nicht erschießen lassen, und er wollte seinerseits niemanden erschießen. Vor dem einen graute ihm so wie vor dem anderen. Er wünschte sich nichts sehnlicher, als sich ergeben zu dürfen.

Joseph war nie in seinem Leben ein Kämpfer gewesen. Er hatte immer den Weg des geringsten Widerstandes gewählt, und meistens war er sehr gut damit gefahren. Natürlich hatte er manchmal das Gefühl gehabt, er werde von anderen Menschen überrollt, aber das war ihm lieber gewesen, als wenn er seine Stacheln hätte zeigen und sich durchsetzen müssen. Joseph wollte stets gut Freund mit allen sein, und glücklicherweise bewahrte ihn seine angeborene Naivität davor, zu bemerken, wie sehr ihn die meisten Menschen – allen voran seine Frau – verachteten. Joseph hielt sich für äußerst beliebt, und er beglückwünschte sich oft insgeheim zu seiner Art, durchs Leben zu schwimmen und nirgendwo anzustoßen.

Es war Sonntag, der 14. Januar 1945, die Russen drangen überall in Ostpreußen vor, sie richteten ein Blutbad ohnegleichen an, und Joseph beschloß, zu desertieren, sich nach Hause durchzuschlagen. Er stand mit seiner Einheit bei Groß-Nappern und hörte das Artilleriefeuer der Russen; es kam immer näher, und die Bewohner von Groß-Nappern waren übereingekommen, das Evakuierungsverbot der Kreisleitung zu mißachten und sich zum Treck zu formieren. Dem Lärm nach konnte es höchstens noch eine halbe Stunde dauern, und die ersten Panzer würden auftauchen. In dem allgemeinen Durcheinander, das durch das Zusammenstellen des Trecks verursacht wurde, merkte niemand, wie sich Joseph durch eine Seitenstraße davonmachte und durch ein paar Gärten, die jetzt still und verlassen dalagen, in den nahen Wald entkam. Es war so einfach gewesen, daß er es zunächst kaum fassen konnte. Niemand kam ihm nach, niemand brüllte: »Stehenbleiben oder ich schieße!« Um ihn herum lag bitterkalte Einsamkeit, die Ruhe wurde nur vom Tosen der russischen Artillerie gestört.

Natürlich war er von Angst und Skrupeln erfüllt. Aber immer wieder sagte er sich, daß er richtig handelte: Modeste und die Kinder brauchen mich jetzt. Als Soldat kann ich nichts tun, aber wenn sie von Lulinn fliehen müssen, dann ist jede Unterstützung wichtig. Ich habe eine Verpflichtung meiner Familie gegenüber.

Und ganz tief im Innern genoß er es, zum erstenmal im Leben zu tun, was er tun wollte. Es war seltsam: Da stand er nun in der eisigen Kälte eines dunklen Januartages irgendwo in den ostpreußischen Wäldern, er war soeben desertiert und konnte, wenn er von seinen Landsleuten aufgegriffen würde, standrechtlich erschossen werden. Ganz abgesehen von den Russen, die vor ihm, hinter ihm, neben ihm sein konnten und die auch nicht lange fackeln würden, er mußte sich auf einem langen, gefahrvollen Weg nach Hause durchschlagen, und selbst wenn er dort ankäme, wäre er noch nicht in Sicherheit – er befand sich in der gefährlichsten Situation seines bisherigen Lebens, und er hatte dabei das Gefühl, zum erstenmal tief und frei durchatmen zu können.

Joseph aber war nie ein Glückskind gewesen. Der Triumph dauerte nicht lange. Er marschierte quer durch den Wald in die Richtung, wo er Insterburg vermutete und damit Lulinn (es war ohnehin die falsche), und plötzlich spürte er einen so furchtbaren Schmerz am Knöchel seines rechten Fußes, daß er laut aufbrüllte. Der Schmerz ließ nicht nach, er tobte wie irr, während sich unter Josephs Hose etwas Warmes, Klebriges ausbreitete; es war Blut, aber das begriff er erst später. Er sank in den Schnee, und der Schmerz trieb ihm die Tränen in die Augen. Was, zum Teufel, war das? Er sah das rostige Eisen und verstand: eine Falle. Er war in die Falle eines Wilderers getreten. Eine Wahnsinnsfalle war das, mit Zähnen wie ein Haifischgebiß, stark genug für einen Bären. Welcher Verrückte stellte hier Bärenfallen auf?

Der Schmerz jagte das Bein entlang und ergriff nach und nach vom ganzen Körper Besitz. Joseph merkte, daß ihm kalter Schweiß auf der Stirn stand. Er versuchte, das Gebiß der Falle aufzubiegen, aber das stellte sich als völlig hoffnungsloses Unterfangen heraus. Es gelang ihm, sich einen Ast zu angeln, den er als Hebel benutzte, aber das rostige Eisen gab um nichts nach, das Zerren und Stemmen steigerte bloß den Schmerz ins Unerträgliche. Erschöpft warf er den Ast schließlich weg, merkte, daß er schon die ganze Zeit hemmungslos schluchzte. Warum hatte das passieren müssen, warum traf gerade ihn eine so infame Laune des Schicksals? Wenn ihn jetzt die Russen fanden, brauchten sie ihn bloß zu erschlagen wie einen räudigen Fuchs, und wenn sie ihn nicht fanden, war es auch egal, dann erfror er spätestens in der nächsten Nacht. Die Kälte brannte, Joseph glaubte, sein Atem müsse in der Luft gefrieren. Er sagte sich, daß er nichts mehr zu verlieren habe und begann laut zu schreien: Die Chance stand eins zu hundert, daß ihn ein deutscher Zivilist hörte und ihm half. Er schrie und schrie, bis er heiser war, aber niemand ließ sich blicken, außer einem neugierigen Eichhörnchen und ein paar schwarzen Krähen.

Er hatte noch zwei Kugeln in seinem Revolver, aber er wußte schon jetzt, daß er sich niemals trauen würde, sie zu benutzen. »Ich bin feige, viel zu feige«, weinte er leise, während er da im Schnee saß und der hereinbrechende Abend Dunkelheit und eine immer atemberaubendere Kälte schickte. Modeste würde die Kinder allein durchbringen müssen, ihr Mann würde sterben. Nicht im Kampf, nicht als Gefangener der Russen, nicht im Standgerichtsverfahren der Wehrmacht, nein, jämmerlich erfrieren würde er, irgendwo in einem finsteren Wald, wo er in die vermutlich einzige Falle eines Wilderers weit und breit getappt war.

Felicia und Yves schleppten einen Berg von Feuerholz ins Haus und schichteten die Scheite neben den verschiedenen Kaminen auf. Die Dienstmädchen, die diese Arbeit sonst besorgten, waren über Nacht verschwunden. Sie hatten keine Nachricht hinterlassen, aber wahrscheinlich waren sie zu ihren Familien durchgebrannt und befanden sich mit ihnen schon auf dem Weg nach Westen. Auch von den polnischen Landarbeitern fehlten einige. Unerschütterlich und hilfsbereit blieb Yves, und auch die russischen Kriegsgefangenen taten ihre Arbeit. Es war ihnen nicht schlechtgegangen auf Lulinn, und Felicia hatte sich schon gefragt, ob man von ihnen nicht Fürsprache und Hilfe erwarten könnte. Aber dann hatte sie begriffen, daß die Russen ebensoviel Angst hatten wie die Deutschen. Offenbar befürchteten sie, von ihren Landsleuten als Verräter angesehen zu werden, und wenn sich diese Sorge als begründet erwiese, brauchte man nicht auf Hilfe zu hoffen.

Sie wischte sich den Schweiß von der Stirn. »Danke, Yves. Ich denke, wir haben jetzt genug Holz für die nächsten Tage.« Sie blickte zum Fenster hinaus und schauderte. »Schon wieder ein Schneesturm. Wer jetzt flieht, bleibt doch unweigerlich irgendwann stecken.«

»Oui«, erwiderte Yves und sah sie aus seinen unergründlich dunklen Augen an. Sie seufzte. »Yves, wenn Sie möchten, dann . . .«

Sie wurde von Sophie unterbrochen, die wie ein Wirbelwind

ins Zimmer fegte. »Du sollst zu Laetitia kommen!« rief sie. »Jetzt gleich!« Sie hatte gerötete Bäckchen und glänzende Augen. Felicia legte ihr besorgt die Hand auf die Stirn. »Du siehst aus, als hättest du Fieber! Fühlst du dich nicht wohl?«

»Mir ist nur so heiß«, sagte Sophie, »und mein Hals tut ein bißchen weh. Aber ich will nicht ins Bett!«

»Nein, mußt du ja nicht. Aber ich fürchte, du hast dir meine Erkältung aufgefangen. Ausgerechnet jetzt!«

Sie stieg die Treppe hinauf und trat in das Zimmer ihrer Großmutter. Jadzia hatte dort ein Feuer im Kamin entzündet, es knisterte leise, und der Schein von Laetitias Nachttischlampe verbreitete ein anheimelndes Licht. Die uralte Frau sah ihrer Enkelin streng entgegen.

»Felicia«, sagte sie ohne Umschweife, »ich habe nachgedacht. Und ich habe beschlossen, daß ihr fliehen müßt – so schnell wie möglich. Du darfst deine Familie nicht dem sicheren Tod ausliefern!«

»Wieso ich? Modeste will auch nicht . . .«

»Ach, Modeste!« Laetitia machte eine wegwerfende Handbewegung. »Unter uns, wir wissen beide, daß mit ihr nicht viel los ist, sie kann keine eigenen Entscheidungen treffen und immer nur nachbeten, was andere ihr vorkauen. Aber du, Felicia, du bist das Oberhaupt der Familie, und . . .«

»Du bist das Oberhaupt!« widersprach Felicia.

Laetitia verzog das Gesicht. »Ich bin eine alte Frau, die sich ohne fremde Hilfe kaum in ihrem Bett umdrehen kann. Versuch nicht, deine Verantwortung auf mich abzuwälzen.«

»Großmutter, ich habe Alex gesagt, er kann gehen, aber . . .«

»Alex geht nicht ohne dich, das weißt du ganz genau. Du hast es nicht verdient, aber dieser Mann wird dich lieben und zu dir stehen, solange er lebt. Doch du mußt vor allem an die Kinder denken. Denk an Sophie! Du hast Belle gegenüber die Verpflichtung, dich um ihre einzige Tochter zu kümmern!«

»Ich habe auch Lulinn gegenüber eine Verpflichtung.«

»Quatsch!« sagte Laetitia so hart, daß Felicia zusammenzuckte. »Lulinn – das ist nur ein Haus. Ein bißchen Land, Ställe, Scheunen und Zäune. Demgegenüber hast du keine Verpflichtung. Dein Leben und das deiner Familie zu retten, das ist deine verdammte Pflicht!«

»Wir sind nie vor etwas davongelaufen, Großmutter.«

»Wenn du das Geplänkel mit den Russen 1914 meinst ... es ist absolut lächerlich, das mit den heutigen Gegebenheiten zu vergleichen. Damals machte es einen Sinn, zu bleiben, heute ist es tödlich. Man muß im Leben vernünftig abwägen, Felicia, und was einmal richtig war, kann in einer anderen Situation ganz falsch sein. Du warst nie sentimental, werd es bitte auch jetzt nicht.«

Felicia schwieg. Dann sagte sie leise: »Aber daß du mich nicht verstehst! Lulinn ... wie kannst du es nur ein Haus und ein paar Scheunen nennen! Du weißt, daß es lebt! Es sind so viele Erinnerungen hier ... an ganze Generationen unserer Familie. Es war für uns alle immer etwas ganz Besonderes. Wir haben es geliebt!«

»Ja, bloß leider würdest du es, wenn die Russen da waren, nur noch aus dem Jenseits lieben können«, sagte Laetitia. »Felicia, du mußt jetzt nach vorne sehen. Denk an alles, was du noch vor dir hast.« Mit einem schlauen Lächeln fügte sie hinzu: »Sicher willst du auch Maksim Marakow noch einmal sehen!«

»Maksim? Ja, aber er ist es doch ...« Sie biß sich auf die Lippen.

Aber Laetitia hatte sie schon durchschaut. »Ich weiß. Ihr habt eure Kindheit hier verbracht, und irgendwie ist Lulinn die einzig bleibende Verbindung, die du zu ihm hast. Du klammerst dich hier fest, weil es euer Lulinn ist.«

Ja. Und nein. Es war das, aber es war noch vieles mehr. »Es hängt auch damit zusammen«, murmelte Felicia.

Laetitia schnaubte. »Rührselig, das alles! Kindheitserinnerungen ... du hast eine viel bessere Verbindung zu ihm, daran solltest du hin und wieder denken!«

Felicia sah sie scharf an. »Du meinst ...«

Die alte Frau lächelte. »Ich war damals die erste, die du eingeweiht hast ... daß Belle Maksim Marakows Tochter ist!«

Sie schwiegen beide, dachten an die hübsche Belle und daran, wie verrückt und schön und gehässig das Leben sein konnte, und dann packte Laetitia plötzlich Felicias Arm, zog die Enkelin nahe zu sich heran. »Sophie ist Maksims Enkelin. Und deine Enkelin. Sophie ist die Zukunft, Felicia. Nicht Lulinn. Und wenn es nur um Sophies willen ist – geht fort. Ich flehe dich an, warte nicht, bis es zu spät ist! Du hast jede Chance, Alex ist bei dir. Wenn euch einer in Sicherheit bringen kann, dann er. Bitte, Felicia. Flieht, so schnell ihr könnt! Alex hat recht, ihr seid verloren, wenn ihr bleibt!«

»Warum redest du immer von ›ihr‹, Großmutter? Du tust so, als beträfe dich das alles nicht!«

Laetitia seufzte tief. »Kind, ich bin eine sehr, sehr alte Frau. Ich bin bald hundert Jahre alt. Ich kann nirgendwo mehr neue Wurzeln schlagen.«

»Großmutter, du . . .«

»Von den Eichen da draußen könntest du auch keine ausgraben und noch irgendwo anders hinpflanzen. Ich bin auch solch eine Eiche. Laßt mich hier. Jadzia wird für mich sorgen. Sie ist Polin. Vielleicht tun ihr die Russen nichts.«

»Du bist ja wohl verrückt. Erst erzählst du mir von all den Greueltaten, und dann willst du hierbleiben! Wenn wir gehen, dann gehen wir alle!«

Laetitia schüttelte den Kopf. »Zwanzig Grad Kälte und Schneesturm – du machst dir keine Vorstellung, wie schwach ich bin! Ich schaffe es keine zwei Tage. Es wäre ein elender Tod da draußen. Nein, nein, ich bleibe hier in meinem schönen, warmen Bett, und wenn die Russen ungemütlich werden . . .« Sie zögerte.

»Was dann?«

»Herrgott, Felicia, ich habe es an dir immer geschätzt, daß man nicht lange drum herum reden muß, weil du den Dingen ins Auge sehen kannst und kein Getue machst. Ich habe hier genügend Schlaftabletten, und im Ernstfall greife ich darauf zurück. Es ist das Privileg meines Alters, daß ich bestimmen kann, wann Schluß ist. Und dieses Privileg läßt du mir!«

»Aber . . .«

»Nichts aber. Ihr brecht noch heute nacht auf. Niemand wird es bemerken, und niemand wird euch zurückhalten.«

»Wir haben kein Auto mehr!«

»Ihr nehmt Wagen und Pferde.«

»Aber mit denen bleiben wir im Schnee stecken!«

Laetitia ließ nichts gelten. »Ihr nehmt Schaufeln mit und grabt euch frei. Hunderte schaffen das, also sei nicht so zimperlich. Ihr kommt durch, wenn ihr wollt!«

Aber ich will ja nicht, lag es Felicia auf der Zunge, ich will ja Lulinn nicht verlassen!

Aber sie brachte die Worte nicht hervor. Großmutters strenge Miene verbot es. Sie war immer die unumschränkte Herrscherin auf Lulinn gewesen, und auch wenn sie nun ständig mit ihrem biblischen Alter kokettierte, besaß sie noch immer die absolute Befehlsgewalt. Laetitia hatte angeordnet, sie sollten fliehen, das bedeutete, über die Angelegenheit mußte kein Wort mehr verloren werden.

2

Gegen vier Uhr morgens wollten sie aufbrechen. Insgesamt waren sie sechs Kinder und vier Erwachsene, denn Yves würde mit ihnen fliehen. Die russischen Gefangenen konnten sich nicht dazu entschließen, ebenfalls mitzukommen, sie verharrten wie paralysiert und warteten auf ein wie auch immer geartetes Unheil. Die polnischen Gutsarbeiter, soweit sie überhaupt noch da waren, wollten sich zu ihren Familien durchschlagen. Nur Jadzia würde bleiben. »Wärde Russen sagen, sollen gähen zum Teufel!«

Felicia dachte daran, wie sehr es wohl ihren lang verstorbenen national denkenden Großvater erschüttert hätte, zu wissen, daß es am Ende »eine von den Pollacken« war, die auf Lulinn die Stellung hielt.

Sie hatten drei Wagen mit den notwendigsten Dingen beladen, vor allem mit vielen warmen Decken und Vorräten aus der Speisekammer. Dazu würden sie die letzten vier Pferde mitnehmen. Mit Stangen und Planen hatte Alex die Wagen abgedeckt, so daß man wenigstens ein klein wenig Schutz vor dem Schnee finden konnte. Ein heulender Sturm fegte die Flocken durcheinander, im Dunkel der Nacht ächzten und stöhnten die Bäume. Wenn man die Haustür öffnete, wurde sie einem fast aus den Händen gerissen.

»Keinen Hund man jaggt vor die Tür diese Nacht!« räsonierte Jadzia.

Als Felicia verkündete, sie würden abreisen, hatte Alex sie kurz in die Arme genommen. »Wann hast du es dir anders überlegt?« fragte er leise.

Sie machte sich unwillig los. »Bedank dich bei meiner Großmutter. Sie wollte es unbedingt.«

Bis um Mitternacht hatten sie alles eingepackt, dann sagte Alex, sie sollten jeder versuchen, noch ein wenig zu schlafen: »Warme Betten kriegen wir so schnell nicht mehr.«

Natürlich konnte Felicia nicht schlafen, sie legte sich auch gar nicht erst hin. Sie saß in ihrem Zimmer am Fenster, starrte hinaus in die tobende Nacht, versuchte, den Schmerz keinen Raum gewinnen zu lassen. Sie spürte, daß es ein Abschied für immer war. Zu ihren Füßen lag der nun tiefverschneite Obstgarten, und es war, als flüstere er von vergangenen Zeiten. Sie würde diese Stimme für immer hören.

Um halb vier Uhr morgens erschien Alex, der sie wecken wollte. Von seinem Gesicht sah sie nur die Augen, so dick und warm hatte er sich eingepackt. »Zieh soviel Sachen wie möglich an. Es ist bitterkalt.«

Felicia quälte sich in wollene Unterwäsche, obwohl sie die auf den Tod nicht ausstehen konnte, zog zwei lange Hosen und zwei Pullover an, darüber ihren Wintermantel, gefütterte Stiefel, Schal, Mütze und Handschuhe. Modeste und Jadzia hatten unterdessen die Kinder geweckt und fertiggemacht; verschlafen und frierend standen sie im Flur, zwei von ihnen weinten. Sophie glühte vor Fieber, klagte über heftige Halsschmerzen und war so verschnupft, daß sie kaum atmen konnte. Modeste sah sehr elend aus und preßte ihr knapp vier Wochen altes Baby an sich. Sie schien völlig benommen von den sich überschlagenden Ereignissen und tat ohne zu murren alles, was man ihr sagte.

Die russischen Gefangenen halfen, die Pferde anzuspannen, und Felicia fragte sie ein letztes Mal, ob sie nicht mitfahren wollten. Sie schüttelten die Köpfe. Sie wußten, wenn Rotarmisten sie auf der gemeinsamen Flucht mit den Deutschen stellten, waren sie verloren.

Der Sturm heulte, Felicia hatte ihren Schal vor den Mund gezogen, aber der Schnee traf sie an Nase und Stirn und schnitt ihr brennend in die Haut. Mühsam kämpfte sie sich über den Hof, Sophie auf dem Arm. Sie würden erfrieren in der mörderischen Kälte oder einfach vor Erschöpfung sterben. In diesem Moment des Aufbruchs hatte Felicia aller Mut verlassen, und was sie die Zähne zusammenbeißen ließ, waren nur Großmutters Worte: »Denk an Sophie. Du und Alex, ihr bringt sie in den Westen. Sie ist die Zukunft, nicht Lulinn!«

Wie gut, daß Mutter das nicht erleben muß, dachte sie.

»Ich lenke den ersten Wagen!« Alex mußte schreien, um den Sturm zu übertönen. »Yves den letzten. Felicia, traust du dir zu, den mittleren Wagen zu nehmen?«

»Ja, natürlich.« Natürlich! Sie hätte schon jetzt heulen mögen vor Kälte. Sie verstauten Modeste und die Kinder auf den Wagen zwischen dem Gepäck, schwangen sich auf die Kutschböcke. »Auf Wiedersehen, Lulinn«, sagte Felicia leise. Im Haus brannte Licht in allen Räumen, hell und warm schimmerte es durch die Nacht. Hatte Laetitia das veranlaßt – als letzten Gruß?

Die Pferde zogen an. Es waren kräftige, ausgeruhte Tiere, aber Felicia fragte sich, wie lange sie durchhalten würden. Sie mußten alle Kraft aufwenden, die vollbeladenen Wagen durch den Schnee zu ziehen, stemmten sich mühsam gegen den Sturm. Das Haus mit seinen Lichtern blieb hinter ihnen zurück. Sie rollten die lange Eichenallee hinunter, und vor ihnen lag nur noch finstere Nacht.

Als es hell wurde, hörte es endlich auf zu schneien, auch der Sturm beruhigte sich, aber es war noch immer klirrend kalt. Felicia spürte ihre Hände kaum mehr, so fest hielt sie die Zügel umklammert, ihre Nase fühlte sich an, als sei sie ein einziger Klumpen Eis. Hinter sich im Wagen hörte sie Sophies röchelnden Atem. Ab und zu drehte sie sich um und spähte in das Halbdunkel unter der Plane. »Sophie? Sophie, hältst du noch durch?«

»Ja«, kam es kläglich, aber zwischendurch weinte das Kind leise vor sich hin oder jammerte vor Halsschmerzen. Sie konnte kaum mehr schlucken.

Schneeschwere, tiefhängende Wolken am Himmel, Schnee, so weit das Auge reichte, kahle Bäume am Horizont. Die kleinen Bäche, die sie immer wieder überquerten, Seitenarme des Pregel, waren fest gefroren. Um sie herum war nichts als winterliche Einsamkeit. Die Angst vor den Russen, die Kälte, die Notwendigkeit, irgendwie voranzukommen, hatte sogar den Abschiedsschmerz verdrängt. Felicia dachte in diesen Stunden nicht an Lulinn. Sie wollte nur fort, nach Westen, in die Sicherheit. Irgendwohin, wo es warm war und sie ihre schmerzenden Glieder ausstrecken konnte.

Am Rande eines kleinen Waldstückes gönnten sie den Pferden eine kleine Verschnaufpause, tranken heißen Tee aus den Thermoskannen. Felicia machte auf wackeligen Beinen ein paar Schritte hin und her, stampfte fest mit den Füßen auf, um nicht endgültig zu erstarren. »Was ist nun eigentlich aus deiner Clarissa geworden?« fragte sie Alex. »Hast du sie einfach zurückgelassen?«

»Es war nie *meine* Clarissa. Außerdem war ich gestern abend noch einmal bei ihr, um ihr zu sagen, daß es gefährlich ist, wenn sie bleibt. Aber weder sie noch ihre Familie wollten mit.«

»Du warst noch bei ihr gestern?«

Er sah sie eigentümlich ernst an. »Ja. Aber das dürfte dich ja eigentlich gar nicht interessieren.«

»Es interessiert mich auch nicht«, entgegnete Felicia kurz. Dann wechselte sie abrupt das Thema. »Ich mache mir große Sorgen um Sophie. Ihr Fieber steigt immer noch. In ihrem Zustand ist diese Fahrt durch die Kälte ein Wahnsinn. Ich hätte mich nicht darauf einlassen dürfen.«

»Fängst du schon wieder damit an?« fragte Alex genervt.

»Schau dir die Kleine doch an! Hör doch mal, wie sie um Atem ringt, wie . . .«

»Darum geht es doch nicht!« Seine Augen waren schmal und zornig. »Felicia, zum letztenmal, ich hatte keine Lust zu sterben. Ich fand auch die Vorstellung nicht besonders erfreulich, diese vielen Kinder hier sterben zu sehen. Und ich mochte nicht zuschauen, wie du von zwanzig Russen nacheinander vergewaltigt wirst. Verstehst du? Ich hätte dir nicht helfen können. Niemandem. Nicht einmal mir. Vielleicht geht das irgendwann einmal in deinen Kopf!«

Wütend drehte er sich um und stapfte durch den Schnee zu seinem Wagen zurück. »Weiter!« befahl er kurz darauf.

Am Mittag stießen sie auf einen langen Treck, der unendlich langsam und mühevoll in Richtung Westen zog. Immer wieder blieb irgendwo ein Wagen stecken, und sofort konnte niemand mehr weiter, für eine Zeit, die jedem ewig vorkam, bewegte sich nichts mehr. Die Flüchtlinge kamen aus der Gegend um Treuburg, einige auch aus Goldap, und sie berichteten von Geschehnissen, die einem das Blut in den Adern gefrieren lassen konnten. Die drei Wagen reihten sich in den Treck ein, und sofort kam eine junge Frau unter der Plane eines Wagens hervorgekrochen, stieg ab und kletterte ohne zu fragen zu Felicia auf den Kutschbock. Offenbar mußte sie unbedingt ein paar Geschichten loswerden, denn sie erzählte in allen Einzelheiten von ihrem Aufbruch daheim – die Erlaubnis dazu war erst in letzter Sekunde gegeben worden – und davon, daß ihr alter Vater furchtbare Frostbeulen an den Füßen hatte, die ihm große Schmerzen bereiteten. In der Gegend von Lakellen war der Treck von den Russen beschossen worden, es hatte eine Menge Tote gegeben, außerdem hatten die Russen wahllos Wagen angehalten, Männer herausgezerrt und erschossen. Soldaten der Wehrmacht hatten dann den Weg für den Treck wieder frei gekämpft.

»Ich mache drei Kreuze, wenn wir erst in Elbing sind. Hoffentlich gehen noch genug Schiffe, daß wir alle mitkommen!« Sie sah Felicia neugierig von der Seite an. »Sie haben auch alles zurücklassen müssen?«

»Ja. Wir haben nichts von Wert dabei.«

»Jaja. Dabei waren Sie bestimmt einmal sehr reich. Der feine Mantel . . . So ein Krieg macht uns alle gleich, nicht? Ob reich oder arm, jetzt fliehen wir alle gemeinsam vor den Russen! Da gibt es keine Unterschiede mehr.«

Felicia war müde, und so schwieg sie in der Hoffnung, die andere werde dann auch aufhören zu reden. Aber die spähte nun neugierig in den Wagen, wo die kleine Sophie lag und laut rasselnd atmete.

»Das hört sich aber gar nicht gut an! Ihre Tochter? Die hat's ganz schön erwischt!«

»Eine Erkältung«, sagte Felicia kurz. Sie spürte schon wieder krampfartige Schmerzen in den Händen. Die Wagen stauten sich erneut, und diese Pause nutzte Felicias Beifahrerin glücklicherweise, um vom Wagen zu klettern und sich zu ihrem eigenen Gefährt zurückzubewegen. Felicia kroch nach hinten, um Sophie Mut zuzusprechen, aber das Mädchen hatte inzwischen so hohes Fieber, daß es nicht einmal mehr ansprechbar war. Es öffnete die Augen, sah Felicia aber völlig verständnislos an. »Sophie! Sophie, erkennst du mich nicht?«

Das Kind fiel sofort zurück in seinen unruhigen Schlaf, der nur unterbrochen wurde von Husten und Keuchen. Felicia kletterte auf ihren Kutschbock zurück. Verdammte Russen! Verdammte Nazis!

Mehr und mehr fühlte sie sich wie in einem bösen Traum. Nicht einmal die Bombennächte in München waren ihr so grauenhaft und unwirklich erschienen wie diese Flucht durch Schnee und Eis. Als es Abend wurde, konnte sie sich vor Müdigkeit kaum mehr aufrecht halten, alle Knochen taten ihr weh, und sie hatte Angst, sie würde nun irgendwann einfach vom Wagen fallen und im Schnee liegenbleiben.

Die Häuser eines Dorfes tauchten vor ihnen auf. Felicia drehte sich um. Alex fuhr inzwischen direkt hinter ihr.

»Alex, ich brauche eine Pause, ich muß schlafen! Können wir nicht hier irgendwo bleiben?«

Keiner konnte mehr durchhalten, auch die Pferde nicht. Alex machte sich auf die Suche nach einem Quartier und fand tatsächlich eine Frau, die bereit war, zwei Flüchtlinge aufzunehmen. »Du und Sophie, ihr geht dorthin. Wir anderen schlafen in der Scheune. Aber Sophie braucht ein richtiges Bett!«

Felicia rutschte vom Wagen. Ihre Beine knickten fast unter ihr weg. »Nein«, sagte sie, »Modeste soll statt meiner gehen. Modeste und Sophie. Ich bin ja schließlich gesund.«

Durch die Dunkelheit spürte sie sein Lächeln mehr, als sie es sah. »Kerngesund«, bestätigte er, »und absolut unverwüstlich.«

Aus irgendeinem Grund gaben ihr diese Worte großen Schwung und neue Kraft.

In der Scheune drängten sich an die hundert Flüchtlinge, vor allem Frauen und Kinder. Aus Stroh, Heu und mitgebrachten Decken bauten sie sich provisorische Lager, packten ihren Proviant aus. Ein paar Frauen hatten sich zusammengetan und in einer Ecke eine Feuerstelle errichtet, wo sie in einem großen Topf Suppe für alle kochten. Jeder gab ein paar Zutaten, und bald breitete sich ein angenehmer Geruch aus, der den anderen das Wasser im Munde zusammenlaufen ließ. Besonders die Kinder fingen an zu quengeln. Sie hatten Hunger, fühlten sich elend und verfroren und wußten nicht, was überhaupt los war. Nur die ganz Kleinen waren so müde, daß sie wie junge Katzen irgendwo hinfielen und einfach einschliefen.

Yves erwies sich als große Hilfe. Er hatte für sie alle eine Ecke gefunden, in der es viel weniger zog als an anderen Stellen, er hatte aus viel Heu weiche Lager gebaut, half Alex, die Pferde auszuspannen und zu füttern und organisierte schließlich noch Suppe für Felicia und die Kinder. Er tat überhaupt soviel er nur konnte, ging den völlig erschöpften Frauen zur Hand, die seit Tagen unterwegs waren, versorgte für sie die Pferde oder brachte ihnen Wasser zum Trinken. Felicia allerdings bekam davon kaum noch etwas mit; sie hatte den Kopf in Alex' Schoß gelegt und merkte, wie Bilder und Stimmen um sie herum immer weiter zurücktraten. Alles war leise und sanft auf einmal, sie fiel in einen tiefen, traumlosen Schlaf.

In der ersten grauen Dämmerung des nächsten Tages brachen sie wieder auf. Felicia ging, um Modeste und Sophie abzuholen und war entsetzt, als sie das Kind sah. Sophie war ganz verschwollen vom Fieber und bekam inzwischen wirklich kaum noch Luft. Sie redete wirres, unverständliches Zeug und klagte in wenigen lichteren Momenten über brennenden Durst. Die Frau, die sie und Modeste beherbergt hatte, meinte besorgt: »Sieht nach einer Lungenentzündung aus. Armes Ding!«

»Haben Sie ein Fieberthermometer?« fragte Felicia. Die Frau brachte eines. Das Ergebnis erschreckte sie alle noch mehr: Beinahe einundvierzig Grad.

»Wir können unmöglich weiterfahren«, sagte Felicia erregt, »ich spreche sofort mit Alex. Wenn wir sie jetzt hinausnehmen in diese mörderische Kälte und auf den schaukelnden Wagen legen, bringen wir sie um! Dürfte sie für ein paar Tage bei Ihnen unterkommen?«

Die Frau war keineswegs begeistert, willigte aber ein.

Felicia ging hinaus, wo sich der Treck bereits formierte und Alex schon ungeduldig wartete.

»Wir können nicht fahren«, sagte sie, »Sophie ist zu krank. Ich habe Angst, daß sie stirbt.«

Alex fluchte. »Wir müssen aber weiter. Wir müssen die West-grenze von Ostpreußen erreichen, ehe die Russen da sind und sie abriegeln. Verstehst du? Wir haben im Grunde nicht eine Stunde Zeit!«

Felicia schüttelte den Kopf. »Sieh sie dir selber an, Alex.«

Nachdem Alex einen Blick auf die röchelnde Sophie geworfen hatte, wurde er schwankend. Schließlich beschloß er, daß Mo-deste, ihre Kinder und Yves allein mit zwei Wagen in dem Treck weiterziehen sollten, während er mit Felicia und Sophie hier-blieb. Modeste fing natürlich sofort an zu weinen und sagte, sie habe Angst, mit »diesem Franzosen« allein zu sein, aber Felicia sagte bestimmt: »Er sorgt für euch, da kannst du ganz sicher sein, Modeste!« Die Cousine willigte resigniert ein. Felicia be-schwor auch Alex, mit den anderen zu ziehen, und natürlich weigerte er sich.

»Ich habe beschlossen, ich bringe dich nach Westen«, sagte er, »und du weißt, ich halte fest an den Dingen, die ich mir vornehme. Aber vielleicht siehst du jetzt ein, was du mit deiner Sturheit angerichtet hast. Wären wir noch im Herbst geflohen, müßten wir uns jetzt nicht durch den Schnee wühlen, und Sophie wäre nicht in Gefahr. Aber du . . .«

Felicia ging sofort in Abwehrstellung. »Hör bloß auf, mir Vorwürfe zu machen! Du hättest ja früher gehen können, niemand hat dich gehalten, am wenigsten ich! Du kannst auch jetzt gehen. Das ist mir lieber, als wenn ich mir in den nächsten Tagen und Wochen ununterbrochen deine Nörgeleien anhören muß!«

»Du wirst mich«, sagte Alex kalt, »in den nächsten Tagen überhaupt nicht zu Gesicht bekommen.« Er drehte sich um und verließ das Haus.

Wie sich herausstellte, war der Arzt, der im Dorf lebte, heimlich mit dem Treck geflüchtet, und der Arzt aus dem Nachbardorf war zum Volkssturm eingezogen worden. Felicia und ihre Gastgeberin bemühten sich auf eigene Faust um Sophie, machten ihr Wadenwickel gegen das Fieber, brauten Kräutertees und trieben sogar noch irgendwo Tabletten gegen die quälenden Halsschmerzen auf. Aber das Fieber wollte nicht weichen, die Schmerzen nicht nachlassen. In ihren klaren Momenten jammerte Sophie nach Schnee; Schnee wollte sie essen, soviel sie nur konnte, um das Brennen in ihrem Hals zu betäuben.

»Sophie, das macht dich nur noch kränker. Du mußt es aushalten«, sagte Felicia verzweifelt.

Ich muß sie nach Berlin bringen, dachte sie immer wieder, ich muß sie nach Berlin bringen. Ich kann Belle nicht gegenübertreten und ihr sagen, daß ihr Kind tot ist.

Zwei Tage später wachten sie alle in den frühen Morgenstunden vom Lärm heftigen Artilleriefeuers auf. Das Dorf selber lag nicht unter Beschuß, aber in unmittelbarer Nähe wurde gekämpft. Irgendeine russische Einheit, die sich parallel zur allgemeinen Stoßrichtung im Süden Ostpreußens weiter nördlich vorwärts bewegte.

Felicia war mit einem Satz aus dem Bett und in ihren Kleidern, durch eisigen Wind lief sie über die tiefverschneite Dorfstraße hin zu der Scheune, in der Alex kampierte; außer ihm hielten sich noch ein paar Familien dort auf, die sich nicht zum Weiterziehen hatten entschließen können und immer noch hofften, in ihre Heimatorte zurückkehren zu können. Jetzt waren die ersten schon dabei, ihre Pferde anzuspannen.

»Alex!« Felicia drängte sich durch die Leute. Sie war mager im Gesicht geworden, ihre struppigen Haare hatte sie mit einem Bindfaden zusammengebunden. Die Augen, die unter der schwarzen Pelzmütze hervorsahen, waren noch kälter und grauer geworden.

»Felicia, wir müssen fort«, sagte Alex, »in ein paar Stunden sind die Russen hier. Wie geht es der Kleinen?«

»Unverändert schlecht. Sie . . . es ist, als würde sie von innen her langsam am Fieber verbrennen. Aber wir können wohl nicht bleiben. Mein Gott, Alex«, für eine Sekunde wollte sie die Verzweiflung überwältigen, »ich habe doch die Verantwortung für sie. Sie kann mir doch nicht einfach wegsterben!«

Alex erwiderte nichts. Felicia riß sich zusammen. »Ich ziehe sie an und bringe sie her. Spann du solange die Pferde ein.«

Es gab keine Evakuierungserlaubnis für das Dorf, und so blieb gut die Hälfte der Einwohner zurück, zum Teil aus Angst vor den Nazis, zum Teil aber auch aus Angst vor einer ungewissen Zukunft, die da draußen jenseits der Schneefelder lag. Sie konnten es nicht über sich bringen, alles, was sie hatten, zurückzulassen, nur das notwendigste Hab und Gut auf einem Wagen zu verstauen und damit in Richtung Westen zu fliehen.

Auch die Frau, die Felicia und Sophie beherbergt hatte, wollte nicht mit, obwohl Felicia ihr einen Platz auf ihrem Wagen anbot.

»Ich habe immer in diesem Dorf gelebt«, sagte sie, »das Haus haben mein Mann und ich uns gebaut. Unsere Kinder sind hier geboren. Ich kann nicht fort, verstehen Sie? Außerdem – was soll mein Mann denken, wenn er aus dem Krieg zurückkehrt?« Felicia hielt es für nicht allzu wahrscheinlich, daß er zurückkehren würde, und Alex hielt es für nicht allzu wahrscheinlich, daß er sie in diesem Fall noch lebend antreffen würde, aber sie ließ sich nicht überzeugen. Der Boden zitterte von den Einschlägen der Granaten, und die Luft hallte wider vom Feuer der Artillerie, als sich der Treck in Bewegung setzte. Felicia und Alex hatten nur noch einen Wagen. Alex kutschierte, Felicia saß hinten und hielt Sophie im Arm. Es wurde hell unterdessen, und es war ein Morgen von beinahe überirdischer Schönheit. Der Himmel leuchtete in allen Pastellfarben, vom blassen Blau über zartes Gelb bis hin zu einem sanften Rot, und der Schnee spiegelte diese Farben. Jedoch – es waren immer noch zwanzig Grad unter Null, und ganz hinten im Osten türmten sich schon wieder dunkle Schneewolken auf.

3

Der Himmel am Horizont war rot erhellt von den Feuern, die dort brannten. Schwarz hoben sich Häuser und Gehöfte davor ab; aus ihren Dächern schlugen Flammen. Die Luft erzitterte vom Kanonendonner. Russische Panzer tauchten neben dem Treck auf, drängten einige Wagen von der Straße. Es schneite, und von Nordosten wehte ein eisiger Wind. Die Russen, die Ostpreußen in einem südlich verlaufenden Bogen durchquert hatten, standen dicht vor Elbing, der Küstenstadt am Frischen Haff, die in diesen Tagen Anlaufstelle für Tausende von Flüchtlingen war.

Felicia wußte nicht genau, wo im Treck sich Alex befand. Er kutschierte den Pferdewagen, während sie selber mit Sophie Unterschlupf auf einem Armeelastwagen gefunden hatte. Es schaukelte hier ein bißchen weniger als auf der Kutsche, außerdem bot die große Plane mehr Schutz gegen die Kälte. Die Soldaten hatten ihr angeboten, sie mitzunehmen, nachdem sie einen Blick auf das fiebernde Kind in ihren Armen geworfen hatten. Für Alex war kein Platz mehr im Laster, und Felicia hatte sich darüber zuerst entsetzlich aufgeregt, aber schließlich eingewilligt, sich von ihm zu trennen. Seitdem sie ihn und seinen Wagen nicht mehr sehen konnte, fühlte sie sich elend und verlassen. Sie kauerte zwischen verwundeten Soldaten, mitten im Gestank nach Blut, Eiter und Exkrementen und versuchte, Sophie zu beruhigen, die über brennenden Durst klagte. Der Soldat neben ihr, der einen Verband um den Kopf trug, stieß einen leisen Seufzer aus und sank zur Seite.

»Tot«, sagte einer seiner Kameraden, ohne daß Bewegung in seine stumpfen Augen gekommen wäre. Er war noch jung, fünfundzwanzig vielleicht, schätzte Felicia, aber der Ausdruck seines Gesichtes war der eines alten müden Mannes. Teilnahmslos starrte er vor sich hin.

»Wenn wir ihn vom Wagen werfen«, sagte ein anderer – und meinte den eben Gestorbenen damit – »hätten wir Platz für einen anderen.«

»Wir können ihn doch nicht einfach hinaus in den Schnee werfen«, widersprach ein junger Hauptmann mit schlecht geschientem, offenbar heftig schmerzendem Bein, aber der erste lachte nur, höhnisch und bitter. »Von uns liegen so viele irgendwo in Rußland, in irgendwelchen Schneebergen, auf den einen kommt es jetzt wirklich nicht mehr an!«

Dicht neben ihnen schlug eine Granate ein, der Lärm war so ohrenbetäubend, daß Felicia entsetzt aufschrie.

»Diese Banditen, sie beschießen den Treck!« rief der Hauptmann. Er langte nach seinem Gewehr, eine ziemlich sinnlose Geste, denn er besaß noch genau eine Patrone.

Mit quietschenden Bremsen kam der Lastwagen zum Stehen. Von draußen war heftiges Stimmengewirr zu hören, Befehle wurden gebrüllt, immer wieder Schüsse abgegeben. Frauen schrien, Kinder weinten. Felicia drückte Sophie fest an sich.

Die Plane wurde auseinandergerissen. Fremde Gesichter unter dicken Pelzmützen tauchten auf: Breite Wangenknochen, flache Nasen und leicht schräg gestellte Augen. Sie hielten Maschinengewehre im Anschlag und schrien den Insassen des Wagens etwas zu. Die Soldaten begriffen, daß sie aufgefordert wurden, herauszuklettern. Nacheinander stiegen sie in den Schnee, Felicia zuletzt. Der Hauptmann mit dem verletzten Bein schaffte es nicht sofort, aber ein Russe half nach, indem er ihm einfach einen so harten Stoß mit dem Gewehr gab, daß er auf die Straße fiel. Zwei Russen kletterten in das Innere des Wagens, zerrten den Toten heraus und warfen ihn in den Straßengraben. Dann nahmen sie den deutschen Soldaten die Waffen ab. Einer wehrte sich und versuchte, sein Gewehr festzuhalten. Sie schossen ihn kurzerhand nieder.

Der ganze Treck, der sich über eine Länge von anderthalb Kilometern hinzog, war zum Stehen gekommen, jedenfalls soweit Felicia das sehen konnte. Von überall her konnte sie Schreie und Schüsse hören.

Einer der Russen, er war klein und untersetzt und hatte Hände wie Kranschaufeln, trat dicht an Felicia heran, griff eine ihrer langen Haarsträhnen und zog sie langsam durch seine Finger. Er sagte etwas, was Felicia nicht verstand. Fast unmerklich wich sie zurück. Ihr Herz begann so zu jagen, daß sie meinte, man müßte ihren Körper zittern und beben sehen. Er wird mich doch hier nicht in den Schnee werfen... vor allen Leuten...

Er wiederholte, was er gerade gesagt hatte, aber sie verstand es noch immer nicht. Seine riesigen Hände griffen nach der Decke, in die Sophie gehüllt war, zogen sie vorsichtig ein wenig vom Gesicht des Kindes weg. Er schaute in die weitoffenen, angstvollen Augen, die unnatürlich glänzten und hörte den rasselnden Atem. Er stellte eine Frage; Felicia wußte nicht genau, worum es ging, aber sie antwortete: »Sie ist schwer krank. Wahrscheinlich eine Lungenentzündung. Aber wir haben nirgendwo einen Arzt gefunden, der sich um sie hätte kümmern können. Ich weiß nicht, wie lange sie mit diesem hohen Fieber leben kann.«

Der Russe kramte umständlich in den Taschen seiner Felljacke und förderte schließlich einen kleinen Beutel zutage, den er aufschnürte und Felicia vor die Nase hielt. Sie schaute hinein: getrocknete Blätter und Wurzelstücke. »Was ist das?«

Er zog die Schnur, die den Beutel verschloß, wieder zu und drückte ihn in Felicias Hand. Gleichzeitig wies er auf Sophie und ließ einen langen Redeschwall vom Stapel.

»Ich nehme an«, sagte einer der deutschen Soldaten, »es handelt sich um Kräutertee, von dem er meint, er könnte der Kleinen helfen.«

Ein Rotarmist stieß ihn heftig mit dem Gewehrkolben in den Rücken. Felicia hielt das Geschenk fest umklammert. »Danke«, sagte sie, »vielen, vielen Dank!«

Zum allgemeinen Erstaunen durfte der Treck weiterziehen. Allerdings nahmen die Russen alle Soldaten mit sowie eine ganze Anzahl von Zivilisten, Männer und Frauen, die sich in einer langen Kolonne aufstellen und in die entgegengesetzte Richtung marschieren mußten. Sie nahmen auch Armeefahrzeuge mit, außerdem hatten sie etwa ein Dutzend Männer erschossen, deren Leichen jetzt rechts und links des Weges lagen. Felicia zitterte um Alex, den sie immer noch nirgends entdecken konnte. Sie fragte sich, wie, um alles in der Welt, sie und Sophie in den Westen gelangen sollten, wenn Alex nicht bei ihnen war. Aber sie konnte ja nicht am Wegesrand stehenbleiben und grübeln; sie mußte sich um eine neue Fahrgelegenheit kümmern. Sie würde Sophie kaum zehn Meter weit tragen können. Ein Bauer, der nahezu seinen gesamten Hausrat auf einem wackligen Wagen mittransportierte, ließ Felicia schließlich aufsteigen. Sie wurde zu einer vielköpfigen Familie zwischen Bettdecken und Kochgeschirr gepreßt und von etwa einem halben Dutzend Kinder und einer hohlwangigen Frau feindselig gemustert. Zweimal mußten sie alle absteigen und den Wagen aus dem Schlamm des inzwischen völlig aufgeweichten Weges ziehen. In tiefer Nacht bei eisigen Temperaturen und leichtem Schneefall kamen sie endlich in Elbing an.

Die Stadt war überfüllt von Menschen. Auf den Straßen, in Hauseingängen, in den Wartehäuschen der Straßenbahn, in Garagen und auf freien Plätzen, überall kampierten Flüchtlinge. Absolut undurchdringlich war das Gewühl am Hafen und am Bahnhof. Hier hofften die Menschen verzweifelt darauf, einen Platz auf einem Schiff oder einem Zug zu ergattern. Erst vor wenigen Stunden hatte ein kleines Passagierschiff mit zweitausend Passagieren an Bord abgelegt; das war jedoch nur ein Bruchteil derer, die auf eine Fluchtmöglichkeit hofften. Den Schiffen fuhren Eisbrecher voran, die bis hinauf nach Pillau eine Fahrrinne in das Eis schlugen; eine dicke Eisschicht nämlich bedeckte das Wasser des Frischen Haffs, das von einem Treck nach dem anderen zu Fuß überquert wurde. Allerdings waren Bomber der Roten Armee darauf angesetzt, die Flüchtlinge unter Beschuß zu nehmen. Felicia, die von dem Bauern inzwischen abgesetzt worden war und durch die Straßen von Elbing irrte, schnappte dies aus Gesprächsfetzen auf und beschloß sofort, sich nicht bis zum Hafen durchzuschlagen. Die Vorstellung, von einer Bombe getroffen in den eisigen Fluten der Ostsee zu versinken, erfüllte sie mit Entsetzen. Sie würde versuchen, den Bahnhof zu erreichen.

Mühsam erfragte sie sich den Weg und stellte dabei voller Verwunderung fest, daß das Leben in Elbing für die Bevölkerung dort noch seinen ziemlich normalen Gang ging. In den Kinos liefen sogar noch die Spätvorstellungen, und vor einem feinen Hotel wartete ein livrierter Boy auf das Eintreffen neuer Gäste. Das unmittelbare Nebeneinander von Weltuntergang und Normalität verlieh der Szenerie etwas Unwirkliches und Groteskes.

Sophie wog schwer in ihren Armen, immer wieder mußte sie stehenbleiben und Atem holen. Die Kälte brannte auf ihrem Gesicht, aber ihr ganzer Körper war schweißnaß vor Anstrengung und Erschöpfung. Als sie den Bahnhof erreichte, taumelte sie nur noch. Seit mehr als zwölf Stunden hatte sie keinen Bissen mehr gegessen, seit drei Tagen und drei Nächten immer nur für ein paar Minuten geschlafen. Die brennenden Augen, die schmerzenden Knochen, die halberfrorenen Zehen, das nagende Gefühl im Bauch, die entsetzliche Müdigkeit, das alles ließ sie sich nur noch mechanisch bewegen, und hätte man sie gefragt, woher sie die Kraft nahm, einen Fuß vor den anderen zu setzen, sie hätte es nicht gewußt. Vielleicht war Sophie die Antwort. In ihrem Kopf hämmerten noch immer Laetitias Worte: »Bring Sophie in Sicherheit. Bring sie in den Westen!«

Und wenn sie anschließend verreckte, sie würde Sophie in Sicherheit bringen!

Auf dem Bahnhofsvorplatz kauerten die Menschen im Freien, auf Koffern, Decken oder auf mitgeführten Stühlen. Vereinzelt waren Feuerstellen errichtet worden, wo man sich die Hände wärmen oder sogar Tee kochen konnte. Felicia drängte sich mitten ins Gewühl: »Geht heute nacht noch ein Zug? Wissen Sie, ob heute nacht noch ein Zug geht?«

Die Auskünfte waren ungewiß, aber irgend jemand schwor, der Bahnhofsvorsteher habe versichert, in den frühen Morgenstunden werde ein Zug von Elbing nach Danzig fahren. Danzig, immerhin. Das war noch nicht weit, aber ein Stück weiter.

Felicia erinnerte sich an Alex' Worte: »Wir müssen Ostpreußen verlassen, ehe die Russen die Grenze erreichen.« Vielleicht war es der letzte Zug nach Danzig, vielleicht die allerletzte Chance.

Mit der Rücksichtslosigkeit, die sie in den schwierigsten Momenten ihres Lebens aufzubringen imstande war, kämpfte sich Felicia durch die Menschenmenge. Nach vorne, nach vorne zu den Geleisen, das war jetzt alles, worauf es ankam, unter den Vordersten sein, wenn der nächste Zug einfuhr. Wenn es darauf ankäme, würde sie jeden vom Trittbrett stoßen, um selber in den Waggon zu gelangen.

Sie hatte es geschafft, bis beinahe unmittelbar an die Geleise heranzukommen. Viele hatten gemurrt, ein Mann hatte wüst geschimpft, als sie ihn zur Seite drängte, aber irgendwie hatte ihr das kranke Kind auf ihren Armen eine gewisse Immunität verliehen. Niemand wagte es, sie aufzuhalten. Als sie schließlich beim besten Willen nicht mehr weiter vorankam, kauerte sie sich, an eine steinerne Bahnhofsuhr gelehnt, einfach nieder, um Atem zu schöpfen. Wahrscheinlich würde sie nie mehr im Leben einen Schritt tun können, und eigentlich wollte sie es auch gar nicht. Sie hatte das Gefühl, sie würde alles ertragen, aber sie würde nie die Energie aufbringen, sich noch einmal zu erheben.

Sophies qualvolles Husten riß sie aus ihrer Lethargie. Die Kräuter fielen ihr ein, die ihr der russische Soldat in die Hände gedrückt hatte. Ob sie versuchen sollte, einen Tee für Sophie daraus zu machen? An einer der Feuerstellen vielleicht, die andere um sie herum errichtet hatten. Sie setzte das Kind auf den kalten Boden und hoffte, die vielen Decken, in die es gewickelt war, würden es einigermaßen warm halten. Eine junge Frau erbot sich, auf die Kleine aufzupassen. Felicia drängte sich erneut durch die Menge, den Beutel mit den Kräutern fest an sich gedrückt. Unweit von ihr wärmte sich eine Flüchtlingsfamilie die Hände über dem Feuer. Felicia sprach sie an. »Würden Sie mir erlauben, hier einen Tee zu kochen? Ich habe ein schwerkrankes Kind, das an seinem Husten fast erstickt. Bitte, helfen Sie mir!«

Hilfsbereit kramten die Leute einen Kochtopf aus ihrem Gepäck, jemand organisierte Wasser, es fand sich sogar ein Sieb, durch das man den Tee später abgießen konnte. Das Gebräu stank fürchterlich, aber einer der umstehenden Männer erklärte, das sei der beste Beweis dafür, daß es wirklich gesund sei; seine Großmutter habe auch Rezepte für derlei geheimnisvolle Tees gehabt, und sie hätten nie ihre Wirkung verfehlt. Auf seine Worte folgte ein kurzes, bedrücktes Schweigen; Großmütter und Kräutertees standen zu deutlich für eine verlorene Zeit.

Irgend jemand sagte leise: »Es ist nur ein Alptraum. Wir werden zurückkehren eines Tages.«

Aber Felicia war sicher, daß es keine Hoffnung gab. Sie ging wieder zu Sophie und flößte ihr mit Hilfe der fremden jungen Frau den Tee ein. Sophie versuchte sich zu wehren, war aber bereits zu schwach, um noch erfolgreich Widerstand leisten zu können. Felicia bestand darauf, daß sie den ganzen Becher leer trank. Danach wickelte sie sie aus der äußersten Decke, breitete diese auf dem Boden aus, kauerte sich darauf nieder und zog das schlafende Kind in ihre Arme. Sophie atmete tatsächlich etwas leichter, der Husten war verstummt.

Halt aus, Sophie. Ich bringe dich nach Berlin, ich verspreche es dir, aber halt aus!

Es schneite jetzt in großen, dicken Flocken. Um halb zwei in der Nacht zog Felicia ihren Mantel aus, um ihn Sophie umzuhängen, sie selber fror nicht einmal so sehr, hatte nur ein klammes, unangenehmes Gefühl in ihren Knochen. Hin und wieder sah sie nach oben, wo zwischen den Wolken in seltenen Momenten einmal der Mond hindurchschimmerte. Sie betete darum, daß es bald Morgen sein würde und der Zug käme. Sie wußte, daß ein mörderischer Kampf einsetzen würde, aber das erschien ihr besser, als noch länger das Warten zu ertragen. Sie war überzeugt, daß sie kein Auge zutun würde, aber ihre Erschöpfung siegte schließlich doch. Gegen fünf Uhr morgens nickte sie ein.

Als sie erwachte, graute der Tag. Es hatte aufgehört zu schneien, aber der schneeschwere Himmel verhieß nichts Gutes. Felicia brauchte eine halbe Sekunde, um zu begreifen, wo sie war, aber dann fuhr sie in die Höhe und stieß gleich darauf einen Schmerzenslaut aus. In der feuchten Kälte waren ihre Glieder so steif geworden, daß ihr jede Bewegung weh tat.

Die junge Frau, die ihr in der Nacht mit Sophie geholfen hatte, stand über sie gebeugt, offenbar hatte sie sie wach gerüttelt. Sie sah sehr besorgt aus. »Ich hatte schon Angst, Sie könnten erfroren sein, so fest haben Sie geschlafen!«

»War der Zug schon da?« fragte Felicia entsetzt.

»Nein, nein. Aber . . .«

»Was?«

Die Frau sah zu dem Bündel hin, in das Sophie gehüllt war. Sie hatte einen seltsamen Ausdruck in den Augen.

»Ich fürchte . . .«

Felicia schlug den Mantel und die Decken auseinander. Ihr Herz hämmerte plötzlich wie rasend, und ihre Kehle wurde eng. »Sophie!« Sie schüttelte das Kind. »Sophie! Sophie!« Wie laut hatte sie den Namen geschrien? Von überall drehte man sich nach ihr um.

»Sophie!«

Das gelblich-bleiche, kleine Gesichtchen. Die entzündete Nase. Der zarte Flaum der Brauen über den Augen. Der spitz in die Stirn zulaufende Haaransatz. Die vom Fieber aufgesprungen leicht geöffneten Lippen. Die blassen, fein verästelten Adern an den Schläfen.

»Sophie! Sophie, wach doch auf!«

Das Bild dieses kleinen hilflosen Kindes brannte sich für alle Zeiten in Felicias Gedächtnis ein. Sie würde es immer wieder vor sich sehen, am Tag und in ihren Träumen.

Sophie war in der Nacht gestorben.

Felicia lief durch die Stadt, das tote Kind auf den Armen, es war heller Tag geworden inzwischen, und es interessierte sie nicht mehr, ob der Zug kam. Sie wußte nicht einmal, wohin sie lief. Auf dem Bahnhof hatte es nur einen einzigen klaren Gedanken in ihrem Kopf gegeben: Ich kann sie nicht hier liegenlassen. Die Menge wird sie zertrampeln. Ich muß sie wegbringen.

Auf einmal war es nicht mehr wichtig, zu fliehen. Sie dachte auch nicht mehr darüber nach, was nun werden sollte. Sie war wie betäubt, und hinter der Betäubung lauerten Entsetzen und Schmerz. Sophie war gestorben – und sie hatte es nicht einmal bemerkt. Hätte sie es verhindern können? War das kleine Mädchen am Fieber verglüht, am Husten erstickt oder in der Kälte erfroren? Wie hatte sie es im Arm halten können, ohne ihr Sterben mitzubekommen? Die Fragen wirbelten ihr in wirrer Folge im Kopf herum, aber in erster Linie – und ohne es wirklich zu realisieren – schlug sie sich mit der makabren Frage herum, wohin, um Gottes willen, sie mit der Leiche sollte!

Ich kann sie doch nicht einfach irgendwo liegenlassen! Was mach' ich denn nur? Es war, als habe sie Sinn und Verstand verloren, und sie begriff zuerst nicht einmal, daß Alex ihr plötzlich in den Weg trat und sie am Arm packte. »Felicia! Mein Gott, wo hast du denn gesteckt? Ich habe dich gesucht wie verrückt!«

Sein Gesicht war blaß vor Sorge. Felicia starrte ihn an, als habe sie ihn nie zuvor gesehen.

Er schüttelte sie leicht. »Felicia!«

»Alex...« Es hörte sich an, als habe sie einen Ballen Watte im Mund.

Jetzt erst sah er auf das Bündel in ihren Armen, bemerkte den seltsam zur Seite fallenden Kopf des Kindes und begriff, was die kalte Qual in Felicias Augen und was die bleiche, dünne Linie ihres Mundes bedeuteten. »Nein, Felicia! Wann...«

Sie ließ das Bündel zu Boden rutschen und fing an zu weinen. Nicht laut und heftig, sondern stumm und unaufhaltsam. Alex hatte sie erst einmal so erlebt, so haltlos und still weinend; das war in jener Nacht vor fünf Jahren gewesen, als er unerwartet in München auftauchte und die Gestapo gerade ihr Haus durchsuchte. Felicia hatte sich glänzend gehalten, bis alles vorüber war, dann erst war sie zusammengebrochen. Jetzt war es dasselbe. Sie stand da, mitten auf der Straße, mit hängenden Armen, einem vor Erschöpfung ganz knochig und kantig gewordenen Gesicht, und konnte überhaupt nicht aufhören zu weinen. Er hätte sie in die Arme nehmen und ihr über die Haare streichen mögen, aber er wußte, daß sie sofort zum Bahnhof mußten, sie mußten den nächsten Zug erreichen, es blieb absolut keine Zeit zum Weinen oder Trauern. Es blieb auch keine Zeit für ein Begräbnis.

»Ich bin schuld!« Felicias Stimme klang leise und wie zerbrechendes Glas. »Weil ich nicht fort wollte von Lulinn. Weil ich . . .«

»Red dir das doch nicht ein, Felicia!«

In ihren Augen blitzte Wut. »Du hast es doch selber gesagt! Streite doch jetzt nicht deine eigenen Worte ab! Du hast es immer und immer wieder gesagt!«

Im stillen verfluchte er seine Attacken, aber er konnte jetzt nichts davon mehr ungeschehen machen, und es blieb keine Zeit für Erklärungen.

»Felicia, wir müssen zum Bahnhof. Wir . . .«

»Ich muß erst Sophie begraben.«

»Das geht nicht. Wir haben keine Zeit.«

»Ich habe Zeit.«

»Felicia, es hat keinen Sinn, daß wir hier sterben, nur weil du auf einem Begräbnis für Sophie bestehst. Da draußen auf den Straßen und Feldern von Ostpreußen liegen die Leichen zu Hunderten, und niemand kümmert sich um sie. Wir . . . wir legen sie in einen Garten . . .«

»Nein!«

Er begriff, daß mit ihr nicht zu reden war und daß er sie jetzt einfach zwingen mußte, wenn es für sie beide noch eine Chance geben sollte. Grob packte er ihren Arm. »Du warst nie sentimental, Felicia, also sei es nicht plötzlich in dem Moment deines Lebens, in dem es am ungünstigsten ist. Wir haben Lulinn nicht verlassen und uns tagelang durch die mörderische Kälte bis hierher durchgeschlagen, um jetzt in aller Seelenruhe auf die Russen zu warten. Du kommst mit zum Bahnhof, und wenn ich dich an den Haaren dorthin schleifen muß!«

»Ich denke überhaupt nicht daran. Ich lasse Sophie nicht hier irgendwo liegen!«

»Ja, bloß leider kann es sein, daß du dich vierundzwanzig Stunden später danebenlegen mußt, und ich würde gern wissen, was sie dann davon hat«, sagte er brutal.

Sie sah ihn fassungslos an, aber an ihren Augen konnte er sehen, daß der Schock langsam wich und sie zu begreifen begann, daß er recht hatte. Schließlich legten sie die tote Sophie an den Rand eines Parks und deckten sie mit Zweigen zu. Als sie zum Bahnhof zurückkehrten, schneite es wieder, aber dafür war Felicias Tränenflut versiegt. Vollkommen ermattet und willenlos vor Kummer und Müdigkeit, trottete sie hinter Alex her. Er berichtete, er habe das Pferdefuhrwerk an Leute am Stadtrand verkauft, aber sie hörte kaum hin, es interessierte sie auch nicht. Sie konnte nur daran denken, daß Sophie nicht mehr lebte, daß sie nach Berlin kommen würde und Belle diese Nachricht überbringen müßte. Diesmal verließ sie ihre Fähigkeit, unangenehme Dinge beiseite zu schieben, um sie erst wieder hervorzuholen, wenn sie an Schärfe verloren hatten. Jetzt schaffte sie es nicht. Das Bild der toten Sophie stand vor ihren Augen, unverrückbar, und sie sah es mit grausamer Deutlichkeit.

Der Zug war noch immer nicht eingetroffen, obwohl es schon gegen Mittag ging und er für den frühen Morgen angekündigt gewesen war, aber es herrschte einige Aufregung, weil irgend jemand behauptet hatte, er käme jetzt jeden Moment und außerdem seien russische Panzer in der Stadt gesichtet worden. Von allen Seiten war der Lärm der Artillerie zu hören, und der Himmel im Osten war rauchverhangen. Als der heißersehnte Zug endlich einlief, setzte auf dem Bahnsteig eine beinahe lebensbedrohliche Hysterie ein. Von Anfang an stand fest, daß nur ein Bruchteil der Wartenden würde mitkommen können. Die Menschen stürmten auf die Wagen zu; Güterwagen waren es, zum größten Teil offen, ohne Schutz gegen den eisigen Fahrtwind. Kinder schrien, Mütter umklammerten verzweifelt ihre Babys und versuchten, mit der anderen Hand auch noch einen Koffer mitzuziehen, Männer mühten sich ab, auf irgendeine Weise ihre Familien zusammenzuhalten. In dem schrecklichen Gedränge wurden sie immer wieder auseinandergerissen und sofort in völlig gegensätzliche Richtungen abgedrängt. Eine Frau, die ihr Kind im Gewühl verloren hatte, kämpfte sich schreiend gegen den Strom durch und wurde beinahe niedergetrampelt. Sie alle hatten in ihren schönen Häusern in einem wunderbaren Land gelebt und waren freundlich, hilfsbereit und gutherzig zueinander gewesen, aber jetzt befanden sie sich auf der Flucht vor gnadenlosen Feinden, und alle früheren Maßstäbe hatten ihre Gültigkeit verloren. Es galt nur noch, sich einen Platz auf diesem verdammten Zug zu sichern.

Felicia hatte Glück. Es war, als werde sie auf einer Woge nach oben geschwemmt. Sie bekam einen Haltegriff zu fassen, spürte ein Trittbrett unter ihren Füßen, zog sich hinauf, geschoben von den nachdrängenden Massen. Ein einstiger Kohlewagen war es, auf dem die Menschen schon wie die Ölsardinen standen. Nach Felicia würden vielleicht noch zwei hineinpassen, mehr nicht. Sie hatte es geschafft, in letzter Sekunde. Wie immer.

Sie drehte sich um und sah Alex. Er befand sich ein ganzes Stück hinter ihr – natürlich, dachte sie ärgerlich, er ist nicht rücksichtslos genug, nicht so rücksichtslos wie ich! –, und es war klar, er konnte es nicht mehr auf den Zug schaffen. Die Leute hingen schon wie Trauben an den Wagen, die Lokomotive stieß bereits einen schrillen Pfiff aus. In weniger als einer Minute würde sie sich in Bewegung setzen. Sie dachte an Maksim. An Belle. An Susanne. An Tom Wolff und seine Spielzeugfabrik. An das Leben. Und sie sah Alex. Es gab keinen Grund, den Kopf für ihn hinzuhalten, aber sie drehte um und stieg vom Wagen. Genauer gesagt, sie ließ sich mehr oder weniger einfach hinunterfallen, in die Menge hinein, kam erstaunlich weich auf und spürte nicht, daß sie sich an einem hervorstehenden Nagel verletzt hatte, daß ihr das Blut warm den Arm hinunterlief. Über das Geschrei der Menge hinweg hörte sie Alex' Stimme. »Bist du wahnsinnig? Was tust du da? Verdammt noch mal, was tust du?«

Der Zug fuhr an, rollte langsam, dann immer schneller aus dem Bahnhof. Die Bahnsteige waren noch immer voll mit Menschen. Zwanzig Züge würden die Massen nicht transportieren können. Alex hatte sich bis zu Felicia hingekämpft. Er war blaß vor Entsetzen. »Warum hast du das getan? Du warst schon oben, zum Teufel!«

»Ja, und jetzt bin ich wieder unten, zum Teufel«, ahmte sie ihn unwirsch nach. Sie haßte es, bei unvernünftigen Entscheidungen entdeckt zu werden, und es war unvernünftig gewesen, wegen Alex umzukehren. Jetzt stand sie schon wieder auf diesem schrecklichen Bahnhof, in einer Stadt, die schon beinahe umzingelt war von den Russen, die widerhallte vom Dröhnen der Geschütze. Sie fragte sich, wie sie das hatte tun können, und sah sich der verwirrenden Antwort gegenüber, die sie sich vor vielen, vielen Jahren als junge Frau schon einmal gegeben hatte: Auf eine unbegreifliche Weise liebte sie Alex. Sie hätte sich nicht in Sicherheit bringen mögen, wenn er einem ungewissen Schicksal und möglicherweise dem Tod ausgeliefert bliebe. In ihrem ganzen Leben hatte sie doch nur einen Menschen uneigennützig und idealistisch geliebt, Maksim Marakow. Im Grunde konnte sie es sich nicht leisten, mit Alex nun dieselben Verrücktheiten zu beginnen, aber ganz ohne Zweifel hatte sie das gerade schon getan.

4

Am 26. Januar 1945 waren die deutschen Soldaten in Ostpreußen von den übrigen Armeen abgeschnitten. Am 29. Januar drang die Rote Armee in Pommern ein. Königsberg war eingeschlossen, wurde aber hartnäckig verteidigt. Am 3. Februar kam es wieder zu schweren Luftangriffen auf Berlin, das ohnehin nur noch eine Trümmerwüste war. Am 12. Februar erließ der deutsche Justizminister eine Verordnung, die die Schaffung von Standgerichten für »Straftaten, die die deutsche Kampfkraft oder Kampfentschlossenheit gefährden« begründete. Die Familien desertierender Soldaten oder kapitulierender Offiziere wurden in Sippenhaft genommen, manche sogar noch in KZs gebracht. Deutschland lag in den letzten Zuckungen, aber es wurde noch immer so getan, als habe Verteidigung einen Sinn. »Der Führer braucht dein Opfer für Wehrmacht und Volkssturm« stand auf großen Transparenten in den Städten.

In der Nacht vom 13. auf den 14. Februar legten alliierte Bomber Dresden in Schutt und Asche. Die Stadt war mit Flüchtlingen aus dem Osten überfüllt. Feuerstürme rasten durch die Straßen und töteten Tausende von Menschen. Beinahe kein Stein blieb auf dem anderen.

Am 8. April drangen die Russen in Königsberg ein. Am 9. April kapitulierte General Lasch, der die Festung bis dahin gehalten hatte, und wurde von Hitler zum Tode verurteilt.

Am 16. April begann die russische Großoffensive auf Berlin.

Belle hatte für Nicolas kleine Tochter Extramarken für Milch bekommen, aber die nutzten ihr nichts, denn in den Geschäften gab es keinen einzigen Tropfen mehr. Die Verkäuferinnen hatten mit den Schultern gezuckt. »Tut uns leid. Es ist keine Milch mehr zu bekommen. Nicht einmal Milchpulver. Vielleicht versuchen Sie es noch woanders.«

Sie fühlte sich müde und schlapp. Wie so oft seit einiger Zeit schmerzte ihr Magen heftig, eine Folge wahrscheinlich der unzureichenden Ernährung. Die mildwarme Luft des Vorfrühlingstages wirkte einschläfernd, das Bild der Verwüstung ringsum bedrückte sie. Überall Schutt und Geröll. Ruinen. Gähnende Fensterhöhlen. Verhärmte Menschen in abgerissenen Kleidern. Obdachlose, Flüchtlinge, die im Freien kampierten, neben sich einen Koffer oder einen kleinen Handwagen. HJ-Jungen zogen in langen Reihen durch die Straßen, Kindergesichter zum größten Teil noch und trotzdem schon zum Volkssturm eingezogen. Frauen mit Kopftüchern über den Haaren und am ganzen Körper weiß vom Kalkstaub, halfen, die Trümmer beiseite zu räumen, eine aussichtslos scheinende Arbeit angesichts der Massen von Schutt. Und trotzdem ging zwischen den Ruinen, zwischen der Zerstörung das Leben weiter: Wie immer im Frühling standen auch jetzt alte Frauen an den verwüsteten Straßenecken und boten den Vorübereilenden Sträuße von Osterglocken und Krokussen an. Aus einem zerbombten Hinterhof leuchtete gelb und triumphierend ein einsamer Ginsterbusch.

Je näher Belle der Wohnung kam, desto langsamer ging sie.

Sie haßte es, nach Hause zu kommen. Die drei Zimmer waren inzwischen vollkommen überfüllt: Sie selbst, Christine, Nicola und die Kleine, Anne – das hätte schon gereicht. Aber seit Februar hielten sich auch Modeste und ihre fünf Kinder – der Älteste, Victor, war noch in der Napola – dort auf. Vier schliefen zwar in der kleinen Bodenkammer, die zur Wohnung gehörte, aber natürlich kamen sie ständig herunter, schrien und lärmten. Glücklicherweise war wenigstens der junge Franzose, der die Familie begleitete, nicht länger als einen Tag geblieben, dann war er losgezogen, um sich in seine Heimat durchzuschlagen.

Modeste war erstaunlich dünn geworden, und ihre Kuhaugen hatten den Eindruck von Trägheit verloren, statt dessen stand ein nervöses Flackern in ihnen, das bei jedem, der sie sah, Mitleid erregte. Sie hatte Belle von ihrer Flucht erzählt, es mußte grauenhaft gewesen sein. Mit dem Pferdewagen war Modeste über das Eis auf dem Frischen Haff geflohen und dabei von russischen Tieffliegern beschossen worden, irgendwann waren die Pferde zusammengebrochen, und sie hatten zu Fuß weitergehen müssen. Später wurden sie von verschiedenen Fahrzeugen immer wieder ein Stück mitgenommen, aber weite Teile liefen sie, und so kamen sie, ausgemergelt und zutiefst erschöpft, in der verwüsteten Reichshauptstadt an, wo sie noch einmal Tage brauchten, um herauszufinden, wo Belle überhaupt lebte. Modeste sprach von nichts anderem als von ihrem Joseph und ging in Gedanken alle Wege durch, über die man erfahren könnte, was aus ihm geworden war. Natürlich gab es im Moment keine Möglchkeit, denn zum Osten war jegliche Verbindung zusammengebrochen, und die Rote Armee begann, Berlin zu umzingeln.

Modeste hatte nur einen verworrenen Bericht von der Erkrankung Sophies gegeben und erzählt, daß Felicia beschlossen hatte, die Flucht in den Westen zu unterbrechen, bis das Kind gesund wäre. »Das war in irgendeinem kleinen Dorf zwischen Insterburg und Elbing. Aber mach dir nicht zuviel Sorgen, Belle. Alex Lombard ist bei ihr.«

Belle war keineswegs unbesorgt. Vielmehr erfüllte sie eine nie vorher gekannte Angst. Alex und Felicia gegen die Rote Armee . . . Wie krank war Sophie gewesen, daß Felicia das Risiko einging, in Ostpreußen zu bleiben, als die Russen fast schon die Hände nach ihnen ausstrecken konnten? Und was war dann geschehen? Lebten sie noch, oder hatte man sie längst umgebracht oder verschleppt? Was war aus Urgroßmutter Laetitia geworden, nachdem die anderen Lulinn verlassen hatten? Und Max, von ihm gab es immer noch keine Nachricht seit Stalingrad, von Paul hatten sie nichts mehr gehört seit 1942 . . . Egal, wohin sie schaute, überall waren Menschen, die sie liebte, in ein ungewisses Schicksal verstrickt, und sie konnte nicht helfen. Sie sehnte sich nach Andreas, einfach danach, daß er sie nur für einen Moment in die Arme nähme. Sie hätte so gern den Kopf an seine Schulter gelegt und tief durchgeatmet, für Sekunden alle Sorgen vergessen. Aber Andreas saß in der Schweiz fest, weil er ja unbedingt sein Geld illegal hatte verdienen müssen.

Belle straffte die Schultern und ging auf das Haus zu, ignorierte eine Flüchtlingsfrau aus Schlesien, die ein Schild in den Händen hielt, auf dem sie um ein Dach über dem Kopf und etwas zu essen bat. »Bitte, ich habe keine Wohnung, ich habe nichts mehr, bitte helfen Sie mir . . .«

Guter Gott, dachte Belle ungeduldig, als ob wir uns einander nicht so schon auf die Füße treten würden!

Sie öffnete die Haustür. Vom oberen Treppenabsatz vernahm sie Modestes Stimme. »Belle! Belle, komm schnell!«

Wahrscheinlich hatte sich eines von den verdammten Kindern in den Finger geschnitten, oder es gibt wieder einmal keinen Strom, dachte Belle. Immer, wenn irgend etwas passierte, schrie man nach ihr. Sie sollte Rat wissen und alles wieder in Ordnung bringen. Manchmal fühlte sie sich so müde, daß sie sich am liebsten hingelegt und für Wochen geschlafen hätte.

Modeste hing über dem Geländer. »Mein Gott, Belle, endlich! Wo hast du denn gesteckt die ganze Zeit? Wir warten schon so auf dich! Beeil dich doch!«

Belle war auf der obersten Stufe angelangt. »Was ist denn passiert?«

Modeste packte ihren Arm. »Du wirst nicht glauben, wer da

445

ist! Du wirst es nicht für möglich halten! Nach so langer Zeit . . .
deine Mutter ist da, Belle. Felicia ist da. Mit Alex Lombard.
Komm schnell!«

Felicia und Alex saßen in der Küche. Auf den ersten Blick
konnte Belle erkennen, daß sie ungeheure Strapazen hinter sich
haben mußten, sie waren beide hohlwangig und hatten Schatten unter den Augen, Felicia hatte entsetzlich viel Gewicht
verloren. Und ihre Haare! Waren ihre Haare über der Stirn und
an den Schläfen zuletzt auch schon so grau gewesen? Zwischen
Alex und ihr herrschte eine deutlich spürbare Vertrautheit.
Felicia hatte ihren Kindern gegenüber immer Probleme gehabt,
spontane Gefühle zu zeigen, und auch jetzt hielt eine unerklärliche Hemmung sie davon ab, ihre Tochter einfach in die Arme zu
nehmen. Ihre Scheu übertrug sich auf Belle; sie blieb vor ihrer
Mutter stehen.

»Mami«, sagte sie schließlich, »wo warst du nur so lange?«

»Wir haben mit Sicherheit den umständlichsten Weg genommen, den es von Lulinn hierher gibt«, sagte Felicia. Dann
wandte sie sich ab und hustete heftig. Seit Wochen quälte sie
diese chronische Bronchitis, und in den Nächten lag sie oft wach
und rang um Atem. Als sie wieder sprechen konnte, fuhr sie
fort: »Willst du nicht Alex begrüßen?«

Belle war von Felicia immer in dem Glauben gelassen worden, Alex sei ihr Vater, tatsächlich hatte er aber keine Rolle in
ihrem Leben gespielt, sie hatte ihn als kleines Kind nur ein- oder
zweimal gesehen. Sie konnte in dem fremden Mann, der sich
nun erhob und ihr die Hand gab, nicht ihren Vater sehen und
war einen Moment lang sogar unsicher, ob sie »Du« oder »Sie«
zu ihm sagen sollte.

»Guten Tag, Alex«, sagte sie schließlich.

»Guten Tag, Belle.« Er war überrascht, wie schön sie war. Die
Tochter von Felicia und Maksim Marakow. Sie sah Felicia sehr
ähnlich, hatte aber breitere Wangenknochen und ganz leicht
schräggestellte Augen. Eigentlich sah sie verführerischer aus als
Felicia in ihrer herberen Art, aber dafür waren ihre Züge weniger ausgeprägt, und in ihren Augen war ein Hang zum Leichtsinn zu lesen, den er von Felicia nicht kannte.

Wahrscheinlich laufen ihr die Männer in Scharen nach, dachte er, und ebenso wahrscheinlich pickt sie sich immer die falschen heraus.

»Was meinst du – den längsten Weg von Lulinn hierher?« griff Belle die Worte ihrer Mutter auf.

»Wir sind um ein Haar aus Elbing nicht mehr herausgekommen. Wir haben schließlich Plätze auf dem buchstäblich letzten Schiff erwischt, das den Hafen verließ. Auf der freien Ostsee wurden wir bombardiert und trieben zwei Tage in einem Rettungsboot über das Meer...«

»O Gott, Mami!«

»Ein schwedischer Frachter fischte uns auf. Wir wurden nach Stockholm gebracht. Aber dort wollten sie uns erst überhaupt nicht an Land gehen lassen. Und weil sie uns schlecht einfach ins Wasser werfen konnten, wurden wir in eine Art Internierungslager gebracht. Es gab ein langes Drama um unsere Papiere, und endlich ließen sie uns gehen beziehungsweise sie hatten es auf einmal furchtbar eilig, und innerhalb von zwölf Stunden mußten wir das Land verlassen. Bis wir dann die Schiffspassagen nach Dänemark hatten... und bis wir uns dann dort von Ort zu Ort gehangelt hatten... Belle, du kannst dir überhaupt nicht vorstellen, wie schwierig das alles war!«

Sie hatte hastig geredet – verständlich angesichts all der Aufregung, die hinter ihr lag –, aber doch war es eine Spur zu hastig, zu nervös; es schien, als wolle sie um Himmels willen niemanden sonst zu Wort kommen lassen. Eine seltsame Unruhe ergriff von Belle Besitz, eine Ahnung von etwas Unheilvollem. Rasch ließ sie die Augen durch den Raum schweifen, ehe sie mit beinahe unbeteiligter Stimme fragte: »Wo ist denn eigentlich Sophie?«

Felicia sah zur Seite. Von Modeste kam ein tiefes, angstvolles Seufzen. Belle wiederholte die Frage in scharfem Ton: »Wo ist Sophie?«

Alex Lombard hielt ihrem Blick stand. »Belle... wir haben alles für sie getan, aber die Umstände waren zu ungünstig. Sie war schwer krank, sie hatte eine Lungenentzündung, und wir mußten bei zwanzig Grad unter Null durch Ostpreußen fliehen.

Selbst für gesunde Kinder war das kaum durchzustehen. Sie ist schließlich in Elbing gestorben. Im Schlaf. Sie hat nichts davon gemerkt.«

»Was?« Eine Welle der Übelkeit schwappte über Belle hinweg. Sie nahm den Schweißgeruch ihres eigenen Körpers wahr, und ihr wurde schlecht davon. Sie kippte nach vorn in Alex Lombards Arme, und das Schwanken zwischen Bewußtsein und Ohnmacht schien ihr eine unendlich lange Zeit zu dauern, obwohl es doch nur Sekunden sein konnten. Sie verlor nicht die Besinnung. Die Übelkeit verging, und sie löste sich von Alex.

»Entschuldigen Sie bitte«, sagte sie und dachte gleich darauf: Wie dumm! Er ist doch mein Vater.

Belle hatte ihren Morgenmantel fest um ihren Körper geschlungen, aber sie fror dennoch und konnte ein Zittern kaum unterdrücken. Es war beinahe drei Uhr in der Nacht. Nachdem sie sich resigniert damit abgefunden hatte, daß sie nicht würde einschlafen können, war sie aufgestanden und in die Küche gegangen. Die Verdunkelungsrollos waren herabgezogen, und sie schaltete das Licht ein, kramte eine Flasche Rotwein hervor, die sie ganz hinten im Schrank vor Modeste versteckt hatte. Anders ließ sich diese Nacht nicht durchstehen. Vielleicht wurde ihr wärmer vom Alkohol, oder sie konnte aufhören zu denken. Wenn doch nur die Bilder verblaßten, die durch ihren Kopf wirbelten, all diese furchtbar vielen Eindrücke, Erinnerungen, Gedanken, die sie nicht ordnen und beruhigen konnte. Sie empfand nichts als Schmerz, und sie schaffte es nicht wie sonst, diesen Schmerz zu rationalisieren und damit zu besänftigen. Ihr Kind war tot, irgendwo da oben im ostpreußischen Winter gestorben, auf der Flucht vor den Russen, und außer ein paar Fotografien und ein paar Kleidchen hielt sie nichts in den Händen. Genausoviel wie von Max. Bilder und ein paar Hosen und Hemden im Schrank. Auf einmal war sie beinahe sicher, daß auch er nicht mehr lebte, und noch nie hatte sie eine so verzweifelte, bittere Einsamkeit gefühlt. Um so schlimmer schien ihr dieses Gefühl, als es nichts gab, woran sie sich festhalten konnte. Sie konnte nicht sagen: »Ich hatte eine wunderbare Zeit mit Max. Ich hatte eine wunderbare Zeit mit Sophie. Dann kam der Krieg und hat mir alles genommen. Es ist eine tiefe Wunde, die blutet und blutet, aber irgendwann, wenn genügend Jahre darüber hingegangen sind, wird sie sich schließen.«

Auf welche wunderbare Zeit sollte sie zurückblicken? Vor Max war sie davongelaufen, hatte jede Gelegenheit genutzt, eigene Wege zu gehen, war schon kurz nach der Hochzeit zu Andreas übergelaufen und hatte sich in ihrem eigenen Gefühlschaos nicht mehr zurechtgefunden. Und Sophie ... sie war mehr bei Elsa gewesen als bei ihr, hatte ihre Mutter nur stundenweise gesehen. Die letzten drei Jahre waren sie ganz voneinander getrennt gewesen. Hinter der Trauer, hinter all der Verworrenheit, die sie empfand, lauerte eine Leere, die ihr angst machte. Diese Kälte in ihrem Körper, die in einem so schmerzlichen Gegensatz zu den fieberhaften Gedanken hinter ihrer Stirn stand ... Alles kam ihr vor wie ein sinnloser Kreislauf. Sie stand mit leeren Händen da und versprach sich nichts von der Zukunft.

Da sie fast nichts gegessen hatte am vergangenen Tag, zeigte der Rotwein eine rasche Wirkung. Er umnebelte ihren Kopf und machte die Lider ihrer Augen schwer. Düster starrte sie auf die hölzerne Platte des Küchentisches. Unwillkürlich erinnerte sie sich an etwas, das Andreas einmal zu ihr gesagt hatte, vor vielen Jahren: »Bist du jemals in deinem Leben verzweifelt gewesen? Einsam? Hast du je eine trostlose Leere in dir gespürt oder eine Nacht durchgesoffen, um zu vergessen, wie weh das Leben tut?«

In welchem Zusammenhang war das gewesen? Ach ja, er hatte ihr klarmachen wollen, daß sie zuwenig Reife besaß, um eine wirklich gute Schauspielerin zu sein. Tatsächlich hatte sie Schmerzen nicht gekannt. Auch keine Kälte und Sinnlosigkeit. Das Leben war leicht und lustig gewesen, und sie hatte es genossen, ohne sich viele Gedanken darum zu machen. Auf einmal stieg Sehnsucht nach Max in ihr auf, nach den allerersten Tagen ihrer Liebe und ihren verschwiegenen, romantischen Treffen in seinem kleinen Zimmer am Prenzlauer Berg. Damals war sie glücklich gewesen und hatte nicht gewußt, wie weh es tut, Menschen zu verlieren. Die Zeit vor dem Schmerz . . . Wenn sie sie doch zurückholen könnte, sie würde versuchen, sie diesmal besser festzuhalten.

Belle schenkte sich das dritte Glas ein und zuckte zusammen, als die Tür aufging. Es war Felicia, die hereinkam, einen dicken Schal um Hals und Brust wegen ihrer Bronchitis.

»Ach, du bist es, Belle. Ich habe Licht gesehen. Du konntest also auch nicht schlafen.«

»Nein.«

»Störe ich dich? Möchtest du allein sein?«

»Nein, nein. Setz dich nur. Möchtest du auch etwas Wein?«

»Ja, bitte. Man sollte seine Probleme zwar so nicht lösen, aber ich habe es immer getan und bin damit einigermaßen durchs Leben gekommen.«

Belle stand auf und holte ein zweites Glas. Felicia sah sie an. »Es gibt noch immer keine Nachricht von Max?«

»Nein. Seit Stalingrad nichts mehr.«

»Und gibt es . . .«, sie erinnerte sich, was Laetitia ihr vor langer Zeit über Belles Ehe und über den »verräterischen Glanz in ihren Augen« gesagt hatte. »Gibt es einen anderen Mann in deinem Leben?«

»Warum willst du das wissen?«

»Ich möchte es einfach wissen.«

Belle lächelte bitter. Ihre Magenschmerzen kamen in sanften Wellen. »Du möchtest, wenn du weiterreist nach München, wissen, daß sich hier irgend jemand um mich kümmert, stimmt's? Du hast Angst, an dir könnte die Aufgabe hängenbleiben, mich über den Verlust meines Kindes hinwegzubringen. Ich kann dich beruhigen, Mami, es gibt einen Mann. Ich bin nicht allein.«

Felicia wußte, daß sie einen heiklen Punkt berührte, aber sie fragte trotzdem: »Damals, als du Sophie erwartet und mich angerufen hast, weil du . . . weil du eigentlich kein Kind wolltest . . ., damals hast du einen Mann erwähnt, und ich habe das so verstanden, als sei er Sophies Vater, nicht Max. Sag mir, gibt es diesen Mann noch – für dich, meine ich? Du hast mir nie wieder von ihm erzählt!«

Belle setzte sich wieder, schenkte ihrer Mutter Wein ein. Der Ausdruck ihrer Augen war sehr kühl. »Mami, du hast dich nie für mein Leben interessiert. Bitte tu jetzt nicht so, als ob du erstaunt wärest, weil ich die Dinge mit mir abmache.«

Felicia schwieg. Belle nahm einen tiefen Schluck Wein. »Ich habe mit diesem Mann seit fast sieben Jahren ein Verhältnis«, sagte sie dann. »Ich weiß nicht genau, ob er der Vater von Sophie ist, aber ich vermute es. Ich war mit ihm sehr viel mehr zusammen als mit Max. Er ist völlig anders. Max war immer zu gut für mich. Anständig, ehrlich, durch nichts zu korrumpieren. Er hat lieber gehungert, als an den Theatern von Joseph Goebbels zu spielen.« Sie runzelte die Stirn. »Das hätte ich nie fertiggebracht. Ich glaube, ich würde immer die Dinge tun, die mir einen Vorteil bringen.«

»Ich weiß, Belle. Ich bin genauso.«

»Andreas – das ist dieser Mann – ist so wie ich. Wir sind einfach gleich. Mit ihm kann man leben. Bei Max hat mir immer etwas gefehlt. Etwas ist mir fremd geblieben.«

»Ich weiß genau, was du fühlst, Belle.«

»Nein, das glaube ich nicht. Du kannst es nicht wissen. Du würdest dich gar nicht erst in einen Mann wie Max verlieben, ihn heiraten und unglücklich machen. Du hast dich zwar von Alex Lombard später scheiden lassen, warum auch immer, aber grundsätzlich hast du es gescheiter angestellt als ich. Ihr paßt zusammen.«

»Ja, aber...« Felicia zögerte. Es war nicht der Augenblick, Belle von Maksim Marakow zu erzählen, und so sagte sie nur noch vage: »Ich habe einem Mann nachgehangen, der seine Ideale noch höher hält als Max, der mich nie wirklich an sein Innerstes herangelassen hat. Wahrscheinlich hätte ich ihn auch unglücklich gemacht, aber ich habe ihn nie für mich gehabt. Ich habe ihn immer geliebt.«

Belles von Alkohol und Trauer verschleierte Augen wurden aufmerksam. »Du hast jemanden geliebt in deinem Leben, Mami? Richtig geliebt?«

»Ja.« Sie sagte nichts weiter dazu, schien nur einen Augenblick lang über die Jahre zurückzuschauen und sich zu fragen, wo die Zeit geblieben war. Dann erst fügte sie hinzu: »Aber das ist jetzt unwichtig.«

Belle sah sehr müde aus. »Ich kann nicht fassen, daß Sophie tot ist. Ich habe so wenig Zeit mit ihr verbracht ... so wenig Zeit wie du mit deinen Kindern, Mami. Aber ich habe so sehr an ihr gehangen, sie war ein Teil von mir. Und Max war auch ein Teil von mir. Ich habe ihn ständig betrogen, aber zugleich habe ich ihn so sehr geliebt.« Tränen traten ihr in die Augen und rollten über ihre Wangen. »Ich frage mich, wofür ich gelebt habe bisher. Mir ist ja nichts geblieben. Weißt du, wie ich mich fühle heute nacht? Wie jemand, der auf dem Bauch liegt und nach Luft schnappt. Ich spüre keine Kraft, die mir hilft, auf die Füße zu kommen. Es ist, als wäre vor mir ein langer, schwarzer Gang, durch den ich gehen muß, ohne zu wissen, ob er je aufhören wird.«

»Liebling, ich habe hundert Nächte in meinem Leben auf einem harten Küchenstuhl gesessen, eine Flasche Rotwein vor mir, und das Ticken der Uhr dröhnte in meinen Ohren, und ich wartete darauf, endlich das erste graue Morgenlicht vor den Fenstern zu sehen, ohne zu glauben, daß es mir Erleichterung bringen würde. Ich habe getrunken, geweint und mich beschissen gefühlt. Aber dann kam der Morgen, und irgendwie stand ich auf, biß die Zähne zusammen und machte weiter. Dir wird es genauso gehen.«

»Ich habe sie alle verraten.« Belles Worte kamen nicht mehr ganz deutlich. »Sophie ... Max ... ich habe nur gelebt, wie ich wollte, ich habe jeder Laune nachgegeben. Wir sind im Krieg, und alles ist so schrecklich, und seit Jahren schon leiden und sterben die Menschen, aber ich hatte nur mein Vergnügen im Kopf, und ich wollte immer die augenblickliche Erfüllung meiner Wünsche, ganz egal, auf wessen Kosten es geschah. Ich ...«

Felicia griff über den Tisch hinweg nach der Hand ihrer Tochter. »Meine Großmutter Laetitia«, sagte sie, »die, wie du weißt, eine sehr kluge Frau war, pflegte sich und anderen in solchen Situationen immer eine einfache Frage zu stellen: ›Jetzt, wo du weißt, wie alles verlaufen ist, würdest du es, wenn du die Möglichkeit hättest, von vorne zu beginnen, anders machen?

Wenn die ehrliche Antwort nein lautet, kannst du dir deine Selbstvorwürfe sparen und statt dessen etwas Nützliches tun.‹«

Belle hob ihr tränenüberströmtes Gesicht. »Das ist so . . . so kaltschnäuzig . . .«

»Großmutter war nicht kaltschnäuzig. Sie war nur realistisch . . .«

Felicia brach ab. Ihr wurde bewußt, daß sie von Laetitia bereits in der Vergangenheitsform sprach. Auch Belle hatte es registriert. »Ob sie wohl noch lebt? Und was ist aus Lulinn geworden? Meinst du, wir sehen es jemals wieder?«

»Ich weiß nicht . . . vielleicht ist es nur ein dummes Gefühl, aber als wir in jener schneedurchwehten Nacht von dort aufbrachen, war ich sicher, es ist ein Abschied für immer . . .«

Sie hingen beide eine Zeitlang düsteren Gedanken nach, und es war tatsächlich so, als fange die Küchenuhr immer lauter zu ticken an. Mit wackeliger Hand schenkte Belle sich Rotwein nach und dachte: Wie hat sie gesagt? Trinken und weinen und sich beschissen fühlen . . . o Gott, aber ich hätte nichts anders gemacht, gar nichts!

Felicia schließlich riß sie aus ihren dumpfen Grübeleien. »Alex und ich werden morgen versuchen, uns nach München durchzuschlagen. Möchtest du nicht mitkommen? Ich glaube, in Berlin wird es ziemlich ungemütlich in den nächsten Wochen.«

Belle schüttelte den Kopf. »Mit München verbindet mich überhaupt nichts, Mami. Ich gehöre nach Berlin. Außerdem will ich hier die Stellung halten, weil . . . ach, vielleicht kommt Max ja doch zurück, und dann soll er mich hier vorfinden.«

Und dann gehen deine Probleme erst richtig los, dachte Felicia. Laut sagte sie: »Wann haben wir jemals so zusammengesessen und geredet, Belle? Ich glaube, so gut wie nie in deinem Leben. Ist es nicht verrückt, was alles passieren muß, damit es dazu kommt? Krieg und Vertreibung, Tod und der bevorstehende Zusammenbruch.« Sie erhob sich. »Ich denke, ich werde jetzt . . .«

»Nein!« Belle griff hastig nach ihrem Arm. Ihr blasses, spitzes Gesicht mit den verweinten Augen wirkte plötzlich ganz kindlich. »Bleib bei mir heute nacht. Bitte. Du hast gesagt, du hast in so vielen Nächten dagesessen und darauf gewartet, daß es Morgen wird und du irgendwoher die Kraft findest, aufzustehen. Du hattest nie viel Zeit für mich, aber heute nacht brauche ich dich, wie ich dich noch nie gebraucht habe. Bleib bei mir, bitte, bis es Morgen wird. Dann steh ich auf und beiße mich durch, aber bis dahin bleib bei mir!«

Schweigend setzte sich Felicia wieder. Draußen wehte ein lauer Wind durch die Nacht. Die großen russischen Armeen standen bereit, um die in Trümmern liegende Reichshauptstadt zu umzingeln. Eine trügerische Ruhe, die ausnahmsweise einmal nicht vom Heulen des Fliegeralarms unterbrochen wurde. Alles blieb ganz still, und ganz langsam erwachte am östlichen Himmel ein erstes graues Licht.

5

Victor, Modestes ältester Sohn, der 1939 in die Napola von Potsdam gekommen war, hatte sich in all den Jahren nichts so brennend gewünscht wie seinen eigenen Einsatz für Vaterland und Führer. Erfüllt von nationalsozialistischen Ideen, war er von dem heiligen Eifer beseelt, alles in seinen Kräften Stehende für den Endsieg zu tun. Es hatte ihn rasend gemacht, daß er zu jung war für die Einberufung. Nicht einmal bei der Flak hatten sie ihn genommen. Auf der Landkarte hatte er die Feldzüge der Armeen verfolgt, hatte sich in die Rollen der Generäle geträumt, war in Gedanken zum Führer gereist und mit den höchsten Tapferkeitsorden ausgezeichnet worden. Er war in den Sog der Nazi-Propaganda geraten und davon mitgerissen worden, und das sich abzeichnende Ende konnte ihn in seinem Glauben an den Führer nicht erschüttern, es bestärkte ihn nur noch in seiner fanatischen Hingabebereitschaft.

In diesem April 1945, als das Reich in Stücke brach, war er vierzehn, im Juli würde er fünfzehn werden, und beim Volkssturm nahmen sie erst Sechzehnjährige. Aber als er sich bewarb, fragte keiner so genau, und als sie seinen Paß durchsahen, warfen sie nur einen flüchtigen Blick auf das Geburtsdatum. Victor war groß und kräftig, und man brauchte verzweifelt dringend jeden Kämpfer an jenem 25. April, als sich die Spitzen zweier russischer Panzerarmeen nordwestlich von Potsdam trafen und Berlin damit vollständig eingeschlossen war.

Die Sowjetsoldaten drangen mit jeder Stunde weiter in die Stadt vor, erkämpften sich Straßenzug um Straßenzug, Haus um Haus. In den ausgebrannten Ruinen, den Trümmerfeldern, den Kellern und Höfen entbrannten verzweifelte Schlachten. Die deutschen Truppen unter dem Oberbefehl des General Weidling leisteten heftigen Widerstand, gestärkt durch das Gerücht, eine Einsatzarmee nähere sich der eingeschlossenen Stadt und bringe Hilfe, angetrieben aber auch durch das rücksichtslos brutale Vorgehen der SS-Standgerichte, die aufhängten oder erschossen, wer immer sich ergeben wollte.

In seinen Träumen vom Krieg hatte für Victor die Angst keine Rolle gespielt. Wer für den Führer ins Feld zog, hatte ohnehin keine Angst. Er hatte den Schrecken ausgeklammert und nur noch das Heroische gesehen. Aber jetzt, mittendrin, bekam die Angst eine allumfassende, mörderische Bedeutung. Alles verblaßte: Ruhm, Ehre, Tapferkeit, Opferbereitschaft, all die herrlichen Begriffe, mit denen er überreich gefüttert worden war. Was blieb, waren Tod, Verzweiflung, eine beschämende Furcht und blankes Entsetzen.

Die ganze Wilhelmstraße lag unter Artilleriebeschuß, Rauch verdunkelte den Himmel, das Dröhnen der Maschinengewehre hallte von den Häusern wider. Der Sturm auf den Reichstag stand unmittelbar bevor. Zum erstenmal dachte Victor: Warum kapitulieren wir nicht endlich? Es hat keinen Sinn mehr. Wir werden alle sterben.

Er lag im Erdgeschoß eines Hauses, dessen obere Stockwerke ausgebrannt waren, und hielt in beiden Händen eine Handgranate. Aber er zitterte inzwischen so sehr, daß er sie wahrscheinlich nicht einmal mehr zwei Schritte weit hätte werfen können. Verzweifelt versuchte er, seine Nerven unter Kontrolle zu bekommen, aber es wollte ihm nicht gelingen. Er wollte weg, nur weg aus dieser Hölle. Aber wohin? Überall standen die Russen, überall wurde geschossen, rollten Panzer durch die Straßen, hörte man das Siegesgeschrei der Rotarmisten.

Eine Granate schlug beinahe unmittelbar neben ihm ein, mit einem so ohrenbetäubenden Lärm, daß er glaubte, ihm sei der halbe Kopf weggerissen worden. Hustend und spuckend, mit vom Rauch beißenden Augen, stellte er fest, daß ihm nichts passiert war. Zentimeter um Zentimeter robbte er mit der geschulterten Panzerfaust rückwärts, ohne zu wissen, wohin er sich eigentlich zurückziehen wollte. Als er mit den Füßen gegen etwas stieß, fing er an, laut zu schreien, aber seine Schreie gingen im Lärm des Kampfes unter. Dann zwang er sich, den Kopf zu wenden, und dann sah er, daß er gegen ein Bett gestoßen war. Es gehörte zu den wenigen Möbelstücken, die es in diesem ausgebrannten Haus noch gab.

Dieses Bett, auf dem sich Kissen und Decken türmten, brachte ihn auf eine Idee. Es war eine unwürdige, schmachvolle Idee, aber nachdem sie einmal von Victors Denken Besitz ergriffen hatte, vermochte er sie nicht mehr beiseite zu schieben. Auch wenn er ein Feigling war, ein Verräter, ein Überläufer auf die Seite der Wehrkraftzersetzer – er wollte nicht sterben. Nicht von einer Granate zerfetzt oder von Kugeln durchsiebt werden und irgendwo in den Trümmern Berlins verbluten. Er wollte – o Gott, er wagte es kaum, sich soviel Schwäche einzugestehen – er wollte zu seiner Mutter. Sich in ihre Arme schmiegen und die Bilder des Schreckens vergessen. Und dann wollte er – wenn der Krieg vorüber war, und sich die Russen aus Deutschland zurückgezogen hatten – nach Lulinn gehen. Inmitten des Schlachtenlärms und der todbringenden Wirrnis ringsum erfüllte ihn ein brennendes Verlangen nach dem alten Haus mit den mächtigen Eichen davor und nach der Stille der ostpreußischen Sommer.

Er weinte, als er das weiße Laken von der Matratze zerrte, ließ die Handgranate liegen und kämpfte sich über den herumliegenden Schutt hinweg zur Tür. Mit dem weißen Tuch würde ihn keiner erschießen. Vielleicht nahmen ihn die Russen gefangen, vielleicht mußte er in ein Lager nach Sibirien, aber irgendwann würde er zurückkommen. Er hielt das Laken in der hochgereckten Hand, als er aus dem Haus in das Inferno der Straße trat.

Wahrscheinlich hätte er eine Chance gehabt, wäre er tatsächlich den Sowjetsoldaten in die Hände gefallen. Die gingen zwar brutal gegen die Feinde vor, aber in den meisten Fällen ließen sie die Männer am Leben, die sich ergaben. Victor hatte den Körper eines Mannes, aber das Gesicht und die Gesten eines Kindes, und jetzt, wie er da mit dem weißen Tuch in den Händen, der rußgeschwärzten Uniform, den verweinten Augen durch die Straßen lief, hätte niemand ihn für einen gefährlichen Gegner halten können. Aber unglücklicherweise waren es nicht die Russen, die ihn aufgriffen. Es war die SS.

Er war vor der Artillerie in den Straßen in einen Hinterhof geflüchtet und versuchte gerade, eine Mauer zu überklettern, um in den anderen Hof zu gelangen, als sie ihn schnappten. Er hatte sie nicht gesehen, sie mußten irgendwo zwischen den Schuttbergen verborgen gewesen sein. Gerade stemmte er sich an der Mauer hoch, da fühlte er sich an den Beinen gepackt und heruntergerissen. Ein harter Schlag gegen den Kopf ließ ihn taumeln. Als er sich wieder aufgerappelt und umgedreht hatte, blickte er in die steinernen Gesichter dreier SS-Männer.

»Was haben wir denn da?« Dem Sprecher lief eine Narbe quer über die Stirn. »Einen kleinen Drückeberger! Versucht abzuhauen und schleppt dabei noch eine weiße Fahne mit sich! Machst dir ganz schön in die Hosen, was?«

Victor konnte nichts erwidern. Seine Zähne schlugen aufeinander. Ein anderer Mann, ziemlich klein und dick von Statur, versetzte ihm einen Schlag in den Magen. Victor krümmte sich zusammen und fiel auf die Knie.

»Aufstehen!« herrschte ihn das Narbengesicht an. Victor stand auf. In unmittelbarer Nähe krachten mehrere Maschinengewehrsalven, und er konnte spüren, wie er kreidebleich wurde.

»Du weißt, was mit denen passiert, die den Führer verraten«, sagte der Dicke. Er zog seine Pistole, und irgendwie war Victor noch fähig, vor dem Wahnsinn dieser Szene zu erschauern:

»Ich . . . ich bin vierzehn«, brachte er hervor, »bitte, laßt mich gehen!«

»Vierzehn bist du? Soll ich dir was sagen, das interessiert uns einen Scheißdreck. In erster Linie bist du ein Feigling und Verräter!« Das Narbengesicht zog ebenfalls seine Pistole. »Los, auf die Knie! Du bist ein niederes Element, das versucht hat, dem Führer in den Stunden der Bedrängnis in den Rücken zu fallen. Du bist hiermit zum Tode verurteilt!«

Sie schossen von beiden Seiten in seine Schläfen. Victor war auf der Stelle tot. Er lag zusammengekrümmt zwischen Schutt und Geröll, und neben ihm knäulte sich das butverschmierte weiße Laken.

Zur gleichen Zeit kauerten Belle, Nicola, Christine, Anne, Modeste und alle Kinder in dem kleinen Verschlag auf dem Dachboden, der zu Belles Wohnung gehörte, und hielten den Atem an. Belle und Nicola hatten schon zwei Tage zuvor den Raum so mit Brettern getarnt, daß zumindest auf den ersten Blick das Versteck dahinter nicht erkennbar war. Als die Russen am Mittag in das Haus eingedrungen waren und sämtliche Wohnungen systematisch durchkämmten, hatten sie sich in Windeseile hierher zurückgezogen. Belle betete die ganze Zeit, die Kinder mögen still sein. Vor allem Modestes Baby war natürlich unberechenbar. Wenn es anfinge zu schreien, wären sie sofort verloren, aber es blieb ruhig und schlief sogar tief und fest. In der drangvollen Enge merkte Belle, daß sie einen Krampf im Bein bekam, aber sie konnte sich beim besten Willen keinen Millimeter bewegen. In der völligen Finsternis waren die anderen nicht zu erkennen, aber man konnte ihre Angst spüren, beinahe atmen. Eines der Kinder fing plötzlich an zu hecheln wie ein Hund, und es kam ihnen überlaut vor, beinahe wie ein Dröhnen. Zum Glück hatte es sich nach fünf Minuten wieder beruhigt, der Atem ging normal.

Die Russen durchstreiften das Haus mit ungeheurem Lärm, nach ihren Stimmen zu urteilen waren sie ziemlich betrunken und entsprechend rücksichtslos. Man hörte Scheiben klirren und das laute Krachen, mit dem Schränke und Regal umstürzten. Dazwischen erklangen immer wieder gellende Triumphschreie.

»Wenn sie uns finden..., ich überlebe es nicht«, flüsterte Modeste, »ich werde sterben. Ich werde...«

»Halt deinen Mund!« zischte Belle.

Modeste schwieg. Das Getrampel schwerer Stiefel erklang auf der Treppe. Die Russen kamen zum Dachboden hinauf.

Belle hielt es nicht mehr aus, sie bewegte ganz vorsichtig ihr Bein. Es schmerzte so, daß sie die Faust gegen den Mund pressen mußte, um nicht zu stöhnen. Der Fußboden knarrte. Sofort hielt sie inne.

Es war, als würde keiner mehr atmen. Sie hörten das Blut in ihren Ohren rauschen und ihre Herzen wild schlagen. Draußen rissen die Soldaten die Latten aus den Bretterverschlägen, warfen sie die Treppe hinunter oder zertrampelten sie. Sie traten gegen die Wände, und wenn sie dabei zufällig die Sperrholzplatte getroffen hätten, die das Versteck tarnte, wäre sie sofort zerborsten. Aber offenbar hatten die zitternden Frauen und Kinder einen Schutzengel. Die Russen übersahen das Verlies am Ende des Ganges und stellten außerdem fest, daß es hier oben nichts zu holen gab. Sie verließen den Dachboden und schließlich auch das Haus. Ein paar Türen schlugen noch, dann wurde es still.

Mit steifen Knochen krochen die Frauen und Kinder aus dem Versteck. Belles Bein tat so weh, daß sie nur noch auf Nicola und Christine gestützt die Treppe hinunterhumpeln konnte.

Als sie in die Wohnung kamen, schrien sie alle auf: Möbel waren umgestoßen, Matratzen aufgeschlitzt, Schubladen ausgekippt und Bilder von den Wänden gerissen. Belle hatte ihren Schmuck bei sich gehabt, und die wenigen wertvollen Gegenstände, die es in der Wohnung gab, lagen schon seit Tagen oben im Versteck. Trotzdem waren die Russen nicht mit leeren Händen abgezogen. Sie hatten ein paar silbergerahmte Fotografien und einen seidenen Lampenschirm mitgenommen, dazu alle Vorräte aus der Küche. Die Wohnungstür war eingetreten worden.

»Ich werde ein Stück Pappe davornageln«, sagte Belle. Sie

sank in einen Sessel, streckte das Bein vor, preßte eine Hand auf
ihren Magen, in dem der Schmerz nagte. Von der Straße erklangen
gen Gewehrsalven. Würde in der Reichshauptstadt noch ein
Stein auf dem anderen stehen, wenn der Kampf endlich vorbei
war?

In jenen Stunden verabschiedete sich Adolf Hitler im Führer-
bunker der Reichskanzlei zusammen mit Eva Braun, die er
wenige Tage vorher geheiratet hatte, von seinen Gefährten.
Anschließend zog er sich in seine Privaträume zurück. Es würde
noch höchstens vierundzwanzig Stunden dauern, bis die Rote
Armee die Reichskanzlei erreicht hätte. Nachdem Hitler in der
Nacht auf den 30. April per Funkspruch vom OKW mitgeteilt
bekommen hatte, daß keine Einsatzarmee nach Berlin gelangen
würde, machte er sein Testament. Großadmiral Dönitz wurde
zum Reichspräsidenten und obersten Befehlshaber der Wehrmacht ernannt, Joseph Goebbels zum Reichskanzler. Es war um
halb vier am Nachmittag des 30. April, als sich Adolf Hitler eine
Kugel durch den Kopf jagte. Sein Vermächtnis bestand aus
sechzig Millionen Toten, die im Verlaufe des Krieges und während der großen Vernichtungsaktionen ihr Leben hatten lassen
müssen, aus zerbombten Städten, aus dem Verlust der deutschen Ostgebiete, aus Tausenden von Flüchtlingen und Ob-
dachlosen, aus ungezählten verwaisten Kindern und verwitwe-
ten Frauen.

Reichskanzler Goebbels überlebte seinen Führer um nur
einen Tag, dann nahm er sich mit seiner Frau und seinen sechs
Kindern das Leben.

Am 2. Mai fiel Berlin. Dönitz tat alles, um den Krieg so schnell
wie möglich zu beenden. Am 7. Mai unterzeichnete Generaloberst Jodl im Auftrag des Reichspräsidenten in Reims die be-
dingungslose Kapitulation Deutschlands. In der Nacht vom 8.
auf den 9. Mai 1945 verstummten an allen Fronten Europas die
Waffen.

6

In jenen letzten Kriegstagen Anfang Mai rüsteten sich die Tschechen zum Kampf gegen die verhaßten deutschen Besatzer. In den Jahren der Hitler-Diktatur hatten die Deutschen im Reichsprotektorat Böhmen und Mähren besonders heftig gewütet. In den Herzen der Tschechen brannte noch die Erinnerung an die Vergeltungsmaßnahmen, die nach dem Tode des bei einem Attentat schwerverletzten Protektors Reinhard Heydrich über das Land hereingebrochen waren: Ganze Dörfer hatte man verwüstet oder gar dem Erdboden gleichgemacht, Hunderte von Menschen erschossen oder in Konzentrationslager gebracht. Nun, da im Westen von Prag die Amerikaner standen, im Osten die Russen, war die Stunde der Rache gekommen. Tschechische Aufständische besetzten den Prager Rundfunksender und riefen durch die Radios zum Kampf auf. »Tod den Deutschen! Verderben den Deutschen!«

Sergej befand sich im Gemüseladen seines Freundes, als der Sturm losbrach. Karl war aufs Land gefahren, um Gemüse einzukaufen, Sergej hatte den Verkauf übernommen. Das Geschäft lag im Souterrain eines Hauses in der Prager Altstadt, sechs Stufen von der Straße hinunter. Sergej hatte inzwischen einen eigenen Rollstuhl, mit dem er sich ziemlich gewandt bewegen konnte; er kurvte zwischen den Lagern voller Lauch, Tomaten, Kartoffeln und Kohlköpfen herum, als habe er sein Leben lang nichts anderes getan. Da Karl und seine Frau ihn so liebevoll und fürsorglich aufgenommen hatten, gab er sich alle Mühe, fröhlich und unkompliziert zu sein. Aber wenn er an den Sergej der zwanziger Jahre zurückdachte, der an jedem Finger zehn Frauen hatte, dann erschien ihm sein jetziges Dasein in dem finsteren, engen Gemüseladen als ein allzu brutaler Schachzug des Schicksals. Er haßte Gemüse! Er haßte die Hausfrauen, die hierherkamen, um einzukaufen. Er haßte den Anblick der vorüberhastenden Passanten, von denen er nur die Schuhe auf dem Gehsteig vor den Kellerfenstern sah. Kriegsschuhe. Abgetragen, alt, fleckiges Leder, mühsam zusammengeflickt. Sergej hatte immer großen Wert auf elegante Kleidung gelegt, und er hatte ein Faible für schöne Schuhe gehabt. Häßliche Schuhe taten seinen Augen weh, verletzten seinen Sinn für Ästhetik. Allerdings, wies er sich oft höhnisch zurecht, brauchte er über Ästhetik gar nicht mehr nachzudenken, er, ein Mann mit nur einem Bein. Hundertmal hatte er geplant, zu Nicola nach Berlin zu fahren. Hundertmal hatte er es verworfen. Als sie ihn zuletzt gesehen hatte, war er ein starker, schöner Mann gewesen. Jetzt aber . . . Sicher würde sie sich verpflichtet fühlen, ihn bei sich aufzunehmen, aber beinamputiert und mit einem gefühllosen Unterleib hatte er keine Chance, ihre Liebe oder gar ihre Leidenschaft zurückzuerobern. Er würde zusehen müssen, wie sie sich am Abend zurechtmachte und schön und elegant das Haus verließ, um dann am nächsten Morgen zurückzukehren, blaß und müde, aber mit jenem untrüglichen Glänzen in den Augen, das er aus den ersten Jahren ihrer Ehe kannte, wenn sie einander in den Nächten mit jener forcierten Wildheit geliebt hatten, die ihnen das Fehlen einer wirklichen Anziehungskraft ersetzte. Sergejs Lebensmaxime war stets gewesen: Nur nichts versäumen! Nun dämmerte ihm, er habe vielleicht das Wesentliche überhaupt versäumt.

Als der Aufstand der Tschechen losbrach, wog Sergej gerade Zwiebeln ab und packte sie in braunes Papier. Es hielt sich nur eine Kundin im Laden auf, eine junge Tschechin, die verhärmt und abgemagert aussah. Draußen auf der Straße fuhren plötzlich zwei Lastwagen vor. Man hörte Schreie, dann die Geräusche von Stiefeln auf dem Pflaster. Gleich darauf ertönten die Angstschreie einer Frau, zwei Schüsse krachten. »Tod den Deutschen!« brüllte jemand. »Tod den Deutschen!« Sergej begriff nicht sofort, was eigentlich los war, aber die junge Tschechin, die er soeben bedient hatte, war auf einmal hellwach.

»Jetzt müssen die Deutschen für alles bezahlen!« rief sie. »Hört denn das Blutvergießen nie auf?«

Wieder fielen Schüsse, wieder waren Schreie zu hören. Sergej wurde blaß. »Um Gottes willen, sie erschießen die Deutschen! Ich muß weg!«

Der Gemüseladen war eindeutig als deutsches Geschäft zu

identifizieren, schließlich stand Karls Name groß und breit über der Tür. Sergej war nicht sicher, ob es ihm im Zweifelsfalle gelingen würde, den Aufständischen klarzumachen, daß er gebürtiger Russe war, zumal er einen deutschen Paß hatte. Er bezweifelte auch, daß man auf seine Behinderung Rücksicht nehmen würde.

Die junge Tschechin öffnete kurz entschlossen die Hintertür, die ebenerdig zum Hof hinausführte. »Ich versuche, Sie zu verstecken«, sagte sie hastig und schob ihn aus dem Laden. Im Hof stürzte ihnen Karls Frau Elli entgegen, eine sonst tatkräftige, praktische und fröhliche Person, die aber jetzt völlig ratlos und verwirrt schien. »Schnell, Sergej! Sie bringen uns alle um!«

Die Tschechin half ihr, den Rollstuhl in die Waschküche des gegenüberliegenden Hauses zu schieben. »Vielleicht findet man euch hier nicht«, flüsterte sie, »seid ganz leise!« Sie huschte davon. Sergej sah nur noch ihr flatterndes braunes Haar. Sie hatte ihr Leben für den Deutschen im Rollstuhl riskiert, so wie es sehr viele Tschechen in diesen Tagen überall im Land taten.

Zwei Tage hielten sich Sergej und Elli in der dunklen Waschküche versteckt, fragten sich angstvoll, was aus Karl geworden sein mochte und lauschten mit angehaltenem Atem auf jedes Geräusch. Dann wurden sie von einer Hausbewohnerin entdeckt und gemeldet. Man nahm sie fest und brachte sie in ein Lager, in dem Hunderte von Deutschen in engen Baracken zusammengepfercht waren und täglich für Arbeitskommandos in der Stadt eingesetzt wurden. Hunger, Krankheiten, willkürlich durchgeführte Exekutionen und die erbarmungslose Härte, mit der die Gefangenen zur Arbeit angetrieben wurden, garantierten allen eine kurze Lebenserwartung.

Man hatte Sergej zum Kartoffelschälen eingeteilt, eine relativ sichere Tätigkeit, bei der sich auch Eßbares abzweigen ließ. Seine Chance, das Lager zu überstehen, war damit weit größer als die der anderen. Am siebten Tag nach seiner Festnahme jedoch fiel er auf dem Weg zur Küchenbaracke zwei angetrunkenen tschechischen Partisanen in die Hände.

Sie kippten seinen Rollstuhl um, so daß Sergej hilflos in die schmutzige Lagergasse rollte. Dann holten sie zwei Krücken und zwangen ihn, sich damit über den Hof zu bewegen. »Wenn du hinfällst, bist du ein totes Schwein!« sagte der eine.

Sergej, nur ans Rollstuhlfahren gewöhnt, außerdem hungrig und entkräftet, hielt sich knapp zwei Minuten aufrecht. Dann verlor er das Gleichgewicht und stürzte zu Boden. Schweißüberströmt und keuchend blieb er liegen, die Nase dicht an einem Abfallhaufen. Das war genau die Art zu sterben, die er am meisten gefürchtet hatte: hilflos, elend, von Unrat und Schmutz umgeben, würdelos, das Gesicht im Staub. Ganz kurz kam ihm der Gedanke an das Schicksal, er fragte sich, ob es von Anfang an seine Bestimmung gewesen sei, so zu enden, und ob es in keinem Fall ein Entkommen hätte geben können. Er hörte, wie die Pistole entsichert wurde. In seiner Panik begann er zu beten, und in seiner Todesangst kamen ihm nur die Worte aus seiner frühesten Kindheit in den Sinn, Worte der russischen Sprache, Gebete, die ihn seine Mutter gelehrt hatte. Gleich würde der Schuß fallen, gleich, gleich, gleich . . .

Eine Stiefelspitze trat grob gegen seinen Kopf, drehte ihn herum. Er blinzelte. Die beiden Tschechen starrten ihn an. »Wer bist du? Woher kommst du?«

Sergej brachte nur ein Krächzen hervor. »Russe. Ich bin Russe.«

»Warum bist du hier?«

»Weil ich . . . auch deutsch spreche . . .« Er fing an zu zittern. Gleich würde er weinen.

Die beiden waren unsicher geworden. Es mußte einen Grund geben, daß man den Mann verhaftet und hierhergebracht hatte, aber er hatte fließend Russisch gesprochen, und es mochte stimmen, daß er Russe war. Einen Paß hatte er nicht mehr, den hatte man ihm bei seiner Festnahme abgenommen, es ließ sich also im Augenblick nichts feststellen. Sie wollten sich keinen Ärger einhandeln. Besser, man ließ den Kerl liegen, den armen Hund, er machte es hier sowieso nicht mehr lange. Sie gaben ihm jeder noch einen Fußtritt, dann steckten sie ihre Pistolen weg, gingen weiter und ließen ihn liegen.

Sergej hatte einen weiteren Tag überlebt.

An einem Morgen im Mai 1945 klingelten Angehörige der amerikanischen Militärpolizei in der Prinzregentenstraße und verlangten, Herrn Hans Velin, ehemals SS-Hauptsturmführer, zu sprechen.

Jolanta, die geöffnet hatte, rief nach Felicia, diese wiederum nach ihrer Tochter. Susanne kam im Bademantel die Treppe herunter. Sie war schon lange nicht mehr das rosige, dralle deutsche Mädel, das sie in der ersten glücklichen Zeit mit Hans verkörpert hatte, lebte seit einiger Zeit fast völlig in sich selbst zurückgezogen, sprach wenig, bewegte sich langsam und mechanisch. Sie sah aus wie jemand, in dessen Kopf sich ein einziger bohrender Gedanke festgesetzt hat, der keine Empfindungen neben sich duldet, und so war es auch. Sie konnte nur noch an die Gräben denken, und an die Toten und an Hans, der dabeistand, als sie erschossen worden waren. An Hans, der seine Kinder liebte und doch mit angesehen hatte, wie andere ermordet wurden. Sie wußte, daß man ihn dafür zur Rechenschaft ziehen würde, daß er schrecklich würde bezahlen müssen.

»Mein Mann liegt mit schwerem Asthma im Bett«, erklärte sie, »Sie können jetzt nicht zu ihm.«

»Tut mir leid.« Der junge Offizier – ein Captain der amerikanischen Armee – schüttelte bedauernd den Kopf. Er sprach flüssiges Deutsch mit leichtem Akzent. »Wir haben Befehl, Herrn Velin zu verhaften.«

»Weshalb?« fragte Susanne.

»Er wird beschuldigt, Massenerschießungen an Zivilisten vorgenommen zu haben. Er muß sich dafür vor Gericht verantworten.«

Susanne blieb sehr ruhig, und zum erstenmal empfand Felicia eine gewisse Bewunderung für ihre jüngste Tochter. Sie hatte es nicht leicht gehabt in der letzten Zeit, denn viele Leute grüßten sie nicht mehr auf der Straße, wenn sie ihr begegneten, oder wechselten sogar demonstrativ die Seite.

Hans Velin war völlig zusammengebrochen, lag fast nur noch im Bett, atmete schwer und brauchte ständig Hilfe. Die Kinder, hungrig und unbeschäftigt, quengelten den ganzen Tag. Susanne stand all diese Belastungen unbeteiligt, aber mit viel Haltung durch.

»Warten Sie hier«, sagte sie nun, »ich spreche mit meinem Mann.«

Sie drehte sich um und stieg wieder die Treppe hinauf, während Felicia die Amerikaner ins Wohnzimmer bat. Ein junger GI blieb draußen stehen; für Velin würde sich keine Möglichkeit der Flucht ergeben.

Hans lag im Bett, drei Kopfkissen im Nacken, damit er besser atmen konnte. Er hatte eine schlechte Nacht gehabt, aber jetzt ging es ihm etwas besser. Er versuchte sogar, seiner Frau zuzulächeln, als sie jetzt zur Tür hereinkam.

»Militärpolizei ist im Haus«, sagte sie, »sie wollen dich mitnehmen.«

Hans starrte sie an. »Was?«

»Wundert es dich? Du hättest doch damit rechnen müssen. Oder dachtest du, die kommen nie dahinter, was du im Osten getan hast?«

»Aber – das war eine andere Zeit! Wir taten nur, was uns befohlen wurde. Hast du ihnen gesagt, daß ich ein schwerkranker Mann bin?«

»Natürlich habe ich ihnen das gesagt. Sie bestehen trotzdem darauf, daß du mitkommst.«

Hans richtete sich auf. Sein Atem rasselte schon wieder, noch eine Viertelstunde und er würde wieder einen Anfall bekommen. Fast mechanisch griff Susanne nach der Sprayflasche. Sie wußte, daß er nicht simulierte, sein Asthma war echt und bereitete ihm wirkliche Qualen, stürzte ihn oft in Todesangst. Sie gab ihm seine Medizin, hielt seine Hand, sprach ihm Trost zu, aber sie kam sich eher vor wie eine pflichtbewußte Krankenschwester, die tut, was sie tun muß, ohne sich innerlich zu beteiligen. Sie empfand nichts mehr für Hans, keine Liebe, aber auch keinen Haß.

»Er ist ein Massenmörder«, hatte sie laut zu sich gesagt, nachdem er ihr gestanden hatte, welche Last er mit sich herumtrug. Sie hatte nicht geweint, nicht geschrien, hatte wie betäubt darauf gewartet, daß sich irgendein Gefühl einstellte. Aber es war etwas zerbrochen in ihr: der Glaube an Hans, den Helden, der Glaube an die Ideen der Nationalsozialisten, die über Jahre ihre Ideen gewesen waren. Der Glaube an eine schöne, neue Welt. Zurück blieb die empfindungslose Leere, in der sie sich seither bewegte.

Hans erhob sich, ging zum Schrank und suchte sich etwas zum Anziehen. Natürlich wählte er nicht seine schwarze Uniform, sondern Hose, Hemd und graues Jackett. Die Sachen schlabberten an ihm herum, so dünn war er geworden. Sein Rücken zuckte vom unregelmäßigen Atmen. Er drehte sich um. »Susanne . . .«

»Zieh dich an«, sagte sie.

Ich habe ihn einmal geliebt. Er war so schön. Er ist der Vater meiner Kinder. Er hat Hunderte von Menschen erschießen lassen. Es ist, als könnte es nicht wahr sein. Aber es ist wahr. *Es ist wahr!*

»Susanne«, sagte er leise. »Ich habe Angst.«

Sie erwiderte nichts. Hans zog sich fertig an, dann stand er mitten im Zimmer, seine Lippen waren bläulich angelaufen, die Schultern nach vorne geneigt. »Meinst du nicht, Felicia könnte etwas für mich tun?« fragte er. »Sie steht doch glänzend da – sie hat zwar für die Partei gearbeitet, aber sie hat diesen Juden versteckt, und . . .«

»Sie kann nichts für dich tun, Hans. Das weißt du genau. Es ist . . . zu viel, was hinter dir liegt. Du mußt dich jetzt dafür verantworten.«

»Ich bin nicht haftfähig.«

»Das mußt du nicht mir sagen. Sag es ihnen!« Sie machte eine Kopfbewegung nach draußen zum Flur hin.

Hans seufzte, dann schien es, als wolle er Susannes Hand greifen, aber scheu unterbrach er seine Bewegung. »Susanne, glaub mir, ich wollte nichts tun, was . . . ich wollte ein guter Diener des Führers sein, ich habe Befehle bekommen und sie ausgeführt, und jetzt . . .«

»Jetzt«, sagte Susanne, »gehst du hinunter und stellst dich denen, die den Krieg gegen unsere Ideen gewonnen haben.« Ohne sich noch einmal nach ihm umzudrehen, ging sie voran.

Der Krieg war vorüber, Frankreich befreit. Phillip und Claire hatten überlebt. Der Hof ernährte sie, sie hungerten weit weniger als die meisten Franzosen. Das Meer gab das leuchtende Blau des Himmels wieder, und die steilen Felsen der bretonischen Küste waren warm wie der Schein der Sonne. Der Wind brachte den Geruch von blühendem Ginster, und die Möwen stießen hohe, spitze Schreie aus.

Für einen Mann, der schon glaubte, alles verloren zu haben, ist mir eine Menge geblieben, dachte Phillip. Er stand an der Mauer, die den Garten umschloß, seine Finger strichen über das weiche Moos, das zwischen den Steinen wuchs, er schaute zu den Klippen hinüber, hinter denen das Meer im Licht der untergehenden Sonne lag. Der Zauber dieser Farbenspiele am Abend hatte nie seine Wirkung verfehlt; oft, wenn Phillip schon bereit war, den Enttäuschungen seines Lebens zuviel Raum in seinem Gedächtnis einzuräumen, kam er zu dem Schluß, daß ihn allein die bretonischen Sonnenuntergänge für eine ganze Reihe von Mißgeschicken entschädigten.

Er sah Claire aus dem hinteren Teil des Gartens kommen, von dort, wo das Grab ihres Sohnes lag. Sie ging jeden Abend zu ihm, stand beinahe eine Stunde davor. Einmal hatte Phillip mitgehen wollen, aber sie hatte abgewehrt. »Nein. Ich will allein sein mit ihm.«

»Claire!« Er winkte ihr zu, und sie lächelte. Da sie das selten tat, überkam ihn fast ein Glücksgefühl. In Momenten wie diesem merkte er, wie sehr er an ihr hing. Die Frage war nur: War er der Mann, den sie liebte, oder war er nur der Ort, an den sie zurückgekehrt war, als sie nicht mehr weiter wußte? Er hatte mitbekommen, daß sie nachts oft unter Alpträumen litt, in denen sie wahrscheinlich noch einmal ihre Folterungen durchlitt, aber sie flüchtete nicht zu ihm, sondern stand es alleine durch, ging in ihrem Zimmer auf und ab, Stunde um Stunde, bis es Morgen wurde. Genau wie in den Jahren bei der Résistance. Würde sie denn nie zur Ruhe kommen? Mehr als einmal war Phillip drauf und dran gewesen, zu ihr hinaufzugehen, sie einfach in die Arme zu schließen und zu trösten. Ein Instinkt hielt ihn zurück. Ihm war klar, daß er warten mußte, bis sie von sich aus zu ihm käme.

»Gehst du ins Haus?« fragte er nun überflüssigerweise, denn sie hatte ohnehin diese Richtung eingeschlagen. Er hatte eine eigenartige Spannung auf ihrem Gesicht entdeckt und wollte nur irgend etwas Belangloses sagen, um herauszufinden, ob sie ihm antwortete.

»Ja«, erwiderte sie, »kommst du mit?«

Erstaunt folgte er ihr. Sie trat ins Haus, ging ins Wohnzimmer. Sie griff nach einem gerahmten Gemälde, das ans Sofa gelehnt stand; Phillip kannte es, bislang hatte es im Gästezimmer gehangen. Ein unbekannter bretonischer Maler hatte es vor Jahren gemalt, es zeigte die Felsen, die man vom Garten aus sehen konnte.

»Würdest du mir helfen, es aufzuhängen?« fragte sie.

»Hier im Wohnzimmer?«

»Ja. Dort, an dieser Stelle.« Sie wies auf die Wand neben der Tür. Es war die Tür, auf der sie ihre vielen Kerben eingeritzt hatte.

Phillip runzelte die Stirn. »Ich verstehe nicht . . .«

»Ich möchte, daß du es dort aufhängst, wo die Kerben sind. So nah an die Tür, daß man sie nicht mehr sieht.«

»Aber, Claire, all die Jahre . . .«

»Ich weiß, ich weiß«, sagte sie ungeduldig. »Ich wollte sie immer vor Augen haben. Aber jetzt nicht mehr. Es ist vorüber.«

»Was ist vorüber?«

Claire schüttelte den Kopf. »Ich habe nicht mehr den Wunsch, mich zu rächen oder meine Rache zu genießen. Und ich habe kein Verlangen mehr, die Vergangenheit festzuhalten. Ich werde immer um mein Kind trauern, aber ich kann deswegen nicht aufhören zu leben. Ich habe nicht mehr gelebt seit dem schrecklichen Tag, als die Deutschen hierherkamen, Phillip, ich habe von da an nur noch versucht, mich zu betäuben. Ich muß damit aufhören . . . und ich brauche dich dazu.«

Er griff nach ihren beiden Händen. »Claire, du weißt, ich tue alles für dich, alles. Du glaubst nicht, wie glücklich du mich machst, wenn du sagst, du brauchst mich.«

»Hängen wir das Bild auf. Ich hole Hammer und Nägel.« Sie ging zur Tür, blieb noch einmal stehen. »Phillip, ich würde

469

gern ... ich wollte dich fragen ... nun, ich meine, ich würde verstehen, wenn du das nicht willst, aber ...«

»Was denn? Du kannst mir doch alles sagen.«

Claire errötete wie ein kleines Mädchen. »Trotz allem, was war – ich meine, mit dem anderen Mann – könntest du dir vorstellen, daß wir wieder ... daß ich wieder bei dir im Zimmer schlafe?«

Phillip atmete tief. »Claire! Wie kannst du mich das fragen? Du müßtest die Antwort kennen. Du müßtest wissen, daß ich mir nichts mehr gewünscht habe als das!«

»Ich habe so schreckliche Träume nachts«, sagte Claire, »jede Nacht, jede einzelne Nacht bin ich wieder im Keller bei der SS. Ich wache auf und zittere, und die Nacht ist so still und dunkel. Ich möchte in so einem Moment deinen Körper spüren, dir ganz nah sein, hören, wie du atmest. Vielleicht vertreibt es die Dämonen. Phillip, ich hätte verdient, daß du ...«

»Still, Claire, sei still!« Er humpelte zu ihr hin. »Es ist überflüssig, mich zu bitten, weil ich auf nichts so sehr warte wie darauf, daß du wirklich zu mir zurückfindest.«

Sie sahen einander an, der Moment war von einer Feierlichkeit durchdrungen, die Claire unruhig werden ließ.

»Noch etwas«, sagte sie, »ich möchte nicht, daß du länger all das, was einmal zu dir gehört hat, dein Heimatland, deine Sprache, deine Freunde von früher, verleugnen mußt, weil ich nicht erinnert werden darf, daß du ursprünglich Deutscher warst. Das ist nicht richtig. Du mußt dir vorgekommen sein wie ein entwurzelter Baum, und ich war dein einziger Halt, und dann habe ich dich auch noch verlassen. Wir gehören zusammen, Phillip, und das sollst du nicht bezahlen, indem du dich von allem lossagst, was einmal wichtig war für dich. Wenn du willst ... irgendwann, wenn die Zeiten wieder ein bißchen normaler sind ... irgendwann lade doch deine Freunde von früher aus Berlin zu uns ein. Ich ... ich würde mich freuen, sie kennenzulernen.«

»Claire ... meine Freunde, Johannes und Felicia und alle, so Gott will, daß sie noch leben ... du könntest es dir wirklich vorstellen, daß ...«

470

»Ja«, sagte Claire kurz. Dann fügte sie hinzu: »Wir sollten jetzt wirklich das Bild aufhängen.«

Phillip begriff, daß sie nicht weiterreden wollte, daß sie ihm auch nie sagen würde, weshalb sie sich geändert hatte und warum gerade jetzt. Vielleicht gab es auch keine Antwort. Das Meer wechselt seine Farbe, die Wolken ihre Form, das Schicksal sein Gesicht. Es gehört zur üblichen Unvollkommenheit des Lebens, nicht ergründen zu können, wer im Hintergrund die Fäden zieht.

Vorläufig beschloß Phillip, einfach nur dankbar zu sein.

7

Die Julisonne brannte in den Straßen Berlins, schien auf eine Stadt, die nur noch aus Trümmern bestand und in der sich trotzdem überall Leben regte. Niemand verkroch sich in Kellern oder legte die Hände in den Schoß. Die Stadt war gefallen, der Krieg war vorbei, es war Sommer. Wer überlebt hatte, sah sich den Anforderungen der Stunde gegenüber: aufräumen, aufbauen, Essen organisieren. Es hatte keinen Sinn, sehr viel weiter in die Zukunft zu schauen als bis zum nächsten Tag. Wesentlich waren ein Dach über dem Kopf und täglich ein Stück Brot und ein paar Kartoffeln.

Die Berliner, wie alle Menschen in ganz Deutschland, räumten den Schutt von den Straßen, fingen an, ihre zerstörten Häuser notdürftig aufzubauen, standen Schlange vor den Lebensmittelgeschäften mit den meist leeren Regalen und vor den Wasserpumpen, wo sie ihre knapp bemessenen Rationen zugeteilt bekamen. Sie fuhren zum Hamstern aufs Land, ließen sich von den Bauern schikanieren, davonjagen und in seltenen Fällen auch einmal beschenken; meist gaben sie ihre letzten Besitztümer, wertvollen Schmuck oder kostbare Antiquitäten für eine lächerlich geringe Menge Nahrungsmittel her. Abends saßen sie bei Kerzenlicht, denn in vielen Stadtvierteln gab es noch keinen Strom. Noch immer stieß man auf Tote in den Ruinen,

Scharen von Flüchtlingen aus dem Osten zogen durch die Straßen, bettelten um eine Wohnung oder um ein Stück Brot. Wochenlang hatte man überall im Reich Kolonnen der Kriegsgefangenen gesehen, die in die Lager geführt wurden, oft gezeichnet von den Strapazen der letzten Kriegswochen, bärtig, zerlumpt, hungrig. Frauen hatten ihnen ihre letzten Stücke Brot zugeworfen, das einzige, was sie tun konnten, um ihnen den Marsch in die Gefangenschaft zu erleichtern. Jetzt, in diesem Sommer, konnte man schon die allerersten Heimkehrer sehen: Hohlwangig, mit mageren Körpern und viel zu weiten Uniformen tauchten sie auf. Manche hatten das Augenlicht verloren, manchen fehlte ein Arm oder ein Bein, sie bewegten sich an Krücken vorwärts oder in Kisten, die sie mit den Armen rechts und links über das Pflaster schoben. Aber wer noch konnte, mußte mit anpacken.

Nun hatte die Zeit des Hungers begonnen und die der unaufhörlichen Anstrengung, ein völlig am Boden liegendes Land wieder auf die Füße zu stellen. Alles war kaputt. Aber inmitten der Ruinen erwachten neue Kräfte, geboren aus dem triumphierenden Gefühl: Wir haben es überlebt!

Anne war losgeschickt worden, Wasser zu holen, eine Aufgabe, die sie haßte, obwohl es immer noch besser war, als Steine zu räumen. Das junge Mädchen empfand die Nachkriegszeit beinahe noch schlimmer als den Krieg selber, sie war jetzt fast sechzehn und verrückt vor Hunger auf das Leben. Sie wollte sich amüsieren. Schöne Kleider tragen. Tanzen, flirten. Sie hatte es so satt, in Sack und Asche zu gehen und immer nur zu schuften.

Der gefüllte Wassereimer wog schwer, und die Hitze drückte. Anne wollte gerade die Straße überqueren, um im Schatten der Bäume auf der anderen Seite etwas zu verschnaufen, als sie beobachtete, wie zwei russische Soldaten auf eine Frau zutraten, die auf einem Fahrrad daherkam. Sie stellten sich ihr in den Weg, so daß sie gezwungen war, anzuhalten und abzusteigen. Die Russen sagten kein Wort, machten aber eine eindeutige Handbewegung: Die Frau sollte ihnen das Fahrrad überlassen. Sie schob den beiden Männern das Rad hin und machte, daß sie fortkam. Die Russen lachten hinter ihr her. Sie alberten eine Weile herum, dann richtete sich ihre Aufmerksamkeit wieder auf die Straße; sie waren offenbar in der Stimmung, sich weiter zu amüsieren. Natürlich konnten sie die hübsche Anne unter den Bäumen nicht übersehen. Sie stießen einander an, gestikulierten, grinsten, redeten laut und schnell. Anne faßte ihren Eimer fester und wich einen Schritt zurück. Sie würden ihr nicht das Wasser wegnehmen, nicht, solange sie es irgendwie verhindern konnte. Sie hatte so lange danach angestanden in der glühenden Sonne, und nun hatte sie es schon so weit geschleppt; ihre Arme taten ihr weh und ihr Rücken, und sie fühlte eine heillose Wut bei dem Gedanken, alles könnte umsonst gewesen sein.

Die beiden Russen standen jetzt direkt vor ihr. Sie sahen eigentlich nicht schlecht aus, fand Anne, eher jung und unbekümmert; sie schienen es zu genießen, Angehörige einer siegreichen Armee zu sein und versuchten wohl auszuprobieren, wie weit sie gehen konnten. Sie sagten etwas, worauf Anne ihr hochmütigstes Gesicht aufsetzte und einen Schritt zurücktrat. Der eine griff nach ihrem Wassereimer.

»Nein!« Anne schüttelte den Kopf. »Das ist mein Wasser! Ich habe sehr lange dafür angestanden. Ihr könnt es nicht haben.«

Vorübereilende Passanten warfen ihr nur einen kurzen Blick zu, hasteten dann weiter. Niemand wollte sich mit den Russen anlegen.

Die beiden Männer waren höchst erstaunt über Annes Gegenwehr. So etwas hatten sie in den letzten Wochen kaum je erlebt, und natürlich reizte es sie besonders. Der Jüngere von beiden, der auch das soeben erbeutete Fahrrad schob, hob sein Knie und trat mit voller Kraft gegen den Eimer. Das Wasser schwappte über, mindestens die Hälfte ging verloren. Anne starrte auf die Pfütze.

»Ihr dreckigen Banditen!« fauchte sie und konnte ihrem Schicksal dankbar sein, daß die Männer kein Deutsch verstanden. Aber den aggressiven Ton hatten sie wohl gehört. Sie lachten laut auf, kamen noch näher. Bewundernd griffen sie in Annes lange, dunkle Haare und versuchten, ihre Hände zu fassen. Anne wurde schreckensstarr. Sie sah das Begehrliche in den Augen der Männer, bemerkte, wie sie auf ihren Körper starrten, auf das, was sich unter dem dünnen Stoff des inzwischen zu kurzen und zu engen Sommerkleides so deutlich abzeichnete. Auf einmal waren ihr das Wasser und alle damit verbundenen Mühen egal. Sie ließ den Eimer fallen, drehte sich um und rannte in den nächsten Hauseingang. Am Getrappel der Füße und an den Stimmen konnte sie hören, daß die Soldaten ihr folgten. Zum Glück war sie schneller und gewandter, turnte leichtfüßig über die Geröllberge hinweg und schlüpfte unter Mauerresten hindurch. Allmählich hatte sie keine Ahnung mehr, wo sie sich befand, aber sie zweifelte nicht daran, daß sie den Rückweg nachher schon finden würde. Entscheidend war, daß sie der unmittelbaren Gefahr hatte entkommen können.

Heftig atmend blieb sie schließlich stehen und strich sich die Haare aus der schweißnassen Stirn. Es war so unerträglich heiß heute. Wo befand sie sich bloß? Um sie herum eine Steinwüste, zerbombte Häuser, zerstörte Hinterhöfe. Aber wenigstens schien niemand mehr hinter ihr her zu sein.

Anne setzte sich auf einen Stein. Sie mußte einen Moment verschnaufen. Das Pochen ihres Blutes dröhnte in ihren Ohren, sie schloß die Augen vor dem grellen Sonnenlicht. Als plötzlich ein Schatten über sie fiel, spürte sie das mehr, als daß sie es sah. Mit einem Entsetzenslaut sprang sie auf. Vor ihr stand ein Soldat. Anne wollte sich sofort umdrehen und weglaufen, aber sie stolperte und konnte sich gerade noch an einem Mauervorsprung festhalten. Der Soldat griff nach ihrer Hand, Anne wich zurück. »Was wollen Sie?« fuhr sie ihn an.

Er war sehr groß, hatte lange Beine und breite Schultern, ein braungebranntes Gesicht mit hellen Augen. Sein dunkelblondes Haar kräuselte sich ein wenig, obwohl es so kurz wie nur möglich geschnitten war. Er sah das zitternde Mädchen betroffen an. »Sorry . . . keine Angst, bitte . . .« Sein Deutsch kam nur gebrochen und sehr mühsam. Es dauerte einen Moment, ehe Anne begriff, daß sie keinen Russen vor sich hatte. Dieser Mann war Amerikaner! Ihr Atem beruhigte sich etwas. Die Amerikaner mochten deutsche Frauen, hatte sie gehört, sie schenkten ihnen Seife, Strümpfe und Zigaretten und machten ihnen Komplimente. Sie waren gerade erst nach Berlin gekommen, wo in wenigen Tagen das Treffen zwischen Präsident Truman, Premier Churchill und dem Diktator Stalin stattfinden sollte.

»Keine Angst«, bat der Soldat noch einmal. Er zog eine Schachtel Zigaretten aus seiner Uniformjacke und hielt sie Anne hin. »Möchtest du?«

Zigaretten waren eine begehrte Ware. Anne zog sich eine heraus und ließ sich von dem Soldaten Feuer geben.

»Ich heiße James«, sagte er dabei, »James Munroe.«

»Ich heiße Anastasia«, erwiderte Anne.

James verschluckte sich beinahe an diesem Namen. »Anas . . . Änäs . . .«

»Nenn mich Anne. Say Anne to me!«

»Anne!« Er strahlte auf. »You live here in Berlin?« erkundigte er sich.

»Yes.« Annes Englischkenntnisse waren ziemlich mäßig. Stotternd suchte sie die Worte zusammen. »Where . . . where do you . . . come from?«

James, selig, daß sie seine Sprache verstand, überschüttete sie mit einem englischen Wortschwall, von dem sie nur »Kentucky« begriff. Sie schüttelte heftig den Kopf. »No. No! I . . . do not . . . understand . . .«

James hielt inne. »Sorry, Anne!«

»Macht ja nichts. Du kommst aus Kentucky?«

Er nickte. »Ja. Kentucky.«

Anne lächelte und sagte: »Nice«, obwohl sie keine Ahnung hatte, ob es dort nice war. James strahlte, dann fragte er, ob er sie nach Hause begleiten dürfte, und natürlich willigte Anne ein. Sie brauchten eine ganze Weile, bis sie den richtigen Weg gefunden hatten.

Anne war bester Laune, als sie daheim ankam. Sie traf als erstes auf Belle, die völlig erschöpft in einem Sessel lag, ein Kopftuch um die aufgelösten Haare, Kalkstaub im Gesicht, die schwieligen, aufgeschürften Hände hingen rechts und links der Lehnen hinunter.

»O Gott«, sagte sie müde, »ich habe den ganzen Tag Schutt geräumt, ohne Unterbrechung. Hast du kein Wasser?«

»Das haben mir zwei russische Soldaten abgenommen.«

»Scheißkerle!« sagte Belle inbrünstig. Modeste und Nicola kamen ins Zimmer, beide ebenfalls abgekämpft und verdreckt. Modeste sah jeden Tag elender aus. Sie wußte immer noch nicht, was aus ihrem Mann oder aus ihrem ältesten Sohn geworden war. Belle war ziemlich sicher, daß Victor tot und Joseph zumindest in russischer Gefangenschaft war, aber darüber konnte man mit Modeste nicht reden. Sie klammerte sich an die Hoffnung, die von Tag zu Tag unwahrscheinlicher wurde. Belle brachte es auch nicht fertig, ihr zu sagen, sie müsse anfangen, sich eine Wohnung zu suchen, und wenn es eine Kellerwohnung wäre, denn auf die Dauer konnten sie unmöglich so dichtgedrängt leben. Aber Modeste redete ständig davon, dies sei nur eine Übergangslösung, es könne jetzt gar nicht mehr lange dauern und sie würde mit ihren Kindern nach Lulinn zurückkehren. Niemand außer ihr glaubte daran.

Sowohl Nicola als auch Modeste ließen sich sofort auf zwei Stühle fallen und streckten seufzend die Beine von sich.

»Ist das eine Hitze!« stöhnte Nicola. Dann erst bemerkte sie ihre Tochter, die mitten im Zimmer stand und funkelnde Augen hatte. »Ach, Anne. Hast du mit Julia gespielt?«

»Ich war Wasser holen. Aber zwei Russen haben mir den Eimer umgeschmissen.«

»Was müssen wir nicht alles ertragen!« jammerte Modeste.

Nicola sah Anne schärfer an. »Ist irgend etwas mit dir?«

Anne wich ihrem Blick aus. »Was soll denn sein?« Dann gab sie sich einen Ruck. »Mami, hättest du etwas dagegen, wenn ich heute abend ausgehen würde?«

»Ausgehen? Wohin? Mit wem?«

»Ich habe einen ... ich habe jemanden kennengelernt ...«

Nicola war jetzt hellwach. »Wen?«

»Er heißt James. Er kommt aus Kentucky.«

»Ein Amerikaner?«

»Ein Soldat, ja.«

»Guter Gott«, sagte Nicola. Mit einem Stück Papier fächelte

sie sich Luft zu. »Meine Tochter und ein amerikanischer Soldat! Anne, ich warne dich, komm nicht auf die Idee, ihn zu heiraten und mit ihm nach Kentucky zu gehen! Ich habe von diesem Land gelesen. Es ist heiß, öde und trostlos langweilig. Die Männer reden nur über Rinder und Pferdewetten. Außerdem«, fuhr sie nach einer kurzen Pause fort und ignorierte dabei Modestes empörte Blicke, »außerdem glaube ich nicht, daß die Amerikaner gute Liebhaber sind!«

In diesem letzten Punkt hatte sich Nicola getäuscht, zumindest was James betraf.

Mami hat eben doch von manchen Dingen keine Ahnung, dachte Anne schläfrig. Sie lag in James' Armen, und niemand störte die Stille und den Frieden um sie herum. Sie hatte ihn mit hinauf in die Wohnung genommen, weil sie einigermaßen sicher sein konnte, daß niemand da sein würde. Alle, auch Modestes Kinder, waren auf Hamsterfahrt gegangen in der Hoffnung, bei den Bauern ein paar Kartoffeln oder sogar ein kleines Stück Schinken zu ergattern.

James war ein sehr sanfter Liebhaber, für Anne erstaunlich angesichts der Derbheit seiner großen Hände und der Wuchtigkeit seines Körpers. Sie spürte nichts von der großen Leidenschaft, vom Schwinden der Sinne, von all dem, wovon sie in so vielen Büchern gelesen hatte, aber irgendwann, sagte sie sich, würde der große Höhenflug schon noch kommen.

»I love you, Baby«, murmelte Jimmy. Sanft strich seine schaufelähnliche Hand über Annes Arm.

»Erzähl mir von Kentucky«, bat sie.

»Kentucky« war stets das Zauberwort für Jimmy, der oft unter Heimweh litt. Er setzte sich auf, hielt Anne so, daß sie an seine Brust gelehnt zu sitzen kam und zündete für sie und für sich eine Zigarette an. Dann begann er zu reden, schwärmerisch und auf englisch natürlich, und Anne verstand nur einen Bruchteil dessen, was er sagte. Aber daß er von Pferden redete und von Rindern, soviel begriff sie. Hierin stimmten die Voraussagen ihrer Mutter. Pferde und Rinder. Nun, wenn sie Jimmy heiraten würde – sie war sich noch keineswegs sicher, aber es konnte immerhin sein –, wollte sie ihm schon beibringen, daß es andere Dinge gab, für die sich ein Mann interessieren sollte. Sie war sehr jung und sehr hübsch, ihr unerschütterliches Vertrauen in die eigene Person noch durch nichts getrübt, und sie war felsenfest sicher, ihn vollkommen im Griff zu haben.

Annes Freundschaft zu dem amerikanischen Soldaten verbesserte die Lebensbedingungen ihrer Familie sofort. Jimmy war phänomenal im Organisieren von Lebensmitteln und im Herbeischaffen von Gebrauchsgegenständen, deren Vorhandensein man schon beinahe vergessen hatte. Mal brachte er ein Stück duftende Seife mit, dann ein Paar Nylonstrümpfe, Schuhe für Modestes Kinder oder einen Kleiderstoff. Wenn er kam, um Anne zu besuchen oder zum Spazierengehen abzuholen, warteten alle immer schon auf seine Schätze. Belle und Nicola fieberten vor allem Zigaretten entgegen. Modeste geriet außer sich, als er einmal ein ganzes Pfund Butter brachte. Schließlich erschien er mit einem gewaltigen Stück Schinken. »Isn't it great?« fragte er strahlend.

Insgeheim verdächtigte ihn Belle, daß er keineswegs auf dem ehrenvollsten Weg zu all den Herrlichkeiten kam, daß er zumindest die Wirkung seiner Uniform ausnutzte, um irgendeinen verschreckten Bauern zur Herausgabe seiner Vorräte zu bewegen. Aber es war ihr egal. Hauptsache, sie konnten ihre knurrenden Mägen etwas beruhigen und verfügten hin und wieder über ein paar Dinge, die das Leben angenehmer machten.

Seit der Potsdamer Konferenz war Deutschland in vier Besatzungszonen aufgeteilt. In der Hauptstadt Berlin regierten nun vier Siegermächte. Das nördliche Ostpreußen und Königsberg waren an die Sowjetunion gefallen, das übrige Ostpreußen und Schlesien bis zu einer durch die Görlitzer Neiße und die Oder gebildete Grenze, die Neumark und Hinterpommern an Polen. Lulinn schien vorläufig verloren, aber Modestes Zuversicht blieb ungebrochen.

»Wenn ich erst wieder auf Lulinn bin«, so begann sie fast alle ihre Sätze.

Jimmy bedrängte sie alle, in den amerikanischen Sektor Berlins überzusiedeln. Der Alexanderplatz lag im russisch besetzten Teil der Stadt, und es wurde für Jimmy zunehmend schwierig, Anne dort zu besuchen. Außerdem trauten die amerikanischen Soldaten den Russen nicht. »Kommt in den Westen von Berlin«, sagte er immer wieder, »es ist besser für euch.«

»Wir finden nie eine Wohnung«, widersprachen die anderen, und damit hatten sie recht, denn in Berlin gab es unendlich viele Obdachlose, und der tägliche Lebenskampf war hart genug, auch ohne daß man auf Wohnungssuche gehen mußte.

Später, dachte Belle immer, später werden wir weitersehen. Es ging ihr nicht gut, schon lange nicht mehr. Die bleierne Müdigkeit, die auf ihr lastete, wollte nicht weichen, von morgens bis abends nicht. Von dem Tag an, da sie von Sophies Tod erfahren hatte, war das so gewesen – oder vorher schon? Dunkel erinnerte sie sich, wie schwer ihr schon damals das Treppensteigen gefallen war, wie sie oft gemeint hatte, keinen Fuß mehr vor den anderen setzen zu können. Und jetzt – sie schlich nur noch herum, oft war ihr übel, ein leiser Schmerz nagte wie eine kleine Ratte in ihrem Inneren. Waren die Anstrengungen zuviel gewesen, das Trümmerräumen, das Hungern, die Angst vor den Russen?

Wenn sie sich im Spiegel anschaute, fand sie sich so häßlich wie noch nie. Ihre Haut hatte eine ungesunde, graue Farbe, unter den Augen lagen bräunliche Schatten. Sie sah zehn Jahre älter aus als sie war.

Am späten Nachmittag des 20. Juli war sie mit den beiden jüngsten Kindern allein in der Wohnung. Sie stand in der Küche und schnitt Porree für das Abendessen – Jimmy hatte das Gemüse aufgetrieben –, als eine Welle von Übelkeit über sie hinwegschwappte, so heftig, daß sie sich am Tisch festhalten mußte. Der Schweiß brach ihr am ganzen Körper aus, vor ihren Augen flimmerte es.

»Verdammt, was ist denn nur los mit mir?« fragte sie laut.

Im gleichen Moment setzte der Schmerz ein, viel schlimmer als sonst, ein stechender Schmerz rechts unterhalb ihrer Rippen, er verging sofort, kehrte aber gleich zurück, als sie schon meinte, sich alles bloß eingebildet zu haben. Diesmal hielt er länger an. Dieser Schmerz schien sich in ihre Eingeweide hineingebohrt zu haben, und von dort verbreitete er sich in Wellen, die bis in den Magen, bis hin zum Rücken ausstrahlten. Belle stand und wartete, daß seine Kraft verlorenginge, aber sie verging nicht. Ihr wurde wieder schlecht, und sie erreichte gerade noch das Spülbecken, erbrach hellen Schleim. Leise stöhnend richtete sie sich auf. Der Schmerz schwoll zu schier unerträglicher Heftigkeit an.

»O Gott, o Gott«, jammerte sie. Irgendwie mußte sie zu ihrem Bett gelangen und sich hinlegen. Wahrscheinlich war es ein Geschwür, ein gefährliches Geschwür, und niemand konnte ihr mehr helfen.

Was war mit den Kindern? Obwohl sie nichts anderes wollte, als sich hinzulegen, öffnete sie noch die Wohnzimmertür und sah hinein. Julia saß mitten auf dem Teppich und heulte, weil sie den Kopf ihrer kleinen Holzente abgebrochen hatte, Modestes Baby lag in seinem kleinen Körbchen und krähte vergnügt vor sich hin.

»Julia, was hast du denn?« fragte Belle mühsam, »hör auf zu weinen, ja? Ich muß mich hinlegen einen Moment, könntest du so gut sein und in der Zwischenzeit nichts anstellen?«

Julia klappte den Mund zu und starrte Belle an. Die wandte sich ab, schleppte sich stöhnend den Flur entlang. Der Schmerz kam jetzt in Wellen, mal stärker, mal schwächer. In den Phasen, in denen er abebbte, konnte Belle Luft holen, in den anderen krümmte sie sich zusammen, weil sie merkte, daß er sich so besser ertragen ließ.

Wenn nur jemand käme! Ich brauche einen Arzt.

Es brachte ihr keine Erleichterung, ausgestreckt auf dem Bett zu liegen, fast wurde es noch schlimmer. Sie beschloß, die Dinge selbst in die Hand zu nehmen, sie würde bei ihrer Nachbarin klingeln, und die sollte dann einen Arzt holen. Im Schlafzimmerspiegel erschrak sie vor dem fahlgelben Gesicht, das ihr gehörte. Hoffentlich war die Alte da! Sonst müßte sie die Treppe hinunter und dort nachfragen. Allein bei dem Gedanken brach ihr der Schweiß aus.

Noch ein Blick ins Wohnzimmer: Das Baby war eingeschlafen, Julia hatte aufgehört zu weinen und beschäftigte sich nun damit, der kopflosen Ente auch noch die Rollen abzubrechen, auf denen sie sich vorwärtsbewegte. Sie würde für einige Zeit beschäftigt sein.

Belle erreichte die provisorische Wohnungstür aus Pappe, trat hinaus auf den Vorplatz, krümmte sich wieder zusammen, holte wieder Luft. Sie klingelte an der Tür nebenan, aber die Klingel war kaputt. Mit der flachen Hand schlug sie gegen das weißlackierte Holz, in dessen unterer Hälfte ein großer Riß klaffte; ein russischer Soldat hatte mit seinem Stiefel dagegengetreten.

»Hallo, sind Sie da? Machen Sie auf, bitte! Machen Sie auf!«

Auf der Treppe erklangen Schritte. Mühsam wandte sich Belle um. Vielleicht war es die Nachbarin, die da kam; wer sonst sollte hier heraufkommen? Hoffnung keimte in ihr auf, während sie sich über das Geländer neigte.

Aber es war nicht ihre Nachbarin. Es war Andreas.

8

Er nahm alles in die Hand, ohne lange zu fragen. Die Kinder vertraute er dem jungen Mädchen im Erdgeschoß an, Belle trug er die Treppe hinunter, verstaute sie in seinem Auto – er fuhr einen amerikanischen Jeep, offenbar hatte er gute Beziehungen zu den Besatzern – und tröstete sie unterwegs, wenn sie weinte vor Schmerzen. Belle fragte sich nicht einmal, woher er so plötzlich käme, sie sagte nur: »Ich glaube, ich sterbe, Andreas«, und er legte ihr seine kühle Hand auf die glühendheiße Stirn und sagte beschwichtigend: »Ach was, Belle, du stirbst nicht. Aber nach einer einfachen Magenverstimmung sieht mir das auch nicht aus. Was machst du denn nur für Geschichten, wenn ich nicht da bin?«

In der Charité wurde sie untersucht, dann injizierten sie ihr ein Beruhigungsmittel und legten ihr eine Äthermaske auf Mund und Nase. Schon halb im Wegdämmern registrierte Belle noch, wie sich Andreas über sie neigte. Aus weiter Ferne vernahm sie seine Stimme. »Liebling, die werden dir jetzt in allerhöchster Eile deinen total vereiterten Blinddarm herausnehmen. Hast du denn nicht früher etwas bemerkt?«

Doch, wollte sie sagen, aber wann wäre Zeit gewesen, wirklich darauf zu achten? Aber da war bereits der Schlaf über ihr, die Zunge gehorchte ihr nicht mehr, obwohl dauernd jemand sagte, sie solle zählen, kaum daß sie noch den kleinen Finger hätte heben können... sie tauchte in eine Dunkelheit, in der alle Schmerzen aufhörten.

Als sie aufwachte, wurde ihr furchtbar schlecht, und sie mußte sich übergeben. Sie fühlte sich elend und hatte brennenden Durst, aber die Schwester sagte, sie dürfe jetzt nichts trinken. Dann schlief sie wieder ein, und als sie Stunden später ein zweites Mal erwachte, ging es ihr viel besser, nur die Wunde am Bauch tat etwas weh. Andreas saß an ihrem Bett und betrachtete sie besorgt.

»Du hast mir vielleicht einen Schrecken eingejagt, Belle! Wie du da stöhnend und bleich über dem Treppengeländer hingst... der Arzt sagt, noch ein paar Stunden, und sie hätten dir den ganzen Eiter aus der Bauchhöhle pumpen müssen, und das ist eine haarige Sache. Wie lange hattest du denn diese Schmerzen schon?«

»Ich weiß nicht... schon länger. Und ich habe mich so schlapp und elend gefühlt. Ich wußte nicht, woher es kommt... aber die Russen waren da, und dann... woher kommst du überhaupt, Andreas? Und wieso erst jetzt?« Ein ärgerliches Funkeln trat in Belles Augen. »Du bist mir ein paar Erklärungen schuldig, Andreas. Weißt du, daß mich die Gestapo verhört hat?«

»Ich denke es mir. Nicht aufregen, Schatz, du bist noch zu schwach. Immerhin bin ich im exakt richtigen Moment erschienen, nicht? Ich muß dir doch vorgekommen sein wie ein rettender Engel!«

Belle lächelte, eigentlich gegen ihren Willen, aber es war so schön, daß nichts mehr richtig weh tat und daß er da war. Andreas betrachtete ihr abgemagertes Gesicht auf dem Kopfkissen. »Du hast dich sehr verändert, Belle. Du siehst älter aus, und da ist ein Ausdruck in deinen Zügen . . . reifer, ein bißchen trauriger auch. Du hast Schmerzen gehabt, nicht? Ich meine jetzt nicht den Blinddarm.« Sie nickte. Sie hatte Andreas ja noch nicht erzählt, daß Sophie nicht mehr lebte, aber es fehlte ihr in diesem Moment die Kraft dazu. Sie würde es ihm später sagen, nachher, morgen. Sie war müde, nur noch müde.

Belle Lombard, du bist ziemlich erwachsen geworden, dachte Andreas. Er schaute sie noch immer an, aber sie merkte es nicht mehr, ihre Augen waren zugefallen. Mit einem jähen Schreck dachte er an Max. Sie hatte ihn nicht erwähnt. War er schon zurück? Würde er zurückkommen?

Er fluchte leise vor sich hin, während er das Zimmer verließ, um zu sehen, ob sich irgendwo ein Schluck starker Kaffee auftreiben ließe. Oder ein Schnaps.

Martin Elias ging die Prinzregentenstraße entlang. München bot ein ähnliches Bild wie Berlin: Schutt und Steine, halb eingestürzte oder ausgebrannte Häuser. Vor allem Frauen standen zwischen den Trümmern und mühten sich ab im Kampf gegen das Chaos. Martin sah sie überhaupt nicht. Er sah auch nicht die Geröllberge, den Sommerhimmel, hörte nicht die lachenden Kinder, die um ihn herum spielten. Er war tief in Gedanken versunken. Er hatte in der Wochenschau die Bilder gesehen, die Soldaten in Dachau, in Treblinka, in Majdanek, in Auschwitz gemacht hatten. Da waren Berge von Leichen. Die Gesichter von Überlebenden, zu Totenköpfen abgemagert, Augen, die apathisch in die Kameras starrten und mit Schrecken und unendlichem Grauen angefüllt waren. Stacheldrahtzäune, elektrisch gesichert, Wachtürme, Baracken mit harten Holzpritschen, in denen die Gefangenen zusammengepfercht liegen mußten. Foltergeräte, Stehbunker, Galgen. Und das Schlimmste von allem: die Gaskammern. Die Verbrennungsöfen. Die Asche wie vieler Menschen bedeckte die Felder um Auschwitz?

In den langen Jahren, in denen er Tag und Nacht im Keller eingesperrt gewesen war, hatte sich Martin immer an die Hoffnung geklammert, er werde Sara wiedersehen. Zwar hatte ihm eine leise Stimme, die gnadenlos in seinem Kopf tönte, gesagt, daß er Sara an jenem Aprilabend 1942 verloren hatte, aber er versuchte, nicht zu genau hinzuhören. Er hatte Schreckliches von den Konzentrationslagern gehört, von dieser perfekt organisierten Vernichtungsmaschinerie jedoch keine Ahnung gehabt. Er hörte von der berüchtigten »Rampe« in Auschwitz und von den Selektionen, und ihm wurde klar, wie klein die Chance war, daß Sara hatte durchkommen können. Mit Felicias Hilfe hatte er inzwischen herausgefunden, daß Sara tatsächlich nach Auschwitz deportiert worden war, aber dort verlor sich dann ihre Spur. Er hatte Überlebende aufgesucht und ihnen Saras Foto gezeigt. »Kennt ihr diese Frau? Wißt ihr, was aus ihr geworden ist?«

Einer erwiderte: »Wann, sagen Sie, wurde sie dorthin gebracht? Frühjahr '42? Wissen Sie, die Lebenserwartung dort betrug etwa drei bis vier Monate, falls man nicht sofort in die Gaskammer mußte. Ich glaube kaum, daß jemand, der vor dem Sommer '44 nach Auschwitz kam, überlebt hat.«

Seine Hoffnung schwand mit jedem Tag mehr. Schließlich wurde Saras Tod fast zur Gewißheit, und ganz langsam begann Martin, ihn zu akzeptieren. Felicia hatte ihm gesagt: »Hör auf, an diese Bilder zu denken, Martin. Du quälst dich doch nur damit. Du mußt versuchen, es zu vergessen.«

»Ich kann es nicht vergessen. Niemals. Um darüber hinwegzukommen, müßte ich sterben, und selbst dann würde es mich wahrscheinlich noch verfolgen.«

An diesem Tag im August nun, als er durch die Stadt lief, rief ein allererster Funke neuer Lebenskraft den Wunsch in ihm wach, sich nicht länger seinem Leiden hinzugeben. Er mußte sich wehren, sonst würde er vom Schmerz in Tiefen hinuntergezogen, aus denen er nicht wieder herausfände. Aber würde es ihm hier, in diesem Land, gelingen, wieder auf die Füße zu kommen?

Kurz vor Felicias Haus riß sich Martin aus seiner Versunkenheit. Er bemühte sich, die Leute anzuschauen, die ringsherum Ordnung in die Trümmerwüste zu bringen suchten. Deutsche. Konnte er sein Leben zwischen Deutschen verbringen?

Er fragte sich, ob es Haß war, was er empfand, aber er konnte nicht sagen: »Alle Deutschen sind Schweine!«, denn er fühlte sich, trotz allem, noch immer als einer von ihnen. Es gelang ihm nicht, sich von diesem Volk zu distanzieren, mit dem er von klein auf verschmolzen gewesen war. Bevor die Nazi-Diktatur begann, hatte er sich nie bewußt als Jude gesehen, nicht einmal als deutscher Jude, sondern ganz einfach als Deutscher. Die endlosen Jahre der Verzweiflung, der Todesangst und der Qual hatte dies nicht grundlegend zu ändern vermocht. Vielleicht lag es auch daran, daß es Deutsche gewesen waren, die ihn gerettet und dabei ihr Leben riskiert hatten.

Er betrat das Haus und atmete unwillkürlich leichter, als sich die Tür hinter ihm geschlossen hatte. Das Angstgefühl auf offener Straße lauerte noch immer in ihm. Felicia hatte ihm angeboten, bei ihr und Alex zu wohnen, denn Tom Wolffs Großzügigkeit mochte er nicht länger in Anspruch nehmen. Für Tom stellte er nun übrigens den rettenden Engel dar; seine Mitgliedschaft in der Partei und der ständige Umgang mit NS-Größen hätten den Erben von »Müllers Spielwaren« leicht zu Fall bringen können, aber durch die Tatsache, daß er mehrere Jahre lang einen Juden in seinem Keller versteckt gehalten hatte, würde er mit einem blauen Auge davonkommen. Martin wußte, daß Tom von genau diesem Kalkül geleitet worden war, als er sich entschied, ihn bei sich aufzunehmen, aber dennoch, der Mann hatte seinen Hals riskiert, und es erschien Martin gerecht, daß er für ihn aussagte.

Jolanta kam ihm ganz aufgeregt in der Eingangshalle entgegen. »Herr Elias«, flüsterte sie. »Herr Elias, Frau Lavergne hat Besuch! Raten Sie mal, wer es ist?«

Martins Herzschlag setzte eine Sekunde aus, er erbleichte, und Jolanta, die begriff, welche irrsinnige Hoffnung ihm gerade durch den Kopf geschossen war, legte erschrocken die Hand auf den Mund. »Ach Gott, wie dumm von mir, Sie mußten ja denken . . . nein, es ist nicht . . . nicht Ihre Frau, Herr Elias. Peter Liliencron ist es. Stellen Sie sich vor, auf einmal stand er vor der Tür . . . und imposant sieht er aus, denken Sie nur, eine amerikanische Uniform trägt er!«

Felicia trug ein zerschlissenes blaues Kleid, das dreckig und zerknittert an ihr herunterhing, ihre Haare hatte sie aufgesteckt und unter einem ehemals weißen, jetzt schmutzig-grauen Kopftuch versteckt. Sie saß in dem winzigen Gartenstück hinter dem Haus auf einem Stein mitten in der heißen Sonne und rauchte eine Zigarette. Neben ihr saß Peter Liliencron.

Noch kurz vor der Kapitulation, in den letzten Kriegstagen, hatte eine Bombe das an die rückwärtige Seite des Grundstückes angrenzende Nachbarhaus getroffen, und auch in Felicias Garten lagen die Trümmer. Sie war gerade dabei gewesen, wenigstens einen Weg durch das Chaos zu bahnen, als Jolanta nach Luft schnappend bei ihr erschienen war und Peter Liliencron ankündigte. »Hauptmann ist er, Frau Lavergne! Hauptmann in der amerikanischen Armee!«

Nun saßen sie hier und rauchten seine mitgebrachten Zigaretten, und Felicia war sich ihrer aufgeschürften Hände, ihrer abgebrochenen Fingernägel, des scheußlichen Kleides und des unmöglichen Kopftuches übermäßig bewußt. Sie fühlte sich häßlich, war vollkommen erschöpft vom Steineräumen, und ihr war schwindelig vom Hunger. Sie hatte ihn nicht in die Arme nehmen können, als sie seiner ansichtig wurde, und dieses sichtliche Unvermögen, wirklich herzlich zu sein, hatte auch ihn gehemmt. Sie hatten einander schließlich mit Handschlag begrüßt.

»Also, die Fabrik gibt es nicht mehr?« fragte Peter.

Felicia schüttelte den Kopf. »Schutt und Asche. Ich weiß nicht, inwieweit es sich lohnen würde, sie neu aufzubauen.«

»Meine Mutter hat das Haus den ganzen Krieg über halten können, sie hatte es vermietet, und jetzt kann ich wieder einziehen. Ein Teil vom Dach fehlt, aber vorläufig ist das kein besonders großes Problem.«

»Warum hast du dich den Amerikanern angeschlossen?«

»Sie kamen nach Paris, und ich wußte, jetzt habe ich überlebt. Vorher konnte jeder Tag der letzte sein. Ich dachte mir, wenn sie in Deutschland einrücken, werden sie Leute brauchen, die deutsch sprechen und unbelastet sind. Solche wie mich. Ich habe mich nicht ihrer Armee angeschlossen, um hier als Sieger wieder aufzutauchen, von wo ich einst bei Nacht und Nebel habe fliehen müssen. Es ging nicht um irgendeinen Triumph. Aber die Alliierten bringen uns den Frieden, und sie befreien uns von der Diktatur der Nazis, und was man selber dazu tun kann, damit sie die Dinge hier in den Griff kriegen und damit alles schnell und gut wieder funktioniert, ohne daß sich die Parteileute wieder in die entscheidenden Stellen mogeln, das sollte man tun. Das war der Grund.«

»Du hast gesagt, du bist Kulturoffizier?«

Er nickte. »Wir vergeben Lizenzen für die neuen Zeitungen, die neuen Theater, die neuen Radiosender ... es macht Spaß eigentlich. Ich glaube, freie und unabhängige Zeitungen sind für dieses Volk, das jahrelang von den Reden eines Herrn Goebbels und den Schlagzeilen im ›Völkischen Beobachter‹ hinters Licht geführt wurde, genauso wichtig, wie den Schutt zu räumen und den Hunger zu stillen.«

Felicia sagte nichts. Sie hielt die Hand über die Augen, weil sie gegen die Sonne blicken mußte, als sie Peter jetzt anschaute. »Du hast dich gar nicht sehr verändert, Peter. Viel dünner bist du. Aber sonst – du scheinst nicht älter geworden.«

Er lächelte. »Ich habe viel mehr graue Haare. Aber du hast dich auch kaum verändert. Du bist noch so schön, wie ich dich immer in Erinnerung hatte.«

»Ich bin nicht schön! Ich sehe furchtbar aus. Wenn ich gewußt hätte, daß du kommst, hätte ich ein anderes Kleid angezogen und mir die Haare gebürstet!«

»Als ob zwischen uns so ein Getue nötig wäre!« sagte Peter fast heftig. Seine Hand, die die Zigarette hielt, zitterte etwas.

»Was hast du erlebt?« fragte Felicia leise.

Peter zuckte mit den Schultern. »Das Übliche. In der Schweiz ging es mir noch ziemlich gut, aber dann wurde ich ausgewiesen und ging nach Frankreich. Von dort habe ich dir geschrieben ...«

»Ja. Ich habe den Brief bekommen.«

»Na ja, und dann wurde Frankreich besetzt. Ich kam nicht mehr an mein Geld heran. Mit anderen Juden zusammen versuchte ich ins Vichy-Frankreich zu fliehen, aber das mißlang. Ich kannte ein paar Widerstandskämpfer . . . die besorgten mir eine neue Identität. Ich arbeitete als Kellner. Wenn Deutsche in das Lokal kamen, brach mir der Schweiß aus. Ich dachte immer, vielleicht hören sie mir doch an, daß ich kein Franzose bin. Aber niemand hat etwas gemerkt.«

»Und bis jetzt hast du dich als Kellner durchgeschlagen?«

»O nein. Ich flog auf. Ich weiß bis heute nicht, warum. '42 war das, ich nehme an, jemand aus dem Widerstand hatte ausgepackt, weil er gefoltert wurde, hat Namen und Adressen preisgegeben. Ich hatte unheimliches Glück, und ich . . .« Er hielt inne.

»Was?« fragte Felicia neugierig.

»Der Polizist, der mich verhaften sollte, ein französischer Polizist, gab mir eine Stunde Zeit, meine Sachen zu packen, dann erst wollte er wiederkommen, um mich abzuholen. Er gab mir diese Chance, und ich nutzte sie. Das heißt, ich konnte sie nur nutzen, weil ich in einem bestimmten Moment ganz intensiv an dich dachte.«

»An mich?«

»Die Concierge wollte mich daran hindern, das Haus zu verlassen. Ich überlegte, was würde Felicia jetzt tun, und . . .«, er formulierte es bewußt lapidar, »und ich ging hin, fesselte und knebelte sie und sperrte sie in ihre Vorratskammer. Dann haute ich ab.«

Felicia schwieg einen Moment verblüfft, dann lachte sie auf. »Das hätte ich dir nicht zugetraut! Du hast ja ungeahnte Fähigkeiten in dir, Peter.«

»Ja – aber es wäre mir trotzdem lieber gewesen, sie nicht ausprobieren zu müssen. Ich bin dann untergetaucht, habe reihum bei Leuten gewohnt, die mit der Résistance sympathisierten und nichts gegen Juden hatten. Manchmal dachte ich, ich würde nie wieder ein normales Leben führen. Manchmal war ich so dem Verzweifeln nahe, daß ich . . .« Er unterbrach sich selber mit einer unwirschen Handbewegung. »Es ist vorbei. Das allein ist jetzt wichtig. Es ist vorbei.«

»Ja«, sagte Felicia und sah sich um zwischen Trümmern und

Schutt, »und jetzt können wir nur nach vorne blicken. Und uns mit dem arrangieren, was geblieben ist.«

Er schaute sie von der Seite an. »Felicia, falls du Schwierigkeiten hast... ich meine, wenn du in irgendeiner Form in Geschäfte mit den Nazis verwickelt warst und jetzt jemanden brauchst, der für dich aussagt – du weißt, ich vergesse es dir nie, daß du mich damals in die Schweiz gebracht hast!«

Sie lächelte. »Du schätzt mich schon richtig ein. Natürlich habe ich auch Geld an den Nazis verdient. Aber nebenher habe ich zusammen mit Maksim Marakow meinen Hals riskiert für eine ganze Menge von politisch Verfolgten, und ich denke, mir wird niemand einen Strick drehen können.«

»Dann hat sich Marakow an dich gewandt? Ich hatte ihm deinen Namen genannt für den Notfall. Ich hatte deswegen oft ein schlechtes Gewissen.«

»Brauchst du nicht«, sagte Felicia und fügte in Gedanken hinzu: Er wäre auch so zu mir gekommen, wenn es keinen anderen Weg mehr gegeben hätte, das ist so sicher wie sonst nichts!

Eine Weile sagten sie beide gar nichts, und das wunderte sie ein bißchen, schließlich hatten sie einander sieben Jahre nicht gesehen, und ein halbes Leben lag zwischen damals und heute.

»Tja«, sagte Peter schließlich und stand auf, »ich glaube, ich muß weiter. Aber du weißt nun, daß ich zurück bin. Und wo du mich finden kannst.«

Auch Felicia erhob sich. »Ja. Wir müssen irgendwann einmal ausführlich reden. Ich meine, die Fabrik ist hin, aber da bleibt noch der Grund, auf dem sie stand. Du hast mir damals alles überschrieben, was gut war, denn sonst wäre es an die Nazis gegangen, aber nun kann ich das alles unmöglich einfach so behalten, und man weiß nicht, wieviel Wert so ein großes Terrain in München vielleicht eines Tages haben wird.«

»Es gehört dir, Felicia, daran hat sich nichts geändert. Ich muß sowieso erst sehen, wohin ich mich jetzt orientiere.« Er drückte seine Zigarette auf einem Stein aus. »Ich würde dich gern bald wiedersehen, Felicia. Ich hoffe, es... es wird irgendwie ein bißchen wie früher.«

»Das wird es bestimmt«, sagte Felicia und spürte, daß er genau wußte: Nichts würde wieder sein wie früher.

Sie begleitete ihn durch das Haus zur Straße. In der Eingangshalle trafen sie Martin Elias. Die beiden Männer, der Schriftsteller und der einstige Fabrikant, die einander aus längst vergangenen Tagen kannten, schüttelten sich die Hände.

»Martin Elias«, sagte Peter erstaunt, »waren Sie die ganze Zeit über in Deutschland?«

»Ja. Untergetaucht. Und Sie?«

»Ausland. Und schließlich auch untergetaucht.«

Felicia sah, daß Peter die Frage nach Sara auf den Lippen schwebte, eilig mischte sie sich mit ein paar Belanglosigkeiten ein und drängte Peter zur Tür. Als er gegangen war, wandte sie sich zu Martin um. Bleich und dünn stand er da, im Dämmerlicht der Halle wie ein hohläugiger Schatten anzusehen.

»Er hat überlebt«, sagte er, »und ich habe überlebt. Aber Sara . . . Sara mußte sterben.«

»Ja«, sagte Felicia. Sie mußte plötzlich an Sophie denken, und an Max und Paul, von denen man nichts wußte, an ihren Bruder Johannes, an Elsa und Laetitia, und für diesen Moment waren sie und Martin verbunden durch einen heftigen Schmerz, der sie beinahe weinen ließ. Sie sahen zurück über lange Jahre, in denen zuviel Schlimmes passiert war, als daß es eine Chance für sie gäbe, zu vergessen. Martin spürte, wie seine Augen feucht wurden, und Felicia sah es. Sie riß sich zusammen. »Martin, wir müssen weitermachen. Ich habe auch ein bißchen Erfahrung, und deshalb kann ich dir sagen, es gibt so schrecklich oft im Leben dieses Gefühl, in ein tiefes, schwarzes Loch zu stürzen und keinen Ausweg mehr zu sehen, und man liegt eine Weile still, wie gelähmt vor Kummer, und dann irgendwann fängt man an zu strampeln, immer mehr und mehr, man strampelt aus reiner Verzweiflung, ohne wirklich daran zu glauben, daß es besser wird, aber auf einmal sieht man ein bißchen Licht, und das Licht wird größer und größer. Es ist immer so, Martin, glaube mir. Das Leben ist nicht da zu Ende, wo wir glauben, daß es einfach nicht weitergehen kann.«

»Ich werde nie . . .« Er brach ab, wußte, er würde nicht verhindern können, zu weinen, wenn er spräche. Es würgte ihn in der Kehle, er hätte seinen Kummer, sein abgrundtiefes Entsetzen hinausschreien mögen. Der Ausdruck in Felicias Augen verbot es ihm jedoch, dem Schmerz nachzugeben.

»Ich habe mir gedacht«, sagte er schließlich, »ich habe mir gedacht, ich gehe fort von hier. Vielleicht nach Amerika.«

Er hatte das in dieser Sekunde beschlossen. Was hatte Felicia gesagt: »Irgendwann fängt man an zu strampeln, aus reiner Verzweiflung . . .«

Wahrscheinlich hatte er gerade damit angefangen.

Felicia hatte beschlossen, für heute keine Trümmer mehr zu räumen. Sie fühlte sich ziemlich schwach. Der Hunger, der verdammte Hunger! Es war immer, als sei der Magen ein großes, leeres Loch.

Sie setzte sich in ihr Arbeitszimmer, sie mußte nachdenken, und das konnte sie hier am besten. Peter war zurück. Das, was er ihr einst überschrieben hatte, wollte er ihr nicht streitig machen. Aber da es keine Fabrik gab, nutzte ihr das, zumindest in diesem Moment, nichts.

Wovon nur soll ich in Zukunft leben? Ich und die Familie? Himmel, was sollen wir nur alle . . ., ihre Gedanken gingen wirr durcheinander.

Als sie ein Geräusch an der Tür vernahm, drehte sie sich um. Es war Maksim, der langsam in das Zimmer trat.

»Bist du allein?« fragte er. Er fragt das meistens, wenn er mir begegnet, dachte sie belustigt.

»Heute habe ich jede Menge Besuch. Aber du hast Glück. Der letzte ist gerade wieder fort.«

»Liliencron?«

»Woher weißt du das?«

»Ich traf ihn vor dem Haus. Ich hatte fast nicht geglaubt, daß er durchgekommen ist.«

»Ich auch nicht. Aber komm doch herein, Maksim.«

Er schloß die Tür nachdrücklich. Felicia betrachtete ihn zärtlich. Der Hunger ließ ihn noch asketischer aussehen. Er trug einen alten, grauen Anzug, der völlig haltlos an ihm herumhing und aus dessen abgescheuerten Armeln seine Hände wie knochige Schaufeln hervorsahen. Es wurde an diesem Tag besonders deutlich, daß er nicht mehr jung war, aber für Felicia war er so jung wie in den Tagen von Lulinn. Er hatte sich nicht verändert seit damals, als er sie in den Sommern besucht und unvermittelt zwischen Obstbäumen und Geißblatthecken im Garten aufgetaucht war. Wieder einmal versanken für Felicia die Jahre. Sie war siebzehn und hatte weder Kummer noch Schmerzen je erfahren. Das Leben war harmlos und schön.

Maksim war seit Kriegsende nur ganz selten in der Prinzregentenstraße aufgetaucht, und Felicia hatte nie gewagt, ihn zu fragen, wie er lebte und was er tat. Die Freude über seine sporadischen Besuche versuchte sie ihm zu zeigen, indem sie jedesmal ihre letzten Lebensmittelvorräte mit ihm teilte, auch wenn er abwehrte. »Nicht, Felicia, du hast selber nichts zu essen, das sehe ich doch, du bist ja dünn wie ein Grashalm . . .«

Diesmal aber brachte er ihr etwas mit: Zigaretten. Sorgsam kramte er die Kostbarkeit aus der Innentasche seines Jacketts. »Die habe ich von Emigranten, denen ich bei der Flucht geholfen hatte. Möchtest du eine?«

Sie nickte, und er gab ihr Feuer.

»Setz dich doch«, sagte Felicia, aber Maksim blieb an das Bücherregal gelehnt stehen und rauchte hastig.

Dann plötzlich, ohne Einleitung oder Übergang, eröffnete er ihr: »Ich bin gekommen, um dir Lebewohl zu sagen, Felicia. Ich verlasse München. Ich gehe nach Berlin.«

Solange sie ihn kannte, hatte er immer wieder Abschied von ihr genommen, hundertmal und mehr, und so gehörte diese Situation zu den vertrautesten in Felicias Leben. Auch seine Art, es so unvermittelt zu sagen, kannte sie, und den Ausdruck in seinen Augen, der immer Endgültigkeit versprach: *Diesmal* gehe ich für immer!

Aber er war noch jedesmal zurückgekommen, ob nach Wochen oder nach Jahren, er katapultierte sich stets in Situationen, in denen er Felicia brauchte, daher erschrak sie nicht über seine Ankündigung, spürte aber jene heiße Welle von Enttäuschung ihren ganzen Körper durchziehen, ungemildert durch all die

Jahre und Erfahrungen. Und sie begriff und akzeptierte in diesem Moment: Sie würde Maksim Marakow nicht halten können, genausowenig würde sie fähig sein, ihre Liebe zu ihm zu beenden. Auf eine heimtückische, unergründbare, hoffnungslose Weise blieb sie an ihn geschmiedet, und zeitlebens würde er zwischen ihr und jedem anderen Mann stehen.

»Was willst du denn jetzt in Berlin?« fragte sie, obwohl es ihr gleich war, was genau er dort wollte, denn so oder so, er würde auf jeden Fall gehen.

»Ich kenne ein paar von den Leuten, die jetzt aus der Emigration in die Sowjetunion zurückgekehrt sind. Ich habe Kontakt mit ihnen aufgenommen. Ich will mit ihnen zusammenarbeiten. Es ist . . . es ist eine Herausforderung für mich. Dieses ganze Land wird vollkommen neu organisiert, und ich kann vielleicht ein kleines bißchen dazu beitragen.«

Zum erstenmal seit langem war wieder Leben in Maksims Augen. Die Zeit des Widerstandes hatte ihn zermürbt und ihn alle Kraft gekostet, aber jetzt sah er wieder aus wie früher in seinen jungen Jahren, wenn er Felicia voller Begeisterung von der Idee des Kommunismus erzählte. Nichts und niemand würde ihn davon abhalten können, nach Berlin zu gehen.

Und das nach allem, was wir in den letzten Jahren an Gefahren gemeinsam durchgestanden haben, dachte Felicia, nicht einmal das fesselt ihn an mich.

Aber sie unterdrückte diese sentimentale Regung und fragte nur: »Wann gehst du?«

»Anfang nächster Woche.«

»Das sind noch vier Tage.«

»Ja.«

Felicia drückte ihre Zigarette mit einer aggressiven Bewegung aus. »Eines muß man dir lassen, wenn du dich einmal entschlossen hast, handelst du schnell.« Sie lächelte dabei, aber zugleich bat sie ihn wortlos, ihr irgend etwas zu sagen, woran sie sich festhalten könnte, irgend etwas, und wenn er nur behauptete, daß es ihm nicht leichtfiele, von ihr fortzugehen. Aber er sagte nichts, sondern starrte nur zum Fenster hinaus, als sei er in Gedanken schon ganz weit weg.

Schließlich schien er sich an sie zu erinnern. »Was wirst du tun?« erkundigte er sich.

»Ich?« Sie riß sich zusammen. Sie würde jetzt nicht anfangen zu heulen, nur weil sie zum hunderttausendstenmal in dreißig Jahren von ihm nicht bekam, was sie wollte. »Ich weiß noch nicht. Die Fabrik gibt es nicht mehr. Und Lulinn auch nicht. Ich stehe wieder mal mit ziemlich leeren Händen da.«

»Hast du etwas von deiner Großmutter gehört? Sie ist doch auf Lulinn zurückgeblieben.«

»Sie ist tot. Jadzia hat es mir geschrieben. Sie sagt, sie sei gestorben, bevor die Russen kamen. Ich nehme an, sie hat Tabletten geschluckt.«

»Sicher hat sie sich damit ein schlimmes Ende erspart«, sagte Maksim, »und Lulinn? Steht das Haus noch?«

»Ja, es steht noch. Aber ich mache mir nichts vor, Maksim. Es ist verloren. Wir werden nie dorthin zurückkehren.«

Während sie sprach, stiegen wieder die Bilder in ihr auf, Lulinn im Sommer, die weitgeöffneten Fenster des Hauses, und aus allen Räumen drangen Stimmen und Gelächter, und im Garten schnatterten die Gänse.

»Maksim, wir werden nie dorthin zurückkehren«, wiederholte sie leise, »denkst du auch manchmal . . .«

Er unterbrach sie. »Man sollte nicht soviel an Dinge denken, die vorbei sind. Es ist . . . na ja, es geht doch weiter!« In seiner Stimme schwang eine Spur Gereiztheit, die es Felicia verbot, noch einmal von früher zu sprechen. Statt dessen fragte sie ruhig: »Kann ich noch eine Zigarette haben?«

Er reichte ihr die Schachtel. Als sie sich vorneigte, um sich von ihm Feuer geben zu lassen, waren sie einander für ein paar Sekunden ganz nah. Sie sah ihm direkt in die Augen und las darin unausgesprochene Bewunderung für ihre Tapferkeit und Dank für das, was sie für ihn getan hatte, und die Bitte, nicht an das zu rühren, was vor langen Jahren gewesen war, weil er seinen eigenen Weg gehen mußte. Sie sah aber auch etwas, von dem er wohl selber in diesem Moment nichts wußte: Er war an sie gebunden und würde es immer bleiben. Er würde nie aus ihrem Leben verschwinden.

Sie richtete sich wieder auf. Triumph löste den Schmerz ab. Maksim erkannte es und lächelte. »Starke Frau«, sagte er.

Felicia lehnte sich gegen ihren Schreibtisch. Hinter ihr fiel die Nachmittagssonne durch das Fenster und ließ die weißen Strähnen in ihrem Haar silbrig leuchten. »Was meine Familie zusammengehalten hat, Maksim, war Lulinn. Es war nicht nur der Ort, an den wir alle flüchteten, wenn etwas nicht in Ordnung war, auch nicht nur der Ort, an dem wir zusammenkamen, um uns zu vergewissern, daß es im Leben immer etwas gibt, das Bestand hat. Es war, ganz gleich, wo wir uns aufhielten, das Rettungsseil, an dem wir uns festklammerten, wenn der Abgrund gefährlich nahe kam. Wenn wir stark waren, dann deshalb, weil wir Lulinn hinter uns wußten. Irgendwie schien es uns immer ermunternd zuzulächeln. Wir dachten an Lulinn und rissen uns zusammen. Wir dachten an den einzigartigen Geruch im Wind, an das unvergleichliche Licht am Horizont, wenn es Morgen wurde ... Maksim, ich möchte ein neues Lulinn aufbauen. Ich weiß, die Zeit ist ungünstig, aber ich will es versuchen. Ein großes, altes Haus auf dem Lande, Pferde, Hunde, Katzen, hohe Bäume und bunte Rosen. Dieser Krieg hat uns so viel genommen, unsere Reihen so sehr gelichtet, uns durcheinandergewirbelt wie einen Haufen Blätter. Wir brauchen wieder festen Boden unter den Füßen, und ich möchte dafür sorgen, daß wir ihn finden.«

Es lag Maksim eine Erwiderung auf den Lippen, er wollte sagen, daß Felicia das Unmögliche ihres Planes bereits formuliert hatte, als sie sagte, der einzigartige Geruch im Wind, das unvergleichliche Licht am Horizont ...

Lulinn war unwiederbringlich. Aber er verbiß es sich, das zu sagen, denn sie hatte das Recht auf ihren Traum wie er auf seinen. Sie mußten jeder wieder auf die Füße finden, und dafür brauchten sie ein Ziel. Er hatte sie gebeten, ihm seines zu lassen; er wäre sich schäbig vorgekommen, ihres zu zerreden.

Andreas fand die Wohnverhältnisse, in denen Belle lebte, völlig unmöglich, und natürlich schaffte er Abhilfe. Niemandem sonst wäre es gelungen, eine leere Wohnung aufzutreiben, die zudem auch noch im ersten Stock eines halbwegs unversehrten Hauses lag und zwei Zimmer hatte, aber Andreas verfügte über erstklassige Beziehungen. Er arbeitete eng mit den amerikanischen Besatzern zusammen, denen außerordentlich an seinen Kenntnissen um führende Wissenschaftler der deutschen Stahl- und Rüstungsindustrie gelegen war. Man konnte diese Leute drüben nur zu gut gebrauchen. Andreas stellte Verbindungen her, begleitete die amerikanischen Offiziere zu ihren Gesprächen, dolmetschte die Unterhaltung. Er genoß dafür eine ganze Reihe von Privilegien, und nun war es ihm also auch geglückt, eine Wohnung zu organisieren.

»Leider ist der Balkon abgebrochen«, erklärte er, als er Belle das neue Domizil zeigte. Es lag am Landwehrkanal in der Lützowstraße. »Und in der Küche fehlt die Fensterscheibe. Glas ist im Moment beim besten Willen nirgendwo zu bekommen, deshalb müssen wir Pappe davornageln. Aber die Zeiten werden besser.«

Belle konnte es kaum fassen. »Zwei Zimmer, Küche und Bad, ganz für uns! Das gibt es ja gar nicht!«

Es kam ihr ein bißchen unmoralisch vor, soviel Platz zu haben angesichts des Elends ringsherum. Aber es war so herrlich nach den vielen Monaten der drangvollen Enge! Sie wußte, wenigstens Nicola und ihren beiden Kindern hätte sie anbieten müssen, mitzukommen, denn sie lebten noch immer mit Christine, Modeste und den fünf Kindern am Alexanderplatz, aber sie brachte es nicht über sich. Es war so schön, allein mit Andreas, wenn sie auch ab und zu heftig stritten. Andreas drängte darauf, daß sie nun endlich heirateten; er habe keine Lust, länger zu warten, sagte er.

»Ich bin verheiratet«, erwiderte Belle dann, aber das beeindruckte Andreas nicht.

»Du bist höchstwahrscheinlich Witwe«, sagte er grob.

Belle sah ihn zornig an. »Das wünschst du dir wohl, wie?«

»Red keinen Unsinn. Ich wünsche mir nur Klarheit. Wir müssen doch in irgendeiner Form unser weiteres Leben planen.«

»Ja, lieber Gott, was soll ich denn aber tun?« fragte Belle ratlos.

Auf den Bahnhöfen Berlins trafen täglich Züge mit Kriegsheimkehrern ein. Hunderte von Frauen warteten an den Gleisen, hofften, ihren Mann, Bruder, Sohn unter den Ankommenden zu entdecken, oder hielten Fotos in die Höhe, entstanden beim letzten Heimaturlaub der Vermißten, fragten jeden, der ihren Weg kreuzte: »Kennen Sie diesen Mann? Wissen Sie etwas von diesem Mann?«

Belle begann ebenfalls die Bahnhöfe abzuklappern, meistens in Begleitung von Christine, die verzweifelt auf ein Lebenszeichen von Paul hoffte. Eines Tages berichtete sie, Modeste habe über den Suchdienst des Roten Kreuzes erfahren, daß ihr ältester Sohn in den letzten Kämpfen um Berlin gefallen sei.

»Ein Kamerad hat ihn gefunden und die Nachricht von seinem Tod weitergegeben«, sagte sie, »der Junge hat sich offenbar noch ganz zum Schluß zum Volkssturm gemeldet, wo man ihn nie hätte nehmen dürfen. Die arme Modeste kann überhaupt nicht aufhören zu weinen.«

Belle dachte an den lang zurückliegenden Augusttag, kurz vor dem deutschen Überfall auf Polen war es gewesen; sie hatte Victor am Bahnhof abgeholt, um ihm den Anfang in der Napola leichter zu machen. Der ernste, stille Junge, der nur den Frieden von Lulinn gekannt hatte ... Sie hatte damit gerechnet, daß er tot war, aber die Nachricht traf sie überraschend stark. Noch einer aus der Familie, der in Zukunft fehlen würde. Trotzdem sagte sie: »Wenigstens hat Modeste nun Gewißheit. Das Furchtbarste ist doch, keine Ahnung zu haben, was passiert ist.«

Christine sah sie von der Seite an. »Hättest du denn gerne Gewißheit?« In ihrer Stimme war Feindseligkeit. »Die Gewißheit, daß Max tot ist?«

Belles Augen wurden schmal. »Wie meinst du das?«

»Nun, ich meine, daß du deine Zukunft ja bereits geplant hast – und wie es aussieht, hat er in dieser Zukunft keinen Platz. Du hast seit Jahren ein Verhältnis mit einem anderen Mann. Ich frage mich wirklich, was würdest du tun, wenn jetzt aus einem dieser Züge Max ausstiege? Willst du ihn mit in deine Wohnung nehmen und ihm deinen Liebhaber vorstellen? Wie sollen denn die ersten Stunden eures Wiedersehens ablaufen? Ich an deiner

Stelle hätte vor nichts solche Angst wie davor, daß er plötzlich wirklich käme!«

Belle wandte sich wortlos ab und ging davon. Von dieser Stunde an wichen die beiden Frauen einander aus, redeten nur das Nötigste miteinander. Aber Christines Worte spukten Belle ständig im Kopf herum. Sie hatte natürlich darüber nachgedacht, wie sie Max erklären sollte, was inzwischen geschehen war, dabei aber die praktische Frage übergangen, wohin sie ihn denn zuerst mitnehmen sollte. An den Alexanderplatz? Wo ein Dutzend Leute jedes Wort mithören konnten? In die Lützowstraße? Aber sie konnte ihn doch nicht einfach direkt und brutal mit ihren neuen Lebensumständen konfrontieren! Hatte Christine am Ende recht, und sie wünschte gar nicht wirklich, daß Max wiederkäme – weil sie es leichter ertrug, ihn tot zu wissen, als ihm so weh zu tun, wie sie ihm unvermeidlicherweise würde weh tun müssen?

Dann kam Paul Degnelly zurück.

Es war ein kühler, regnerischer Tag Ende September, Belle und Christine standen am Anhalter Bahnhof, weil sie gehört hatten, es käme ein Zug mit Gefangenen aus dem Osten. Sie hatten sich zufällig getroffen und einander kühl begrüßt. Nun standen sie nebeneinander, distanziert, fremd. Plötzlich zuckte Belle zusammen, denn Christine krallte sich an ihrem Arm fest, ihre Finger gruben sich schmerzhaft in Belles Haut.

»Was ist denn los? Du tust mir weh!«

Christine war schneeweiß geworden im Gesicht. »O Gott, Belle, da ist Paul! Da ist Paul!«

»Wo?«

Aber da rannte Christine bereits den Bahnsteig entlang, und Belle sah, wie sie einem Soldaten um den Hals fiel . . . ein magerer Kerl, zerlumpt wie eine Vogelscheuche. Die Schuhe fielen schon beinahe von seinen Füßen. Er war unrasiert, die Augen lagen in tiefen Höhlen, die Wangenknochen sahen unnatürlich spitz hervor. Belle mußte zweimal hinschauen, um in dieser ausgezehrten Gestalt ihren Cousin Paul zu erkennen.

Als er sie umarmte, stammelte sie: »Paul, Paul«, und auf

einmal weinten sie alle drei, Paul, Christine und sie selber. Auf dem Bahnhof weinten so viele, daß sie damit überhaupt nicht auffielen. Paul vergrub sein Gesicht in Christines Haaren. »Ich habe fast nicht mehr gehofft . . . es waren so lange Tage, jeder Tag eine Ewigkeit . . .«

Christine streichelte ihn, beinahe unbeholfen in ihrer Zärtlichkeit, und Belle schluchzte immer lauter. Es schien ihr eine unendliche Zeit zu dauern, bis sie sprechen konnte. »Paul, weißt du etwas von Max?«

Paul schüttelte den Kopf. »Belle, es tut mir leid, ich wünschte, ich hätte eine gute Nachricht für dich. Aber ich habe nichts von ihm gehört. Als letztes wußte ich, daß er in Stalingrad eingekesselt war. Seitdem . . .«

Wieder keine Gewißheit. Belle spürte, wie sie bleich wurde. Paul legte den Arm um sie. »Sei nicht so verzweifelt, Belle. Es sind noch Tausende von Gefangenen in den russischen Lagern. Wir sind die ersten, die heim durften. Max kann bei denen sein, die viel später erst zurückkehren.«

»Komm«, sagte Christine, »laß uns nach Hause gehen.«

Sie verließen den Bahnsteig, Christine und Paul Arm in Arm, Belle einen halben Schritt hinter ihnen. Belle hatte Max' Foto in der Hand, aber sie hielt es nicht mehr hoch, es erschien ihr sinnlos auf einmal. In ihrer Manteltasche fand sie ein Taschentuch, mit dem sie ihr tränennasses Gesicht abtupfte. Es hatte keinen Sinn zu weinen und zu jammern und das Schicksal zu beklagen, das sie in diese komplizierte Situation gebracht hatte. Mami hatte recht gehabt: Wenn man die Dinge bewußt tat, und wenn man nachher sicher war, sie wieder zu tun, hieß es Zeit vergeuden, sich zu beschweren. Den Weg mit Andreas hatte sie vor vielen Jahren eingeschlagen, sie hatte ihn gewählt, und nun mußte sie ihn auch gehen. Sie mußte sich entscheiden zwischen der Loyalität zu dem Mann, den sie einmal geheiratet hatte und dem Leben, was sie für sich selber erhoffte. Es hätte ihr immer klar sein müssen: Sie war die Tochter ihrer Mutter. Ihre ureigensten Bedürfnisse hatten oberste Priorität.

9

Felicia hatte eine längere Unterredung mit Tom Wolff gehabt und kehrte nun nach Hause zurück. Es war ein klarer, sonniger Oktobertag, strahlendblau leuchtete der Himmel über den Ruinen Münchens. In den Mittagsstunden war es noch einmal sehr warm geworden, aber nun, am späteren Nachmittag, kühlte die Luft schon deutlich ab. Felicia jedoch merkte kaum, daß sie an den Armen zu frösteln begann. Sie war in Gedanken noch völlig bei ihrem Gespräch mit Tom.

Daheim begegnete sie in der Eingangshalle ihrer Tochter Susanne, die mit einer Tasse Ersatzkaffee aus der Küche kam. Felicia betrachtete die braune Brühe und seufzte. »Ich würde ein Vermögen geben für einen richtigen Bohnenkaffee! Hast du etwas von Hans gehört?«

»Er sitzt immer noch in Untersuchungshaft. Der Anwalt hat Haftverschonung beantragt wegen der Asthmaanfälle, aber er wurde abgewiesen.«

»Das ist keine leichte Zeit für dich, Susanne, ich weiß«, sagte Felicia mitfühlend.

Susanne zuckte mit den Schultern. »Nicht jeder kann es sich so leicht machen wie Belle und einfach abhauen.«

»Belle haut nicht einfach ab. Sie hat in Amerika größere Chancen in ihrem Beruf.« Felicia war selber erschrocken gewesen, als Belle ihr vor einigen Wochen mitgeteilt hatte, sie werde gemeinsam mit Andreas Rathenberg nach Amerika gehen. Sie hatte nicht versucht, ihre Tochter umzustimmen, denn sie ahnte, daß Belle diesen Entschluß nach langwierigen und sehr gründlichen Überlegungen gefaßt hatte. Offenbar wurde sie in Berlin mit ihrem Leben, mit der Vergangenheit nicht fertig. Was allerdings aus Max Marty werden sollte, käme er doch irgendwann aus Rußland zurück, daran wagte Felicia nicht zu denken.

»Wahrscheinlich ist sie gerade irgendwo mitten auf dem Atlantik«, fuhr sie nun fort, »ich hoffe, sie hat die richtige Entscheidung getroffen. Sie muß lernen, ihren Weg zu gehen.«

Susanne nahm einen Schluck aus ihrer Tasse. »Alex Lombard

wartet auf dich«, sagte sie unvermittelt, »in deinem Arbeitszimmer.«

»Alex? Läßt der sich auch mal wieder blicken?« Sie hatte ihn nicht oft gesehen in der letzten Zeit. Rasch lief sie die Treppe hinauf.

Er saß auf dem Sessel hinter ihrem Schreibtisch und hatte die Beine lässig gekreuzt auf der Tischplatte liegen. Mit seinen schmutzigen Schuhen hatte er Papiere, Ordner und Stifte ziemlich rücksichtslos beiseite geschoben. Haltung und Gesichtsausdruck waren die verkörperte Provokation. In der rechten Hand hielt er ein Glas, und das ganze Zimmer roch nach Whisky.

Felicia schloß die Tür hinter sich. »Woher, zum Teufel, hast du den Whisky?« fragte sie ohne Umschweife.

Alex grinste. »Von einem Ami, dem ich in einer Herzensangelegenheit Hilfestellung geleistet habe. Ein verdammt gutes Zeug. Möchtest du auch?«

Er hob einladend die Flasche. Sie war halb leer.

Felicia schüttelte den Kopf. »Vielen Dank. Ich besaufe mich nicht am hellichten Tag.«

»O Gott, nein!« Alex lachte, es war ein bißchen zu laut. »Das klingt ja so hochanständig! Würde man dich nicht kennen, man könnte dir die feine Dame beinahe glauben!«

Felicia warf ihre Handtasche auf einen Stuhl. »Alex, ich fürchte, du hast ein bißchen zu tief ins Glas geschaut. Außerdem – könntest du vielleicht deine Füße von meinem Schreibtisch nehmen?«

»Ich glaube nicht«, erwiderte Alex höflich, »es ist außerordentlich bequem so.«

Felicia merkte auf einmal, daß sie sehr erschöpft war. Sie hatte an diesem Tag noch nichts gegessen, das Gespräch mit Tom hatte sie angestrengt. Sie wollte nicht streiten. »Alex, hör zu, ich bin ziemlich müde. Ich weiß nicht, was mit dir los ist und warum du mich unbedingt provozieren mußt, aber ich will es im Moment auch gar nicht wissen. Ich habe heute...«

»Oh, aber ich will dich ja nicht provozieren«, unterbrach Alex, »eigentlich wollte ich mit dir einen Whisky trinken und auf dein neues, großes Projekt anstoßen.«

»Auf mein . . . woher weißt du denn das?«

»Von meiner Schwester Kat. Ich habe vorhin mit ihr telefoniert, und da sie wohl dachte, ich sei in alles eingeweiht, hat sie mir arglos erzählt, du seist gerade in einer äußerst wichtigen Besprechung mit Tom. Du willst ein Haus kaufen, ein schönes, großes Haus auf dem Lande, und da du eine Menge Geld dafür brauchst, hast du den guten Tom Wolff um einen Kredit gebeten. Kein Problem für ihn, nicht? Er steht gut da, mit seiner ererbten Fabrik, und die Tatsache, daß er Martin Elias mehrere Jahre in seinem Keller versteckt gehalten hat, läßt ihn trotz seiner Parteizugehörigkeit und seinen phantastischen Nazi-Kontakten mit einem blauen Auge davonkommen. Erzählt man sich jedenfalls. Es stimmt, ja? Er gibt dir das Geld?«

Felicia hörte seine Eifersucht heraus und begriff, was los war.

»Ich hoffe, du hast nichts dagegen«, sagte sie, aber der Ausdruck ihres Gesichtes ließ keinen Zweifel daran, daß sie es völlig unerheblich fand, ob er dagegen war oder nicht.

Alex zuckte mit den Schultern. »Natürlich nicht. Ich frage mich nur . . .«

»Was?«

»Du hättest auch mich um das Geld bitten können!«

»Das hätte ich auch getan, wenn Tom mir nicht hätte helfen wollen.«

»Aber warum . . .« Alex biß sich auf die Lippen. Er hatte fragen wollen, warum sie nicht als erstes zu ihm gekommen war, aber er begriff, daß er seine Eifersucht schon viel zu deutlich verraten hatte. Felicia gegenüber durfte man keine Schwäche zeigen. Für Schwäche hatte sie eine kleine Portion Mitleid und eine große Portion Verachtung. Von beidem mochte Alex nichts abbekommen.

Er nahm endlich die Füße vom Tisch und stand auf. Einen Moment hatte er Angst, er würde schwanken – verdammter Whisky! –, aber glücklicherweise war er weniger betrunken, als er gedacht hatte.

»Ein neues Lulinn möchtest du also aufbauen«, sagte er, »du kannst schlecht Abschied nehmen von den Dingen, nicht?«

»Dafür hast du eben kein Verständnis, Alex. Du weißt nichts

von Lulinn. Du hast dort ein paar Monate gelebt, aber du hast nicht erfaßt, was es bedeutet. Was es mir bedeutet.«

Alex schwenkte leicht sein Glas. Der goldfarbene Whisky schwappte hin und her. »Alex Lombard, der große Holzklotz, ich weiß. Der nichts begreift und nichts durchschaut. Ganz im Gegensatz zu Maksim Marakow. Mit ihm kannst du deine innersten Empfindungen teilen, nicht? Bedauerlicherweise ist er nur nie da, wenn du ihn brauchst. Oder wo war er, als du Abschied nahmst von deinem und von seinem Lulinn und mit einem schwerkranken Kind in den Armen durch diese Eiswüste da oben geflohen bist? Wo war er?«

»Hör doch endlich auf, gegen Maksim zu hetzen«, sagte Felicia ungeduldig, aber seine Worte blieben nicht ohne Eindruck auf sie, denn sie erinnerte sich, wie sie damals gedacht hatte: Gott sei Dank gibt es Alex! Was täte ich ohne ihn?

»Du kaufst also ein schönes, großes Haus«, fuhr er fort, »und danach richtest du dir ein neues Leben ein. Irgendwie kommst du auch sicher wieder an eine lustig sprudelnde Geldquelle – Nachkriegsjahre sind für Leute wie dich immer die beste Gelegenheit, ein sattes Vermögen anzuhäufen. Wahrscheinlich ist es völlig müßig, dich zu fragen, ob du dir schon einmal überlegt hast, mit mir nach Amerika zu kommen?«

Er sah sie abwartend an, aber ihr hatte es erst einmal die Sprache verschlagen. Schließlich erwiderte sie: »Darüber denkst du ernsthaft nach?« Damit hatte sie natürlich wieder die verletzendste Form einer Entgegnung gewählt, und sie fügte sanfter hinzu: »Wie sollte das auch gehen? Du bist schließlich verheiratet!«

»Mit dir war ich auch einmal verheiratet. Und dann im Handumdrehen geschieden. Das ist kein unüberwindliches Problem.«

»Du willst dich scheiden lassen?«

»Das käme darauf an.«

»Worauf?« Sie lächelte spöttisch, vor allem deshalb, um ihre Anspannung zu verbergen. »Doch nicht meinetwegen, Alex! Höchstens wegen dieser ... dieser ... wie hieß noch die junge Dame, der du von Lulinn aus immer den Hof gemacht hast?«

»Clarissa. Sie ist tot.«

»Oh ... das tut mir leid. Woher weißt du es?«

»Von Verwandten, denen die Flucht geglückt ist. Die Russen haben sie umgebracht, und ich kann nur hoffen, daß sie wenigstens nicht zu sehr leiden mußte. Sie hat einfach nicht an eine Gefahr geglaubt ...«

»So wie ich.«

»So wie du. Der Unterschied ist: Ich habe versucht, Clarissa zur Flucht zu überreden, aber ich bin gegangen, als ich einsah, daß es keinen Zweck hat. Von dir wäre ich nie gegangen. Notfalls hätte ich dich gefesselt und mit Gewalt in Richtung Westen geschleppt.«

»Aber du hast sie schon ziemlich gern gehabt?« fragte Felicia neugierig.

Alex starrte auf den Whisky in seinem Glas. »Ich fand sie anziehend, ja. Sie war sehr jung, sehr attraktiv, ungeheuer lebendig und dabei anhänglich und anschmiegsam. Und nicht dumm. In mancher Hinsicht hatte sie einen klaren Blick. Sie sagte einmal, daß ...«

»Ja? Was sagte sie denn?«

»Ach ...« Er machte eine wegwerfende Handbewegung, so, als sei das alles eigentlich ganz unwichtig. »Sie sagte irgend etwas von Träumen, die sich nicht erfüllen und an denen man nicht lebenslang festhalten soll ... oder etwas Ähnliches ...«

Felicia merkte jetzt erst, daß sie noch immer ihren Mantel anhatte. Sie streifte ihn ab und legte ihn auf einen Sessel, ließ sich auf der Armlehne nieder. Ein paar Sonnenstrahlen, die durch eines der Fenster fielen, entlockten ihrem weißgesträhnten Haar noch einmal einen rötlichen Schein. In jähem Schrecken dachte Alex: Ich kann nicht von ihr lassen. Nie.

»Es gibt eben Träume«, sagte Felicia, »an denen hält man fest. Und irgendwann hört man auf, sich gegen die eigene Unvernunft zu wehren.«

Er stutzte, dann begriff er, wovon sie sprach. »Du meinst Maksim Marakow. Du weißt, daß du ihn nie bekommen wirst, nicht? Er wird immer nur antanzen, wenn er dich braucht, und dann wird ihn wieder die Unruhe ergreifen, und er wird gehen.

Und du wartest und wartest... und wirst nicht jünger darüber!«

»Vielen Dank.«

»Solange du Marakow liebst, Felicia, wirst du allein sein. Das
weißt du, und ich glaube, daher rührt auch diese Panik, mit der
du versuchst, die Familie zusammenzuhalten. Mit der du jetzt
das Haus kaufen willst. Du versuchst, dir einen Rückhalt zu
schaffen, denn von Marakow bekommst du keinen. Du weißt,
daß deine Stärke und Vitalität schwinden werden. Du wirst bald
fünfzig. Dann sechzig. Dann siebzig. Im Alter tut Einsamkeit
sehr weh.«

Müde strich sich Felicia über die Haare. »Ich weiß. Aber ich
kann nichts tun.«

Mit zwei Schritten war er bei ihr. Er war ohnehin ein ganzes
Stück größer als sie, aber nun, da sie saß und er direkt vor ihr
stand, kam er ihr vor wie ein Turm. Seine Stimme war leise, sie
hatte jenen samtigen, eindringlichen Ton, der Felicia vor langen
Jahren diesem Mann gegenüber hatte schwach werden lassen.
»Du liebst mich, Felicia. Du hast mich immer geliebt. Du weißt
es auch. Wenn du dich nicht so verbissen hättest in Maksim
Marakow, dann...«

»Alex, bitte, ich will jetzt nicht darüber reden.«

»Oder warum bist du in Elbing wieder vom Zug gesprungen?
Du hattest einen Platz, und du hast ihn wieder aufgegeben, um
mich nicht allein zurückzulassen. Du hast dein Leben aufs Spiel
gesetzt, Felicia. Für einen Mann, der dir nichts bedeutet?« Er
griff ihre Hände und zog sie hoch. Ihre Körper berührten einander.

»Alex...«

In seinen Augen stand die Wut, die einen Menschen ergreift,
wenn er weiß, daß er an eine uneinnehmbare Grenze gestoßen
ist. »Ich habe dich schon einmal gefragt, Felicia, wo war er denn
in den letzten Jahren, dein kostbarer Maksim, wenn du ihn
wirklich gebraucht hast? Wo war er, als hier mitten in der Nacht
die Gestapo aufkreuzte und das Haus durchsuchte? Wo war er
während der Bombennächte? Wo war er, als deine Tochter mit
ihrer Familie hier einzog und wir irgend jemanden finden muß-

ten, der Martin Elias bei sich aufnimmt? Wo war er?« Alex merkte nicht, daß er Felicia an den Armen gepackt hatte und hin und her schüttelte. »Wo, verdammt noch mal, war er, als du zu deiner todkranken Mutter nach Lulinn reisen mußtest? Wo war er, als die Russen kamen? Wo war er in der Hölle aus Schnee und Eis und Fliegerangriffen und verzweifelten Flüchtlingen? Gott im Himmel, Felicia, wann hat er dir jemals beigestanden?«

Er hatte sie so heftig geschüttelt, daß sie ein wenig schwankte, als er sie losließ. Die Haut an ihren Oberarmen brannte vom Griff seiner Hände. Sie wußte, sein Zorn war oberflächlich, in Wahrheit war er verzweifelt, und sie wollte nicht gehässig sein, aber irgendwie mußte sie ihr eigenes Gleichgewicht wiederfinden, und so antwortete sie kühl: »Nun, immerhin war es Maksim, der Lulu... unschädlich gemacht hat. Von uns wäre womöglich keiner mehr am Leben, wenn er nicht gehandelt hätte!«

Alex schwieg verblüfft, dann lachte er. »Du würdest eine gute Anwältin abgeben, Felicia. Dir fällt das richtige Wort der Verteidigung im richtigen Moment ein.«

»Ich sage nur, wie es ist.«

Alex drehte sich um, ging zum Schreibtisch zurück und griff nach der Whiskyflasche. Er schenkte sich sein Glas erneut voll, und Felicia sah, daß seine Hand dabei zitterte.

»Alex, es geht mich nichts an, aber eine halbe Flasche Whisky... findest du nicht...«

»Laß doch solche Töne!« erwiderte er aggressiv. »Spiel nicht die besorgte Freundin. Es hat dich immer einen Scheißdreck interessiert, ob ich trinke, was ich trinke und wieviel ich trinke! Dich würde es nicht einmal interessieren, ob ich lebe oder sterbe. Und es ist meine persönliche Tragödie, daß ich...« Zum wiederholten Mal brach er den Satz ab.

Verdammt, Alex Lombard, zeig dieser Frau nicht zu genau deine Gefühle!

»Alex...«, sagte Felicia unruhig. Sie war so müde. Und irgend etwas an der Situation flößte ihr Angst ein. War es der Ausdruck in Alex' Augen? Unsinn, wies sie sich zurecht, er ist betrunken, ganz einfach.

»Das Verrückte ist«, sagte Alex, »das ganz und gar Verrückte und Widersinnige ist, daß du selbst dann, wenn du irgendwann erkannt hast, daß du einem Irrlicht nachgelaufen bist, nicht aufhören wirst, weiter daran festzuhalten. Du glaubst vielleicht, daß du loslassen kannst, aber damit täuschst du dich dann nur selber, denn bei der ersten sich bietenden Gelegenheit wirst du rückfällig, und in Wahrheit gibst du nie auf. Ich weiß, wovon ich rede!« Er trank, nicht nur einen Schluck, sondern viele hintereinander und viel zu schnell.

Noch ein paar Minuten, dachte Felicia, und er fängt an zu torkeln. Sie hoffte, er würde vorher aufhören. Sie mochte ihn nicht erleben, wenn er nicht Herr seiner Sinne war. Dafür war er ihr zu kostbar.

Seine Zunge schlug schon ein wenig an. »Dich habe ich als Irrlicht schon von Anfang an erkannt. Gleich nach unserer Hochzeit, in unserer ersten Nacht, da wußte ich, daß sich ein Trugbild in meine Arme schmiegte. Du hast mir deinen Körper gegeben, aber mit deinem Herzen warst du nicht dabei. Das gehörte Maksim, selbst in unseren allerintimsten Momenten. Gib zu, daß es so war!«

»Alex, lieber Himmel, das ist Jahrzehnte her!« Er hatte es haargenau getroffen. All die Jahre hatte er es gewußt?

In einem Schwung leerte er das Glas, als er es abstellen wollte, verfehlte er die Tischplatte. Es fiel hinunter und zersprang. Beinahe teilnahmslos starrte Alex auf die Scherben. »Zuerst«, fuhr er fort, »dachte ich, ich könnte mich damit zufriedengeben. Du warst so ein wunderschönes Mädchen, Felicia, und ich sagte mir, was brauche ich ihr Herz, wenn ich ihren Körper habe, von innen ist sie sowieso nicht so schön wie von außen. Ich habe mich selber belogen und betrogen, als ich mir das einredete. Ich wollte dein Herz, Felicia. Hunderttausendmal mehr als deinen Körper. Ich wollte es mehr als dreißig Jahre lang. Und darüber bin ich ein alter Mann geworden.«

Felicia ging zum Schrank und nahm ein Glas heraus. »Ich brauche jetzt auch einen Whisky«, sagte sie.

Alex sah sie an. »Irgendwann«, sagte er leise, »wirst du noch dahinterkommen, was wir einander hätten sein können unser ganzes Leben lang, wenn du ... ach, zum Teufel, genauso wollte ich nie reden!« Halbwegs aufrecht erreichte er die Zimmertür. »Kindisch, was? Ihr werdet schon noch alle merken, was ihr an mir gehabt habt! So sollte ein erwachsener Mann nicht reden. Ich bin ein Idiot. Und besoffen dazu. Vergiß dieses Gespräch, Felicia. Vergiß die ganze Scheiße, die ich geredet habe!« Er verließ das Zimmer, die Tür fiel hinter ihm zu.

»Alex!« Felicia stand einen Moment starr, dann lief sie hinter ihm her. Aber das Treppenhaus war leer. Unten klappte die Haustür. Alex war gegangen.

10

Zur gleichen Zeit befanden sich Belle und Andreas bereits mitten auf dem Atlantik. Andreas hatte Passagen auf einem norwegischen Schiff gebucht, das von Oslo über Hamburg nach New York fuhr. Es war alles so schnell gegangen, daß sich Belle immer noch völlig verwirrt fühlte. Kurz nach Pauls Heimkehr aus der russischen Kriegsgefangenschaft hatte Andreas ihr erzählt, daß ihm die Amerikaner angeboten hatten, nach Kalifornien zu kommen und dort in einem Konzern zu arbeiten, in dem viele deutsche Wissenschaftler eingesetzt werden sollten. Zuerst hatte sich Belle mit Händen und Füßen gewehrt. Um dann nächtelang wach zu liegen und wenige Tage später Andreas unter Tränen zu erklären, sie wolle Deutschland nun selber verlassen.

»Hier ist nichts mehr, wie es war. Lulinn haben wir verloren, Berlin liegt in Trümmern. Ich schaffe es nicht, hier von vorne anzufangen. Ich muß fort. In ein anderes Land.«

Beide wußten, daß sie den wahren Grund nicht aussprach: In Berlin würde Max Marty beständig zwischen ihnen stehen. Sein ungeklärtes Schicksal ließ Belle nicht los. Im Grunde floh sie vor ihm.

Aber wird es drüben in Amerika wirklich besser werden? fragte sich Belle. Sie saß in ihrer Kabine vor dem Frisiertisch und kämmte ihr Haar. Es war bald Zeit zum Abendessen, und sie hatte ihr derzeit bestes Kleid angezogen – grüne Seide, sehr schmal geschnitten und ziemlich kurz; letzteres vor allem deshalb, weil der Stoff nicht gereicht hatte. Es gehörte zu Andreas' bewunderungswürdigen Fähigkeiten, im Nachkriegsdeutschland ein paar Meter Seide aufzutreiben. Belle ihrerseits hatte eine Flüchtlingsfrau aus Oberschlesien bewegen können, das Kleid zu nähen; sie hatte ihr dafür mühsam zusammengehamsterte Kartoffeln und ein Viertelpfund Butter gegeben. Das bedeutete ein paar Tage hungern, aber Belle hatte schon immer einen knurrenden Magen in Kauf genommen, wenn es um ihre Schönheit ging.

Sie hatte für sich akzeptiert, daß sie sich auf der Flucht befand, aber sie begann zu bezweifeln, daß die Flucht jemals vorbei sein würde. Konnte man vor einem schlechten Gewissen davonlaufen? Die Frau, die ihr da aus dem Spiegel entgegensah, war blaß und abgekämpft, aber sie bot dennoch das Bild einer attraktiven, verführerischen und obendrein sinnlichen Frau. Es war schamlos, so auszusehen! Als sei ihr jede Nacht mit Andreas auf die Stirn geschrieben, als habe jede Liebesstunde mit ihm unauslöschliche Spuren hinterlassen und ihr immer mehr von dem Mädchen genommen, das sie einmal gewesen war. Von dem Mädchen, das geglaubt hatte, Max Marty zu lieben.

Zuunterst in ihrem Koffer lag das Foto von ihrer und Max' Hochzeit, dasselbe, das Max mit an die Ostfront genommen hatte. Sie erinnerte sich, wie erwachsen sie sich damals vorgekommen war, aber jetzt wußte sie, daß sie ein richtiges Kind gewesen war. Die weichen, rosigen Wangen, das unbekümmerte Lächeln... ja, und Max hatte dann nicht das erweckt, was in ihr darauf wartete, erweckt zu werden. Er hatte nichts in ihr zum Erglühen gebracht, seine sanfte Zärtlichkeit war langsam versickert, ohne Belle im Kern zu berühren. Im Grunde war sie völlig unschuldig und unerfahren gewesen, als sie Andreas traf. Das Verhältnis mit ihm hatte sie verändert. Er hatte von ihr verlangt, erwachsen zu werden, und vielleicht war sie wirklich reifer als zu der Zeit, da sie ihn kennengelernt hatte. Aber würde sie den letzten Schritt schaffen – die Trennung, die wirkliche Loslösung von Max?

Belle hatte die Kabinentür nicht gehört und schrak zusammen, als Andreas plötzlich im Spiegel hinter ihr auftauchte. Er trat an sie heran, neigte sich herunter und küßte ihr Haar. »Du siehst sehr schön aus in diesem Kleid«, sagte er.

Belle lachte. »Es ist viel zu kurz. Total gegen die Mode. Bestimmt werden mich alle empört anschauen.«

»Bestimmt. Aber in Wahrheit werden die Männer bewundernd und die Frauen neidisch sein. Ich sollte dich keinen Moment aus den Augen lassen.«

Sie stand auf, strich das Kleid glatt. Schlank wie eine Tanne, dachte sie. Die Taille, unverändert dünn wie bei einer Sanduhr. Der Bauch flach und fest, ein wenig standen die Hüftknochen rechts und links vor. Und die Beine . . . sie konnte nicht anders, sie mußte ihre Eitelkeit unverhohlen demonstrieren, indem sie sich hin und her drehte. Ihre Beine waren lang und schlank, aber mit schön gerundeten Waden. Der Nachkriegshunger hatte sie glücklicherweise nicht zu sehr ausgezehrt.

»Wenn wir dann in Kalifornien sind und ich daheim sitze und jeden Tag darauf warte, daß du nach Hause kommst, werde ich bestimmt dick und fett«, sagte sie, ohne sich im Ernst Sorgen darum zu machen.

Andreas grinste. »Du wirst nicht dazu kommen, dick und fett zu werden, Belle. Du wirst auch nicht daheim sitzen.«

»Na ja, ich werde ab und zu einkaufen gehen oder zum Kaffeekränzchen mit anderen dicken, fetten . . .«

Er unterbrach sie. »Was anderes fällt dir nicht ein, wenn wir nun schon in Kalifornien sind – Greta Garbo?«

Er hatte sie schon lange nicht mehr so genannt. »Ach, Andreas, du denkst doch nicht im Ernst . . .«

Er seufzte, strich ihr eine Haarsträhne aus dem Gesicht zurück. »Liebling, als es darum ging, ob ich nach Kalifornien übersiedele, habe ich genau daran auch gedacht. Ich glaube, es ist höchste Zeit, daß du die Schauspielerei wiederaufnimmst. Ich weiß, daß es dir gelingen wird. Dieser Regisseur, mit dem du vor Jahren gearbeitet hast, Kronborg hieß er, glaube ich, der hat dir, soviel du mir erzählt hast, versprochen, notfalls zehn Jahre auf dich zu warten. In Amerika. Und nun kommst du und nimmst sein Angebot an.«

»Das hat er nur so dahin gesagt.«

»Mit Sicherheit nicht. Er hat damals schon gesehen, was in dir steckt. Er meinte es ernst.«

»Andreas . . .«, Belle fingerte nervös an ihren Ohrringen herum, Brillanthänger, die sie über zwei Ausbombungen hinweg gerettet hatte. »Andreas, das waren doch damals alles nur Kindereien. Ich bin nicht mehr die Belle, die ich war. Ich . . .«

»Eben«, sagte Andreas sanft, »deshalb kannst du es schaffen.«

»Ich will aber nicht! Ich habe nicht den Mut!« In ihren Augen standen plötzlich Tränen. »Früher habe ich mich sicher gefühlt. Meiner selbst sicher. Das ist vorbei. Ich habe soviel falsch gemacht. Und alles ist anders jetzt. Es gibt Lulinn nicht mehr. Und Max ist verschollen. Sophie ist tot, und ich . . . ach, verdammt, ich wollte nicht mehr weinen! Es stimmt überhaupt nicht, Andreas, was du mal zu mir gesagt hast, dieser Quatsch von den durchsoffenen und durchheulten Nächten, die voller Dunkelheit und Schmerz sind . . . du hast so getan, als müßte man sie erlebt haben, um reif zu werden und tieferer Empfindungen fähig zu sein . . . aber in Wahrheit machen sie einen nur schwach und leer. Und ich . . . wenn ich die Anlagen hatte, eine gute Schauspielerin zu werden, dann habe ich sie irgendwann auf diesem langen Weg zwischen unserer ersten Begegnung und heute verloren. Ich kann nicht mehr spielen, nie wieder. Ich . . .«

Sie konnte vor Tränen nicht weitersprechen, ließ es zu, daß Andreas sie an sich zog und ihr vorsichtig über die Haare strich. Er sagte nichts, störte ihr heftiges Schluchzen mit keinem Wort, dachte nur, wie dünn die Tarnung der schönen Frau in grüner Seide war, die sich verliebt in ihr eigenes Äußeres vor dem Spiegel gedreht hatte. Er war überzeugt, daß sie wieder spielen würde über kurz oder lang. Gerade wegen Max. Wegen Sophie. Wegen Lulinn. Sie würde noch spielen wie besessen.

Mit jeder Stunde wuchs Felicias Unruhe. Zuerst hatte sie sich beruhigt: Alex kommt bestimmt gleich zurück. Er rennt ein bißchen durch die Gegend, aber er kehrt schon um. Wohin soll er auch?

Schließlich war es stockdunkel geworden. Felicia lief in ihrem Arbeitszimmer hin und her, lauschte nervös auf jedes Geräusch im Haus. Jolanta ging mit schlurfenden Schritten von Zimmer zu Zimmer, um überall die Vorhänge zuzuziehen, und irgendwo schrie eines von Susannes Kindern. Felicia merkte, daß sie ganz heiße Wangen hatte, und öffnete ein Fenster, um frische Luft einzulassen. Der Oktoberabend war nicht kalt, es wehte ein leichter Wind. Die Nacht da draußen hatte viele Stimmen . . . wieviel Leben sich wieder in München regte! Die Menschen kamen wieder hervor, leckten noch ein paarmal ihre Wunden, standen aber schon wieder recht fest auf ihren Füßen. In den Ruinen regte sich ein erster Anflug von Lebenslust.

Felicia preßte beide Hände gegen ihr Gesicht. Es war lächerlich, sich wegen Alex Sorgen zu machen. Wahrscheinlich hockte er in irgendeiner Ami-Kneipe und soff. Morgen würde er völlig verkatert hier auftauchen und sich mit höllischen Kopfschmerzen und einer hundsmiserablen Laune in sein Zimmer zurückziehen.

Die Tür ging auf, und Jolanta kam herein. Sie stutzte. »Ach, hier sind Sie! Ich habe Sie schon gesucht. Möchten Sie nicht irgend etwas essen? Es ist kaum etwas da, aber ich könnte . . .«

»Nein, danke, Jolanta. Ich habe keinen Hunger. Herr Lombard ist nicht zufällig nach Hause gekommen?«

»Nein. Aber er ist ja ohnehin selten da, nicht?«

»Ja . . . hat Susanne schon gegessen?« In ihrer Unruhe begann sich Felicia sogar nach der Gesellschaft ihrer Tochter zu sehnen.

»Sie hat auch keinen Hunger«, sagte Jolanta mißbilligend, »sie wird bald nur noch ein Schatten sein. Sie hat ihre Kinder zu Bett gebracht und ist dann in ihrem Zimmer verschwunden. Wahrscheinlich will sie wieder einmal allein sein. Ich finde es ja nicht gut, daß eine so junge Frau . . .«

»Jolanta, das mußt du schon ihr überlassen«, unterbrach Felicia hastig. Sie bekam langsam Kopfweh und wollte Jolantas philosophische Überlegungen, die Probleme der einzelnen Familienmitglieder betreffend, jetzt wirklich nicht hören. »Ist Martin Elias da?«

»Der streift immerzu allein durch die Gegend. Das ist nicht gut für ihn. Er sollte sich irgend etwas Schönes gönnen, nach allem, was er erlebt hat!«

Nach allem, was er erlebt hat, wird nie wieder etwas einfach schön für ihn sein, dachte Felicia. Als Jolanta endlich gegangen war, schaute sie auf die Uhr. Halb zehn! Sie griff nach dem Telefonhörer und rief bei Tom an, vielleicht war Alex zu Kat gegangen. Aber auch dort wußte man von nichts.

»Der amüsiert sich wahrscheinlich blendend«, meinte Tom, »verdirb ihm nicht den Spaß!«

»Du hast recht.« Sie lachte gezwungen, legte den Hörer wieder auf und fühlte sich hundeelend. War sie denn völlig hysterisch auf einmal? Wieviel hundert Nächte seines Lebens war Alex schon fortgeblieben, nie hatte sie deshalb auch nur mit einer Wimper gezuckt.

Sie nahm ein Buch aus dem Regal und setzte sich in einen Sessel, aber nachdem sie fünfmal die erste Seite gelesen hatte, ohne zu erfassen, was darauf stand, gab sie es auf.

Ich hätte doch etwas essen sollen, dachte sie, wahrscheinlich sind meine Neven so schlecht, weil ich nichts im Magen habe.

Kurz nach zehn hörte sie die Haustür, aber es war nur Martin, der von einem seiner langen, einsamen Wege zurückkehrte und zusammenschrak, als eine bleiche Felicia die Treppe hinuntergestürzt kam.

»Ach, du bist es«, sagte sie.

»Ja. Tut mir leid, wenn du jemand anderen erwartet hast . . .«

»Unsinn, es muß dir doch nicht leid tun!« Sie hatte etwas zu scharf gesprochen, sie merkte es an Martins Gesichtsausdruck, und fügte hinzu: »Entschuldige. Ich bin ein bißchen überreizt heute.«

Unschlüssig standen sie einander gegenüber. Martin hatte Felicia nie so unruhig und angespannt gesehen und war nicht sicher, ob sie ihn nicht vielleicht brauchte. Gerade wollte er etwas sagen, da klingelte es an der Tür.

Jetzt war es Martin, dem alle Farbe aus dem Gesicht wich. Ein Klingeln in der Nacht verband sich in seinem Gedächtnis immer noch mit unauslöschbarem Schrecken. Die Jahre im Keller, die ewige Angst vor der Gestapo waren noch zu nah. Von einer Sekunde zur anderen stand ihm der Schweiß auf der Stirn.

Aber auch Felicia erstarrte. Überall hörte man jetzt von brutalen Überfällen, niemand sollte die Tür öffnen, wenn er allein zu Hause war, aber sie war ja nicht allein.

»Meine Güte, wir sind ja vollkommen neurotisch«, sagte sie und öffnete.

Zwei Sergeanten der amerikanischen Besatzungsarmee standen vor ihr.

»Felicia Lavergne?« fragte der Ältere.

Felicia runzelte die Stirn. »Ja. Aber Sie möchten wahrscheinlich zu meiner Tochter? You would like to see my daughter?« Sie vermutete, daß die Männer wegen Hans Velin kamen.

Es erleichterte die beiden offenbar, daß sie englisch sprach, und so fuhren sie in ihrer Heimatsprache fort, wobei sie sich bemühten, langsam und deutlich zu reden. »Nein. Wir müssen Sie sprechen, Frau Lavergne. Mr. Alex Lombard nannte uns Ihren Namen.«

Sie spürte einen feinen Stich in der Schläfe. »Alex Lombard?«

»Ja. Es tut uns leid, aber . . .« Die Gesichter der beiden trugen einen mitfühlenden Ausdruck. Der Schmerz in Felicias Schläfen verstärkte sich kaum merklich.

»Was ist denn passiert?« fragte sie.

»Es hat eine Schlägerei gegeben in einer Bar. Zwischen Mr. Lombard und einem unserer Soldaten. Mr. Lombard war sehr betrunken, der Soldat ebenfalls. Ich weiß nicht einmal, wie es anfing. Die beiden lehnten wohl zufällig nebeneinander an der Theke und stichelten aneinander herum. Wie gesagt, plötzlich artete es aus in eine heftige Schlägerei.«

»Ist Alex verletzt?«

Diesmal schwieg der Ältere der beiden. Der Jüngere, ein schlanker, dunkelhäutiger Mann, ergriff das Wort. »Der GI hatte plötzlich ein Messer in der Hand. Es muß in seinem Stiefel verborgen gewesen sein.«

»Ein Messer?« fragte Felicia mit schleppender Stimme.

»Es tut uns sehr leid, Mrs. Lavergne. Der Soldat wird sich natürlich gerichtlich verantworten müssen. Leider gelang es niemandem mehr, noch rechtzeitig einzugreifen. Lombard wurde unter dem Herzen und in den Magen getroffen. Dann erst konnte man dem anderen das Messer entwinden.«

»Hat man Alex in ein Krankenhaus gebracht?«

»Es wurde natürlich sofort ein Arzt gerufen, er war auch zehn Minuten später da. Er konnte nichts mehr tun. Mr. Lombard starb noch in der Bar.«

»Was?«

Der Ältere wiederholte es in deutsch. »Mr. Lombard ist tot. Er hat noch gestorben in der Bar.« Eilig griff er nach Felicias Arm; er hatte Angst, die Frau, die aschfahl geworden war bis in die Lippen würde vielleicht ohnmächtig. Aber natürlich geschah das nicht. Sie war kein viktorianisches Fräulein, dem in kritischen Momenten eine barmherzige Bewußtlosigkeit zur Hilfe kommt. Sie war erstaunt, wie ruhig ihre Stimme klang.

»Ich muß ihn identifizieren, nicht wahr? Sicher gibt es eine Menge Formalitäten zu erledigen. Ich bin jetzt sehr müde. Könnten wir morgen über alles reden?«

»Selbstverständlich«, sagten beide wie aus einem Munde.

Felicia wandte sich langsam um. Hinter ihr stand Martin, er sah sie aus erschreckten Augen an. Und oben, über der Galerie, lehnte Jolanta, die den entscheidenden, in gebrochenem Deutsch gesprochenen Satz verstanden haben mußte. Sie hatte Alex gekannt, seit er ein Kind gewesen war. Felicia hatte nie zuvor schrecklicheren Schmerz in einem Gesicht erblickt als jetzt in dem der alten Haushälterin. *Sie* würde tatsächlich jeden Moment ohnmächtig.

»Schnell, Martin«, sagte Felicia, »einen Stuhl für Jolanta. Und einen Schnaps. Du siehst doch, daß sie gleich umfällt.«

11

Weihnachten 1945. Der erste Winter nach Kriegsende. Ein besonders kalter, harter Winter. Es gab keine Kohlen, es gab nichts zu essen. Die Deutschen hungerten und froren, viele hausten nur in irgendwelchen Kellerlöchern, schirmten sich in ihren Ruinen notdürftig gegen Schnee und Wind ab. Manche lagerten in den U-Bahnhöfen, weil sie dort noch am meisten Schutz vor der Kälte fanden. Viele starben in diesem Winter, verhungerten oder erfroren. Wer die Kraft fand, fuhr über Land zum Hamstern, zog mit Handkarren in die Wälder, um Feuerholz zu suchen. Weihnachten, das große Familienfest der Deutschen, war für viele ein trauriger, dunkler Tag. Wie viele Familien konnten sich schon noch vollständig versammeln? Hier war der Vater gefallen, dort der Sohn nicht aus der Gefangenschaft zurückgekehrt. Das Schicksal Angehöriger aus dem Osten war ungewiß; man wußte nicht, ob sie hatten fliehen können und wo sie gelandet waren, ob man sie je wiedersehen würde. Und doch dachten viele: So schrecklich dies ist, die Angst um die Nächsten, die Entbehrungen des täglichen Lebens, es gibt doch wenigstens keine Bombennächte mehr! Das schreckliche Heulen der Sirenen ist verstummt.

Nicola feierte Weihnachten mit ihren Kindern und mit Jimmy aus Kentucky in der Wohnung am Alexanderplatz. Sie war als letzte von den vielen Bewohnern übriggeblieben und beglückwünschte sich zu ihrer Hartnäckigkeit. Christine war mit Paul in die Wohnung gezogen, die Belle und Andreas hinterlassen hatten, und Modeste war mit ihren Kindern nach Süddeutschland gereist, um bei Felicia unterzukriechen. Nicola war über die Feiertage ebenfalls dorthin eingeladen worden, aber sie hatte Angst, die Wohnung über längere Zeit leerstehen zu lassen; in diesen Zeiten war alles möglich, wenn sie zurückkehrte, fand sie am Ende alle Zimmer vollgestopft mit Flüchtlingen aus den Ostgebieten. Hinzu kam ihre Befangenheit gegenüber Felicia. Sie wußte, daß Alex Lombards Tod Felicia von allen Schicksalsschlägen ihres Lebens am härtesten traf. Der Krieg hatte ihr viele Menschen, an denen ihr Herz hing, genommen, und sie hatte Lulinn verloren, aber das hatte ihr nicht das Rückgrat brechen können. Jetzt aber kam sie vielleicht nicht wieder auf die Füße, und bequem wie sie war, mochte Nicola dabei nicht zusehen.

Jimmy hatte einen winzigen Tannenbaum organisiert, den sie in einen Eimer mit Erde gepflanzt, auf einen Tisch gestellt und mit selbstgemachten Kerzen geschmückt hatte. Auf dem alten Grammophon, das dem verschollenen Max gehörte, spielte eine Platte mit Weihnachtsliedern. Irgendwie war es Nicola gelungen, mit den von Jimmy beschafften Zutaten ein schmackhaftes Essen zuzubereiten. Es gab eine Kartoffelsuppe mit Würstchen, Brot mit Butter und Käse und eine Flasche französischen Rotwein. Außerdem hatte der Amerikaner Zigaretten mitgebracht. Zufrieden rauchend saßen sie um den Tisch und sahen der dreijährigen Julia zu, die ein paar Glaskugeln, die Nicola ihr geschenkt hatte, über den Teppich rollte.

Anne und Jimmy himmelten einander an, und es war ganz klar, daß Anne sich schon im weißen Kleid vor dem Traualtar und als Herrin über Jimmys Pferderanch im sonnigen Kentucky sah. Sie war noch hübscher geworden in dem halben Jahr mit ihm, aber der etwas leichtfertige Zug in ihrem Gesicht hatte sich ebenfalls vertieft. Sie ist sehr gefallsüchtig und egozentrisch, dachte Nicola, der gutmütige Jimmy wird es nicht leicht mit ihr haben.

Schließlich wollten Anne und Jimmy noch eine Stunde spazierengehen; der schwere Rotwein war ihnen zu Kopf gestiegen, und es war offensichtlich, daß sie allein sein wollten. Nachdem sie verschwunden waren, räumte Nicola den Tisch ab und brachte Julia ins Bett. In der Wohnung nebenan sang eine Familie »Stille Nacht, heilige Nacht«. Nicola spürte, wie eine leise Traurigkeit von ihr Besitz ergriff. In den Monaten, die sie hier zusammengepfercht gehaust hatten, war ihr größter Wunsch gewesen, endlich Ruhe zu haben und ein Zimmer für sich. Jetzt war es, als senke sich die Ruhe bleischwer auf ihr Gemüt. Zum erstenmal machte sie sich klar, was es für sie bedeutete, wenn Anne mit Jimmy nach Amerika ginge. Ihr blieb dann nur Julia, sonst niemand. Sie hatte keinen Mann, keine Familie. Nur eine zweijährige Tochter, für die sie sorgen mußte und die es ihr schwermachte, irgendeinen Mann für sich zu interessieren. Es gab ohnehin nicht mehr viele, und wer von denen wollte eine Frau mit Kind? Nicola seufzte. Sie erhaschte einen Blick auf sich im Wohnzimmerspiegel, und ihr Bild im schwachen Kerzenschimmer ließ ihre Zuversicht wieder etwas wachsen. Immerhin sah sie noch ziemlich attraktiv aus.

Als es an der Wohnungstür klingelte, dachte sie, es seien Anne und Jimmy, obwohl sie sich wunderte, weshalb sie so schnell zurückkehrten. Aber als sie durch den Spion in der inzwischen reparierten Tür blinzelte, sah sie einen fremden Mann. Es war ein magerer, abgerissener, erbärmlich aussehender Mensch, schlimmer als ihr je einer begegnet war, und das wollte etwas heißen im Nachkriegs-Berlin. Sie öffnete, ließ aber die Kette noch in der Halterung.

»Ja?« sagte sie fragend.

Der Fremde zog seinen Hut. Er hatte Hände wie ein Skelett. »Karl Bauer ist mein Name. Ich komme aus Prag. Ich . . .« Offenbar wußte er, daß er mehr tot als lebendig aussah, denn er fügte hinzu: »Ich war einige Monate in einem Internierungslager, ehe ich den Befehl erhielt, das Land zu verlassen.«

Ein Bettler! Oder einer, der eine Bleibe suchte!

Nicola war fest entschlossen, sich nicht einwickeln zu lassen. »Es tut mir leid, Herr Bauer. Aber bei uns ist es wirklich . . .«

»Nein, nein. Ich komme nicht deswegen. Sie sind Nicola Rodrow?«

»Ja.«

»Gott sei Dank. Wir . . . ich war nicht sicher, ob ich Sie hier finde.«

Nicola schwieg verwirrt.

Karl sagte: »Ich lag im Lazarett mit Sergej Rodrow.«

»Oh . . . ja, dann kommen Sie doch bitte herein . . .«, sie öffnete die Tür jetzt ganz.

Er folgte ihrer Aufforderung, stand dann etwas unbeholfen im Wohnzimmer, seinen Hut noch immer in den Händen.

»Kann ich Ihnen einen Schluck Wein anbieten?« fragte Nicola. Ihr Herz hämmerte unvernünftig heftig. Seitdem Sergej nach Rußland einberufen worden war, hatte sie nichts mehr von ihm gehört, und sie hatte sich nie entschließen können, Nachforschungen anzustellen. Vielleicht war er tot, vielleicht gefangen, vielleicht schwer verwundet. Vielleicht brauchte er sie. Sie wußte, sie hätte mehr Interesse aufbringen müssen für das Schicksal des Mannes, mit dem sie schließlich noch immer verheiratet war, aber sie war sich auch darüber im klaren, daß sie ihm die Jahre, in denen er sie mit seiner Untreue gequält hatte, bis zu ihrer letzten Minute nicht verzeihen würde. Es hätte ihr nichts ausgemacht, nie wieder von ihm zu hören. Auf einmal wünschte sie, sie könnte diesen halbverhungerten Mann aus Prag, der ihr irgend etwas über Sergej erzählen wollte, bitten, gleich wieder zu gehen. Aber natürlich konnte sie nicht so unhöflich sein.

Sie reichte ihm ein Glas Wein. Er drehte es hin und her, zögernd und zaudernd, und dieser Anblick reizte ihre Nerven. Warum, zum Teufel, trank er nicht, vielleicht bekamen seine ausgemergelten Wangen dann wenigstens etwas Farbe.

»Also!« sagte sie ungeduldig. »Was gibt es?«

Eine Minute später wußte sie es. Karl war nicht allein gekommen. Sergej wartete unten im Rollstuhl. Er bat sie, ihn wieder bei sich aufzunehmen.

Sie hatte keine Wahl. Einsamkeit würde sie für die Zukunft nicht fürchten müssen, sie würde sich danach höchstwahrscheinlich noch sehnen.

In Maksim Marakows Leben spielte Weihnachten schon lange keine besondere Rolle mehr. Er überging den 24. Dezember meist. Auch an diesem Abend hatte er weder eine Kerze angezündet, noch hörte er Musik; er hatte sogar das Radio ausgeschaltet, weil ihn das ständige Glockengeläut und die Weihnachtslieder nervös machten. Da er sich noch nicht müde genug fühlte, um ins Bett zu gehen, setzte er sich aufs Sofa und nahm ein Buch in die Hand. Doch er konnte sich nicht konzentrieren, nichts aufnehmen. Er legte das Buch weg und stand auf.

Aus irgendeinem Grund bedrückte ihn die kleine Wohnung

heute. Zwei Zimmer, Küche, Bad. Im äußersten Osten Berlins gelegen, heizbar durch einen eisernen Ofen, der meist kalt blieb, da Brennmaterial kaum zu bekommen war. Heute abend allerdings brannte ein Feuer darin und verbreitete neben Wärme auch eine gewisse Behaglichkeit. Maksim hatte Armut nie als belastend empfunden; im Gegenteil, sie bildete den beinahe notwendigen Hintergrund für all sein Tun und Denken. Auch jetzt war es nicht die Kargheit ringsum, die ihn bedrückte. Vielmehr empfand er ein inneres Frösteln, ein Gefühl der Leere und Einsamkeit. Einsamkeit! Wann hatte er sich zuletzt den Luxus erlaubt, sich einsam zu fühlen? Seit Jahren nicht mehr, und er hätte sich auch bitter dafür verachtet. Einsamkeit war etwas für die dekadenten Bürger. Er sollte nicht mal wissen, was das überhaupt ist.

Maksim lief in der Wohnung herum und versuchte, seine Gefühle zu ordnen. Es konnte nicht an Weihnachten liegen, denn Weihnachten bedeutete ihm tatsächlich nichts. War es einfach ein körperliches und seelisches Tief nach der Hochspannung der letzten Jahre? Die Arbeit im Untergrund hatte ihn mehr Kraft und Nerven gekostet, als er zunächst begriffen hatte. Aber er brauchte nicht in ein finsteres Loch zu stürzen, weiß Gott nicht. Der Aufbau einer deutschen kommunistischen Regierung in der sowjetischen Besatzungszone bedeutete eine ungeheure Herausforderung für ihn und hieß, sich einen alten Traum zu erfüllen. Nach der Oktoberrevolution von 1917 in Rußland, die nicht gebracht hatte, was sie alle so ersehnten, war dies eine neue, eine zweite Chance. Er durfte mit dabeisein. Es gab keinen Grund, sich elend zu fühlen.

Doch noch während er am Fenster stand und grübelte und sich selber dafür haßte, wurde ihm klar, daß es Angst war, was ihn erfüllte, Angst vor den Jahren, die vor ihm lagen. Auf einmal sah er sich mit den Augen eines fremden Beobachters, und er sah einen alternden Mann, der sich einer Idee hingegeben hatte und keinen Menschen mehr an seiner Seite wußte. Genossen, ja, die schon. Aber niemanden, der Nächte wie diese mit ihm geteilt hätte. Er machte sich keine Illusionen: Je älter er wurde, desto öfter mußte er mit solchen Nächten rechnen.

Er hatte viel erlebt, vieles durchgestanden, und er kannte alle Empfindungen, von Verzweiflung bis Euphorie, von Lethargie bis ungezügelter Tatkraft, aber eines kannte er nicht: Er kannte nicht die Schwäche des Alters und die daraus erwachsende Angst vor dem Alleinsein. Es war eine Vorstufe der Todesangst, unmittelbar mit ihr verwandt und von demselben Grauen geprägt. Sie würde von jetzt an in Wellen kommen, mal ganz schwach werden und fast verblassen, dann wieder zu ungeahnter Höhe ansteigen und ihn zu erschlagen drohen. Er würde immer mehr Kraft brauchen, sich dagegen zu behaupten.

Maksim wandte sich wieder vom Fenster ab und starrte in das leere Zimmer. Ihm fiel die Flasche Wodka ein, die er noch in der Küche hatte. Idiotisch, zum Alkohol zu greifen. Aber er konnte das warme Gefühl, das sich jäh in seinem Magen ausbreiten würde, bereits spüren, wußte schon, wie es sein würde, wenn seine Glieder schwer wurden und alles um ihn herum weiter zurücktrat. Das Leben nahm dann wärmere Farben an und lächelte ihm freundlicher zu.

Langsam ging er in die Küche. Irgendwo in seinem Kopf war da noch ein anderes Bild. Das Bild einer Frau. Er sah Felicia, während er das erste Glas leerte, den Rettungsanker in seinem Leben. Er sah sie vor sich, wie sie gewesen war in den vergangenen Jahren in München, und die Bilder dieser Zeit schoben sich ineinander: das große Haus in der Prinzregentenstraße mit seinen fahlgelben Mauern, der steinige Isarstrand, gesäumt von dunkelgrünen Wäldern, darüber der bayerisch-blaue Himmel und zwischen all dem Felicia, die unvermeidliche Zigarette in der Hand. Unveränderlich jung kam sie ihm vor.

Hatte sie auch ihre geheimen Sorgen und Ängste? Dunkel erinnerte sich Maksim an das letzte Gespräch, das sie miteinander geführt hatten. Lulinn. Sie hatte von Lulinn gesprochen und von ihrer Traurigkeit über den Verlust des Gutes. Lulinn, das die Familie zusammengehalten hatte. Fühlte sich Felicia einsam? Und kam ihr die Zukunft ebenso bedrohlich vor wie ihm?

Maksim hatte nie viel über Felicia nachgedacht. Sie war eben Felicia, und sie war da. Sie war da gewesen als Kind mit langen

Zöpfen und aufgeschlagenen Knien, als junges Mädchen mit kokettem Getue und schönen Kleidern, als erwachsene Frau mit kühlem Geschäftssinn und der Neigung, ein zu hohes Risiko einzugehen. Auf einmal begriff er, undeutlich zwar und schon etwas umnebelt vom Wodka, daß sie es gewesen war, die ihm ein Leben lang Kraft gegeben hatte. Sie bedeutete für ihn, was Lulinn für sie bedeutet hatte: Sie war ein Stück Land, ein Stück Erde, zu der man zurückkehren konnte, sie war wie ein schattenspendender Baum, eine Wiese mit hohem, weichem Gras, sie war abwechselnd wie ein stiller, ruhevoller Sommerabend oder wie ein quicklebendiger, taufeuchter Morgen. Wie ein Haus mit festen, warmen Mauern.

Maksim leerte noch ein Glas. Fast ein halbes Jahrhundert lang war er immer wieder zu dieser Frau gegangen, wenn er nicht weiter wußte, und sie hatte in unverbrüchlicher Treue zu ihm gestanden, selbst wenn er sich jahrelang nicht hatte blicken lassen. Es würde immer so sein.

Ein Gefühl der Ruhe breitete sich in ihm aus. Die Dunkelheit jenseits des Fensters hatte etwas von ihrem Schrecken verloren.

Heiligabend in München, Prinzregentenstraße. Susanne hatte ihre Kinder ins Bett gebracht und kehrte ins Wohnzimmer zurück. Ein paar Kerzen flackerten, im Kamin brannte ein Feuer. Martin Elias kauerte davor und legte ein Holzscheit nach.

»Ich hoffe, sie schlafen jetzt ein und kommen nicht noch dreimal herunter«, sagte Susanne. Sie sah müde aus, aber obwohl Martin wußte, daß ihre Kinder sehr anstrengend waren, wußte er auch, daß ihre ständige Erschöpfung nicht nur daher rühren konnte. Sie war die geächtete Ehefrau eines ehemaligen SS-Offizieres und zwang sich, wenigstens nach außen hin, zu ihrem Mann zu stehen. In Wahrheit aber sah sie keine gemeinsame Zukunft mit ihm. Ihr Gesicht trug einen verbitterten Ausdruck.

Wie verrückt, dachte Martin, daß ausgerechnet wir beide heute abend hier zusammen sind. Ein Jude, der drei Jahre in einem Kellerloch kauernd, den Holocaust überlebt hat. Und die Frau eines SS-Schergen, der jetzt im Gefängnis sitzt und auf sein

Urteil wartet. Ich sollte sie hassen. Und sie sollte mir aus dem Weg gehen. Statt dessen sitzen wir am ersten Weihnachtsabend nach Kriegsende zusammen vor dem Kamin, weil wir nicht wissen, was wir sonst tun sollen.

Er empfand die Situation als so bedrückend, daß er es sogar begrüßt hätte, wenn Modeste, die seit einigen Wochen hier lebte, bei ihnen geblieben wäre. Aber sie war früh schlafen gegangen, weil sie allein sein und an Joseph denken wollte. Auch Felicia ließ sich nicht blicken.

Martin blies in die Glut, bis die Flammen wieder emporzüngelten, dann stand er auf. »So«, sagte er, »jetzt wird es gleich wieder richtig warm im Zimmer. Setzen Sie sich doch ganz nah an den Kamin heran.«

»Mir ist nicht kalt.« Sie blieb stehen, wo sie war, aber sie hatte beide Arme um ihren Körper geschlungen, als würde sie frösteln. Unschlüssig sahen sie einander an. Dann fragte Martin: »Wollen Sie nicht doch einmal nach Ihrer Mutter sehen und sie fragen, ob sie zu uns kommen möchte? Sie kann sich doch nicht dauernd abkapseln!«

»Seit Alex Lombards Tod ist sie kaum einmal aus ihrem Zimmer gekommen. Man kann ihr nicht helfen. Irgendwann wird sie sich fangen.«

»Es ist Ihnen ziemlich gleichgültig, ob es ihr gutgeht oder schlecht, nicht?«

»Ich hab' meine eigenen Sorgen.«

»Jaja«, murmelte Martin. Dann fuhr er fort: »Aber Weihnachten ist ein Fest der Familie. Felicia sollte . . .«

»Was kümmert Sie Weihnachten?« unterbrach Susanne. »Es ist kein jüdisches Fest, oder?«

»Sara und ich haben am Heiligabend immer ein paar Kerzen angezündet. Wir wollten«, es tat so weh, davon zu sprechen!, »wir lebten so wie unsere Freunde und Bekannten. Wir . . . wir waren keine gläubigen Juden.«

»Und ich bin keine gläubige Christin mehr. Was soll ich mit diesem Fest also? Und die Familie . . . man sollte nicht etwas konstruieren, was es nicht mehr gibt.«

»Sie stehen Ihrer Mutter sehr kritisch gegenüber, nicht?«

Der abweisende Ausdruck auf Susannes Gesicht vertiefte sich noch. »Meine Mutter hätte nie Kinder haben sollen. Sie kann nicht lieben.«

»Überhaupt nicht?«

»Das würde ich nicht sagen«, erwiderte Susanne höhnisch, »Geld liebt sie sicher und voller Hingabe.«

»Ja, aber sie hat doch auch . . .« Martin unterbrach sich. »Entschuldigung. Ich fürchte, ich bin viel zu indiskret.«

»Nein, nein. Falls Sie auf ihren Verschleiß an Männern anspielen: Das muß wirklich nichts mit Liebe zu tun haben. Meine Mutter befriedigt auf diese Weise ihre Herrschaftsgelüste.«

Martin schwieg, und Susanne schien plötzlich das Gefühl zu haben, sie habe zuviel geredet, denn sie wechselte sprunghaft das Thema. »Wieso reden Sie überhaupt noch mit mir?« fragte sie.

»Sie meinen . . .«

»Ich meine die Tatsache, daß Sie Jude sind. Ich meine das, was Sie hinter sich haben. Sie wissen, daß mein Mann . . .«

Martin sagte hastig: »Ja, ich weiß.«

Sie schwiegen beide. Dann sagte Susanne leise: »Ich käme mir albern vor, wenn ich jetzt sagen würde, es tut mir leid. Es würde völlig banal klingen. Alles würde in diesem Zusammenhang banal klingen.«

»Sie brauchen wirklich nichts zu sagen.«

»Sie müssen mich verstehen, ich will nicht schlecht über meinen Mann reden. Ich will eigentlich gar nicht über ihn reden.«

»Ich will auch nicht über ihn reden«, erwiderte Martin steif.

Susanne trat nun doch an den Kamin heran, kauerte sich so nah wie möglich an die Flammen. Martin versuchte, in ihrem von zuckenden Schatten umspielten Gesicht eine Ähnlichkeit mit ihrer Mutter zu entdecken, konnte aber nichts finden. Weder innerlich noch äußerlich verband die beiden etwas miteinander.

»Was werden Sie tun in Zukunft?« fragte er.

Susanne blickte ihn nicht an, sie sah in das züngelnde Feuer. »Ich weiß es nicht. Das hängt auch davon ab, was mit meinem

Mann wird. Ich nehme nicht an, daß er zu mir zurückkehren wird...«

Es war der eigene Schmerz, der Martin so brutal sein ließ: »Höchstwahrscheinlich wird man ihn hinrichten.«

Susanne zuckte nicht, offenbar hatte sie sich mit dieser Möglichkeit bereits vertraut gemacht. »Ja... das wird man wohl.« Zwischen ihren Augen bildete sich eine steile Falte. »Ich frage mich oft, was ich meinen Kindern einmal sagen soll. Noch sind sie zu klein, aber irgendwann werden sie nach ihrem Vater fragen. Wer er war und warum er nicht mehr bei uns ist. Wie kann ich ihnen erklären, was er getan hat...«

»Ich weiß es nicht.«

»Nein, wie sollten Sie auch. Es ist unerklärlich, für jeden von uns. Ich habe diesen Mann kennengelernt, er gab mir mehr Aufmerksamkeit und Zuwendung, als ich je in meinem Leben erhalten habe, ich wollte ein gemeinsames Leben mit ihm aufbauen, Kinder haben, eine richtige Familie... und dann erfahre ich, was er getan hat – ich weiß nicht...«, ihre Stimme wurde ganz rauh und leise, »ich weiß nicht, wie ich damit umgehen soll...«

Hilflos sagte Martin: »Erklären Sie es Ihren Kindern, wie Sie es mir eben erklärt haben. Erklären Sie ihnen, warum Sie diesen Mann geheiratet haben, was Sie an ihm liebten... erklären Sie ihnen seine Irrtümer, Ihre Irrtümer. Versuchen Sie...« Er unterbrach sich. »Entschuldigen Sie. Ich rede wie ein Oberlehrer mit Ihnen, der die Weisheit für sich gepachtet hat. Im Grunde geht mich das alles ja auch nichts an.«

»Ich muß mich entschuldigen. Ich wollte nicht über meinen Mann reden«, sagte Susanne. Ungeachtet dieser Worte fügte sie hinzu: »Ich war so leicht zu ködern damals, für jeden Mann, der nicht ganz schlecht aussah und wußte, wie man eine Frau umwirbt. Ich war so ausgehungert nach... nach Komplimenten, danach, daß jemand *mich* wollte, ganz speziell mich! Glauben Sie, ich wäre als Kind einmal gelobt worden? Hätte das Gefühl haben können, wirklich geliebt zu werden? Meiner Mutter war ich doch immer nur lästig. Als Hans in mein Leben trat, habe ich mit beiden Händen nach ihm gegriffen!«

Wieder war sie in ihren Überlegungen zu ihrer Mutter zurückgekehrt, und Martin dachte, vielleicht ist ihre Mutter wirklich der Dreh- und Angelpunkt für alles andere.

»Ich kann mir nicht vorstellen, daß Sie Ihrer Mutter jemals lästig waren«, sagte er unbehaglich.

»Sie halten sie für einen himmlischen Engel, weil sie Ihnen geholfen hat, ja? Sie ist so weit von einem Engel entfernt wie nur irgend möglich, das kann ich Ihnen sagen. Natürlich, sie hat für mich gesorgt, ich hatte alles, was ich wollte, aber im Grunde wäre es ihr am liebsten gewesen, ich hätte mich unsichtbar gemacht und wäre ihr so wenig wie möglich über den Weg gelaufen. Mit Belle war das anders, wissen Sie. Nicht, daß sie sich mehr um sie gekümmert hätte. Aber Belle ... Belle war ihr ebenbürtig. An Schönheit, an Egoismus, an der Art, das Leben nach ihrem Willen zu biegen. Belle und Mutter konnten im Innersten immer die Kaltschnäuzigkeit der anderen verstehen. Ich aber stand daneben und kämpfte verzweifelt darum, daß Mutter mich *einmal* ansieht, mir *einmal* zuhört! Oh, ansonsten war sie nicht kleinlich. Sie arbeitete und arbeitete, damit wir dieses große Haus halten konnten, damit wir die Möglichkeit hatten, in die besten Schulen zu gehen, damit wir uns alles leisten konnten, was das Leben angenehm macht ... aber in Wahrheit schuftete sie, um ihren persönlichen Ehrgeiz zu befriedigen und um sich und allen zu beweisen, daß sie die Beste und Größte ist. Wissen Sie, was alle ihre Gedanken in Anspruch genommen hat, über Jahre hinweg? Wie sie die Fabrik und Lulinn wieder in die Hände bekommen kann. Das hat sie um und um getrieben. Und der beste Witz ist, sie hätte es ja auch beinahe geschafft. Die Fabrik besaß sie schon wieder und würde sie auch noch besitzen, wenn die Amerikaner sie nicht mit ihren Bomben in Schutt und Asche gelegt hätten. Und Lulinn wäre nun nach Lombards Tod auch an sie gefallen. Gut, nicht? Mutter hätte darauf wohl nie zu hoffen gewagt, aber in seinem Testament hat er ihr alle seine deutschen Besitzungen vermacht, also dieses Haus und auch Lulinn. Nur haben die Russen leider Ostpreußen erobert und alle Deutschen daraus vertrieben. Dieser Krieg hat ihr einen verdammt dicken Strich durch die Rechnung gemacht ... die entscheidenden Männer jedenfalls besaßen genug Anstand, Felicia Lavergnes unausgesprochenen Wünschen nachzukommen und beizeiten zu emigrieren oder zu sterben.«

Tränen liefen ihr über die Wangen, und Martin, der das Gefühl hatte, daß sie schon lange nicht mehr zu ihm, sondern zu sich selber sprach, erwiderte nichts. Er spürte ein Würgen im Hals, so, als warteten auch in ihm tausend ungeweinte Tränen darauf, geweint zu werden – Tränen um Sara, um seine Familie, um die Jahre, die man ihm gestohlen hatte. Einen Moment lang dachte er, er müßte Wut empfinden auf die Frau, die da schluchzend vor dem Kamin kauerte und die Lieblosigkeit beklagte, unter der sie ihr Leben lang gelitten hatte. Was war das gegen Auschwitz, gegen die Gaskammern, die Krematorien? Aber er fand keine Wut, und er begriff, daß er die Dinge nicht gegeneinander aufrechnen durfte. Susanne Velin schleppte ihre Last mit sich herum, und er seine. Es hatte keinen Sinn, darüber nachzudenken, welche schwerer wog.

Er ließ sie weinen, konzentrierte sich auf die Bilder in seinem Inneren und dachte an Sara. Und an Amerika. Er war jetzt ganz sicher, daß er nicht in Deutschland bleiben würde.

12

Andreas hatte es tatsächlich geschafft, Sven Kronborg ausfindig zu machen und ihm von New York aus ein Telegramm zu schicken, in dem er Belles und seine Ankunft mitteilte. Kronborg war, wie er über Journalisten erfahren hatte, Regisseur bei MGM und machte dort eine glänzende Karriere. Das Telegramm bewirkte, daß Kronborg am Bahnhof in Los Angeles stand und eine Suite für seine Freunde im »Miramar Hotel« in Santa Monica reserviert hatte. Es war fast eine halbe Etage, die sie bewohnten, und Belle, die etwas verloren durch die luxuriös ausgestattete Zimmerflucht irrte, fragte ängstlich: »Können wir das denn bezahlen, Andreas?«

»Keine Sorge«, entgegnete Andreas. Geld schien für ihn tatsächlich überhaupt kein Problem zu sein. Er sollte Anfang Januar 1946 anfangen zu arbeiten, aber wahrscheinlich bezahlte ihn der Konzern schon im Dezember, denn es war gar keine Frage, daß sie jeden Abend in ein teures Restaurant zum Essen gingen und daß Belle jedes schöne Kleid bekam, das ihr gefiel. Vermutlich hatte er aber auch das Geld, das er mit seiner Spionagetätigkeit verdient hatte, inzwischen in die Vereinigten Staaten transferiert. Er überließ nichts jemals dem Zufall.

Die Reise hatte Belle angestrengt, und sie kam nicht in die Hochstimmung, von der sie gehofft hatte, sie würde sich in Kalifornien einstellen. Sie hatte an ewigen Sommer, an Palmen und glitzernd blaues Wasser gedacht, aber es war unangenehm kühl. In den Bergen lag Schnee, und ein kalter Wind wehte hinunter ins Tal. Morgens lagen Stadt, Strand und Meer unter einer grauen Nebelwand verborgen, die sich nur langsam während der Vormittagsstunden auflöste. Die Palmen sahen traurig aus, die Wellen spiegelten die graue Farbe des Himmels, und die einzigen Farbtupfer stellten die wild blühenden roten Weihnachtssterne an den Straßenrändern dar. Manchmal brach die Sonne durch, dann wurde es überraschend warm, aber kaum schloß sich die Wolkendecke wieder, übernahm der Wind die Vorherrschaft und ließ alle frösteln. Belle, gehüllt in einen warmen Mantel, machte lange Spaziergänge, um sich abzulenken, aber das Heimweh hielt sie fest im Griff. Immerzu dachte sie an den gewaltigen Kontinent und an den noch gewaltigeren Atlantik, der zwischen ihr und ihrem Zuhause lag. Sie stand am Strand von Santa Monica, schaute über den Pazifik und sah doch nur die Trümmer Berlins und den tiefen Schnee von Lulinn vor sich. Kronborg, der ihren schlechten seelischen Zustand bemerkte, versuchte sie zu trösten. »Es wird besser, wenn der Frühling kommt. Du wirst sehen, Belle. Das geht hier ganz schnell, von einem Tag zum anderen. Auf einmal blüht alles um dich herum. Magnolien und Jasmin und ganze Felder von Lupinen...«

Sie zuckte zusammen. »Lupinen«, wiederholte sie, »ganze Felder von Lupinen... ja, die kenne ich von Königsberg, im Sommer war alles voll davon.«

Kronborg seufzte und tätschelte ihre Hand. Er verstand ihre Gefühle. Es war ihm ebenso ergangen, als er 1940 hierhergekommen war. Heute liebte er Amerika und wollte nie mehr woanders leben, und er war überzeugt, daß es Belle ebenso ergehen würde. Sie mußte nur die Zähne zusammenbeißen und die ersten schlimmen Monate überstehen. Gott sei Dank, daß Andreas bei ihr war. Andernfalls wäre sie vermutlich sofort wieder abgereist.

Belle kehrte von einem ihrer langen, einsamen Spaziergänge ins Hotel zurück. Es war wärmer an diesem Tag als an den vorangegangenen. Der 1. Februar 1946. Es roch ein wenig nach Frühling, und Belle hoffte, daß sie sich das nicht nur einbildete.

Während sie das Foyer durchquerte, dachte sie, daß ihre anhaltende Niedergeschlagenheit auch von dem Leben in einem Hotel herrühren mochte. Sie empfand es zunehmend als bedrückkend, keine eigene Wohnung zu haben. Selbst wenn die weniger komfortabel wäre als das Miramar, es wäre doch ihr eigenes Zuhause.

Um diese Zeit – es war fünf Uhr am Nachmittag – saßen viele Menschen im Foyer, tranken Tee, rauchten und unterhielten sich, lachten. Schöne, satte, elegant gekleidete Menschen, ganz anders anzusehen als die mageren, abgerissenen Gestalten im Nachkriegsdeutschland. Die meisten von ihnen würden heute abend zu einer der vielen tollen Hollywood-Partys gehen, oder sie würden in einem der todschicken und sündhaft teuren Restaurants in der Stadt essen, dazu Sekt oder französischen Wein trinken. Man sah ihnen an, daß sie es verstanden, das Leben zu genießen.

Belle fuhr mit dem Aufzug nach oben, lief den Gang entlang und betrat die Suite. Andreas war schon da, er saß in einem Sessel und rauchte. Er stand auf, kam ihr entgegen und nahm sie in die Arme; er roch nach Tabak, und seine Wange kratzte rauh an ihrer.

Gut, daß es ihn gibt, dachte sie.

»Hat jemand angerufen für mich? Vom Studio? Kronborg?«

Andreas seufzte leise. Kronborg hatte Schwierigkeiten, die Bosse von MGM zu überreden, es mit Belle zu versuchen.

»Keine Deutsche«, lautete die stereotype Antwort auf all seine diesbezüglichen Fragen. »Kein Amerikaner möchte jetzt einen Film sehen, in dem eine Deutsche mitspielt!«

»Ja, Kronborg hat angerufen«, sagte Andreas nun, »er schickt dir morgen früh um neun einen Wagen, der dich ins Studio fährt. Er will noch einmal Probeaufnahmen mit dir machen. Vielleicht kann er die anderen endlich überzeugen.«

»Er wird sie nie überzeugen, Andreas. Wir haben uns geirrt. Du hast dich geirrt. Du dachtest . . .«

Er hielt sie noch immer in seinen Armen. »Gib ihnen Zeit. Laß sie diesen Krieg vergessen . . . Es kann nicht von heute auf morgen gehen. Deine Stunde kommt, Belle, du kannst sicher sein.«

Sie löste sich von ihm, er half ihr aus dem Mantel und reichte ihr eine Zigarette.

»Wie geht es dir?« fragte sie liebevoll.

Er zuckte mit den Schultern. »Ganz gut.«

Aber sie merkte, daß er nicht besonders glücklich war, und natürlich wußte sie, woran das lag. Er litt darunter, daß die Frau mit der er lebte, es nicht schaffte, endgültig mit ihrer Vergangenheit abzuschließen, sich ganz zu ihm zu bekennen. Sie streckte die Hand nach ihm aus. »Komm. Nimm mich wieder in die Arme.«

Er trat an sie heran, roch den Wind, der noch in ihren Haaren hing und einen Anflug von Frühling verhieß. Sie war so schmal geworden, daß er meinte, ein Kind schmiege sich an ihn. Was war es, fragte er sich fast verzweifelt, was ihn so unlösbar an sie fesselte? Bis heute vermochte er sich keine klare Antwort zu geben. Er wußte nur, er hatte für die vielen Frauen vorher nicht annähernd soviel empfunden wie für Belle. Zum erstenmal in seinem Leben liebte er wirklich, und es gelang ihm nicht mehr, sich deshalb, wie zu Anfang, sentimental oder verrückt zu nennen. Aber weder er noch Belle würden jemals glücklich werden, wenn Max Marty weiterhin zwischen ihnen stünde.

Es war wie immer, wenn sie einander berührten: In der nächsten Sekunde meinten sie schon, nicht nah genug am anderen sein zu können. Aber zum erstenmal fragte sich Belle, ob sie deshalb so gern miteinander ins Bett gingen, weil sie es einfach so umwerfend gut fanden, oder ob sie in Wahrheit versuchten, auf diese Weise für eine kurze Zeit ihren Problemen zu entkommen.

So wie in dieser Stunde hatten sie es noch nie erlebt: Sie küßten einander, aber ihre Lippen blieben kühl. Sie streichelten einander, aber ihre Körper reagierten plötzlich nicht mehr. Sie versuchten einander zu lieben in dem verzweifelten Versuch, sich etwas von dem abzuringen, was immer selbstverständlich gewesen war. Es gelang ihnen nicht. Sie gaben schließlich auf, blieben sprachlos und entsetzt liegen, bis sich Andreas erhob, einen Morgenmantel überzog und an die Zimmerbar trat. Mit konzentrierter Miene mixte er Cocktails, wie immer mit überreichlich Rum und stark genug, einen Bären zu erledigen. Belle starrte zur Decke und lauschte auf das Klirren, mit dem die Eiswürfel in die Gläser fielen.

Sie setzte sich auf, als Andreas herantrat und ihr ein Glas reichte. »Hier. Du kannst es wahrscheinlich auch brauchen.«

»Andreas, wir sollten das nicht überbewerten. Schließlich ist so etwas...«

Er stand vor ihr wie eine hohe Mauer. »Normalerweise würde ich kaum einen Gedanken daran verschwenden«, erwiderte er, »aber das eben war nur die Spitze des Eisbergs. Mit uns ist viel mehr in Unordnung, als wir uns beide eingestehen wollen.«

Belle entgegnete nichts.

»Ich habe gedacht, Amerika wäre die Lösung«, fuhr Andreas fort, »ich dachte, wir könnten ein neues Leben beginnen, wenn ich so viele Meilen wie nur möglich zwischen dich und alle... alle Erinnerungen lege. Ich wollte es erzwingen... daß du alles vergißt und nur noch in die Zukunft siehst.«

Belle sagte leise: »Das kannst du nie erzwingen, Andreas, bei keinem Menschen.«

»Nein, offenbar nicht.« Es klang traurig. »Ich habe sogar genau das Gegenteil erreicht. Je mehr wir uns von Berlin entfernten, desto stärker spürtest du dein schlechtes Gewissen. Manchmal habe ich den Eindruck, es peinigt dich mit jeder Stunde mehr. Es ist verrückt«, er lachte bitter, »hier in Los

531

Angeles erscheint Max Marty lebendiger denn je. Er steht zwischen uns und wird immer größer.«

»Ich weiß nicht, was ich tun soll. Andreas, ich habe wirklich versucht, mit den Dingen fertigzuwerden, aber du mußt verstehen, daß ich . . .«

»Ja. Ich muß immer verstehen. Von Anfang an bist du immer drei Schritte auf mich zugegangen und dann wieder zwei zurück, und immer hast du mich gebeten, dich doch bitte zu verstehen. Zum Teufel, Belle, warum hast du deinem Mann nie reinen Wein eingeschenkt? Warum warst du nicht ehrlich – um seinet- und um deinetwillen? Ganz zu schweigen von mir! Statt dessen hast du es vorgezogen, ihn zu betrügen und zu hintergehen, aber es wäre dann nur konsequent gewesen, wirklich skrupellos zu sein und nicht pausenlos zu jammern!«

Belle stellte klirrend ihr Glas auf den Nachttisch. »Wann hätte ich es ihm denn sagen sollen? Als er an der Ostfront bis zum Hals in der Scheiße steckte? Hätte ich da schreiben sollen, tut mir leid, ich liebe einen anderen?«

Andreas schwieg. »Nein«, sagte er dann, »ich gebe zu, die Umstände waren ungünstig. Aber du mußt auch mich verstehen.«

Was mußte sie verstehen? Plötzlich spürte Belle Angst. Sie stand auf, weil sie es nicht mehr ertrug, ihn so groß vor sich stehen zu sehen und schlang die Bettdecke um ihren Körper.

»Was meinst du, Andreas? Was hast du vor?«

»Ich will nicht leiden«, entgegnete er, »ich habe mir das irgendwann, als ich noch sehr jung war, vorgenommen – nie wegen einer Frau zu leiden. Bis ich dich traf, hat das auch ziemlich gut funktioniert. Aber jetzt . . . ich leide zu viel und zu oft.«

Belle verzog das Gesicht. »Möglicherweise bist du da nicht allein.«

»Wenn es dir genauso geht – um so schlimmer!«

Draußen kämpfte der Wind beharrlich gegen die Wolken, hatte bereits ein großes, blaues Loch in die graue Decke gerissen. Auf einmal war die Sonne da, strahlend und spätnachmittäglich rot. Die Schaumkronen auf den Wellen des Pazifik glitzerten. Ein süßlicher, warmer Geruch strömte durch das geöffnete Fenster.

»Morgen kommt der Frühling«, sagte Belle.

»Ja . . .«, erwiderte Andreas emotionslos, und Belle hatte das Gefühl, er fände es dumm von ihr, so etwas Banales zu sagen. Aber sie hatte es nicht einfach nur so dahingesagt. Sie wartete wirklich auf den Frühling, in der vagen Hoffnung, er werde alles besser machen, aber vielleicht, dachte sie plötzlich resigniert, bilde ich mir da wirklich nur etwas ein. Auf einmal sagte sie etwas atemlos: »Du wirst mich doch nicht verlassen, Andreas?«

Sein Blick umfaßte sie, halb prüfend, halb zärtlich. »Verlassen? Ich könnte dich nie verlassen. Es gibt da diesen albernen Klischeeausdruck: die Liebe meines Lebens. Du bist die Liebe meines Lebens, Belle.«

»Ja, aber dann . . .«

»Nichts, aber. Weil es so ist, kann ich auf diese Weise nicht mit dir leben. Würdest du mir nichts bedeuten, wäre es kein Problem. Aber so . . «

»Andreas, ich brauche Zeit, ich . . .«

»Ja. Und die sollst du auch haben. Aber ich kann nicht immer danebenstehen und deinen inneren Kämpfen zusehen. Wahrscheinlich nütze ich damit auch weder dir noch mir. Du kannst nur zu einer Entscheidung gelangen, wenn du ganz und gar in Ruhe gelassen wirst.«

Er hatte recht, er hatte vollkommen recht, und Belle wußte das. Es ging um ihr Leben und um ihre Zukunft, und sie allein mußte bestimmen, wie diese Zukunft aussehen sollte. Sie begriff, welche große Chance Andreas ihr gab, wenn er ihr sagte, er wolle nicht dabeistehen und ihren inneren Kämpfen zusehen.

Nur ohne seine unmittelbare Einflußnahme konnte sie irgendwann erkennen, was sie wirklich wollte.

Sie wußte das alles, und doch erfüllte sie eine jähe Angst bei seinen Worten. »Was hast du vor, Andreas?«

Die Furchen in seinem Gesicht hatten sich vertieft. »Laß uns für eine Weile auseinandergehen«, sagte er, »wir müssen herausfinden, wie es weitergehen soll. Vielleicht erhältst du Nachricht von Max. Vielleicht erfährst du, er ist tot. Vielleicht erfährst du, er lebt, und dann kannst du sehen, ob du die Scheidung von ihm willst oder ob dir der Gedanke daran unerträglich ist. Oder du erfährst gar nichts, aber in dir selber wandelt sich etwas... ach, Belle, ich weiß nicht, was wird, aber wir brauchen Abstand.«

Sie nickte. Draußen riß der Wind die letzten Wolken auseinander, ein strahlendes Licht ergoß sich in das Tal.

Es könnte das Paradies sein, dachte Belle, aber dann versank schon wieder der Pazifik vor ihren Augen, und sie sah statt dessen hungernde, frierende Soldaten. Schützengräben in der barbarischen Kälte Rußlands, Züge mit Gefangenen... Paul hatte ihr genug davon erzählt.

Andreas suchte seine Sachen zusammen, die er vorhin überall im Zimmer verstreut hatte und verschwand damit im Bad. Als er wieder herauskam, war er fertig angezogen und sah sehr erschöpft aus. Belle hatte unterdessen ihr Glas ausgetrunken, was ihren Wangen ein wenig Farbe gab. Dennoch wirkte sie elend und erschöpft.

Sie ist so weit weg von daheim, dachte Andreas, und sie weiß überhaupt nicht, was werden soll.

»Ich werde mit Kronborg reden«, sagte er. »Wir müssen jeder eine anständige Wohnung bekommen. Auf die Dauer kann man nicht im Hotel wohnen.«

»Ich hab' kein Geld für eine Wohnung. Genaugenommen habe ich nicht mal Geld für ein Hotelzimmer.«

»Mach dir deswegen keine Gedanken. Vorläufig werde ich...«

»Das geht nicht.«

»Du kannst es mir irgendwann zurückzahlen. Bald bist du ein großer Star und verdienst Millionen.«

Belle lächelte müde. Andreas ging zur Tür und legte die Hand auf die Klinke.

»Willst du so wie du bist verschwinden?« fragte Belle.

»Natürlich nicht. Ich gehe nur weg und kaufe mir eine Zeitung. Vielleicht mache ich auch einen kurzen Spaziergang.« Er trat hinaus auf den Gang, die Tür fiel hinter ihm zu.

Belle stand noch immer in ihre Bettdecke gehüllt im Zimmer.

Sie merkte, wie ihre Augen zu brennen begannen. Gleich, wenn nicht noch ein Wunder geschähe, würde sie weinen. Sie versuchte, an etwas Gutes zu denken – an den Frühling, an die Probeaufnahmen morgen, an Sven Kronborg, der gesagt hatte, du wirst es schaffen, Belle... aber nichts davon konnte sie trösten. Dann aber, während sie ihren Blick durch das Zimmer wandern ließ, sah sie die gerahmte Fotografie auf dem Regal gegenüber dem Bett. Ein bräunliches, verblichenes Foto, aufgenommen um 1900. Es zeigte das Herrenhaus von Lulinn. Ihre Mutter hatte es dem Brief beigelegt, in dem sie ihr von dem Plan, ein neues Haus zu kaufen, berichtete und ihr Alex Lombards Tod mitteilte.

Belle trat an das Bild heran, etwas mühsam, denn ihre Füße verhedderten sich in der Bettdecke. Es war Sommer. Sie konnte die Rosen erkennen, und die Eichen entlang der Auffahrt trugen dichtes Laub. Die Fenster des Hauses spiegelten das Sonnenlicht. Wenn sie die Augen schloß, konnte sie das Gras riechen und den Wind um ihr Gesicht spüren, ihre Hand faßte die warme Rinde der Bäume, und eines der Pferde kam an den Zaun getrabt, rieb seine weiche Nase an ihrem Hals.

Die Erinnerung an all das erfüllte sie mit ersten, zaghaften, neuen Kräften. In ihrer Familie hatte man sich nie lange dem Kummer hingegeben, weil man wußte, daß das nichts nutzte. Was hatte Mutter empfunden, als sie Lulinn verließ und auf die Flucht ging? Was bedeutete Alex Lombards Tod für sie? Trotz allem, sie ging hin und kaufte ein neues Haus. Fand mit Sicherheit bald wieder eine neue Geldquelle. Erlaubte es sich nicht, lange zu weinen und zu klagen. Sie schien die Schicksalsschläge abfedern zu können, und wenn sie das konnte, konnte Belle es auch.

»Irgendwie werde ich mit all dem fertigwerden«, sagte sie laut, »es wird mir gelingen. Aber erst mache ich Probeaufnahmen. Das ist jetzt wichtig. Ich muß gut und konzentriert sein.«

Was zählte, war: Sie hatte den Krieg und die Bomben überlebt. Sie fühlte sich jung und gesund. Sie war in Hollywood.

Und morgen würde der Frühling kommen.

13

Das Haus lag zur Straße hin fast verborgen hinter einer hohen Weißdornhecke und großen Trauerweiden. Zum See hin war der Blick offen. Der Märztag war von phantastischer Klarheit, der Himmel überirdisch blau; ein warmer Föhnsturm in der Nacht hatte ihn leergefegt von allen Wolken und die Berge zum Greifen nah herangeholt. Leuchtendweiß hoben sich die verschneiten Gipfel vom südlichen Horizont ab, und das Blau des Wassers, auf dem glitzernd die Sonne lag, schien Krieg, Verwüstung, Tod und Hunger in Deutschland im nachhinein zu einem bösen Traum zu machen.

»Der Ammersee«, sagte Tom Wolff etwas pathetisch, »wirklich, ein wunderbares Bild. Natürlich ist das heute auch ein bezaubernder Tag. Felicia, ich kann nicht umhin, dir zu versichern, ich hätte mich auch in dieses Fleckchen Erde verliebt!«

»Und schau nur das Haus an!« drängte Felicia. Sie standen am Ende des Gartens, der nach Westen hin in Terrassen bis zum See hinabfiel. Es gab dort unten ein kleines Badehäuschen, einen Steg und ein Boot. Oben auf dem Hügel aber lag das Haus.

Es war natürlich ganz anders als Lulinn, aber Felicia hatte sich gesagt, sie dürfe nicht mit der Vorstellung von einem Ebenbilde des ostpreußischen Gutes auf die Suche nach dem neuen Haus gehen. Schon gar nicht in Oberbayern. Das Wohnhaus war groß und wuchtig, drei Stockwerke hoch, mit einem tiefgezogenen Dach und langen Balkonen. Es gab viele Zimmer und überall Kamine, in denen man im Winter Feuer machen konnte. Felicia stellte sich vor, wie hier alles ringsum im tiefen Schnee versank und wie sich die ganze Familie behaglich unter dieses einladende Giebeldach kuschelte.

»Wie findest du es, Tom?«

»Schön. Genau das Richtige für eine große Familie.«

Rechter Hand an den Garten schlossen sich Ställe und Weiden an, ein paar junge Haflinger grasten auf den lehmigen Frühlingswiesen. Nach dem harten Winter genossen sie es, sich die wärmende Sonne auf das Fell scheinen zu lassen.

»Gehört das auch dazu?« fragte Tom. »Die Weiden, meine ich?«

»Ja. Alles. Selbst die Pferde sind im Kaufpreis drin.«

»Schön«, sagte Tom noch einmal. Er betrachtete Felicia von der Seite. Sie trug einen leichten Wollmantel, einst sehr teuer und elegant, jetzt aber schon abgenutzt und speckig. Um den Hals hatte sie einen bunten Seidenschal geschlungen, die Haare waren mit einem Band zurückgebunden und fielen lockig über ihren Rücken. In den Ohren glänzten kleine Perlen. Das schmale, spitze Gesicht war sehr weiß, selbst von den Augen schien diese starke Blässe Besitz ergriffen zu haben, das Grau war noch heller als sonst.

Als Felicia Tom gebeten hatte, mit ihr hinaus nach Breitbrunn an den Ammersee zu fahren, hatte er gezögert. Seit Alex Lombards Beerdigung hatte er sie nicht mehr gesehen, und da waren sie keinen Moment allein gewesen. Er fürchtete sich vor ihrem Schmerz, wußte nicht recht, wie er ihr gegenübertreten sollte. Alex und sie waren immer wie Hund und Katz gewesen, aber Tom hatte, wie so viele, die das Paar kannten, instinktiv begriffen, daß sie nie aufgehört hatten, aneinander festzuhalten. Halb und halb hatte er erwartet, eine gebrochene Frau zu treffen, aber als sie in dem Jeep, den sie sich von Liliencron geliehen hatte, bei ihm vorfuhr und er zu ihr einstieg, hatte sie nur gesagt: »Schön, daß du mitkommst, Tom.«

»Warum wollen die Leute das alles verkaufen?« erkundigte er sich nun.

»Ihre beiden einzigen Söhne sind gefallen. Sie wollen ein neues Leben anfangen, weit weg von aller Erinnerung.«

»Aha.« Er schwieg einen Moment. Dunkelrot flammte das Dach des Hauses in der Frühlingssonne auf. »Felicia – willst du hier draußen wohnen?«

»Ich bleibe in der Prinzregentenstraße. Aber an den Wochenenden könnte ich herkommen. Irgend jemand von der Familie müßte natürlich immer hier leben, ich dachte an Nicola oder Modeste. Aber sicher käme ohnehin die ganze Familie immer wieder zusammen. So wie früher. Auf Lulinn herrschte ständig ein ungeheurer Trubel.«

»Irgendwie ist es nur nicht die Zeit für Anschaffungen dieser Art. Natürlich würde ich dir den Kredit geben. Aber meinst du nicht, du könntest das Geld für andere Dinge dringender brauchen?«

»Ach . . . Geld! Wozu braucht man jetzt Geld? Es ist ja nichts da, was man kaufen könnte. Tom, bitte, versuch nicht, mich von meinem Vorhaben abzubringen. Gib mir das Geld oder gib es mir nicht, dann muß ich sehen, ob ich es von jemand anderem bekomme. Aber rede nicht lange herum.«

Beschwichtigend legte er die Hand auf ihren Arm. »Ich gebe es dir ja. Tu, was du für richtig hältst. Es ist ein schönes Haus und ein schönes Stück Land, und es ist nicht einmal teuer. Irgendwann dürfte so etwas unerschwinglich sein, insofern machst du auf jeden Fall ein gutes Geschäft.« Jetzt war er wieder ganz der alte Tom Wolff mit der Nase für lohnende Investitionen.

Felicia lächelte. »Ja«, bestätigte sie, »später würde ich mich ohrfeigen, wenn ich es nicht genommen hätte.«

Langsam gingen sie nebeneinander am See entlang. Glatt und blau lag das Wasser vor ihnen, das gegenüberliegende Ufer war wie ein Gemälde. Die Zwiebeltürme zweier kleiner Kirchen hoben sich scharf gegen den Himmel ab.

Tom überlegte, wie seltsam unberührt hier alles wirkte, verglichen mit dem zerbombten München. Natürlich bemerkte man den gerade erst überstandenen Krieg auch hier, Felder lagen brach, die wenigen landwirtschaftlichen Maschinen, die man sah, befanden sich in einem schlechten Zustand. Statt sich um ihre Höfe zu kümmern, waren die meisten Männer in den letzten Jahren damit beschäftigt gewesen, ihren Kopf an der Front für Reich und Führer hinzuhalten. Dennoch, den Bauern hier ging es ganz gut.

Fast eine Stunde lang liefen Felicia und Tom schweigend am Wasser entlang, lauschten den Schreien der Möwen, dann gingen sie in einem Bogen vom See weg, durchquerten ein Stück Wald und traten oben auf der Anhöhe wieder zwischen den Bäumen hervor. Der See lag nun weit unter ihnen, auch das weitläufige Grundstück um Felicias zukünftiges Haus. Bald würde hier alles blühen und in bunte Farben getaucht sein.

Felicia blieb stehen. »Ja«, sagte sie, »das ist also unser neues Zuhause. Es wird voller Menschen und Tiere sein.«

»Das wird es. Du wünschst es dir wirklich, nicht? Ein zweites Lulinn . . .«

»Ja.« Sie lächelte, aber sie wirkte nicht glücklich, sondern wie eine Frau, die einen Plan durchführt, den sie einmal gefaßt hat, die aber keine Freude darüber empfindet, daß das Ziel in greifbare Nähe gerückt ist. Plötzlich erschreckt, dachte Tom: Sie wird nie über Alex Lombards Tod hinwegkommen. Und wenn Jahre vergehen, nie.

Felicia blieb noch immer stehen, die Hände in den Manteltaschen. Aber sie wandte ihren Blick von Haus und See ab und schaute Tom direkt an.

»Tom, ich würde gern etwas mit dir besprechen. Du weißt, meine Fabrik existiert nicht mehr und mir fehlen die Mittel, alles wieder aufzubauen. Ich denke, ich werde versuchen, dort einmal Wohnhäuser errichten zu lassen. Die Mieten werden sicher steigen. Ich könnte eines Tages gute Einnahmen haben.«

Unwillkürlich mußte Tom grinsen. *Dieser* Teil von Felicia zumindest hatte keinen Knacks abbekommen. »Ein vernünftiges Vorhaben«, pflichtete er ihr bei.

»Ja. Aber nicht mein einziges Vorhaben. Tom – könntest du eine Mitarbeiterin brauchen bei deinem Spielzeug? Eine, die irgendwann vielleicht Teilhaberin wird?«

Sie hatte direkt gefragt, und er antwortete ebenso direkt: »Ja. Aber kannst du denn investieren?«

»Vorläufig nichts als meine Arbeitskraft. Meinen Kopf. Im Laufe der Zeit sicher mehr.«

»Sicher. Im Laufe der Zeit müßte ich vermutlich aufpassen, daß du mich nicht heimlich und leise aufkaufst!« Er grinste wieder, aber seine Züge waren voller Zärtlichkeit. »Im Ernst, Felicia: Ich würde mich freuen. Wir beide sind ein unschlagbares Gespann. Obwohl wir die erste taufrische Jugend hinter uns haben. Oder gerade deswegen.«

»In Ordnung«, sagte Felicia. Tom merkte, daß sie nicht überrascht war, sie hatte diese Antwort von ihm erwartet. Sie ging weiter, und er folgte ihr. Das Licht des Tages nahm eine andere

Farbe an. Tom fragte sich, wie ein Sonnenuntergang über diesem See aussehen mochte. Sicherlich überirdisch.

»Hast du von Belle gehört?« fragte er. Es hatte sich natürlich auch zu ihm herumgesprochen, daß Felicias Tochter mit einem Mann nach Los Angeles gegangen war, während das Schicksal ihres Ehemannes ungewiß blieb. Mancher hatte sich heftig das Maul darüber zerrissen.

Felicia nickte. »Sie hat zu Weihnachten geschrieben, aber der Brief kam erst Ende Januar an. Ich glaube, sie leidet ziemlich unter Heimweh. Nun, ich hatte ihr zuvor schon geschrieben und von meiner Absicht berichtet, ein schönes, großes Haus zu kaufen. Sie soll wissen, daß es hier einen Platz gibt, an den sie immer zurückkehren kann. Sie hat sehr an Lulinn gehangen.«

»Hast du ihr auch geschrieben, daß . . .« Tom führte seine Frage nicht zu Ende, aber Felicia wußte, was er hatte sagen wollen.

»Ja. Ich habe ihr geschrieben, daß Alex Lombard tot ist.«

»Sie glaubt immer noch, daß er ihr Vater war?«

»Ja. Es ist auch besser so.« Ihre Stimme klang spröde. Sie ging zwei Schritte vor Tom her, und auf einmal glaubte er, den Anblick ihrer steifen Schultern und des gereckten Halses kaum mehr ertragen zu können; ebensowenig wie die klirrende Stimme und die teilnahmslosen Augen. Er kannte sie als tapfer, aber diese Tapferkeit war zu angestrengt. Sie redete kühl und sachlich über ihr Vorhaben, Teilhaberin seiner Firma zu werden, dabei hätte sie in Wirklichkeit weinen und weinen mögen ohne aufzuhören. Er konnte das spüren, und es überraschte ihn, wie verstört er darauf reagierte. Er und Felicia hatten einander die hitzigsten Fehden geliefert und sich mehr als einmal den Teufel an den Hals gewünscht, aber er mochte sie viel mehr, als er geahnt hatte, und jetzt hätte er sie am liebsten in die Arme genommen. Hilflos und viel zu hastig sagte er: »Felicia, ich habe nicht davon gesprochen, weil ich nicht wußte, ob ich dir vielleicht noch mehr weh tue damit, aber . . . nun, du sollst wissen, es tut mir so schrecklich leid, daß Alex . . . ums Leben gekommen ist, und ich weiß, ich kann dich jetzt nicht trösten, ich kann nichts leichter für dich machen, aber ich . . .«

Sie blieb stehen und wandte sich um. Mit einer gleichgültigen Bewegung strich sie sich die Haare aus der Stirn.

»Felicia«, sagte Tom leise.

Wie alt er geworden ist, dachte Felicia, und wie alt ich! War es gestern, daß ich achtzehn Jahre alt war und ihn zum erstenmal traf? Mehr als dreißig Jahre . . .

»Tom, vor einem Jahr saß ich in Berlin, eine Nacht lang mit meiner Tochter Belle, die Russen umzingelten die Stadt, und ich sagte ihr, daß ihr Kind auf der Flucht gestorben ist; sie sah so elend aus und trank, um zu vergessen, und sie erzählte mir, was sie alles falsch gemacht gemacht hat in ihrem Leben. Weißt du, an diesen Punkt kommen wir doch alle irgendwann einmal, daß wir glauben, wir haben nur versagt und nichts getan, wozu wir stehen können . . . Ich gab damals an Belle den Rat meiner Großmutter Laetitia weiter: Frage dich immer – hättest du noch einmal die Möglichkeit, von vorne anzufangen, würdest du dann alles anders machen? Und wenn du ›nein‹ darauf sagst, dann hör auf zu grübeln, denn es bringt dir nichts.« Felicia stockte, sie sah an Tom vorbei irgendwohin in die langsam einfallende Dämmerung. »Ich habe immer nach diesem Grundsatz gelebt, Tom, und ich bin gut damit zurechtgekommen. Was auch passierte, ich wußte, ich hätte nichts anders gemacht und nichts anders gewünscht, denn auch in den schwierigsten und traurigsten Momenten war mir klar, daß ich bekommen hatte, was ich wollte, um einen hohen Preis manchmal, und oft um einen Preis, der sehr weh tat, aber ich hatte es so gewollt und wußte, daß ich wieder und wieder so handeln würde. Aber jetzt, zum erstenmal, zum allererstenmal in meinem Leben, bereue ich, was ich getan habe. Ich bereue die langen, langen Jahre, die hinter mir liegen. Ich habe nur einen einzigen Wunsch: Noch einmal achtzehn Jahre alt zu sein, noch einmal Alex Lombard zu begegnen, das Leben mit ihm vor mir zu haben. Ich würde anders handeln. Ich würde ihn nehmen und nie wieder loslassen.« Angestrengt leckte sie sich über die trocknen Lippen. »Tom, verflixt noch mal, warum erkennen wir oft zu spät, woran unser Herz in Wahrheit hängt?«

»Weil . . .« Er gab die abgegriffenste und zugleich richtigste

Antwort, die er geben konnte. »Weil es wahrscheinlich eben keine Wahrheit gibt, denke ich.«

»Da hast du wohl recht«, sagte Felicia. Sie ging weiter, achtete jetzt aber darauf, daß sie neben Tom blieb.

»Tom«, sagte sie, »es wird so schön hier. Wenn erst der Sommer kommt . . . überall werden Blumen blühen. Ich werde einen Rosengarten vor dem Eingang anlegen. Und morgens stehe ich auf und springe als erstes in den See. Wir werden ein großes Segelboot haben, und was meinst du, was wir für tolle Feste da unten am Ufer feiern können!«

»Es wird phantastisch!« stimmte er zu. Sie redete wie ein Kind, das sich selber überzeugen will: Das neue Spielzeug ist genauso schön wie das alte, das kaputtgegangen ist.

»Ich möchte auch Hühner haben und vielleicht ein paar Kühe. Ich werde Leute anstellen, die sich darum kümmern. Ich denke, ich kann es mir leisten, wenn ich erst deine Partnerin bin.«

»Bestimmt kannst du das.«

»Die Familie wird mir die Tür einrennen. Irgendwann muß ich mir sicher einen Platz schaffen, an dem ich allein und ungestört sein kann, sonst werde ich verrückt. Vielleicht noch ein Pavillon unten am See.«

Sie kam immer näher an das Haus heran. Die Mauern schienen sie willkommen zu heißen.

»Es wird so schön, wie es früher war«, sagte Felicia.

Sie waren jetzt querfeldein gelaufen und gelangten nun zu den Pferdekoppeln. Einer der dicken, zottigen Haflinger kam sogleich an den Zaun getrabt und reckte erwartungsvoll seinen Kopf herüber; er hoffte auf ein Stück Zucker. Die buschige, blonde Mähne fiel ihm in die Stirn. Seine Eltern waren dem Krieg geopfert worden, aber er kannte keine Schrecken, und seine schwarzen Augen blickten lebhaft und lustig.

Er stieß ein helles Wiehern aus, und seine Kameraden antworteten ihm.

»Da siehst du es!« Felicia lachte. »Sogar eine ganze Menge Pferde werde ich haben'.

Wie früher? dachte Tom. Und ehe er die Worte zurückhalten

konnte, waren sie schon gesprochen. »Aber es sind keine Tra
kehner«, sagte er leise.

Die Sonne malte eine breite, goldene Straße auf den See
Felicia warf die im aufkommenden Abendwind flatternden En
den ihres Seidenschals zurück.

»Du hast recht«, sagte sie, »es sind keine Trakehner.«

Umwelthinweis:
Alle bedruckten Materialien dieses Taschenbuches
sind chlorfrei und umweltschonend.
Das Papier enthält Recycling-Anteile.

Blanvalet Taschenbücher erscheinen im Goldmann Verlag,
einem Unternehmen der Verlagsgruppe Bertelsmann

Taschenbuchausgabe Mai 1998
Copyright © 1992 by Blanvalet Verlag, München
Umschlaggestaltung: Design Team München
(unter Verwendung eines Motivs von Claude Monet)
Nordseeinsel II, 1923/259, VG-Bild-Kunst, Bonn
Druck: Elsnerdruck, Berlin
Verlagsnummer: 35008
MD · Herstellung: sc
Made in Germany
ISBN 3-442-35008-5

5 7 9 10 8 6